北京市工程建设和房屋管理政策法规汇编
（2007年）

北京市建设委员会　编

煤炭工业出版社

·北　京·

编 辑 说 明

为落实政务公开要求，推进“五五”普法工作，方便机关干部和企业、群众查阅文件，按照市建委依法行政和政风行风建设方案，我们编辑了本汇编。

本汇编辑录了市建委制发的118件带有规范性内容的文件，选录了2007年全国人大、国务院、建设部等部委，以及北京市委、市政府和有关部门制发的91件法规文件。

为方便使用，市建委文件按照建设市场管理、建筑业企业管理、工程质量管理、施工安全管理、建筑节能和材料管理、科技标准和从业人员管理、房屋市场管理、房屋权属管理、房屋安全和设备管理、物业管理、房地产开发管理、住房保障管理和住房制度改革、综合等进行了分类。

由于涉及面广，工作量大，时间紧迫，编写人员水平和经验有限，汇编中不足之处祈望指正，以便及时更正。

北京市建设委员会政策法规处

二〇〇八年四月

目　录

北京市建委文件

一、建设市场管理

二、建筑业企业管理

三、工程质量管理

四、施工安全管理

五、建筑节能和材料管理

六、科技标准和从业人员管理

七、房屋市场管理

八、房屋权属管理

九、房屋安全和设备管理

十、物　业　管　理

十一、房地产开发管理

十二、住房保障管理和住房制度改革

附　录

一、国家法律、行政法规和国务院文件

二、建设部规章、文件和相关部委文件

三、北京市法规、规章和文件

北京市建委文件

北京市建设委员会关于电梯企业在京分支机构参与建设工程设备投标有关规定的通知

京建市[2007]38号

各区县建委，各集团（总公司），各有关单位：

为保证电梯企业在京分支机构参与建设工程设备投标，保护招标人和投标人的合法权益，规范建筑市场秩序，现将有关规定通知如下：

一、电梯企业在京分支机构持法定代表人授权委托书原件，可以在本市进行建设工程设备投标。

二、建设工程设备招标人不得拒绝经法定代表人授权的电梯企业在京分支机构参与投标。

三、依据《工程建设项目货物招标投标办法》（发展改革委等七部委27号令），一个制造商对同一品牌同一型号的设备，仅能委托一个代理商参加投标，否则应作废标处理。

四、市和区县建设工程招标投标监督管理机构在办理设备招标资格预审文件和招标文件备案时，应当审查是否有限制电梯企业在京分支机构参与投标的条款。

五、本通知自2007年3月1日起施行。

二〇〇七年一月十二日

北京市建设委员会关于印发《关于加强建设工程材料设备采购的招标投标管理的若干规定》的通知

京建法[2007]101号

各区、县建委，各集团(总公司)，各有关单位：

现将《关于加强建设工程材料设备采购的招标投标管理的若干规定》印发给你们，请依照执行。

附：《关于加强建设工程材料设备采购的招标投标管理的若干规定》。

二〇〇七年一月二十五日

关于加强建设工程材料设备采购的招标投标管理的若干规定

第一条 为规范本市建设工程材料设备采购招标投标活动，加强监督管理，保证建设工程质量，根据《中华人民共和国招标投标法》、《工程建设项目货物招标投标办法》等法律法规规章，结合本市实际情况，制定本规定。

第二条 在本市行政区域内进行建设工程重要材料、设备(以下简称材料设备)采购招标投标活动及实施监督管理，按照《中华人民共和国招标投标法》和《工程建设项目货物招标投标办法》等法律法规规章规定执行，同时应当遵守本规定有关要求。

本规定所称建设工程，是指各类房屋建筑及其附属设施和与其配套的线路、管道、设备的安装工程；室内外装修工程；市政道路、桥梁、地铁和轻轨交通、地下管道、公共停车场等城市设施项目。

第三条 材料设备采购，属于国家和本市规定的招标范围，并同时符合下列规定条件，必须依法进行招标：

(一)单项合同估算价在100万元人民币以上或者单台重要设备估算价在30万元人民币以上的，或者单项合同估算价低于100万元人民币、单台重要设备估算价在30万元人民币以下，但项目总投资额在3000万元人民币以上，全部或者部分使用政府投资或者国家融资的项目中政府投资或者国家融资金额在100万元人民币以上的；

(二)招标人对工程建设项目实行总承包招标时，未包括在总承包范围内的材料设备，或者招标人对工程建设项目实行总承包招标时，以暂估价形式包括在总承包范围内的材料

设备;

(三)属于本规定第六条规定的重要材料设备。

第四条 依法必须进行招标的项目中,相对招标成本过高,不适宜招标时,经项目审批部门核准可以不招标。

第五条 招标人对建设工程项目实行总承包招标时,未包括在总承包范围内的材料设备,应当由建设工程项目招标人依法组织招标。

招标人对建设工程项目实行总承包招标时,以暂估价形式包括在总承包范围内的材料设备,应当由总承包中标人和建设工程项目招标人共同依法组织招标。

第六条 根据《北京市建设工程招标投标监督管理规定》规定,市建委确定以下重要材料、设备采购应当进行招标:

重要设备包括电梯、配电设备(含电缆)、防火消防设备、锅炉暖通及空调设备、给排水设备、楼宇自动化设备。

重要材料包括建筑门窗(幕墙)、建筑防水材料、建筑石材、建筑陶瓷、建筑涂料。

建筑门窗(幕墙)、防水材料专业工程,已经过招标的,不再进行材料招标。

属于招标人与总承包方约定的超过本规定第六条范围的材料设备,按双方合同的约定执行。

第七条 依法必须进行招标的材料设备采购,应当进入本市有形建筑市场进行招标投标。

鼓励其他材料设备采购,进入本市有形建筑市场进行招标投标。

有形建筑市场应当积极完善并拓展服务功能,为材料设备采购招标投标双方提供优良的服务。

第八条 材料设备采购招标人应当按照国家和本市有关规定向市或者区县建设工程招标投标监督管理部门办理招标人自行招标备案、招标文件备案、招投标情况书面报告备案和材料设备采购合同备案。

第九条 招标文件规定的各项技术规格应当符合国家技术法规的规定。

招标文件中规定的各项技术规格均不得要求或者标明某一特定的专利技术、商标、名称、设计、原产地或者供应者等,不得含有倾向或者排斥潜在投标人的其他内容。

第十条 招标文件应当明确规定评标时包含价格在内的所有评标因素,以及据此进行评标的方法。

在评标过程中,不得改变招标文件中规定的评标标准、方法和中标条件。

第十一条 评标由招标人依法组建的评标委员会负责。评标专家由招标人从北京市评标专家库中随机抽取确定。技术特别复杂、专业性要求特别高或者国家有特殊要求的招标项目,采取随机抽取方式确定的专家难以胜任的,可以由招标人直接确定。

第十二条 有下列情形之一的,不得担任相关项目的评标委员会成员:

(一)投标人或者投标人的主要负责人的近亲属;

(二)与投标人有利害关系的;

(三)与投标人有其他关系,可能影响公正评审的。

第十三条 市和区县建设工程招标投标监督管理部门应当加强对材料设备采购招标

投标活动的监督检查,及时办理有关备案手续,处理投诉事项。

第十四条 中标人应当按照合同约定履行义务,完成中标项目。

市和区县建设行政主管部门应当加强对材料设备采购合同履行情况的监督。

中标人不履行合同义务,情节严重的,取消其二年至五年内参加依法必须进行招标项目的投标资格。

第十五条 按照本规定,建设单位、施工单位不需要通过招标投标采购材料设备时,应当通过比选、竞争性谈判等方式,选择实力强、信誉高的企业生产的优质产品。

第十六条 建设单位、施工单位和监理单位应当加强对采购材料设备质量的监督管理,做到采购有要求、有制度、有审批、有监督,按照国家和本市有关规定,严格执行进场检验、见证取样检测、旁站监理等规定。

材料设备进场时,施工单位要认真查阅材料设备的出厂合格证、质量检测报告等文件的原件,发现实物与其出厂合格证、质量检测报告等文件不一致时,立即与质检部门和供货单位核实处理,对发现的重大质量问题要及时上报有关行政主管部门。

第十七条 材料设备采购招标人、投标人和评标专家违反有关法律法规规章规定的,市和区县建设行政主管部门应当依法进行处罚,并记入建设行业信用信息系统。

第十八条 本规定自2007年1月25日起实施,《关于印发〈北京市建设工程材料设备采购招标投标管理办法(试行)〉的通知》(京建法[2002]630号)同时废止。

北京市建设委员会　北京市发展和改革委员会 北京市审计局　北京市“2008”工程建设指挥部办公室 关于进一步规范“2008”工程招标投标工作的通知

京建市[2007]145号

“2008”工程各建设单位(含代建单位)、总承包单位:

为进一步规范“2008”工程(以下简称08工程)招标投标工作,切实做到依法行政,根据国家和北京市现行有关法律法规的规定,结合08工程建设的实际情况,有关部门共同研究制定了有针对性的具体措施,经市政府同意,通知如下:

一、对重要材料设备和专业工程施工,进一步明确依法应当招标的范围如下:

(一)根据现行有关法规的规定,符合下列条件的重要材料设备依法应当招标:

1.根据《工程建设项目货物招标投标办法》(七部委27号令)第五条,总承包招标时未包括在总承包合同范围内的或者是以暂估价形式包括在总承包合同范围内的重要材料设备(包括在总承包合同范围内的其他材料设备,不再进行招标);

2.达到《北京市工程建设项目招标范围和规模标准规定》(市政府89号令)规定的规模标准的,但是,相对招标成本较高的单项合同估算价不超过100万或者单台重要设备估算不超过30万元人民币的项目除外;

3.属于《关于加强建设工程材料设备采购的招标投标管理的若干规定》(京建法[2007]101号)第六条规定的重要材料设备,也即:

(1)重要材料

建筑门窗(幕墙)、建筑防水材料、建筑石材、建筑陶瓷、建筑涂料。

(2)重要设备

电梯、配电设备(含电缆)、防火消防设备、锅炉暖通及空调设备、给排水设备、楼宇自动化设备。

(二)符合下列条件的专业承(分)包工程施工应当依法招标:

1.总承包招标时未包括在总承包合同范围内的或者是以暂估价形式包括在总承包合同范围内,且总承包合同约定要进行分包的专业工程(包括在总承包合同范围内的其他专业分包工程,不再进行招标);

2.达到《北京市工程建设项目招标范围和规模标准规定》(市政府89号令)以及《北京市工程建设项目招标方式核准办法》(京发改[2006]664号)规定标准的。

二、选择最优秀的厂家和产品进入08工程

08工程的建设单位和总承包单位是08工程材料设备质量的主要责任单位,材料设备的质量要从源头把关,材料设备的采购应:

(一)直接从可靠的生产厂家采购或从其直接授权的一级(或总)销售代理机构采购;

（二）优先选择经国家认证机构认证的产品、国家相关行业协会和机构组织评优活动中获奖产品或推荐使用产品、国际知名品牌产品和中国名牌推进委员会认定的中国名牌产品、国家免检产品、建设部科技成果推广项目依托的产品、由保险公司承保产品责任险的产品；

（三）优先选择在近三届奥运会或亚运会工程建设中有使用业绩的产品。

三、特殊情况下直接发包

施工或材料设备采购项目出现下列情形之一，可以直接发包：

（一）由国际奥委会及各国际单项体育组织指定使用并经北京奥组委同意的比赛场地设施（包括器材设备以及其他配套设施）；其供货商有能力自行完成安装施工的，可将安装施工直接发包给该供货商。

（二）经奥组委同意的指定赞助（或捐赠）器材设备，赞助商（或捐赠单位）有能力自行完成安装施工的，可以将安装施工直接发包给该赞助商（或捐赠单位）。

（三）经招标人考察了解，潜在投标人少于三家的施工及材料设备采购项目。

（四）施工主要技术采用特定的专利或专有技术的施工项目，或属于专利产品的材料设备采购项目。

（五）连续两次招标失败的施工项目及重要材料设备采购项目。

四、以上措施的具体办理程序

在08工程建设过程中，属于建设单位能够按照上述三项内容依法自行决定的事项，由建设单位依法自行决定；依法必须招标的项目，需要变更已经核准的招标方式的，按照法律规定的程序办理，即由原项目审批部门重新核准招标方式；有招标特殊问题的，由项目单位或总承包单位提出书面申请，报"2008"工程招标投标监管工作小组研究决定，工作小组认为需要报请市政府决定的事项，由工作小组研究提出初步意见后，报市政府决定。

二〇〇七年二月六日

北京市建设委员会关于加强“2008”工程招标投标投诉事项管理的通知

京建市[2007]548号

“2008”工程各有关单位：

为保证“2008”工程招标投标活动和工程建设顺利进行，规范招标投标投诉行为，按照加强服务、依法行政的原则，根据《中华人民共和国招标投标法》、《工程建设项目招标投标活动投诉处理办法》（国家发展和改革委员会等七部委11号令）等有关法律法规的规定，北京市建设委员会（以下简称“市建委”）、市“2008”工程建设指挥部办公室（以下简称“市08办”）制定了加强“2008”工程招标投标投诉事项管理的措施，特通知如下：

一、加强服务，提高投诉处理效率

（一）投诉受理后，投诉处理人员实行每周七天工作制，直至投诉事项处理完毕；

（二）北京市建设工程招标投标管理办公室（以下简称“市招标办”）加派骨干力量专门负责专业、材料、设备招投标投诉的处理工作；

（三）要求参与工程评审或评标的专家承诺评标结束后7日内不离京，若发生投诉，应按市招标办需求及时提供有关情况；

（四）工程招标人投诉时，由市08办与市建委共同协调处理，奥运工程监督部门、招标人上级主管部门、纪检监察部门应参与投诉处理；

（五）对一般性投诉，采取场外调解、矛盾化解等措施，对重大、疑难投诉事项，采取投诉处理部门集体决策方式，加快投诉处理速度；

（六）有计划、有针对性地对尚未进行招标工程的代理机构进行培训，提高招标代理人员的业务水平，减少由于技术原因导致的投诉事项的发生；

（七）工程招标投标投诉受理后，存在下列情形之一的，可以暂停招投标程序：

1. 投诉事实清楚明确且在短时间内可以查证的；

2. 投诉事项可能产生恶劣影响、后果严重的；

3. 招标人要求停止招标投标程序的。

二、依据规定，规范投诉受理条件

依据国家发展和改革委员会等七部委11号令，投诉事项应当满足下列条件：

（一）投诉人是所投诉招标投标活动的参与者，或者与投诉项目有利害关系。

1. 参与者与利害关系人包括：招标人、投标人（投标申请人）、评标专家、招标代理机构和其他与投诉项目有直接或间接利害关系的法人或其他组织；

2. 个人投诉只限于招标投标活动的参与者和利害关系人的工作人员，且投诉时投诉人应出具相关身份证明文件；

3. 投标人（投标申请人）为联合体的投诉人必须与投标报名时相一致。

（二）投诉事项具体、详实、确切，或提供有效线索、有效证据，可以查证。

(三)投诉书应署投诉人真实姓名、签字和有效联系方式;以法人名义投诉的,应提供企业法人营业执照复印件(加盖公章)、法定代表人身份证明(如法人指定授权代表的应提供法人委托书和授权代表身份证明),投诉书应经法定代表人签字并加盖公章。

不满足上述条件或者存在下列情形之一的,投诉事项不予受理:

(一)超过投诉时效的。投诉时效依据有关规定明确如下:

1. 招标人、招标代理机构或者评标专家投诉的,应在评标结束之日起十日内提出书面投诉;

2. 投标人投诉的,在公示中标人之日起或知道其权益受到侵害之日起十日内提出书面投诉。

(二)已经做出处理决定,并且投诉人没有提出新的证据的。

(三)投诉事项已进入行政复议或者行政诉讼程序的。

三、加强对招标投标环节的服务与管理

(一)资格预审和招标文件备案环节

1. 成立资格预审文件和招标文件协助审查小组。由市招标办聘请或组织一定数量的专业人员,专门负责对工程资格预审文件和招标文件中可能导致投诉的关键内容和环节进行严格审核,消除投诉隐患。市招标办针对可能引起投诉的事项制定《招标(资审)文件易引发投诉事项审查内容和标准》(附后),由协助审查小组严格依照执行。协助审查小组对审查后的资格预审和招标文件,提出初步审查意见,由市招标办监管人员结合审查意见,经复审后做出审查决定。

2. 招标人或招标代理机构对投标人(投标申请人)提出的疑问应按有关规定认真解答或澄清,不得推诿或敷衍。针对材料、设备等招投标活动中投标人易对招标文件产生理解偏差等问题,要求招标人或招标代理机构针对招标文件中评标办法重点注意事项及废标条件等内容做出《特别提示》。《特别提示》应作为招标文件附件一并提交备案。在投标人购买招标文件时应一并递交投标人。

3. 合理规范废标条件。资格预审文件和招标文件中,文件格式(招标函等招标文件规定需填写的格式除外)、字号、字体、章节分页、装订方式等不影响文件实质性内容或过于强调形式的规定,原则上不得作为废标条件,但可以设为定量评审的事项。详细规定见《招标(资审)文件易引发投诉事项审查内容和标准》。

(二)评标环节

1. 评标专家应当认真阅读招标文件,对其中定义不清,或可能存在误解的内容应及时要求招标人或代理机构澄清、核实,不得主观臆断,对投标文件中存在的细微偏差,应书面要求投标人在评标结束前补正。

2. 招标文件中评标办法应明确要求评标委员会成员就技术标中每项评分写出详细评审意见,并对每一份投标文件做出综合评定。

3. 评标委员会在完成评标后,须按照《评标委员会和评标方法暂行规定》(七部委12号令)编写评标报告。

4. 评标委员会中评标专家与招标人代表应实行独立评标,不得互相干扰、影响或抄袭。

5. 必须保证必要的评标时间,评标时间不能满足评标工作需要时,评标委员会可要求适度延长评标时间。

6. 邀请纪检监察部门全程介入监督。

7. 评标过程安排2人以上监管人员进行现场巡视监督。

8. 对于专业性较强、技术复杂程度较高的招标项目,可试行两阶段评标法,即先评技术标,后评经济标。

9. 评标结束后,所有与评标活动有关的资料由招标人统一封存在交易中心,中标公告公示十天后,由投标人领回。

四、加大对违法违规行为的行政处理力度

(一)投诉人虚假恶意投诉的,依法给予行政处罚,记入北京市建设行业信用信息系统并公开曝光。

(二)因招标人与投标人串通围标、泄漏标底等违法违规行为导致投诉且投诉事实成立的,对招标人、投标人及相关责任人员依法给予行政处罚,并通知责任单位纪检监察部门按有关规定予以行政处理,处罚结果记入北京市建设行业信用信息系统并公开曝光。

(三)因招标代理机构的违法违规行为或者其它不当行为导致投诉且投诉事实成立的,对招标代理机构及相关责任人员依法给予行政处理,直至停止其从业资格,并记入北京市建设行业信用信息系统并公开曝光。

(四)因评标专家没有认真履行职责或违反有关法律法规造成投诉,投诉事实成立的,依法予以处罚,并提请专家库管理部门给予暂停或取消评标专家资格的处理,相关处理决定向其单位通报并在网上公示。

(五)因招标投标监管部门工作人员徇私舞弊、滥用职权或者玩忽职守,造成工程投诉的,移交纪检监察部门处理。

五、加强自身建设,规范投诉处理

实现投诉处理工作规范化,投诉处理部门要保护国家利益、社会公共利益和招标投标当事人的合法权益,建立公平高效的招标投标投诉处理机制。投诉处理工作人员应严格执行国家有关规定,秉公办事,并遵守保密制度和回避制度。投诉处理工作人员存在违法违规行为的,一经查实,严肃处理。

附件:关于2008工程拟招标项目资格预审文件和招标文件中易引发投诉的相关内容及其备案审查标准

二〇〇七年六月二十八日

附件

关于2008工程拟招标项目资格预审文件和招标文件中易引发投诉的相关内容及其备案审查标准

为进一步规范“2008”工程（以下简称“08工程”）招投标活动，加强招投标监管工作，统一资格预审文件和招标文件备案审查的标准和口径，提高监管质量和效率，减少投诉案件发生，保证工程招投标活动的顺利进行。根据招投标有关法律法规规定，结合08工程招标投标的实际情况，针对资格预审文件和招标文件的组成部分和基本内容，以及工作中经常出现的和对投诉典型案例分析所反映的有关问题，现就08工程拟招项目资格预审文件和招标文件中易引发投诉的相关内容及其备案审查标准予以如下说明。

一、关于资格预审文件和招标文件各组成部分全面系统和有机统一性问题

资格预审文件和招标文件的组成部分和基本内容应当全面系统，各组成部分应当相互交圈、有机统一，不因相互矛盾而引起理解的偏差和混乱。

资格预审文件中应当明确关于处理资格预审有关投诉所适用的法律依据、投诉解决途径和办法。

二、关于资格预审文件和招标文件界定内容的模块化问题

资格预审文件和招标文件中针对某一事项界定时，尽可能在一个条款内完整表述，不相互指引，不在多个地方重复表述，实现界定内容的模块化，不至由于相互矛盾而引起理解偏差。

三、关于资格预审申请文件和投标文件的编制、装订与签署、密封与标志的界定问题

本着“提交内容与评审内容相统一”的原则，对关于资格预审申请文件和投标文件编制的界定内容进行审查。界定内容中不应出现提交内容少于评审内容的情况，而引起资审委员会或评标委员会因评审内容不充分而主观臆断评审。

根据招标投标的本质要求，本着“简单、易行、可操作”的原则，对关于资格预审申请文件和投标文件的装订与签署、密封与标志事项的界定内容进行审查。界定内容应条理清楚、上下呼应、相互交圈，满足“暗评”或“明评”评审方式的要求和需要，避免由于界定内容过于复杂、或者模糊不清而引起装订与签署、密封与标志无法操作。

四、关于资格预审评审办法和评标办法有关内容的界定问题

本着“公开、公平、公正、科学、择优”的原则，对资格预审评审办法和评标办法的界定内容进行审查。评审的程序和方法、因素和标准应当明确具体，设定的评审因素及其条件和标准应当尽可能量化表述，不能够量化表述的，对其定性标准应当给予准确定义，并细化评分分值区间，使评审的条件和标准具有可操作性，尽可能限制资审委员会或评标委员会的自由裁量权，不致由于评审因素、条件和标准界定不清、不准、过于宽泛，而引起评审的歧义或重大偏差。比如，关于“优、良、差”等定性评审标准，应当给予准确定义。对资格预审评审办法和评标办法中的重要名词概念应当给予准确定义，比如“同类工程”、“不良记录”、

"法律诉讼"、"恶意投诉",以及有效业绩起算的准确时间等。

资格预审评审办法中详细评审阶段采取综合定量评审法时,不应在投标申请人资质等级方面(招标公告中明确的资质等级)设定评审的条件和标准;资格预审评审办法和评标办法中不应将企业和项目经理获得的各种荣誉奖项设定为评审的条件和标准;资格预审的评审因素不应作为评标时的评标因素。

五、关于拒绝投标申请条件和废标条件设定问题

1. 资格预审文件或招标文件中的拒绝投标申请条件或废标条件的设定应当符合以下原则:

(1)现行招投标有关法律、法规和规章有规定的,应当按照其规定在资格预审申请文件或招标文件中设立相应的拒绝投标申请条件或废标条件。对于在"签字盖章、关键字迹模糊、无法辨认"方面设定的拒绝投标申请条件或废标条件,应当针对资格预审申请文件中的"投标申请人致函"和投标文件中的"投标函及其附录",不应针对整部资格预审申请文件和投标文件;资格预审申请文件或投标文件的其他组成部分在"签字盖章、关键字迹模糊、无法辨认"方面存在问题的,资审委员会或评标委员会可以通过质疑,要求投标申请人或投标人予以澄清、说明或补正。

(2)在不违背法律、法规规定的前提下,根据拟招项目的具体情况设立的其他拒绝投标申请条件或废标条件应当对应资格预审文件和招标文件中规定的实质性要求和条件。

(3)拒绝投标申请条件或废标条件应当在资格预审评审办法或评标办法中集中列示,不应在资格预审文件或招标文件的其他组成部分中再行列示,避免前后不一致而引起争议。

(4)拒绝投标申请条件或废标条件中若设定或引用法律法规中的名词概念时,应当给予清晰、准确、直观的解释或定义,说明其包括的范围及内容,避免在理解上产生偏差。比如,"瑕疵"、"重大偏差"、"实质性内容"等。

(5)拒绝投标申请条件和废标条件的界定内容应当准确、严谨、明确、直观,具有可操作性,避免因多种理解而引起歧义。

2. 资格预审评审办法和评标办法中应当界定,只有当投标申请人或投标人,或者资格预审申请文件或投标文件完全符合拒绝投标申请条件或废标条件,规定的拒绝投标申请条件或废标条件完全符合时,资审委员会或评标委员会才能拒绝投标申请或判定为废标,不能随意恶意评审,并应就此在资格预审评审报告或评标报告中详细阐述否决的判定依据和理由。

北京市建设委员会关于印发《北京市建设工程招标投标社会监督暂行办法》的通知

京建市[2007]1136号

各有关单位：

为充分发挥社会监督对规范招投标市场主体行为及遏制腐败的作用，保证建设工程招标投标活动的公开、公平、公正，市建委制定了《北京市建设工程招标投标社会监督暂行办法》，现印发给你们。

特此通知。

二○○七年十一月一日

北京市建设工程招标投标社会监督暂行办法

第一条　为进一步加强和完善建筑市场的运行机制，充分发挥社会监督对规范招投标市场主体行为及遏制腐败的作用，保证建设工程招标投标活动的公开、公平、公正，依据《中华人民共和国招标投标法》等法律法规的规定，制定本办法。

第二条　北京市建设工程招标投标管理办公室（以下简称市招标办）建立招标投标特邀监督员制度、招标投标社会公众旁听制度、招标投标工作定期通报制度，接受社会监督。

第三条　市招标办邀请市人大代表、市政协委员、建筑业行业业内专家、招投标协会以及纪检监察部门工作人员等有关方面的专业人士，作为北京市建设工程招投标活动的特邀监督员（以下简称特邀监督员）。

第四条　特邀监督员从满足以下条件的人员中选择确定：

（一）市人大代表、市政协委员、纪检监察部门工作人员或在建筑行业及招投标领域有一定代表性的专家、学者等；

（二）了解建设工程招标投标有关法律法规规定及相关业务知识；

（三）具有较强的事业心和责任感，遵纪守法，作风正派；

（四）身体健康，能够胜任特邀监督员工作。

第五条　特邀监督员的选聘、任职期限及解聘：

（一）特邀监督员人选由有关方面推荐，经市招标办确定并争得本人及其所在工作单位同意后，颁发聘书，并向社会公布名单；

（二）特邀监督员聘期每届一年，能够继续胜任特邀监督员工作的，予以续聘；

（三）特邀监督员在聘期内如发生违法违纪行为，或有其它特殊情况不适合继续担任特

邀监督员的,由市招标办予以解聘,并书面通知其所在单位,从解聘之日起收回聘书;

(四)特邀监督员由于某种原因主动要求提前解聘的,需由本人提出书面申请,经市招标办同意后予以解聘,并书面通知其所在单位,从解聘之日起收回聘书。

第六条 特邀监督员以定期监督或不定期监督相结合的方式开展以下工作:

(一)在市招标办的统一安排下,参加国家和本市政府投资工程和重点工程招投标活动的监督检查活动,对招标投标活动过程进行监督;

(二)在市招标办的统一安排下,对本市招投标活动进行调查研究,并提出意见和建议;

(三)结合自身专业特长,在日常工作、生活中了解收集有关招投标的信息,向市招标办反映发现的问题,提出意见和建议;

(四)对本市有关建设工程招投标的重大决策和规范招投标行政监督行为提出意见和建议;

(五)受邀列席市招标办关于招投标工作的相关会议。

第七条 特邀监督员应遵守以下工作规范:

(一)积极参加市招标办组织开展的各项检查、调查研究活动,准时出席有关会议;

(二)遵守工作纪律,保守工作秘密,尽职尽责,及时、公正、准确地反映有关问题和意见;

(三)遵守国家及本市招投标法律法规规章有关回避的规定,不以任何方式插手或干预具体招投标活动;

(四)不以特邀监督员的身份谋求个人私利或为本单位谋求非法利益。

第八条 市招标办对特邀监督员反映的问题、意见和建议,依法进行调查研究或处理,并将结果反馈特邀监督员。

第九条 市招标办负责公众旁听会议的组织和管理工作,旁听会议召开7日前,由市招标办在北京建设网、市交易中心信息网及市交易中心信息发布大厅等媒体向社会发布公告。

第十条 旁听分为申请旁听和邀请旁听。

申请旁听的公民应年满18周岁,享有政治权利,并具备完全民事行为能力。申请旁听的公民须持本人身份证或所在单位、街道办事处、乡镇人民政府开具的证明,在旁听会议3个工作日前向市招标办报名申请旁听。

邀请旁听由市招标办直接邀请人大代表、政协委员、民主党派、新闻记者及与建筑工程相关的人员参加旁听。

第十一条 每次参加会议旁听的名额一般不超过10人,市招标办对报名参加的人员进行综合评定后,于会议召开2个工作日前以电话方式通知公民本人领取旁听证。

第十二条 参加旁听会议的公民,持本人旁听证、有效身份证明在会议召开前10分钟内到场,并在会议专设席位就坐。

第十三条 旁听会议的公民应遵守会议纪律,不得参与或干扰招投标会议的正常进行:

(一)在会议召开过程中不得接听电话,手机应关闭或放置震动状态;

(二)未经允许,不得录音、录像或摄影,新闻记者需出示记者证;

（三）不得交头接耳、发言、提问，不得在会场内随意走动或鼓掌、喧哗等妨害会议召开的行为。

第十四条　旁听公民对招投标会议的过程有意见和建议，或对招标人、投标人、招标代理机构、评标委员会评委等资质、行为有异议的，可以在会议结束后，向市招标办提出口头咨询或书面意见和建议。市招标办将收集、整理旁听公民提出的意见和建议；必要时，将在会后召开座谈会，听取旁听公民的意见和建议。

第十五条　市招标办在北京市建设工程信息网（网址：www. bcactc. com）设立“招标投标社会监督窗口”，组织网上论坛，广泛听取社会意见，接受社会监督。

第十六条　市招标办每季度组织一次招标投标工作座谈会，邀请市场主体各方代表和社会公众代表参加，通报一季度全市招标投标工作动态，并听取各方意见。

第十七条　本办法自2007年11月1日起施行。

北京市建设委员会关于合理确定和调整建设工程人工工资单

京造定[2007]1号

各有关单位：

随着我市建设规模的不断扩大，特别是奥运场馆及配套设施工程建设进入高峰期，建筑市场用工需求量剧增，供需矛盾日渐突出。为缓解供需矛盾，正确引导调控建筑市场人工工资单价，规范建筑市场计价行为，确保奥运场馆及配套设施等工程建设的顺利进行，现就合理确定和调整建设工程人工工资单价通知如下：

一、2007年2月1日以后(含，下同)，有关单位编制工程设计概算、工程标底、投标报价时，其人工工资单价不应按现行概预算定额中的人工工资基价确定，而应当根据我市现行建设工程造价计价办法及有关规定，参照编制期北京市建设工程造价管理处发布的《北京工程造价信息》中的人工市场价格信息(以下简称人工市场信息价)，并结合工程的具体情况及市场行情确定，但不应低于人工市场信息价的下限。

二、2007年2月1日以前已签订施工合同但未开工的工程，其人工工资单价应当参照合同开工期的人工市场信息价，并结合工程的具体情况及市场行情确定，但不应低于人工市场信息价的下限。发承包双方应当签订补充施工合同，调整人工工资单价。

三、2007年2月1日以前开工的在施工程，发承包双方应当实事求是地核实工作量，并按以下规定办理：

1. 对于已完的工作量，其人工工资单价仍按原施工合同的约定执行。

2. 对于未完的工作量，其人工工资单价应当参照2007年2月份的人工市场信息价，并结合工程的具体情况及市场行情确定，但不应低于人工市场信息价的下限。发承包双方应当另行签订补充施工合同，调整人工工资单价。

四、2007年2月1日以前已竣工的工程，其人工工资单价仍按原施工合同的约定执行。

五、造价处将继续加强对建筑市场人工工资单价的动态调控，进一步规范建筑市场各方主体的计价行为。

二○○七年一月十日

北京市建设委员会
关于全面推行农民工实名制卡的通知

京建管[2007]252 号

各区县建委、各省驻京建管处、各集团总公司、各在京建筑施工企业、各有关单位：

北京市自 2004 年开始实施农民工实名制管理，2006 年在企业和工程项目中进行实名制卡试点，并取得一定成效。实名制管理作为一项保障农民工合法权益的长效机制，得到了建设部和市政府的高度重视，市政府已将发放 60 万张农民工实名制卡列为了 2007 年要办的实事之一。按照市政府和建设部的要求，市建委决定在全市建筑业企业全面推行农民工实名制卡，现就有关工作通知如下：

一、工作目标

实现全年发放农民工实名制卡 60 万张以上，上半年完成 80% 工作量，10 月底全面实现推行目标。建筑面积 5000 平方米以上房建工程和工程造价 500 万元以上的市政工程，且工期在 6 个月以上的（以下简称实名制卡工程），要实现 IC 机具的使用覆盖率达到 90% 以上，农民工持卡率达到 95% 以上。

二、组织机构

（一）市建委成立推行农民工实名制卡工作领导小组。

市建委委员朱和平同志任组长。领导小组成员包括：建筑业管理处、建设市场处、房屋市场管理处、房地产开发管理处、政策法规处、房屋权属处、建设工程造价管理处、清理拖欠工程款办公室、建设工程和房屋管理监察执法大队、建设工程安全质量监督总站、新闻宣传中心、建筑业管理服务中心等处室和事业单位负责人。领导小组下设办公室，设在建筑业管理服务中心，办公室主任由建筑业管理服务中心主任张小虎同志兼任。

市建委推行农民工实名制卡工作领导小组，主要负责对全市推行实名制卡工作进行统一部署，协调解决重要问题，对各区县、各省建管处工作落实情况进行监督检查和总结考核。市建委设立推行实名制卡工作监督举报电话，企业不为农民工办理实名制卡，农民工可以举报（举报电话：63585182）。

（二）各区县建委要成立相应的组织机构，按照市建委的工作要求，负责对本辖区内的工程项目落实实名制卡和 IC 机具使用情况进行监督检查，推动本属地总承包企业、专业分包企业、劳务分包企业落实实名制管理。

（三）各省驻京建管处要成立相应的组织机构，负责做好本省来京施工企业实名制管理的各项工作，对实名制卡发放和 IC 机具使用情况进行监督检查。督促新进京的企业在 7 日内完成实名制备案。

三、具体要求

（一）总承包企业是推动实名制管理工作的主要责任人，要编制推动 IC 机具的工作方案,3月底前报市建委推行农民工实名制卡工作领导小组办公室。要求总承包企业做好以下工作:一是要成立专门的组织机构,在工程项目上配备专职劳动力管理员、负责实名制IC机具的购买、安装、使用和管理;二是工程项目专职工作人员负责与劳务企业共同完成农民工初次进施工现场身份识别记录工作,负责门禁、考勤工作,负责IC信息的采集汇总,并及时传递给专业分包、劳务分包企业;三是督促专业分包、劳务分包企业及时进行人员备案,领取实名制卡;四是按规定期限和程序结算支付劳务费,监督专业分包、劳务分包企业按月足额支付农民工工资,将农民工工资发放到个人账户(实名制卡)。

(二)劳务企业是推行实名制管理,落实实名制卡工作的第一责任人,要求劳务企业做好以下工作:

1.劳务企业要成立相应机构,在工程项目上必须设置与总承包企业相应的劳动力管理员;

2.与作业人员签订劳动合同后的3个工作日内,完成人员网上实名制备案;

3.负责农民工实名制卡的申报、领取和发放工作,本企业农民工持卡率要达到95%以上。及时与指定银行建立代发工资账户,保证按月足额发放农民工工资,将工资发放到个人账户(实名制卡),并做好农民工考勤、工资发放的公示工作;

4.要做好对农民工实名制卡发放、使用、保管的宣传教育工作。

(三)各集团总公司对承包的实名制卡工程必须加强实名制管理工作,实名制IC机具使用率要达到100%,实现对人员出入、考勤、工资发放实施监管。

四、监督检查措施

(一)各区县建委、各省驻京建管处要加强对各施工企业、工程项目推行实名制卡和IC机具情况的监督检查,发现问题责令整改。各区县建委、各省驻京建管处要设立推行实名制卡工作监督举报电话,企业不为农民工办理实名制卡,农民工可以举报。

(二)对不落实本《通知》要求,推行实名制卡不力的施工企业将采取以下措施:

1.限期整改,对于不落实实名制卡而引发群体性事件的施工企业,整改期间停止承接新工程。

2.对不能按月足额将农民工工资发放到个人账户(实名制卡)的劳务企业,公开曝光,限期整改,并责令其按规定在银行建立农民工工资预留账户。

3.对总承包企业不能按标准推行实名制IC机具,且覆盖率达不到90%的,将作为企业不良行为信息记入信用评价档案。

4.把人员实名制备案作为2007年来京企业年度市场信誉评价的考核内容,凡是备案人数低于95%的将扣减10分。对来京施工的总承包企业,在施工程使用实名制IC机具低于90%的将扣减10分。由于不落实实名制卡而导致极端或群体性事件的责任单位,年度市场信用评价不合格。

5.市建委在开展"建筑劳务合作和谐项目"活动中,将实名制IC机具的使用和管理、农民工持卡率列为主要考核内容。对落实实名制卡工作好的企业和劳动力管理员进行表彰,"建筑劳务合作和谐项目"作为优良信息记入企业的信用档案。

6.对初次进京的劳务企业设定三年的观察期,企业在观察期内必须按规定在银行建立农民工工资预留账户。

7.市建委将于5月份进行全市推行实名制卡大检查,并于年底前对全市推行实名制卡工作进行总结和考核。

二〇〇七年三月二十日

北京市建设委员会　北京市劳动和社会保障局关于开展建筑业外来农民工职业技能培训工作有关问题的通知

京建管[2007]619号

各局、总(集团)公司,中央在京施工企业,各有关职业技能培训学校、职业技能鉴定机构,各有关单位:

为贯彻落实《国务院关于解决农民工问题的若干意见》(国发[2006]5号)精神,根据北京市《关于加强外来农民工职业技能培训工作有关问题的通知》(京劳社培发[2006]117号)、《关于加强外来农民工职业技能培训工作有关问题的补充通知》(京劳社培发[2007]56号)文件的规定,为全面提高建筑业农民工的职业素质和就业能力,进一步做好外来农民工职业技能培训工作,现就本市建筑业外来农民工职业技能培训的有关问题通知如下:

一、提高认识,切实做好建筑业外来农民工职业技能培训工作

开展外来农民工职业技能培训工作是中央关于建设社会主义新农村总体战略部署的重要组成部分,是本市落实科学发展观、统筹城乡就业、构建和谐社会的一项重要工作任务。外来农民工职业素质的不断提高关系到本市"新北京、新奥运"战略构想的顺利实施,关系到首都经济社会的可持续发展。本市结合实施第二期"三年百万"职业技能培训计划,将外来农民工职业技能培训纳入全市总体培训规划,各部门、用人单位应当进一步加强外来农民工职业技能培训工作。建筑行业是外来农民工集中的行业、企业,应当组织外来农民工参加全日制、半日制或灵活学制的职业技能培训。有条件的单位可以开展外来农民工培训的评比考核;鼓励企业从农民工中培养优秀的技能人才,提高职工队伍的整体素质。

二、享受培训补贴的人员范围

(一)本通知所称外来农民工是指在法定劳动年龄内、户籍在外省市农村,与本市各类建筑业企业签订劳动合同并在北京市建委信息系统网上进行了实名制备案。

(二)建筑业企业在组织农民工参加培训时,应优先选择农民工中的党员和加入了工会组织且使用时间在三年以上,有一定的专业技能并能够继续与企业签订劳动合同的人员。

(三)农民工参加其企业统一组织的职业技能培训,并取得五级、四级、三级(即初级、中级、高级)国家职业资格证书或建设职业技能岗位证书的,按外来农民工职业培训补贴的有关规定给予一次性职业培训补贴。

三、培训机构的资质和条件

为确保培训质量,我市将在建筑业选择优质的培训资源为农民工提供培训服务;首批建筑业农民工培训机构将从市劳动和社会保障局认定的职业技能培训学校中挑选;鉴定机构由市建委在所属局、总(集团)公司现有的职业技能培训鉴定机构中认定。

建设职业技能岗位证书涉及的职业(工种)名称,由市建委每年向市劳动保障局备案。

四、培训的组织与实施

(一) 成立北京市建筑业外来农民工职业技能培训工作指导小组。

组　长:朱和平

副组长:张小虎、甄兰琼、谌跃进

成　员:范长冬、王淑芳、冯彩华、王连军

办公室设在北京市外施企业工会联合会。

(二) 鼓励各类建筑业企业与定点培训机构紧密协作,采用"校企合作"的方式,组织、安排本企业生产、技术骨干中的外来农民工参加技能培训。培训机构应当主动帮助企业根据生产经营需要,制定切实可行的培训计划;根据企业提供的外地农民工培训名单与企业签订外来农民工职业技能培训协议,并按照国家职业标准、职业技能鉴定规范、企业岗位技能需求等编制教学计划。

培训协议应当包括:培训时间、职业(工种)、技术等级、培训人数、培训地点、培训方式等基本内容。

(三)培训机构自认定之日起10个工作日内,将本机构与企业签订的培训协议和年度、班级教学计划报北京市建筑业外来农民工职业技能培训工作指导小组办公室进行教学审核;办公室在3个工作日内将审核意见反馈到申报学校。

(四)培训机构在实施培训过程中应当严格按照通过教学审核的教学计划实施培训,每个班级的人数不得超过60人,确保培训质量。培训班应当增加职业道德、安全生产、消防常识、卫生防疫和劳动法知识等方面的培训内容,课时总量不得低于200课时,岗位技能提升培训课时总量不得低于120课时。培训中应突出实际操作技能的训练,实操课时不少于总课时的50%。

五、职业培训补贴

(一)职业培训补贴标准为:取得五级(初级)职业资格证书的补贴400元,取得四级(中级)职业资格证书的补贴500元,取得三级(高级)职业资格证书的补贴600元;取得北京市职业技能培训结业证书的补贴400元。

(二)职业培训补贴由经过认定的培训机构先行垫付,待参加培训的外来农民工取得国家职业资格证书或建设职业技能岗位证书后,按照规定向北京市建筑业外来农民工职业技能培训工作指导小组办公室申请职业培训补贴;办公室审核汇总后,报市劳动和社会保障局审批。

职业培训补贴资金主要用于购置或更新教学实操设备,购买培训教材、教学耗材等技能培训教学的直接支出。

六、职业培训补贴资金的申报、批复程序

(一)按照京劳社培发[2006]117号文件规定,培训机构向北京市建筑业外来农民工职业技能培训工作指导小组办公室提出外来农民工职业培训补贴申请。申请材料包括:

1. 本学校外来农民工职业培训补贴的书面申请;

2. 与企业签订的培训协议原件、复印件(审核后原件退还培训学校保存);

3. 学校在银行开立的基本账户凭证复印件;

4.《外来农民工职业培训补贴申请表》(见附件 1);

5.《外来农民工职业技能培训、鉴定花名册》(见附件 2)。[需加盖北京市建筑业外来农民工职业技能培训工作指导小组办公室审核专用印章〈北京市外施企业工会联合会(代章)〉]

(上述材料要求统一使用 A4 纸报送)

(二)北京市劳动保障局按规定对北京市建筑业外来农民工职业技能培训工作指导小组办公室提交的申报材料审核批复后,向市财政局提出拨款申请。

七、监督检查

(一)北京市建筑业外来农民工职业技能培训工作指导小组要建立对建筑行业、企业的目标责任制度,对各相关局、总(集团)公司外来农民工岗位技能培训工作进行督导,对未按规定开展外来农民工技能培训工作的,在建委系统内部进行通报批评。

(二)北京市建筑业外来农民工职业技能培训工作指导小组要按照文件规定,加强对资金的审核、管理和使用的监督检查,确保职业培训补贴资金的运行安全。对违反规定骗取或冒领外来农民工职业培训补贴的进行通报批评,触犯法律的依法追究相关的法律责任,追回所拨款项,并取消培训机构的资质。

(三)实行动态调整制度。北京市建筑业外来农民工职业技能培训工作指导小组,根据教学安排和教学进度,定期对教学质量进行抽查;对于培训质量不合格,以及存在违法乱纪行为的培训机构或不能确保考核鉴定质量、存在违规行为的职业培训技能鉴定机构均取消其培训或开展技能鉴定的资格,并定期向社会公布,接受社会监督。

本通知自发布之日起实施。

附件:1. 外来农民工职业培训补贴申请表(略)

2. 外来农民工职业技能培训、鉴定花名册(略)

二〇〇七年六月二十五日

北京市建设委员会关于施行《北京市建筑业企业资质及人员资格动态监督管理暂行办法》的通知

京建法[2007]825号

各区、县建委,各集团(总公司),各建筑业企业,各有关单位:

为维护本市建筑市场秩序,规范建筑业企业及其人员行为,提高行业管理水平,推进建筑行业诚信体系建设,经我委研究决定,并报请建设部和市政府同意,定于自2007年9月1日起,在全市范围内对建筑业企业资质及人员资格施行动态监管,现将《北京市建筑业企业资质及人员资格动态监督管理暂行办法》印发给你们,请认真学习并遵照执行。

特此通知。

附件:北京市建筑业企业资质及人员资格动态监督管理暂行办法

二〇〇七年八月十三日

附件

北京市建筑业企业资质及人员资格动态监督管理暂行办法

第一章　总　则

第一条　为维护建筑市场秩序,规范建筑业企业及其人员行为,提高行业管理水平,推进本市建筑行业诚信体系建设,根据有关法律法规的规定,结合本市实际,制定本办法。

第二条　在本市行政区域内从事建筑活动的本市建筑业企业、中央在京建筑业企业和外地来京建筑业企业及其企业负责人、项目负责人和专职安全生产管理人员(以下简称企业、人员)的动态监管,适用本办法。

本办法所称企业负责人,是指对本企业日常生产经营活动全面负责、有生产经营决策权的人员,专指企业的总经理、厂长等。

本办法所称项目负责人,是指由企业法定代表人授权,负责建设工程项目管理的总承包、专业承包项目负责人或劳务分包项目负责人等。

本办法所称专职安全生产管理人员,是指在建设工程项目专职从事安全生产管理工作的人员,包括企业安全生产管理机构的负责人及其工作人员和施工现场专职安全员。

第三条 企业资质及人员资格动态监督管理包括对企业、人员违法违规行为的记分、处理和对本市建筑业企业资质条件的日常核查两部分。

第四条 市建委建立全市统一的企业资质及人员资格动态监管平台,采用记分机制,将法律、法规、规章和规范性文件的具体规定量化为相应的分值并编制成记分标准。市和区县建委在对企业、人员违法违规行为进行处罚或处理时进行记分,并由市建委进行累加,按照规定的措施对企业资质及人员资格做出相应处理。

第五条 市和区县建委依照有关规定对本市建筑业企业的资质条件进行日常核查,对不达标的企业采取相应的处理措施。

第六条 实行企业资质和人员资格动态监管不改变市和区县建委现有的对企业和人员依法处罚、处理的程序。市和区县建委不得将对企业、人员的记分代替对企业、人员的处罚、处理。

第二章 记分标准和记分

第七条 市建委依据法律、法规、规章和规范性文件的规定,制定《北京市建筑业企业违法违规行为记分标准》(见附件,以下简称《记分标准》),并可根据法律法规和政策变化适时予以补充调整。

市和区县建委在对企业、人员违法违规行为进行处罚、处理时,应依据《记分标准》在执法文书上记分。

第八条 记分周期从每年1月1日起至12月31日止,记分周期届满,企业和人员的年度积分清零,重新记分。

企业被降低资质等级后,企业当前积分清零;项目负责人和专职安全员被暂停执业资格或暂扣相应证书的,人员当前积分清零。

第九条 市和区县建委应于做出行政处罚或处理决定的当日内将对企业、人员的处罚、处理情况和记分情况上传至企业资质和人员资格动态监管平台。

第十条 市建委通过企业资质及人员资格动态监管平台对企业、人员的违法违规信息进行汇总和整理,并依照有关规定在指定媒体予以公示。

企业、人员可以通过监管平台,及时查询自身积分情况。

第三章 企业、人员积分处理

第十一条 根据企业积分,市建委对企业分别进行如下处理:

(一)企业积分达到8分时,市建委对企业提出书面警示,并提示市建设系统及有关协会在组织企业评优活动时,对该企业的资格慎重考评。

单项工程项目积分达到8分时,市建委提示市建设系统及有关协会在组织工程评优活动时,对该工程项目的资格慎重考评。

(二)企业积分达到16分时,市建委在有形建筑市场公示企业违法违规行为信息,提示招标人在选择投标人时予以慎重考虑，并依法限制企业申请资质升级和增项。

（三）企业积分达到24分时，市建委将企业的违法违规行为和处罚或处理结果在动态监管信息平台上予以公示，同时依法核查企业安全生产条件和资质条件；企业安全生产条件经核查不达标的，责令30日内改正，并依法暂扣安全生产许可证；企业资质条件经核查不达标的，责令三个月内改正，改正期间企业不得承揽新工程。

（四）企业积分达到30分时，市建委依法核查企业的安全生产条件和资质条件；核查不达标的，依法降低资质等级或者吊销企业资质证书、安全生产许可证。

上述处理措施中，依法应当由建设部、外省建设行政主管部门进行资质降级、吊销资质证书和暂扣、吊销安全生产许可证的，由市建委将企业违法违规行为信息和处理建议报告建设部或者抄送企业注册地的省级建设行政主管部门。在上述部门做出处罚或处理决定前，限制企业在北京承揽新工程。

第十二条 市建委建立企业定期讲评制度。在每季度第一个月内，市建委对企业积分达到8分以上（含8分）的企业负责人进行动态监管工作讲评。

第十三条 市建委依法对企业直接做出降低资质等级或吊销资质证书的行政处罚的，不予记分，将企业违法违规行为和处罚结果在市建委网站上予以公告。

第十四条 根据人员积分，市和区县建委对企业负责人、项目负责人和专职安全生产管理人员分别进行如下处理：

（一）企业负责人

1. 企业负责人积分达到16分时，市建委约谈企业负责人并要求其参加不少于3天的专业学习，并进行考核。

2. 企业负责人积分达到24分时，市建委将该企业违法违规行为及处罚、处理结果等信息通报该企业注册地工商行政管理部门；该企业属于国有资产管理委员会（以下简称国资委）管理的，函告国资委，同时在指定媒体上予以公示。

（二）项目负责人

1. 项目负责人积分达到4分时，由工程所在地区县建委对该项目负责人提出书面警示，同时市建委提示市建设系统及有关协会在组织项目负责人评优活动时，对该人员的资格慎重考评。

2. 项目负责人积分达到8分时，由工程所在地区县建委对该项目负责人进行约谈，并要求其参加不少于两天的专业学习，并经考核合格后再上岗。

3. 项目负责人积分达到12分时，市建委建议企业撤换该项目负责人，并将项目负责人违法违规行为在有形建筑市场和指定媒体上公示，同时依法对该项目负责人行为进行监督检查。对于本市颁发证书的项目经理和注册的建造师，发现应当暂扣、撤销注册证书或者吊销项目经理证书的情形时，依法办理；对于非本市颁发证书的项目经理和注册的建造师，将其违法违规行为信息和处理建议抄送其发证机关或注册机关，在上述机关做出处罚或处理决定前，禁止其作为项目负责人在京承揽工程。

（三）专职安全生产管理人员

1. 专职安全生产管理人员积分达到2分时，由工程所在地区县建委组织其参加不少于一天的专业学习，并经考核合格后再上岗。

2. 专职安全生产管理人员积分达到4分时，由工程所在地区县建委建议项目负责人撤换该人员，同时依法对该专职安全生产管理人员行为进行监督检查；发现应当暂扣、撤销相关证书的情形时，依法办理。

第四章　企业资质条件的日常核查

第十五条　市建委根据法律、法规、规章和规范性文件制定《北京市建筑业企业资质标准现场核查规范》。市和区县建委依照职责分工对本市企业资质条件是否达到《建筑业企业资质标准》的要求进行日常核查。

第十六条　涉及交通、水利、通信、消防和供电专业资质企业的资质条件核查，由市建委会同相关专业管理部门共同进行。

第十七条　经核查企业资质条件未达到《建筑业企业资质标准》的，市建委限其3个月内整改。整改期届满，由市建委组织复查，复查结果仍不达标的，依法降低企业相关资质等级；降级前已经是最低等级资质的，市建委依法撤回颁发给企业的资质证书。

第十八条　由建设部批准的本市企业的资质需要降级或撤回资质时，由市建委将处理建议报建设部。

第五章　法　律　责　任

第十九条　市和区县建委执法单位和执法人员发现企业和人员违法违规行为的，应当进行处罚、处理并记分。执法单位和执法人员有下列行为的，市建委责令限期整改并通报批评，对情节严重的依法追究责任人员执法责任：

（一）收到公民、法人或者其他组织的投诉、举报后，不按照规定履行调查、处理等职责的；

（二）应当处罚而未进行处罚的；

（三）对处罚处理情况故意隐匿不报的；

（四）做出的处罚、处理明显违法或不当的；

（五）对违法违规企业、人员的记分不符合《记分标准》或不按照本办法规定的程序报送记分情况的；

（六）法律、法规、规章规定的其他违法失职行为。

前款所列行为构成犯罪的，依法移送司法机关处理。

第二十条　市建委法制部门和监察部门定期和不定期对行政执法案卷进行评查，发现案卷存在不合法、不规范的问题时，应当督促有关单位进行整改。有关单位应当按照要求将整改处理结果向法制部门和监察部门报告。

第二十一条　对企业资质及人员资格动态监管工作零执法记录的区县建委，市建委法制部门组织开展重点专项调查。

第二十二条　企业、人员对违法违规行为的处罚、处理决定、记分以及资质条件核查结论有异议的，可以依法起诉或申请行政复议，也可依法向监察部门投诉。

第六章 附 则

第二十三条 对在外埠从事建筑活动的本市建筑业企业资质及人员资格的动态监管,参照本办法执行。

第二十四条 本办法自 2007 年 9 月 1 日起开始施行。

北京市建设委员会关于印发《关于推行建筑业农民工实名制卡第二阶段工作的指导意见》的通知

京建管[2007]898号

各区县建委、各省驻京建管处、各大集团公司：

为落实今年发放60万张农民工实名制卡办实事项目，争取在10月底前使已发放的42万张建筑业农民工实名制卡真正发挥作用，根据市建委《关于全面推行农民工实名制卡的通知》，研究制定了《关于推行建筑业农民工实名制卡第二阶段工作的指导意见》，现印发给你们，请各单位认真贯彻落实。

二〇〇七年九月四日

关于推行建筑业农民工实名制卡第二阶段工作的指导意见

为更好的贯彻《关于全面推行农民工实名制卡的通知》文件精神，落实好北京市政府为农民工办的实事，根据实名制推行工作发卡、用卡、落实权益三个阶段的整体安排，第一阶段的发卡工作到目前为止已发421185张，全市外施人员备案累计477654人，安装IC机具1276部，开卡比率是60万张的70.2%，是备案的88.2%，已基本达到了可使用数量。在巩固第一阶段以发卡为侧重点的工作基础上，下一步工作重心将逐渐转移到以用卡为侧重点的第二阶段。

一、第二阶段的工作目标和工作思路

工作目标：10月底将已发的42万张实名制卡全部激活，使实名制卡真正发挥作用，让党和政府对农民工的关爱真正落到实处。

工作思路：完善实名制卡使用所需的各种环境和条件，制定实名制卡使用管理的配套办法，集成各种鼓励政策，在重点落实实名制卡使用功能的同时，继续加强农民工的实名制备案和实名制卡的发卡工作。

二、第二阶段主要工作安排

1.进一步统一认识，调整推行实名制卡的工作重心

各相关单位尽快按照市建委的工作布署，适应形势要求，迅速调整工作方法，在进一步统一认识的同时，将工作重心从单一抓发卡调整到重在对实名制卡的实际功能应用上，10月底力争完成一个使用的管理循环。

2. 继续加强调研,找出激活实名制卡的突破点

市建委将在兼顾各方使用需求的基础上,继续广泛开展调研工作,多层次多角度详细调研现阶段实名制卡的使用情况,从农民工到总承包企业自下而上地摸清用卡中存在的难点焦点问题,找准突破点,完善相应工作流程,对各相关单位实名制卡使用工作起到切实指导作用。

3. 整合力量,充实推行实名制卡工作的组织机构

在现有组织力量构成的基础上,继续协调建委相关处室、区县建委,联合各省驻京建管处、各大集团公司、邮政储汇局等,形成多方面力量组合;通过边检查、边宣传、边规范,共同督促落实实名制卡的推行工作。

4. 配合实名制卡推行进度,进一步加大宣传力度

结合实名制卡推行工作和现阶段的工作重点,有针对性地开展宣传工作。利用媒体报道、宣传画、宣传手册等方式,从面向农民工的宣传逐步过渡到面向管理功能的应用宣传。

5. 搭建实名制卡的使用环境,加快 IC 机具的布设工作

在完成 IC 机具的政府招标后,各相关单位要抓紧落实工地的 IC 机具布设工作,搭建好实名制卡使用的外围环境,争取在 9 月底实现所有工程项目的机具覆盖。同时,市建委加快实名制管理系统的升级改造,配合实名制推行进度,在 9 月底完成软件功能的提升。

6. 开展再培训,提高实名制卡一线劳动力管理人员的应用能力

配合工地 IC 机具的布设及系统的更新工作,各相关单位要从大项目入手加强对劳务企业的业务指导,集中组织力量对一线劳动力管理人员进行实名制卡使用功能的培训,提高一线劳动力管理人员的操作能力和管理水平,为 10 月底完成一个使用的管理循环做好人员准备。

7. 加强劳务费支付情况的统计排查工作

为创造良好氛围,迎接党的十七大的胜利召开,从 9 月份开始,市建委将结合实名制卡的工资发放情况,进一步加强劳务费支付统计报表的报送工作,每月对劳务费支付情况作出分析和通报。

8. 建立有效管理机制,制定实名制卡管理的配套政策

抓紧实名制管理的政策调研,出台相应的推进实名制工作的保障措施及奖励办法,在推进用卡过程中落实扶持优惠政策,最大限度地满足各方使用需求,建立信息畅通、管理科学、激励到位、监控有力的工作体系和工作秩序。各相关单位可以根据政策和自身管理要求,制定本单位的实名制卡管理办法,真正激活发放的实名制卡。

9. 合理简化手续,进一步加快实名制卡的备案和发卡工作

通过合理简化办理手续,调整备案系统功能,实现专业承包企业以企业为单位为本企业的农民工进行备案,劳务企业以项目为单位为本企业的农民工进行备案的双轨制模式,在重点抓好用卡的基础上,继续推进实名制备案和开卡工作。

附件:1.《关于全面推行农民工实名制卡的通知》

2.《实名制卡配套机具布设方案》、《劳务费及农民工工资支付方案》、《实名制管理第二次培训方案》(略)

3.《实名制卡推行工作领导小组成员》(略)

附件：

关于全面推行农民工实名制卡的通知

各区县建委、各省驻京建管处、各集团总公司、各在京建筑施工企业、各有关单位：

北京市自2004年开始实施农民工实名制管理，2006年在企业和工程项目中进行实名制卡试点，并取得一定成效。实名制管理作为一项保障农民工合法权益的长效机制，得到了建设部和市政府的高度重视，市政府已将发放60万张农民工实名制卡列为了2007年要办的实事之一。按照市政府和建设部的要求，市建委决定在全市建筑业企业全面推行农民工实名制卡，现就有关工作通知如下：

一、工作目标

实现全年发放农民工实名制卡60万张以上，上半年完成80%工作量，10月底全面实现推行目标。建筑面积5000平方米以上房建工程和工程造价500万元以上的市政工程，且工期在6个月以上的（以下简称实名制卡工程），要实现IC机具的使覆盖串达到90%以上，农民工持卡率达到95%以上。

二、组织机构

（一）市建委成立推行农民工实名制卡工作领导小组。

市建委委员朱和平同志任组长。领导小组成员包括：建筑业管理处、建设市场处、房屋市场管理处、房地产开发管理处、政策法规处、房屋权属处、建设工程造价管理处、清理拖欠工程款办公室、建设工程和房屋管理监察执法大队、建设工程安全质量监督总站、新闻宣传中心、建筑业管理服务中心等处室和事业单位负责人。领导小组下设办公室，设在建筑业管理服务中心，办公室主任由建筑业管理服务中心主任张小虎同志兼任。

市建委推行农民工实名制卡工作领导小组，主要负责对全市推行实名制卡工作进行统一部署，协调解决重要问题，对各区县、各省建管处工作落实情况进行监督检查和总结考核。市建委设立推行实名制卡工作监督举报电话，企业不为农民工办理实名制卡，农民工可以举报。

（二）各区县建委要成立相应的组织机构，按照市建委的工作要求，负责对本辖区内的工程项目落实实名制卡和IC机具使用情况进行监督检查，推动本属地总承包企业、专业分包企业、劳务分包企业落实实名制管理。

（三）各省驻京建管处要成立相应的组织机构，负责做好本省来京施工企业实名制管理的各项工作，对实名制卡发放和IC机具使用情况进行监督检查，督促新进京的企业在7日内完成实名制备案。

三、具体要求

（一）总承包企业是推动实名制管理工作的主要责任人，要编制推动IC机具的工作方案，3月底前报市建委推行农民工实名制卡工作领导小组办公室，要求总承包企业做好以下工作：

一是要成立专门的组织机构，在工程项目上配备专职劳动力管理员，负责实名制IC机具的购买、安装、使用和管理；二是工程项目专职工作人员负责与劳务企业共同完成农民工初次进施工现场身份识别记录工作，负责门禁、考勤工作，负责IC信息的采集汇总，并及时传递给专业分包、劳务分包企业；三是督促专业分包、劳务分包企业及时进行人员备案，领取实名制卡；四是按规定期限和程序结算支付劳务费，监督专业分包、劳务分包企业按月足额支付农民工工资，将农民工工资发放到个人账户（实名制卡）。

（二）劳务企业是推行实名制管理，落实实名制卡工作的第一责任人，要求劳务企业做好以下工作：

1. 劳务企业要成立相应机构，在工程项目上必须设置与总承包企业相应的劳动力管理员。

2. 与作业人员签订劳动合同后的3个工作日内，完成人员网上实名制备案。

3. 负责农民工实名制卡的申报、领取和发放工作，本企业农民工持卡率要达到95%以上。及时与指定银行建立代发工资账户，保证按月足额发放农民工工资，将工资发放到个人账户（实名制卡），并做好农民工考勤、工资发放的公示工作。

4. 要做好对农民工实名制卡发放、使用、保管的宣传教育工作。

（三）各集团总公司对承包的实名制卡工程必须加强实名制管理工作，实名制IC机具使用率要达到100%，实现对人员出入、考勤、工资发放实施监管。

四、监督检查措施

（一）各区县建委、各省驻京建管处要加强对各施工企业、工程项目推行实名制卡和IC机具情况的监督检查，发现问题责令整改。各区县建委、各省驻京建管处要设立推行实名制卡工作监督举报电话，企业不为农民工办理实名制卡，农民工可以举报。

（二）对不落实本《通知》要求，推行实名制卡不力的施工企业将采取以下措施：

1. 限期整改，对于不落实实名制卡而引发群体性事件的施工企业，整改期间停止承接新工程。

2. 对不能按月足额将农民工工资发放到个人账户（实名制卡）的劳务企业，公开曝光，限期整改，并责令其按规定在银行建立农民工工资预留账户。

3. 对总承包企业不能按标准推行实名制IC机具，且覆盖率达不到90%的，将作为企业不良行为信息记入信用评价档案。

4. 把人员实名制备案作为2007年来京企业年度市场信誉评价的考核内容，凡是备案人数低于95%的将扣减10分。对来京施工的总承包企业，在施工程使用实名制IC机具低于90%的将扣减10分。由于不落实实名制卡而导致极端或群体性事件的责任单位，年度市场信用评价不合格。

5. 市建委在开展“建筑劳务合作和谐项目”活动中，将实名制IC机具的使用和管理、农民工持卡率列为主要考核内容。对落实实名制卡工作好的企业和劳动力管理员进行表彰，“建筑劳务合作和谐项目”作为优良信息记入企业的信用档案。

6. 对初次进京的劳务企业设定三年的观察期，企业在观察内必须按规定在银行建立农民工工资预留账户。

7. 市建委将于5份进行全市推行实名制卡大检查，并于年底前对全市推行实名制卡工作进行总结和考核。

二〇〇七年三月二十日

北京市建设委员会关于做好建筑业企业资质管理及相关工作的通知

京建管[2007]1323号

各区、县建委,各集团(总公司),各建筑业企业:

现将《建筑业企业资质管理规定实施意见》(建市[2007]241号,以下简称《实施意见》)转发给你们,请认真贯彻执行,并就实施中的一些具体问题通知如下:

一、资质等级与标准:

建筑业企业资质等级标准和各类别等级资质企业承担工程的具体范围,在新的资质标准颁布实施前,依据建设部《建筑业企业资质等级标准》(建建[2001]82号,以下简称《标准》)执行。其中,特级资质企业依据《施工总承包企业特级资质标准》(建市[2007]72号)执行。

二、资质申请与受理:

(一)申请渠道:

1. 在本市取得《企业法人营业执照》,首次申请、增项、晋升建筑业企业资质的,可随时向其工商注册所在地区县建委提出申请。

建筑业企业申请资质延续的,应在其取得资质证书有效期届满60日前,向其工商注册所在地区县建委提出申请。

2. 建工集团、城建集团、市政集团、住总集团、城乡集团及中关村开发建设有限公司申请各类资质,向市建委提出申请。上述集团公司的所属企业申请各类资质,经集团公司向市建委提出申请。

3. 不具有施工总承包资质的国务院国有资产管理部门直接监管的企业及其下属一层级企业,申请专业承包资质、劳务分包资质的,应向企业工商注册所在地区县建委提出申请。

国务院国有资产管理部门监管的下属二层级及以下企业,申请各类资质的,应向企业工商注册所在地区县建委提出申请。

4. 申请建筑业企业资质注销的,应向企业工商注册所在区县建委提出申请。

(二)申请资料:

1. 申请建筑业企业资质,按照《实施意见》中"二、申请材料"的要求办理。除此需说明如下:

(1)在项目经理过渡期内,项目经理资质证书可用建造师注册证书替代。项目经理过渡期结束后,按照建设部有关建造师管理规定执行;

(2)有职称专业技术人员养老保险凭证应提供企业为人员缴纳的包括养老、失业、工伤、医疗、生育等社会保险证明;

(3)建筑业企业资质标准要求的中高级职称专业技术人员、建造师(项目经理)还应提供人员劳动合同;

(4)劳务分包企业除提供标准要求的人员岗位证书、身份证明外,还应提供人员劳动合同;

(5)首次申请资质企业,应提供如下企业安全生产管理制度:

Ⅰ.安全生产责任制文件(应根据本企业机构设置情况制定,可参照下列岗位设定):

企业各级人员安全生产责任制:法定代表人、经理、安全生产副经理、总工、总会计师、项目经理、工长、技术员、工程质检员、安全员、班组长等。

企业各职能部门安全生产责任制:生产计划部门、技术质量部门、安全部门、设备部门、劳动部门、教育部门、保卫消防部门、材料部门、财务部门、行政卫生部门等。

Ⅱ.安全生产规章制度文件:安全生产教育和培训制度;安全检查制度;安全生产事故报告及处理制度等。

Ⅲ.操作规程:本企业施工主要工种的《安全生产操作规程》目录。

2.具体申请资料格式应按照《北京市建筑业企业资质申报示范文本》申报(《北京市建筑业企业资质申报示范文本》可从建筑业企业资质管理办公平台上下载)。

3.外商投资企业申请建筑业企业资质的申请材料,仍按照《外商投资建筑业企业管理规定》(建设部令第113号)办理。

(三)资质受理:

申请建筑业企业资质,需同时提交书面申请及网络申请。书面资料需加盖企业公章,网络资料按照建筑业企业资质审批系统申报要求办理。

建筑业企业申报资料齐全,符合法定形式,网络资料与书面资料相符,方可达到受理条件。

三、资质审查与许可:

(一)许可时限:

市建委自受理申请之日起20个工作日内做出许可决定,或初审完毕(指由建设部负责审批的资质)。但涉及到由市建委审批的交通、水利、通信、消防和供电等方面的建筑业企业资质,许可时限最长不得超过45个工作日。特殊需要审查的,经机关负责人批准,可依法延长10个工作日。

(二)许可程序:

1.受理:

区县建委自受理企业资质申请之日起5个工作日内将初审意见及申报材料上报市建委。

2.审查:

(1)市建委在10个工作日内完成审查。

对于申请晋升、增项、延续资质的,市建委会同委相关部门同期进行企业市场行为的核查。

涉及到由市建委审批的专业承包一级资质,采取增加专家审查、公示企业资质情况及征询项目业主意见等方式进行审查。特殊需要审查的,经机关负责人批准,可依法延长10

个工作日。

涉及到由建设部审批的交通、水利、通信等方面的企业资质，市建委同期送各专业管理部门审核，各专业管理部门在7个工作日内审核完毕，并将审核意见送市建委。逾期未返回审核意见的，视为同意。

(2)涉及到由市建委审批的交通、水利、通信、消防和供电等方面企业资质的，市建委至少在35个工作日内完成审查。其中：各专业管理部门在20个工作日内审核完毕，并将审核意见送市建委。逾期未返回审核意见的，视为同意。

3. 决定：

市建委自完成审查后4个工作日内做出决定。

4. 告知：

市建委自做出决定之日起1个工作日内制作许可决定文书，并在10个工作日内向申请人送达。

(三)许可公告：

市建委将审批结果在北京建设网上向社会予以公告，同时在做出决定之日起30个工作日内，将审批结果报送建设部备案，并抄送各专业管理部门。

(四)许可权限：

以下资质由市建委负责审批：

1. 施工总承包序列二级、三级资质(不含国务院国有资产管理部门直接监管的企业及其下属一层级企业的施工总承包序列二级、三级资质；铁道方面的施工总承包序列二级资质)；

2. 专业承包序列资质(不含交通、水利、信息产业方面的专业承包序列一级资质；铁路、民航方面的专业承包序列一级、二级资质；钢结构工程、桥梁工程、隧道工程、核工程、海洋石油工程、爆破与拆除工程的专业承包序列一级资质)；

3. 专业承包序列不分等级资质(不含公路交通工程专业承包序列、城市轨道交通专业承包序列的不分等级资质)；

4. 劳务分包序列资质；

5. 燃气燃烧器具安装、维修企业资质。

(五)区县建委根据本区域特殊情况，需增列《标准》中各类专业工程外的其他工程种类，其资质标准可参照专业承包序列"特种专业工程专业承包企业资质等级标准"的条件进行制定，通过市建委报建设部批准后予以颁布。

(六)区县建委可对受理的资质申请实施实地核查制度，具体核查制度由各区县建委制定。

(七)市建委对所许可的建筑业企业资质申请、审查等书面材料保存五年。

四、资质证书：

建筑业企业因经营需要申请增加资质证书副本数量的，或企业遗失资质证书申请补办的，按其申请资质渠道向工商注册所在地区县建委提出申请，市建委在2个工作日内办理。其中由建设部负责审批的由建设部办理。

五、资质变更：

(一)申请建筑业企业资质日常变更，或建筑业企业因分立、合并、重组和外省市建筑业企业申请迁入北京，需重新核定资质等级的，应当在向工商行政管理部门办理变更或申请手续后的30日内，按其申请资质渠道向工商注册所在地区县建委提出申请。

建工集团、城建集团、市政集团、住总集团、城乡集团及中关村开发建设有限公司及其所属企业申请资质变更的，向市建委提出申请。

（二）建筑业企业因改制、分立、重组和外省市建筑业企业申请迁入北京等涉及资质重新核定的，按照《实施意见》“二、申请材料中第（十一）、（十五）条”要求，以及建设部《关于建设工程企业发生改制、重组、分立等情况资质核定有关问题的通知》（建市[2007]229号）的要求办理。其中，申请资质分立的，母体企业和新设企业应同时申报。

（三）区县建委自受理日常资质变更之日起2个工作日内完成初审，并将初审意见及申报材料上报市建委。市建委在2个工作日内办理变更手续。由建设部负责资质变更的，市建委将建筑业企业资质证书、初审意见及申报资料上报建设部办理。

（四）市建委在办理资质证书变更手续后15个工作日内将变更结果报送建设部备案，并抄送各专业管理部门。

（五）建筑业企业申请日常资质变更，须同时提交书面及网络资料。书面提供资料要求如下：

1.详细地址变更：

（1）《北京市建筑业企业资质变更申请表》；

（2）企业法人营业执照（正、副本）；

（3）企业资质证书（正、副本）；

（4）自有或租赁固定办公场所证明材料；

（5）股东会（董事会）决议或其他关于变更事项的证明文件。

2.注册资本金变更：

（1）《北京市建筑业企业资质变更申请表》；

（2）企业法人营业执照（正、副本）；

（3）企业资质证书（正、副本）；

（4）验资报告或入资单或最新审计报告；

（5）股东会（董事会）决议或其他关于变更事项的证明文件。

3.经济类型变更：

（1）《北京市建筑业企业资质变更申请表》；

（2）企业法人营业执照（正、副本）；

（3）企业资质证书（正、副本）；

（4）企业章程（包含新、旧章程）及章程修正案；

（5）整体改制的还需提供改制重组方案、股东大会或董事会关于变更事项的决议或文件、上级资产管理部门或者股东大会的批准决定、企业职工代表大会同意改制重组的决议；

（6）人员社会保险证明。

4.法定代表人变更：

（1）《北京市建筑业企业资质变更申请表》；

（2）企业法人营业执照（正、副本）；

(3)企业资质证书(正、副本);

(4)法定代表人任职文件、身份证、职称证书;

(5)股东会(董事会)决议或其他关于变更事项的证明文件,如股权有变更,须附验资报告或入资单;

(6)企业章程(包含新、旧章程)及章程修正案。

5. 技术负责人变更:

(1)《北京市建筑业企业资质变更申请表》;

(2)企业资质证书(正、副本);

(3)技术负责人任职文件、身份证、职称证书、社会保险证明材料及相关资质标准要求的其他证明资料;

(4)股东会(董事会)决议或其他关于变更事项的证明文件。

6. 企业负责人变更:

(1)《北京市建筑业企业资质变更申请表》;

(2)企业资质证书(正、副本);

(3)企业负责人任职文件、身份证、职称证书、社会保险证明材料;

(4)股东会(董事会)决议或其他关于变更事项的证明文件。

7. 企业名称变更:

(1)《北京市建筑业企业资质变更申请表》(其中由建设部负责变更的,需提供《建设工程企业资质证书变更审核表》);

(2)企业法人营业执照(正、副本);

(3)企业资质证书(正、副本);

(4)企业新章程、企业原章程;

(5)工商部门出具的企业名称变更通知书;

(6)股东会(董事会)决议或其他关于变更事项的证明文件,如股权有变更,须附验资报告或入资单。

8. 企业吸收合并、新设合并后不申请资质升级和增加其他专业资质的变更:

(1)《北京市建筑业企业资质变更申请表》(其中由建设部负责变更的,需提供《建设工程企业资质证书变更审核表》);

(2)原合并企业营业执照证书注销证明;

(3)原合并企业资质证书注销证明;

(4)合并后新企业营业执照、企业章程;

(5)合并前原企业重组批准文件或股东会或职工代表大会决议;

(6)合并后新企业验资报告;

(7)人员社会保险证明。

六、监督管理:

(一)建筑业企业应按照《建筑业企业资质管理规定》(建设部第 159 号令,以下简称《规定》)第三十一条规定,向工商注册所在地区县建委及时、准确地提供企业信用档案信息,作为企业申请资质的唯一业绩考核依据。

（二）区县建委根据《北京市建筑业企业资质和人员资格动态监督管理暂定办法》要求，加强本区域内建筑业企业的动态监管。

（三）区县建委对许可的建筑业企业的资质条件进行定期或不定期检查，或进行专项稽查，每年抽查率不应低于5%，具体抽查要求依据《北京市建筑业企业资质标准现场核查规范》执行。

（四）市建委对出现违法违规行为的企业，按照有关法律法规对其法人单位做出停止招投标、降低资质等级（该法人单位的最高资质等级）或吊销资质证书等处理措施或行政处罚。在处理和行政处罚期间，企业不得申请升级、增项及互换主增项资质。

（五）被降级的建筑业企业，经过自处罚之日起一年以上时间的整改，且在此期间内未发生《规定》第二十一条所列违法违规行为，及《建筑市场诚信行为信息管理办法》（建市[2007]9号）中施工单位不良行为记录认定标准所列行为的，可申请其原有资质等级。

（六）市建委对企业申请材料有质疑的，企业应当提供相关资料，并配合相关部门进行实地调查。

市建委有权对区县建委的动态监管工作进行监督检查。

附件：1.《建设部关于印发〈建筑业企业资质管理规定实施意见〉的通知》（建市[2007]241号）

2.《北京市建筑业企业资质申报示范文本》（略）

二〇〇七年十二月二十日

附件1：

建设部关于印发《建筑业企业资质管理规定实施意见》的通知

建市[2007]241号

各省、自治区建设厅，直辖市建委，江苏和山东省建管局，新疆生产建设兵团建设局，国务院有关部门建设司，总后营房部工程局，国资委管理的有关企业：

根据《建筑业企业资质管理规定》（建设部令第159号）、《建筑业企业资质等级标准》（建建[2001]82号）和《施工总承包企业特级资质标准》（建市[2007]72号），我部组织制定了《建筑业企业资质管理规定实施意见》，现印发给你们，请遵照执行。执行中有何问题，请与我部建筑市场管理司联系。

附件：1. 建筑业企业资质申请表（略）

2. 施工总承包企业特级资质标准信息化考评表（略）

二〇〇七年十月十八日

建筑业企业资质管理规定实施意见

为规范建筑业企业资质管理，依据《建筑业企业资质管理规定》（建设部令第159号，以下简称《规定》）及相关法律法规，制定本实施意见。

一、资质申请

（一）依法取得工商行政管理部门颁发的《企业法人营业执照》的企业，在中华人民共和国境内从事土木工程、建筑工程、线路管道设备安装工程、装修工程的新建、扩建、改建等活动，应当申请建筑业企业资质。

（二）企业申请资质应按照《规定》第九条、第十条、第十一条规定的申请渠道提出申请，增项资质按照主项资质的申请渠道申请。

《规定》第九条第（二）款规定之外的企业申请各类资质，应向企业工商注册所在地建设主管部门申请。

（三）已取得工程设计综合资质、行业甲级资质的企业，可以直接申请一级及以下建筑业企业资质，但应满足建筑业企业资质标准要求。申请施工总承包资质的，企业完成相应规模的工程总承包业绩可以作为工程业绩申报资质。

其它工程设计企业申请建筑业企业资质应按照《规定》的要求办理。

（四）对企业改制、分立或合并后设立的企业，资质许可机关按下列规定进行资质核定：

1. 整体改制的企业，按资质变更程序办理；

2. 合并后存续或者新设立的企业可以承继合并前各方中较高资质等级。合并后不申请资质升级和增加其它专业资质的，按资质变更程序办理；申请资质升级或增加其它专业资质的，资质许可机关应根据其实际达到的资质条件，按照《规定》中的审批程序核定；

3. 企业分立成两个及以上企业的，应根据其实际达到的资质条件，按照《规定》的审批程序对分立后的企业分别重新核定资质等级。

（五）企业申请资质升级不受年限限制。

（六）企业可以申请一项或多项资质，申请多项资质的，应当选择一项作为主项资质，其余为增项资质。

企业的增项资质级别不得高于主项资质级别。

经原资质许可机关批准，企业的主项资质可以与增项资质互换。

（七）选择总承包序列某一类别资质作为本企业主项资质的，可申请总承包序列内各类别资质。取得施工总承包资质的企业，不再申请总承包资质覆盖范围内的各专业承包类别资质，即可承揽专业承包工程。总承包企业投标或承包其总承包类别资质覆盖范围以外的专业工程，须具备相应的专业承包类别资质；总承包企业不得申请劳务分包类别资质。

总承包类别覆盖的相应专业承包类别的对照表，另行制定印发后执行。

二、申请材料

企业申请资质需提供《建筑业企业资质申请表》（含电子文档）及相应附件资料，并按照下列顺序进行装订：

（八）综合资料（第一册）：

1. 企业法人营业执照副本。

2. 企业资质证书正、副本。

3. 企业章程。

4. 企业近三年建筑业行业统计报表。

5. 企业经审计的近三年财务报表。

6. 企业法定代表人任职文件、身份证明。

7. 企业经理和技术、财务负责人的身份证明、职称证书、任职文件及相关资质标准要求的技术负责人代表工程业绩证明资料。

8. 如有设备、厂房等要求的，应提供设备购置发票或租赁合同、厂房的房屋产权证或房屋租赁合同等相关证明，以及相关资质标准要求提供的其它资料。

9. 企业安全生产许可证（劳务分包企业、混凝土预制构件企业、预拌商品混凝土等企业可不提供）。

其中，首次申请资质的企业，不需提供上述2、4、5、9的材料，但应提供企业安全生产管理制度的文件。

10. 申请特级资质的，除提供上述材料外，还应提供：

（1）企业近三年银行授信凭证；

（2）企业近三年上缴建筑业营业税税票或境外工程的工程结算凭证；

（3）省、部级（或相当于省部级）以上企业技术（研发）中心，或分中心认证的证书或有效核准文件；

（4）国家级工法的认定文件、专利技术的认定证书；

（5）国家科技进步奖获奖证书或主编过工程建设国家、行业标准的发布通知（或发布令）、封面、目次、前言和引言等资料复印件。

（九）人员资料（第二册）：

1. 建筑业企业资质申请表中所列注册人员的身份证明、注册证书；

2. 建筑业企业资质标准要求的非注册的专业技术人员的职称证书、身份证明、养老保险凭证；

3. 部分资质标准要求企业必须具备的特殊专业技术人员的职称证书、身份证明及养老保险凭证，还应提供相应证书及反映专业的证明材料；

4. 劳务分包企业应提供标准要求的人员岗位证书、身份证明。

（十）工程业绩资料（申请最低等级资质不提供）（第三册）：

1. 工程合同、中标通知书；

2. 符合国家规定的竣工验收单（备案表）或质量核验资料；

3. 上述资料无法反映技术指标的，还应提供反映技术指标要求的工程照片、图纸、工程决算资料等。

（十一）对企业申请改制、分立、合并需重新核定资质的，除需提供上述资料外，还应提供下列资料（列入第一册综合材料）：

1. 企业改制、分立、合并方案(包括新企业与原企业资产、人员、工程业绩的分割情况);

2. 企业改制、分立、合并的批准文件或股东会或职工代表大会决议;

3. 企业改制、分立应提供改制、分立前企业近三年财务报表和统计报表;

4. 企业合并应提供合并前各企业近三年财务报表和统计报表及最新合并报表;

5. 会计师事务所出具的验资报告。

(十二)资质证书延续资料

1.《建筑业企业资质延续申请表》;

2. 企业法人营业执照副本;

3. 企业资质证书正、副本;

4. 企业注册人员的注册证书。

(十三)已具备工程设计资质的企业首次申请同类别或相近类别建筑业企业资质的,其申报材料除应提供首次申请所列全部材料外,申请除最低等级的施工总承包资质的,还应提供本实施意见第(十)条所要求的全部材料。

(十四)具有《规定》第九条资质的企业申请变更资质证书中企业名称的,由建设部负责办理。企业应向工商注册所在地的省、自治区、直辖市人民政府建设主管部门提出申请,并提交下列材料:

1.《建设工程企业资质证书变更审核表》;

2. 企业法人营业执照副本复印件;

3. 企业原有资质证书正、副本原件及复印件;

4. 企业股东大会或董事会关于变更事项的决议或文件。

上述规定以外的资质证书变更手续,由省、自治区、直辖市人民政府建设主管部门负责办理,具体办理程序由省、自治区、直辖市人民政府建设主管部门依法确定。其中具有《规定》第九条资质的企业其资质证书编号发生变化的,省、自治区、直辖市人民政府建设主管部门需报建设部核准后,方可办理。

(十五)具有《规定》第九条资质的企业申请工商注册地跨省、自治区、直辖市变更的,企业应向新注册所在地的省、自治区、直辖市人民政府建设主管部门提出申请,并提交下列材料:

1. 企业原工商注册地省、自治区、直辖市人民政府建设主管部门同意资质变更的书面意见;

2. 变更前原工商营业执照注销证明及变更后新工商营业执照正、副本复印件;

3. 首次申请资质的全部材料。

其中涉及到资质证书中企业名称变更的,省、自治区、直辖市人民政府建设主管部门应将受理的申请材料报建设部办理。

具有《规定》第九条资质的企业之外的其它企业申请工商注册地跨省、自治区、直辖市变更,由各省、自治区、直辖市人民政府建设主管部门参照上述程序依法制定。

(十六)资料要求

1.《建筑业企业资质申请表》一式四份,附件资料一套。其中涉及到铁路、交通、水利、信息产业、民航等专业部门资质的,每涉及一个专业部门,须另增加《建筑业企业资质申请表》二份、附件资料一套。

2. 资质受理机关负责核对企业提供的资料原件,原件由企业保存。资质许可机关正式受理后,所有资料一律不得更换、修改、退还。

上级相关主管部门对企业申请材料有质疑的,企业应当提供相关资料原件,必要时要配合相关部门进行实地调查。

3. 附件资料应按"综合资料、人员资料、工程业绩资料"的顺序排列装订,规格为A4(210×297mm)型纸,并有标明页码的总目录及申请说明,建议采用软封面封底,逐页编写页码。

企业申报的资料必须使用中文,资料原文是其它文字的,须同时附中文译本并翻译准确。

4. 申请资料必须数据齐全、填表规范、印鉴齐全、字迹清晰,复印件必须清晰、可辨。

三、资质受理审查程序

(十七)《规定》第十一条所列"燃气燃烧器具安装、维修企业资质"的管理办法及审查标准由国务院建设主管部门另行规定。

(十八)省、自治区、直辖市人民政府建设主管部门根据本地区特殊情况,需增列《标准》中各类专业工程外的其它工程种类,其资质标准可参照专业承包序列"特种专业工程专业承包企业资质等级标准"的条件提出,报国务院建设主管部门按法定程序批准后予以颁布。由省、自治区、直辖市人民政府建设主管部门实施。

(十九)专业承包企业资质标准没有分级的,其申请和审批程序与专业承包一级企业相同;劳务分包企业资质没有分级的,其申请和审批程序与劳务分包一级企业相同。

(二十)涉及铁路、交通、水利、信息产业、民航等方面资质,由国务院建设主管部门负责审批的,国务院建设主管部门送国务院有关部门审核,国务院有关部门应在20日内审核完毕,并将审核意见返回国务院建设主管部门。由省、自治区、直辖市人民政府建设主管部门审批的,省、自治区、直辖市人民政府建设主管部门送省有关部门审核后审批。

涉及铁道、交通、水利、信息产业、民航方面的资质,除由国务院建设主管部门负责审批的资质外,其余资质由省、自治区、直辖市人民政府建设主管部门审批。

涉及铁道方面二级总承包资质的审批,因各省、自治区、直辖市人民政府目前没有设立相应的行政主管部门,其审批程序暂与一级资质相同。

(二十一)施工总承包特级资质的许可实行实地核查制度。

(二十二)资质许可实行公告制度。

由国务院建设主管部门实施许可的,公告在全国发行的综合性报纸或通过互联网进行发布;

由省、自治区、直辖市人民政府建设主管部门及设区的市人民政府建设主管部门实施许可的,公告方式由省、自治区、直辖市人民政府建设主管部门自行确定。

(二十三)资质许可机关对建筑业企业的所有申请、审查等书面材料应当至少保存五年。

上级建设主管部门有权对下级建设主管部门受理的企业申请材料、初审部门的审核材料进行监督检查。

（二十四）省级及以下建设主管部门应当在作出资质许可决定后30日内，将资质许可的决定，通过省级建设主管部门，向国务院建设主管部门备案，同时抄送相应专业部门，由建设部将各省资质许可情况及时在网上向社会公布，以方便异地查询和确认。逾期或未向建设部备案的，建设部将不再给予上网公布。

（二十五）企业申请资质升级、资质增项的，资质许可机关应当核查其近一年内有无《建筑业企业资质管理规定》第二十一条所列违法违规行为、有无《建筑市场诚信行为信息管理办法》（建市[2007]9号）中施工单位不良行为记录认定标准所列行为，并将核查结果作为资质许可的重要依据。

四、资质证书

（二十六）建筑业企业资质证书由建设部统一制定。实行全国统一编码，具体编码办法由国务院建设主管部门另行制定。

（二十七）建筑业企业资质证书，包括一个正本和六个副本（特级十二本）。企业因经营需要申请增加资格证书副本数量的，应持增加申请、企业法人营业执照副本、资格证书副本到原发证机关办理，最多增加三本（特级不超过六个副本）。

（二十八）各级建设主管部门依法颁发的企业资质证书在全国范围内有效。

（二十九）企业遗失资质证书，可以申请补办。需提供下列资料：

1. 申请补办的报告；

2.《建设工程企业证书增补审核表》；

3. 在《中国建设报》等全国性建设行业报纸或省级综合类报纸上刊登的遗失声明。

（三十）企业因变更、升级、注销等原因需要换发或收回资质证书的，由原资质许可机关负责收回并销毁。

（三十一）施工总承包特级资质证书：

1. 取得施工总承包序列中某一类别特级资质的企业，核发本类别建筑业企业特级资质证书；同时核发某一相应行业的工程设计甲级资质证书。

2. 取得房屋建筑、公路、铁路、市政公用、港口与航道、水利水电等类别中任意一类施工总承包特级资质，同时取得其它2类施工总承包一级及以上资质的。对达到特级标准的类别，核发建筑业企业特级资质证书和相应行业的行业甲级设计证书；并在建筑业企业资质证书上注明：可承接上述其它类别的各类工程施工总承包、工程总承包和项目管理及开展设计主导专业人员齐备的施工图设计业务。同时不再授予房屋建筑、公路、铁路、市政公用、港口航道、水利水电等类别的一级及以下施工总承包资质。

3. 取得房屋建筑、矿山、冶炼、石油化工、电力等类别中任意一类施工总承包特级资质，同时取得其它2类施工总承包一级及以上资质的。对达到特级标准的类别，核发建筑业企业特级资质证书和相应行业的行业甲级设计证书；并在建筑业企业资质证书上注明：可承接上述其它类别的各类工程施工总承包、工程总承包和项目管理及开展设计主导专业人员齐备的施工图设计业务。同时不再授予房屋建筑、矿山、冶炼、石油化工、电力等类别的一级及以下施工总承包资质。

（三十二）资质证书有效期为5年。

有效期的起始时间：以企业首次取得最高等级主项资质的日期为资质证书有效期计算

起始时间。企业资质发生变更的，有效期不变，其中涉及到主项升级，或分立、合并事项的，按新批准时间作为有效期的起始日。

（三十三）资质证书的续期：

1. 企业应于资质证书有效期届满60日前，按原资质申请途径申请资质证书有效期延续。在资质证书有效期内遵守有关法律、法规、规章、技术标准和职业道德，信用档案中无不良记录且注册资本和专业技术人员满足标准要求的，经资质许可机关同意，在其资质证书副本上签发有效期延续五年的意见；对有违法违规行为、信用档案中有不良记录或企业资质条件发生变化的，资质许可机关应对其资质情况进行重新核定。

2. 企业在资质证书有效期届满前60日内申请资质延续的，资质受理部门可受理其申请，但自有效期到期之日至批准延续的时间内资质证书失效。资质证书有效期届满仍未提出延续的，其资质证书自动失效。如需继续开展工程建设活动，企业必须重新申请建筑业企业资质。

五、监督管理

（三十四）地方各级建设主管部门应对本辖区内从事建筑施工活动的建筑业企业建立信用档案，根据本地实际情况制定资质许可的层级监管办法和监管标准，运用网络信息化手段对建筑业企业资质许可实施监督管理。

（三十五）监督管理的内容是对建筑业企业在建筑市场中违法违规行为的监督以及企业资质条件的检查。

对于发生违法违规行为的企业，违法行为发生地县级以上建设主管部门应当依法查处，并将违法事实、处罚结果或处理建议及时告知该企业的资质许可机关，同时将处罚结果记入建筑业企业信用档案，资质许可机关及时核查其资质条件。

（三十六）由国务院建设主管部门审批的建筑业企业资质的处罚，各省级建设主管部门和有关专业部门应当在违法事实查实认定后30日内，将资质处罚的建议报送国务院建设主管部门，国务院建设主管部门根据有关法律法规对企业进行资质处罚。

由省级建设主管部门、设区的市级建设主管部门审批的建筑业企业资质，处罚程序由各省级建设主管部门依据行政处罚法的规定确定。建立资质处罚信息公示制度，地方各级建设主管部门应及时将有关处罚信息向社会公布，并报上一级建设主管部门备案。

（三十七）各级资质许可机关应该对许可的建筑业企业的资质条件进行定期或不定期核查，每年抽查率不应低于5%。被检查单位应如实提供企业资质证书、企业财务报表、人员资料及业绩资料等与资质标准相关的资料，核查中发现企业不符合相应资质条件的，由资质许可机关通知企业限期改正，整改期限不少于一个月，整改过程中企业应暂停新接工程、不得新申请资质。逾期不改的，由资质许可机关撤回其资质。

六、有关资质标准指标说明

（三十八）关于工程业绩

1. 一项工程业绩同时满足多项技术指标的，只能作为一项指标考核。例如，房屋建筑工程按层数计算过业绩，就不能再按高度或跨度等计算业绩。一项工程，即使层数、高度、跨度、造价等均达到考核标准，也只能算一项业绩。

2. 业绩要求的“×项中的×项”必须分别满足，不能相互替代。例如，房屋建筑一级资质标准，要求企业完成“6项中的4项以上工程”，是指企业完成的工程中，层数、高度、单体面积、单跨跨度、住宅小区、单项建安合同额等6项指标中至少满足4项，不足4项即为业绩不达标。某企业分别完成了层数、高度、单体建筑面积达标的多个工程，但只能算3项业绩，仍达不到要求完成的4项以上业绩，故该企业业绩仍为不达标。

3. 企业申请多项资质的，工程业绩应当分别满足各项资质标准中所要求的条件。

4. 签订房屋建筑工程总承包合同的，主体结构工程竣工验收合格后，方可作为工程总承包业绩计算。

5. 同一个工程项目分期发包，且中标单位均为同一家企业的，可以将各期工程累加。如果累加后能够达到标准要求的某一项，可以作为代表工程业绩申报。不属同一个工程项目的不能累加；超过标准规定时限和承揽范围要求的不能累加。

6. 企业与业主签订了施工总承包合同，不论该工程是否实行分包，可计入该企业的施工总承包业绩。合法分包该工程的专业承包企业，也可将承包的专业工程作为专业业绩申报资质。

7. 施工总承包企业申请专业承包资质晋级的，应提供单独承包的专业工程作为工程业绩，而不能使用施工总承包工程作为工程业绩。

8. 标准中要求的“近5年”或“近10年”，是指自申报年度起逆推5年或10年竣工验收合格的项目。如：申报年度为2005年，“近5年”的业绩年限从2000年1月1日算起。

9. 代表工程的合同资料。指企业承包工程所签订的能反映合同双方名称、工程概况、合同价格、承包方式、施工工期、质量约定等内容的建设工程合同协议书或者含有上述内容的合同部分。

10. 质量验收资料。指业主或质量监督部门出具的竣工验收报告或工程质量鉴定书。国外工程按照国际惯例出具工程竣工证明文件。

11. 房屋建筑业绩标准中涉及的“单位”、“单体”、“单项”工程，均指单体建筑或连体建筑（连体建筑应提供该建筑物为同一基础的证明）。

12. 轻钢结构、网架结构的跨度业绩不能作为房屋建筑跨度业绩。

13. 房屋建筑工程的高度应为从标高正负零算起至檐口的高度。

14. 网架工程边长按短边进行考核。

15. 超越本企业资质等级范围的代表工程业绩无效。

（三十九）关于工程技术和经济管理人员

1. 企业工程技术和经济管理人员超过60周岁的人数比例不得超过15%，技术负责人年龄限制在60周岁及以下。

2. 企业人员在两家及以上企业注册或受聘的不予认可，其证书上的单位必须与申报单位名称一致。涉及铁道、交通、水利、信息产业、民航、消防等方面资质的，企业的工程技术和经济管理人员职称证书或岗位资格证书复印件应同时上报。

3. 申请特级资质的，企业应具有与特级资质承包范围内各类别工程相对应的，各专业注册建造师不少于5人。

4. 对企业总工程师（技术负责人）的专业考核，按企业申请的主项资质要求进行。

5. 企业申请多项资质的，其注册建造师（或项目经理）人数按照企业申报的各类资质标准中的最高值进行考核。

（四十）其它指标

1.注册资本金：是指在企业法人营业执照上标明的注册资本金，以实收资本为考核指标。申请多项资质的，企业的注册资本金按照企业申请各类别资质标准的最高值进行考核。

2.净资产：企业总资产减去总负债后的余额。申请多项资质的，按照企业申请的各类别资质标准中的最高值进行考核。

3.工程结算收入：是指本企业承包工程实现的工程价款结算收入。按企业财务报表分年度填写。新设立企业不填此项。

核定企业的工程结算收入时，应按企业完成的各类工程结算收入计算，不包括工程以外的其它业务收入（如房地产开发收入）；申请多项资质的，按照企业申请的各类别资质标准中的最高值进行考核。

4.企业财务报表：指企业经审计的最近三年的资产负债表、损益表。

5.企业的注册执业人员、工程技术人员、技术装备和工程业绩（包括境外工程业绩）等条件，均是以独立法人企业为审核单位。企业（集团）的母、子公司在申请资质时，上述各项指标不得重复计算。

6.根据事故造成的伤亡人数或者直接经济损失，将事故划分为特别重大事故、重大事故、较大事故和一般事故4个等级；具体标准参照《生产安全事故报告和调查处理条例》。

国家颁布有其它专业工程事故分级标准的，按与上述分级对应的标准考核。

（四十一）涉及特级资质标准的指标解释

1.建筑业营业税：指企业在承包范围内开展的施工总承包、施工图设计、工程总承包和项目管理业务所交纳的营业税；企业申请多项特级资质，每增加一项，营业税增加5000万元；境外工程结算收入可按当期汇率与国内建筑营业税税率折算建筑营业税。

2.银行授信额度：指银行授予企业的年度信贷额度。多家银行的授信额度不能累加计算，以其中的最高额度为准。

3.技术负责人主持完成过的代表工程：指其担任项目负责人、项目经理、总工程师或主持完成技术标（并签字）、总设计师等职务时所完成的工程项目；企业应提供工程合同及工程竣工证明或设计合同及工程图纸，上述材料均需提供技术负责人本人签字页。

4.财务负责人：指企业主管财务工作的主要负责人。

5.企业设计专业技术人员的考核，参照行业工程设计甲级资质标准人员配备表的规定。

6.企业技术中心：指符合《国家认定企业技术中心管理办法》（国家发改委、科学技术部、财政部、海关总署、国家税务总局令第53号）规定的认定标准（或相当于该水平的标准），并经认定的企业技术中心（含分中心）。企业应提供有关批准文件或认定证书复印件。

7.企业科技活动经费：主要包括科技开发经费支出、信息化建设支出、科技培训费支出和科技开发奖励经费支出。科技开发经费一般包括新产品设计费、工艺规程制定费、设备调整费、各类试验费、技术资料购置费、研究机构人员工资以及与科技研究有关的其它经费或委托其它单位进行科研试制的费用。

按照企业财务或统计报表中"科技活动经费支出"栏目进行考核。

8. 科技进步奖：指根据《国家科学技术奖励条例》（国务院第396号）、《国家科学技术奖励条例实施细则》的规定，由国家科技行政部门负责组织评审，国务院批准的国家科技进步奖。企业应提供获奖证书复印件。

9. 主持编制过国家或行业标准：指企业主持编制过按照《中华人民共和国标准化法》的规定属于国家或行业级别的工程建设标准，并且已经正式出版。企业应提供标准的发布通知（或发布令）、封面、目次、前言和引言等资料复印件。

10. 申请多项特级资质的，其企业"资信能力"、"科技进步水平"中的各项指标及企业具有注册建造师数量不需叠加计算，但设计专业技术人员和代表工程业绩应分别满足标准要求。

（四十二）涉及铁道、交通、水利、信息产业、民航等方面资质的界定

1. 涉及铁道方面的资质包括：铁路工程施工总承包企业资质、铁路电务工程专业承包企业资质、铁路铺轨架梁工程专业承包企业资质、铁路电气化工程专业承包企业资质。

2. 涉及交通方面的资质包括：公路工程施工总承包企业资质、公路路面工程专业承包企业资质、公路路基工程专业承包企业资质、公路交通工程专业承包企业资质；港口与航道工程施工总承包企业资质、港口与海岸工程专业承包企业资质、港口装卸设备安装工程专业承包企业资质、航道工程专业承包企业资质、通航建筑工程专业承包企业资质、通航设备安装工程专业承包企业资质、水上交通管制工程专业承包企业资质。

3. 涉及水利方面的资质包括：水利水电工程施工总承包（水利专业）企业资质、水工建筑物基础处理工程专业承包企业资质、水工金属结构制作与安装工程专业承包企业资质、河湖整治工程专业承包企业资质、堤防工程专业承包企业资质、水利水电机电设备安装工程专业承包（水利专业）企业资质、水工大坝工程专业承包企业资质、水工隧洞工程专业承包企业资质。

4. 涉及信息产业方面的资质包括：通信工程施工总承包企业资质、电信工程专业承包企业资质、电子工程专业承包企业资质。

5. 涉及民航方面的资质包括：机场场道工程专业承包企业资质、机场空管工程及航站楼弱电系统工程专业承包企业资质、机场目视助航工程专业承包企业资质。

6. 涉及多个专业部门的资质包括：钢结构工程专业承包企业资质、桥梁工程专业承包企业资质、隧道工程专业承包企业资质、核工程专业承包企业资质、海洋石油专业承包企业资质、爆破与拆除工程专业承包企业资质。

7. 按照《规定》第九条规定，上述各总承包特级、一级资质；专业承包一级资质及涉及铁路、民航方面专业承包二级资质的许可，由国务院建设行政主管部门实施。

七、过渡期的有关规定

（四十三）《规定》实施前已取得建筑业企业资质的企业，在《规定》实施后其资质证书暂不统一换发，建设部将会同有关部门抓紧对特级资质以外的建筑业企业资质等级标准进行修订，在新的标准颁布实施前，原资质证书继续有效。

在过渡期内，暂按以下规定执行：施工总承包企业申请的专业工程类别资质不超过5

项,但不得申请劳务分包类别资质;

选择专业承包序列某一类别资质作为本企业主项资质的,可申请不超过5项的专业承包序列内各类别资质,但不得申请劳务分包序列的各类别资质,不得增项总承包资质;达到资质标准的,可以申请不超过现有主项资质等级的总承包资质,但须将总承包资质变更为主项资质,且主增项资质符合前款要求;

劳务分包序列企业可以申请本序列内各类别资质。

企业如申请资质升级或其它原因发生主项资质变化的,证书有效期按本实施意见第三十二条规定办理。

(四十四)特级资质企业的过渡期

在《特级标准》颁布前已取得施工总承包特级资质的企业,自《特级标准》发布之日起设三年过渡期。原资质证书有效期延续到2010年3月13日。过渡期内企业按原资质证书的承包范围承揽业务;过渡期届满三个月前,企业应按照《特级标准》重新申请资质;有效期届满,企业原资质证书自行失效。

过渡期内,持原特级资质证书的企业提出资质分立、改制申请的,在原企业的企业名称、资质基本条件未发生变化的前提下,对分立、改制后的企业除特级以外的其它资质全部进行重新核定,但原企业特级资质的注册资本、人员等条件必须满足原特级标准要求。

(四十五)项目经理的过渡期

在项目经理过渡期内,项目经理资质证书与建造师注册证书暂同等使用,其中一、二级建造师暂与同等级项目经理相对应,三级项目经理暂由企业自聘。

(四十六)《规定》实施后,申请特级资质的,按照《施工总承包企业特级资质标准》(建市〔2007〕72号)进行审批,申请其它资质的,仍沿用《建筑业企业资质等级标准》(建建〔2001〕82号)进行审查。

(四十七)本实施意见自颁发起施行。凡过去文件规定与本意见不一致的,以本意见为准。

北京市建设委员会关于加强建设工程竣工验收备案有关环保验收工作的通知

京建质[2007]11号

各区县建委、环境保护局、各建设单位：

依据《建设工程质量管理条例》（中华人民共和国国务院令第279号）（以下简称国务院第279号令）、《建设项目环境保护管理条例》（中华人民共和国国务院令第253号）（以下简称国务院第253号令）的有关规定，为加强建设工程竣工验收备案管理，做好建设工程环保验收相关工作，现将有关事项通知如下：

一、建设单位应严格按照国务院第253号令的有关规定，在建设项目竣工后，向有审批权的环境保护行政主管部门，申请该建设项目竣工环境保护验收；需要进行试生产（试运行）的，应当按照《建设项目竣工环境保护验收管理办法》（国家环保总局令第13号）第七条的规定，在试生产（试运行）前向有审批权的环境保护行政主管部门提出试生产（试运行）的申请。

二、市、区建委备案部门在办理建设工程竣工验收备案时，应依据国务院第279号令有关规定，告知建设单位向有审批权的环境保护行政主管部门申请该建设项目竣工环境保护验收；市、区环境保护部门依据国务院第253号令的有关规定，在收到环境保护设施竣工验收申请之日30日内完成验收。

三、《北京市房屋建筑工程和市政基础设施工程竣工验收备案表》中备注中增加“环保部门出具的认可文件或者准许使用文件，由建设单位按照国务院第253号令的有关规定联系相关部门办理。”

四、建设单位应依法履行职责，做好建设工程竣工验收备案工作。

五、本通知自2007年1月1日起执行。

附件：《北京市房屋建筑工程和市政基础设施工程竣工验收备案表》

二〇〇七年一月九日

附件：

北京市房屋建筑工程和市政基础设施工程竣工验收备案表

工程名称：

建设单位：

北京市建设委员会制

<table>
<tr><td>工程名称</td><td colspan="4"></td></tr>
<tr><td>工程地址</td><td colspan="4"></td></tr>
<tr><td colspan="2">建筑面积(cm^2)/工程造价(万元)</td><td colspan="3"></td></tr>
<tr><td>规划许可证号</td><td></td><td>工程类别</td><td colspan="2"></td></tr>
<tr><td>施工许可证号</td><td></td><td>结构类型</td><td colspan="2"></td></tr>
<tr><td>开工时间</td><td></td><td>竣工验收时间</td><td colspan="2"></td></tr>
<tr><td colspan="2">单　位　名　称</td><td>法定代表人</td><td colspan="2">联系电话</td></tr>
<tr><td colspan="2">建设单位：</td><td></td><td colspan="2"></td></tr>
<tr><td colspan="2">勘察单位：</td><td></td><td colspan="2"></td></tr>
<tr><td colspan="2">设计单位：</td><td></td><td colspan="2"></td></tr>
<tr><td colspan="2">施工单位：</td><td></td><td colspan="2"></td></tr>
<tr><td colspan="2">监理单位：</td><td></td><td colspan="2"></td></tr>
<tr><td colspan="5">工程质量监督机构：</td></tr>
<tr><td colspan="5">本工程已按《建设工程质量管理条例》第十六条规定进行了竣工验收，并且验收合格。依据《建设工程质量管理条例》第四十九条规定，所需文件已齐备，现报送备案。

建设单位(公章)</td></tr>
<tr><td>法定代表人(签字)</td><td colspan="2"></td><td>报送时间</td><td></td></tr>
</table>

续表

<table>
<tr><td rowspan="5">竣工验收意见</td><td>勘查单位意见</td><td>法定代表人(签字)：　　年　　月　　日　　(公章)</td></tr>
<tr><td>设计单位意见</td><td>法定代表人(签字)：　　年　　月　　日　　(公章)</td></tr>
<tr><td>施工单位意见</td><td>法定代表人(签字)：　　年　　月　　日　　(公章)</td></tr>
<tr><td>监理单位意见</td><td>法定代表人(签字)：　　年　　月　　日　　(公章)</td></tr>
<tr><td>建设单位意见</td><td>法定代表人(签字)：　　年　　月　　日　　(公章)</td></tr>
<tr><td colspan="2">工程竣工验收备案文件目录</td><td>1. 工程竣工验收报告；
2. 工程施工许可证；
3. 单位工程质量综合验收文件；
4. 市政基础设施的有关质量检测和功能性试验资料；
5. 备案机关认为需要提供的有关资料；
6. 规划、公安消防、环保等部门出具的认可文件或者准许使用文件；
7. 施工单位签署的工程质量保修书；
8. 商品住宅的《住宅质量保证书》和《住宅使用说明书》；
9. 法规、规章规定必须提供的其他文件。</td></tr>
</table>

续表

<table>
<tr><td>该工程的竣工验收备案文件已于　　　年　　　月　　　日收讫。</td></tr>
<tr><td>备注：
1. 工程参建各方必须依照法律、法规、规章的有关规定承担各自质量责任，严格履行保修义务。
2. 本备案是单位工程（子单位工程或合同标段）竣工验收备案，建设项目总体竣工后，建设单位应当按照有关法律、法规、规章办理其他验收。
3. 供水、供电、供热、供气、绿化、邮电、通讯、安防、卫生防疫等未尽事宜，由建设单位联系相关部门妥善解决。
4. 环保部门出具的认可文件或者准许使用文件，由建设单位按照《建设项目环境保护管理条例》（中华人民共和国国务院令第253号令）的有关规定联系相关部门办理。

（备案专用章）

年　　月　　日</td></tr>
</table>

填表说明：1. 本表下载打印后“法定代表人”处须用钢笔、墨笔认真填写，字迹端正，不得涂改；签名必须真实有效，公章必须符合法定资格。2. 所列文件如为复印件应加盖复印单位公章，并注明原件存放处，经办人签名、日期。3. 本表一式二份，一份由建设单位存档，一份由备案管理机关存档。

北京市建设委员会　北京市规划委员会
北京市国土资源局　北京市农村工作委员会
关于印发《北京市村镇建设工程质量安全管理办法》的通知

京建法[2007]659号

各区县建委,各区县规划分局,各区县国土资源分局,各区县农委,各有关单位:

为加强建设工程质量安全管理,确保村镇建设工程质量安全,市建委、市规划委、市国土资源局和市农委联合制定了《北京市村镇建设工程质量安全管理办法》。现印发给你们,请认真学习,依照执行。

二〇〇七年七月五日

北京市村镇建设工程质量安全管理办法

第一章　总　　则

第一条　为加强村镇建设工程质量安全管理,确保村镇建设工程质量安全,根据《建筑法》等有关法律、法规、规章和建设部《关于加强村镇建设工程质量安全管理的若干意见》规定,结合本市实际,制定本办法。

第二条　在本市行政区域内进行村镇工程建设,对村镇建设工程质量安全实施监督管理,适用本办法。

本办法所称村镇建设工程是指在本市行政区域内建制镇、集镇和村庄集体土地建设的各类房屋建筑和市政基础设施。

第三条　按照工程规模和对公共安全的影响,村镇建设工程分为限额以上工程、限额以下工程和农民自建低层住宅三类进行监督管理。

第四条　市建设、规划、国土、农村等行政主管部门依据各自职责负责村镇建设工程的相关监督管理工作。

区县建设行政主管部门(以下简称区县建委)依据职责及本办法负责本行政区域内限额以上村镇建设工程质量安全监督管理工作,并负责对限额以下村镇建设工程和农民自建低层住宅建设提供技术服务和指导。

乡镇人民政府依据职责负责本乡镇范围内限额以下村镇建设工程和农民自建低层住

宅建设的质量安全监督管理和指导、服务工作。

第五条 区县建委应当明确专门机构负责村镇建设工程管理工作。

乡镇人民政府应当健全和完善村镇建设工程管理服务机构，负责职责范围内村镇建设工程质量安全管理和服务。

第六条 村镇工程建设应当贯彻国家和本市节地、节能、节水、节材和保护环境的政策，提倡采用先进技术、先进设备、先进工艺和新型建筑材料。

第七条 村镇建设规划划定建设用地时，必须考虑选址安全因素和工程建设质量安全因素，考虑避开山体滑坡和泥石流隐患、地质条件不稳定、风口等自然灾害易发地带和有严重环境污染、不便于进行基础设施配套的地区。

地质灾害易发区内的村镇建设工程，必须进行地质灾害危险性评估。

第八条 在编制村镇建设规划时，应当适当增加取土孔，并在地质勘察报告中做出农民自建住宅基础埋深及基础形式的初步建议。

第二章 限额以上工程管理

第九条 限额以上工程是指村镇建设工程中的所有公共建筑工程和工程投资额在30万元以上或者建筑面积在300平方米以上的村镇建设工程。

第十条 限额以上村镇建设工程的建设方必须严格按照有关法律、法规、规章规定履行基本建设程序，到国土、规划部门办理用地、规划手续，到区县建委办理招标投标备案、施工许可、质量安全监督注册和工程竣工验收备案等手续，承担工程质量安全的责任和义务。

第十一条 勘察、设计、施工和工程监理单位承包限额以上村镇建设工程，必须严格执行有关法律、法规、规章和工程建设强制性标准的规定，依法承担工程质量和安全责任。

第三章 限额以下工程和农民自建低层住宅管理

第十二条 限额以下工程是指工程投资额30万元以下且建筑面积300平方米以下的市政基础设施、生产性建筑、农民自建两层(不含两层)以上住宅。

农民自建低层住宅是指农民自己建设的两层(含两层)以下住宅。

第十三条 限额以下工程建设应当符合相应规划、土地使用管理的要求。

农民自建低层住宅应当符合村庄建设规划，并取得宅基地批准等文件。

第十四条 限额以下工程和农民自建低层住宅建设方在申请建房基地时，应与村镇建设工程管理服务机构签订建房服务协议，明确双方的权利和义务。村镇建设工程管理服务机构应指导建设方选用合适的设计通用图及其配套基础形式或联系有关技术人员提供基础设计服务。

第十五条 限额以下工程建设方应当在动土施工前到乡镇人民政府村镇建设工程管理服务机构办理工程报建备案手续。备案时提交工程地点、面积、结构、层数等工程情况说明。

建设方提交的备案材料齐全、规范的，村镇建设工程管理服务机构应当即时完成备案手续。

第十六条 限额以下工程和农民自建低层住宅建设方可以选择具有设计、施工承包资质的设计、施工企业进行设计、施工,也可依照注册建筑师、注册结构工程师以个人名义设计的图纸,选择注册建造师(项目经理)、注册监理工程师组织的施工队伍或具有劳务资质的施工队伍进行施工,并由设计、施工单位或建筑师、结构工程师、建造师、监理工程师分别对设计、施工质量和安全负责。

由建设方自行组织施工的,由建设方对工程质量和施工安全负责。建设方应优先考虑选择具有工程技术职称的技术人员和经区县建委培训合格的建筑施工人员。

第十七条 限额以下工程和农民自建低层住宅加层扩建时,必须委托有资质的设计单位进行设计,并由有资质的施工单位进行施工。

第四章 监 督 管 理

第十八条 市规划委和市建委应当组织编制农民自建住宅通用设计图或者标准设计图集。住宅通用设计图或标准设计图集应当注意对民居建筑风格的继承和保持,方案多样化,工程造价应当分出层次,以适应不同需求。

市建委和市规划委应当组织编制农民住房建设抗震设防标准,并提出建设中加强抗震管理工作的指导意见。

第十九条 市建委应当根据住宅通用设计图或标准设计图集组织制定农民自建住宅施工技术规程,用以指导施工。

第二十条 区县规划分局和区县建委应当将农民自建住宅通用设计图、标准设计图集以及施工技术规程、验收标准发放到乡镇人民政府,方便农民查阅、使用。

第二十一条 乡镇人民政府应当鼓励农民自建住宅时,使用通用设计图、标准设计图集,符合建设抗震设防标准以及建筑节能要求。

第二十二条 市建委和区县建委应对乡镇人民政府和村民自治机构有关人员进行培训,使之掌握有关建筑法律法规和识图、施工管理方法以及基本建设程序等知识。

第二十三条 区县建委应当加强对村镇建筑队伍的技术培训,提高其业务素质。培训合格人员,由区县建委发给市建委统一制定的培训合格证书。

区县建委应当建立取得培训合格证书的施工人员名册,并提供给村镇建设工程管理服务机构,供建设方选用。

第二十四条 区县建委应当加强对限额以上工程执行基本建设程序情况的监督检查,并建立相应的巡查报告制度,明确巡查人员及其职责。

第二十五条 巡查人员发现限额以上村镇建设工程违反法律法规的,应立即责令停止施工并报告区县建委进行处理。

第二十六条 区县建委应当建立限额以上工程的质量安全流动抽查与定点监督检查制度,监督重点应放在抓好工程的结构质量和施工安全上,加大对工程的地基验槽和主体结构施工过程以及预制构件等涉及结构安全的建材的监督检查力度;同时坚持监督与服务并举的原则,对限额以下工程和农民自建低层住宅的设计、施工提供必要的技术指导和服务。

第二十七条 区县建委应当加强村镇建设工程拆除的施工安全监督，落实拆除工程安全措施备案制度，并将拆除工程纳入建设工程安全监督范围。

拆除工程的施工单位必须具备“爆破与拆除工程专业承包资质”，并取得《安全生产许可证》。施工单位应当编制拆除专项施工方案，并按备案后的拆除专项施工方案进行拆除作业。

第二十八条 乡镇人民政府村镇建设工程管理服务机构应对限额以下工程和农民自建低层住宅在开挖地基、砌筑墙体、安装预制楼板、拌制混凝土、防水层施工、安装拆卸模板、搭拆脚手架等重要工序上进行必要的技术指导，同时引导农民不使用国家和本市明令禁止使用的建筑材料。

第二十九条 依据《北京市安全生产条例》，乡镇人民政府应当加强对村镇建设工程安全生产工作的领导，及时协调、解决安全生产监督管理中的重大问题。

乡镇人民政府根据村镇建设工程安全生产工作的需要，明确负责安全生产工作的机构或者人员，组织、协调、检查村镇建设工程安全生产工作，对生产安全事故隐患或者安全生产违法行为，及时予以制止，并向安全生产监督和建设等有关行政主管部门报告。

第三十条 村镇工程建设违反本办法规定，依照法律、法规、规章规定应当给予行政处罚的，由土地、规划、建设等部门依照各自职责进行查处。

第五章 附 则

第三十一条 本办法自2007年9月1日起实施。

北京市建设委员会关于印发《北京市建设工程质量检测管理若干规定》的通知

京建质[2007]1137号

各区县建委,各工程质量检测机构:

为了加强建设工程质量检测管理,现将《北京市建设工程质量检测管理若干规定》印发给你们,请认真贯彻执行。

二〇〇七年十一月五日

北京市建设工程质量检测管理若干规定

第一章 总 则

第一条 为加强建设工程质量检测管理,保证建设工程质量,依据《中华人民共和国建筑法》、《建设工程质量管理条例》、《建设工程质量检测管理办法》等法律法规,结合本市实际,制定本规定。

第二条 本市行政区域内从事建设工程质量检测活动及监督管理,适用本规定。

第三条 北京市建设委员会(以下简称市建委)负责对本市的建设工程质量检测(以下简称质量检测)活动实施监督管理,并负责检测机构的资质审批。

区县建委负责对其监督工程的质量检测活动实施监督管理。

第二章 资 质 管 理

第四条 从事工程质量见证检测及专项检测业务的检测机构应取得相应的检测资质,并在资质范围内开展检测工作。

第五条 检测机构设立分支机构的,分支机构的人员、设备、工作场所、管理制度等应当符合《建设工程质量检测管理办法》及本规定的要求,并经市建委审查后方可从事质量检测活动。

第六条 检测机构管理制度及质量控制措施应当符合《建设工程检测试验管理规程》(DB11/T386—2006)的要求。

第七条 检测机构的专业技术人员应经过相关检测技术培训,并具有助理工程师以上职称,不得同时受聘于两个或两个以上单位。

检测机构技术负责人应具有相关专业高级工程师以上职称，并从事工程质量检测工作3年以上。

第八条 检测机构应建立检测工作信息化管理系统，实施检测数据计算机辅助管理，并具备按规定将检测数据上传到市建委检测数据监管系统的条件；涉及力值的检测设备应实现数据自动采集。

第九条 检测机构的工作场所及仪器设备的配置应与所申请检测资质范围相对应，满足检测工作需要，并符合本规定附录的有关要求。

第十条 市建委应在规定时间内对检测机构申请材料进行审查，必要时可到检测机构现场进行核查。

第十一条 专项检测业务内容包括：

（一）地基基础工程检测；

（二）主体结构工程现场检测；

（三）建筑幕墙工程检测；

（四）钢结构工程检测；

（五）国家及地方标准、规范规定的其它专项检测项目。

第十二条 见证取样检测业务内容包括：

（一）水泥物理力学性能检验；

（二）钢筋（含焊接与机械连接）力学性能检验；

（三）砂、石常规检验；

（四）混凝土、砂浆强度检验；

（五）简易土工试验；

（六）混凝土掺加剂检验；

（七）预应力钢绞线、锚夹具检验；

（八）沥青、沥青混合料检验；

（九）国家及地方标准、规范规定的其它见证检验项目。

第三章 监 督 管 理

第十三条 单位工程见证检测业务应委托一家见证检测机构；同一个专项类别中的检测项目不得分解委托。

第十四条 见证检测机构出具的见证检测业务范围内的检测报告，应加盖“见证检测”钢印。

第十五条 检测机构及其分支机构应在其资质许可规定的工作场所开展检测工作。

第十六条 检测机构不得承担与其有隶属关系或其他利害关系的设计单位、施工单位、监理单位、行政机关、法律法规授权的具有管理公共事务职能的组织等委托的质量检测业务。

检测机构违反上款规定出具的检测报告不得作为该工程的技术资料；给他人造成损失的，应依法承担相应的赔偿责任。

第十七条　检测机构的专业技术人员发生变更时，检测机构应于三十日内告知资质管理部门。

第十八条　检测机构在检测工作中发现检测项目结果不合格，应及时告知工程项目的质量监督机构。

第十九条　见证检测机构应将检测数据及时上传到市建委检测数据监管系统，对涉及结构安全的钢筋、混凝土试件等材料检测数据应实时上传。

专项检测机构应将不合格检测结果及时上传到市建委检测数据监管系统。

第二十条　市建委每年组织进行比对试验以验证检测机构的检测能力。取得检测资质的检测机构必须按要求参加。

第四章　法　律　责　任

第二十一条　市建委有关工作人员在质量检测管理工作中，有下列行为之一的，依法给予行政处分；构成犯罪的，依法追究刑事责任：

（一）对不符合法定条件的申请人颁发资质证书的；

（二）对符合法定条件的申请人不予颁发资质证书的；

（三）对符合法定条件的申请人未在法定期限内颁发资质证书的。

第二十二条　市、区县建委有关工作人员在工程质量检测管理工作中有下列行为之一的，依法给予行政处分；构成犯罪的，依法追究刑事责任：

（一）不依法履行监督管理职责的；

（二）发现违法行为不予制止或查处的；

（三）利用职务上的便利，收受他人财物或者其他好处的；

（四）明示、暗示、推荐或指定检测机构的。

第二十三条　检测机构取得资质后，人员、设备、工作场所、技术管理等方面不再符合相应检测资质标准的，由市建委责令改正。整改期不超过3个月，逾期不改正或整改不合格的，由市建委撤回相应的资质证书。

第二十四条　检测机构违反有关规定，有下列行为之一的，由市或区县建委处3万元罚款；造成严重后果的，由市建委撤回其检测资质证书；给他人造成损失的，依法承担赔偿责任：

（一）伪造检测数据的；

（二）出具虚假检测报告或者鉴定结论的；

（三）涂改、倒卖、出租、出借、转让资质证书的。

第二十五条　检测机构违反有关规定，有下列行为之一的，由市或区县建委责令改正，并处1万元以上3万元以下的罚款；整改期3～6个月，整改期内，检测机构不得承担相关项目的检测工作：

（一）超出资质范围从事检测活动的；

（二）使用不符合条件的检测人员的；

（三）未按规定上报发现的违法违规行为和涉及结构安全检测结果的不合格事项的；

(四)未按规定在检测报告上签字盖章的;

(五)未按有关工程建设强制性标准进行检测的;

(六)档案资料管理混乱,造成检测数据无法追溯的;

(七)转包检测业务的。

第二十六条 检测机构违反有关规定,有下列行为之一的,由市或区县建委责令改正;整改期1~3个月,整改期内检测机构不得承担相关项目的检测工作:

(一)使用不在检定有效期或不合格仪器设备进行检测的;

(二)检测环境条件不满足相关标准要求的;

(三)未按规定上传检测数据的;

(四)未按有关技术标准及规定进行检测的。

第二十七条 检测机构比对试验结果离群的,由市建委责令改正,整改期限不超过2个月,整改期内不得承担该项目的检测工作。

第二十八条 检测人员有下列行为之一的,记入个人诚信记录;五年内不得从事工程质量检测工作;造成严重后果,构成犯罪的,依法追究刑事责任:

(一)伪造检测数据的;

(二)出具虚假检测报告的。

第五章 附 则

第二十九条 本办法自2007年12月1日起施行。

北京市建设委员会关于规范预售商品住宅交接前房屋查验的通知

京建质[2007]1231号

各区县建委，各房地产开发企业：

为了加强本市预售商品住宅交接管理，保障当事人合法权益，根据《城市房地产开发经营管理条例》、《建设工程质量管理条例》、《商品房销售管理办法》和《北京市城市房地产转让管理办法》等有关规定，现将预售商品住宅交接前进行房屋查验的有关事项通知如下：

一、预售商品住宅竣工验收合格后，办理交接手续前，房地产开发企业应当组织预购人对所购预售商品住宅进行查验。

二、房地产开发企业应当在查验7日前，书面通知预购人办理查验手续的时间、地点及预购人应当携带的证件、文件。

三、预购人因故不能亲自到场查验的，可出具书面授权文件，授权他人或者其他组织办理。

四、房地产开发企业不得以缴纳相关税费或者签署物业管理文件等作为预购人查验预售商品住宅的前提条件。

五、对查验房屋发现的问题，房地产开发企业应当按照预售合同约定的处理方式，及时处理。

六、市和区县建委要加强监督管理，对违反本通知规定的房地产开发企业责令改正，记入市建设行业信用信息系统，并可限制该房地产开发企业相关项目的网上签约；情节严重的，不予延长其《暂定资质证书》有效期，或限制该房地产开发企业资质升级。

七、本通知自2008年1月1日起施行。

二〇〇七年十一月二十七日

北京市建设委员会关于加强施工防火安全管理消除火灾火险隐患的通知

京建施[2007]70号

各区、县建委,各集团、总公司,各有关单位:

近期我市建设施工工地连续发生多起火灾火险事故,反映在部分建筑施工现场存在消防安全隐患的问题十分突出:

2006年12月19日,西单西西工程4号地工程,工人在进行焊接作业时引燃了堆放的塑料板,造成大量浓烟。

2006年12月26日,金鼎大厦工地,工人在楼上施焊时引燃了施工的帆布围挡,围挡坠落后将工地围墙边停放的两辆汽车烧毁。

2006年12月27日,天桥南纬路35号院DE办公楼工地,工人施焊时引燃楼外墙体的保温材料,过火面积50平方米,未造成人员伤亡。

2007年元月6日,华业国际中心工地18层楼顶保温材料失火,黑色浓烟飘到数公里远,楼内施工人员紧急疏散,未有人员伤亡。

2007年元月7日,美邦亚联工地失火,位于工地楼内六层的一家装饰公司办公室被烧毁。

2007年元月7日,一建筑工地生活基地内,一栋三层高的工人工棚失火被烧毁,未造成人员伤亡。

目前市人大和市政协会议即将召开,春节假期即将临近,为确保冬季施工期间,特别是"春节"和"两会"期间消防安全工作万无一失,全力维护首都社会生产生活的稳定,各单位必须切实认真履行消防安全职责,认真贯彻落实《北京市建设工程施工现场消防安全管理规定》和《北京市烟花爆竹安全管理规定》,采取有力措施坚决防止重特大火灾事故特别是群死群伤火灾事故发生,并针对建筑工程施工现场的特点落实如下要求:

一、各施工单位必须切实加强施工防火安全意识,逐级落实消防安全责任制。认真制定施工现场防火方案和逐项落实防火措施。

二、要大力开展施工现场防火知识和消防安全知识教育,努力提高施工人员消防安全知识水平和自救能力。

三、各区县、各单位节前必须要开展一次施工现场消防安全大检查,重点检查各级管理岗位和施工人员消防安全责任制的执行落实情况,各项防火安全措施的落实情况,排查、消除现场消防安全隐患,检查夜间施工和节日期间治安防火值班制度以及防火方案的制定情况。各施工企业必须加强和充实节日期间施工现场的消防巡查力量。

四、要及时清理施工活动产生的可燃杂物和现场存放的易燃可燃物品,补充和完善现场消防安全设施和措施。凡准备停工放假过节的施工工地,必须妥善落实现场治安和防火安全工作,彻底清理现场杂物、补充防火器材、检修防火设施、充实和配备留守值班人员。

施工现场严禁存放和燃放烟花爆竹。

五、严格遵守事故上报制度，施工现场一旦出现火险火情，必须及时报告上级单位和工程所在地区的建设主管部门，并立即拨打119联系当地的消防安全部门，及时启动消防应急预案，组织现场义务消防队员积极扑救。凡对事故采取瞒报和迟报的，将依法追究责任单位和相关人员的责任。

二〇〇七年元月十二日

北京市建设委员会关于印发《北京市建筑工程起重机械监督管理规定》的通知

京建施[2007]71号

各区、县建委,各建设、施工、监理单位,各有关单位:

为进一步加强本市建筑工地起重机械的监督管理,我委制定了《北京市建筑工程起重机械监督管理规定》,现印发给你们,请遵照执行。

附件:北京市建筑工程起重机械监督管理规定

二〇〇七年一月十八日

附件:

北京市建筑工程起重机械监督管理规定

第一章　总　　则

第一条　为进一步加强本市建筑工程起重机械的监督管理,规范起重机械租赁、使用、安装、拆卸、检测和人员培训考核,保障起重机械安全,根据《建设工程安全生产管理条例》、《特种设备安全监察条例》等规定,结合本市实际,制定本规定(以下简称《规定》)。

第二条　在本市行政区域内从事建筑工程起重机械的租赁、使用、安装、拆卸、检测等活动,均适用本规定。

本规定所称建筑工程起重机械(以下简称"起重机械")是指房屋建筑工程和市政基础设施工程施工现场使用的塔式起重机、流动式起重机、施工升降机、物料提升机、门式起重机、高处作业吊篮等。

第三条　起重机械的租赁单位、拆装单位和施工单位应当建立健全起重机械安全管理制度和岗位责任制,制定生产安全事故应急预案。

租赁单位、拆装单位和施工单位的主要负责人应当对本单位起重机械的使用安全负责,并承担相应的法律责任。

第二章　起重机械登记编号管理

第四条　本市起重机械租赁单位和施工单位的塔式起重机、施工升降机、物料提升机，首次出租或者使用时，应当到企业注册地的区县建委进行起重机械登记编号。申请登记时应当提供以下资料：

（一）北京市起重机械登记编号表（附件1）；

（二）起重机械产权单位的企业法人营业执照复印件；

（三）起重机械购置合同及发票或者能证明产权的资料复印件；

（四）产品合格证或相应的资料复印件；

（五）起重机械生产企业的特种设备制造许可证复印件。

区县建委应当对以上资料进行审核，并核对原件，留存复印件，合格后登记编号。

外埠起重机械租赁单位和施工单位的塔式起重机、施工升降机、物料提升机，在本市首次出租或使用前，应当向工程所属区县建委申请登记编号，并提供上述资料。

第五条 申请登记编号的起重机械必须符合以下要求：

（一）产品具有合格证；

（二）实行特种设备制造许可证的起重机械，其生产厂家必须具有国家颁发的特种设备制造许可证；

（三）进口的起重机械，应当通过“商检”。

第六条 下列情况之一的起重机械，不登记编号：

（一）国家和本市明令淘汰的；

（二）国家和本市规定禁止使用的；

（三）经检验达不到国家和行业安全技术标准规定的。

第三章 起重机械租赁管理

第七条 租赁单位应当依法办理工商登记注册，取得营业执照，方可对外出租起重机械。

第八条 出租起重机械时，租赁单位应当按照安全施工的要求配备齐全有效的保险、限位等安全设施和装置，并与承租单位签订设备租赁合同和安全管理协议，明确各自的安全责任。

租赁单位应当对出租的起重机械及配件的安全性能进行自检，在签订租赁协议时，应当出具自检合格证明。

第九条 出租的起重机械必须符合有关安全技术标准的要求，并符合本规定第五、六条的规定。

第十条 租赁单位应当建立、健全起重机械安全技术档案。安全技术档案应当具备以下内容：

（一）原始资料，包括使用维修及安装说明书、出厂检验报告、特种设备制造许可证复印件、产品质量合格证等；

（二）设备履历书，包括历次大修理、运转时间记录、日常使用状况记录、安全保护装置检测记录及日常维护保养记录、检验检测报告、事故记录等。

第四章　起重机械的安装及拆卸管理

第十一条　塔式起重机、施工升降机、物料提升机、门式起重机的拆装单位必须取得建设行政主管部门颁发的“起重设备安装工程专业承包企业资质”和安全生产许可证，方可从事相应的安装和拆卸业务。

起重机械的安装、顶升、附着，必须由同一个单位完成。

第十二条　起重机械安装或拆卸前，拆装单位应与委托其安装或拆卸的单位签订安装或拆卸合同，明确各自的安全责任。拆装单位应当与施工总承包单位、委托安装或拆卸单位分别签订安全管理协议，在安装或拆卸过程中应当服从施工总承包单位对施工现场的安全生产管理，遵守施工现场的安全生产要求，落实有关安全防护措施，并对安装或拆卸作业的安全生产负责。

第十三条　需要现场安装或拆卸的起重机械，拆装单位在安装或拆卸前，应当根据产品说明书、施工现场环境和有关标准编制安装或拆卸方案，经拆装单位技术负责人审批后实施。

安装或拆卸作业前，拆装单位技术负责人应当向安装或拆卸操作人员进行安全技术交底，并有记录。

第十四条　起重机械安装前，施工总承包单位应当审查以下资料并留存复印件：

（一）租赁企业与施工单位签订的租赁合同和安全管理协议，合同中应明确双方的权利和责任。

（二）安装单位签订的安装合同和安全管理协议。

（三）起重机械的统一编号。未实行统一编号的起重机械提供产品检测报告、产品质量合格证等。

（四）起重机械作业人员、安装拆卸工、起重信号工的特种作业操作资格证书。

（五）安装单位的安装资质证书。

（六）经安装单位技术负责人审批签字并加盖公章的起重机械专项安装方案和技术措施等。

（七）辅助起重机械的定期检验证明和起重性能表等文件资料。

审查合格后，根据《建设工程施工现场安全资料管理规程》的要求，施工总承包单位填写《施工现场起重机械拆装报审表》，报监理单位审核后，方可进行起重机械的安装作业。

第十五条　起重机械拆卸前，施工总承包单位必须审查以下资料：

（一）拆装单位的安装资质证书；

（二）拆装单位签订的拆卸合同和安全管理协议；

（三）起重机械作业人员、安装拆卸工、起重信号工的特种作业操作资格证书；

（四）经拆装单位技术负责人审批签字并加盖公章的起重机械专项拆卸施工方案和技术措施；

（五）辅助起重机械的定期检验证明和起重性能表等文件资料。

审查合格后，根据《建设工程施工现场安全资料管理规程》的要求，施工总承包单位填写《施工现场起重机械拆装报审表》,报监理单位审核后,方可进行起重机械的拆卸作业。

第十六条 施工单位要确保起重机械进场安装所需的条件,并应当向安装单位提供拟安装设备位置的基础地质条件资料、混凝土的强度报告及隐蔽工程验收记录等基础施工资料。

第十七条 施工现场使用两台或两台以上塔式起重机时,施工总承包单位应负责组织编写"群塔作业方案",确保塔式起重机的使用符合有关标准、规范及规定的要求。

第十八条 起重机械安装和拆卸作业前,拆装单位应对拟安装或拆卸设备的完好性进行检查。作业时,拆装单位应当设置警戒区,指派专人负责统一指挥和监护,禁止无关人员进入施工现场。安装和拆卸作业过程中,要严格执行有关标准、规范、施工方案和拆装工艺的要求,并填写相应的记录,相关责任人签字。

第十九条 起重机械安装完毕后,安装单位应当按照技术规范及说明书的有关要求对起重机械进行检验和调试,出具自检合格证明,并向施工单位进行安全使用说明,办理验收手续并签字。

安装作业结束后起重机械应达到安全使用标准要求。

第二十条 起重机械安装完毕后,施工单位在使用起重机械前,应当组织有关单位进行验收;使用承租的起重机械,由施工总承包单位、分包单位、出租单位和安装单位共同进行验收,并填写相应的验收记录,相关责任人签字。验收合格后的方可使用。

塔式起重机安装完毕后验收前,应当由具有相应检测资质的检验检测机构检测合格。

在同一个施工现场内使用的塔式起重机,如遇可能影响其安全技术性能的自然灾害或者发生设备事故后,以及停止使用一年以上再次使用前,应当由施工总承包单位重新组织验收。

对验收合格的起重机械,施工总承包单位应按《建设工程施工现场安全资料管理规程》的要求,填写《施工现场起重机械验收核查表》(表 AQ－B2－3),报项目监理部对验收程序进行核验后方可使用。

第五章　起重机械使用管理

第二十一条 塔式起重机、施工升降机和物料提升机验收合格之日起30日内,施工总承包单位应当向工程所在地的区县建委进行登记,并提供以下资料:

(一)北京市起重机械使用登记表(附件2);

(二)《施工现场起重机械拆装报审表》与《施工现场起重机械验收核查表》。

审查合格后,区县建委应当在"登记表"上签署意见并盖章。登记标志应当置于或者附着于该设备的显著位置。

第二十二条 从事起重机械作业人员、安装拆卸工、起重信号工,必须按照国家有关规定经过专门的安全作业培训,并取得特种作业操作资格证书后,方可上岗作业。

第二十三条 施工升降机、物料提升机、流动式起重机、门式起重机等起重机械,每2年应当由具有相应资质的检测机构进行检测,合格后方可使用。如遇可能影响其安全技术性能的自然灾害或者发生设备事故后,以及停止使用半年以上再次使用前,还应由具有相应检测资质的检验检测机构检测合格。

施工升降机和高处作业吊篮的防坠安全器等安全装置，必须按照国家标准或规范的规定，送相应的检测机构校验，合格后方可使用。

第二十四条 起重机械使用前，施工总承包单位与产权单位要共同对作业人员和信号指挥人员等进行联合安全技术交底，相关责任人员签字。

第二十五条 作业人员在作业中应当严格执行安全操作规程和相关的安全作业规定，建立交接班制度，并填写相应的记录。

在每班作业前，作业人员应当对起重机械使用状况进行检查，在检查或作业过程中发现事故隐患或者其他不安全因素时，应当立即处理；情况紧急时，可以决定停止使用设备并及时向现场安全管理人员和有关负责人报告。

第二十六条 起重机械产权单位应加强对在用设备的管理，组织专业技术人员定期对起重机械设备进行全面的检查，并填写"起重机械定期检查记录"，相关责任人员签字、盖章。

"起重机械定期检查记录"要交施工总承包单位备案。

第二十七条 起重机械产权单位应当加强对起重机械设备的日常维修保养，并按有关要求对设备进行定期维修保养，确保起重机械的安全技术状况完好。

施工总承包单位要督促产权单位做好设备的维修保养工作，在签订租赁合同时，要明确设备的保养时间。

严禁夜间保养起重机械。

第二十八条 施工单位应当严格执行本规定和有关安全生产的法律、法规及标准、规范，做好相应的安全防护工作，并设置安全警示标志。

第二十九条 施工单位应当根据实际情况设置相应的设备管理机构或者配备专职的管理人员。施工单位设备管理机构的管理人员应当对起重机械使用状况进行经常性检查，发现问题应当立即处理；情况紧急时，有权决定停止使用设备并及时报告有关负责人。

第三十条 起重机械产权单位应当购置起重机械生产企业认可的配件及部件，确保配件或部件的质量。

第三十一条 施工现场不得使用钢管等材料自行搭设的龙门架或井架物料提升机。

第六章 起重机械的检测管理

第三十二条 起重机械的检测机构应当依法经国家质量监督检验检疫总局核准，方可在本市开展建筑施工起重机械的检测工作。

检测机构对其检测结果、鉴定结论承担相应的法律责任。

第三十三条 起重机械检验检测机构和检验检测人员应当客观、公正及时地出具检验检测结果、鉴定结论。检验检测结果、鉴定结论应当经检验检测人员签字，由检验检测机构负责人签署。

起重机械检验检测机构和检验检测人员对检验检测结果、鉴定结论负责。

第三十四条 起重机械检验检测机构进行起重机械检验检测时，发现严重安全隐患，应当及时告知施工单位。

第七章　起重机械监督管理

第三十五条　建设行政主管部门依照有关法律、法规、规章和本规定对起重机械安装、拆卸、使用和检验检测实施安全监督管理。

第三十六条　建设行政主管部门进行安全监督检查时,有权采取下列措施:

(一)向起重机械安装、使用和检验检测单位的法定代表人、主要负责人和其他有关人员调查、了解情况,查阅、复制有关资料;

(二)进入被检查单位或被检查单位的施工现场进行检查;

(三)发现有违反安全技术规范和本规定的行为或者在用的起重机械设备存在安全隐患的,责令有关单位及时采取措施,限期整改,消除安全隐患;重大安全事故隐患排除前或者排除过程中无法保证安全的,责令从危险区域内撤出作业人员或者暂时停止施工。

依法对违法、违规和违反安全强制性标准的行为进行处罚。

(四)对违反本规定第五至六条规定购置使用的起重机械,责令清除出建筑施工现场。

第八章　附　　则

第三十七条　起重机械产权单位要加快机械设备计算机管理,促进管理的科学化。必须定期对操作和管理人员进行技术安全培训。

第三十八条　发生起重机械事故后,有关单位应按有关规定及时上报市、区县建委及有关部门,并按有关规定进行处理。

第三十九条　本《规定》自二〇〇七年四月一日起实施。《北京市塔式起重机安装企业拆立塔管理规定》(京建材[1995]375号)和《北京市建筑施工起重机械设备管理的若干规定》(京建法[1997]483号)同时废止。

附件1：

北京市起重机械登记编号表

单位名称						
企业地址						
营业执照编号			所属区县			
企业负责人			联系电话			
起　重　机　械　一　览　表						
设备名称	型号	生产厂家	出厂日期	原值(万元)	出厂编号	备注

企业公章：　　　　　　　　　　　　　　　　填写日期：

附件2：

北京市起重机械使用登记表

编号：

<table>
<tr><td>工程名称</td><td colspan="3"></td><td>开工日期</td><td></td></tr>
<tr><td>设备名称</td><td></td><td>型号</td><td></td><td>统一编号</td><td></td></tr>
<tr><td rowspan="2">施工单位</td><td rowspan="2"></td><td colspan="2">项目经理</td><td colspan="2"></td></tr>
<tr><td colspan="2">联系电话</td><td colspan="2"></td></tr>
<tr><td rowspan="2">产权单位</td><td rowspan="2"></td><td colspan="2">负责人</td><td colspan="2"></td></tr>
<tr><td colspan="2">联系电话</td><td colspan="2"></td></tr>
<tr><td rowspan="2">安装单位</td><td rowspan="2"></td><td colspan="2">负责人</td><td colspan="2"></td></tr>
<tr><td colspan="2">联系电话</td><td colspan="2"></td></tr>
<tr><td>安装资质等级</td><td></td><td colspan="2">资质证书编号</td><td colspan="2"></td></tr>
<tr><td rowspan="2">检测单位</td><td rowspan="2"></td><td colspan="2">检测时间</td><td colspan="2"></td></tr>
<tr><td colspan="2">检测报告编号</td><td colspan="2"></td></tr>
<tr><td colspan="6">施工单位意见：

项目经理(签字)：　　日期：　　(盖章)</td></tr>
<tr><td colspan="6">监理单位意见：

总监理工程师(签字)：　　日期：　　(盖章)</td></tr>
<tr><td colspan="6">区县建委意见：
资料齐全，同意予以登记。　□
资料不齐全，不予以登记。　□

负责人(签字)：　　日期：　　(盖章)</td></tr>
</table>

注：此表一式三份，区县建委、施工总承包单位、监理单位各留存一份。

北京市建设委员会　北京市总工会 北京市安全生产监督管理局关于建立“农民工夜校”组织农民工安全培训工作的通知

京建施[2007]138号

各区县建委，各区县总工会，各区县安全生产监督管理局，各集团公司，各有关单位：

为进一步提高施工现场安全生产管理水平，提高农民工的安全防护意识和素质，按照《北京市建委2007年施工安全管理工作要点》的要求，市总工会和市建委决定在施工现场建立“农民工夜校”，实行农民工“平安卡”，做好农民工的安全培训工作，现将有关事项通知如下：

一、培训组织形式

各施工总承包单位要在施工现场挂牌设立“农民工夜校”，每月定期组织开展建筑专业分包单位、劳务分包单位农民工培训教育工作。实行农民工“平安卡”，将“实名制”管理和农民工的培训教育相结合，重点解决农民工岗前安全培训的问题，并将“农民工夜校”和“平安卡”制度纳入到企业的“安康杯”竞赛活动之中。

二、培训内容

建设工程施工现场安全管理相关标准规范、施工安全管理标准化相关文件、《北京市建设工程施工现场作业人员安全知识手册》、消防安全知识等。

三、培训学时

对每一位农民工培训的时间为每月、每人不少于2次（4个学时），将培训情况及时记录到“平安卡”上。

四、师资培训及教材发放

由市总工会、市建委负责组织各区县建委、各集团总公司进行师资培训。经培训合格的人员，发放安全教育师资证书，并将取得证书人员名单在北京建设网上进行公示。各区县建委、各集团总公司应积极选派师资参与培训，各区县建委负责属地注册施工企业属地项目师资培训工作，培训教材由市建委免费发放。市建委组织的师资培训工作需在农民工返回工地前完成。

五、培训工作情况及时上报

（一）各项目施工总承包单位要编制专项培训计划，制定夜校具体管理办法，确定培训工作负责人，上报属地区县建委；

（二）培训工作负责人在每月月底之前将上个月培训工作情况书面上报区县建委；

（三）由区县建委负责汇总各建设项目培训工作情况，每月5日前报市建委施工安全管理处，抄报市总工会。

特此通知。

二〇〇七年二月五日

北京市建设委员会　北京市总工会 北京市安全生产监督管理局关于在全市建设工程施工现场实行建筑安全群众监督员制度的通知

京建施[2007]140号

各区县建委,各区县总工会,各区县安全生产监督管理局,各集团公司,各有关单位:

为贯彻落实"安全第一,预防为主,综合治理"的安全生产方针,加强施工现场安全管理,充分发挥群众监督在施工安全生产过程中的积极作用,按照《北京市建委2007年施工安全管理工作要点》的要求,由市总工会牵头,联合市建委在全市建设工程施工企业中实行建筑安全群众监督员(以下简称群众监督员)制度。现将有关事项通知如下:

一、聘任范围

群众监督员由各项目总承包企业聘任和统一管理,群众监督员在建筑施工企业(总包、分包、劳务企业)的农民工中择优聘任。按照相关规定,施工现场人员每50人必须设1名专职安全员;施工现场人员少于50人的至少设1名专职安全员;各班组长必须承担兼职安全员职责,每个作业班组必须设1名以上的群众监督员(人数较多的班组每10人配备1名群众监督员)。

二、聘任条件

(一)了解国家和北京市的安全生产方针政策及建筑安全生产法律法规、规程和标准。

(二)具有从事相关专业建筑施工工作1年以上经历,熟悉安全规范、作业环境,有较为丰富的实践工作经验。

(三)能够坚持原则,工作认真负责,积极维护职工生产安全,有较强的事业心和责任感。

(四)身体健康,能胜任建筑安全群众监督员工作。

三、聘任方法

(一)按照群众监督员的聘任条件,由所在总包、分包、劳务企业提出群众监督员推荐人选,并征得本人同意,填写《建筑安全群众监督员审批表》(见附件),报所在项目的施工总承包企业安全生产管理部门和企业工会审核后批准,并由施工总承包企业颁发建筑安全群众监督员聘任证书。

(二)群众监督员的聘用期一般为一年,也可以根据工程项目的需要确定聘用期。聘任期满可以续聘或解聘。对不认真履行安全监督职责或因健康及其他原因不宜继续聘任的,聘任单位应及时解聘。

(三)群众监督员的聘用应与工会劳动保护三级网络的"工会小组劳动保护检察员"相结合。

四、群众监督员职责和权利

(一)群众监督员上岗期间,佩戴统一的黄底红字“安全群众监督员”袖标。

(二)群众监督员有权对施工现场安全生产情况和工人劳动保护情况提出改进意见;对事故隐患提出整改意见;及时发现并劝止施工现场各种违章指挥、违规作业、违反劳动纪律等不安全行为;劝止无效,应及时向现场项目经理反映。

(三)发现施工场所内有不符合安全标准或主要生产安全设施及环境异常,应及时向现场管理人员汇报;发现重大事故隐患并可能危及工人生命安全时,有权命令所有人员停止作业、撤离现场,并应协助做好疏导工作。

(四)监督施工现场落实建筑安全生产法规、安全生产管理制度和劳动保护制度情况,对企业违反安全生产法律法规和标准、阻挠或打击报复群众监督员履行安全职责的行为,有权向上级工会或政府有关部门举报和投诉。

(五)实行班组安全生产台账制度,认真做好班组安全情况记录。

(六)加强建筑安全生产法律法规和安全技术学习,不断提高安全管理能力。

五、组织与管理

(一)施工总承包企业安全生产管理部门和企业工会负责群众监督员的组织领导、日常教育、管理和年度考评工作;帮助他们解决工作中遇到的实际困难和问题;定期组织群众监督员参加安全生产培训或生产技术培训活动;为群众监督员切实履行职责创造必要的工作条件。

(二)施工总承包、劳务分包或专业分包企业应加强对群众监督员的业务指导。要支持群众监督员的工作,维护其合法权益,并给予群众监督员一定的经济补贴。

(三)市、区工会组织及建设行政主管部门要高度重视群众监督员工作,建立工作联系制度,加强协调配合,组织开展好各项相关活动,对表现突出的群众监督员和施工总承包、劳务分包或专业分包企业及时给予表彰和奖励。

附件:建筑安全群众监督员审批表

二〇〇七年二月五日

建筑安全群众监督员审批表

<table>
<tr><td>姓　名</td><td></td><td>性　别</td><td></td><td>出生年月</td><td></td></tr>
<tr><td>工作单位</td><td colspan="3"></td><td>籍　贯</td><td></td></tr>
<tr><td>文化程度</td><td></td><td>技术职称</td><td></td><td>现任职务</td><td></td></tr>
<tr><td>工作时间</td><td></td><td>政治面貌</td><td></td><td>联系电话</td><td></td></tr>
<tr><td>主要工作简历</td><td colspan="5"></td></tr>
<tr><td>劳务分包或专业分包单位意见</td><td colspan="5"></td></tr>
<tr><td>总承包单位工会意见</td><td colspan="5">（盖　章）</td></tr>
<tr><td>总承包单位安全生产管理部门意见</td><td colspan="5">（盖　章）</td></tr>
<tr><td>备　注</td><td colspan="5"></td></tr>
</table>

北京市建设委员会关于加强建筑劳务分包企业安全生产管理的通知

京建施[2007]163号

各区、县建委,各省(自治区)驻京建管处,各集团、总公司,各建筑劳务分包企业,各有关单位:

2007年是北京市奥运工程决战之年,时间紧、任务重、难度大、各工种交叉作业繁多,为加强建筑劳务分包企业安全生产管理,提高劳务人员安全意识和自我防范能力,杜绝重大事故,减少一般事故,切实维护劳务人员的合法权益和根本利益,现对建筑劳务分包企业安全生产管理工作提出以下要求,请认真贯彻执行:

一、严格执行建筑施工企业安全生产许可证制度,加强劳务分包企业的安全管理

所有北京市建筑劳务分包企业必须取得《安全生产许可证》后方可从事建筑施工活动。取得《安全生产许可证》的外地建筑劳务分包企业,应及时在《北京市建筑企业资质审批》网上完成备案,企业要及时办理人员实名制备案。

二、加强劳务人员进场前安全教育,提高作业人员的自我保护意识和能力

各驻京建管处(办)要加强进京劳务人员的"准入制"管理,在自己省市内建立固定的教学场所,有相对固定的师资,要求劳务输出单位在劳务人员进京前对其进行业务技能和安全知识教育,用工单位加强劳务人员进场前的安全生产知识培训,使每位劳务人员进场后做到不伤害自己、不伤害别人、不被别人伤害。

各总承包或专业分包单位选用劳务队伍时,要严格把关,按照京建施[2007]8号文的要求对每位劳务人员进行考核,考核合格后方能上岗,禁止未接受安全教育的劳务人员进入工地。

北京市各大施工企业、集团公司应有自己的劳务基地,有相对固定的劳务队伍。

三、认真落实劳务人员的继续教育

各施工项目总承包单位负责在施工现场建立农民工夜校,组织农民工学习,继续教育的时间每人每月不少于两次(四个学时)。项目部要组织建筑劳务分包企业认真学习《北京市建设工程施工现场作业人员安全知识手册》、《建设工程施工现场安全防护》等标准,观看市建委制作的安全生产教育系列片,提高建筑施工作业人员的安全意识和操作技术水平,切实把施工现场安全生产管理各项基础落实到位。

四、实行群众监督员制度

各建筑劳务分包企业要提高对安全生产工作重要性的认识,认真贯彻落实安全生产法律、法规,依法保障安全生产,服从总承包施工企业(专业承包施工企业)的安全管理,把安全生产真正落到实处。要加大安全生产投入,加强安全生产管理,将安全生产责任落实到每一名施工人员。

建筑劳务分包企业必须按照市建委关于对施工人员实行实名制管理的要求，完成施工现场人员实名制备案工作，施工现场每个劳务队伍每50人至少配备1名专职安全员，劳务队伍不足50人的也应配置一名专职安全员，专职安全员必须取得安全生产考核合格证书后方可上岗。每个班组作业现场必须设一名兼职安全员，协助专职安全员做好本班组的安全工作。专职安全员上岗佩戴红底黄字袖标，兼职安全员上岗佩戴黄底红字袖标。

各建筑劳务分包企业应制定针对性的安全管理规定，对违反安全操作规程和规范进行指挥、施工的行为进行制止。各总承包单位和专业分包单位要加强对劳务企业的安全生产管理。

五、市和区县两级建设行政主管部门要加强对建筑劳务分包企业安全工作的检查、执法，重点依法监督检查劳务企业的《安全生产许可证》情况和劳务人员的安全教育落实情况，对于没有《安全生产许可证》、劳务人员未经教育培训从事施工生产的建筑施工企业和施工现场存在安全隐患的企业，要依法严肃查处。

二〇〇七年二月一日

北京市建设委员会关于轨道建设工程施工现场监督协管员有关事项的通知

京建施[2007]237号

北京市轨道交通建设管理有限公司、北京东直门机场快速轨道有限公司、北京中铁工投资管理有限公司：

为进一步加强对轨道建设工程施工现场的监管，规范建筑施工行为，全力压减建筑施工生产安全事故，现将轨道建设工程施工现场监督协管员的有关事项通知如下：

1. 监督协管员的聘用及管理按照《北京市建设工程施工现场监督协管员管理办法（试行）》执行。

2. 监督协管员由市建委地铁工程安全质量监督组统一培训，并进行管理和考核。

3. 监督协管员工资及办公设备费用今年先由各公司承担，按月支付。

二〇〇七年三月十三日

北京市建设委员会关于印发《北京市建设工程施工现场监督协管员管理办法(试行)》的通知

京建法[2007]241号

各区、县建委,各有关单位:

现将《北京市建设工程施工现场监督协管员管理办法(试行)》印发给你们,请结合实际,依照执行。

附件:北京市建设工程施工现场监督协管员管理办法(试行)

二〇〇七年三月十四日

北京市建设工程施工现场监督协管员管理办法(试行)

第一条 为加强本市建设工程的监督管理,规范建筑市场行为,保障人民群众生命和财产安全,维护施工人员的合法权益,依据《中华人民共和国建筑法》等法律法规,结合本市实际,制定本办法。

第二条 本市建设工程施工现场监督协管员的招聘、培训、考核及管理适用本办法。

本办法所指施工现场监督协管员(以下简称协管员)是由区、县建设行政主管部门聘用的负责协助监督执法人员开展施工现场安全、农民工工资支付、建设市场管理等方面的监督检查工作的人员。

协管员不具有行政处罚权。

第三条 市建设行政主管部门负责全市协管员统一协调管理工作。区县建设行政主管部门负责协管员的招聘、培训和考核工作。区县建设行政主管部门统一对协管员进行岗前安全生产法律、法规和安全生产知识和农民工工资支付、建设市场管理法律法规培训,经考试合格后持证上岗。

第四条 区县建设行政主管部门聘用的协管员应当具备下列基本条件:

(一)拥护中国共产党的领导,热爱社会主义;

(二)遵纪守法,品行端正;

(三)年龄为18周岁以上、55周岁以下,身体条件允许的可适当放宽;

(四)具备一定的专业知识、现场经验、业务能力,责任心强;

（五）区县建设行政主管部门所要求的其他条件。

第五条　协管员工作职责包括：

（一）负责检查所协管工程参建单位安全管理体系运行情况；

（二）负责检查所协管工程实体安全防护情况；

（三）在检查过程中，对所协管工程参建单位违反国家建筑工程安全生产相关法律法规和工程建设强制性标准的行为，以及工程实体存在安全问题和隐患的，予以口头警告、纠正或制止，填写检查表格（附件1），并及时向主管监督执法人员报告；

（四）对照农民工工资支付监督检查评定标准（附件2）进行检查，对不合格的工地，及时向主管监督执法人员报告；

（五）检查所协管工程是否遵守建设工程招投标管理规定、参建各方进场前是否签订合同及合同履约情况，发现问题及时向主管监督执法人员报告；

（六）编写检查工作日志，定期编制协管员工作报告，汇总所协管工程安全管理等工作情况，上报主管监督执法人员；

（七）做好区县建设行政主管部门交办的其他工作。

第六条　协管员必须严格遵守纪律，坚守工作岗位，认真履行职责，不得监管与其有利害关系单位参建的工程。

第七条　协管员违反国家法律、法规或存在以下行为之一的，将予以解聘。需承担民事、刑事责任的，依法处理。

（一）利用岗位职责之便，向参建单位或个人索要钱物、谋求个人私利或为他人违法、违规行为提供方便的；

（二）违反保密规定的；

（三）无正当理由拒不服从工作安排，或贯彻执行监督工作措施不力，出现严重失误的；

（四）违反区县建设行政主管部门其他规定的。

因协管员个人行为给区、县建设行政主管部门造成损失的，区、县建设行政主管部门可依法追究其相应责任。

第八条　区县建设行政主管部门对协管员的工作情况实行月考核和年考核制度，考核实行外部企业反馈与内部民主评议相结合的动态管理考核机制，并根据考核结果实施奖惩。

第九条　本规定从颁布之日起执行。

附件：1. 现场监督协管员检查用表（略）

2. 农民工工资支付监督检查评定标准（略）

北京市建设委员会关于对本市建筑工程起重机械进行登记编号和使用登记管理的通知

京建施[2007]243 号

各区、县建委,各集团、总公司,各租赁公司,各有关单位:

为了进一步加强对我市建筑工程起重机械的安装、使用的监督管理,根据《北京市建筑工程起重机械监督管理规定》(京建施[2007]71 号文)的规定,现将本市建筑工程起重机械进行"登记编号"和"使用登记"管理有关具体要求通知如下:

一、从 2007 年 4 月 1 日起,本市起重机械租赁单位和施工单位的塔式起重机、施工升降机、物料提升机,首次出租或者使用时,应当到企业注册地的区县建委进行起重机械登记编号,获得全市统一编号。外埠施工单位或租赁单位的塔式起重机、施工升降机、物料提升机,在本市首次使用或出租前,应当向工程所在地的区县建委(或建设局)申请登记编号,获得全市统一编号。

从 2007 年 4 月 1 日起,施工现场安装的塔式起重机、施工升降机和物料提升机验收合格之日起 30 日内,施工总承包单位应当向工程所在地的区县建委(或建设局)进行使用登记。

二、各企业申请"登记编号"和"使用登记"时,应首先登录北京市建委"网上办公大厅系统"(地址为 http://dandiandl. bjjs. gov. cn/officehall)。在网上办公大厅系统的首页进行用户注册,获得系统登录的用户名和密码。凭借该用户名密码登录到"网上办公大厅系统"中,点击"起重机械备案"栏目(在页面上方的菜单项中),分别进行"登记编号"和"使用登记"表格的填写,填写完成后提交相应的表格,完成网上申请程序后,再携带相关资料到区县建委(或建设局)进行"登记编号"和"使用登记"。

三、起重机械产权单位到区县建委申请登记编号时,应当提供以下资料:

(一)北京市起重机械登记编号表(附件 1);

(二)起重机械产权单位的企业法人营业执照复印件;

(三)起重机械购置合同及发票或者能证明产权的资料复印件;

(四)产品合格证或相应的资料复印件;

(五)起重机械生产企业的特种设备制造许可证复印件。

区县建委应当对以上资料和企业录入的计算机信息进行审核,并核对资料原件,留存复印件。合格后,在 5 个工作日之内在"网上"完成"登记编号"工作,发放全市统一编号。统一编号的编号方法详见附件 2。

四、施工总承包单位到区县建委申请"使用登记"时,应提供以下资料:

(一)北京市起重机械使用登记表(附件 3);

(二)《施工现场起重机械拆装报审表》(表 AQ－B2－2)与《施工现场起重机械验收核

查表》(表 AQ－B2－3);

区县建委应当对以上资料和企业录入的计算机信息进行审核,合格后,在5个工作日之内“网上”完成“使用登记”工作,在“登记表”上签署意见和盖章,并将“登记表”返还一份给施工单位,施工单位应将登记标志置于或者附着于该设备的显著位置。

五、起重机械报废或卖出时,产权单位应当申请注销统一编号,并从网上录入相关信息,经区县建委确认核实后,收回统一编号,并在“网上”进行注销。

施工现场的起重机械拆卸后,施工单位应当申请注销使用登记,并从网上录入相关信息,经区县建委确认核实后,在“网上”注销使用登记。

六、各安全监督机构要加强对施工现场起重机械登记编号和使用登记情况的监督检查,发现未进行登记编号和使用登记的,应当责令改正,依法进行处罚。

特此通知。

附件1:北京市起重机械登记编号表

附件2:北京市起重机械统一编号的编号方法

附件3:北京市起重机械使用登记表

二〇〇七年三月十二日

附件1：

北京市起重机械登记编号表

<table>
<tr><td>企业名称</td><td colspan="2"></td><td>邮政编码</td><td></td></tr>
<tr><td>企业注册地址</td><td colspan="2"></td><td rowspan="2">是否外地设备</td><td rowspan="2">是□
否□</td></tr>
<tr><td>企业办公地址</td><td colspan="2"></td></tr>
<tr><td>营业执照编号</td><td colspan="2"></td><td>所属区县</td><td></td></tr>
<tr><td>企业负责人</td><td></td><td>联系电话</td><td colspan="2"></td></tr>
</table>

起 重 机 械 一 览 表

设备名称	型号	生产厂家	出厂日期	原值（万元）	出厂编号	原统一编号

企业公章： 填写日期：

附件2：

北京市起重机械统一编号的编号方法

1.统一编号共八位：

□·□□□□□□□

2.从左至右第一位：①表示所属区县，用区县名称的第一个汉字代表本地企业所属区县。例如："昌"代表"昌平区"；"崇"代表"崇文区"；"亦"代表"亦庄开发区"。②用"临"代表外埠单位的设备。

第二位：用"B"表示北京。

第三位：用设备名称拼音的第一个字母表示设备类别。

"T"—塔式起重机；"S"—施工升降机；"W"—物料提升机。

第四—八位：计算机自动生成的流水号。

附件3：

北京市起重机械使用登记表

<table>
<tr><td>工程名称</td><td colspan="3"></td></tr>
<tr><td>安装日期</td><td></td><td>预计拆除</td><td></td></tr>
<tr><td>日期设备</td><td></td><td>名称统一编号</td><td></td></tr>
<tr><td>开工许可证号</td><td></td><td>设备使用的单体工程及编号</td><td></td></tr>
<tr><td rowspan="2">总承包单位</td><td rowspan="2"></td><td>项目经理</td><td></td></tr>
<tr><td>联系电话</td><td></td></tr>
<tr><td rowspan="2">监理单位</td><td rowspan="2"></td><td>负责人</td><td></td></tr>
<tr><td>联系电话</td><td></td></tr>
<tr><td rowspan="2">产权单位</td><td rowspan="2"></td><td>负责人</td><td></td></tr>
<tr><td>联系电话</td><td></td></tr>
<tr><td rowspan="2">安装单位</td><td rowspan="2"></td><td>负责人</td><td></td></tr>
<tr><td>联系电话</td><td></td></tr>
<tr><td>安装资格等级</td><td></td><td>资格证书编号</td><td></td></tr>
<tr><td rowspan="3">检测单位</td><td rowspan="3"></td><td>检测时间</td><td></td></tr>
<tr><td>检测报告编号</td><td></td></tr>
<tr><td>检测结论</td><td></td></tr>
<tr><td colspan="4">总承包单位意见：

项目经理(签字)：　　　　日期：　　　　(盖章)</td></tr>
<tr><td colspan="4">监理单位意见 ：

总监理工程师(签字)：　　　　日期：　　　　(盖章)</td></tr>
<tr><td colspan="4">区县建委意见 ：
资料齐全,同意予以登记 □
资料不齐全,不予以登记 □

负责人(签字)：　　　　日期：　　　　(盖章)</td></tr>
</table>

北京市建设委员会关于进一步加强建筑施工安全生产管理的紧急通知

京建施[2007]247号

各区、县建委,各建设、施工、监理单位,各有关单位:

春节过后,我市建筑施工现场连续发生6起安全生产事故,造成6人死亡和重大经济损失,产生了极坏的社会影响,现将事故通报如下:

1.2007年2月27日上午10点30分左右,由中扶建设有限责任公司施工的富士康A04厂房工程发生一起高坠事故,造成一人死亡。

2.2007年3月9日,由北京城建道桥工程有限公司施工玉泉路热力外线工程(复兴路-田村山南路),发生一起坍塌事故,造成一人死亡。

3.2007年3月11日,由浙江杭萧钢构股份有限公司施工的呼家楼商务中心区一期1#楼工程发生一起高坠事故,造成一人死亡。

4.2007年3月14日,由北京城建集团四公司施工的石景山区万商花园酒店加固改造工程,发生一起高坠事故,造成一人死亡。

5.2007年3月16日17点50分,由北京希福电器安装有限公司施工的昌平区小汤山镇众益家园二期工程发生一起供电管沟施工坍塌事故,造成一人死亡。

6.2007年3月17日下午4点20分左右,朝阳区东湖湾名苑301号楼,发生一起物体打击事故,造成一人死亡,一人轻伤。该工程建设单位是北京市东湖房地产有限公司,施工单位是北京城建二公司,监理单位是太平洋监理公司。详细原因在进一步调查中。

以上几起事故的发生,暴露出一些企业在施工现场安全管理方面责任制不落实,管理措施不到位,安全检查不细致,管理上存在漏洞。市、区县建委将对事故责任单位和责任人严肃处理。各单位要认真吸取上述事故教训,采取措施防止安全事故发生。为进一步加强施工现场安全管理,保障施工人员的生命安全和社会稳定,市建委要求如下:

1.提高认识,加强领导,切实落实安全生产责任

各单位要牢固树立城市建设不能以牺牲人民群众生命为代价的思想认识,严格执行安全生产法律、法规和规程规范,依法保障安全生产,把安全生产各项措施真正落到实处。

2.全面落实安全协管员和群众监督员制度,加强对施工现场的监管

各区、县建委应抓紧实施《北京市建设工程施工现场监督协管员管理办法》,建立安全协管员制度,在3月底前将各有关事项落实到位,协管员正式上岗执行任务。同时建立信息反馈机制,定期将此项工作开展中存在的问题及建议反馈至市建委。

各施工总承包企业应严格按照《关于在全市建设工程施工现场实行建筑安全群众监督员制度的通知》要求,开展群众监督员的聘任、培训、戴袖标上岗等各项工作;市、区县建委将建立工作联系制度,加强协调配合,组织开展好各项相关活动。各单位应在3月底前将

安全群众监督员制度有关事项落实到位。

3. 认真组织落实“农民工夜校”制度和“安全教育月”活动实施方案，加强安全生产知识培训

各施工总承包单位应严格按照《关于建立“农民工夜校”组织农民工安全培训工作的通知》要求，3月底前在施工现场挂牌设立“农民工夜校”，并结合实际制定培训制度、培训计划和培训教案。各有关单位要认真执行《北京市建设系统2007年“安全生产教育月”活动实施方案》，开展农民工、项目负责人、项目总监、施工现场监督协管员、建筑安全群众监督员等有关人员的安全培训工作，培训不合格的严禁上岗作业。各区、县建委要积极做好本次活动的组织、监督检查工作，市、区县建委将对各有关单位活动开展情况进行联合检查，对不认真落实安全培训教育工作的责任单位和责任人严肃查处。

4. 强化企业安全管理，制止违章指挥和违章作业行为

各施工企业要制定有针对性的安全管理规定，将安全管理关口前移，深入基层，深入现场，深入班组，深入作业面，杜绝违章指挥和违章作业的行为。

5. 加大监督检查和执法力度，整顿建筑市场秩序

市、区县建委将依据《建设工程质量管理条例》、《建设工程安全生产管理条例》等有关法律、法规对存在违法发包、转包工程，无资质、无安全生产许可证进行施工的企业加大处罚力度。此类工程一经发现，将责令工程立即停工，并依法进行处罚，同时将有关单位违规行为记入北京市建设行业信用系统。

6. 加大曝光力度，充分发挥媒体监督作用

市、区县建委将对施工现场存在的重大隐患和违法、违规的单位及责任人进行严肃查处，实施约谈告诫，并向社会曝光。同时各单位要加强安全生产相关文件的传达贯彻工作，加大宣传力度，努力形成各单位、各部门共同关注和支持安全生产工作的局面，齐抓共管，切实保证建筑施工安全生产形势的稳定。

二〇〇七年三月十九日

北京市建设委员会　北京市安全生产监督管理局关于进一步加强地铁施工质量安全管理的紧急通知

京建施[2007]286号

地铁工程各参建单位：

2007年3月28日，地铁十号线02标苏州街站发生一起塌方事故。经初步调查，施工单位中铁十二局集团公司在暗挖施工遇到险情时，未及时撤离现场作业人员，而采取不当的抢险措施；在事故发生后隐瞒不报，造成了极坏的社会影响。为进一步加强地铁工程安全生产，特提出以下要求：

1. 制订科学的施工方案，严格施工工序。地铁工程施工危险性大，施工单位应遵循科学施工的原则，严格按照《危险性较大工程安全专项施工方案编制及专家论证审查办法》编制专项施工方案，对符合专家论证条件的施工作业，必须严格履行专家论证程序。施工单位应严格按照经批准的专项施工方案进行施工，监理单位应加强督促检查。

2. 严格落实质量检查、隐蔽工程验收程序。施工单位要加强对暗挖施工超前支护、注浆加固和初期支护施工质量的自检；监理单位要加强隐蔽工程质量检查验收，该旁站的施工工序，必须旁站到位。未经检查或经检查不合格，不得转入下一工序施工。

3. 重视各车站出入口、风道暗挖施工，确保施工安全。各车站出入口、风道暗挖、爬坡挑高段等变截面处施工应编制专项施工方案，并组织专家论证；监理单位要加强旁站监理，严格控制施工质量和安全。

4. 加强量测监控。对暗挖、盾构及风险源施工区域应加密监测布点，加大监测频次，确保监测及时，数据准确、有效，切实发挥监控量测信息化施工的作用，如遇异常情况，及时向政府有关主管部门报告。

5. 严格落实农民工安全教育工作。各参建单位应结合地铁工程施工特点，开展培训教育工作，尤其是加强新入场施工人员安全教育，提高培训教育的针对性，杜绝未经培训上岗和特种作业人员无证上岗违法行为。

6. 严格执行作业人员“实名制”登记制度。各施工单位应建立作业人员管理台账，在井口落实人员出入竖井登记制度，随时掌握施工作业面的人员动态，加强井下人员管理。

7. 严格落实应急预案，禁止盲目抢险。施工过程中遇紧急情况危及作业人员安全时，应本着“以人为本”的原则，立即将施工作业人员撤至安全区域，同时组织制订切实可行的抢险方案，严禁盲目抢险。

8. 严格落实事故报告制度。施工现场发生安全事故后，施工单位应按事故报告制度立即向政府有关主管部门报告，严禁迟报和瞒报。

9. 立即开展专项安全检查。地铁工程各参建单位要认真吸取本次事故教训，举一反三，立即组织对各线暗挖施工作业进行安全专项检查，发现安全隐患立即整改，同时将检查整改情况上报地铁监督组。

特此通知

二〇〇七年三月二十九日

北京市建设委员会　北京市安全生产监督管理局关于加大建设工程安全生产事故及重大隐患处理力度的通知

京建施[2007]322号

各区、县建委，各集团、总公司，各有关单位：

为进一步强化施工现场安全生产工作，有效防范建设工程重大安全事故的发生，切实保障农民工的生命安全，各参建单位要按照法律、法规和施工建设强制性标准的要求，认真履行各自的职责，彻底消除施工现场的安全隐患。根据《建筑法》、《建设工程安全生产管理条例》等法律、法规的规定，结合我市建设系统的实际情况，现就建设工程安全生产事故及重大隐患处理有关要求通知如下：

一、市、区（县）建设行政主管部门在施工现场监督检查时，因存在下列重大安全隐患对同一项目两次以上（含两次）做出行政处罚、限期整改、停工整改的，暂扣项目负责人执业资格证书3个月到6个月。

1. 未对施工人员进行安全教育或使用安全培训不合格人员参加施工的；

2. 未按要求设置安全生产管理机构和安全生产管理人员的；

3. 在施工组织设计和施工方案中未编制安全技术措施和施工现场临时用电方案的；

4. 危险性较大工程在施工前未按《危险性较大工程安全专项施工方案编制及专家论证审查办法》（建质[2004]213号）编制安全专项施工方案或组织专家论证的；

5. 危险性较大工程在施工前未根据安全专项施工方案的内容对作业人员进行有针对性安全技术交底；

6. 施工现场“四口、临边”等安全防护不到位的；

7. 基坑支护工程未按规范要求施工和未进行位移和沉降监测记录的；

8. 对地下管线资料和毗邻建筑物、构筑物位置不清或无保护措施擅自施工的；

9. 未按要求对塔式起重机等起重机械进行检测、验收、投入使用的；

10. 委托没有安装资质的单位安装起重机械设备和附着升降脚手架的；

11. 脚手架或模板支撑体系未按规范规定搭设的；

12. 高大或特殊架子和高大模板支撑体系未经验收而投入使用的；

13. 高层建筑不使用落地式脚手架，首层四周未按要求支设安全网的；

14. 独立的配电系统未采用TN－S三相五线制接零保护系统或没有实行三级配电、两级设置漏电保护装置的；

15. 交流电焊机未安装二次侧防触电保护装置的；

16. 高压线与在建工程（含脚手架具）的外侧边缘和起重机械未达到安全操作距离时，未采取有效可靠的防护措施的；

17.垂直运输机械作业人员、安装拆卸工、爆破作业人员、起重信号工、登高架设作业人员等特种作业人员无证上岗的;

18.拆除工程未编制拆除方案或未到区县建委备案的;

19.将工程转包或违法分包的。

二、施工现场因以上重大安全隐患发生四级以下事故的,暂扣项目负责人执业资格证书6个月至1年,同时暂扣监理工程师执业资格证书3个月。

三、施工现场因以上重大安全隐患发生四级重大事故的,吊销施工单位项目负责人执业资格证书,5年内不予注册,同时暂扣监理工程师执业资格证书1年。

四、因违反法律、法规和施工建设强制性标准,发生三级重大事故的,吊销项目负责人执业资格证书,终身不予注册,同时吊销监理工程师执业资格证书,5年内不予注册。构成犯罪的,对直接责任人员,依照刑法有关规定追究刑事责任。

五、停止该项目负责人和监理工程师执业资格期间,施工单位必须委派新的项目负责人,监理单位必须委派新的项目监理工程师,并且到市、区(县)建设行政主管部门完善变更手续,否则不予复工。

六、一级项目经理或一级建造师执业资格证书和监理工程师执业资格证书的上述处罚由市建设行政主管部门提请建设部做出。

七、市和区(县)建设行政主管部门应责令发生安全生产事故的建设工程立即停工整改,停工时限按照以下规定办理:

(一)发生一般事故(四级以下)的,停工3天整改;

(二)发生四级重大事故的,停工7天整改,施工单位在12个月内发生第二起四级重大事故并负主要责任的,对发生事故的建设工程停工15天整改,同时对该单位在京的所有工程停工3天整改。

八、作业人员不服从管理、违反规章制度和操作规程冒险作业,或者管理人员强令工人违章冒险作业,而发生重大伤亡事故或者造成其他严重后果的;建筑企业劳动安全设施不符合国家规定,经有关部门或者单位职工提出后,对事故隐患仍不采取措施,因而发生重大伤亡事故或者造成其他严重后果,构成犯罪的,对直接责任人员,依照刑法有关规定追究刑事责任。

九、劳务分包单位项目负责人未依法履行安全生产管理职责,造成重大事故或者造成其他严重后果,构成犯罪的,对直接责任人员移送司法机关依法处理。

十、市、区(县)建设行政主管部门应将事故工地和事故多发企业列为本年度重点监管对象,加大监督频次和力度。同时应对发生事故的施工、监理单位主要负责人进行约谈问责,听取企业在事故发生或有关部门下达停工整改命令后,建设单位、施工企业采取的应急救援和整改措施,并帮助企业分析事故或重大安全隐患原因,确定整改方案,对企业进一步加强安全生产管理提出具体要求。

十一、本《通知》自下发之日起执行。市建委2006年7月26日印发的《关于印发〈北京市建设工程安全生产重大事故及重大隐患处理规定〉的通知》(京建施[2006]663号)和本《通知》不一致的,以本《通知》为准。

二〇〇七年四月六日

北京市建设委员会　北京市环境保护局 北京市城市管理综合行政执法局关于建立联合检查协调机制加强扬尘污染控制工作的通知

京建施[2007]464 号

各区、县建委、环保局、城管监察大队：

为进一步加大我市扬尘污染控制力度，有效遏制建筑施工工地、拆迁工地和新建市政道路及配套管线工地现场的扬尘污染，实现《北京市人民政府关于发布本市第十三阶段控制大气污染措施的通告》要求，市建委、市环保局、市城管执法局决定自 2007 年 6 月起至奥运会前，建立扬尘污染控制联合检查协调机制。现将有关事项通知如下：

一、认真组织落实“十三阶段”扬尘污染控制措施

各区、县有关部门要按照《北京市人民政府关于发布本市第十三阶段控制大气污染措施的通告》（京政发[2007]7 号）的要求，认真履行职责，切实组织落实控制扬尘污染各项措施，保证实现我市空气质量指标任务的完成。

各区、县有关部门要落实属地管理职责，组织建立辖区内施工工地台账，对建筑施工工地、拆迁工地和新建市政道路及配套管线工地现场的扬尘污染情况进行监督检查。

进一步加强对施工企业的监管，发挥监理企业的作用，督促施工企业严格按照建设工程施工现场环境保护标准和“五个 100%”的要求，即：工地沙土 100% 覆盖、工地路面 100% 硬化、出工地车辆 100% 冲洗车轮、拆除房屋工地 100% 洒水压尘、暂时不开发的空地 100% 绿化。进行文明施工，扎实做好施工现场扬尘污染控制工作。对不认真执行上述标准、方案的施工工地要坚决进行处理，对管理混乱、扬尘严重的工地要坚决停工整改，从重从严处罚。

二、统一行动开展联合执法检查

市建委、市环保局、市城管执法局等部门建立联合检查协调机制。从 2007 年 6 月开始，在区、县对建筑施工工地、拆迁工地及新建市政道路及配套管线工地和裸露地面扬尘污染防治工作检查的基础上，由市环保局、市建委和市城管执法局轮流牵头，组织开展全市扬尘污染控制工作联合检查。重点检查群众反映强烈、反复投诉的未治理的裸露地面、环保不达标施工工地和扬尘污染严重的道路。计划每周检查不少于 20 个单位，对不达标施工单位，依法进行处罚和曝光，并将检查结果及时上报市政府。

三、工作要求

（一）各区、县有关部门要高度重视扬尘污染控制工作，认真组织、周密部署，同时也要建立相应的组织机构，最大限度降低扬尘污染对空气质量的影响。

（二）各区、县有关部门要把宣传工作作为本次扬尘污染控制的重点工作之一，进一步加大宣传力度，充分调动公众积极参与，并组织新闻媒体对检查整治工作及时报道，曝光违法行为和违法企业名单。

（三）各区、县有关部门要加强沟通协调和信息报送工作，每月底前向市扬尘办报送开展扬尘污染控制工作情况，以便由市扬尘治理联合检查组汇总后及时上报市政府。

（四）对于重视程度不够、未认真落实扬尘污染控制措施的单位，要依据《环境保护违法违纪行为处分暂行规定》追究有关人员的责任。

特此通知。

二〇〇七年五月三十日

北京市建设委员会关于印发《“2008”工程施工现场生活区设置和管理规定》的通知

京建施[2007]517号

“2008”工程各参建单位：

为加强“2008”工程施工现场生活区管理，树立建设工程生活区管理样板，切实改善施工人员的生活条件，保障施工人员的身体健康和生命安全，依据《北京市建设工程施工现场生活区设置和管理标准》，我委会同市“2008”工程建设指挥部办公室制定了《“2008”工程施工现场生活区设置和管理规定》，现印发给你们，请对照标准认真组织学习并贯彻执行。

附件：1.“2008”工程施工现场生活区设置和管理规定

2. 北京市建设工程施工现场生活区设置和管理标准

二〇〇七年四月二十五日

附件1：

“2008”工程施工现场生活区设置和管理规定

第一章 总 则

第一条 为加强“2008”工程施工现场生活区（以下简称生活区）管理，树立建设工程生活区管理样板，切实改善施工人员的生活条件，保障施工人员的身体健康和生命安全，制定本规定。

第二条 凡“2008”工程项目建筑面积在5000平方米以上或工程投资在1000万元以上且工期在60天以上的施工现场生活区设置和管理，适用本规定。

“2008”工程项目建筑面积在5000平方米以下或投资在1000万元以下且工期在60天以下的施工现场生活区设置和管理，可参照本规定执行。

第三条 “2008”工程施工现场生活区设置和管理必须严格执行《北京市建设工程施工现场生活区设置和管理标准》（DBJ01－72－2003），同时符合本规定要求。

生活区设置和管理工作由施工总承包企业负责，建设单位应为施工企业提供必要条件，监理单位负责检查督促。

第二章　一　般　要　求

第四条　生活区临建房屋与建筑工程主体结构防火间距不应小于10米。生活区、办公区等区域内采用非燃材料搭建的临建房屋之间的防火间距不应小于4米。采用难燃材料搭建的临建房屋的防火间距不应小于6米。

第五条　生活区临建房屋内各房间建筑面积超过60平方米时，至少设置两个疏散门。多层施工现场临建房屋的疏散楼梯不应少于两个且应分散布置，设置两部疏散楼梯确有困难时，可设置一部金属竖向梯作为第二安全出口。

第六条　生活区临建房屋要首选非燃建材。

（一）材料库及明火作业的厨房等临建房屋的建设必须使用非燃建材。

（二）办公室、宿舍等施工现场临建房屋其围护结构应使用非燃材料搭建；确有困难时，其围护结构（含保温材料）可采用难燃材料；严禁使用可燃材料搭建施工现场临建房屋。

（三）生活区临建房屋围护结构（含保温材料）采用难燃材料时，施工单位应在搭建前现场抽样，送有检测资质的单位进行检测，合格后方可安装。

（四）围护结构（含保温材料）采用难燃材料的生活区临建房屋内的电气线路应采用金属管或经阻燃处理的难燃型硬质塑料管保护，且不应敷设在难燃材料结构内。

第七条　生活区必须统筹安排，合理布局，生活区用房必须安全、牢固、美观，各种建筑设施必须满足国家和本市有关安全、消防、卫生防疫、环境保护、防汛、防洪等要求。

第八条　施工企业应定期对生活区住宿人员进行安全、治安、消防、卫生防疫、环境保护、交通等法律法规教育，增强其法制观念。

第三章　生　活　设　施

第九条　宿舍

（一）宿舍内应预留专用的电池充电插座，照明采用安全电压。未经消防安全管理人员和电气主管人员批准不得使用电热器具，严禁私拉乱接电线、明火取暖。

（二）宿舍应设置垃圾桶，宿舍外宜设置鞋柜或鞋架，生活区应提供为作业人员晾晒衣物的场地。

第十条　食堂

（一）食堂应设在远离厕所、垃圾站、有毒有害场所等污染源的地方。

（二）食堂门扇下方应设不低于0.2米的防鼠挡板。

（三）装修食堂所用建筑材料必须符合环保、消防要求。制作间灶台高度不宜小于1.5米，地面应做硬化和防滑处理。

（四）食堂必须设置密闭式泔水桶。制作间必须设置隔油池，下水管线应与污水管线连接，保证排水通畅。

第十一条　厕所

（一）厕所蹲位之间应设置隔板，隔板高度不应低于0.9米。

(二)厕所应设专人负责清扫、消毒,化粪池应及时清掏。

第十二条 农民工夜校

(一)应设置农民工接受培训、学习的场所,配备桌椅和黑板。

(二)应配备电视机、光盘播放机、书报、杂志和必要的文体活动用品。

第十三条 医疗室

(一)应配备药箱及一般常用药品以及绷带、止血带、颈托、担架等急救器材。

(二)应培训有一定急救知识的人员,并定期开展卫生防病宣传教育。

第十四条 开水房

设置开水炉、电热水器或饮用水保温筒。

第十五条 电话间、理发室、洗衣间

(一)生活区内应为施工人员设置电话间,提供长途电话服务。

(二)生活区内应设置理发室,提供理发服务。

(三)生活区内应设置洗衣间,能够自助洗衣,并能提供衣物缝补服务。

第四章 附 则

第十六条 本规定自2007年6月1日起施行。

附件2:

北京市建设工程施工现场生活区设置和管理标准

1 总则

1.0.1 为加强建设工程施工现场生活区(以下简称生活区)管理,改善施工人员的生活条件,保障施工人员的身体健康和生命安全,制定本标准。

1.0.2 本标准依据《中华人民共和国建筑法》、《中华人民共和国传染病防治法》、《中华人民共和国食品卫生法》和《北京市建设工程施工现场管理办法》等法律法规、规章制度。

1.0.3 生活区是指建设工程施工人员集中居住、生活的场所,包括施工现场以内和施工现场以外独立设立的生活区。

1.0.4 凡在本市行政区域内从事土木工程、建筑工程、线路管道工程、设备安装工程及装修装饰工程新建、扩建、改建,工程项目建筑面积在5000平方米以上或工程投资在1000万元以上且工期在60天以上的施工现场生活区设置和管理,适用本标准。

工程项目建筑面积在5000平方米以下或投资在1000万元以下且工期在60天以下的施工现场生活区设置和管理,可参照本标准执行。

1.0.5 生活区由施工总承包企业负责管理。建设单位应为施工企业提供建立生活区的必要条件。

2 一般要求

2.0.1 生活区与施工区应严格划分,采用专用金属定型材料或砌块进行围挡,且高度不得低于1.8米。

2.0.2 生活区必须统筹安排,合理布局,满足安全、消防、卫生防疫、环境保护、防汛、防洪等要求。

2.0.3 生活区用房必须安全、牢固、美观,并符合消防安全规范,不得使用易燃材料搭设。

2.0.4 生活区各种建筑设施必须符合国家和本市有关安全防范要求。

2.0.5 施工企业应定期对生活区住宿人员进行安全、治安、消防、卫生防疫、环境保护、交通等法律法规教育,增强其法制观念。

2.0.6 施工企业必须建立健全安全保卫、卫生防疫、消防、生活设施的使用、维修和生活管理等各项管理制度。

3 生活设施

3.1 生活区设置

3.1.1 生活区必须设置办公室、传达室(门卫室)、宿舍、食堂、厕所、盥洗设施、淋浴间、开水房、文体活动室、密闭式垃圾箱等临时设施。

3.2 宿舍

3.2.1 宿舍内必须保证必要的生活空间,室内高度不低于2.5米,通道宽度不小于0.9米,每间宿舍居住人员不得超过15人。

3.2.2 宿舍内必须设置单人铺,床铺高于地面0.3米,面积不小于1.9米×0.9米,床铺间距不得小于0.3米,床铺的搭设不得超过2层。床头应设有姓名卡 。

3.2.3 宿舍内应设置生活用品专柜,生活用品摆放整齐。

3.2.4 宿舍必须设置可开启式窗户,保持室内通风。

3.2.5 宿舍夏季应有防暑降温措施,冬季有取暖和防煤气中毒的措施。

3.3 食堂

3.3.1 装修食堂所用建筑材料必须符合环保、消防要求。

3.3.2 食堂必须设置独立的制作间、库房和燃气罐存放间。

3.3.3 食堂应配备必要的排风设施和消毒设施。

3.3.4 制作间灶台及其周边应贴瓷砖,地面硬化,保持墙面、地面干净。

3.3.5 食堂必须设置隔油池。

3.3.6 食堂制作间的下水管线应与污水管线连接,保证排水通畅。

3.3.7 制作间必须有生熟分开的刀、盆、案板等炊具及存放柜。

3.3.8 库房内应有存放各种佐料和副食的密闭器皿,应有距墙距地面大于20厘米的粮食存放台。

3.3.9 食堂必须设置密闭式泔水桶。

3.4 厕所

3.4.1 生活区内必须设置水冲式厕所或移动式厕所。

3.4.2 厕所墙壁屋顶严密,门窗齐全,采用水泥地面。

3.4.3 厕所大小应根据生活区人员数量要求设置。

3.5 盥洗设施

3.5.1 必须设置满足施工人员使用的水池和水龙头。

3.5.2 盥洗设施的下水管线应与污水管线连接,必须保证排水通畅。

3.6 淋浴间

3.6.1 淋浴间必须设置冷热水管和淋浴喷头,保证施工人员定期洗热水澡。

3.6.2 淋浴间内必须设置储衣柜或挂衣架。

3.6.3 淋浴间内的下水管线应与污水管线连接,必须保证排水通畅。

3.6.4 淋浴间的用电设施必须满足用电安全。照明灯必须安装防爆灯具和防水开关。

3.7 文体活动室

3.7.1 应配备电视机、书报、杂志和必要的文体活动用品。

3.8 办公室

3.8.1 应配备药箱及一般常用药品以及绷带、止血带等急救器材。

3.9 开水房

3.9.1 设置开水炉或饮用水保温筒。

3.10 通讯设施

3.10.1 生活区内应为施工人员设置必要的通讯设施。

4 卫生、防疫

4.0.1 必须严格执行卫生、防疫管理规定,建立卫生防疫管理制度,并制定法定传染病、食物中毒、急性职业中毒等突发疾病应急预案。

4.0.2 生活区必须保持清洁卫生,定期清扫和消毒。

4.0.3 生活区必须有灭鼠、蚊、蝇、蟑螂等措施。

4.0.4 生活区垃圾必须存放在密闭式容器中,并及时清运,不得与建筑垃圾混合运输、消纳。

4.0.5 厕所必须设专人负责,及时清扫,定期消毒。

4.0.6 生活区应配备卫生监督员,对生活区及个人的卫生情况进行监督检查,并做好记录。

4.0.7 施工人员发生法定传染病、食物中毒、急性职业中毒时,必须在2小时内向事故发生地所在区(县)建设行政主管部门和卫生防疫部门报告。按照卫生防疫部门的有关规定及时进行处理。

5 食品卫生

5.0.1 严格执行食品卫生管理的有关规定。

5.0.2 食堂必须具备卫生许可证、炊事人员身体健康证、卫生知识培训证。卫生许可证必须挂在制作间明显处,身体健康证、卫生知识培训证应随身携带以备检查。

5.0.3 炊事人员配备两套工作服、帽,上岗必须穿戴洁净的工作服、工作帽,并保持个人卫生。

5.0.4 炊具、餐具必须及时清洗,定期消毒。

5.0.5 开水炉或盛水容器必须保持清洁,定期清洗消毒,设专人管理。

5.0.6 生熟食品必须分开加工和保管,存放成品半成品必须有遮盖。

5.0.7 加强食品、原料的进货管理,做好进货登记。严禁购买无照、无证商贩食品和原料。

5.0.8 严禁食用变质食物。

5.0.9 剩余饭菜应倒入密闭泔水桶中,并及时清运。

5.0.10 库房有通风、防潮、防虫、防鼠等措施。库房不得兼做他用。

6 安全、保卫消防

6.0.1 贯彻执行国家和本市有关治安、保卫消防工作的法规和规定,制定保卫消防预案。

6.0.2 生活区实行封闭式管理,出入大门口应有专职门卫,禁止外来人员随意进出,对来访人员进行登记。

6.0.3 生活区应配备专、兼职保安人员,负责保卫消防工作的实施。

6.0.4 生活区宿舍内不得留宿外来人口,特殊情况必须留宿的,必须经单位有关领导及行政主管部门批准,报保卫人员备查。

6.0.5 生活区内必须配备消防器材,消防器材齐全有效。成立义务消防队,明确消防责任人。

6.0.6 生活区内的用电设施实行统一管理,用电设施必须符合安全、消防标准。

6.0.7 用火点和燃气罐不能放置在同一房间内。

6.0.8 生活区内不得存放易燃、易爆、剧毒、放射源等化学危险物品。

7 环境保护管理

7.0.1 生活区必须严格执行环境保护管理的有关法规、标准。

7.0.2 生活区内地面必须平整夯实,并且应有绿化或美化措施。

7.0.3 生活垃圾应分类存放。

7.0.4 严禁生活垃圾与建筑渣土混合运输、消纳。

7.0.5 隔油池必须有专人负责,及时清掏。

7.0.6 控制噪声污染,减少对周边居民的影响。

北京市建设委员会关于加强施工现场消防、施工用电管理的通知

京建施[2007]656号

各区、县建委,各集团、总公司,各有关单位:

近期,施工现场不断发生火灾事故,给人民生命和财产带来了损失,同时在社会上产生了不良影响。为了吸取火灾事故的教训,防止发生类似事故,现将火灾事故通报如下:

一、2007年5月17日上午9:20分左右,中铁建设集团有限公司总承包施工的主语城工地,总包单位未落实消防安全管理措施,不能及时发现并消除火灾隐患,专业分包单位沈阳远大铝业有限公司电闸箱短路,熔珠溅落至下方的挤塑聚苯板上,引起火灾。

二、5月27日上午8:30分,中国冶金建设集团高新工程技术有限责任公司施工的北京电子信息产业基地8楼工程发生一起火灾事故,防水专业分包单位北京卓宝防水工程有限公司在进行地下消防水池施工中没有制定防水施工方案及安全技术交底,没有设置通风设备。作业人员违反了防水材料使用说明和工艺,造成了地下消防池火灾和人员伤亡事故。

三、7月2日8点12分左右,由中建一局施工,北京远达国际工程管理有限公司监理的北京大学体育馆工程发生一起火灾事故,过火面积约1000平方米。

以上事故暴露出一些施工单位在保卫消防管理工作中存在着漏洞。当前正值施工高峰期和雨季施工阶段,也是触电事故的高发期,为加强施工现场的各项安全管理工作,市建委提出如下要求:

(一)提高认识、加强领导、落实责任。各单位领导务必要高度重视安全保卫、消防等各项安全管理工作。建立健全各项安全管理制度和火灾事故应急预案,加强日常管理,消除安全隐患,并将责任落实到实处。

(二)全市立即开展施工现场火灾隐患排查工作。各施工企业要严格按照《北京市建设工程施工现场消防安全管理规定》和《北京市建设工程施工现场生活区设置和管理标准》开展消防隐患排查整改工作,各参建单位要加强建设工程施工现场消防巡查力量,及时清理施工现场的可燃杂物和易燃物品,完善消防安全设施,落实各项消防管理措施。

(三)建立施工现场安全保卫、消防管理制度和管理体系,明确保卫消防职责。施工现场要设置义务消防队员,并定期进行教育培训。组织开展学习《消防法》、北京市政府令(第84号)《施工现场消防安全管理规定》、《施工现场保卫消防工作标准》。对所有施工现场施工人员进行一次防火教育和法制教育。

(四)明火作业要有操作证和用火证。用火证当日有效,变换地点要重新办理用火证。明火作业前要清除易燃可燃物,采取隔离等措施。明火作业时配备看火人员和灭火器材。做防水的区域必须要保持通风良好状态,严格按照施工技术方案实施。防水施工完毕后,防水层上方不得从事明火作业,做好防水的部位应采取保护措施,防止明火将其引燃。从

事油漆粉刷或防水施工等危险作业时，必须做好施工方案，对作业人员进行安全技术交底。

（五）施工现场使用的安全网、密目式安全网、保温材料等必须符合消防安全规定，不得使用易燃可燃材料。

（六）高度在24米以上的建筑工程，必须设置临时消防竖管，每层设置消防栓口，消防泵的专用配电线路应引自施工现场总断路器的上端。

（七）工程内不准作为仓库使用，对易燃易爆物品要专库储存，分类单独存放，保持良好的通风。

（八）施工现场临时用电工程必须由电气工程技术人员负责管理，明确电气维修和值班人员。特种作业人员必须持证上岗。

（九）配电系统应严格按规范JGJ46－2005的要求实行分级配电，两级漏电保护，并有可靠的接零接地保护系统。各级配电箱、开关箱内的电气必须完好可靠并且其选型、定值符合规定。

（十）现场使用的移动式碘钨灯必须采用密闭式防雨灯具，碘钨灯金属架杆手持部位采取绝缘措施。

（十一）电焊机单独设置开关，电焊机外壳做接零保护。一次线长度小于5米，二次线长度小于30米，电焊机两侧接线要压接牢固并安装防护罩。电焊把线不得借用金属管道、脚手架、轨道及结构钢筋做回路地线。交流电焊机要装设专用防触电保护装置。

（十二）高大脚手架要设置避雷装置，雷雨天气不得从事高处作业。

二○○七年七月三日

北京市建设委员会关于切实加强建设工程高处坠落和触电事故防范工作的紧急通知

京建施[2007]803号

各区县建委、安全生产监督局,各有关单位:

六月份以来,本市建设工程高处坠落和触电事故多发,为进一步强化施工现场安全生产管理,有效遏制建设工程生产安全事故的发生,切实保障从业人员生命安全,特重申如下要求:

一、各建筑施工单位要加强对施工现场的检查,消除事故隐患。各建设工程项目施工负责人作为本项目安全生产第一责任人,要定期对施工现场进行检查。特别要对易引发高处坠落和触电事故的重点环节、重点部位进行逐一排查,对发现的事故隐患要采取果断措施,落实人员责任,及时给予消除。同时要明确责任人员,确保事故隐患不重复出现。

二、各建筑施工单位要按照《建筑施工高处作业安全技术规范》(JGJ80—1991)的要求,做好高处作业安全防护工作,特别是要重点加强如下工作:

(一)基坑周边、未安装栏杆或栏板的阳台边、料台与挑平台周边、雨棚与挑檐边,无外脚手架的屋面与楼层周边及水箱与水塔周边等临边高处作业,必须设置防护栏杆。防护栏杆应由上、下两道横杆及栏杆柱组成,上杆离地高度为1.0~1.2m,下杆离地高度为0.5~0.6m。坡度大于1:22的屋面,防护栏杆应高1.5m,并加挂安全立网。

(二)边长小于150cm的水平洞口,必须用可靠的盖板覆盖,且有防移动措施;边长在150cm以上的水平洞口,四周设防护栏杆,洞口下张设安全平网。电梯井内应每隔四层并最多隔10m设一道安全网。

(三)悬空作业和无法采取其它防护措施的高空作业,必须为作业人员配备安全带等防护用品,并督促其正确佩戴和使用,并根据施工进度,在加强日常安全检查的同时,重点加强对危险作业现场的安全检查。

三、各建筑施工单位要按照《施工现场临时用电安全技术规范》(JGJ46-2005)的要求,设置独立的TN-S三相五线制接零保护系统并实行三级配电、逐级设置漏电保护装置,特别是要重点加强如下工作:

(一)三级配电箱用电必须保证作到一机、一箱、一闸、一漏。

(二)严禁未取得电工特种作业操作资格的人员从事电工作业,施工单位必须为电工配备必备的安全防护用品,并督促其正确佩戴和使用。

(三)施工现场电工要加强日常对用电设备的巡视和检查,对漏电开关要定期进行检测。

四、各区县建设行政主管部门、安全生产监督管理部门要加大对建设工程生产安全事故及重大隐患的处理力度,并严格落实以下工作要求:

（一）建设行政主管部门在施工现场监督检查时，因存在下列重大安全隐患，对同一项目两次以上（含两次）做出行政处罚、限期整改、停工整改的，暂扣项目负责人执业资格证书6个月：

1. 施工现场"四口、临边"等安全防护不到位的；

2. 高处作业人员未按规定配备安全带等防护用品的；

3. 独立的配电系统未采用TN－S三相五线制接零保护系统或没有实行三级配电、逐级设置漏电保护装置的；

4. 交流电焊机未安装二次侧防触电保护装置的。

（二）施工现场因以上重大安全隐患发生一般事故以下事故的，暂扣项目负责人执业资格证书1年，同时暂扣监理工程师执业资格证书6个月。

（三）施工现场因以上重大安全隐患发生一般事故的，吊销施工单位项目负责人执业资格证书，5年内不予注册，同时暂扣监理工程师执业资格证书1年。

（四）因违反法律、法规和工程建设强制性标准，发生较大事故的，吊销项目负责人执业资格证书，终身不予注册，同时吊销监理工程师执业资格证书，5年内不予注册。构成犯罪的，对直接责任人员依照刑法有关规定追究刑事责任。

（五）项目负责人和监理工程师被停止执业资格期间，施工单位必须委派新的项目负责人；监理单位必须委派新的项目监理工程师，并且到建设行政主管部门完善变更手续，否则不予复工。

（六）建设行政主管部门应责令发生生产安全事故的建设工程立即停工整改，停工时限按照以下规定办理：

1. 发生一般事故以下事故的，停工3天整改；

2. 发生一般事故的，停工7天整改。

（七）建设行政主管部门对发生一般事故的，要暂扣负主要责任施工单位安全生产许可证45天；暂扣非主要责任施工单位安全生产许可证15天；监理单位负有监理责任情节严重的，暂停在北京市建筑市场投标15天至30天。

（八）建设行政主管部门对在12个月内发生第二起一般事故并负主要责任的施工单位，暂扣安全生产许可证60天。监理单位所监理的工程12个月内发生第二起一般事故并负有监理责任的，暂停在北京市建筑市场投标30天至45天。

（九）安全生产监督管理部门要严格按照《生产安全事故报告和调查处理条例》规定，对生产安全事故责任单位及责任人员进行严肃处理。同时，要积极配合建设行政主管部门做好日常安全监管工作和依法加大对重大隐患责任单位及责任人员的查处力度。

二〇〇七年八月九日

北京市建设委员会　北京市建委关于加强城市基础设施施工安全管理的紧急通知

京建施[2007]879号

各区、县建委,各集团、总公司,各有关单位:

2007年8月13日16时40分左右,正在建设的湖南省凤凰县堤溪大桥发生整体垮塌事故,造成重大人员伤亡,初步查明64人死亡、22人受伤。事故发生后,党中央、国务院领导同志高度重视并作出了重要指示。建设部要求迅速开展全国建设系统安全隐患排查,进一步加强安全监管工作。市政府领导也做了专门批示,要求吸取教训,举一反三,消除隐患,严防类似事故发生。

为贯彻落实各级领导的指示精神,切实做好本市城市基础设施施工安全管理工作,结合我市实际情况,现就有关事项紧急通知如下:

一、突出重点,立即开展安全隐患排查工作

自即日起,对全市范围内在建城市基础设施工程进行全面安全隐患排查。各单位要正确分析当前工程建设安全生产面临的严峻形势,进一步增强紧迫感、危机感和责任感。结合本地区、本单位实际,细化各项措施,加大工作力度,扎扎实实地开展好隐患排查治理工作,确保取得实效。本次排查的重点是地铁工程施工、暗挖管线施工、顶管施工、基坑施工以及超高超限、结构形式复杂的大型公共建筑施工。

各参建单位要对工程建设全过程的安全状况进行全面排查,包括工程建设程序是否合法规范;工程设计、施工、监理等主体是否具备相应资质;施工工艺是否满足工程质量和安全生产的要求;工程勘察、设计和施工等图纸资料是否完整真实并经施工图审查;工程实体质量尤其是结构强度是否符合标准规范;施工现场边坡基坑支护、脚手架工程、塔吊拆卸、施工用电、垂直运输设备等关键部位是否落实安全防护措施等。

工程各参建单位要按照各自职责,认真开展城市基础设施施工安全隐患排查工作。勘察、设计、施工、监理、监督等单位严格执行工程安全生产监督管理的有关规定,建立健全质量安全保障体系,施工应严格按照设计、施工技术规范、技术操作规程和工程施工安全技术规程要求进行。对排查过程中发现的安全隐患,要及时采取整改措施,做到边查边改,把整改工作贯穿于隐患排查的全过程。对情况复杂、短期内难以完成整改的,要制定方案、明确责任、限期整改,同时做好监控和应急准备工作。

二、落实责任,全面加强建设系统安全监管工作

各区县建设主管部门要认真学习贯彻党中央、国务院和市政府领导关于安全生产工作的指示精神,严格按照《建筑法》、《安全生产法》、《建设工程安全生产管理条例》、《安全生产事故报告和调查处理条例》等法律法规的要求,认真吸取事故教训,进一步提高认识,加强领导,落实责任,切实防范和遏制安全生产事故的发生,推动建设系统安全生产形势的稳定好转；要督促建设单位严格执行过程建设程序，依法开展工程招投标，择优选择有相应资质的设计、施工单位，遵守工程建设规律，合理确定设计周期和施工工期，不得要求设计、施工单位盲目抢工期、抢进度；要督促勘察设计单位强化质量安全意识，严格执行法律、法规和工程建设强制性标准，对设计方案进行必要的安全专项评审和优化；要督促施工单位特别是总承包单位切实加强施工现场管理，强化安全防护措施，认真执行持证上岗制度，严格遵守施工技术规范，加强进场材料检测，严禁偷工减料和使用不合格的建筑材料；要督促工程监理单位认真贯彻《关于落实建设工程安全生产监理责任的若干意见》，全面履行监理职责。对查出的问题，要督促有关单位制定具体措施，落实整改责任。对问题严重的，要责令其停工处理。对拒不整改的，要依法严肃处理。

三、强化应急管理，妥善做好安全事故处置工作

各单位要完善相关应急预案，健全应急预案体系，并开展预案演练，不断提高预案的针对性和可操作性。要组建和充实专业抢险救援队伍，配备专业人才和设备、器材，充分发挥专家咨询作用，提高应急处置水平。要强化应急培训教育，提高广大干部职工的应急管理意识和应急处置能力。市建委两支应急抢险队伍要加强演练和维护，确保及时高效完成应急抢险任务。一旦发生险情，要坚持科学抢险、安全施救的原则，在确保人员安全的情况下，制定合理的抢险救援措施，精心组织抢险救援，确保最大限度地减少人员和财产损失，防止次生事故发生。

四、加大执法力度，依法严肃查处事故

市、区建设行政主管部门要加大监督检查和行政执法力度，对存在重大安全隐患的必须予以停工，并依法高限处罚。加强安全源头治理，严厉查处建设单位明招暗定、肢解发包、指定材料供应商，施工单位挂靠资质承包、超越资质承包、非法分包、转包等违法违规行为。

要认真贯彻落实《生产安全事故报告和调查处理条例》，坚持"四不放过"的原则，严肃、依法查处生产安全事故，查明事故原因，提出整改措施。要严肃追究事故单位和责任人的责任，依法对其实施罚款、停业整顿、暂扣或吊销安全生产许可证以及停止执业不予注册等处罚。对于生产安全事故背后的违法违纪和失职渎职行为，要按照《行政机关公务员处分条例》和《安全生产领域违法违纪行为政纪处分暂行规定》等有关规定予以严肃处理。对于构成犯罪的，移交司法机关处理。

各单位要高度重视城市基础设施施工安全管理工作，牢固树立"预防为主、安全第一"的安全责任意识，切实落实各项安全生产责任制，确保施工安全。

二〇〇七年八月二十四日

北京市建设委员会关于建筑施工企业安全生产许可证有效期满延期工作的通知

京建施[2007]1064号

各区县建委,各集团(总)公司,各有关单位:

为进一步加强对安全生产许可证的监督管理,提高我市建筑施工企业安全生产管理水平,根据建设部《关于建筑施工企业安全生产许可证有效期满延期工作的通知》(建质[2007]201号),北京市建设委员会(以下简称市建委)将开展安全生产许可证有效期满延期工作。现将有关要求通知如下:

一、延期企业审查范围

(一)下列建筑施工企业,市建委将重新对其安全生产条件进行审查,具体名单,市建委另行通知:

1. 在安全生产许可证有效期内,发生生产安全事故且对事故发生负有责任的;

2. 安全生产许可证有效期内,曾被暂扣过安全生产许可证的;

3. 在安全生产许可证有效期内,受到市或区县建委3次以上(含3次)处罚、通报批评或安全生产诚信不良记录的;

4. 未在规定时间内提出延期申请的;

5. 市建委因其它原因认为有必要重新审查的。

(二)在安全生产许可证有效期内,严格遵守有关安全生产的法律、法规、规章和工程建设强制性标准,不属于第(一)项规定的应当重新审查范围的建筑施工企业,经市建委同意,可以不再对其进行审查。但此类企业仍需提交本通知规定的有关申请材料。市建委将从中随机抽取部分企业,审查其安全生产条件。

二、延期审查工作内容、程序

(一)申请

安全生产许可证有效期满前3个月,企业应当向市建委提出延期申请。

为确保《建筑施工企业安全生产许可证》延期工作的有序进行,安全生产许可证有效期满延期工作采取网上报名的办法。各企业可登录 www.bjjs.gov.cn 网站,在网页上的"办事大厅"中报名。各申办单位根据网上回馈的办证时间到市建委施工安全管理处105房间办理。

1. 需要进行重新审查的企业,应提交以下申请材料:

(1)建筑施工企业安全生产许可证有效期满延期申请表(附件一)。

(2)建筑业企业营业执照复印件、资质证书复印件、原安全生产许可证复印件、企业"三类人员"安全生产考核合格证书(企业安全生产许可证获准延期之前,"三类人员"安全生产考核合格证书应在有效期之内)复印件、本企业特种作业人员名单及操作资格证书复印件。

(3)安全生产管理制度:安全生产责任制和安全生产规章制度文件及操作规程目录。

安全生产责任制文件(应根据本企业机构设置情况制定,可参照下列岗位设定):

企业各级人员安全生产责任制:法定代表人、经理、安全生产副经理、总工、总会计师、项目经理、工长、技术员、工程质检员、安全员、班组长等。

企业各职能部门安全生产责任制:生产计划部门、技术质量部门、安全部门、设备部门、劳动部门、教育部门、保卫消防部门、材料部门、财务部门、行政卫生部门等。

安全生产规章制度文件:安全生产教育和培训制度;安全检查制度;安全生产事故报告及处理制度等。

操作规程:本企业施工主要工种的《安全生产操作规程》目录。

(4)安全生产资金保障制度。

(5)安全管理机构:企业设置安全生产管理机构的文件;专职安全生产管理人员配置规定的文件(包括安全管理机构负责人的任命书)。

(6)安全培训及考核:本企业管理人员和作业人员的年度安全培训计划,并将本年度安全考核情况填入本企业管理人员和作业人员考核情况汇总表(附件二)。

(7)工伤保险:提供本企业人员(含合同工、临时工)参加工伤保险的社会保险登记证、缴费凭证、参加工伤保险的证明等复印件(需交验原件)。

(8)塔式起重机检测记录:本企业自有塔式起重机检测的汇总表(附件三)。

(9)职业病危害防治措施。措施包括:1 作业场所防护措施;2 个人防护措施;3 安全检查措施。(针对本企业施工特点,对可能导致的职业病制定相应的防治措施。例如,有防水作业和地下管道有毒气体作业时引起的职业中毒、水泥粉尘在封闭环境及电焊作业时引起的尘肺等)。

(10)重大危险源控制措施:根据本企业特点详细列出危险性较大分部分项工程及施工现场易发生重大事故的部位、环节的预防监控措施。危险性较大的分部分项工程:1.高度超过20米的大型脚手架;附着式整体提升脚手架;悬挑脚手架;吊篮架;6.5米高的满堂红脚手架;2.深度超过1.5米的沟槽和深度超过5米的基坑土方开挖施工作业(含人工扩孔桩作业);3.塔式起重机,外用电梯安装、顶升、拆除作业;4.起重吊装作业;5.装饰工程的消防安全;6.地下暗挖作业;7.盾构作业;8.爆破、拆除作业。

(11)生产安全事故应急救援预案:提供公司级的应急救援预案。预案包括:应急救援组织机构与职责;突发事故的报告与应急救援的启动程序;应急救援组织人员名单;救援的器材、设备等。

(12)在施项目的详细情况,具体内容包括:项目名称、项目详细地理位置、项目概况、项目经理的姓名、项目经理的联系电话(包括手机),开工时间、工程进度等内容。

申请材料中的(1)至(12)项内容,均用A4纸进行打印和复印,并在首页建立文件目录,按目录顺序装订成册(申请材料只需提交1份)。企业在申请安全生产许可证有效期满延期时,需要交验所有证件、凭证原件。

2.不需要进行重新审查的企业,提交上述第(1)、(2)项材料。如果第(3)至(11)项内容有所变动,企业应当提交相应的书面材料。

企业应对申请材料实质内容的真实性负责。

(二)受理

市建委对属于本次延期范围且申请材料齐全的企业予以受理;对申请材料不齐全的,当场或者在5个工作日内以书面形式一次性告知企业需要补正的全部内容,企业应及时补正并重新申报;对不属于本次延期范围或者企业隐瞒有关情况、提供虚假材料的,不予受理。

(三)审查

对于需要重新审查的企业,市建委依据有关法规、规章对企业申请材料进行审查,并随机对企业1到2个在建工程施工现场进行抽查。

在安全生产许可证有效期届满前,对于不需要进行重新审查和经重新审查合格的,准予安全生产许可证延期;审查不合格的,不予延期,书面通知企业并说明理由,企业自接到通知之日起应当进行整改,整改合格后可再次提出延期申请。

(四)发证

1. 对于准予安全生产许可证延期的,市建委通知企业交回全部原安全生产许可证正本和副本,并换领新的安全生产许可证正本和副本。延期的安全生产许可证证号不变,副本采用新的样式。

2. 自本通知下发之日起,新审批的安全生产许可证全部采用新的副本;对于尚在有效期内的安全生产许可证,企业可以使用原来的副本,待有效期满准予延期后再换领新的副本。

(五)期限

对于需要进行重新审查的企业,市建委自受理之日起在45个工作日内作出决定。其他不需要进行重新审查的企业,市建委自受理申请后,在20个工作日内完成审查、发证工作。

三、监督管理

对于安全生产许可证有效期满未办理延期手续继续进行生产的,按照《安全生产许可证条例》第二十条规定进行处罚。

附件一:北京市建筑施工企业安全生产许可证有效期满延期申请表(略)

附件二:本企业本年度管理人员和作业人员考核情况汇总表(略)

附件三:塔式起重机检测记录(略)

二〇〇七年九月四日

北京市建设委员会关于加强建筑物外立面粉刷工程施工安全的紧急通知

京建施[2007]1072 号

各区、县建委,各集团、总公司,各有关单位:

10 月 15 日 7 时 30 分左右,由北京富思特装饰有限责任公司施工的西城区阜外大街 3 号楼在进行外立面粉刷作业时,2 名作业人员从四层楼外墙坠落受伤。该工程无监理单位,未办理施工许可手续。

6 月 10 日 16 时 30 分左右,由河南防腐劳务有限公司施工的广外大街 189 号楼在进行外立面粉刷作业时,1 名施工人员从 4.8 米高度坠落死亡。该工程施工单位是北京轩方装饰工程有限公司,监理单位是北京京盛建设监理公司,未办理施工许可手续。

为防止此类事故的再次发生,保证施工安全,强化监督管理,确保奥运城市环境建设工程的顺利进行,现结合建筑物外立面粉刷工程的特点,提出如下要求:

1 . 各参建单位必须切实履行安全职责,严格执行《关于加强奥运城市环境建设工程施工管理的通知》(京建执[2007]227 号)的有关规定,确保安全生产。

2. 建设单位应依法办理施工许可和安全监督备案等手续,将工程发包给有建设施工企业资质和安全生产许可证的施工单位,并委托监理单位加强外立面粉刷工程的安全监管工作。建设单位还应建立健全安全生产的规章制度,加强安全生产管理,落实安全生产责任制和安全管理措施。

3. 施工单位应建立、健全各项安全管理制度及应急预案,落实安全生产责任制,设置安全管理机构,配备相应人员;施工前应编制专项施工方案,严格审批程序,经总监理工程师审查签字后方可施工;施工期间要落实安全检查、安全教育培训制度,明确责任人,保证每次检查有计划、有记录、有结论。

4. 各监理单位要严格审查施工方案并加大巡查力度,切实落实安全监理责任。在实施监理过程中,发现存在事故隐患或未按方案施工时,应当要求施工单位整改;情况严重的,应当要求施工单位暂时停止施工,并及时报告建设单位。

5. 建筑物外立面粉刷工程施工应使用外脚手架或电动吊篮,严禁使用自制吊篮或使用索具直接吊挂作业人员施工。外脚手架和电动吊篮必须经验收合格后方可投入使用。

6. 各区、县建委要加强领导,进一步加强建筑物外立面粉刷工程安全生产、文明施工管理,立即开展建筑物外立面粉刷工程安全检查,发现未按规定依法办理相关手续或施工中存在安全隐患的,应立即责令停止施工,并依法处罚。

特此通知。

二〇〇七年十月十五日

北京市建设委员会　北京市交通委员会 北京市水务局　北京市安全生产监督 管理局关于印发《关于加强基础 设施管线工程建设单位施工安全生产 管理的若干规定》的通知

京建施[2007]1258号

各区县建委、市政管委、水务局、安全生产监督局,各建设、施工、监理单位,各有关单位:

为进一步加强本市基础设施管线工程施工安全管理,市建委、市市政管委、市交通委、市水务局、市安全生产监督局联合制定了《关于加强基础设施管线工程建设单位施工安全生产管理的若干规定》,现印发给你们,请遵照执行。

特此通知。

附件:《关于加强基础设施管线工程建设单位施工安全生产管理的若干规定》

二〇〇七年十二月五日

关于加强基础设施管线工程建设单位施工安全生产管理的若干规定

第一章　总　则

第一条　为了加强基础设施管线工程建设过程中的安全生产管理工作,防止和减少安全生产事故的发生,保障人民群众生命和财产安全,根据《中华人民共和国安全生产法》、《中华人民共和国建筑法》、《建设工程安全生产管理条例》等法律、法规,结合本市实际,制定本规定。

第二条　本市行政区域内基础设施管线工程的施工管理,适用本规定。

本规定所称基础设施管线工程,是指供水、排水、供电、供气、供热、通信、广播电视等管线工程。

第三条　基础设施管线工程建设单位应依法办理招投标手续和开工手续,并请监理单位对工程的施工实施监理。

第四条　基础设施管线工程建设单位安全生产管理工作主要是防控在建设过程中由

于勘探、设计、技术方案、施工管理等方面出现的问题，以及危及周边地面建（构）筑物、市政基础设施和工程结构安全和各类事故的发生。

建设单位必须遵守安全生产法律、法规的规定，依法承担建设工程安全生产责任。

第二章　建设单位的安全责任

第五条　建设单位在槽、坑、沟土方开挖前，应根据相关要求向施工单位提供施工现场及毗邻区域内地上、地下管线以及毗邻建筑物和构筑物的有关资料，并填写《地上、地下管线及建（构）筑物资料移交单。移交资料内容应经建设单位、施工单位、监理单位三方共同签字、盖章认可。

如对上述资料有疑义时，建设单位应委托相关单位根据资料情况组织探查，并做好探查记录。如探查有差异时，建设单位应报请相关管线产权单位予以确认或安排施工单位采取人工坑探、雷达监测等手段进行复核，复核后经建设单位签字、盖章认可方可施工，复核费用由建设单位承担。

第六条　建设单位可以通过如下方式取得基础设施管线资料：

（一）向城建档案机构查询；

（二）向供水、排水、供电、供气、供热、通信、广播电视等管线的档案管理机构、管线权属单位查询；

（三）委托勘察单位探测查明；

（四）其他管线资料获得方式。

第七条　建设单位未取得基础设施管线资料或者管线资料不齐全、不准确时要求施工单位动土施工的，建设单位承担管线损坏的主要责任。

第八条　建设单位在发包建设工程时，应在招标文件和施工合同文件中列支安全技术、防护设施、劳动保护等用于安全生产的各项费用。在施工过程中按计划拨付费用，因建设单位不按时支付或克扣施工安全措施费造成的安全事故，建设单位依法承担相应的责任。

第九条　建设单位应积极协助和鼓励施工单位实施安全施工，督促各方定期进行现场安全生产检查，不得强令施工方违章作业；不得明示或者暗示设计单位或者施工单位违反工程建设安全强制性标准，不得违法肢解发包工程，不得压缩合同约定的工期，由此产生的安全事故将依法追究建设单位责任。

第十条　建设单位在办理施工许可前应当到市或者区（县）建设行政主管部门办理施工安全监督备案手续，填写《北京市施工现场安全监督备案登记表》。

第三章　建设单位的安全生产管理

第十一条　建设单位要建立、健全和完善建设工程各项安全管理制度及事故应急预案，设置安全生产管理机构，配备安全生产管理人员，加强对建设工程安全生产的管理。具体履行以下职责：

(一)认真贯彻落实党和国家关于建设工程安全生产的法律、法规和北京市有关规定。

(二)负责组织编制建设工程安全生产管理制度,建立健全安全管理网络,监督检查各项建设工程安全生产制度的落实情况。

(三)负责组织编制建设工程生产安全事故应急预案。

(四)定期和不定期地组织建设工程安全生产大检查,对发现的安全隐患,监督有关部门或单位进行整改。

(五)会同有关部门组织建设工程安全教育培训。

(六)负责定期(每月)组织建设工程安全生产例会,分析安全生产形势,及时提出加强安全管理工作的对策和意见。

第十二条 必要时建设单位应当细化工程前期安全风险研究、论证,为工程建设创造有利的作业环境。

在基础设施管线工程可行性研究、规划、设计阶段,建设单位应组织有关单位对工程项目的重大危险源和重要不利环境因素进行识别和评价,并提出消除危险源或实施技术控制的意见,制定切实可行的控制措施,组织专家和有关方面进行充分论证和审查。

设计文件和地下实际情况不相符的,建设单位应协调设计单位完善设计,凡没有详细设计图纸的,施工单位不得擅自施工。

第十三条 建设单位要组织有关单位加强对地下管线工程施工的地质勘探,特别是要根据地下管线建设具体线路的实际情况,增加竖井等重点部位的勘探点密度。

第十四条 建设单位要充分做好新建工程开工前各项准备工作,消除工程建设安全隐患。

工程开工前,建设单位要组织工程建设沿线环境安全排查,明确风险源等级,建立风险源管理台账,制定风险源安全管理措施;要组织工程影响范围内的地下孔洞探查,向施工、监理单位提供地下孔洞探查结果,并办理书面交接手续;要组织工程建设安全交底,对工程建设涉及的风险源、地层孔洞、管线等进行全面细致的安全交底,并形成安全交底书面记录。

没有建立风险源管理台账并备案或没有进行地层孔洞、管线探查,施工环境情况不明的或没有组织工程建设安全交底的,不得组织施工。

第十五条 建设单位要对基础设施管线工程监理单位的安全监管情况、施工单位的安全管理情况以及施工现场安全生产状况,进行定期和不定期的安全检查,安全检查必须有检查记录。对在检查中发现的问题或安全事故隐患,建设单位应立即要求受检单位限期整改,并对整改工作进行督促和检查。

建设单位在接到监理单位发现存在安全隐患的报告后,应立即会同监理单位要求施工单位整改;情节严重的,应当要求施工单位暂时停止施工;施工单位拒不整改或者不停止施工的,应及时向有关主管部门报告。

第四章 法 律 责 任

第十六条 建设单位未及时提供地下管线资料造成管线损坏的,处1万元以上3万元以下罚款；建设单位对管线损坏负有责任的，应当依法承担民事责任。

第十七条 违反上述规定，建设单位未提供建设工程安全生产作业环境及安全施工措施所需费用的，责令限期改正；逾期未改正的，责令该建设工程停止施工。

第十八条 违反上述规定，建设单位有下列行为之一的，责令限期改正，处20万元以上50万元以下的罚款；造成重大安全事故，构成犯罪的，对直接责任人员，依照刑法有关规定追究刑事责任；造成损失的，依法承担赔偿责任：

（一）对勘察、设计、施工、工程监理等单位提出不符合安全生产法律、法规和强制性标准规定要求的；

（二）要求施工单位压缩合同约定工期的。

第五章　附　　则

第十九条 本规定自2008年1月1日起施行。

北京市建设委员会关于进一步加强建筑施工起重机械安全使用管理的通知

京建施[2007]1332号

各区、县建委,各集团、总公司,各有关单位:

为了加强建筑施工起重机械的安全使用管理,防止安全事故的发生,根据《建设工程安全生产管理条例》和市建委《北京市建筑工程起重机械监督管理规定》,现就进一步加强建筑施工起重机械安全使用管理作如下补充要求:

一、从2008年2月1日起,施工现场新安装的施工升降机,每次安装完毕后,由施工总承包企业或专业承包企业按有关规定组织相关单位进行验收,验收合格后委托具有相应检测资质的检验检测机构进行检验。

在施工现场内使用的施工升降机,如遇可能影响其安全技术性能的自然灾害或者发生设备事故后,以及停止使用半年以上再次使用前,应当由施工总承包企业或专业承包企业重新组织验收,并委托具有相应检测资质的检验检测机构进行检验。

验收和检验合格的施工升降机,施工总承包企业或专业承包企业还应按《建设工程施工现场安全资料管理规程》的要求,填写《施工现场起重机械验收核查表》(AQ-B2-3),报项目监理部对验收程序进行核验,合格后方可投入使用。验收和检验不合格的施工升降机,禁止使用。

二、施工升降机的防坠安全器只能在有效标定期内使用,防坠安全器的有效标定期限不应超过一年。防坠安全器装机使用时,产权单位应根据有关标准的要求按吊笼额定载重量进行坠落试验,以后至少每3个月应进行一次额定载重量的坠落试验,并做好试验记录。防坠安全器在任何时候都应该起作用,包括安装和拆卸工况。

产权单位应加强对防坠安全器与施工升降机结构各连接部分(如靠背轮等)的检查,确保防坠安全器动作时,在规定距离内能将吊笼可靠制停。

三、起重机械租赁时,起重机械租赁单位要直接与总承包企业或专业承包企业签订租赁合同,不允许转租起重机械。总承包企业或专业承包企业应加强劳务分包企业自备起重机械使用的管理,严格履行进场、安装、验收、使用登记和拆除等相关手续。

四、劳务分包企业不得承租起重机械设备。

五、各单位要按有关要求加强对物料提升机的管理,确保使用安全。物料提升机在运行过程中,严禁载人。

六、起重机械检验检测机构和检验检测人员应当客观、公正及时地出具检验检测结果,并对检验检测结果负责。检验人员进行检验时,各施工单位、租赁单位应予以配合,确保检验工作的顺利进行。

七、各有关单位要严格按照《北京市建筑工程起重机械监督管理规定》和本通知的有关要求，加强对建筑施工起重机械的安全使用管理，确保起重机械的安全运行。

八、各区县建委要加强对起重机械的安全监督管理，继续按有关要求做好起重机械的"登记编号"和"使用登记"工作，同时，把施工升降机每次安装后的"检验合格"作为起重机械"使用登记"的必要条件之一。将经国务院特种设备安全监督管理部门核准的检验检测机构出具的监督检验证书作为起重机械"登记编号"的必要条件之一。

市建委安全质量监督总站及各区县建委安全监督机构要加大对建筑施工用起重机械的安全巡查力度，确保起重机械的使用安全。凡发现施工起重机械未按规定履行合同手续和验收手续投入使用的、施工升降机未按规定进行额定荷载坠落试验、防坠安全器未定期进行检验以及存在其他起重机械严重安全事故隐患的，坚决予以停工，并对责任单位和责任人按有关规定予以严肃处罚。

特此通知。

二〇〇七年十二月四日

北京市建设委员会关于发布《北京市“十一五”时期散装水泥发展规划》的通知

京建材[2007]133号

各有关单位：

根据《北京市国民经济和社会发展第十一个五年规划纲要》、《北京市建筑业“十一五”时期发展规划》精神和“十一五”时期首都散装水泥发展的需要，市建设委员会编制完成了《北京市“十一五”时期散装水泥发展规划》。该规划提出了今后五年我市散装水泥的发展思路、目标、重点和实施措施，是“十一五”时期本市散装水泥发展的指导性文件。请各有关单位结合实际，积极主动地开展工作，推动本市散装水泥更好地发展。

附件：北京市“十一五”时期散装水泥发展规划

二〇〇七年一月三十一日

北京市“十一五”时期散装水泥发展规划

目　录

(三)发展重点

(四)效益分析

四、保障措施

(一)提高立法层次,完善政策法规

(二)健全标准规范体系

(三)加强组织领导、协调与监管

(四)加强科技研发,促进可持续发展

(五)积极开展试点示范,充分发挥示范效应

(六)加强宣传培训,提高认识水平

(七)加大专项资金的支持、监管力度

(八)健全散装水泥物流体系,提高物流现代化水平

前　　言

"十一五"是北京实现"新北京、新奥运"战略构想的关键时期,是落实《北京市城市总体发展规划》目标的重要阶段。水泥散装化符合首都国际化大都市发展的要求,是节约资源、保护环境,促进水泥产业结构调整,提高建设工程质量和建筑施工现代化水平的重要措施,对推进循环经济的发展,建设资源节约型、环境友好型和谐社会具有十分重要的意义。

为贯彻落实《国务院关于做好建设节约型社会近期重点工作的通知》(国发[2005]21号)"从使用环节入手,进一步加大散装水泥推广力度"的精神,根据《北京市国民经济和社会发展第十一个五年规划纲要》、《北京市建筑业"十一五"时期发展规划》,结合北京市经济发展、固定资产投资、城乡人民生活水平发展趋势,以及建筑、建材、房地产业的发展态势,提出北京市"十一五"期间散装水泥的发展目标、工作重点以及保障措施,用于指导北京市"十一五"期间散装水泥的发展。

一、"十五"期间散装水泥发展的背景

(一)取得的主要成绩

1. 散装水泥实现跨越式发展

"十五"期间,散装水泥供应量累计完成3474.65万吨,比"九五"期间的1440.23万吨增长了2034.42万吨,增长幅度达241%。水泥散装率由44.27%增长到83.52%,增加了39.25个百分点,达到发达国家先进水平。散装水泥使用率由45%提高到76.2%,居全国首位。散装水泥综合配套能力由380万吨增加到1250.9万吨,散装水泥、预拌混凝土、预拌砂浆的综合配套能力得到了进一步提高。"十五"期间,建成了利用"3S"先进技术的散装水泥、预拌混凝土物流配送信息系统,对散装水泥车、预拌混凝土车进行实时监控和调度管理,有效地整合了市场资源,降低了物流成本,实现了物流配送的产业化运作,并有效带动了相关产业的发展。"十五"期间,形成了涵盖散装水泥生产、储存、运输、使用和信息管理的散装水泥产业链体系,散装水泥行业整体水平得到了提升。

2. 政策法规建设有所突破

"十五"期间,进一步出台完善了散装水泥的政策法规,有力地推动了本市散装水泥的

发展。

2001年,市政府发布了《北京市建设工程施工现场管理办法》(市政府72号令),明确规定在四环路以内禁止施工现场搅拌混凝土,并提出了相应的处罚措施。

2002年,市建委、市计委、市经委、市环保局联合发布了《关于印发〈北京市散装水泥发展导向意见〉的通知》(京建材[2002]158号),对"十五"期间散装水泥的发展起到了积极的导向作用;市政府下发了《关于发布本市第八阶段控制大气污染措施的通告》(京政发[2002]9号),将规划市区、经济技术开发区和郊区县城关镇地区必须使用预拌混凝土的规定纳入了《通告》要求,极大地推动了本市预拌混凝土行业的发展。

2003年,市政府下发了《关于发布本市第九阶段控制大气污染措施的通告》(京政发[2003]7号),扩大了禁止现场搅拌混凝土的范围,促进了区县混凝土行业的发展。

2004年,市建委、市商务局、市公安局、市交通委联合发布了《关于转发〈商务部、公安部、建设部、交通部关于限期禁止在城市城区现场搅拌混凝土的通知〉的通知》(京建材[2004]77号),提出了在规划市区和郊区县城关镇地区禁止现场搅拌混凝土的规定;市建委发布了《关于在本市建设工程中推广使用预拌砂浆的通知》(京建材[2004]13号),引导了行业投资,一批具有国际水准的现代化预拌砂浆生产企业相继建成,推动了预拌砂浆行业的发展。

3. 预拌混凝土发展迅速,预拌砂浆发展势头良好

"十五"期间,预拌混凝土供应量由2000年的891万立方米增长到2005年的3800万立方米,增长3.26倍,实现了在规划市区和郊区县城关镇地区禁止现场搅拌混凝土的目标。

"十五"期间,北京市预拌砂浆推广应用工作也取得了突破性进展,制定并发布了干拌砂浆和预拌砂浆应用技术规程、干拌砂浆建筑构造通用图集和市场信息价格,出台了四环内禁止现场搅拌砂浆的政策,为推广应用工作打下了良好的基础。目前,保温砂浆、自流平砂浆、粘结砂浆等特种砂浆在建设工程中已被广泛应用,普通预拌砂浆也大量应用于国家奥林匹克体育场、国家游泳中心、首都机场、商务部办公楼、市政府办公楼等重点工程示范项目。标志着我市预拌砂浆生产、应用技术已经达到了国内先进水平,建筑砂浆市场将发生一场彻底的技术变革。

4. 率先在全国完成了水泥产业结构调整的任务

"十五"期间,散装水泥专项资金围绕水泥工业结构调整的目标,重点支持了一批新型干法水泥生产企业散装水泥技术改造工程,加快了水泥产业结构调整的步伐。截至2005年底,北京市共淘汰8家机立窑水泥生产企业、33条机立窑水泥生产线,淘汰落后生产能力300多万吨,彻底结束了本市机立窑水泥生产的历史,解决了制约本市发散的瓶颈问题,率先在全国完成了水泥工业结构调整的任务,新型干法水泥生产能力的比重由40%提高到98.34%,位居全国前列。

5. 科技创新取得显著成效

"十五"期间,散装水泥的科研工作成绩显著。与北京市环科院共同完成的《北京市水泥使用过程中粉尘排放的分析研究》,获北京市科学技术二等奖,研究结果充分论证了散装水泥的环境效益和综合效益,为政府宏观管理和决策提供了理论依据。

组织相关单位编制和发布了《干拌砂浆应用技术规程》、《预拌湿砂浆应用技术规程》、《88J1－4干拌砂浆建筑构造通用图集》等技术标准，初步形成了预拌砂浆技术标准体系，为北京市预拌砂浆的推广应用提供了技术保证；低成本预拌砂浆研究和高强高性能混凝土应用技术研究也取得了初步成果，并已进入了工程应用阶段。

6. 充分发挥了专项资金的杠杆作用

“十五”期间，对散装水泥专项资金加强了征收使用管理，确保专项资金征收使用的公开、公平、公正和专项资金的使用效率。“十五”期间散装水泥专项资金累计征收17406.54万元，累计支出总额为12721.16万元。支出总额中用于返退给建设单位的资金为7650.1万元，用于支持基建技改和科研项目的专项资金为4663.76万元，两项支出占总支出的97%，直接带动企业投资2.6亿元，拉动行业投资近20亿元，形成了散装水泥产业链体系，推动了整个行业的快速发展。

7. 促进了建设工程质量和施工现代化水平的提高

“十五”期间，北京市年开复工面积在1亿平方米左右，预拌混凝土取代现场搅拌混凝土，顺应了首都国际化大都市施工速度和质量的要求，确保了建设工期，延长了建筑物使用寿命，提高了建筑施工的现代化水平，加快了北京城市建设的速度，为首都城市建设做出了贡献。

8. 为建设资源节约型、环境友好型社会做出了突出贡献

“十五”期间，北京市累计供应散装水泥3474.65万吨，共减少粉尘排放13.3万吨，节约水泥包装袋6.95亿个，创综合经济效益14.6亿元。

在散装水泥使用领域，预拌混凝土和预拌砂浆生产企业利用了大量的工业废弃物。2005年，粉煤灰与矿渣粉的使用量分别达到371.86万吨和30万吨，首钢大量堆积的钢渣通过干拌砂浆生产企业也得到了合理消纳。水泥散装化为促进文明施工，提高资源综合利用水平，改善首都环境质量和建设宜居城市做出了贡献。

（二）存在的主要问题

1. 政策法规建设有待进一步加强

截止到2005年底，全国已有24个省（市、自治区）出台了发展散装水泥政府令，走上了依法发展散装水泥的道路。北京市由于首都的特殊地位，虽然已出台了一系列政策，但是，立法层次不高，法律效力不足，直接影响了依法行政和市场监管的力度，制约着我市散装水泥的进一步发展。“十一五”期间发展散装水泥应该站在首都建设和谐社会的高度上来，将发展散装水泥的有关规定纳入环保、节能、文明施工、交通运输等法律规章条文中，进一步提高依法执政的能力。

2. 预拌砂浆推广难度较大

通过“十五”期间的努力，预拌砂浆虽然已取得突破性进展，但由于价格、观念、系统配套等诸多因素的影响，在本市全面推广预拌砂浆仍然存在着较大的困难，是“十一五”期间需要重点解决的问题之一。

3. 外埠进京袋装水泥比例须有效控制

北京市水泥工业实施“控制总量，调整结构”的产业政策，本市生产的水泥，难以满足市场的需求，每年外埠进京的水泥量约占总需求量的36%左右，特别是进京袋装水泥在本市

袋装水泥市场中占有较大的份额，主要用于农村市场与家庭装修，另外，还有一部分直接运往建筑工地，用于现场搅拌砂浆，这不仅难以保证建筑物的质量，而且给首都的环境质量带来很大的影响。“十一五”期间应该通过宏观调控和市场调节有效控制外埠进京袋装水泥的比例。

4. 农村地区的水泥散装率较低

北京市80%以上的工程建设集中在规划市区及郊区县城镇地区。由于农村水泥使用量少、使用地点分散等方面的原因，“十五”期间散装水泥使用率仍然较低，直接影响着本市全面实现水泥散装化的进程，“十一五”期间应抓住新农村建设和新城建设的契机，通过构建农村散装水泥产业链，推进农村散装水泥的发展。

二、“十一五”散装水泥发展面临的形势

（一）首都将建设成和谐社会首善之区

中央十六大提出构建社会主义和谐社会的战略构想。北京作为和谐社会首善之区，因此更需要注重经济与社会、资源和环境的和谐发展。首先北京自然资源严重匮乏，随着常住人口规模的快速膨胀、建设规模的持续增长，资源瓶颈与经济建设的矛盾日趋突出。其次为建成宜居城市，北京市将实施大气污染物排放总量控制，削减固体废弃物源头，促进首都经济社会与人口、资源、环境协调发展。北京和谐社会首善之区建设为全面实现水泥散装化提供了良好的发展机遇。

（二）建筑节能将成为本市节能的重点

北京市建筑节能在“十一五”节能发展战略中具有重要的地位。除农村自建低层住宅外，新建居住建筑将全面执行建筑节能65%的设计标准；新建公共建筑也将全面执行北京市《公共建筑节能设计标准》，还要在国家设计标准的基础上，增设强制性条文规定。到2010年，北京住宅建筑采暖平均能耗要降低23%，公共建筑要降低14.5%。建筑节能标准的提高，对建筑材料的质量、性能提出了更高要求，必将推动散装水泥下游产品高强高性能混凝土和预拌砂浆的发展。

（三）城乡人民生活水平得到显著提升

到2010年，北京市城市居民人均可支配收入和农民人均纯收入，将分别达到23624元和9831元以上。城镇居民人均住房使用面积将由2005年的19.5平方米，提高到2010年30平方米的小康目标。随着城乡人民生活水平的全面、整体提高，消费水平和消费质量亦将不断提升，对住房品质和环境质量提出了更高的要求，这为散装水泥特别是预拌砂浆提供了较好的市场消费条件。

（四）新城和新农村的建设步伐加快

根据北京市总体规划分阶段实施的需要，按照城市总体规划确定的“中心城－新城－镇”的城镇布局体系，“十一五”期间，北京将逐步推进全市发展和建设重点的战略转移，统筹中心城、新城、小城镇建设的协调发展，全面启动新城建设，积极引导投资向新城转移，中心城和新城住房建设规模比例逐步达到1∶1左右。同时，“十一五”时期也是新农村建设的一个重要阶段，新城和新农村建设量的快速增长，为北京散装水泥的发展提供了新的增长点和巨大的发展空间。

(五)旧城区建筑物将进入维修保养阶段

受建设空间的限制,北京市大规模建设将转移至新城和城镇。而旧城区的存量建筑物与构筑物,将会越来越多的进入维修、保养阶段。根据建筑物寿命周期中不同时期建筑材料的使用特点,参照国外商品混凝土与预拌砂浆的发展规律,在建(构)筑物的维修、保养阶段,预拌砂浆将会代替混凝土成为旧城区使用水泥的主要领域。

(六)建筑施工现代化进程将进一步加快

"十一五"时期,北京建筑业的发展重点,是从传统的、粗放的加工业向管理科学、技术创新、资源节约的产业过渡,推进建筑业实现工业化、标准化、装备化,引导建筑业向专业化方向发展。散装水泥的快速发展,能够更好的满足建筑施工的要求,从而促进建筑业的健康发展。

三、"十一五"散装水泥发展的思路

(一)指导思想

全面落实科学发展观,紧紧围绕首都城市总体发展规划战略目标,以完善政策法规为保障,从使用环节入手,加快推广高强高性能混凝土和预拌砂浆,建立预拌砂浆物流配送体系,推进新城建设和新农村建设中散装水泥的应用,限制外埠袋装水泥和立窑水泥进京,充分发挥市场配置资源的作用,确保北京市全面实现水泥散装化,为构建社会主义和谐社会,建设创新、和谐、宜居的新北京做出贡献。

(二)发展目标

——本市水泥生产企业散装水泥供应能力达到100%;

——本市水泥生产企业散装水泥率达到90%以上;

——全市散装水泥使用率达到85%以上;

——中心城、新城建设工程中禁止现场搅拌混凝土;

——中心城建设工程中禁止现场搅拌砂浆。

(三)发展重点

1.加快预拌砂浆的推广应用

发展预拌砂浆是节约资源、保护环境、提高建筑工程质量、实现文明施工和促进建筑施工现代化的重要技术、经济措施,是实现"绿色奥运、科技奥运、人文奥运"的重要举措,对散装水泥的进一步发展具有重要的推动作用。"十一五"期间,要逐步扩大禁止现场搅拌砂浆的区域范围和领域。禁止现场搅拌砂浆的区域将从四环内扩大到中心城区域内;引导小包装干拌砂浆进入建材超市,推动预拌砂浆在装饰、装修工程中的应用;建立预拌砂浆散装物流配送体系,防止二次包装造成资源浪费;充分消纳工业废弃物,提高资源综合利用水平。

2.加强科技研发与应用工作

发展散装水泥要坚持科技创新和技术进步,加强散装水泥、预拌混凝土、预拌砂浆领域科技研发和应用工作,广泛推广成熟的先进技术,提高行业整体运行质量和水平。

高强高性能混凝土具有节约资源和能源、充分利用工业废弃物、提高建设工程质量、延长建筑物寿命等优良性能,高强高性能混凝土的研发和应用对实现可持续发展具有十分重要的战略意义。

继续开展预拌砂浆生产、应用技术研究工作。进一步完善标准、规范体系,充分提高资源综合利用水平,降低预拌砂浆生产、使用以及物流成本,建立预拌砂浆物流配送信息系统，为全面推行使用预拌砂浆奠定坚实基础。

研究开发适用于不同环境施工要求的水泥品种，提高散装水泥对建设工程的适用性，并减少因水泥品种单一而造成的资源浪费，降低全社会对水泥实物的消耗，节约资源和能源，减少水泥生产对环境造成的污染。

3. 规范外埠水泥进京秩序

根据国家《水泥工业结构调整意见》、《水泥工业发展专项规划》和国家"限制袋装、鼓励散装"的产业政策，通过宏观调控和市场调节，限制外埠袋装水泥和立窑水泥进京。水泥进京备案企业要进一步严格执行国家产业政策和有关标准的要求，外埠进京水泥企业应当满足规模、生产工艺、发散综合配套能力、环保、进京散装比例等要求，切实改变外埠袋装水泥和立窑水泥大量进入北京的局面。禁止立窑水泥、袋装水泥进入本市混凝土搅拌站、预拌砂浆生产企业和其它水泥制品、构件企业，逐步禁止袋装水泥在建设工程中使用，促进市场资源整合，消除制约本市散装水泥使用率进一步提高的因素。

4. 在新城和新农村建设中，大力推广散装水泥

以北京市调整城市区域功能和发展空间布局、促进新农村建设为契机，推动本市散装水泥的发展。一方面要充分发挥各级行政管理职能部门的作用。另一方面要结合北京市新城和新农村建设内容，有针对性地进行宣传和培训，提高施工企业认识水平和技术人员的专业技能，同时，鼓励在农村建立散装水泥物流配送站，建立农村散装水泥供应和使用体系。

为进一步加快农村散装水泥的发展，要在农村第二产业、村镇建设、基础设施、环境建设中，进行广泛的调查研究，因地制宜，采取多种形式，分步骤、分层次的稳步推进散装水泥发展，下大力气改变农村地区散装水泥发展落后局面，促进农村的文明建设。

（四）效益分析

1. 经济效益

"十一五"期间，全市预计共使用散装水泥8500万吨，可节约水泥包装袋17亿条，减少水泥排放及损耗425万吨，还能节约大量的水、电、煤炭等资源和能源，预计创综合经济效益35.7亿元。

2. 社会效益

改善环境。散装水泥在生产、储存、运输、使用各个环节上，都能更加有效的降低污染、改善环境。不仅可以减少水泥粉尘排放，还可消减水泥损耗引起的二次扬尘源。"十一五"期间，使用散装水泥可累计减少水泥粉尘排放32.56万吨。同时，使用散装水泥还可以降低施工现场噪音污染，促进实现文明施工。

节约资源。除了使用散装水泥可直接节约资源能源外，还利用了大量的粉煤灰与建筑废渣、尾矿、废石等工业废弃物，间接节约了大量的原材料资源。同时，使用预拌砂浆可减少砂浆使用量，降低建筑物自重，节省建筑物使用空间；特种保温砂浆还能显著提高建筑物节能效果，降低建筑物使用过程中的能耗，节约大量的能源。

提高工程质量。散装水泥的发展促进了施工现代化水平和建筑工业化水平的提高，有效地提高了工程质量，延长了建筑物的使用寿命，减少了因质量问题引发的工程事故与隐患，降低了后期维护成本。

四、保障措施

(一)提高立法层次,完善政策法规

根据《国务院关于做好建设节约型社会近期重点工作的通知》(国发[2005]21号)中"从使用环节入手,大力发展散装水泥"的要求,以及国家五委两局颁发的部长令《散装水泥管理办法》([2004]5号)和商务部正在制定的《散装水泥管理条例》立法工作安排,结合本市散装水泥发展现状,力争在"十一五"期间研究出台市政府规章《北京市散装水泥管理办法》,提高散装水泥管理的立法层次,将散装水泥工作纳入法制化管理轨道。

为使散装水泥管理工作进一步细化、规范,把国家及本市有关政策落实到位,按照散装水泥工作的发展进程,适时制定发布配套的具体政策,从各个方面规范、推动散装水泥工作。

1. 加强部门协调,提高综合行政管理效能

将发展散装水泥列入北京市建筑、节能、环保、交通、税收等相关政策的管理范畴,充分利用各行政主管部门的职能作用,形成合力,不断提高散装水泥行政管理工作效能。

2. 制定预拌混凝土使用管理和合理布局的有关政策

扩大禁止现场搅拌混凝土的区域范围,实现新城、城镇全面禁止现场搅拌混凝土,根据本市社会经济的发展趋势,逐步实现在全市范围内禁止现场搅拌混凝土。制定推广高强高性能混凝土的政策,根据工程规模、结构类型,实现高强高性能混凝土在一定区域范围内的应用。

随着北京城市建设重点由中心城向新城的转移,"十一五"期间,制定行业发展引导政策,根据建设工程市场需求,对预拌混凝土企业布局进行合理调整,逐步由中心城向新城转移,降低资源运输成本,减轻交通和环境压力,确保行业的持续快速与健康发展。

3. 逐步完善预拌砂浆推广应用的政策

根据首都环境质量和社会经济的发展情况,逐步扩大禁止施工现场搅拌砂浆的范围,实现在中心城内禁止现场搅拌砂浆的目标,并将预拌砂浆使用领域扩展到家庭装修和装饰装修工程。

从建筑设计、材料招投标、工程竣工验收、施工现场管理、施工企业资质动态监管、工地环保监管等环节入手,制定发展预拌砂浆的鼓励及处罚政策措施,加强对建设、设计、房地产开发、生产、运输、施工、监理等责任单位使用预拌砂浆的监管工作。

4. 制定激励政策,深化散装水泥的发展

对从事散装水泥、高强高性能混凝土、预拌砂浆新技术研发、生产、运输、使用的单位,要给予政策性倾斜与资金支持,以鼓励技术创新,提高施工工艺和施工现代化水平,并通过专项资金的杠杆作用,拉动社会资金积极参与散装水泥行业的发展。

5. 制定规范水泥使用市场秩序的政策

依据国家水泥产业发展政策及北京市水泥行业相关政策,结合北京市实际,研究制定相关政策,禁止袋装水泥及立窑水泥进入本市预拌混凝土、预拌砂浆、水泥构件及制品企业;鼓励外埠大型干法生产企业的散装水泥进京,加大对立窑袋装水泥的限制力度。

(二)健全标准规范体系

在全面贯彻执行现有标准规范的基础上,从使用环节入手,尽快出台预拌砂浆概预算

定额,完善各项技术标准规范,健全预拌砂浆标准规范体系。随着高强高性能混凝土的研发和应用,研究制定高强高性能混凝土生产应用标准规范,大力推动高强高性能混凝土的应用。

(三)加强组织领导、协调与监管

按照全国散装水泥办公室关于召开国家部际协调会议制度的要求,定期召开本市有关综合部门发展散装水泥工作协调会议,积极开展多部门合作,共同研究、联合出台有利于发展散装水泥的配套政策;并加强管理部门之间、部门与企业之间的信息沟通、业务指导与服务,共同推动北京市散装水泥的发展。

充分发挥市、区两级散装水泥行政主管部门组织、协调、服务、监管的职能作用。各区、县有关管理部门要制定本地区散装水泥发展的具体方案和实施措施,要将发展散装水泥工作纳入工作日程,实行目标管理,制定完善管理制度,并认真加以落实。

各级散装水泥行政主管部门要会同有关部门开展建设领域内散装水泥使用的日常巡查和专项检查工作,加大监督执法力度。

(四)加强科技研发,促进可持续发展

加大科研投入,建立生产、应用、科研相结合的散装水泥研发体系,加快科研成果转化,建立长效的科技创新机制,利用首都特有的技术、人才优势,研究、开发和推广符合国家产业政策的散装水泥新技术、新设备、新产品。

进一步加强高强高性能混凝土技术研发工作,努力解决提高工程质量、延长建(构)筑物使用寿命的技术;研究开发国产化预拌砂浆关键生产设备、物流配送设备及低成本普通预拌砂浆生产应用技术;加快研究、生产适用不同施工环境要求的水泥品种。

结合本市粉煤灰、钢渣、矿粉、尾矿石、废石等工业废弃物综合利用现状,开展深入的应用研究,逐步扩大工业废弃物和城市生活废弃物在水泥、混凝土、砂浆生产过程中的使用范围和使用量,大力发展循环经济,提高散装水泥产业资源综合利用水平。

(五)积极开展试点示范,充分发挥示范效应

"十五"期间,北京市建立了预拌砂浆、农村商品混凝土、物流配送网点等试点示范工程,对散装水泥的发展起到了积极推动作用。"十一五"期间,在认真总结试点示范工程成功经验的基础上,要继续开展预拌砂浆和高强高性能混凝土生产、使用的试点示范工作,在新农村建设中重点抓好混凝土试点示范应用工作,在中心城和新城建设工程中重点抓好高强高性能混凝土、干拌砂浆和预拌湿砂浆试点示范工作,在精装修工程中抓好装饰、装修试点工程。并加强宣传与示范,充分发挥试点示范工程的辐射和带动作用,更好地推动全市散装水泥的发展。

(六)加强宣传培训,提高认识水平

利用新闻媒体、网站、公益广告、展览会、交流会、现场会、宣传周等形式,有计划、有针对性地组织散装水泥宣传活动,向各有关单位宣传发展散装水泥的意义,提高全社会对散装水泥的认识,把发展散装水泥与建设节约型社会、发展循环经济和构建和谐社会紧密结合起来,调动全社会使用散装水泥的积极性、主动性与自觉性。

充分发挥本市各高等院校、科研院所、职业教育部门的技术及人才优势,编制技术应用专业教材,对生产、设计、施工等单位,进行散装水泥相关产品技术应用的培训,提高有关管

理和技术人员素质，重点培养一批高素质的预拌砂浆、高强高性能混凝土的技术研究、应用和管理人才。同时，要加大对新城、新农村散装水泥应用和居民家装使用干拌砂浆的培训工作。

（七）加大专项资金的支持、监管力度

加大财政资金及散装水泥专项资金投入力度，重点支持散装水泥相关领域技术研发、宣传培训、课题研究、试点示范、散装设施和物流装备等方面的投资。充分发挥专项资金的杠杆作用，广泛吸引和拉动社会资金投入散装水泥发展领域。

根据近期国家即将出台的新的《散装水泥专项资金管理办法》，会同市财政局修订《北京市散装水泥专项资金管理办法》，严格专项资金收缴、使用制度，进一步规范专项资金使用程序，坚持公开、公平、公正的原则，并加强对资金使用单位的过程监管，确保专项资金的合规性和合理性，提高散装水泥专项资金的使用效益。

（八）健全散装水泥物流体系，提高物流现代化水平

建立健全散装水泥、预拌混凝土、预拌砂浆的物流配送体系。通过建立高效、低成本物流配送体系，加强各环节的衔接和配合，优化城市交通，提高运输效率，降低物流成本，实现专业化、产业化运作，进一步推进散装水泥物流系统信息化和现代化进程。

北京市建设委员会　北京市工商行政管理局北京市质量技术监督局关于印发《北京市建设工程材料使用监督管理若干规定》的通知

京建法[2007]722号

各区、县(开发区)建委、工商分局、质量技术监督局,各建设、施工、监理单位,各建设工程材料供应单位:

为加强我市建设工程材料的使用管理,确保达到质量、安全、节能、环保的各项要求,市建委、市工商局、市质量技术监督局联合制定了《北京市建设工程材料使用监督管理若干规定》,现印发给你们,请遵照执行。

特此通知。

二〇〇七年八月六日

北京市建设工程材料使用监督管理若干规定

第一条　为保证建设工程质量和安全,加强我市建设工程材料的监督管理,促进建设领域资源节约和环境保护,根据《建筑法》、《产品质量法》、《建设工程质量管理条例》等相关法律、法规,结合本市实际情况,制定本规定。

第二条　本规定所称建设工程材料,是指建设工程使用的各类建筑材料、设备和建筑构配件的统称。

本规定所称建设工程,是指本市行政区域内房屋建筑及其附属设施和与其配套的线路、管道、设备安装的新建、改建、扩建工程;市政基础设施的新建、改建、扩建工程;房屋装饰装修工程。

本市建设工程材料的使用及监督管理应当遵守本规定。

第三条　北京市建设委员会(以下简称市建委)负责全市建设工程材料使用监督管理工作。各区、县建设委员会(以下简称区、县建委)按照市、区两级建委工程质量监督的分工,负责本行政区域内建设工程材料使用监督管理工作。

北京市建筑节能与建筑材料管理办公室受市建委委托,负责本市建设工程材料使用监督管理工作,组织或参与对建设工程材料质量的专项检查。北京市建设工程安全质量监督总站受市建委委托,负责本市建设工程材料使用环节的质量监督工作。区、县建委应根据实际情况确定相应的建设工程材料使用管理部门。

第四条　市建委会同北京市质量技术监督局(以下简称市质监局)、北京市工商行政管理局(以下简称市工商局)等相关部门研究建设工程材料使用与发展的导向政策,建立建设工程材料的监管信息平台。市建委会同市质监局、市工商局对本市建设工程材料组织专项监督检查,向社会发布建设工程材料质量的抽检和处理结果。

第五条　本市推广应用节能、节地、节水、节材和环保的建设工程材料,鼓励发展新型建设工程材料及应用技术。国家和本市禁止生产、使用的建设工程材料,建设工程不得采购和使用。国家和本市限制使用的建设工程材料,不得在限制的工程范围使用。

第六条　本市各建设工程采购和使用的建设工程材料必须符合产品质量标准和工程建设强制性标准,同时还要符合设计文件要求和合同的约定。在新材料应用过程中,施工企业编制的施工工艺、工程验收的企业标准,须在市建委备案。

产品质量标准是指,产品有强制性标准要求的,必须符合强制性标准。产品未发布强制性标准的,应符合生产企业经备案有效的企业标准或产品明示标准。

第七条　对涉及建设工程质量、安全、节能、环保以及重要使用功能的建设工程材料,由生产企业向市建委进行告知性备案。告知性备案信息在北京建设网(网址:http://www.bjjs.gov.cn)向社会公布。

告知性备案的目的是为建设单位和施工单位选用建设工程材料提供服务,不作为建设工程准予采购、使用的依据,生产企业向用户和社会做出承诺,依法承担质量责任。

告知性备案的范围以及具体程序由市建委另行公布。

第八条　对涉及质量、安全、节能、环保以及重要使用功能的建设工程材料实施采购备案管理,由建设单位或施工总承包单位按照市、区两级建委工程质量监督分工的原则向市建委或区、县建委备案,由市建委统一建立可追溯的档案库。

建设工程材料采购备案的范围以及具体程序由市建委另行公布。

第九条　建设单位应对其采购的建设工程材料质量负责,建立建设工程材料使用管理制度。对施工单位使用的建设工程材料是否符合产品质量标准、产业政策、工程建设标准、设计文件和合同要求等进行监督;对工程验收和移交时建设工程材料存档资料的完整性负责。

建设单位不得明示或者暗示设计单位选用不合格的建设工程材料,不得明示或者暗示施工单位采购和使用不合格的建设工程材料。

第十条　施工单位应加强材料管理人员的业务培训,结合本企业实际,建立并完善建设工程材料使用管理制度和质量保证体系,包括合格供应商选择、建设工程材料进场(库)验收、建设工程材料质量检测和标识、储存、保管、发放、台账记录、档案资料汇总等各项制度措施,确保所采购和使用的建设工程材料符合规定的质量、安全、节能、环保要求。

施工单位对其采购、使用的建设工程材料符合产品质量标准、产业政策、工程建设标准、设计文件和合同要求负责,对执行现场复试和有见证取样检测负责。

第十一条　监理单位应当对进场的建设工程材料严格把关,严格执行进场验收、检验等各项规定,不符合要求的不得签字。未经监理工程师签字,不得在工程上使用或者安装,施工单位不得进行下一道工序的施工。

第十二条　本市建设工程材料采购单位与供应单位签订合同时可使用工商行政管理部门发布的合同示范文本。

合同双方应约定产品执行标准、质量等级、环保指标、封样要求、保质保修期限、质量证明文件、产品质量争议处理办法等内容。

第十三条 施工单位应按照国家和本市有关规定要求,对进入施工现场的建设工程材料出厂质量证明文件的原件进行核验,并将复印件存档(有条件的可保存原件),加盖原件存放单位公章,注明原件存放处,并有经办人签字和时间。供货单位因特殊原因确不能提交质量证明文件原件的,应出具书面说明材料。

出厂质量证明文件包括:

(一)产品合格证;

(二)产品出厂检验报告(材质单);

(三)产品生产许可证书和国家强制性认证证书;

(四)有资质检验单位出具的产品检验报告。

国家实施生产许可证和强制性认证管理的产品目录及获证单位名单可在国家质量监督检验检疫总局网站查询。

第十四条 建设单位、施工单位和监理单位应按照招投标文件要求和合同约定,对采购的建设工程材料样品进行封样。供应单位提供的产品运到施工现场后,要与封样产品进行比对,与封样不一致的不得使用。

第十五条 施工单位在建设工程材料进场验收时,发现"三无"(无厂名、厂址、执行标准)产品、假冒产品或实物与提供的出厂质量证明文件不符的,不得验收。发现"三无"产品、假冒产品的,应当立即向市或区、县建委报告,同时向质量技术监督部门或工商行政管理部门举报。对行政执法部门依法做出就地扣押封存处理决定的,施工单位应当负责看管封存的"三无"产品、假冒产品。

第十六条 施工单位在建设工程材料进场验收合格后,在使用前必须按照法律、法规规定,对建设工程材料按照施工技术标准、设计要求和合同约定进行复试或有见证取样检验。未检验或检验不合格的不得使用。

见证人员应由建设单位或监理单位具备建筑施工试验知识的专业技术人员担任。在施工过程中,见证人员应按照见证取样和送检计划,对施工现场的取样和送检进行见证,取样人员应在试样或其包装上做出标识、封志。标识和封志应标明取样部位、取样日期、样品名称和样品数量,并由见证人员和取样人员签字。见证人员应制作见证记录,并将见证记录归入施工技术档案。

第十七条 建设工程材料的检测单位应当严格按照规定出具有见证取样检测报告,对出具的检测报告的真实性负责,不得更改数据或者在检测中弄虚作假,不得违反规定出具检测报告。

第十八条 市和区、县建委对建设工程材料使用情况进行监督检查的重点是:

(一)国家和本市在建设工程中禁止或限制使用建设工程材料有关规定的执行情况;

(二)采购单位备案规定的执行情况;

(三)施工单位对进入施工现场的建设工程材料出厂质量证明文件核验情况;

(四)复试和有见证取样检测规定的执行情况;

(五)建设单位、施工单位建设工程材料使用管理各项制度的建设情况;

（六）建设工程材料招标投标规定的执行情况；

（七）对施工现场的建设工程材料质量进行抽查。

第十九条　施工单位按照规定对建设工程材料进行复试或有见证取样检验合格，但经有关主管部门抽查后判定不合格的，未使用的不得使用；已经使用的，由设计单位会同建设单位、施工单位提出处理意见，必要时应组织专家进行论证。

第二十条　市或区、县建委在工地监督抽查时判定的不合格建设工程材料，由市或区、县建委依照《建设工程质量管理条例》第六十四条规定对施工单位处工程合同价款2%以上4%以下的罚款；造成建设工程质量不符合规定的质量标准的，负责返工、修理，并赔偿因此造成的损失；情节严重的，责令停业整顿，降低资质等级或者吊销资质证书。市或区、县建委可将吊销资质证书的情况函告工商行政管理部门，同时将检查中发现的不合格产品的生产企业、销售企业移交质量技术监督部门和工商行政管理部门，依照《产品质量法》处罚。不合格产品是外埠企业生产的，对生产企业的处罚移交属地质量技术监督部门依法处理。

第二十一条　建设单位明示或者暗示施工单位使用不合格建设工程材料的，由市或区、县建委依照《建设工程质量管理条例》第五十六条规定处20万元以上50万元以下的罚款。

施工单位未按照规定对建设工程材料进行检验的，或者未对涉及结构安全的试块、试件以及有关材料取样检测的，由市或区、县建委依照《建设工程质量管理条例》第六十五条规定，责令改正，处10万元以上20万元以下的罚款；情节严重的，责令停业整顿，降低资质等级或者吊销资质证书；造成损失的，依法承担赔偿责任。

工程监理单位将不合格的建设工程材料按照合格签字的，由市或区、县建委依照《建设工程质量管理条例》第六十七条规定，责令改正，处50万元以上100万元以下的罚款，造成损失的，承担连带赔偿责任。

第二十二条　市和区、县建委根据本规定第十八条要求，对建设工程材料使用情况进行监督检查时，发现建设单位、施工单位、监理单位有违规行为的，由市或区、县建委予以通报批评，并根据市建委发布的相关建设工程企业资质动态管理办法对违规单位进行处理。

第二十三条　市建委建立包括告知性备案企业信息在内的建设工程材料供应企业诚信信息系统，并进行动态监管。市或区、县建委在建设工程检查中，发现建设工程材料供应企业存在下列违法违规行为的，在建设领域内将其违法行为予以通报。市建委在诚信信息系统上公示。违法行为严重的，由市建委限制或禁止其参加本市建设工程材料投标。

（一）向建设工程供应国家与本市明令禁止生产、销售和使用的建设工程材料的；

（二）建设工程材料质量不合格，造成建筑物结构安全隐患或危害人身健康的；

（三）因建设工程材料质量问题造成工程质量事故、降低使用功能或人身伤害的；

（四）向建设工程供应假冒材料，提供虚假质量证明文件的；

（五）属于生产许可证、强制性认证管理的产品，未取得生产许可证或强制性认证的。

第二十四条　市质监局、市工商局和市建委对建设工程材料供应企业违法违规行为予以处罚、通报和公开曝光的，应当记入北京市企业信用信息系统。市建委可在建设工程材料供应企业诚信信息系统上公示。违法行为严重的，由市建委限制或禁止其参加本市建设工程材料投标。

第二十五条 施工单位不履行向主管部门举报假冒伪劣建设工程材料和协助看管查封建设工程材料义务的,监理单位对建设单位、施工单位上述违规行为不制止、不纠正、不向建设主管部门报告的,由市或区、县建委责令整改;情节严重的,予以通报批评。

第二十六条 各单位要加强建设工程材料采购的内部监督管理,抓好各项制度建设,实现对建设工程材料采购的全过程监督。建设工程材料采购人在采购中有违法行为的,移送司法机关依法处理。

市和区、县建委工作人员在建设工程材料使用管理工作中玩忽职守、徇私舞弊的,依照有关规定依法处理。

第二十七条 任何单位和个人都可向市建委举报和投诉建设工程材料使用中存在的违法违规行为,举报和投诉查实的,给予表扬和奖励。

第二十八条 本市各建设工程材料相关行业组织要强化行业自律,规范企业经营行为。根据团体章程的规定向社会公布本行业诚信企业和产品名单,对质量技术监督部门、工商行政主管部门和建设行政主管部门查处的违规企业督促整改。

第二十九条 本规定由市建委会同市工商局、市质监局共同负责解释。

第三十条 本规定自 2007 年 10 月 1 日起施行,原发布的有关规定与本规定不一致的,以本规定为准。

北京市建设委员会　北京市规划委员会
关于发布北京市第五批禁止和限制使用的建筑材料及施工工艺目录的通知

京建材[2007]837号

各区、县(开发区)建委、规划委,各施工图设计文件审查机构,各建设单位、设计单位、施工单位、监理单位,各建筑材料供应单位:

为保证我市建设工程质量和安全,促进建设领域资源节约和环境保护,推广应用节能、节地、节水、节材和环保的建筑材料,鼓励发展新型建筑材料及其应用技术,经广泛征集社会各界意见和专家严格论证,市建委和市规划委决定将第五批禁止和限制使用的建筑材料及施工工艺目录予以发布,现就有关事项通知如下:

一、混凝土多功能复合型(2种或2种以上功能)膨胀剂、质轻可锻铸铁类脚手架扣件(重量<1.10kg/套的直角型扣件;重量<1.25kg/套的旋转型扣件和对接型扣件)、沥青复合胎柔性防水卷材等3类建材产品自2007年10月1日起停止设计,2008年1月1日起禁止在本市建设工程中使用。

喷射混凝土用粉状速凝剂、聚苯颗粒及玻化微珠等颗粒保温材料与胶结材料混合而成的保温浆料、粘土和页岩陶粒及以粘土和页岩陶粒为原材料的建材制品、低强度的轻集料混凝土砌块、光面混凝土路面砖、平口混凝土排水管(含钢筋混凝土管)、内腔粘砂灰铸铁散热器等7种建材产品及沥青类防水卷材热熔法施工工艺自2008年1月1日起,按本通知附件规定的范围在本市建设工程中停止使用。

在本通知下发前已经设计、将在本通知规定的生效时间后使用上述建筑材料和施工工艺的,由建设单位负责与设计、施工单位协商修改设计。

二、为便于各建设单位、设计单位、施工单位、监理单位贯彻淘汰落后建筑材料与施工工艺的规定,本通知将市建委和市规划委发布的《关于限制和淘汰石油沥青纸胎油毡等11种落后建材产品的通知》(京建材[1998]480号)、《关于公布第二批12种限制和淘汰落后建材产品目录的通知》(京建材[1999]518号)、《关于公布第三批淘汰和限制使用落后建材产品的通知》(京建材[2001]192号)、《关于公布第四批禁止和限制使用建材产品目录的通知》(京建材[2004]16号)、市建委和市水务局等8部门联合发布的《关于严格执行〈节水型生活用水器具标准〉加快淘汰非节水型生活用水器具的通知》(京建材[2005]1095号)等5个文件所规定并且至今仍然有效的内容一并公布,形成《北京市建设工程禁止和限制使用建筑材料及施工工艺目录(2007年版)》(见附件)。总计禁止使用的建材产品26种,限制使用的建材产品和施工工艺43种。今后本市发布禁止和限制使用建材产品与施工工艺的文件将采取此形式。过去版本规定与新版本规定不一致的,以新版本为准。

三、市规划委所属市勘察设计与测绘管理办公室负责对各施工图设计文件审查机构的监管，各审查机构在发现设计单位违反规定设计禁止或限制使用建材产品时，要求各设计单位进行改正，并将情况及时上报，由市勘察设计与测绘管理办公室进行通报批评。市和区、县建委在工程检查中发现采购和使用禁止或限制使用建材产品、使用限制的施工工艺的，责令改正，予以通报批评，并根据市建委发布的相关建设工程企业资质动态管理办法对违规的单位进行处理；对发现向建设工程供应禁止或限制使用的建材产品的供应企业，市建委在建设工程材料供应企业诚信信息系统上予以公示。

特此通知。

附件：《北京市建设工程禁止和限制使用建筑材料及施工工艺目录(2007年版)》(略)

二〇〇七年八月十三日

北京市建设委员会　北京市规划委员会关于本市建设工程中进一步禁止现场搅拌砂浆的通知

京建材[2007]897号

各有关单位：

为进一步贯彻落实《北京市人民政府关于发布本市第十二阶段控制大气污染措施的通告》和市建委、市发改委、市规划委、市环保局《关于在本市建设工程中使用预拌砂浆的通知》(京建材[2006]232号)精神，根据《商务部、公安部、建设部、交通部、质检总局、环保总局关于在部分城市限期禁止现场搅拌砂浆工作的通知》(商改发[2007]205号)要求，现就本市建设工程进一步禁止现场搅拌砂浆有关工作通知如下：

一、从2007年9月1日起中心城区、市经济技术开发区新开工的工程禁止现场搅拌砂浆。中心城区的范围为原规划市区范围(东至定福庄、北至清河、西至石景山、南至南苑)，并增加回龙观和北苑北地区。

中心城区、市经济技术开发区新开工工程以及其他地区内申报优质工程和文明施工工程的工程项目、政府投资的工程项目应当使用预拌砂浆。上述工程已经设计采用现场搅拌砂浆但尚未进行施工的，应进行设计变更。

二、2007年9月1日起新开工的工程项目使用预拌砂浆情况，作为市建设系统进行文明安全工地评比和工程质量评优的一项考核内容。

三、应当使用预拌砂浆的建设工程招标人、招标代理机构、造价咨询机构在编制招标文件、工程量清单及工程标底时应当列入预拌砂浆项目及费用。

建设工程投标人在编制投标文件时要根据招标文件及北京市造价管理处发布的《北京市建设工程预算定额》预拌砂浆补充定额(京造定[2007]4号)相关规定，将预拌砂浆增加费用计入投标报价。

四、设计单位应当按照《88J1－4干拌砂浆建筑构造通用图集》及预拌砂浆有关标准和规程进行设计，在施工图设计文件中明确预拌砂浆品种和等级。施工图审查单位要将预拌砂浆设计情况列入审查范围。

五、市和区县建委在进行建设工程节能设计审查备案时，应当对工程设计使用预拌砂浆情况进行查验，对应当使用预拌砂浆的建设工程而未进行预拌砂浆设计的，要求其进行设计变更。

六、市和区县建委负责施工现场预拌砂浆使用情况的监管工作，并组织开展全市禁止现场搅拌砂浆情况的专项检查。对违反规定在现场搅拌砂浆的，责令改正并给予全市通报，纳入市建筑业企业资质动态监管内容，并由有关主管部门依法进行处罚。

附件:商务部、公安部、建设部、交通部、质检总局、环保总局关于在部分城市限期禁止现场搅拌砂浆工作的通知

二〇〇七年八月二十一日

附件:

商务部、公安部、建设部、交通部、质检总局、环保总局关于在部分城市限期禁止现场搅拌砂浆工作的通知

商改发[2007]205号

各省、自治区、直辖市散装水泥行政主管部门,公安厅(局),建设厅(委),交通厅(局),质检局,环保局,散装水泥办公室:

为贯彻落实《国务院关于做好建设节约型社会近期重点工作的通知》(国发[2005]21号)中关于"从使用环节入手,进一步加大散装水泥推广力度"的要求,根据《散装水泥管理办法》,现就在全国部分城市限期禁止在施工现场搅拌砂浆工作有关事项通知如下:

一、禁止在城市施工现场搅拌砂浆是提高散装水泥使用量的一项重要措施,也是保证建筑工程质量、提高建筑施工现代化水平、实现资源综合利用、促进文明施工的一项重要技术手段。

二、全国中心城市、国家环境保护模范城市、全国文明城市等要积极创造条件,分期分批开展禁止在施工现场使用水泥搅拌砂浆工作(家装等小型施工现场除外)。工程中使用预拌砂浆(含干拌砂浆和湿拌砂浆)。北京等10个城市(具体名单见附件,下同)从2007年9月1日起禁止在施工现场使用水泥搅拌砂浆(第一批);重庆等33个城市从2008年7月1日起禁止在施工现场使用水泥搅拌砂浆(第二批);长春等84个城市从2009年7月1日起禁止在施工现场使用水泥搅拌砂浆(第三批)。其他城市由各省级散装水泥主管部门会同相关部门根据各地具体情况提出禁止在施工现场使用水泥搅拌砂浆的具体时间表,并报商务部备案。

三、各地要根据上述时间表和本地实际情况,制定发展预拌砂浆发展规划及预拌砂浆生产、使用管理办法,采取有效措施扶持预拌砂浆生产和物流配送企业发展,严把市场准入关,确保预拌砂浆产品质量,保证建筑工程预拌砂浆的供应,避免盲目投资造成的资源浪费。

四、县级以上人民政府确定的散装水泥主管部门及散装水泥行政管理部门会同建设行政管理部门、环保行政主管部门负责本行政区域内禁止现场搅拌砂浆的组织管理工作。

五、预拌砂浆生产企业的布点要符合城市建设规划、土地政策和环保要求,在生产过程

中必须执行国家有关标准和地方相关的技术、环保要求，制定相应的应用技术规程，建立完善的质量控制体系，在标准化管理、计量管理、工序控制、质量检测等方面严格执行有关规定，确保预拌砂浆产品质量。

六、预拌砂浆生产企业必须全部使用符合标准要求的散装水泥。干拌砂浆生产企业，要配置必要的储存、运输设施，干拌砂浆产品的散装设施能力必须达到70%以上；施工单位要将使用预拌砂浆作为绿色文明施工的一项重要内容。散装水泥行政主管部门应会同有关行政管理部门制定加强预拌砂浆生产、使用的管理办法，共同做好监管工作。

七、鼓励企业在预拌砂浆过程中使用粉煤灰、脱硫灰渣和运用钢渣、工业尾矿等一般工业固体废物制造的人工机制砂，以减少对天然砂的使用。地方各级散装水泥行政主管部门要做好国家在资源综合利用方面优惠政策的宣传、引导工作。

八、各地公安交通管理部门要结合本地实际情况，研究制定预拌砂浆车辆在市区通行的措施。各级交通、公安部门要加强对车辆运输装载行为的监管，防止车辆超限超载。

九、各地建设行政主管部门要编制预拌砂浆预算定额，以便于建设、设计、施工单位将应用预拌砂浆纳入工程预算。依法必须招标的项目，招标人或招标代理机构应将使用预拌砂浆列入招标文件，投标人应将使用预拌砂浆费用列入投标报价。

十、散装水泥行政主管部门应与建设行政主管部门、质检部门等密切配合，加强对预拌砂浆生产企业产品质量和建设施工现场的监督检查，在严格执法的同时，做好各项协调服务工作。

十一、建设项目未按规定使用预拌砂浆、施工场地扬尘不达标的，由县级以上散装水泥主管部门会同建设行政主管部门、环保行政主管部门依照国家和地方有关法律、法规和相关标准规定予以处罚。

二〇〇七年六月六日

北京市建设委员会关于加强民用建筑工程建筑节能专项验收备案工作的通知

京建材[2007]972号

各区、县建委,各有关单位:

根据建设部《关于新建居住建筑严格执行节能设计标准的通知》(建科[2005]55号)及《民用建筑工程节能质量监督管理办法》要求,落实我市《关于加强新建民用建筑工程执行建筑节能标准监督管理的通知》(京建法[2005]709号)、《关于进一步加强建设节能环保管理工作有关事项的通知》(京建质[2006]143号)对建筑节能专项验收工作的要求,加强民用建筑节能专项验收备案工作管理,现将我市建筑节能专项验收备案工作的有关问题通知如下:

一、从2007年11月1日起,凡2005年9月1日后申领建筑工程施工许可证的民用建筑工程在竣工验收前,均应按本通知要求进行建筑节能专项验收并备案。

二、民用建筑工程竣工验收前,建设单位应组织设计、施工、监理单位对节能工程进行专项验收,并对验收结果负责。建设单位负责撰写《节能工程专项验收报告》及填写《北京市民用建筑节能专项验收备案登记表》(表样见附件,请在北京建设网下载:http//:www.bjjs.gov.cn)。

《节能工程专项验收报告》内容应包括:工程概况,墙体、幕墙、门窗、屋面、地面、采暖、通风与空调、空调与采暖系统冷热源及管网、配电与照明、监测与控制节能工程,建筑节能工程现场检验,采用新能源、新材料、新技术情况,及其他需说明的问题。

三、建筑节能专项验收备案工作实行市和区县建委两级管理。在建设工程竣工验收前,属于区、县工程质量监督机构监督的建设工程到区、县建委建筑节能管理机构办理建筑节能专项验收备案;属于市建设工程安全质量监督总站监督的建设工程到市建委建筑节能管理机构办理建筑节能专项验收备案。备案时建设单位需提交下列材料:

1.《北京市民用建筑节能专项验收备案登记表》原件一式两份;

2.《节能工程专项验收报告》原件一份;

3.《北京市建筑节能设计审查备案登记表》复印件一份(加盖建设单位公章,下同);

4.《建筑节能分部工程质量验收表》复印件一份;

5.《外墙节能构造钻芯检验报告》复印件一份;

6.《外窗气密性、水密性现场实体检测报告》复印件一份;

7.《系统节能性能检测报告》复印件一份;

8.建设工程施工过程中,市、区县两级质量安全监督和执法部门对节能专项工程作出行政处罚或行政处理的,提供处罚或处理决定及整改合格的相关资料。

四、市和区县建委要加强对建筑节能工作的监督检查,对违反法律法规的行为依法查处。从本通知生效之日起,在建设单位组织建设工程竣工验收时,市、区县质量监督部门应当检查是否有市或区县建筑节能专项验收备案管理机构盖章的《北京市民用建筑节能专项验收备案登记表》。

五、本通知自2007年11月1日起实施。

附件:《北京市民用建筑节能专项验收备案登记表》

二〇〇七年九月二十一日

附件：

北京市民用建筑节能专项验收备案登记表

备案编号：

<table>
<tr><td colspan="3">工程名称</td><td></td><td>建设地址</td><td colspan="3"></td></tr>
<tr><td colspan="3">建筑面积</td><td></td><td>层　数</td><td colspan="3"></td></tr>
<tr><td colspan="3">结构类型</td><td></td><td>使用性质</td><td colspan="3">□居住建筑
□甲类公建
□乙类公建</td></tr>
<tr><td colspan="3">开工时间</td><td>年　月　日</td><td>竣工时间</td><td colspan="3">年　月　日</td></tr>
<tr><td colspan="3">联系人</td><td></td><td>联系电话</td><td colspan="3"></td></tr>
<tr><td colspan="3">建筑节能设计审查备案管理机构</td><td></td><td>设计审查备案编号</td><td></td><td>设计审查备案时间</td><td></td></tr>
<tr><td rowspan="5">节能专项施工内容</td><td colspan="2">执行建筑节能设计标准代号</td><td colspan="5"></td></tr>
<tr><td colspan="2">墙体保温材料名称、厚度、生产厂家、数量</td><td colspan="5">m^2</td></tr>
<tr><td colspan="2">屋面保温材料名称、厚度、生产厂家、数量</td><td colspan="5">m^2</td></tr>
<tr><td rowspan="2">外窗</td><td>型材品种、厚度及生产厂家</td><td colspan="5"></td></tr>
<tr><td>玻璃品种、生产厂家、数量</td><td colspan="5">m^2</td></tr>
<tr><td rowspan="6">现场检测内容</td><td rowspan="2">外墙节能构造</td><td>检测结果</td><td colspan="5">$W/(m^2 \cdot K)$</td></tr>
<tr><td>检测单位及报告编号</td><td colspan="5"></td></tr>
<tr><td rowspan="2">外窗气密性</td><td>检测结果</td><td colspan="5"></td></tr>
<tr><td>检测单位及报告编号</td><td colspan="5"></td></tr>
<tr><td rowspan="2">系统节能性能</td><td>检测结果</td><td colspan="5"></td></tr>
<tr><td>检测单位及报告编号</td><td colspan="5"></td></tr>
<tr><td colspan="3">建设单位意见：
（盖章）
年　月　日</td><td>设计单位意见：
（盖章）
年　月　日</td><td colspan="2">施工单位意见：
（盖章）
年　月　日</td><td colspan="2">监理单位意见：
（盖章）
年　月　日</td></tr>
<tr><td colspan="3">建筑节能管理机构意见</td><td colspan="5">（备案章）备案人：　　年　月　日</td></tr>
</table>

北京市建设委员会关于建设工程材料供应备案管理有关事项的通知

京建材[2007]1162号

各区、县(开发区)建委,各建设工程材料生产企业,各建设、施工、监理单位,各有关单位:

根据市建委、市工商局和市质量技术监督局联合发布的《关于印发〈北京市建设工程材料使用监督管理若干规定〉的通知》(京建法[2007]722号)要求,现就我市建设工程材料供应备案管理有关事项通知如下:

一、建设工程材料供应备案是指对涉及建设工程质量、安全、节能、环保以及重要使用功能的建设工程材料品种,由生产企业向本市建设行政主管部门进行的告知性备案,目的是为建设单位和施工单位提供建设工程材料的产品信息和建设工程材料供应单位的诚信信息,促进规范建设工程材料市场,推动优质建设工程材料的应用,保证建设工程质量,为首都建设事业和人民群众服务。

建设工程材料供应备案不作为建设工程准予采购、使用的依据。备案产品的生产企业向用户和社会做出承诺,依法承担产品质量责任。采购单位根据建设工程标准、设计文件和有关法律法规规定采购建设工程材料,并依法对其采购、使用的建设工程材料质量负责。

二、北京市建筑节能与建筑材料管理办公室受市建委委托负责全市建设工程材料供应备案管理工作,并受理国外、外埠生产企业及在东城区、西城区、宣武区、崇文区注册的生产企业的建设工程材料供应备案申请。其他区县建委的建设工程材料管理机构负责本区县注册的生产企业建设工程材料供应备案管理工作。

国外企业生产的建设工程材料由其授权的国内总代理企业申请办理供应备案。外埠企业生产的建设工程材料由生产企业申请办理供应备案,可以委托其在京的代理单位代其办理。本市不再受理流通企业的建设工程材料供应备案。

本市建设工程材料供应备案不收取申办单位任何费用,不授权或委托任何单位和个人代办。

三、本市办理供应备案的建设工程材料有钢材、水泥、预拌砂浆、建筑砌块、烧结砖、轻质隔墙板、保温材料、防水材料、混凝土外加剂、塑料(复合)管材管件、建筑扣件、建筑门窗、节水型用水器具、散热器等14类产品。增加或减少品种由市建委另行公布。

国家和本市禁止、限制生产或使用的建设工程材料,以及禁止或限制的生产工艺、或原料生产的建设工程材料,不符合工程建设强制性标准规定的产品,其备案申请不予受理。

四、建设工程材料供应备案的程序包括网上申报、窗口受理、核查、决定和告知。从受理开始,办理时限为15个工作日。

(一)网上申报。申办单位首先应通过北京建设网(http://www.bjjs.gov.cn)"办事大厅"注册登录,登录成功后,点击"建设工程材料供应备案"链接,按照网上提示内容如实填写,进行网上申报。

(二)窗口受理。申办单位完成网上申报后,按网上提示要求携带以下材料到备案窗口进行现场办理:

1. 营业执照;

2. 有资质检验单位出具的型式检验周期内产品检验报告(国家有放射性及有害物质限量要求的产品应同时提供相关检验报告);

3. 申办单位法定代表人授权办理委托书;

4. 属于国家生产许可证或强制性认证管理的产品,提交有效期内生产许可证书或强制认证证书。

5. 属于国外进口产品的,提供代理证明;

6. 产品执行企业标准的,提供在质量技术监督部门备案的企业标准;

7. 网上填报的《北京市建设工程材料供应备案申请表》。

以上材料应出示原件,并提交加盖企业公章的复印件留存。

(三)核查、决定和告知。市建筑节能与建筑材料管理办公室和区县建委建设工程材料管理机构对企业申报材料与网上填报内容进行核对,核对无误,符合备案要求的,予以备案,并告知申办单位。申办单位信息同时录入北京市建设工程材料供应备案数据库。

五、建设工程材料供应备案信息通过北京建设网向社会公布。公布的内容包括:企业的基本信息,产品商标、执行标准以及获得中国名牌产品称号、国家免检产品等信息。建设工程采购单位和市民登陆北京建设网,可以查询办理备案手续的全部生产企业及产品目录,也可以分别查询"获中国名牌产品称号及国家免检产品"、"产品质量和经营行为有不良记录企业"的目录,并逐步实现对"国家和北京市推广使用或支持发展的建设工程材料品种及生产工艺"、"获质量体系认证企业"的查询。

六、备案企业基本信息或产品信息发生变化的,按本通知第四条的程序规定提交相应变更资料。

七、市建委对向本市建设工程供应建设工程材料的生产和流通企业加强动态监管。市或区、县建委在建设工程检查中,发现建设工程材料供应企业存在下列违法违规行为的,无论其是否办理了供应备案手续,均在建设领域内将其违法行为予以通报,并在建设工程材料供应企业诚信信息系统上公示。违法行为严重的,由市建委限制或禁止其参加本市建设工程材料投标。

(一)向建设工程供应国家与本市明令禁止生产、销售和使用的建设工程材料的;

(二)建设工程材料质量不合格,造成建筑物结构安全隐患或危害人身健康的;

(三)因建设工程材料质量问题造成工程质量事故的;

(四) 向建设工程供应假冒材料,提供虚假质量证明文件的;

(五)属于生产许可证、强制性认证管理的产品,未取得生产许可证或强制性认证的;

(六)在办理建设工程材料供应备案手续时,提供的备案申报信息与实际不符或提交虚假证明材料的。

八、任何单位和个人都可向市建委举报和投诉建设工程材料供应企业的违法违规行为,举报电话:63980138。市和区、县建委工作人员在备案管理中徇私舞弊、玩忽职守的,单位和个人可向市建委投诉,投诉电话:63987624。

九、本通知自发布之日起实施。《关于印发北京市建筑工程材料供应备案管理办法的通知》(京建法[2001]134 号)自本通知生效之日起废止。

《关于水泥产品供应使用管理的通知》(京建法[2003]183 号)、《关于进一步加强建设工程砂石材料采购使用管理严厉打击建设领域采购使用非法开采砂石行为的通知》(京建材[2005]708 号)、《关于加强施工用钢管、扣件使用管理的通知》(京建材[2006]72 号)、《关于在本市建设工程中使用预拌砂浆的通知》(京建材[2006]223 号)中与建设工程材料供应备案管理有关的规定同时废止。

十、本通知发布前在北京建设网公布的建筑工程材料供应备案信息保留至 2007 年年底。

特此通知。

二〇〇七年十一月九日

北京市建设委员会关于印发《北京市拟建重要建筑项目超限高层建筑工程抗震设防审查及“三新核准”审核管理办法》的通知

京建法[2007]102号

各区、县建委,各集团、总公司,各有关单位:

为加强北京市拟建重要建筑项目的管理,保证重要建筑项目建设质量与安全,根据建设部《关于加强北京市拟建重要建筑项目监督管理的意见》(建法[2006]149号)及相关规定,特研究制定了《北京市拟建重要建筑项目超限高层建筑工程抗震设防审查及“三新核准”审核管理办法》,现印发给你们,请遵照执行。

二〇〇七年一月二十六日

北京市拟建重要建筑项目超限高层建筑工程抗震设防审查及“三新核准”审核管理办法

第一章 总 则

第一条 为加强北京市拟建重要建筑项目的管理,保证重要建筑项目建设质量与安全,按照建设部《关于加强北京市拟建重要建筑项目监督管理的意见》(建法[2006]149号)、《超限高层建筑工程抗震设防管理规定》(建设部令第111号)、《“采用不符合工程建设强制性标准的新技术、新工艺、新材料核准”行政许可实施细则》(建标[2005]124号),结合本市实际,制定本办法。

第二条 本办法适用于北京市重要建设项目超限高层建筑工程抗震设防审查以及“采用不符合工程建设强制性标准的新技术、新工艺、新材料核准”(以下简称“三新核准”)审核的管理。

本办法所称的超限高层建筑工程,是指超出国家现行规范、规程所规定的适用高度和适用结构类型的高层建筑工程,体型特别不规则的高层建筑工程,以及有关规范、规程规定应当进行抗震专项审查的高层建筑工程。

第三条 北京市建设委员会(以下简称市建委)依据职责负责本市超限高层建筑工程抗震设防审查及“三新核准”审核的工作。

第二章　超限高层建筑工程抗震设防审查

第四条　拟建重要建筑项目属于超限高层建筑工程的，其抗震设防应当满足《超限高层建筑工程抗震设防管理规定》（建设部令第111号）的相关要求，建设单位应当在项目初步设计阶段向市建委提出专项报告。

第五条　超限高层建筑工程的抗震设防专项审查内容包括：建筑的抗震设防分类、抗震设防烈度（或者设计地震动参数）、场地抗震性能评价、抗震概念设计、主要结构布置、建筑与结构的协调、使用的计算程序、结构计算结果、地基基础和上部结构抗震性能评估等。

第六条　建设单位申报超限高层建筑工程的抗震设防专项审查时，应当提供以下材料：

（1）建设单位申请超限高层建筑工程抗震设防审查专项报告；

（2）超限高层建筑工程抗震设防专项审查申报表（附件）；

（3）设计的主要内容、技术依据、可行性论证及主要抗震措施，结构抗震薄弱部位的分析和相应措施；

（4）工程勘察报告；

（5）结构设计计算的主要结果；

（6）初步设计文件（参考《建筑工程设计文件编制深度规定》制定）；

（7）设计时参照使用的国外有关抗震设计标准、工程和震害资料及计算机程序；

（8）对要求进行模型抗震性能试验研究的，应当提供抗震试验研究报告；

（9）勘察、设计单位甲级资质证书。

同时提供第（2）、（3）、（5）、（6）项材料的电子文档。

第七条　超限高层建筑工程抗震设防专项审查费用由建设单位承担。

第八条　市建委自接到抗震设防专项审查全部申报材料之日起25个工作日内，负责组织专家委员会提出书面专项审查意见，并将审查结果通知建设单位。

第九条　市建委负责将抗震设防专项审查意见等有关材料报建设部备案。

第三章　“三新核准”审核

第十条　拟建重要建筑项目拟采用的新技术、新工艺、新材料不符合现行相关的工程建设强制性标准，或直接涉及到建设工程质量安全、公共安全以及人身健康、生命财产安全，且工程建设强制性标准没有规定又没有现行工程建设国家标准、行业标准和地方标准可依的，建设单位应当联合施工单位制定“三新”应用的施工技术方案，施工单位应当组织编写适用的企业标准（项目专项标准）。

第十一条　施工技术方案应包括编制依据、分部（项）工程概况、施工安排、施工准备、施工方法、质量标准、试验检测和验收等内容及施工、安全防护、消防、临时用电、环保等注意事项。企业标准应包含施工工艺与验收两项内容，标准结构和编写规则应符合《工程建设标准编写规定》的相关要求。

第十二条 施工技术方案及企业标准应经过专题技术论证会论证。

专题技术论证会应由施工单位配合建设单位提出审查申请，并将专家组成及组织方案报市建委同意后召开。

第十三条 专题技术论证会应有建设、设计、施工、监理等有关单位共同参加，评审专家不得少于7人，专家组成员应具备高级技术职称并在相关领域有丰富的工作经验。

第十四条 专题技术论证会应形成会议纪要，会议纪要应当包括会议概况、不符合工程建设强制性标准的情况说明、可行性概要分析、结论及专家组成员签字。

第十五条 市建委负责审核建设单位、施工单位提交的专题技术论证会议纪要和其他有关材料，出具对本项目的审核意见，并按照《北京市建设工程地方技术标准管理规定》对符合备案要求的企业标准进行备案。

第十六条 建设单位按照建设部建标[2005]124号文件的规定，向建设部标准定额司提出“三新核准”申请。待建设部核准后，施工方案方可实施。

第四章　附　　则

第十七条 本办法自2007年3月1日起施行。

北京市建设委员会关于在我市建筑施工中大力推广使用桅杆式机械设备组合式塔机基础技术的通知

京建科教[2007]152号

各区、县建委,各塔机租赁企业,各建设、施工、监理企业,各有关单位:

为了节约资源、保护环境,推广绿色施工技术,根据有关法律、法规,结合本市实际,决定在本市全面推广"桅杆式机械设备组合式塔机基础技术"(以下简称"组合式塔基技术")。现将推广工作的有关意见通知如下:

一、关于"组合式塔基技术"

"组合式塔基技术"是可周期循环使用的固定塔机的新型基础,通过无粘结预应力水平连接系统把混凝土预制构件组合成为一个能抵抗上部塔机传给基础的垂直力、倾翻力矩、水平力、水平扭矩,且可组合、分解、重复使用的塔机基础新技术。

"组合式塔基技术"2004年通过建设部组织的科技成果评估,并被列为"2004年建设部科技成果推广项目",同年被列为"北京市建设领域百项重点推广项目"。"组合式塔基技术"的《桅杆式机械设备组合式混凝土预制构件基础安全使用规程》(标准备案号:JQB－118－2007)已经通过专家评审,并在市建委备案,按照专家意见,具备了推广应用的条件。

截至目前,"组合式塔基技术"已推广应用到北京、哈尔滨、长春、沈阳、南京、郑州等13个地区,共完成建筑面积403万平方米,所使用的项目均安全可靠。

二、推广应用"组合式塔基技术"的目的和意义

"组合式塔基技术"新的构造形式实现了塔机基础的可搬运和重复使用,从源头上节约了水泥、钢材、砂石料、水等资源、能源,从而消除了传统整体现浇固定式混凝土塔机基础一次使用后成为永久废弃物造成的环境污染,实现了绿色施工;提高了塔机的安装速度(1－2小时),提高了机械的利用率,为缩短施工周期创造了条件。

以北京为例,目前现有注册塔机4500台,如使用传统固定塔机基础,每台塔机每次使用约产生40立方米混凝土垃圾,而"组合式塔基技术"的重复应用将能极大减少上述资源、能源的浪费,具有显著的经济效益和社会效益。

三、"组合式塔基技术"的推广原则

推广应用要遵循统一标准、鼓励应用、分步实施的原则。统一标准是指在"组合式塔基技术"的应用过程中严格遵循《桅杆式机械设备组合式混凝土预制构件基础安全使用规程》(标准备案号:JQB－118－2007)进行安装,确保使用安全;鼓励应用是指市、区建委对"组合式塔基技术"的推广应用提供适当的优惠政策和措施,另一方面建设、施工、塔机租赁企业等单位结合工程应用该项新技术;分步实施是指先从多层建筑起步,通过推广应用和持续的技术进步,逐步提高应用面。

四、“组合式塔基技术”应用范围和适用机型

(一)应用范围

1. 使用固定式塔机基础的多层建筑施工中,现场符合应用“组合式塔基技术”条件的;

2. 鼓励在高层建筑施工中使用“组合式塔基技术”。

(二)适用塔机型号:QTZ25 系列、QTZ31.5 系列、QTZ40 系列、QTZ50 系列、QTZ60 系列、QTZ63 系列、QTZ80 系列、QTZ100 系列、QTZ120 系列、QTZ125 系列、QTZ150 系列、QTZ160 系列、QTZ200 系列、QTZ250 系列、F0·23B、HK40/21B、H3/36B 等塔式起重机。

五、推广使用措施

(一)市建委将召开现场会,对“组合式塔基技术”整体情况进行演示。

(二)工程造价管理部门配套出台“组合式塔基技术”预制构件基础的租赁费指导价,将其费用纳入建安成本,由建设单位支付给施工单位,用于向塔机租赁企业支付塔机基础使用费用。

(三)各单位在应用“组合式塔基技术”过程中的责任:

1.“组合式塔基技术”拥有企业对应用该技术的单位加强技术服务工作,做好相关技术和标准的免费培训工作,确保该技术的正确实施。

2. 对于应用“组合式塔基技术”的企业应接受技术拥有单位的培训,掌握“组合式塔基技术”安装工艺,做好塔机基础安装服务。

3. 建设单位、施工单位要在工程条件允许的情况下,尽可能采用符合绿色施工理念的“组合式塔基技术”。

4. 塔机基础安装企业要严格按照《桅杆式机械设备组合式混凝土预制构件基础安全使用规程》(标准备案号:JQB－118－2007)进行塔机基础的安装,基础安装验收合格填写相应的记录后才能进行立塔作业。

5. 在塔机基础安装、立塔过程中,监理企业要严格按照相关标准进行监理。

6. 在塔机基础安装、立塔以及使用过程中总包单位、塔机租赁企业、技术拥有企业及相关单位和部门要加强监督检查,确保使用安全。

7. 建设行政主管部门在监督检查中要对使用“组合式塔基技术”工程的安全使用情况进行检查。

在本市范围内的工程建设中,应严格执行国家“四节一环保”的政策要求,对于施工现场使用现浇混凝土固定式塔吊基础的,责成施工单位在工程竣工后将固定式基础清走,并恢复基坑原貌。

(四)2007 年 12 月 31 日前购买并使用“组合式塔基技术”的企业,市建委将从技术推广经费中给予每台套人民币 2000 元的补贴。

(五)各部门、各企业在推广应用“组合式塔基技术”过程中如有技术或应用问题,请及时向技术拥有企业和市建委进行反馈。

(六)此通知执行范围为 2007 年 3 月 1 日后新开工程。

技术支持单位电话:60725210　　市建委联系电话:63985191

特此通知

二〇〇七年二月十二日

北京市建设委员会关于发布北京市地方标准《建筑施工测量技术规程》的通知

京建科教[2007]180 号

各区、县建委,各局、总公司,各有关单位:

根据北京市建设委员会《关于开展全面修订北京市工程建设标准工作的通知》(京建科教[2002]371 号)的要求,由北京测绘学会修订的《建筑施工测量技术规程》已经有关部门审查通过。现批准该规程为北京市地方标准,编号为 DB11/T 446 - 2007,自 2007 年 3 月 15 日起执行。原北京市地方标准《建筑工程施工测量规程》(DBJ01 - 21 - 95)同时废止。

该标准由北京市建设委员会和北京市质量技术监督局共同负责管理,由北京测绘学会负责解释工作。

二〇〇七年二月九日

北京市建设委员会关于印发《北京市建设行业“十一五”人才队伍建设规划》的通知

京建科教[2007]183号

各区、县建委,各集团、总公司,各有关单位:

《北京市建设行业“十一五”人才队伍建设规划》是根据《国务院关于大力发展职业教育的决定》、《北京市人民政府关于大力发展职业教育的决定》、《北京市“十一五”时期人才规划》和《北京市“十一五”时期建筑业发展规划》,结合我市建设行业人才建设的需要编制完成的。该规划提出了今后五年我市建设人才工作面临的形势、指导思想、发展目标、主要任务和措施保证,是“十一五”时期我市建设行业人才工作发展的指导性文件。

现将规划印发给你们,请各有关单位认真贯彻落实,结合本单位实际,积极主动地开展工作,促进我市建设人才事业更好地发展。

附件:北京市建设行业“十一五”人才队伍建设规划

二〇〇七年二月十九日

北京市建设行业“十一五”人才队伍建设规划

目　录

前　　言

“十一五”时期，是北京市实施“新北京、新奥运”发展战略的关键时期，是北京建设行业在本世纪前20年发展的重要战略机遇期，是实现行业持续健康发展的关键阶段。北京建设行业的不断发展对建设人才工作提出了更新、更高的要求。为切实提高行业从业人员的整体素质，保证行业人才工作健康发展，特制定本规划。

一、编制依据

1. 中共中央十六大和相关人才队伍建设的政策文件
2.《国务院关于大力发展职业教育的决定》
3.《北京城市总体规划(2004年—2020年)》
4.《北京市人民政府关于大力发展职业教育的决定》
5.《北京市“十一五”时期建筑业发展规划》
6.《北京市“十一五”时期人才规划》
7.《北京市“十一五”时期教育发展规划》

二、规划范围

北京市行政区域范围内

三、规划时限

2006年至2010年

一、“十五”人才队伍建设状况

“十五”期间，北京市建设行业在邓小平理论和“三个代表”重要思想指导下，树立和落实科学的人才观，紧紧抓住人才市场配置、人才培养、使用机制和人才环境建设等重要环节，加大人力资源开发的力度，从提升队伍素质入手，提高行业在国内外市场的整体竞争力，较好地完成了人才队伍建设任务。

(一)“十五”期间人才队伍建设取得的成效

“十五”期间建设行业人才工作呈现以下特点：

1. 人才总量稳步增长

行业人才资源总量和相对占有量有所增长。在市区(县)两级建设行政主管部门的共同努力下，行业的人才总量实现了稳步增长，质量得到提升。目前，全市建设行业共有院士6名，有突出贡献的专家和享受国务院特殊津贴的专家50多名；在岗职工中，专业技术管理人员为118167人，占在岗职工总数的24.8%；拥有高、中、初级职称人员分别占职工总数的2%、8.1%、12.1%，已形成具有较高素质的工程技术和管理人才队伍。

2. 人才教育培训体系日趋完善

目前为建设行业服务的教育培训机构有40个，技能培训机构36个，鉴定机构19个，已初步形成了上下贯通、横向协调的多层次、多学科、多形式、多渠道的教育培训网络，行业教育资源正在逐步得到整合并发挥作用，为开展建设人才教育培训工作提供了组织保证。

3. 人才培养工作成效明显

行业党政人才培训制度初步形成,党政人才队伍结构不断优化。行政事业单位人才总体情况较好,呈现出人才队伍知识化、专业化、年轻化的特点。

行业专业技术人才队伍规模进一步扩大,人才质量有所改善。取得安全生产考核合格证书人员达8.1万(见表1),行业原关键岗位(现保留考核的岗位)考核发证人数为17.7万多人(见表2),参加过专业管理知识考核的各类专业技术人员达40万人次。专业技术人员中,各类执业注册人员15455人,其中注册监理工程师7400人,注册造价工程师5150人,房地产估价师2125人,房地产经纪人780人(见表3)。此外,北京市现有一级项目经理6681人,二级项目经理10084人。通过全面开展职业技能培训与鉴定工作,建筑一线生产操作人员培训工作进展显著。到2005年底,累计培训一线操作人员10万人次,颁发北京市建筑业职业技能岗位证书人数为6.5万多人(见表4)。

表1 安全生产管理人员考核合格情况表(单位:人)

安全生产管理“三类人员”			
主要负责人	项目负责人	专职安全生产管理人员	合计
9860	35981	35345	81186

表2 原关键岗位(现保留考核的岗位)考核发证情况表(单位:人)

施工员	质检员	造价员	材料员	监理员	试验员	测量验线员	劳动力管理员	合计
73689	37128	39081	14403	3241	2195	3594	3920	177251

表3 北京市建筑业执业注册人员及项目经理现状表(单位:人)

监理工程师	造价工程师	房地产估价师	房地产经纪人	合计
7400	5150	2125	780	15455

注:北京市现有一级项目经理6681人,二级项目经理10084人

表4 颁发北京市建筑业职业技能岗位证书人数(单位:人)

普工	初级工	中级工	高级工	技师	高级技师	建筑起重类特种设备作业人员	合计
3913	26739	19475	9927	2516	185	2839	65594

建设行业人才队伍的发展,为本市建设事业的发展奠定了重要基础。“十五”期间,北京建筑业保持了持续快速发展态势,累计完成总产值7589.3亿元,比“九五”时期增长1.3倍,年均增长17.7%,占全社会固定资产投资的69.9%。累计完成增加值1312亿元,年均增长11.8%,比“九五”时期提高3.7%。累计实现利润总额164.5亿元,年均增长达37.7%,效

益状况显著好转。建筑业为推动国民经济增长和社会全面发展发挥了重要作用。行业人才队伍素质的提高成为完成首都建设任务、改善首都投资环境、推广总结和引进现代化施工技术的重要保证。

(二)"十五"人才队伍建设存在的主要问题

1. 人才总量仍显不足。从奥运工程和北京现代化城市建设的复杂性及庞大的建设规模的需要来看,各门类人才总量和素质仍显不足。

2. 人才结构不够合理。懂外语、通商务、懂技术和会管理的复合型海外经营人才、高素质的复合型项目管理人才、高技能人才短缺问题突出,人才结构不尽合理的情况依然存在。

3. 人才战略意识不强。部分单位对建设人才的能力建设还缺乏有效的手段、方法和具体措施,人才观念陈旧,这些在一定程度上限制和影响了行业人才开发的规模和质量。

4. 人才使用管理机制尚不完善。党政人才、企业经营管理人才培养开发力度不够,人才流动比较缓慢,干部队伍的"出口"问题有待解决,专业技术人员职业资格制度不够健全。多头管理、重复培训、培训方法落后、培训质量不高的问题较为突出。考试培训、注册管理和继续教育等环节之间的法规衔接有待进一步细化,管理格局有待理顺。尚存在重培训、考核、发证,轻监督管理,特别是轻市场诚信行为监督管理的现象。

5. 培训经费投入不足。建筑业实行施工管理层与劳务作业层分离后,一些企业不能按照工资总额1.5% ~2.5%的法定比例足额提取职工培训经费,培训经费得不到保证,直接影响了职工培训、特别是一线生产操作人员技能培训工作的正常开展。此外政府、用人单位和从业人员三方共同分担培训费用的机制尚未形成,制约了人才工作的全面开展。

二、"十一五"人才队伍建设面临的形势

"十一五"时期,是北京落实以人为本,落实可持续发展观,实现新北京、新奥运战略构想,在全面建设小康社会基础上实现现代化的重要机遇期,也是首都建设行业加速发展的良好时机。奥运工程和城市基础设施等各类大型工程建设项目现代化程度和技术含量不断提高,加入世贸组织过渡期结束,这些都迫切要求我们必须加快首都建设行业人才队伍建设步伐,充分发挥人才资源作为第一资源的战略作用,依托既有人才推进行业向前有序发展,为首都城市建设提供人力智力支撑。

人才是完成首都建设事业任务的根本保证,这既为建设人才工作提供了广阔的空间,同时也提出了更高的要求。随着《行政许可法》的实施,政府行政管理在法制化的轨道上,必将更加规范、透明,政府行政管理要求的改变,使人才工作出现新格局,首都建设人才工作的发展既有机遇也有挑战。面向未来,只要抓住机遇,走改革创新之路,首都建设人才工作将进入全面发展的新阶段。

三、"十一五"人才队伍建设的指导思想和工作目标

(一)指导思想

坚持以邓小平理论和"三个代表"重要思想为指导,牢固树立科学发展观和科学人才观,认真贯彻党的十六大和《国务院关于大力发展职业教育的决定》、全国人才工作会议、北京市人才工作会议精神,全面落实科教兴国、人才强国战略,坚定不移地走人才兴业之路,坚持以人才能力建设为核心,以人才制度改革创新为动力,以人才结构调整为主线,紧紧抓住人才培养、吸引和使用三个环节，根据“新北京、新奥运”的战略构想、北京市经济社会发展的需要和建设行业的实际，建设一支规模适度、结构合理、素质较高的建设人才队伍，为首都建设事业协调健康发展提供坚实的人才基础和丰富的智力支持。

（二）工作目标

加强建设行业党政人员、企业经营管理人员、专业技术人员和一线操作人员四支队伍建设；基本形成领导有力、职责明确、运转高效的建设系统人才工作机制。

1. 五年内，市建委公务员95%达到本科以上学历，区县建委公务员90%达到大专以上学历；各级领导干部普遍轮训一遍，政治理论水平和依法执政能力显著提高。

2. 五年内，大型企业集团的经营管理人员95%达到本科以上学历。

3. 五年内，重点培养一批国际化的高素质紧缺人才，基本形成与市场经济相适应的建设执业资格体系。各类执业注册人员的数量要从目前的3万多人达到6万人。其中，监理工程师要从目前的7000多人达到1.2万人；造价工程师要从目前的5000多人达到9000人；一级建造师达到2万人；二级建造师达到1.5万人；房地产估价师从目前的2125人达到2700人；房地产经纪人要从目前的780人达到1050人；物业管理师达到6000人。进一步规范职业资格证书制度，为人才提供良好的发展环境。

4. 五年内，特种作业人员持证上岗率达到100%；一线操作人员职业技能岗位培训鉴定总量达15万人次；建筑业技师和高级技师与“十五”期间相比，数量翻一番，达到4000人，高级技师和技师、高级工、中级工、初级工的比重分别达到8%、20%、52%和20%。

四、“十一五”人才队伍建设的主要任务

（一）强化党政人才能力建设，提高建设行政主管部门依法监管与服务水平

1. 贯彻落实《公务员法》和《党政领导干部选拔任用条例》，深化干部人事制度改革。积极探索公务员选拔、任用、管理、评价和考核机制。实行领导干部公开选拔、竞争上岗、干部轮岗交流等制度，建立符合科学发展观要求的政绩考核体系。坚持和完善民主推荐、民主测评、任前公示等制度，落实干部选拔任用的知情权、参与权、选择权和监督权。

2. 营造党政人才成长发展的良好氛围。采取各种激励、选拔和使用等措施，不断吸引政治素质高、业务能力强、心理素质好的人才充实队伍。在用人制度上，逐步由过去封闭单一的人才吸收培养模式，向开放式、社会化方向转变，积极探索“能者上，平者让，庸者下”的用才机制，大胆提拔适应环境快、工作能力强的年轻人才。注重通过重大建设项目、重点工程发现干部，逐步形成有利于优秀人才脱颖而出、青年人才成长发展的良好环境。

3. 构建以职责管理为中心的公务员管理机制。按照市政府对建设行政机关职能配置、内设机构和人员编制的规定，结合现代组织管理理念和方法，加强公务员岗位管理和能力建设工作，建立符合建设行政机关实际的任职资格体系和能力评测标准，为人才的录用、使用、考核、培训、晋升、调动等决策提供科学依据。

4. 强化教育培训工作，提高党政人才的决策水平和施政能力。按照建设部《2006－2010年建设行政领导干部培训规划》、《北京市国家公务员培训暂行办法》和《北京市建设委员会党政人才队伍规划》，结合各类领导干部的特点，改进和完善教育培训内容，强化理论培训和实践锻炼，加强以提高创新能力、胜任本职工作为目标的知识更新培训和相关能力的培养。按照树立和落实科学发展观的要求，有针对性地开展城市规划、建筑施工、市政

建设、建筑材料、房地产开发、风景名胜遗产保护、城镇改造、建筑节能和各项行政法规等方面的业务培训。坚持把实践锻炼作为培养干部的重要途径,加强对中青年干部的培养,通过短期培训、国内外考察、脱产进修、轮岗交流、挂职锻炼、系统学习、学历教育等形式,提高各级党政人才履行职责的能力。同时实行培训登记制度,把培训情况作为干部考核的重要内容,做到培训、考核、晋升、使用相结合。

(二)加大企业经营管理人才的开发力度,重点培养一批具有市场竞争能力的优秀企业家和职业经理人

1. 按照中组部《关于加强和改进企业经营管理人员教育培训工作的意见》要求,加大对企业经营管理人员教育培训力度。以工商培训为重点,推动急需与国际惯例接轨的各类适应性短期培训,提高企业经营管理人员的思想政治和道德素质,增强其决策、创新、战略开拓、现代化经营管理和依法治企、科技创新、企业文化建设等方面的能力。从企业经营管理人员多样化培训需求的实际出发,采取分层次、分类别的内容丰富、形式灵活的集中培训和自主培训。重点抓好行业国有大型企业集团经营管理人员教育培训工作。

2. 充分发挥建设行业专家资源优势,定期邀请有关高层领导、行业专家、知名教授讲解宏观政策、宏观经济、行业发展趋势、国际化形势、WTO规则、现代企业管理等方面知识,并通过举办高层研讨会、高级研修班、MBA学习、撰写调研报告等形式,开阔视野,巩固提高。

3. 注重在开展国际合作、交流的过程中扩展企业家的视野,培养企业家职业精神。鼓励企业家在更大范围、更广领域和更高层次参与市场竞争和国际经济技术合作,提升企业经营管理人才队伍的国际化水平。努力造就一批懂技术善经营的国际化、复合型的高层次经营管理人才。

(三)完善专业技术人员继续教育制度,加强专业技术人才队伍培养

1. 以能力建设为核心,引导和鼓励专业技术人员通过多种形式和渠道参加继续教育和终身学习,推动学习型组织的建立。依据《北京市建设行业专业技术人员继续教育管理办法》,定期编制发布《北京市建设行业专业技术人员继续教育科目指南》,引导专业技术部门,结合实际需要,确定本部门实施继续教育的内容,促进科技成果的转化。注重在继续教育中,加大节能省地型住宅和公共建筑等重点领域新技术、新工艺、新标准、新材料、新设备方面的培训力度。

2. 坚持培养与使用相结合的原则,鼓励优秀专业技术人员承担重点工程项目和重大科研项目,在实践中提高科技创新能力。依托重点研发项目和重大工程,重点培养一批通晓国际惯例、有独创精神、能够熟练运用外语、有丰厚的基础知识、具有国际竞争力的高层次中青年专家,有效解决高级专业技术人才短缺的问题。

3. 发挥建设行业自身优势,基本形成适合建设行业发展需要的执业资格制度。建立建设行业执业资格人员诚信行为评价标准,完善执业人员信用档案体系建设,规范执业注册许可行为,加强对执业人员的注册后管理,落实准入、清出制度,提高行业的社会公信程度。严格执行执业人员继续教育的有关规定,重点做好各类执业注册人员的继续教育工作,不断提高执业注册人员的执业水平。

4. 切实加强对建设行业基层专业技术管理人员的考核与培养。认真贯彻《建设事业"十一五"人才队伍建设规划》关于"研究建立基层专业技术人员职业水平认证制度"的要

求，在继续开展建设行业关键岗位专业技术管理人员考试工作的基础上，着手推行基层专业技术管理人员职业水平认证制度，切实加强对建设行业从业人员的考核与培养。

（四）提高一线生产操作人员的技能水平，加快技能型紧缺人才和高技能人才的培养

1. 加快技能型紧缺人才和高技能人才的培养、培训工作。企业自有的职业学校，要把培养自有技术骨干作为主要任务。市属各类建设高等职业学校、中等职业学校、高级技工学校，要充分发挥高技能人才培养基地的作用。在一些操作技术复杂、难度大、技术新、质量高的重点工程中开展各种形式的技工技能竞赛，把技能竞赛成绩作为晋升和奖励的依据。企业要注重"建楼育人"，在"青年突击队"中培养一批高素质的技能型人才。

2. 建立并严格执行建设行业技术工人登记制度。制定职业技能培训与鉴定工作规划，建立技术工人登记、执行培训与鉴定工作的季报和年报制度，落实市建委与市劳动和社会保障局共同发布的《贯彻建设部、劳动和社会保障部〈关于建设行业生产操作人员实行职业资格证书制度有关问题的通知〉的实施办法》，加强执法检查与惩治，力争一线操作人员全部持证上岗，有半数以上人员持有中级和中级以上职业资格。

3. 加强对特种作业人员持证上岗的要求。严格按照《劳动法》和《安全生产法》的规定，从事特种作业的劳动者必须经过专门培训并取得特种作业操作资格后方可上岗操作。根据《特种设备安全监察条例》的规定，本市建筑工地起重机械作业人员的考核发证工作由建设行政主管部门负责，作业人员持建设部统一格式的特种作业证书上岗，且持证上岗率必须达到100%。

4. 强化对一线操作人员的就业准入管理。要规范企业用工行为，加强对关键岗位作业人员持证情况的检查，把持证情况作为工程质量检查和安全生产检查的重要内容。

5. 加强对进京务工人员的道德意识、法律意识、公民意识、安全质量意识等方面的培训。建立起配套的建筑劳务培训制度，使劳务人员接受严格的岗前安全和职业技能培训，同时不断加强对劳务企业管理者的培训，提高劳务队伍规范化管理水平。进一步明确劳务分包企业准入制度和培训责任，劳务企业要严格落实《国务院关于大力推进职业教育改革与发展的决定》，按照工资总额的1.5%提取教育经费，保证足额合理使用。

（五）建立建设行业人员信息管理系统，促进行业人才合理流动

建立执业人员、专业技术管理从业人员、高技能人才和劳务人员的信息管理系统及行业人才信息服务与监管体系，完善建设行业专业性人才市场，抓好人才市场供求信息的发布与预警分析，实现市场实时监控、动态管理的目标。初步形成行业人才合理流动、人力资源有效共享的良好局面。

五、落实"十一五"人才规划的措施与保证

（一）建立健全人才工作领导体制

1. 坚持党管人才和以人为本的原则，树立新的人才观，形成党委（党组）统一领导，组织人事教育部门牵头，有关部门各司其职，各有关方面广泛参与的人才工作格局；建立以市、区（县）建设行政主管部门和相关企业主要领导为首，组织、人事、劳动部门牵头，其他部门科技与经营管理方面的专家参与的建设行政主管部门、相关企业各级人才工作领导小组，明确各级领导、各部门、各单位的不同责任。

2. 定期召开建设行业人才工作会议，部署人才工作，总结交流经验。按照"一把手"抓

"第一资源"的要求,一级抓一级,层层抓落实。

(二)完善人才管理体系和制度

1. 行业各单位人力资源部门负责人才建设的日常工作,包括收集发布信息、监督检查上级决策和相关制度的落实、协调各方面工作等。

2. 研究完善人力资源发展机制,吸引、留住、发展人才。在人才培养方面,开发完善培训体系,不断提高人才核心专长和技能;在人才评价方面,完善岗位体系,明确岗位职责,为评价工作成果提供准确依据;在人才激励方面,完善公平公正、依托业绩和能力为基础的薪酬体系。

3. 建立人才工作责任制,把人才工作作为领导班子任期目标责任制的重要内容,把人才工作的成效列入区(县)建委及企事业单位工作考核的内容,定期进行考核。

4. 研究建立建设系统人才统计制度,完善人才统计指标体系,实行人才队伍建设、教育培训等工作定期通报制度,全面掌握建设人才队伍的基本情况。加快人才管理信息化建设,建立执业人员、从业人员、劳务人员等人才信息管理系统。

5. 尽快制定落实专业人员社会信用评价管理办法。为建立良好的市场秩序,规范北京建筑业、房地产业专业人员执业行为,结合实际,尽快研究制定专业人员社会信用评价管理办法。

社会信用评价是建筑业及房地产业专业人员守法诚信信息平台,通过相关业务监管部门对专业人员良好行为和不良行为记录、日常奖励决定和违法违规行为处罚决定进行及时整理,并按照各自权限通过监管综合信息系统记录上网,形成基础性诚信信息,对建筑业及房地产业专业人员的社会信用进行评价,建立行政监督和社会监督相结合的诚信监管保障体制,创造诚信得彰、失信必惩的良好人才市场环境,推进建设人才市场诚信建设。

专业人员社会信用评价工作要建立在行政监督和社会监督相结合的诚信监管基础上,以政府启动、市场运作、权威发布、信息共享为基本原则,通过北京建设信息网按社会信用评价程序和措施进行运作。

6. 抓好行业人才引进、评估、培训、使用、管理等工作,逐步完善职业资格培训体系,为行业人才特别是技能人才铺设终身教育培训的成长通道。在技能培养、考核评价、岗位使用、竞赛选拔、技术交流、表彰激励、合理流动等方面,制定并实施相应的政策措施,形成促进高技能人才成长和发挥作用的制度环境。

(三)积极开发行业人才教育资源

1. 要充分发挥现有教育资源的作用,积极开发新的教育资源,推动各类学校资源整合和重组,开展现代远程网络教育,专业技术人员继续教育的科目指南、大纲教材、培训考核、课时认定、证书登记等方面全部实现网络化,为人才构建终身教育体系创造条件。

2. 贯彻落实《国务院关于大力发展职业教育的决定》精神,现有各类学校和培训机构,要加强技能型紧缺人才专业建设,强化职业教育师资培养培训,尽快形成一支"双师"型、综合素质高的培训人才队伍。委托行业协会组织专家及时编写适应社会发展、企业需要的培训教材或讲义。通过职业教育,提高参培者的工作能力和职业转换能力,确保人才培养质量。

3. 建立现代企业教育制度,积极开展创建学习型组织活动。充分发挥企业教委会、科技委员会或职业教育工作部门联席会议制度的作用,进一步明确总承包企业对劳务分包企业的人员构成、培训、上岗资格审查等负有的监管责任。此外,加强对房地产行业中高级经营管理人员、专业人员职业资格考核认证体系的研究。

(四)进一步规范教育培训市场

研究制定从严治教、规范管理培训市场的各类措施,制止乱办班、乱收费、乱发证。建立和完善行业教育培训行为规范和自律机制,维护行业培训市场良好秩序,构筑建设行业教育培训机构公平竞争的发展平台。根据实际需求开展行业教育培训机构办学水平评估工作,并使其规范化、制度化。以评估为依据,定期向社会公布办学规范、信誉良好的培训机构。

(五)加强人力资源开发管理部门自身建设

人力资源开发管理者必须进一步加强学习,提高理论素质和业务素质,认真履行职责,切实转变作风,增强服务意识。进一步强化针对性的培训,组织人力资源开发管理部门的人员参加有关培训、考察、研修、交流等活动,全面提高人力资源开发管理者的管理水平。

(六)依法落实教育培训经费

企业要按照《国务院关于大力推进职业教育改革与发展的决定》,承担相应的职工教育培训费用,企业可按规定列入成本开支。一般企业按照职工工资总额的1.5%足额提取教育培训经费,从业人员技术素质要求高、培训任务重、经济效益好的企业可按2.5%提取。要保证职工教育培训专项经费用于职工特别是一线职工的教育培训,专款专用,严禁挪作他用。企业进行技术改造和项目引进,都应按规定比例安排资金用于职工技术培训。特别是要进一步明确劳务分包企业准入制度和培训责任,并将教育经费的使用成效列入对主要领导的考核工作中,与劳务企业市场评价和资质考核条件挂钩。

(七)营造良好的人才成长环境

1.利用报纸、网络等媒体,广泛宣传建设行业各类优秀人才,特别是技能人才典型事迹和人才队伍建设先进经验,在行业形成尊重劳动、尊重创造、尊重知识、尊重人才的良好氛围。

2.坚持精神奖励和物质奖励相结合的原则,充分发挥经济利益和社会荣誉双重激励作用,对为建设事业做出突出贡献的优秀人才和从事人才、建设教育培训的先进工作者给予表彰和奖励。

(八)充分发挥社团组织的作用

1.按照依法行政的要求,充分发挥行业协会、学会代表行业利益、紧密联系企业的优势,积极开展现代企业管理、市场经济理论、WTO规则、工商管理等知识培训,提升行业人才适应市场竞争的能力。

2.行业社团组织立足于自身实际,做好建设行业培训机构的评估工作,总结推广先进的培训管理和创建学习型组织的经验;编制探索建设教育、企业培训特点及规律的学术研究规划和计划,组织研究交流,及时汇总推广研讨成果。同时,为主管部门提供咨询和建议,为会员单位提供良好服务。

(九)加强人才规划落实的监督检查工作

1.本规划批准后,根据规划目标和任务,开展各项配套政策的研究和制订。在目前已经制定的《北京市建设委员会党政人才队伍规划》、《北京市建设行业专业技术人员继续教育管理办法》的基础上，制定完善适合北京建设发展需要的各类人员的考核管理制度及实施意见，以确保本规划目标的实现。

2. 各有关单位要根据《北京市建设行业"十一五"人才队伍建设规划》和本单位人才队伍建设的实际，制定本单位"十一五"人才队伍建设规划，并确定任务目标，明确工作重点，制定保证措施。

3. 加强对规划的宣传，共同增强规划意识，提高维护和执行规划的自觉性，推进规划的实施。

4. 建立动态监控机制，加大对建设人才工作的监督检查力度，做到工作有部署、有检查、有总结，确保各项政策措施落到实处。

二〇〇六年十二月

北京市建设委员会关于发布《北京市建设科技“十一五”规划》的通知

京建科教[2007]215 号

各区、县建委，各集团、总公司，各有关单位：

现将《北京市建设科技“十一五”规划》印发给你们，请认真组织学习，抓好贯彻落实，切实做好“十一五”期间的建设科技工作。

特此通知。

附件：《北京市建设科技“十一五”规划》

二○○七年一月三十日

北京市建设科技“十一五”规划

前　言

北京是城市建设高速发展的城市，但总体资源匮乏，城乡建设与资源环境矛盾突出、建筑能耗巨大、能源对外依赖大。要高标准完成奥运工程和重大工程建设项目，减少对资源的消耗，发展节能省地型建筑，对建设科技工作提出了更高的要求。

按照市建委部署，经过大量的调查研究、政策分析，结合北京市建设情况，制定了《北京市建设科技“十一五”规划》。提出了“十一五”时期北京市建设科技的发展目标、主要任务和保障措施，以指导重大工程建设、重点领域创新和企业技术进步，使建设科技工作协调、健康发展。

主要法规及文件依据：

1.《中华人民共和国可再生能源法》

2. 国务院关于印发实施《国家中长期科学和技术发展规划纲要(2006—2020 年)》

3. 建设部《关于贯彻〈国务院关于落实科学发展观加强环境保护的决定〉的通知》(建科[2006]61 号)

4. 建设部《绿色建筑技术导则》

5. 建设部《绿色建筑评价标准》

6. 建设部《关于进一步加强建筑业技术创新工作的意见》(建质[2006]174 号)

7. 建设部《关于发展节能省地型住宅和公共建筑的指导意见》(建科[2005]78 号)

8.《北京市国民经济和社会发展第十一个五年规划纲要》

目　　录

一、建设科技发展现状和面临形势

(一)发展现状

“十五”期间,北京城市建设规模创历史新高,建设科技工作紧密与生产相结合。深化体制改革,建立了以企业为主体的技术创新体系,加大了科技成果转化力度。围绕重点工程建设开展科技攻关,提高建设行业科技实力,高效、高质完成了城市建设任务。

1. 科技工作出现了新的生机和活力

自科技体制改革后,科研机构采取不同模式,实行企业化转制,自我发展能力不断增强。既为所属集团公司服务,又面向市场,形成一批拥有自主知识产权和独立竞争能力的新技术企业。

大型国有企业结合工程建设,科研投入累计达到2.1亿元;科研立项达到260余项,促进了新技术的产业化,调动了科研人员的主观能动性。同时也检验了队伍、拉开了距离,在市场中优胜劣汰。

高新技术产业总量不断提升,经内部结构调整与优化,技术含量持续提高,形成了一支建设科技产业的新生力量。如基础施工、建筑节能、建筑防水,预应力施工等产学研一体化新技术企业。科技成果转化率在不断提高,体现了知识经济带来的显著成效。

2. 技术创新体系初步形成

国有大中型企业把建立、健全技术创新机制,作为建立现代企业制度的重要内容,逐步建立起了以企业为主体的技术创新体系。北京城建集团、中建一局成立了国家级技术中心,北京建工集团、北京市政总公司、北京住总集团组建市级的技术中心。北京市正逐步形成以企业技术中心为主体的技术创新体系。

科技干部逐步年轻化,工程项目技术管理层基本以中、青年干部为主,解决了“九五”期间技术干部青黄不接的局面。企业通过高校培养和出国进修等途径,加强技术人员队伍建设,使之成为工程建设和科技创新的骨干力量。新一代技术带头人已经成长起来。

3. 科技推广取得良好成效

北京市建委发布了《北京市建设领域百项重点推广项目》。涉及建设领域节能环保、新型建材、施工技术等方面共100余项科技成果项目;制定了《北京市建筑业新技术应用示范工程管理办法》和补充规定。有50余个项目列为示范工程,15个项目通过验收。其中国家体育场、国家大剧院、首都博物馆等16个重点工程项目已列入第五批建设部建筑业新技术应用示范工程。

4. 科技攻关取得新的进展

首都的建设具有体量大、结构复杂、功能要求高、设施齐全等特点,典型标志性建筑为科技工作提供了舞台。同时市政基础设施建设有很大的发展,围绕重大工程项目开展科研开发也成为工作重点。如:首都机场航站楼、北京植物园温室、北京天文馆、首都博物馆、人民大会堂改造等项目,在工程技术上有重大突破,取得了大量成果。在钢结构施工、深基础施工、模板技术、装饰技术等方面达到了国际先进水平。在浅埋暗挖、盾构施工和沥青混凝土生产技术等方面亦有长足进步。2005年实施了65%住宅节能标准,并颁布了公共建筑节能设计标准,建筑节能取得了突破性进展。

市建委系统取得了省市级(鉴定评估)科技成果150余项,获得专利技术60余项。获得北京市科技进步一等奖3项,二等奖39项,三等奖71项;建设部华夏建设科技进步奖6项;建设部全国绿色建筑创新奖2项。

5. 技术标准化工作成绩突出

“十五”期间,北京市共颁布实施了工程技术标准60多项。建立了以建筑工程、市政工程验收标准为龙头,涵盖建筑施工技术标准,节能技术、安全管理、技术管理、质量管理、检测标准等八大方面的地方标准体系。这些标准的实施,为提高我市工程建设质量与安全起到了重要的作用。

企业编制工法100余项,44项企业工法被评为市级工法,国家级工法23项。施工工法逐渐被企业所重视并成为市场竞争要素之一。

(二)主要问题

1. 科技创新环境有待改善

首先政策缺乏对技术创新的激励机制,在企业资质管理、招投标管理、评优工作中技术水平不是主要衡量指标;第二市场体系不完备,很多因素干扰市场的规范竞争,取得市场效益不能有效依靠科技进步;第三企业领导重视不够,机构不健全,甚至不能保证设立专门的科技管理部门。

2. 科技攻关动力尚需加强

建设业的粗放型增长方式尚未明显扭转,整体技术水平偏低;应用基础研究薄弱,自主创新能力差。施工企业在工程建设中，通常为照图施工，采用新技术时还需征求建设单位和设计单位的意见变更图纸。在推广应用新技术时处于被动状态。施工图的设计没有与建设总承包结合，缺乏自主创新的动力，企业拥有自主知识产权成果比重小；开发设计科研力度不足，没有达到设计与施工的结合，发挥不出科技在项目建设中的作用。

3. 基础性科学研究缺乏支持

建筑行业资源消耗大、利用率不高，高新技术与传统产业的结合程度不够。自从科研院所体制改革后，经济效益成为主导，主要科研工作围绕工程建设和新产品开发，基础性工作研究因得不到经费支持很少立项。如建筑能源型式利用、可再生能源的开发、建筑结构体系的发展、混凝土耐久性、建筑施工节能及建筑垃圾处理与利用等研究工作滞后于首都循环发展建设。

4. 科研投入得不到应有保障

建筑业企业科技工作主要是先进技术的推广应用，科研开发和试验经费不固定，科技资金来源渠道不稳定。在遇到重大项目中技术难题进行科研攻关时，基本以自筹为主，会因经费问题受到影响。

5. 企业技术中心作用发挥不够

施工企业成立的技术中心，主要依据工业企业的模式，没有突出建筑行业的特点。在工作定位、考核评比、人员安排等方面不相适应。技术中心的水平参差不齐、形式多样，缺乏独立开展工作的能力，在施工企业经营与创新中没有充分发挥作用。

（三）面临形势

北京是城市建设高速发展的城市，但资源匮乏、生态脆弱，城乡建设与资源环境的矛盾突出。当前北京建设用地紧张、建筑能耗巨大、能源对外依赖，属于重度缺水城市。要高标准完成奥运工程和重大工程建设项目，对城市建设提出了更高的要求。绿色 GDP 增长就是要以科学的发展观解决“高投入、低产出”现象，在城市建设快速增长的同时，减少对资源的消耗，发展节能省地型建筑，科技工作也面临更高的要求。

世界科技的迅猛发展，特别是信息技术的发展和知识经济的兴起，对我市建筑业是新的挑战。在加入 WTO 后，所面临的市场竞争更加激烈。建筑业是国民经济重要产业，对国民经济的发展起着举足轻重的作用。然而我市建筑行业，没有摆脱劳动密集、经营粗放、技术落后的状况，与国际大型跨国施工企业和国内的新生力量还有一定差距。2008 年后，随着建设形势的变化，更要适应市场竞争环境，保证大中型企业立于不败之地。

二、“十一五”期间建设科技工作的指导思想和发展目标

（一）指导思想

贯彻科学发展观和可持续发展战略，遵循市场经济规律和科技自身发展规律，紧紧围绕北京城市建设发展总体目标，突出重点、加大力度，推动科技进步。努力实现节约发展、清洁发展、安全发展。以创新的理念，高质、高效完成首都城市建设任务，提高城市建设整体水平。

加速建设行业优化升级，使科学技术成为第一主导地位的生产力，提高业企市场竞争能力。不断增强建设事业科技实力、自主创新能力和科技成果转化能力，依靠科技进步做大做强首都建筑业。

（二）发展目标

1. 科技水平保持全国领先。重点建设领域的建筑施工技术水平达到发达国家先进水平，市政基础设施建设技术水平保持国内领先。建筑业科技贡献率提高6～7%，以科技进步提升市场竞争力。

2. 建设节约型城市。全市建筑的单位面积平均采暖能耗降低17%；建筑建造和使用过程节水率在现有基础上提高20%以上；推进建筑节材，开展建筑垃圾与产品的回收和利用，新建建筑对不可再生资源的总消耗比现在下降10%。

3. 发展绿色建筑。新建公共建筑实施绿色建筑标准达到30%以上，住宅建筑实施绿色建筑标准达到20%以上，绿色建材占建材用量的40%；全市推行绿色施工，在环境保护方面有明显的提高。

4. 科技成果转化取得显著成效。编制工程建设技术标准50项、推广新技术100项、完成市级工法300项、建立新技术示范工程50项。

5. 建立完善的科技管理体系。建立多层次、多学科、高素质、高水平的专业技术队伍。

三、主要任务

（一）重点工作科技创新

按照国家建设节约型社会的要求，以节能、节水、节材、节地、资源综合利用和发展循环经济（以下简称"四节一环保"）为重点，研究节能省地型住宅和公共建筑，大力发展建筑节能和绿色建筑。结合北京市的重点建设任务，进行科技攻关，保证重点工程、道路地铁、市政基础设施建设工作的顺利完成。

1. 建筑能源型式与可再生能源利用技术的研究

结合北京市能源状况、建筑用能特点，研究并优化北京市建筑的能源使用结构，正确引导城市建筑用能型式，鼓励建筑节能、新能源与可再生能源的开发利用。通过优化产业结构，特别是降低高耗能产业比重，实现结构节能；通过开发推广节能技术，实现技术节能；通过加强能源生产、运输、消费各环节的制度建设和监管，实现管理节能。

（1）通过技术经济分析，结合北京市能源供需状况及建筑用能的特点，将不同能源按品质等级科学划分。研究合理的建筑用能搭配型式，提高能源的利用率，实现能源高质高用、低质低用。

（2）研究太阳能、浅层地热、热电联产、垃圾焚烧、风力、沼气、秸秆等可再生新能源的应用技术，提高能源替代率。

（3）加强太阳能与建筑一体化、太阳能蓄能光伏发电并网的配套技术政策的研究。建筑辅助照明、小区内交通与指示照明等尽可能利用太阳能，并与环境融为一体。

（4）研究多种型式的浅层地热系统，推进热电冷三联供、污水水源热泵的利用。

（5）深入研究太阳能、生物质能等可再生能源在新农村建设中的应用。

2. 建筑节能与节能改造技术的研究

根据《北京市建筑节能"十一五"规划》和《北京市远郊区旧村改造试点指导意见》，对关键技术进行攻关，保证建筑节能目标的实现。

（1）对既有建筑节能改造进行技术经济分析和工程示范，提高使用功能和舒适性。

（2）研究低能耗公共建筑和75%住宅节能标准。综合利用各种节能技术、产品，加强与设计的结合，树立示范性项目。

(3)明确集中供热、分户独立供暖的适用范围，研究集中供热的管网平衡技术，制定效果评定方法；将热计量的形式标准化，制定合理的收费办法。

(4)研究建筑节能测试、评定、验收的方法，制订相关标准。

(5)研究节能材料、产品与设备，为建筑提供多种选择。

3. 节水与水环境技术的研究

加强建筑节水技术的研究，提高水资源的综合利用率。对城镇水系统健康循环与水环境恢复理论、城镇污水处理与资源化成套技术等方面进行研究，提高城市的生态水平。

(1)供水的技术研究。研制开发先进的供水技术与设备，逐步淘汰高层顶部水箱，提高饮水水质；研究推广水净化(直饮水)技术；加强排水的技术研究，研制节水型卫生洁具和节水冲水箱。

(2)中水的利用研究。采取集中与分散污水处理，使污水资源化。制定中水入户卫生标准，提高小型中水处理设备技术性能，解决中水站气味问题。

(3)施工现场节水研究。研究节水施工技术措施，鼓励采用先进的施工技术方案，以减少地下水的抽取并实现综合利用。

(4)住区水环境研究。制定相关标准，充分利用中水、雨水，提高生态环境质量。

4. 资源综合利用技术的研究

北京建设将进入发展改造时期，应摒弃大拆大建的作法，采取节约资源、循环利用、生态环保的绿色开发模式。研究建筑垃圾与部品回收与利用有效的技术措施、市场机制。制定鼓励政策，以提高资源综合利用水平并消除生态隐患。

(1)对建筑所利用资源进行分类研究，掌握北京市及相关地区资源情况，合理利用资源，减少资源的浪费，实现循环使用。

(2)施工现场基坑土方要有效利用，实行统一调配，减少运输路途，防止遗撒；采取先进降水施工措施，减少地下水的抽取。有条件的应进行回灌，根据具体地质条件渗透储备；研究浅层水质污染问题，加强勘查设计，进行水质化验；现场垃圾充分实行分捡、回收利用与无害化处理。

(3)拆除旧建筑时应考虑二次利用。对不能直接利用的旧建材，如砖瓦、砂石、混凝土等，应统一处理，并应研制加工为可利用的建材。

(4)研究废弃物的综合利用。在预拌砂浆和预拌混凝土等原材料中使用钢渣、尾矿砂石、粉煤灰等固体废弃物；利用以固体废弃物为原料的建筑材料。

5. 绿色建筑技术的研究

在《国家中长期科学和技术发展规划纲要(2006－2020年)》明确指出，“重点研究开发绿色建筑设计技术，建筑节能技术与设备，可再生能源装置与建筑一体化应用技术，精致建造和绿色建筑施工技术与装备，节能建材与绿色建材，建筑节能技术标准”。绿色建筑是各种建筑技术综合利用的平台，追求最少的能源、资源消耗，对环境和生态造成的影响最小，同时为居住者提供健康舒适的建筑环境和良好的服务。要以绿色地产的理念进行开发建设。

(1)从建筑的全生命周期角度，综合研究“四节一环保”与绿色建筑的关系。

(2)提倡自然通风、自然采光,研究特殊环境下室内空气保障措施。

(3)推进屋顶绿化、立体绿化,研究适应北京的小区植物的选择和匹配,开发功能性植物。

(4) 研究编写《北京市绿色建筑指南》,指导开发设计、施工、竣工验收与运行管理工作。

(5)制定绿色建筑的配套政策、评价方法,并建立试点示范工程。

6. 绿色建材技术的研究

推进建材生产和建材产品的绿色化进程,促进传统建材行业的技术改造和产品的升级换代,实行清洁生产;推行建筑材料的循环再生产及技术发展,促进行业节能、节材降耗和减少污染技术措施的推广。从而产生一批全新的绿色功能材料,形成一批新的产业和新的经济增长点,为提升建设行业的科技含量和水平打下基础。

(1)研究产品生态设计,推广节约材料的技术工艺,鼓励采用小型、轻型和再生材料。提高建筑物质量,延长使用寿命。

(2)研究简约实用的建筑装修模式,推进木材、金属材料、水泥等的节约代用。

(3)研究合理的建材包装,禁止过度包装;制定一次性用品的相关标准规范,并减少一次性用品的生产和使用;提高产品装配化、预制化。

(4)研究绿色建筑对建筑材料的要求,制定绿色建材的评价标准与方法。建立建筑材料与生态环境绿色化的评价及论证体系,提出对主要建材的绿色化指标。

7. 绿色施工技术的研究

对北京市建筑结构体系进行综合分析,在总结历史经验的基础上,根据当前城市的发展和节能环保的要求,提出科学的建筑结构体系发展方向。借鉴国内外先进的技术,开发研制新型结构体系,有效应用清洁生产技术,实现绿色施工,走新型工业化的道路。

(1)研究建筑结构体系,满足不同的使用需求。开发大开间、大空间、灵活隔断的结构形式,做到可以改造,提高建筑的使用寿命。

(2)研究复杂钢结构体系及应用技术,针对不同建筑形式进行对比分析,在质量、安全、造价等方面提出指导意见。

(3)研究新型砌体结构体系,做好建筑节能、抗震与结构体系的综合研究,解决施工难题。

(4)研究不同结构体系的施工方案,做到信息化施工,防范新技术带来的施工风险,确保工程质量和施工安全。

(5)研究绿色施工技术,分析"四节一环保"具体指标,解决噪声、扬尘、降水、节电等难点,制定《绿色施工标准》。

8. 奥运工程建设新技术的研究

本届奥运场馆建筑造型独特、设计新颖,体现了21世纪国际建筑发展的潮流。大量具有世界领先水平的新技术将首次采用,给建设施工带来巨大的挑战。因此要大力做好引进、消化和研究工作。

(1)针对奥运工程建设特点,研究解决各项施工技术难题。重点解决复杂钢结构的安装施工技术、膜结构施工技术、体育设施施工技术等技术难题。

(2)绿色奥运建筑的技术研究。实现“绿色奥运”理念,在节能、节水、节材及生态等方面有突出示范作用。研究相配套的工程技术、绿色建材及设备,做好赛后场馆的综合利用。

(3)研究可再生能源在奥运工程的设计、施工与运营,如太阳能发电、地源热泵等。

(4)对奥运智能化系统进行专项研究攻关,确保奥运工程建设。

9.房屋修缮与管理综合技术的研究

对既有建筑的修缮与管理,应根据建造年代、所处区域环境、建筑自身特点的不同,在旧城改造中体现历史、人文、艺术、科学的内涵,按照节约社会成本、提高建筑综合价值的原则开展。

(1)探讨旧城区保护、修缮、危改的关系,研究现代建筑材料与古建筑形式的结合,制定相关技术规范、标准图集。对历史建筑进行更新与改造,提高古建筑的性能和功能。

(2)研究建筑物检测、鉴定与加固改造。按照不同时期建造的建筑物特点,提出现有建筑物耐久性、防灾抗震能力的综合指标和计算模型(房屋安全数据库);进行各种检测、加固改造方法的比较,提出综合优化决策分析方法;研究新型检测仪、新型加固材料和施工机具。

(3)研究既有建筑的供暖改造,进行系统分析,提出合理方案,实现分户计量,保证供暖效果并提高能源利用率。

(4)研究先进的信息化手段,提高管理水平。应实现房屋管理的信息化,楼宇与小区的智能化管理与服务;提高住宅安防与便民措施,推广小区公共设施与社会资源共享。

(5)研究解决开发建设遗留问题的对策。解决物业管理不规范、老旧居住区推行物业管理难度大等问题的对策。

10.城市基础设施新技术的研究

结合当前北京城市发展的特点,加强环境保护、减少资源消耗。开发市政基础新领域的专业技术,将地铁工程、水处理工程、垃圾处理、道路桥梁改造等施工技术作为研发重点。

(1)研究地铁施工(地下道路)和大跨度地下空间施工技术,在开展盾构地铁车站施工关键技术方面有所发展。

(2)研究市政基础设施建设如何适应城市环境保护和资源再利用的需求,在净水、中水、污水处理、城市垃圾处理等工程的设计与施工技术方面有所突破。

(3)研究快速道路及桥梁施工技术。在低噪音路面技术、高级路面养护再生修复技术、斜拉桥施工和高性能混凝土等方面取得进展。

(4)研究市政施工环保技术,减少对环境的影响。重点在降尘、降噪、节材及快速施工等方面,实现绿色市政施工。

(5)研究市政基础设施维护管理和旧有城市管网改造。对突发事故的应急解决方案进行研究,在地下施工时,保障地上建筑物和管线安全。

(二)主要领域技术推广

加强科技成果的推广转化,限制淘汰落后技术、产品,提高北京城市建设和房屋管理水平。在“十一五”期间重点推广“四节一环保”项目,对建设部、北京市公布的新技术及时应用在建设施工中。企业制定推广计划,及时掌握先进技术。

1. 地基基础和地下空间工程技术

推广安全、可靠、节约的基础设计施工方案，采用先进的计算机手段进行优化设计，确保建筑的稳定性及施工过程中的安全，采取措施减少对地下水的抽取。

主要推广灌注桩后注浆技术、建筑垃圾地基处理、水泥粉煤灰碎石桩复合地基成套技术、复合土钉墙支护技术、桩锚施工技术、地下连续墙施工技术等在工程中的应用。

2. 高性能混凝土技术

发展C60～C100高标号、高性能混凝土，提高混凝土的综合性能，研究开发绿色混凝土，发展清水混凝土。严禁外檐及顶棚抹灰，减少装饰抹灰，做到可持续发展。

把混凝土裂缝防治技术、混凝土耐久性技术、商品混凝土及预拌砂浆技术、超高泵送混凝土技术等应用到工程中去，提高工程质量。

3. 预应力技术与高效钢筋

发展预应力技术，提高结构性能。推广预应力施工技术和钢筋混凝土结构预应力、钢结构预应力、桥梁体外预应力和预制构件预应力技术。

推广高效钢筋，节约钢材，提高建筑、市政结构工程品质。根据工程的不同特点和要求，积极采用HRB400级钢筋、冷轧带肋钢筋焊接网，冷轧扭钢筋；推广钢筋机械连接技术，广泛使用粗直径钢筋直螺纹机械连接，节约钢材。

4. 新型模板及脚手架应用技术

推广刚度大、轻型、平整、施工效率高的模板体系，提高可重复利用率和混凝土质量。

推广使用清水混凝土模板技术、整体爬模技术、早拆模板成套技术、碗扣式脚手架应用技术等，使新型模板及脚手架应用技术在建筑业广泛推广应用。

5. 钢结构技术

对超高层钢结构施工技术集成研究，推广钢材节约的技术措施，保证结构的安全、防火，加强应急措施的研究。

通过对钢结构CAD设计与CAM制造技术、钢结构安装施工仿真技术、钢结构焊接技术、预应力钢结构、钢与混凝土组合结构技术的研究和应用，提高工程质量。

6. 安装工程应用技术

加强对大空间、大跨度及异型结构的施工技术研究和积累，推广先进的设备安装方法，提高使用效率，便于维护管理。

采用金属矩形风管薄钢板连接技术、管线布置综合平衡技术、给水管道卡压连接技术、钢结构整体提升及滑移技术等，提高安装工程进度。

7. 建筑节能和环保应用技术

通过节能设计、节能施工、节能材料和环保应用技术产品的研究开发与推广，保证新建建筑物达到北京市节能标准要求。加强可再生能源的推广，努力达到可再生能源替代率4%的目标，加大节水力度和资源的综合利用。

通过节能型门窗应用、新型墙体材料应用及专项施工技术和节能建筑检测与评估，达到节约能源的目的；推广太阳能光热、光电技术，推广地源、水源热泵及热电冷三联供技术，在集镇中推广太阳能、沼气、秸秆和风能技术，大力推进城市道路的太阳能照明；加强公共建筑和住宅的节水设施建设，强制推广使用节水设备和器具，推广雨水收集系统、污水处理设施，限制人工硬地水景，鼓励小区内人工湿地，提高建筑用水的综合利用效率。

8. 建筑防水新技术

根据不同的建筑，采取综合治理的方法，合理制定防水方案。选择高性能、高质量的防水材料，辅以相应的技术措施，根据工程的不同部位合理选择防水材料及做法，提高工程质量解决质量通病，杜绝渗漏现象。

推广高聚物改性沥青防水卷材应用技术、高性能建筑防水涂料、特殊性能防水材料、防渗堵漏技术、倒置屋面做法等在工程中的应用。

9. 施工过程监测和控制技术

采用高科技和信息化手段提高施工过程监测和控制水平，推广过程控制技术，确保工程施工安全和质量。

通过对施工控制网建立技术、地下工程自动导向测量技术和深基坑工程监测和控制技术的应用，达到施工过程的监测和控制目的。制定信息化工作指南，指导建筑业信息化发展。

10. 建筑企业管理信息化技术

完善建设事业信息化标准体系，健全管理机构、完善管理制度，编制统一的信息化发展规划。加快建设事业信息化平台建设开发，构建建设事业信息化平台体系。

各级行政主管部门要利用现有行业信息机构，按照联合共建、分布实施、协调一致的原则，提高效率、推进信息化进程。把管理信息化技术与信息化标准技术全面、合理的运用到工程和实践中去，使建筑企业信息化管理水平有全面提升，实现建筑企业管理现代化。

四、保障措施

（一）政府制定激励政策

1. 加强组织领导

市建委加强科技工作领导，多渠道筹措科研经费，并协调市科委、发改委等政府部门争取市财政科研经费的支持；发挥市建委科技委员会的作用，形成城市建设的“智库”；制定市建委年度科研开发计划、节能环保计划、科技成果推广计划、新技术应用示范工程及工程技术标准编制计划。

2. 理顺管理体系

理顺政府的科技管理体制，以服务促进管理。充分发挥不同部门的优势，适应社会需求、协调科技攻关。改进科研立项、鉴定验收、评审奖励的模式。稳定科学研究队伍，做好基础科学研究，着重实用技术领域的研究开发。

3. 搭建管理平台

加强市场经济条件下的建筑业技术管理和创新体系的研究，在企业资质管理、安全管理、质量管理、招标投标等环节中，制定激励技术进步的办法，以体现科技在市场竞争中的作用。

制定企业技术进步评价和技术中心评价体系，加强技术进步指标的考核。在企业资质等级标准确定、工程项目招投标方案评选、国有企业负责人考核等方面，增加技术进步评价的内容。

推动勘查设计和施工企业联合、兼并重组，增强企业工程总承包所需的集成能力，实现勘查设计与施工一体化管理。

（二）企业加强自我创新

1.提高行业素质

增强科技意识和自我创新能力，提高自主知识产权的比重。鼓励职工的技术革新、合理化建议，广泛开展群众技术协作及科普活动，在工地创建科普宣传栏，印发科普手册宣传"四节一环保"、建设部十大项新技术等知识。

2.完善创新体系

充分发挥企业技术中心的作用，建立技术中心有效的运行机制和完整的评价体系。以企业技术中心为龙头，形成技术创新体系。特级总承包企业（集团公司）应有市级技术中心，明确定位、作用及工作；重组已有的技术研究管理机构，采取多种模式，适应企业的经营发展；企业组织自身的力量，在科技人员集中的部门组织科技创新；保证科技投入，落实国家税收激励政策中允许企业按当年实际发生的技术开发费的150%抵扣当年应纳税所得额；支持民营企业，发挥专业化施工在工程建设中的作用；提高房地产创新，以绿色地产的理念引领住宅建设升级。

3.加强队伍建设

在建筑行业培养造就一批富有创新意识和能力、适应经济全球化要求的企业家，推进企业经营管理人才职业化、市场化；培养高技能复合型人才培养工程，实施专业技术人才知识更新工程，鼓励和引导海外留学人员回国工作；发挥科技人员主观能动性，完善自主创新能力。制定人才鼓励政策，岗位相对固定，适当提高技能人才的待遇。

4.提升市场竞争力

结合工程项目主动开展科学研究，及时进行总结，多出科技成果，不断提高施工建设水平。并及时编制施工技术工法，逐步形成工程建设标准，满足工程化应用的需求。以指导施工和验收，防止重大工程事故的发生；大力推进自主知识产权战略，政府应制订措施加大商业秘密保护力度，维护企业的合法权益。在建筑市场体现知识产权的竞争，就是品牌、质量、技术的竞争。

（三）加强标准化的工作

1.及时编制和更新标准

有计划地组织编制以保障安全、卫生、环保、节能及其它公众利益为目标，以提出建筑功能要求为基本内容的技术标准；定期复审标准，对现行标准进行修订和局部修订，及时更新标准内容，不断提高标准的适用性，发挥标准对促进技术进步、确保建设工程质量的作用。

2.强化标准的实施与监督

建立《工程建设标准强制性条文》或技术法规的实施监督制度。对建设工程的规划审批、施工图审查、施工许可、竣工验收备案等环节要严格把关，确保强制性技术规定在工程建设活动中贯彻落实。

建立新技术认可制度。对于工程建设的新技术、新方法、新材料、新设备，目前尚无适用技术标准的，经专门机构组织专家评定，允许在建设工程中采用。

3. 推动企业标准化建设

建立较完善的企业标准,加强工程建设领域的标准化基础建设。加强企业工法的编制工作,通过工法编制工作,提高企业科技管理水平、施工技术水平和人员素质。

(四)发挥示范工程作用

组织管理好"建设部新技术应用示范工程"、"建筑节能示范工程和城市数字化工程示范"、"康居示范工程"和"北京市建筑业新技术应用示范工程",提升北京市示范工程水平。积极引导既有建筑的节能改造、村镇试点改造、绿色建筑等项目的实施。

以示范工程为平台,及时组织交流。加快科技成果转化,强化节约,推进绿色施工。对示范工程中有突出成绩的单位和人员进行表彰。

在示范工程中加强节能监管,按照《公共建筑节能评估标准》、《绿色建筑评估标准》进行评估。

(五)整合社会科技资源

整合北京市科技资源,发挥北京科研院所的作用,服务于首都城市建设。避免科研项目的重复研究开发,减少科研经费的开支。发挥科技中介作用,建立技术市场。科技科研项目采取各种形式合作开发,知识共享。做好技术转让有偿服务工作。加强信息交流,推出一批先进人物。

扩大国际合作,注意和掌握国际建设科技发展,不断缩小与国际先进水平的差距。采取多种方式和途径,以技术合作推动中外技贸合作,争取在外资利用方面有所发展。

发挥专家作用,完善专家库。对涉及工程质量、安全以及公共利益的关键工艺、部位、方案,开展专家咨询论证。使工程设计咨询在建筑业技术创新中起到主导作用。

北京市建设委员会关于实施建设工程施工现场监督协管员制度有关事项的通知

京建施[2007]141号

各区、县建委：

为进一步加强对建设工程施工现场的监管，规范建筑施工行为，全力压减建筑施工生产安全事故，根据我市建筑施工安全生产形势需要，现将在全市建设工程施工现场实施监督协管员制度的有关事项通知如下：

1. 2007年各区、县建委（朝阳区除外）聘用的协管员工资及办公设备费用由市建委统一拨付，人均2.4万元/年，协管员指标依据去年开复工面积分配，指标具体分配情况见附表1。各区、县建委应确保拨付的协管员经费专款专用，保证监管工作顺利进行。

2. 协管员不具有行政执法权，主要负责施工现场安全、农民工工资支付、建筑市场招投标管理等方面的监督检查工作。其招聘、培训、考核和具体业务分配、指导等管理工作由各区、县建委严格按照《北京市建设工程施工现场监督协管员管理办法》组织实施。

3. 各区、县建委应结合本区县网格管理情况尽快制定具体实施施工现场监督协管员制度的细则，并于2月15日前上报至市建委施工安全管理处。实施细则的内容必须包括网格管理组分组情况（按附表2填报）、监督工程详情（按附表3填报）、2007年监督检查计划和监督管理工作目标。

4. 各区、县建委要积极开展各项工作，尽快落实协管员制度，确保2007年3月1日前协管员正式上岗执行任务。同时，要建立信息反馈机制，定期将此项工作开展中存在的问题及建议反馈至市建委。

二〇〇七年二月五日

附表1:

各区县协管员配备情况

区县名称	协管员人数分配(人)	区县名称	协管员人数分配(人)
东城区	23	顺义区	21
西城区	38	昌平区	48
崇文区	15	大兴区	20
宣武区	21	平谷区	7
海淀区	90	怀柔区	5
丰台区	45	密云区	10
石景山区	14	延庆县	5
门头沟区	7	亦庄	12
房山区	15	通州区	20
共计	416		

附表2:

网格管理组分组情况

填报区县: 填报日期: 年 月 日

序号	网格组组长	负责监督工地数量	建委监管人员数量	协管员数量	本组人数
合计					

附表3:

各网格管理组监督工程情况

填报区县:　　　　　　　　　　　　　　　　　　　　填报日期:　　年　　月　　日

序号	工程名称	工程地址	建设单位	施工单位	项目经理	工程面积或延米	负责监督网格组

北京市建设委员会关于开展《安全生产考核合格证书》续期工作的通知

京建科教[2007]362 号

各区、县建委,各企业集团、总公司,各有关单位:

根据建设部《建筑企业主要负责人、项目负责人和专职安全生产管理人员安全生产考核管理规定》(建质[2004]59 号)文件第十四条、十五条规定:建筑施工企业管理人员安全生产考核合格证书有效期为三年,在有效期内,相关人员应严格遵守安全生产法律法规,认真履行安全生产职责,按规定接受企业年度安全生产教育培训,未发生死亡事故的,安全生产考核合格证书有效期满,经原安全生产考核合格证书发证机关同意,不再考核,安全生产考核合格证书有效期延期三年。为此,自取得《安全生产考核合格证书》之日起,有效期满三年的人员均须在当年参加此次续期工作,市建委将对符合规定人员统一办理证书续期手续。现将有关续期工作通知如下:

一、办理续期手续人员范围

凡 2004 年 12 月 31 日之前经北京市建委考核合格,取得《安全生产考核合格证书》的企业主要负责人、项目负责人和专职安全生产管理人员,均须办理证书续期手续。

二、组织工作

(一)此项工作由北京市建筑业执业资格注册中心(以下简称"注册中心")负责统一组织。

(二)各区县建委、各有关企业集团、总公司应按有关文件精神认真做好初审及资料汇总工作,将初审合格材料及证书报注册中心统一办理续期手续。

三、工作程序

(一)申报续期人员须统一填写"安全生产考核合格证书续期申请表"(见附件 1),将此表连同本人《安全生产考核合格证书》一并交所属区县建委或总公司。

(二)各区县建委、各有关企业集团、总公司督促、落实有关安全生产教育培训工作,核实安全生产事故情况,做好申请人员的初审工作。

(三)凡初审合格人员由各区县建委、各有关企业集团、总公司在"安全生产考核合格证书续期申请表"初审意见栏签署意见并加盖公章,最后将初审合格人员名单汇总表(见附件 2)、"安全生产考核合格证书续期申请表"和《安全生产考核合格证书》一并报注册中心审核,为保证工作有序、高效地完成,上述资料要求分类整理、报送顺序一致。

(四)注册中心受理各区县建委、各有关企业集团、总公司上报材料,经审核,对符合续期条件人员办理证书续期手续并在 20 个工作日内将证书发还给申报单位。

四、续期工作办理日期

2007 年 6 月 1 日至 2007 年 10 月 31 日

办公时间:8:30－11:30　13:00－16:30(周一至周五)

五、安全生产考核合格证书续期工作不收取任何费用。到期未办理续期工作证书视为无效证书,不得上岗。

六、2004年12月31日以后取得合格证书的续期工作,纳入注册中心日常管理,定期组织进行。

续期工作办公室地址:北京市朝阳区水碓子东路18号(朝阳体育馆东门南50米)

二〇〇七年四月十七日

附件1:

安全生产考核合格证书续期申请表

<table>
<tr><td>姓名</td><td></td><td>身份证号</td><td></td></tr>
<tr><td colspan="2">工　作　单　位</td><td colspan="2"></td></tr>
<tr><td colspan="2" rowspan="3">安全生产考核
合格证书编号</td><td colspan="2">京建安 A(2004)</td></tr>
<tr><td colspan="2">京建安 B(2004)</td></tr>
<tr><td colspan="2">京建安 C(2004)</td></tr>
<tr><td colspan="4">本人接受安全生产教育培训情况</td></tr>
<tr><td colspan="4">单位盖章
年　月　日</td></tr>
<tr><td colspan="2">区县建委、总公司初审意见</td><td colspan="2">市建委审核意见</td></tr>
<tr><td colspan="2">(盖章)
年　月　日</td><td colspan="2">(盖章)
年　月　日</td></tr>
</table>

填表说明:

1. 此表可在网上打印,填报一式一份;
2. 安全生产考核证书编号按对应类别填写后7位数;
3. 项目负责人、专职安全管理人员不得在两个单位同时任职,只可按一个单位填报。

附件2：

安全生产考核合格证书初审合格人员名单

人员类别	序号	姓名	身份证号	证书编号	工作单位

注：1. 人员类别栏目请填入相应字母：

企业主要负责人：A；项目负责人：B；专职安全管理人员：C；

2. 三类人员要求分别填报，填写内容要求与证书打印的内容一致，尤其要保证姓名、身份证号准确无误；

3. 要求报送电子版及纸制材料并在每页表头加盖初审单位公章。

北京市建设委员会关于北京市工程建设标准《建筑内外墙涂料应用技术规程》局部修订的通知

京建科教[2007]344号

各区、县建委,各局、总公司,各有关单位:

北京市工程建设标准《建筑内外墙涂料应用技术规程》(DBJ/T 01－107－2006),由标准主编单位北京城建科技促进会组织专家进行了局部修订,现批准局部修订的条文,第5.2.5条修改如下:

5.2.5 建筑弹性涂料施工应符合图5.2.5的规定。

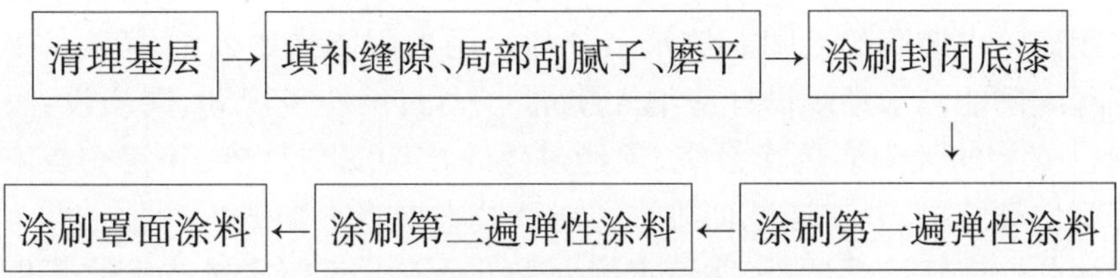

图5.2.5 建筑弹性涂料施工工序

注:1. 喷涂弹性涂料时,待第一遍涂料干燥后,再进行下一遍涂料的涂刷。

2. 弹性涂料的厚度应不小于0.45mm,若涂二遍后涂料尚未达到0.45mm厚度时,可增加涂刷次数。

此次局部修订的条款自本通知发布之日起施行。

二〇〇七年四月九日

北京市建设委员会　北京市规划委员会 关于发布北京市地方标准《太阳能热水系统施工技术规程》的通知

京建科教[2007]559 号

各区、县建委,各局、总公司,各有关单位:

根据北京市建设委员会《关于印发"北京市工程建设技术标准 2004 年度编制计划"的通知》(京建科教[2004]368 号)的要求,由北京市新能源与可再生能源协会主编的《太阳能热水系统施工技术规程》已经有关部门审查通过。现批准该规程为北京市地方标准,编号为 DB11/T 461－2007,自 2007 年 7 月 1 日起执行。

本市民用建筑中应用的太阳能热水系统和家用太阳能热水器的施工应按照本标准执行。新建工程太阳能热水系统设计应纳入建筑工程设计,统一规划、同步设计;既有建筑上增设或改造已安装的太阳能热水系统,须经过建筑结构安全复核,并就安装位置与安装方式与物业部门协商解决,以保证屋面防水性能及其它设施不受破坏。

该标准由北京市建设委员会、北京市规划委员会和北京市质量技术监督局共同负责管理,由北京市新能源与可再生能源协会负责解释工作。

二〇〇七年六月一日

北京市建设委员会关于鼓励农民参与社会主义新农村工程建设的实施意见

京建科教[2007]615号

各区、县建委,各集团总公司,各市级新农村建设试点村:

为贯彻落实《中共北京市委北京市人民政府关于加快都市型现代农业和农村经济发展扎实推进社会主义新农村建设的意见》精神,建立政府资金投入与农民投工投劳相结合的良性互动机制,调动农民参与新农村建设的积极性,特制定本实施意见如下:

一、适用范围

本意见所称新农村建设项目是指以政府公共资金投入为主的新农村建设项目。包括:农村基础设施建设,如村级道路桥梁建设、市政工程、改水改厕工程;村公共建筑工程建设,如队部、文化大院、卫生院、学校、幼儿园等。

二、农民参与农村工程建设的两种形式

(一)鼓励农村成立专业劳务分包企业参与新农村工程建设。村集体可组建劳务分包企业,参与新农村工程建设。对由当地农民组建的劳务分包企业,应达到各专业劳务分包企业的最低标准要求(13类专业劳务分包企业具体注册标准见附件1),市建委在进行资质审批时将予以优先办理,并加快审批速度。

承揽新农村建设工程的总承包企业、专业分包企业应优先选用工程所在地有资质的劳务分包企业。

(二)农民以个人名义与总承包企业签订劳务合同参与新农村工程建设。承揽新农村建设工程的总承包企业、专业分包企业和劳务分包企业应优先与有意愿参与项目建设的本地农民签订劳动合同。

三、对承揽新农村建设的总承包企业、专业分包企业和劳务分包企业的要求

(一)承揽新农村建设的总承包企业、专业分包企业和劳务分包企业应对签订劳动合同的当地农民进行质量安全培训,并确保其上岗前获得岗位证书。

(二)承揽新农村建设项目的总承包企业应加强施工质量安全管理,按照有关规定指派相应的工程技术人员对工程进行监督、指导,确保工程的质量安全。总承包企业应对劳务分包企业的用工情况和工资支付进行监督,并对本工程发生的劳务纠纷承担连带责任。

(三)凡承揽新农村建设项目的施工总承包、专业承包企业用工必须依法办理社会保险。施工总承包、专业承包企业直接雇用本地农民工,必须签订劳动合同并依法办理工伤、医疗或综合保险等社会保险,并将保险费用列入工程造价。

(四)凡承揽新农村建设的专业分包企业和劳务分包企业应加强施工过程中的质量与安全管理,要依法与农民工签订劳动合同。

(五)以村为单位组建的劳务分包企业,必须取得资质等级证书,方可承揽新农村建设项目。

四、对参与新农村建设的企业和农民提供的服务

（一）区县建委负责对有意愿参与工程建设的本地农民进行职业技能培训，并帮助参加过培训的农民取得相应的岗位证书。

（二）坚持“先培训、后上岗”的原则，市建委、市各有关部门和各区县人民政府应按照《关于推进北京市农村劳动力培训与就业工作的意见》（京政农发[2006]8号）和《关于北京市农村劳动力向建筑业、房地产业转移培训、考核与就业工作的实施意见》（京建科教[2006]468号）文件精神，对有意愿参与工程建设的本地农民进行职业技能培训，并按规定进行经济补贴。

五、监督检查机制

（一）凡承担新农村建设项目的总承包企业、专业分包企业拒绝雇用有意愿参与工程建设的本地农民或当地劳务分包企业的，农民本人或劳务分包企业可向市、区两级建委进行举报（举报电话见附件2），经核实后，责令其改正。

（二）对承担新农村建设项目的施工总承包、专业承包企业直接雇用农民工，不签订劳动合同，或只签订劳动合同不办理社会保险，或只与“包工头”签订劳务合同等行为，依据有关规定进行处理。

附件：1. 各专业劳务企业资质最低标准

　　　2. 各区县建委举报电话

二〇〇七年六月十三日

附件1：

各专业劳务企业资质最低标准

一、木工作业分包企业资质标准

二级资质标准：

1. 企业注册资本金10万元以上。

2. 企业具有本专业高级工以上的技术负责人。

3. 企业具有初级以上木工不少于10人，其中，中、高级工不少于50%；企业作业人员持证上岗率100%。

4. 企业近3年承担过2项以上木工作业分包，工程质量合格。

5. 企业具有与作业分包范围相适应的机具。

二、砌筑作业分包企业资质标准

二级资质标准：

1. 企业注册资本金10万元以上。

2. 企业具有相关专业技术员或中级工等级以上的技术负责人。

3. 企业具有初级以上砖瓦、抹灰技术工人不少于20人,其中,中、高级工不少于30%;企业作业人员持证上岗率100%。

4. 企业近3年承但过2项以上砌筑作业分包,工程质量合格。

5. 企业具有与作业分包范围相适应的机具。

三、抹灰作业分包企业资质标准

抹灰作业分包企业资质不分等级。

1. 企业注册资本金30万元以上。

2. 企业具有相关专业技术员或本专业高级工以上的技术负责人。

3. 企业具有初级以上抹灰工不少于50人,其中,中、高级工不少于50%;企业作业人员持证上岗率100%。

4. 企业近3年承担过2项以上抹灰作业分包,工程质量合格。

5. 企业具有与作业分包范围相适应的机具。

四、石制作分包企业资质标准

石制作分包企业资质不分等级。

1. 企业注册资本金30万元以上。

2. 企业具有相关专业技术员或具有5年以上石制作经历的技术负责人。

3. 企业具有石制作工人不少于10人。

4. 企业近3年承担过2项以上石制作作业分包,工程质量合格。

5. 企业具有与作业分包范围相适应的机具。

五、油漆作业分包企业资质标准

油漆作业分包企业资质不分等级。

1. 企业注册资本金30万元以上。

2. 企业具有相关专业技术员或本专业高级工以上的技术负责人。

3. 企业具有初级以上油漆工不少于20人,其中,中、高级工不少于50%;企业作业人员持证上岗率100%。

4. 企业近3年承担过2项以上油漆作业分包,工程质量合格。

5. 企业具有与作业分包范围相适应的机具。

六、钢筋作业分包企业资质标准

二级资质标准:

1. 企业注册资本金10万元以上。

2. 企业具有专业技术员或高级工以上的技术负责人。

3. 企业具有初级以上钢筋、焊接技术工人不少于10人,其中,中、高级工不少于30%;企业作业人员持证上岗率100%。

4. 企业近3年承担过2项以上钢筋绑扎、焊接作业分包,工程质量合格。

5. 企业具有与作业分包范围相适应的机具。

七、混凝土作业分包企业资质标准

混凝土作业分包企业资质不分等级。

1. 企业注册资本金30万元以上。

2. 企业具有相关专业助理工程师职称或技师以上的技术负责人。

3. 企业具有初级以上混凝土技术工人不少于30人，其中，中、高级工不少于50%；企业作业人员持证上岗率100%。

4. 企业近3年最高年完成劳务分包合同额100万元以上。

5. 企业具有与作业分包范围相适应的机具。

八、脚手架搭设作业分包企业资质标准

二级资质标准：

1. 企业注册资本金20万元以上。

2. 企业具有相关专业技术员或高级工以上的技术负责人。

3. 企业具有初级以上架子工技术工人不少于20人，其中，中、高级工不少于30%，企业作业人员持证上岗率100%。

4. 企业具有与作业分包范围相适应的机具。

九、模板作业分包企业资质标准

二级资质标准：

1. 企业注册资本金10万元以上。

2. 企业具有相关专业技术员或高级工以上的技术负责人。

3. 企业具有初级以上相应专业的技术工人不少于15人，其中，中、高级工不少于30%；企业作业人员持证上岗率100%。

4. 企业具有与作业分包范围相适应的机具。

十、焊接作业分包企业资质标准

二级资质标准：

1. 企业注册资本金10万元以上。

2. 企业具有相关专业技术员或高级工以上的技术负责人。

3. 企业具有初级以上焊接技术工人不少于10人，其中，中、高级工不少于50%；企业作业人员持证上岗率100%。

4. 企业近3年承担过2项以上焊接作业分包，工程质量合格。

5. 企业具有与作业分包范围相适应的机具。

十一、水暖电安装作业分包企业资质标准

水暖电安装作业分包企业资质不分等级。

1. 企业注册资本金30万元以上。

2. 企业具有相应专业助理工程师或技术师以上的技术负责人。

3. 企业具有初级以上水暖、电工及管道技术工人不少于30人，其中，中、高级工不少于50%；企业作业人员持证上岗率100%。

4. 企业近3年承担过2项以上水暖电安装作业分包，工程质量合格。

5. 企业具有与作业分包范围相适应的机具。

十二、钣金工程作业分包企业资质标准

钣金工程作业分包企业资质不分等级。

1. 企业注册资本金30万元以上。

2. 企业具有本专业助理工程师或技师以上的技术负责人。

3. 企业具有初级以上钣金等技术工人不少于20人,其中,中、高级工不少于50%;企业作业人员持证上岗率100%。

4. 企业近3年承担过2项以上钣金作业分包,工程质量合格。

5. 企业具有与作业分包范围相适应的机具。

十三、架线工程作业分包企业资质标准

架线工程作业分包企业资质不分等级。

1. 企业注册资本金50万元以上。

2. 企业具有本专业工程师以上职称的技术负责人。

3. 企业具有初级以上架线技术工人不少于60人,其中,中、高级工不少于50%;企业作业人员持证上岗率100%。

4. 企业近3年承担过2项以上架线作业分包,工程质量合格。

5. 企业具有与作业分包范围相适应的机具。

附件2:

各区县建委举报电话

单　位	办公室	传　真
市建委	63985191	63985191
朝阳区建委	65001728	65065653
海淀区建委	62554046	62525753
丰台区建委	63809296	83811030
门头沟区建委	69842655	69843391
房山区建委	89367211	89367204
通州区建委	69546294	80885882
顺义区建委	69444120	69429129
昌平区建委	69746576	69747274
大兴区建委	69243727	69253165
平谷区建委	89992670	89983566
怀柔区建委	69644628	69646284
密云县建委	69041658	69041658
延庆县建委	69103360	69141492

北京市建设委员会关于转发建设部《关于加强农村建房质量安全管理工作的紧急通知》的通知

京建科教[2007]639号

各区县建委，各有关单位：

近期，河南、山西、内蒙古等地相继发生农村房屋倒塌事故，造成重大人员伤亡和财产损失。为了认真汲取教训，避免我市发生类似事故，保证农村房屋使用安全，现将建设部《关于加强农村建房质量安全管理工作的紧急通知》（建办质电[2007]42号，以下简称《紧急通知》，见附件）转发给你们，并将有关事项通知如下：

一、高度重视村镇建筑质量安全，切实加强监督管理。目前，我市农村建房呈现出逐年增多的趋势，农村建房安全生产形势十分严峻。加强村镇建设质量安全管理，确保农村房屋安全是各级政府和建设行政主管部门极其重要的工作和任务，必须高度重视。各区县建委要切实加强限额以上（包括所有公共建筑工程和工程投资额在30万元以上或者建筑面积在300平方米以上的村镇建设工程）村镇建设质量安全监督管理，督促建设各方严格履行施工许可、质量安全监督注册和工程竣工验收备案等手续。有条件的区县建委应当明确专门机构负责村镇建设工程管理工作。

二、加强对农村建房质量安全的指导。一是要加强对限额以下村镇建设工程和农民自建低层住宅建设提供技术服务和指导工作，通过发放宣传手册和图集、对农村工匠进行培训，加强对农民有关自建房屋质量安全的宣传教育工作。二是对乡镇人民政府和村民自治机构有关人员进行培训，使之掌握有关建筑法律法规和识图、施工管理方法以及基本建设程序等知识。三是鼓励农民自建住宅时，使用通用设计图、标准设计图集，符合建设抗震设防标准以及建筑节能要求。

三、强化监督执法，坚决制止违法建设，确保农村房屋质量安全。各区县建委应当加强对限额以上工程执行基本建设程序情况的监督检查，并建立相应的巡查报告制度，明确巡查人员及其职责。区县建委应当把监督重点放在抓好工程的结构质量和施工安全上，加大对工程的地基验槽和主体结构施工过程以及预制构件等涉及结构安全的建材的监督检查力度，对于发现的违法违规行为要坚决予以制止，并按照《建设工程质量管理条例》有关规定严肃处理。

四、落实安全管理制度，加强村镇建设拆除管理。区县建委应当加强村镇建设工程拆除的施工安全监督，落实拆除工程安全措施备案制度，并将拆除工程纳入建设工程安全监督范围。加强对拆除施工单位的管理，承担拆除工程的施工单位必须具备“爆破与拆除工程专业承包资质”，并取得《安全生产许可证》。

五、认真研究、努力建立村镇建设工程质量安全管理长效机制。各区县建委要会同本区县乡镇人民政府，认真研究限额以下村镇建设工程和农民自建低层住宅建设的质量安全监督管理、指导和服务工作。对农民房屋开挖地基、砌筑墙体、安装预制楼板、拌制混凝土、防水层施工、安装拆卸模板、搭拆脚手架等重要工序上进行必要的技术指导，同时引导农民不使用国家和本市明令禁止使用的建筑材料。

特此通知。

附件：《关于加强农村建房质量安全管理工作的紧急通知》（建办质电［2007］42号）（略）

二〇〇七年七月二日

北京市建设委员会关于发布北京市地方标准《轻骨料混凝土隔墙板施工技术规程》的通知

京建科教[2007]705 号

各区、县建委,各局、总公司,各有关单位:

根据北京市建设委员会《关于印发"北京市工程建设技术标准 2005 年度编制计划"的通知》(京建科教[2005]293 号)的要求,由北京市建筑材料质量监督检验站和北京城建科技促进会主编的《轻骨料混凝土隔墙板施工技术规程》已经有关部门审查通过。现批准该规程为北京市地方标准,编号为 DB11/T 491—2007,自 2007 年 11 月 1 日起执行。

该标准由北京市建设委员会和北京市质量技术监督局共同负责管理,由北京市建筑材料质量监督检验站和北京城建科技促进会负责解释工作。

二〇〇七年七月二十日

北京市建设委员会关于发布北京市地方标准《地铁工程监控量测技术规程》的通知

京建科教[2007]706 号

各区、县建委,各局、总公司,各有关单位:

根据北京市质量技术监督局《关于印发 2006 年北京市地方标准制修订项目计划的通知》(京质监标发[2006]229 号)的要求,由北京市轨道交通建设管理有限公司主编的《地铁工程监控量测技术规程》已经有关部门审查通过。现批准该规程为北京市地方标准,编号为 DB11/ 490—2007,建设部备案号为 J10909—2006,自 2007 年 11 月 1 日起实施。其中第 3.3.2(2)款为强制性条文,必须严格执行。

该规程由北京市建设委员会和北京市质量技术监督局共同负责管理,由北京市轨道交通建设管理有限公司负责解释工作。

二〇〇七年七月二十日

北京市建设委员会关于北京市2007年一级建造师注册有关工作的通知

京建科教[2007]733号

各区、县建委，各中央在京单位，市国资委管理的有关企业，各有关单位：

根据《注册建造师管理规定》和《一级建造师注册实施办法》的有关规定，现将北京市2007年一级建造师的注册受理和初审工作安排如下：

一、凡北京市行政区域内已取得一级建造师执业资格证书的人员且受聘于具备独立法人及独立资质的六类单位（包括：建设工程施工、勘察、设计、监理、造价咨询、招标代理）的人员自2007年8月1日起，由企业使用企业电子身份验证锁统一在中国建造师网（网址：http://www.coc.gov.cn）上进行网络注册申报。（目前还没有电子身份验证锁的企业请与建设部信息中心联系，联系电话：58933447、58933575）

二、各企业要按照《一级建造师注册实施办法》文件中规定对本单位申请一级建造师注册人员的个人材料进行认真审核并对其真实性负责，审核合格后需在申请表及复印件上加盖企业公章。

三、一级注册建造师在申请注册前请仔细阅读《一级建造师注册实施办法》中关于注册申报程序及初始注册的有关规定和要求，以保证个人申报材料的准确和完整。

四、自2007年8月27日起，各企业将审核合格的书面申报材料汇总后报北京市建筑业执业资格注册中心初审。鉴于我市目前持有一级建造师执业资格证书的未注册人员数量庞大，为避免出现长时间排队等候和拥挤的情况，本着服务、高效的原则，请各有关企业按照《一级建造师注册企业申报材料报送时间安排表》（见表1）进行申报。

注册申报人数超过30人以上的企业在报送书面材料前请提前与北京市建筑业执业资格注册中心电话联系，妥善安排受理工作。

表1　《一级建造师注册企业申报材料报送时间安排表》

时　　间	区　　　县
周一	东城区，崇文区，朝阳区，大兴区
周二	海淀区，昌平区，门头沟区，延庆县
周三	西城区，丰台区，通州区，顺义区，密云县
周四	宣武区，石景山区，怀柔区，房山区
周五	开发区，平谷区
备注	以上安排作为今年各区、县行政区域内所有企业报送一级注册建造师书面材料的固定时间，请各有关企业自觉遵守。

以上安排作为今年各区、县行政区域内所有企业报送一级注册建造师书面材料的固定时间，请各有关企业自觉遵守。

五、请各区、县建委督促本行政区域内的相关企业按通知要求做好一级建造师的注册申报工作。

六、受理时间：每周一至周五上午 8:30—11:30，下午 1:00—4:00。

特此通知。

二〇〇七年七月二十六日

北京市建设委员会关于发布北京市地方标准《建筑基坑支护技术规程》的通知

京建科教[2007]766 号

各区、县建委,各局、总公司,各有关单位:

根据北京市建设委员会《关于印发“北京市工程建设技术标准 2003 年度编制计划”的通知》(京建科教[2003]261 号)的要求,由中国土木工程学会主编的《建筑基坑支护技术规程》已经有关部门审查通过。现批准该规程为北京市地方标准,编号为 DB11/ 489—2007,建设部备案号为 J10944—2007,自 2008 年 1 月 1 日起实施。其中第 3.1.2,3.1.4,3.1.5(1)、(2)、(3),3.1.6,3.1.7,3.7.3,3.7.4,3.7.5,3.7.6,3.7.8,3.7.13,3.8.1,6.3.6,6.4.2 条(款)为强制性条文,必须严格执行。

该规程由北京市建设委员会和北京市质量技术监督局共同负责管理,由中国土木工程学会负责解释工作。

二〇〇七年八月一日

北京市建设委员会关于开展农宅节能改造试点工作的通知

京建科教[2007]802号

各区、县建委,各有关单位:

为了提高我市农村农民自建房的舒适度,减少农村采暖季耗能,落实市委市政府提出的让我市农村"亮起来、暖起来、循环起来"三大工程的有关要求,经研究,市建委将针对目前我市农村民居采暖期室内温度不高的问题,开展本市农村既有农宅节能改造试点工作。现将有关工作有关事宜通知如下:

一、工作目标

于2007年12月底以前,基本完成150户农村既有农宅节能改造试点工作,改造后的农宅采暖季室内温度确保达到15摄氏度以上。

二、申报工作组织实施

由区县建委负责组织农宅节能改造示范项目申报工作。各区县建委可会同区县有关部门及乡镇政府确定农宅节能改造试点项目。各区县申报数量不超过12户。

各区县建委在选择示范户时,应遵循以下条件:

1. 为确保示范效果,应就各村的特点,依据典型性(区域典型性、建筑典型性、能源典型性),合理选取;

2. 为确保改造效果和工程的质量安全,试点户应尽量选择具有基本抗震能力的,即具有起支撑和承受地震荷载作用的圈梁、构造柱和地梁的房屋,以确保房屋安全;

3. 示范户的选择务必遵循自愿原则,结合农民改建需求,由农民自愿申报,不得强迫。

三、节能改造示范户住宅的基本要求

本次示范户的既有建筑节能改造只针对每户正房,其建筑应满足:

1. 示范户的房屋需为1995年及以后建成的建筑;

2. 示范户的房屋主体结构为砖混结构或混凝土结构;

3. 示范户的房屋应由村委会确定无产权纠纷;

4. 示范户应具有一定经济条件,可以支付本项目实施的自筹资金要求额度。

四、鼓励措施

市建委负责将各区、县建委上报的农宅改造示范项目进行汇总,经过专家评审、网上公示等程序后,批准列为本市农宅节能改造示范项目。

对农宅节能改造示范项目,市建委将给予每户1万元的补助资金用于改造项目实施。改造农户需自筹1000元用于改造项目实施。

五、申报截止日期

各区县建委应于2007年8月17日前将本区农宅节能改造示范项目户明细报送市建委。

二〇〇七年八月七日

北京市建设委员会　北京市规划委员会 北京市文物局关于印发《北京旧城房屋修缮与保护技术导则》的通知

京建科教[2007]1154号

各区、县建委(房管局)、规划分局、文委,各有关单位:

为保护北京古都风貌,加强旧城房屋的修缮和改造管理,保障房屋质量和住用功能,推进我市旧城保护、整治工作,市建委、市规划委、市文物局共同研究制定了《北京旧城房屋修缮与保护技术导则》,现印发给你们,请遵照执行。

本导则自通知发布之日起实施,原北京市国土资源和房屋管理局、北京市文物局发布的《北京旧城历史文化保护区房屋风貌修缮标准》(京国土房管房[2004]293号)同时废止。

特此通知。

二〇〇七年十一月八日

北京旧城房屋修缮与保护技术导则

1　总则

1.0.1　为保护北京古都风貌,规范旧城房屋的修缮和改造行为,保障房屋质量和住用功能,依据《北京历史文化名城保护条例》,制定本导则。

1.0.2　本导则适用于北京市旧城除文物建筑以外的街巷、胡同、四合院等古建筑,以及近现代建筑的修缮保护、使用功能改造以及市政设施改造工程。修缮、改造工程应符合《北京历史文化名城保护规划》、《北京旧城25片历史文化保护区保护规划》和《北京皇城保护规划》、《北京市中心城控制性详细规划》等相关规定的要求,坚持保护历史真实性,保存历史遗存和风貌,因地制宜,量力而行,循序渐进,逐步改善居民居住环境的原则。

1.0.3　旧城是指二环路以内(含护城河及其遗址)的区域。旧城区域以外的历史文化保护街区、古村镇及传统街区风貌建筑修缮,可参照本导则执行。

1.0.4　本导则所称修缮工程分为五类:翻建、大修、中修、小修和综合维修。

翻建(复建、重建)工程:需全部拆除按历史风貌恢复或仅保留小部分原状而进行的复建工程。

大修工程:需拆、换部分主体结构或设备,但不需全部拆除的工程。

中修工程:需拆、换少量主体结构构件,但保持房屋结构和规模的工程。

小修工程:及时修复房屋的非主要构、部件的日常养护工程。

综合维修工程：以院落或栋为单位，对其大、中、小修一次性应修尽修的工程。

1.0.5　旧城内四合院翻建工程，为确保相邻建筑安全，原则上不得增设地下室。确需增设时，应取得规划部门批准。

1.0.6　街巷、胡同、院落、房屋在修缮、整治后，应达到结构安全、能源清洁、设施基本完善、建筑节能基本符合标准要求。修缮工程竣工后，由区政府牵头组织相关部门进行风貌和工程质量联合验收。

1.0.7　街巷、胡同、院落、房屋、市政设施在修缮、整治后，各区应做好综合管理工作。

2　组织实施

2.0.1　区政府负责组织实施辖区内的房屋修缮工作，主要职责是：制定旧城房屋保护和修缮中、长期规划及年度工作计划；督促房屋所有权人落实保护修缮责任；协调居民及施工单位关系。

2.0.2　年度修缮工作计划，应首先进行确片、分类工作。

确片是根据本年度财力及修缮能力，确定当年修缮、改造的街、巷或院落。确片应本着解危与保护相结合原则，先危险房屋、具有保护价值的院落、临街景观房屋，后一般院落。

房屋的风貌形式、历史文化价值及房屋其进行类别判定，行类别判定，不分类是由辖区房管部门会同文物部门根据院落、房屋的风貌形式、历史文化价值及现状，划分为三类：

一类院落（房屋）：建筑保存较好、建筑格局保存较完整的四合院和传统建筑、近代建筑、临街景观建筑等具有一定历史文化背景、具有保护价值的院落和建筑；

二类院落（房屋）：院落格局较完整，但建筑已严重破损；

三类院落（房屋）：院落中大部分房屋为解放后修建的新式平房。

2.0.3　修缮施工由辖区政府组织实施、协调。

3　一类院落（房屋）修缮标准

3.1　院落的修缮

四合院一般由正房、耳房、厢房、倒座、抄手廊、院墙、影壁、垂花门和门楼等建筑组成。修缮中应恢复为原有格局（如一进、两进、三进、四进、带花园、并列式等）和历史原貌。

修缮后应达到格局完整，层次分明，干净整洁。

3.2　房屋的修缮

3.2.1　应按照原材料、原形式、原结构、原做法进行加固维修，内部装修可适当采用新材料。

3.2.2　屋顶应全部恢复传统形式，如合瓦、筒瓦和灰平台等。屋面经整修后应达到整体平顺，无塌陷、倒喝水等缺陷，脊件完整，檐口平顺，瓦件齐全，瓦垄（灰梗）顺直。

灰平台屋面宜恢复挂檐板或瓦檐口的传统形式。

3.2.3　木结构

原有中式木构架在维修中应尽可能保护加固。其中存在安全隐患的必须进行加固；挑顶、维修后的屋架应保持历史原状。

木材材质要达到干燥、规定强度和耐久要求，禁止使用杨木、柳木等易发生脆断的材质。

主要修缮方法有：新做或局部更换构件、支顶、附檩、串檩、檩枪加固、钢拉杆加固、钢木夹板加固、螺栓加固、铁箍加固、斜撑加固等。

修缮后应达到：屋架牢固无损坏，挠度在安全允许范围之内；檩条、椽子、望板等构件无劈裂、严重腐朽，变形不超过允许值。

原有木柱做法应尽量保存，不露明部分必须做防腐，露明部分应采取必要的保护措施。主要修缮方法有：抽换、墩接、挖补、补配附柱、打牮拨正等。修缮后应达到：直顺、坚固，允许有轻微变形、局部顺裂。不适于继续承载的必须更换。

3.2.4　墙体维修应采用传统青砖，并按传统形式砌筑，原有墙体能够达到围护结构安全要求的，应予以保留。

3.2.5　门、窗应按原有形制恢复。可采用与房屋整体风貌相协调的保温窗做内窗。

3.2.6　油漆彩画的颜色应以传统色调为主。垂花门等重要部位可做彩画，但已有的旧彩画应以修补为主。

3.2.7　石活宜尽量保留，不宜剁斧见新。可通过归安、拆安、粘补等做法进行维修，达到外观整齐、坚固。砖雕、木雕、石雕等装饰性构件应保留，并按原形制进行恢复、修补。

3.3　门楼

院门修缮前，应鉴定原有门楼形制，以复原修缮为首选方案。一般有广亮大门、金柱门、蛮子门、如意门、随墙门、西洋门等。

3.4　甬路、散水

院内甬路应按原状铺墁方砖、条砖，可分别采用龟背锦、筛子底、海墁等传统排列形式。散水应按原状铺墁方砖、条砖，分别采用一顺出、褥子面、八字面、人字纹等传统排列形式。

3.5　中式楼、西洋楼、临街景观建筑

临街商业类房屋、中式楼必须保留原有做法，经修缮后应达到住用安全、基本功能齐备。在空间形态、体量、高度、色彩、材质等方面与其所处的胡同、商业街、院落的风貌特征相适合。维修工程原则上不得有新开门脸、店铺等改变原格局的做法。

木构件应进行必要的油饰彩画。

应恢复传统匾额的形式。门脸的修缮应尽量符合商业使用的要求。

其它做法和要求同3.2。

4　二类院落（房屋）修缮标准

4.1　院落的修缮

对于已改变原状，全部需要翻建的建筑，在保护外观传统形式的同时，可适当采用混合结构，适当采用新材料。但对于此类院落中不翻建的建筑，应按一类修缮标准实施。

4.2　房屋的修缮

4.2.1　屋顶应采用传统形式，如合瓦、筒瓦和平台等。屋面经整修后应达到整体平顺，无塌陷、倒喝水等缺陷，脊件完整，檐口平顺，瓦件齐全，瓦垄（灰梗）顺直。

4.2.2　木结构

修缮参照3.2.3执行。已经全部损毁的应翻建，在特殊情况下，可适当采用钢筋混凝土结构替代，但形制应与原结构相同。

4.2.3　对于已改变原状，需要按传统做法恢复的墙体，外露部位应使用传统做法，青砖重砌，维修可采用传统材料替补或抹灰划缝。在不露明的墙体部位，可采用其它节能型砌体;墙体按原状分别采用干摆、丝缝、淌白、糙砌、五出五进软心等传统方法砌筑或传统形式装饰。

硬山搁檩必须用整砖墙,应采取必要的结构加固措施。山墙可按下碱、上身、尖头划分为三段;排山可采用玲子排山、披水排山等形式;山尖可选择尖山、圆山等传统形式。

后檐墙檐口应使用冰盘檐、鸡嗉檐、抽屉檐等传统做法。

石活应尽量保留,维修使用,不得剁斧见新。

提倡采用内保温做法,提高房屋保温性能。

4.2.4 对重建建筑,门、窗应采用保温门、窗,其外观形式应与传统门窗形式近似。

4.3 门楼

参照3.3执行。

4.4 甬路、散水

可参照3.4执行。甬路应采用仿古渗水砖。

5 三类院落(房屋)修缮标准

5.0.1 院落在保持传统基本格局的前提下,局部可根据使用要求进行必要的布局调整。在旧城边缘的非传统四合院地区、恢复传统风貌区,根据使用功能需要,在保持风貌协调的前提下可考虑部分采用新材料。

5.0.2 房屋的修缮

本着保证住用安全、功能齐备,量力而行,远看近似,内外有别的原则制定修缮方案。尽量与保护区其他房屋形式、色彩相协调。

屋面尽量采用双坡屋面仿传统形式,永久建筑禁止使用石棉瓦和彩钢保温屋面板。

在保证原房屋结构安全的前提下,旧墙体无论采用何种砖、何种砌法,应尽量保留。新砌砖墙可采用新型墙体材料,但要与街区风貌相协调。外墙原为红机砖的墙体,可做抹灰或涂料粉刷、贴仿古砖装饰处理。

墙体保温做法,可采用内、外保温形式。

对于需重新翻建的木结构,以保证安全为原则,结构形式可不限。修缮建筑应保持原做法。

门、窗应采用保温门、窗,原已安装的保温窗可不进行更换。

翻建房屋可采用新型墙体材料和结构体系,并做成仿古建筑形式。

6 胡同风貌保护、修缮标准

6.0.1 保存胡同肌理。胡同应保持原有格局,原则上不得进行拓宽,因安全等特殊情况确需贯通或拓宽的,应严格按《北京历史文化名城保护条例》及各项规划实施。

6.0.2 临街旧门脸、围墙在不影响安全的前提下,原则上应通过修复继续使用。已改变原状需要恢复的可按传统形式复建,临街院墙帽宜使用花瓦顶、真硬顶、宝盒顶、馒头顶、假硬顶、蓑衣顶、兀脊顶等传统做法。

6.0.3 整条胡同色彩应协调,遇有红砖墙和色彩不协调的外装饰墙面,可采用仿古饰面砖或粉刷涂料的方式予以处理。

6.0.4 街巷、胡同宽度大于4米时,应采用柏油、石板等路面,小于4米时,可采用方砖墁地。历史街区有特殊要求的除外。路面上应尽量减少井盖数量。

6.0.5　与文保区风貌不符的标牌、广告、灯箱等附属设施、设备原则上应予拆除。有必要保留的应统一规划,并按传统风格设计安装。

6.0.6　修缮中,应对胡同中遗存的古树名木和“准保护类树木”严加保护。

6.0.7　空调室外机、太阳能热水器、电视天线等设施、设备应放在隐蔽部位,严禁架设在临街一侧坡屋面上。

6.0.8　临街外窗安装雨搭应统一形式和色彩。尽量与胡同风貌保持协调。

7　房屋使用功能改造标准

7.0.1　厨房、卫生间应以保证居民基本生活条件为标准进行改造。

7.0.2　水、电实行一户一表。每户供电容量按北京电力公司现行有关规定执行。

7.0.3　供水、下水入户。

7.0.4　电话、有线电视入户。有条件的地区,电力、电视、电信的缆线均设地下,消灭飞线。

7.0.5　实行一户一箱(邮政信报箱)。

8　市政设施改造

8.0.1　整条胡同修缮改造前,区政府应组织市政部门确定市政改造方案。胡同内布置市政管线时,应保持该保护区的传统风貌,原则上不得改变原有胡同的尺度和走向。

市政设施改造应结合实际地上、地下条件,统一规划设计。为分期、分步、近远结合、先地下后地上施工创造条件。

8.0.2　街巷、胡同宽度达到10米及10米以上时,7种管线(雨、污、气、供水、路灯、电信、电力)一次埋设到位。

胡同宽5~10米时,优先布置供水、污、雨、燃气管线。

胡同宽度为2~5米时,优先布置供水、污水;5米宽以下的胡同,原则上不敷设燃气管线。

胡同宽度小于2米时,仅布置供水。

在条件受限制地区,雨、污水可局部采用合流管。

8.0.3　在原有胡同基础上布置市政管线时,原则上应按规范要求实施,胡同宽度不够、难以达到规范要求的,经设计、管理部门确认后,可以采用相关技术措施予以解决。

8.0.4　提倡在胡同小市政与大市政衔接区域,设置污水初级净化、处理装置。

9　供暖、节能改造标准

9.0.1　一、二类院落修缮时,在不损坏原墙体,并具有可逆性的前提下,可做墙体内保温,并采用内侧保温窗,提高房屋的节能标准。

9.0.2　三类院落改造时,墙体应采取保温措施,门窗应选用节能门窗。墙体保温做法可参考《民用建筑节能设计标准(采暖居住建筑部分)北京地区实施细则》(DBJ01—602—97)推荐的做法;条件允许时,可按《居住建筑节能设计标准》(DBJ11—602—2006)设计。外墙也可采用混凝土保温装饰砌块(仿古)等新型墙体材料。

三类院落可采用外保温做法,但外观必须与周边环境相协调。

9.0.3　房屋吊顶之上,应增加保温措施。

9.0.4　煤改电地区,可利用峰谷电价政策,采用电采暖方式。在条件具备的院落,提倡采用清洁能源(燃气、电等)和可再生能源(地源热泵技术等)。不具备采用清洁能源和可再生能源条件的,鼓励采用高效燃煤炉。

9.0.5 地面应做隔潮处理。有条件的,可采取保温措施。

10 修缮材料选用原则和供应

10.0.1 在不影响房屋安全及外观的情况下,提倡使用从旧房上拆下的旧砖、瓦、石材。旧木料的选用从严掌握。

10.0.2 对于二、三类院落内部,在不影响外观风貌的前提下,提倡使用新型、绿色和生态建材。原则上不选用国家或本市禁止使用或在限制使用范围的建筑材料。

10.0.3 材料供应管理要坚持保证质量、降低成本、适度集中和公开、公平、公正的原则。

10.0.4 修缮、改造中需加强管理的重点建筑材料包括:墙体材料、屋面材料、建筑门窗、保温材料、装饰材料。

10.0.5 用量较大的修缮材料,应由建设单位组织招标采购。

北京市建设委员会　北京市水务局关于印发《北京市建设工程施工降水管理办法》的通知

京建科教[2007]1158号

各区、县建委、水务局，各集团、总公司，各有关单位：

为加强我市地下水资源的管理和保护，减少水资源的浪费，防止相关地质灾害，根据《建设工程安全生产管理条例》及有关法律、法规，市建委、市水务局共同研究制定了《北京市建设工程施工降水管理办法》，现印发给你们，请遵照执行。

二○○七年十一月十二日

北京市建设工程施工降水管理办法

第一章　总　　则

第一条　为了保护地下水资源和环境安全，落实科学发展观，实现经济社会可持续发展，依据《建设工程安全生产管理条例》及有关法律法规，并结合本市实际情况，制定本办法。

第二条　在本市行政区域内进行各类工程的施工降水活动及其监督管理，适用本办法。

施工降水是指在建设工程施工过程中，采用管井、井点等方法抽排地下水的施工措施。

第三条　施工降水应遵循保护优先、合理抽取、抽水有偿、综合利用的原则。

第四条　北京市建设委员会（以下简称市建委）、北京市水务局（以下简称市水务局）依据职责，对施工降水实施监督管理。

区县建设行政主管部门（以下简称区县建委）和区县水务行政主管部门依据职责负责本行政区域内建设工程施工降水的监督管理。

第二章　限制施工降水

第五条　自2008年3月1日起，本市所有新开工的工程限制进行施工降水。

建设单位或者施工单位应当采用连续墙、护坡桩+桩间旋喷桩、水泥土桩+型钢等帷幕隔水方法，隔断地下水进入施工区域。

第六条 因地下结构、地层及地下水、施工条件和技术等原因,使得采用帷幕隔水方法很难实施或者虽能实施,但增加的工程投资明显不合理的,施工降水方案经过专家评审并通过后,可以采用管井、井点等方法进行施工降水。

第七条 建设单位在编制招标文件前,应当确定建设工程的地下水控制措施,并应当在招标文件中列明。其中确定采用管井、井点等方法进行施工降水的,应当附施工降水方案的专家评审报告。

市或者区县建设工程招标投标监管机构在办理招标文件备案时,应当审查上述内容。

第八条 施工降水方案的专家评审工作由建设单位负责组织,参与评审的专家应当从市建委和市水务局共同组建的专家库中随机抽取,人数不少于5人。

评审专家应当按照相关规定、技术标准和评审细则,客观公正、科学合理地进行评审,并对专家评审报告结论负责。

第九条 施工降水方案评审内容:

(一)采用帷幕隔水方法不可行的依据和理由是否充分;

(二)施工降水对施工安全、环境影响评估是否合理;

(三)计算抽排水量是否合理;

(四)降水综合利用措施是否合理。

第十条 采用管井、井点等进行施工降水的工程,施工单位应当安装抽排水计量设施,并按有关规定缴费。施工单位应当按照建设部《城市排水许可管理办法》的规定,申领城市排水许可证。安装抽排水计量设施所需费用,列入工程造价。

第三章 监 督 管 理

第十一条 采用管井、井点等进行施工降水的,抽排水计量设施必须有效工作。建设单位、施工单位应保证降水利用设施正常运行,并采取有效措施,防止污染地下水和地表水。

施工现场应综合利用工地抽排的全部地下水,减少资源浪费。降水应优先用于工地钢筋混凝土的养护、降尘、冲厕、工地车辆的洗刷等方面;剩余部分,施工单位应主动与园林、环卫部门和居民社区联系,将其用于周边指定绿地、景观及环境卫生。

第十二条 监理单位应当对施工降水进行全过程监理,检查和督促建设单位和施工单位严格执行本办法和相关技术标准。

施工单位未经专家评审通过,采用管井、井点等进行施工降水的,或者施工单位违反第十一条第二款规定的,监理单位应当及时予以制止;施工单位拒不改正的,应当及时向区县建委报告。

第十三条 市建委和区县建委应当加强对建设单位、施工单位施工降水的监督管理。

基坑工程施工过程中,工程质量监督机构应当抽查施工单位施工降水是否符合本规定要求。

第十四条 各级节水管理部门负责检查监督降水利用设施运行情况,并纳入施工用水指标管理与节水"三同时"审批体系。采用管井、井点等进行施工降水的建设项目,在办理节水"三同时"和申请施工临时用水指标时,应出示专家评审报告。

第四章　奖励与处罚

第十五条　鼓励采用各种帷幕隔水技术和综合利用工地抽排出的地下水。对严格执行本办法、自觉保护和综合利用地下水资源成绩突出的单位,政府相关部门给予表彰。

第十六条　建设单位、施工单位存在下列行为的,市建委或区县建委应当责令其改正,拒不改正的,暂停工程施工;市水务局依据有关法规进行处罚:

(一)未经专家评审擅自采用管井、井点等进行施工降水的;

(二)抽排水计量系统不能有效工作的;

(三)降水综合利用措施执行不到位的;

(四)违反《城市排水许可管理办法》有关规定的。

监理单位未履行监督职责,对施工单位实施未经专家评审的施工降水方案或者未综合利用抽排的地下水不予制止,也未向有关部门报告的,由市建委记入建设行业信用信息系统。

第十七条　施工降水方案评审报告明显不合理的,视情节轻重给参与该项工程评审的专家分别处批评、暂停评审专家资格和清出专家库的处理。

第五章　附　　则

第十八条　本办法自 2008 年 3 月 1 日起实施。

北京市建设委员会关于印发《北京市二级建造师注册实施办法》的通知

京建科教[2007]1208号

各区、县建委，各集团、总公司，各有关单位：

现将《北京市二级建造师注册实施办法》印发给你们，请遵照执行。

特此通知

附件：北京市二级建造师注册实施办法

二〇〇七年十一月二十六日

北京市二级建造师注册实施办法

第一章 总 则

第一条 为规范北京市二级建造师注册管理工作，依据《行政许可法》、《注册建造师管理规定》（建设部令第153号）、《一级建造师注册实施办法》（建市[2007]101号）和相关法律法规，结合北京市实际情况，制定本实施办法。

第二条 北京市行政区域范围内二级建造师注册管理，适用本办法。

第三条 北京市建设委员会（以下简称市建委）为北京市二级建造师注册机关，负责企业工商注册在北京市行政区域范围内的二级建造师注册审批工作。北京市建筑业执业资格注册中心负责具体组织实施工作。

各区、县建设主管部门（以下简称区、县建委），负责注册在本行政区域内企业的二级建造师注册申请受理、初审工作，并负责二级建造师行政许可决定的告知及行政许可决定书、注册证书的送达工作。

涉及公路、水利水电专业二级建造师注册时，市建委送市交通、水务等有关部门进行审核。

第二章 注册专业和类别

第四条 取得二级建造师资格证书的人员，可对应下述专业申请注册：建筑工程、公路工程、水利水电工程、市政公用工程、矿业工程和机电工程。

资格证书所注专业为房屋建筑工程、装饰装修工程的，按建筑工程专业申请注册；资格证书所注专业为矿山工程的按矿业工程专业申请注册；资格证书所注专业为冶炼工程的，可选矿业工程或机电工程之中的一个专业申请注册；资格证书所注专业为电力工程、石油化工工程、机电安装工程的，按机电工程专业申请注册。

注册申请包括初始注册、延续注册、变更注册、增项注册、注销注册和重新注册。注册建造师因遗失或污损注册证书、执业印章的，可申请补办或更换。

第三章　注册申报程序

第五条　申请人申请注册前，应当受聘于一个具有建设工程施工或勘察、设计、监理、招标代理、造价咨询资质的企业，与聘用企业依法签订聘用劳动合同。申请人向聘用企业如实提供有关申请材料并对内容真实性负责，通过聘用企业向企业工商注册所在地的区、县建委提出注册申请。

第六条　注册申请实行网上和书面相结合的申报方式。申请人应当在中国建造师网（网址：http://www.coc.gov.cn）或北京建设网（网址：http://www.bjjs.gov.cn）“北京市二级建造师注册管理系统”上进行填报，网上申报成功后，打印申请表。

第七条　初始注册

凡参加全国二级建造师统一考试取得资格证书的申请人自资格证书签发之日起 3 年内可申请初始注册。逾期未申请者应当提供相应专业继续教育证明，其学习内容应当符合建设部关于注册建造师继续教育的规定。

申请初始注册的，申请人应当提交下列材料：

（一）《北京市二级建造师初始注册申请表》（略）；

（二）资格证书、学历证书和身份证明复印件；

（三）申请人与聘用企业签订的聘用劳动合同复印件或申请人所在企业出具的劳动、人事、工资关系证明；

（四）逾期申请初始注册的，应当提供达到继续教育要求证明材料复印件；

（五）同时申请多专业注册的，还应当提交注册建造师专业类别考试合格证明书复印件；

（六）凡在全国二级建造师注册管理系统中没有个人信息的外省注册人员，应当提交该省省级注册管理部门出具的尚未注册证明。

申请人将上述材料合订后交所属企业。

聘用企业将审核后的《企业二级建造师初始注册申请汇总表》和申请人的申报材料一式两份报区、县建委。申请公路、水利水电专业注册的，应当提交申请表一式三份和材料附件一式二份。申请公路、水利水电专业增项注册的，每增加一个专业应当增加申请表一式一份和材料附件一式一份。

各区、县建委将《北京市区、县建设主管部门二级建造师初始注册初审意见表》、《北京市区、县建设主管部门二级建造师初始注册初审汇总表（企业申请人）》、《北京市区、县建设主管部门二级建造师初始注册初审汇总表（专业）》、北京市区、县建设主管部门二级建造师初始注册推荐意见函和申请人的申请表报市建委。其中，申请公路、水利水电专业注册的，应当提交申请表一式二份和材料附件一式一份；申请公路、水利水电专业增项注册的，每增加一个专业应当增加申请表一式一份和材料附件一式一份。材料报送按《北京市区、县建设主管部门二级建造师注册申请材料报送目录》要求办理。

涉及公路、水利水电专业申请注册的，市建委将申请人的申请表一式一份和材料附件一式一份送市交通、水务等有关部门。

市交通、水务等有关部门对申请人的申报材料进行审核，填写《北京市有关部门二级建造师初始注册审核意见表》，连同按企业申请人汇总后生成的《北京市有关部门二级建造师初始注册审核汇总表》送市建委。

以上所有申请材料及附件由区县建委存档备查。

第八条 延续注册

注册有效期满需继续执业的，应当在注册有效期届满30日前，按照《注册建造师管理规定》第七条、第八条的规定申请延续注册。延续注册的有效期为3年。

申请延续注册的，申请人应当提交下列材料：

（一）《北京市二级注册建造师延续注册申请表》（略）；

（二）原注册证书；

（三）申请人与聘用企业签订的聘用劳动合同或申请人聘用企业出具的劳动、人事、工资关系证明，因劳动争议无法提供解聘合同的，应提供生效的劳动仲裁裁决或司法裁判文书；

（四）申请人注册有效期内达到继续教育要求证明材料复印件。

申报程序和材料份数按初始注册要求办理。

第九条 变更注册

在注册有效期内，发生下列情形的，应当及时申请变更注册。变更注册后，有效期执行原注册证书的有效期。

1. 建造师变更执业企业的；

2. 建造师所在聘用企业名称变更的；

3. 注册建造师姓名变更的。

申请变更注册的，申请人应当提交下列材料：

（一）《北京市二级注册建造师变更注册申请表》（略）；

（二）注册证书原件和执业印章；

（三）建造师变更执业企业的，应当提供申请人与新聘用企业签订的聘用劳动合同，或申请人新聘用企业出具的劳动、人事、工资关系证明，以及工作调动证明复印件（与原聘用企业解除聘用合同或聘用合同到期的证明文件、退休人员的退休证明），因劳动争议无法提供解聘合同的，应提供生效的劳动仲裁裁决或司法裁判文书；

（四）申请人所在聘用企业名称发生变更的，应当提供变更后的《企业法人营业执照》复印件和企业所在地工商行政主管部门出具的企业名称变更函复印件；

（五）注册建造师姓名变更的，应当提供变更后的身份证明原件或公安机关户籍管理部门出具的有效证明。

申报程序和材料份数按初始注册要求办理。

第十条 增项注册

二级注册建造师取得相应专业资格证书可申请增项注册。取得增项专业资格证书超过3年未注册的,应当提供该专业最近一个注册有效期继续教育学习证明。准予增项注册后,原专业注册有效截止日期保持不变。

申请增项注册的,申请人应当提交下列材料:

(一)《北京市二级注册建造师增项注册申请表》(略);

(二)增项专业资格考试合格证明原件及复印件;

(三)注册证书原件和执业印章;

(四)增项专业达到继续教育要求证明材料复印件。

申报程序和材料份数按初始注册要求办理。

第十一条 注销注册

二级注册建造师有建设部《注册建造师管理规定》(建设部令153号)第十七条所列情形之一的,由市建委办理注销手续。

申请人或其聘用的企业,应当提供下列材料:

(一)《北京市二级注册建造师注销注册申请表》(略);

(二)注册证书原件和执业印章;

(三)符合《注册建造师管理规定》第十七条所列情形之一的证明复印件。

二级注册建造师本人和聘用企业应当及时向区、县建委提出注销注册申请;有关单位和个人有权向注册机关举报;区、县建委或者有关部门应当及时告知注册机关。

第十二条 重新注册

二级建造师注销注册或者不予注册的,在重新具备注册条件后,可申请重新注册,重新注册按初始注册要求办理。

申请重新注册的,申请人应当提交下列材料:

(一)《北京市二级建造师重新注册申请表》(略);

(二)资格证书、学历证书和身份证明复印件;

(三)申请人与聘用企业签订的聘用劳动合同复印件或聘用企业出具的劳动、人事、工资关系证明;

(四)达到继续教育要求证明材料复印件。

申报程序和材料份数按初始注册要求办理。

第十三条 注册证书、执业印章遗失补办

注册建造师因遗失注册证书、执业印章的,应当向市建委申请补办,并提交下列材料:

(一)《北京市二级注册建造师注册证书、执业印章遗失补办或污损更换申请表》(略);

(二)本市报纸刊登的遗失声明原件;

(三)身份证明复印件。

第十四条 注册证书、执业印章污损更换

注册证书、执业印章污损的,可向市建委申请更换,并提交下列材料:

(一)《北京市二级注册建造师注册证书、执业印章遗失补办或污损更换申请表》(略);

(二)污损的注册证书原件、执业印章。

第四章　受理和初审

第十五条　区、县建委负责二级建造师注册申请的受理、初审工作，注册申请受理和初审工作不得由同一人办理，确保程序合法，行为规范。工作人员要认真履行职责，对违反规定人员按《注册建造师管理规定》第四十条规定进行处理。

第十六条　区、县建委按照初始注册、延续注册、变更注册、增项注册、重新注册、遗失补办、污损更换和注销注册有关规定，对注册申请人材料的完整性进行查验。申请材料存在可以当场更正错误的，应当允许申请人当场更正。

申请注册材料齐全、符合规定的法定形式，或者申请人按要求提交全部补正申请材料的，应当受理申请人的注册申请，并向申请人出具《行政许可受理通知书》。

申请材料不符合本规定或材料不齐全，应当当场或者在5个工作日内向申请人出具《行政许可补正有关材料通知书》，一次性告知申请人需要补齐、补正的全部内容，并将申请材料退回申请人。逾期不告知的，自收到申请注册材料之日起即为受理。

申请人有下列情形之一的，不予受理或不予注册：

（一）不具有完全民事行为能力的；

（二）申请人在两个或者两个以上企业注册的；

（三）未达到注册建造师继续教育要求的；

（四）受到刑事处罚，刑事处罚尚未执行完毕的；

（五）因执业活动受到刑事处罚，自刑事处罚执行完毕之日起至申请注册之日止不满5年的；

（六）因前项规定以外的原因受到刑事处罚，自处罚决定之日起至申请注册之日止不满3年的；

（七）被吊销注册证书，自处罚决定之日起至申请注册之日止不满2年的；

（八）在申请注册之日前3年内担任施工企业项目负责人期间，所负责项目发生过重大质量和安全事故的；

（九）申请人的聘用企业不符合注册企业要求的；

（十）年龄超过65周岁的；

（十一）法律、法规规定不予注册的其他情形。

第十七条　区、县建委对申请人的申报材料进行初审，认真核对资格证书、学历证书、身份证明、继续教育证明和聘用合同原件与复印件是否一致，按规定填写初审意见。

第十八条　区、县建委对申请初始注册、重新注册、增项注册，应当自受理申请之日起，20个工作日内对申请人注册条件和申报材料进行审查，并作出书面初审意见；对申请变更注册、延续注册、注销注册、注册证书、执业印章遗失补办或污损更换的，应当自受理申请之日起，5个工作日内对申请人注册条件和申报材料进行审查，并作出书面初审意见。初审意见为不同意的需说明理由。

第五章　审　　批

第十九条　对申请初始注册、重新注册、增项注册的,市建委收到初审意见后,20 个工作日内审批完毕并作出书面决定,审批结果向社会公告。市建委审批时主要对申请人重复注册、举报情况进行核实。必要时,市建委组织专家复审。

北京市交通、水务等有关部门,应当自收到全部注册申请材料之日起,在 10 个工作日内审核完毕,作出书面审核意见汇总后送市建委。市建委应将审核意见结果汇总后向社会公示 10 个工作日,公示无异议的,准予注册。

第二十条　对申请变更注册、注销注册,注册证书、执业印章遗失补办或污损更换的,由市建委负责办理,5 个工作日内办结。

市建委负责销毁因注销注册或污损更换收回的注册证书、执业印章,办结 10 个工作日内将在北京市建委网上公告注册证书和执业印章注销情况。

上述事项涉及公路、水利水电专业的二级建造师,市建委将办理结果及时告知市交通、水务等有关部门。

第二十一条　对申请延续注册的,市建委收到初审意见后,10 个工作日内审批完毕并作出书面决定,审批结果向社会公告。

北京市交通、水利等有关部门,应自收到全部注册申报材料之日起,5 个工作日内审核完毕,作出书面审核意见汇总后移送市建委。

市建委将审核结果汇总后向社会公示 10 个工作日,公示无异议的,准予注册。审批日期为注册证书签发日期,注册证书自签发之日起有效期 3 年,执业印章与注册证书有效期相同。

第二十二条　市建委自公告发布之日起 10 个工作日内,制作《中华人民共和国二级建造师注册证书》,市建委负责在注册证书照片上加盖骑缝钢印;经审批同意变更注册、延续注册、增项注册的,市建委在注册证书内页加贴建设部统一印制的防伪贴,并加盖骑缝印章。区县建委负责向申请人送达注册证书。

经审批同意初始注册、变更注册、延续注册、增项注册、重新注册、注销注册,注册证书、执业印章遗失补办或污损更换的,市建委 30 个工作日内向建设部备案。

第二十三条　注册证书和执业印章按建设部《一级建造师注册实施办法》(建市[2007]101 号)文件第五章(注册证书和执业印章)中第二十五条(注册证书)、第二十六条(执业印章)规定执行。

第六章　其　　他

第二十四条　二级建造师注册后,在领取注册证书和执业印章时,应当同时向区、县建委交回原建筑业企业二级项目经理资质证书,市建委负责证书销毁后向建设部备案。

第二十五条　市建委不收取二级建造师注册费和注册证书费。区、县建委在注册工作中发生的相关费用,商同级财政部门解决。

第二十六条　本办法自公布之日起执行。

北京市建设委员会　北京市水务局关于组建北京市施工降水方案评审专家库的通知

京建科教[2007]1232号

各区、县建委，水务局，各集团、总公司，各有关单位：

为了进一步落实《北京市建设工程施工降水管理办法》（京建科教[2007]1158号）有关规定，切实做好施工降水方案的专家评审工作，市建委、市水务局决定组建北京市施工降水方案评审专家库（以下简称专家库），现就有关事项通知如下：

一、专家库的主要工作职责

（一）负责本市施工降水专项方案专家评审；

（二）协助执法机构检查施工降水现场，查处违规行为；

（三）向主管部门提交《北京市建设工程施工降水管理办法》执行情况年度报告；

（四）对《北京市建设工程施工降水管理办法》执行过程中出现的技术问题开展调研，为决策系统提供依据和咨询。

二、聘任形式

聘任专家采取申请聘任和特邀聘任两种形式，以申请聘任为主。申请聘任遵循下列程序：

（一）申请人提交北京市施工降水方案评审专家申请表（见附件）及相关申请材料；

（二）受理单位对所有申请人的申请材料进行整理和必要的核实，并进行初选，向专家评审委员会提交初选人名单及其申请材料；

（三）专家评审委员会对所有通过初选申请人进行评审，形成符合条件的申请人名单，报主管部门；

（四）主管部门根据需要，聘任全部或部分符合条件的申请人，并颁发聘书。

三、申请人条件

（一）从事岩土工程技术管理工作满八年并具有高级职称或注册岩土工程师资格；

（二）熟悉基坑支护与降水工程相关技术标准和有关规定，具有丰富的实践经验，设计或主持施工基坑深度超过12m项目五项以上，或参加基坑支护方案专家评审10项以上；

（三）遵纪守法，能够公正、诚实、认真、廉洁地履行职责；

（四）在北京工作，身体健康，能胜任评审工作，年龄在65岁以下，勘察大师、工程院院士及具有同等条件著名专家，年龄在80岁以下。

四、专家的权利和义务

（一）权利

1. 接受聘请，担任施工降水方案评审专家；

2. 对施工降水方案进行独立评审，提出评审意见，不受任何单位或个人干预；

3. 接受参加评审活动的劳务报酬；

4. 法律、行政法规规定的其他权利。

（二）义务

1. 遵守专家库的工作制度；

2. 客观公正科学地进行评审；

3. 协助市建委和市水务局查处违犯《北京市建设工程施工降水管理办法》的事件；

4. 法律、行政法规规定的其他义务。

五、申报材料

申请人需报送以下材料：

1. 北京市施工降水方案评审专家申请表；

2. 身份证、学历证书、职称证书、执业资格证书复印件；

3. 两寸彩色照片2张。

六、报送方式

委托北京城建科技促进会为本项工作的受理单位。申请人应于2007年12月10日之前，将申报材料以递交、邮寄等方式报送至北京城建科技促进会。

特此通知。

附件：北京市施工降水方案评审专家申请表

二〇〇七年十一月二十八日

附件：

北京市施工降水方案评审专家申请表

<table>
<tr><td>姓名</td><td></td><td>性别</td><td></td><td>出生年月</td><td></td><td rowspan="3">照片</td></tr>
<tr><td>毕业学校</td><td colspan="2"></td><td>学历学位</td><td colspan="2"></td></tr>
<tr><td>所学专业</td><td colspan="2"></td><td>现从事
专　业</td><td colspan="2"></td></tr>
<tr><td>单位名称</td><td colspan="4"></td><td>现职务职称</td><td></td></tr>
<tr><td>地址</td><td colspan="4"></td><td>邮编</td><td></td></tr>
<tr><td>办公电话</td><td></td><td>住宅电话</td><td></td><td>传真</td><td colspan="2"></td></tr>
<tr><td>手机</td><td colspan="2"></td><td colspan="2">E－mail</td><td colspan="2"></td></tr>
<tr><td>高级职称名称/取得时间</td><td colspan="2"></td><td colspan="2">注册岩土工程师资格证取得时间</td><td colspan="2"></td></tr>
<tr><td>社会兼职情况</td><td colspan="6"></td></tr>
<tr><td colspan="7">主要业绩（设计或主持施工基坑深度超过12m项目，或参加基坑支护方案专家评审项目，包括工程名称、地点、施工单位、建设单位、工程规模、完成时间等，可附页）</td></tr>
<tr><td colspan="7"></td></tr>
<tr><td>初审意见</td><td colspan="6">年　月　日</td></tr>
<tr><td>评审委员会意见</td><td colspan="6">年　月　日</td></tr>
<tr><td>主管部门意见</td><td colspan="6">单位（盖章）
年　月　日</td></tr>
</table>

中华人民共和国建设部办公厅关于北京市建筑业企业项目经理资质管理制度向建造师执业资格制度过渡有关问题的补充通知

京建科教[2007]1233号

各区、县建委，市国资委所属企业(集团)，中央管理的驻京企业，各有关协会：

为了确保建筑业企业项目经理资质管理制度向建造师执业资格制度平稳过渡，妥善解决尚未取得建造师执业资格并持有项目经理资质证书人员的实际问题，现将有关问题补充通知如下：

一、按照2003年4月23日建设部发布的《关于建筑业企业项目经理资质管理制度向建造师执业资格制度过渡有关问题的通知》(建市[2003]86号)、《关于建筑业企业项目经理资质管理制度向建造师执业资格制度过渡有关问题的补充通知》(建办市[2007]54号)的要求，2008年2月27日停止使用建筑业企业项目经理资质证书。

二、具有建设部统一颁发的建筑业企业一级项目经理资质证书，且未取得一级建造师资格证书的人员，符合下述条件之一的，可申请一级建造师临时执业证书：

(一)2007年度担任大型工程施工项目经理的。

(二)2007年度未担任大型工程施工项目经理的，应当同时满足下列条件：

1.年龄不超过55岁，年龄计算时间截止到2007年12月31日；

2.符合《建造师执业资格考核认定办法》(国人部发[2004]16号)和《关于印发〈一级建造师注册实施办法〉的通知》(建市[2007]101号)中业绩规模(见附件6)、数量和专业要求，业绩计算时间截止到2007年12月31日。

符合上述(一)、(二)条件的，由申请人通过建筑业企业在2007年12月20日前直接向市建委申报，市建委审查汇总后于12月31日前报建设部。2008年2月27日前，经建设部审批后，向符合条件者颁发一级建造师临时执业证书。证书有效期为5年，于2013年2月27日废止。

三、具有建设部统一颁发的建筑业企业一级项目经理资质证书，未取得建造师资格证书且不符合颁发过渡期一级建造师临时执业证书条件的人员，经申请可由市建委根据《关于印发〈二级建造师考试认定指导意见〉的通知》(建市[2004]85号)规定，对符合二级建造师过渡条件的人员颁发二级建造师临时执业证书。

四、具有建筑业企业二级项目经理资质证书，未取得建造师资格证书，符合下列条件之一的，可申请二级建造师临时执业证书：

(一)2007年度担任中型项目施工项目经理的。

(二)2007年度未担任中型项目施工项目经理的，应当同时满足下列条件：

1.年龄不超过55周岁，年龄计算截止到2007年12月31日；

2.符合《关于二级建造师执业资格考核认定有关工作的通知》(京人发[2004]82号)和《关于印发〈北京市二级建造师注册实施办法〉的通知》(京建科教[2007]1208号)中业绩规模(见附件7)、数量和专业要求,业绩计算截止到2007年12月31日。

五、符合上述三、四条件的,由申请人通过建筑业企业 在2007年12月31日前向企业工商注册所在地的区县建委申报,区县建委审查汇总后于2008年1月15日前报市建委。2008年2月27日前,经市建委审批后,向符合条件者颁发二级建造师临时执业证书。证书有效期为5年,于2013年2月27日废止。

六、申请建造师临时执业证书实行网上和书面相结合的申报方式。申请人应当在中国建造师网(网址:www.coc.gov.cn)上进行填报,网上申报成功后自动生成打印所需申请表一式两份。

七、取得一、二级建造师临时执业证书的人员,其注册、执业、变更、注销和继续教育等,按照注册建造师制度有关规定执行。

八、取得一、二级建造师临时执业证书的人员只能注册一个专业,在持证有效期内通过考试取得建造师资格证书的,应当在3个月内完成专业注册,原一、二级建造师临时执业证书自动失效,市建委负责收回其临时执业证书和执业印章。

九、北京市建设委员会负责工商注册在北京市行政区域范围内的所有建筑施工企业的一级建造师临时执业证书的审核报送工作和二级建造师临时执业证书的颁发工作。北京市建筑业执业资格注册中心负责具体工作的组织实施。

办公地址:北京市朝阳区水碓子东路18号东楼415室

联系电话:85970977,85963937

联系人:范久强,邢宇红

附件:1.《关于建筑业企业项目经理资质管理制度向建造师执业资格制度过渡有关问题的补充通知》(建办市[2007]54号)

2.一级建造师(临时)执业证书申请表(略)

3.一级建造师(临时)执业证书汇总表(略)

4.二级建造师(临时)执业证书申请表(略)

5.二级建造师(临时)执业证书汇总表(略)

6.一级建造师各专业大型工程标准一览表(略)

7.二级建造师各专业中型工程标准一览表(略)

二〇〇七年十一月二十七日

附件1

关于建筑业企业项目经理资质管理制度向建造师执业资格制度过渡有关问题的补充通知

建办市[2007]54号

各省、自治区建设厅,直辖市建委,国务院有关部门建设司,新疆生产建设兵团建设局,总后营房部工程局,中央管理的企业,有关行业协会:

为了确保建筑业企业项目经理资质管理制度向建造师执业资格制度平稳过渡,妥善解决尚未取得建造师执业资格的持有项目经理资质证书人员的实际问题,现将有关问题补充通知如下:

一、按照建设部2003年4月《关于建筑业企业项目经理资质管理制度向建造师执业资格制度过渡有关问题的通知》(建市[2003]86号)的要求,2008年2月27日开始停止使用建筑业企业项目经理资质证书。

二、具有统一颁发的建筑业企业一级项目经理资质证书,且未取得建造师资格证书的人员,符合下述条件之一的,可申请一级建造师临时执业证书:

(一)2007年度担任大型工程施工项目经理的。

(二)2007年度未担任大型工程施工项目经理的,应当同时满足下列条件:

1.年龄不超过55周岁;

2.符合《建造师执业资格考核认定办法》(国人部发[2004]16号)和《关于印发〈一级建造师注册实施办法〉的通知》(建市[2007]101号)中业绩规模、数量和专业要求,年龄、业绩计算时间截止到2007年12月31日。

符合上述(一)、(二)条件的,由申请人通过受聘建筑业企业按照属地化原则向省、自治区、直辖市建设主管部门申报,申报程序按建市[2007]101号文执行。各地审查汇总后于2007年12月31日前报建设部。2008年2月27日前,经建设部审批后,委托各省级建设主管部门向符合条件者颁发一级建造师临时执业证书。证书有效期为5年,于2013年2月27日废止。

三、取得一级建造师临时执业证书的人员,其注册、执业、变更、注销和继续教育等,按照注册建造师制度有关规定执行。

四、取得一级建造师临时执业证书的人员,在持证有效期内通过考试取得建造师资格证书的,应当在3个月内完成专业注册,原一级建造师临时执业证书自动失效,建设部负责收回其临时执业证书和执业印章。

五、二级建造师临时执业证书颁发工作由各省、自治区、直辖市建设主管部门参照本通知精神另行规定,并将名单报建设部备案。

具有建筑业企业一级项目经理资质证书,未取得建造师资格证书且不符合颁发一级建造师临时执业证书条件的，可由省级建设主管部门根据《关于印发〈二级建造师执业资格考核认定指导意见〉的通知》（建市[2004]85号）规定，对符合条件者颁发二级建造师临时执业证书。具有一级项目经理资质证书的人员不能同时获取一、二级建造师临时执业证书。

二〇〇七年十一月十九日

北京市建设委员会关于印发《北京市房地产经纪纠纷投诉处理管理规定》的通知

京建租[2007]98号

各区县建委(房管局)、各房地产经纪机构:

现将《北京市房地产经纪纠纷投诉处理管理规定》印发给你们,请依照执行。

二〇〇七年一月二十五日

北京市房地产经纪纠纷投诉处理管理规定

为了维护当事人合法权益,方便群众和企业解决房地产经纪纠纷问题,规范房地产经纪纠纷投诉行为和处理工作,促进房地产经纪行业健康发展,特制定本规定。

一、管辖权限

(一)本着方便群众和首问受理的原则,对房地产经纪机构的直接投诉和网上投诉,由房地产经纪机构注册地址或经营地址所在地的区县建委(房管局)受理;对房地产经纪机构分支机构的直接投诉和网上投诉,由分支机构注册地址所在地的区县建委(房管局)或分支机构所属房地产经纪机构注册地址所在地的区县建委(房管局)受理。

(二)市建委收到的房地产经纪纠纷投诉(包括信访),转交房地产经纪机构注册地址所在地的区县建委(房管局)处理;涉及分支机构的,转交分支机构经营地址所在地的区县建委(房管局)受理。

(三)对房地产经纪人或其他从业人员的投诉由其执业的房地产经纪机构注册地址所在地或分支机构经营地址所在地的区县建委(房管局)受理。

二、工作时限

(四)区县建委(房管局)受理关于房地产经纪纠纷的投诉后,应于30日内完成投诉调查调解工作并将有关材料通过"北京市房地产经纪管理系统"报市建委。

三、受理范围

(五)区县建委(房管局)负责调解处理群众对所管辖区域内的房地产经纪机构及其从业人员的有关投诉。对下列情况的投诉不予受理:

1. 反映非本市管辖范围内问题的投诉;
2. 进入司法判决、诉讼程序的投诉;
3. 所反映问题不涉及房地产经纪机构及房地产经纪从业人员的投诉;
4. 无具体投诉内容;
5. 已经调解又无新证据、新情况的投诉。

四、受理程序

（六）投诉人直接投诉

1. 投诉人到区县建委（房管局）投诉时，行政主管部门应向投诉人讲明投诉受理程序及有关事项，要求投诉人填写《北京市房地产经纪纠纷投诉登记表》，并提交本人身份证件及有关合同（协议）、发票（收据）等相关证据材料A4纸复印件（验原件）。代理投诉的，应提交投诉委托书及代理人身份证件。

2. 区县建委（房管局）受理关于房地产经纪纠纷的投诉后，应于3个工作日内将投诉事由录入"北京市房地产经纪管理系统"，录入当日视同已经通知被投诉方。对因房地产经纪机构未备案而无法通过系统通知被投诉方的，应直接对其进行检查，责令限期整改或按有关规定进行处理，并就投诉事由当场予以通知。

3. 被投诉方应自接到通知之日起3个工作日内，针对该起投诉提交调查说明材料（应注明是否愿意接受调解）及有关合同（协议）、发票（收据）等相关证据材料A4纸复印件（验原件）。

被投诉方接到通知之日起3个工作日内已解决该纠纷的，可直接提交情况说明和解决纠纷的证据材料，解决纠纷的文字材料中应当注明"此纠纷就此一次性解决"，并由当事人双方签字（盖章）确认。

4. 区县建委（房管局）根据投诉人提交的投诉材料及被投诉方提交的说明材料进行调解，必要时可组织双方当事人面谈。根据合同约定和实际情况判断双方当事人责任。

5. 对涉及行政管理权限以外的法律问题而无法确定责任方的，或当事人一方不同意调解或提出终止调解的，区县建委（房管局）可以建议当事人通过法律途径解决问题，待当事人提供有明确判决条款的法律文书后判定投诉有效性及被投诉方违法性。

6. 下列情况的投诉被视为无效投诉，不记入被投诉方相关信用信息系统：

（1）根据投诉人所留联系方式无法与其取得联系；

（2）投诉人不能够按照规定提交身份证明、证据材料；

（3）投诉人所提供的证据材料不真实或不能说明问题；

（4）被投诉方无违规行为，且经司法解决后被判定胜诉的。

7. 区县建委（房管局）行政主管部门在调解过程中，对查实被投诉方有违法违规行为的应予"公示发布"，并按照有关规定予以处罚，问题突出的应记入信用档案系统。被投诉方未按照时限要求反馈情况或提交材料的也将被"公示发布"。

8. 区县建委（房管局）行政主管部门对调解情况、处理情况应及时录入"北京市房地产经纪管理系统"，同时应将投诉材料拍照或扫描，并输入该系统。

（七）网上投诉

网上投诉，是指群众通过北京市房地产交易管理网"网上投诉"对房地产经纪机构及从业人员的投诉。

相关经纪机构接到投诉后，如于5日内自行解决纠纷并向经纪机构注册地址所在区县建委（房管局）提交情况说明和解决纠纷的证据材料，区县建委（房管局）应通过系统中的"直接处理"录入相关情况，进入处理程序。

5日内如果投诉问题仍未得到解决，投诉人可根据网络系统的提示，于7日内到区县建委（房管局）填写《北京市房地产经纪纠纷投诉登记表》并补交本人身份证件及相关证据材料,区县建委(房管局)应当按照投诉人直接投诉的程序处理,受理后应通过系统中的“管理/受理”核对、补充、修改相关情况。

(八)信访投诉

信访投诉,是指群众通过信访渠道对房地产经纪机构及从业人员提出的投诉,按照国务院《信访条例》和《北京市信访条例》规定办理。

区县建委(房管局)应于3个工作日内告知投诉人我市处理房地产经纪纠纷投诉工作程序,请投诉人按照规定补充材料,并按照投诉人直接投诉的程序处理。

五、房地产经纪机构工作要求

(九)为了从源头上控制纠纷投诉的产生,各房地产经纪机构应当在企业日常内部管理中建立健全以下相应的客户服务制度:

1. 将公司内部投诉电话、投诉邮箱在营业场所公示,分支机构还应公示总公司的注册经营地址,并载入经纪合同中。

2. 建立客户回访制度,存量房买卖、房屋租赁代理业务的回访率应达到100%,房屋租赁居间及其他业务的回访率应达到30%。

3. 使用由行政主管部门或行业协会推荐使用的合同示范文本。

4. 对投诉问题集中的分支机构,在确定其存在违法违规行为后,公司应对其负责人予以经济处罚、降级或开除。涉及房地产经纪人员的,应予以经济处罚,直至开除;如发现其违法行为涉嫌犯罪,公司应及时向公安机关报案。

(十)房地产经纪机构应当每日登陆北京市房地产经纪机构内部管理系统,及时妥善处理网上投诉和政府主管部门交办的群众投诉,并按工作时限要求提交相关材料。

(十一)房地产经纪机构在处理投诉过程中不得伪造证据材料,不得采取威胁、恐吓、辱骂等其他手段对投诉人进行打击报复。

六、管理部门工作要求

(十二)区县建委(房管局)行政主管部门工作人员对待投诉群众要主动热情、耐心细致,对管辖权限内的投诉要妥善及时地予以处理,不得以任何理由推诿、敷衍、拖延;对不予受理和需要通过司法途径解决的问题要认真做好解释工作。

(十三)涉及两个或者两个以上区县的投诉,有关区县建委(房管局)应当积极配合受理投诉的区县建委(房管局)开展工作。

(十四)调解纠纷时要坚持查明事实、依法办事,分清责任、处理公正,宣传法规、教育疏导的原则开展工作。工作人员不得擅自将投诉人提交的投诉及证据材料转给被投诉方。

(十五)受理群众对异地经营或未按要求办理备案的房地产经纪机构的投诉时,应当在调解纠纷过程的同时,按照有关规定对其违反备案工作要求的违规行为予以处理。

(十六)在处理纠纷过程中,对发现有突出问题或重大隐患的企业,要依据房地产经纪信用档案系统管理的有关规定,将其行为记入该企业信用档案警示信息系统;同时,要及时向市建委进行书面汇报,并注意采取有效方式控制事态发展。

(十七)工作中发现被投诉方违法行为涉嫌犯罪的,应当按照有关规定移送公安机关处理。

(十八)对已处理的投诉材料要装订存档,便于日后查询。系统录入应当及时准确,并与存档的书面材料主要内容保持一致。

北京市建设委员会关于规范境外机构和境外个人购买商品房有关问题的通知

京建交[2007]103 号

各区县建委(房管局)、外办、公安分(县)局、工商分局、商务局:

根据建设部、商务部、国家发展和改革委员会、中国人民银行、国家工商行政管理总局、国家外汇管理局《关于规范房地产市场外资准入和管理的意见》(建住房[2006]171 号)的规定,现将境外机构和境外个人办理商品房预售登记手续、房屋权属转移登记手续时有关问题通知如下:

一、境外个人购买自住商品房

凡境外个人(含港澳台侨个人)购买商品房的,在办理预售登记和权属登记时,除提交房屋交易权属管理部门有关登记规范规定的文件外,还应分别提交以下材料的原件和复印件一份:

1. 港澳人员提交有效的《港澳人员来往大陆通行证》和《港澳居民身份证》、华侨提交有效的《中华人民共和国护照》和驻在国长期居留身份证件、台湾居民提交有效的《台湾居民来往大陆通行证》,港澳台个人和华侨还需提交北京市公安局出入境管理处出具的《境外个人在境内居留状况证明》。

2. 外国个人提交有效的护照和北京市公安局出入境管理处出具的《境外个人在境内居留状况证明》。

3. 各国驻华大使馆、各国际组织驻华代表机构享有外交特权与豁免的人员提交外交部同意其购房的照会。

境外个人在本市购买自住商品房的,一人只能购买一套住宅,法律法规另有规定的,从其规定。交易权属管理部门通过全市统一信息平台的交易权属管理系统验证其购房情况。

二、境外机构购买自用商品房,在办理预售登记和权属登记时,除须提交房屋交易权属管理部门有关登记规范规定的文件外,还须提交相关管理部门核发的该境外机构在北京设立分支、代表机构的营业执照或登记证书;各国驻华大使馆、各国际组织驻华代表机构提交外交部同意其购房的照会。

三、境外机构和境外个人购买自用、自住商品房的,在办理预售登记和权属登记时,须提交所购商品房符合实际需要自用、自住原则的书面承诺;购买后不得随意出租、转让,但境外机构在北京设立的分支、代表机构注销的,可以按规定办理商品房的转移登记手续。

四、境外机构和境外个人投资本市非自用、自住商品房,应当遵循商业存在的原则,按照外商投资房地产的有关规定,申请设立外商投资企业,在办理预售登记和权属登记时,除须提交房屋交易权属管理部门有关登记规范规定的文件外,还须提交商务管理部门核发的《外商投资企业批准证书》和工商管理部门核发的《营业执照》。

原自用、自住商品房进行出租、转让的,按上述原则办理。

二〇〇七年一月二十九日

北京市建设委员会转发建设部　中国人民银行关于加强房地产经纪管理规范交易结算资金账户管理有关问题的通知

京建交[2007]173 号

各区县建委(房管局)、北京房地产中介行业协会、各商业银行、房地产经纪机构、交易保证机构:

为进一步规范我市房地产中介服务行为,维护房地产交易市场秩序,规避存量房交易的资金风险,现将建设部、中国人民银行《关于加强房地产经纪管理 规范交易结算资金账户管理有关问题的通知》(建住房[2006]321 号)转发给你们,望严格遵照执行。现结合我市情况提出具体要求如下:

一、本市实行存量房交易结算资金账户管理制度,设立客户交易结算资金专用存款账户(以下简称"专用账户")划转存量房交易结算资金。取得北京市建设委员会备案手续的房地产经纪机构、交易保证机构可在商业银行开设"专用账户"。

各家商业银行应按照《人民币银行结算账户管理办法》、《人民币银行结算账户管理办法实施细则》的有关规定,严格审查房地产经纪机构或交易保证机构提交的工商营业执照、税务登记证、组织机构代码证书、基本存款账户开户许可证、市建委的备案证明等相关开户资料。开户银行应与开立客户交易资金专用存款账户的房地产经纪机构和交易保证机构签订合作协议,明确资金划转方式。

房地产经纪机构和交易保证机构应在银行按房产的买方分别建立子账户。交易当事人应根据需要在银行开立个人银行结算账户。

二、加强客户交易结算资金专用存款账户管理。开设"专用账户"的商业银行应严格遵守《人民币银行结算账户管理办法》、《人民币银行结算账户管理办法实施细则》、《现金管理暂行条例》等相关法规规定,并严格按合作协议的约定,加强资金管理,确保交易结算资金专款专用。

三、房地产经纪机构及其房地产经纪从业人员应自觉遵守国家法律、法规和政策,自觉遵守房地产经纪人的职业道德和行业自律守则,保护当事人的权益不受侵害,维护市场秩序。在从事经纪活动过程中,特别是与当事人签订存量房交易委托合同时,要主动向当事人提示交易结算资金通过"专用账户"划转的必要性和安全性。

四、企业应建立服务收费明码标价制度,在其经营场所的醒目位置公示服务项目、服务内容、收费标准,并应在合同中注明。

五、市和区县建委(房管局)不定期抽查"专用账户"的资金划转情况时,各房地产经纪机构、交易保证机构应予以配合,并提供开户银行"专用账户"资金划转明细。对弄虚作假、不按规定划转资金的企业,应取消其设立"专用账户"资格,并依法予以处理;构成犯罪的,依法追究刑事责任。

六、房地产经纪机构和交易保证机构的备案管理办法及存量房交易结算资金的划转操作流程等规定由北京市建设委员会另行规定。

附件:《关于加强房地产经纪管理规范交易结算资金账户管理有关问题的通知》

二〇〇七年二月二十八日

建设部　中国人民银行
关于加强房地产经纪管理规范交易结算资金
账户管理有关问题的通知

建住房[2006]321号

各省、自治区建设厅,直辖市房地局(建委),人民银行上海总部、各分行、营业管理部、各省会(首府)城市中心支行:

为建立主体诚信、行为规范、监管有力的房地产经纪市场秩序,维护房地产经纪活动当事人的合法权益,现就有关问题通知如下:

一、全面推行房地产经纪机构备案公示制度。房地产经纪机构(含分支机构,下同)和交易保证机构应当自领取营业执照之日起30日内,到工商登记所在地的市、县房地产管理部门备案,房地产管理部门应当出具备案证明。房地产管理部门应当及时将已备案的房地产经纪机构的名称、住所、法定代表人、注册资本、注册房地产经纪人及房地产经纪人协理(以下简称注册房地产经纪人员)等信息向社会公布,供房地产交易当事人选择。

二、严格实施房地产经纪人员职业资格制度。要按照《人事部建设部关于印发〈房地产经纪人员职业资格制度暂行规定〉和〈房地产经纪人执业资格考试实施办法〉的通知》(人发[2001]128号)和《关于转变房地产经纪人执业资格注册管理方式有关问题的通知》(建办住房[2004]43号)的规定,继续做好房地产经纪人执业资格考试工作,加强注册管理。各地要抓紧组织开展房地产经纪人协理考试和注册工作。房地产经纪行业组织要建立健全对房地产经纪人员的继续教育制度,不断提高房地产经纪人员整体素质。对于在执业活动中有违法违规行为的注册房地产经纪人员,注册机构应当收回其注册证书。

三、规范房地产经纪行为。房地产经纪人员在执行业务时应当严格执行《房地产经纪执业规则》,主动向当事人出示房地产经纪人注册证书或者房地产经纪人协理证书。房地产经纪机构与委托人签订委托合同后,方可对外发布相应的房源、客源信息;发布的信息应当与事实相符,不得发布虚假信息、未经核实的信息。

房地产经纪机构和经纪人员不得对交易双方隐瞒真实的房屋成交价格等交易信息,不得以低价购入(租赁)、高价售出(转租)等方式赚取差价,不得谋取非法收益。不得采取内部认购等手段营造销售旺盛的虚假氛围，误导和欺骗当事人。不得泄露或利用委托人的商业秘密与他人串通损害委托人的利益。

四、加强房地产经纪合同管理。积极推广使用有关部门和行业组织推荐的房地产经纪合同文本。房地产经纪机构与当事人签订房地产经纪合同前，应当明示有关部门或行业组织推荐的房地产经纪合同示范文本，供当事人选用。不得签署损害委托人利益的合同。房地产经纪合同中应当约定交易资金交付的条件和具体方式。房地产经纪合同应当有执行该业务的注册房地产经纪人的签名。

五、建立存量房交易结算资金管理制度。发展交易保证机构，专门从事交易资金监管。交易保证机构不得从事经纪业务。建立交易保证机构保证金制度，各地要对保证金的数额做出具体规定。交易当事人可以通过合同约定，由双方自行决定交易资金支付方式，也可以通过房地产经纪机构或交易保证机构在银行开设的客户交易结算资金专用存款账户，根据合同约定条件，划转交易资金。客户交易结算资金专用存款账户中的交易结算资金，独立于房地产经纪机构和交易保证机构的固有财产及其管理的其他财产，也不属于房地产经纪机构和交易保证机构的负债，交易结算资金的所有权属于交易当事人。若有关部门对客户交易结算资金专用存款账户进行冻结和扣划，开户银行、房地产经纪机构或交易保证机构有义务出示证据以证明交易结算资金及其银行账户的性质。

六、规范交易结算资金专用存款账户开设和资金划转。对于本《通知》下发后新发生的业务，通过房地产经纪机构或交易保证机构划转交易结算资金的，房地产经纪机构或交易保证机构必须在银行开立交易结算资金专用存款账户，账户名称为房地产经纪机构或交易保证机构名称后加"客户交易结算资金"字样，该专用存款账户专门用于存量房交易结算资金的存储和支付。房地产经纪机构和交易保证机构应在银行按房产的买方分别建立子账户。交易当事人应根据需要在银行开立个人银行结算账户。开立客户交易结算资金专用存款账户时，房地产经纪机构和交易保证机构应当向银行出具工商营业执照、基本存款账户开户许可证和房地产管理部门出具的备案证明。子账户划转时应当有房地产经纪机构或交易保证机构和房产买方的签章。

交易结算资金的存储和划转均应通过交易结算资金专用存款账户进行，房地产经纪机构、交易保证机构和房地产经纪人员不得通过客户交易结算资金专用存款账户以外的其他银行结算账户代收代付交易资金。房产买方应将资金存入或转入客户交易结算资金专用存款账户下的子账户，交易完成后，通过转账的方式划入房产卖方的个人银行结算账户。当交易未达成时，通过转账的方式划入房产买方的原转入账户；以现金存入的，转入房产买方的个人银行结算账户。客户交易结算资金专用存款账户不得支取现金。

七、加强交易结算资金专用存款账户管理。房地产经纪机构或交易保证机构应保证客户交易结算资金专用存款账户的资金支付条件和具体方式与房地产经纪合同中的约定一致。

各市、县房地产管理部门应当采取定期或不定期检查的方式，对房地产经纪机构或交易保证机构的客户交易结算资金专用存款账户的开立情况、交易资金支付情况等加强监管。对违反合同约定使用资金的行为，要严肃查处。

客户交易结算资金专用存款账户的开户银行应按照其与房地产经纪机构或交易保证

机构的约定,加强资金管理,确保存量房交易结算资金专款专用。

八、建立健全办事公开制度。各市、县房地产管理部门应当完善房地产市场信息系统。有条件的地方,要积极开通房地产经纪合同和交易合同网上签约系统,构建统一的网上签约、交易过户、产权登记信息平台,方便房地产经纪人及交易当事人查询房地产交易登记信息。

九、建立和完善信用公示制度。各级房地产管理部门或房地产经纪行业组织要不断完善房地产经纪机构和房地产经纪人员信用档案系统,对房地产经纪机构和房地产经纪人员的失信、违法、违规行为,要记入信用档案并向社会公示。

十、加强房地产经纪行业自律建设。房地产经纪行业组织要不断建立和完善房地产经纪执业规则,明确执业标准及经纪行为准则。建立健全房地产经纪机构资信评价体系,积极开展资信评价活动。建立房地产经纪机构和经纪人员失信惩戒机制。探索建立房地产经纪机构房源、客源信息共享系统。

各地可根据本通知制定具体的实施细则。

近期,各市、县房地产管理部门要对房地产经纪机构开展一次全面的清理整顿,严肃查处违法违规行为。对典型案例要向社会曝光。各省级建设(房地产)行政主管部门要在2007年3月底以前,将清理整顿情况上报我部住宅与房地产业司。

二〇〇六年十二月二十九日

北京市建设委员会关于印发《北京市存量房交易结算资金账户管理暂行规定》的通知

京建法[2007]253 号

各区县建委(房管局)、北京房地产中介行业协会、各房地产经纪机构、各交易保证机构:

为进一步规范我市房地产中介服务行为,维护房地产交易市场秩序,规避存量房交易资金风险,特制定《北京市存量房交易结算资金账户管理暂行规定》,现印发给你们,请遵照执行。

二〇〇七年三月十九日

北京市存量房交易结算资金账户管理暂行规定

第一条　根据建设部《城市房地产中介服务管理规定》(建设部令第 97 号)及建设部、中国人民银行《关于加强房地产经纪管理规范交易结算资金账户管理有关问题的通知》(建住房[2006]321 号)规定,制定本暂行规定。

第二条　本市实行存量房交易结算资金账户管理制度,设立"存量房交易结算资金专用存款账户"(以下简称"专用账户")划转存量房交易结算资金。商业银行可为符合条件的房地产经纪机构或交易保证机构(以下统称"保证机构")开设"专用账户"。同时,建立政府部门监管,行业自律,社会公众、新闻媒体监督的工作机制。

第三条　房地产经纪机构居间或代理存量房买卖的,须通过"专用账户"划转交易结算资金。未设立"专用账户"的房地产经纪机构,其成交业务的交易结算资金应通过保证机构的"专用账户"实施划转,不得自行或委托其他经济组织代收代付存量房交易结算资金。

第四条　买卖双方当事人约定通过"专用账户"划转交易结算资金的,应与设立"专用账户"的保证机构签订《存量房交易结算资金划转协议》,由保证机构出具《存量房交易结算资金托管凭证》。

买卖双方当事人在房屋权属登记部门办理转移登记手续时,应提交《存量房交易结算资金托管凭证》,房屋权属登记部门应在发给买房人房屋所有权证的同时,向卖房人出具《转移登记办结单》。卖房人持办结单到保证机构按照《存量房交易结算资金划转协议》的约定办理资金划转手续。

第五条　买卖双方当事人约定自行划转交易结算资金的,办理转移登记手续时应提交《存量房交易结算资金自行划转声明》,不得委托房地产经纪从业人员办理。

第六条　设立"专用账户"的保证机构应符合下列条件:

(一)熟悉房屋交易市场的相关法律法规,有健全的管理制度,其信用档案无不良行为记录;

(二)注册资本应不低于100万元;

(三)在存量房交易保证金专用账户(以下简称“保证金账户”)存入100万元保证金;

(四)房屋行政主管部门规定的其他条件。

第七条 保证金由北京房地产中介行业协会(以下简称“中介协会”)负责监管,保证机构开设“专用账户”的同时将保证金存入签约商业银行设立的保证金账户内。保证金账户内的保证金所有权属于保证机构,存续期间,开户行按国家有关规定结息并返还给保证机构。

第八条 保证机构在从事交易结算资金划转业务之前,应向北京市建设委员会备案,领取《设立“专用账户”保证机构备案证明》。备案工作由北京市建设委员会委托中介协会具体承办。

第九条 保证机构持《备案证明》等相关材料与商业银行签署合作协议,开设“专用账户”。

第十条 设立“专用账户”的保证机构与商业银行签订合作协议之日起3个工作日内,应持有关材料到中介协会进行信息发布。

设立“专用账户”保证机构的名单通过“北京房地产中介行业协会信息网(http://www.breaa.cn)”并链接至“北京市房地产交易管理网(http://www.bjfdc.gov.cn)”和“北京建设网(http://www.bjjs.gov.cn)”公布。

第十一条 中介协会负责制定存量房交易结算资金划转操作规范。存量房买卖各方当事人应按照存量房交易结算资金划转操作规范办理存量房交易结算资金划转业务。

第十二条 中介协会应当加强行业自律工作,对保证机构的“专用账户”开立情况、交易资金支付情况加强监管。

北京市建设委员会应支持并监督中介协会的工作。

第十三条 保证机构及其从业人员在交易结算资金划转过程中存在违法违规行为的,存量房买卖当事人可向所在区县建委(房管局)房地产经纪管理部门投诉或举报。

各区县建委(房管局)负责本辖区存量房交易市场的监管,规范房地产经纪行为,严格查处存量房买卖过程中的违法违规经纪行为。中介协会及各区县建委(房管局)在监管过程中发现保证机构有违反本规定或侵害存量房买卖当事人权益行为的,应及时上报北京市建设委员会注销该机构“专用账户”备案。

第十四条 本暂行规定适用于个人之间的存量房买卖,其他存量房买卖可参照本暂行规定执行。

第十五条 本暂行规定自2007年4月15日起试行。凡2007年4月15日后签订存量房买卖合同的,均应按本暂行规定划转交易结算资金;2007年4月15日之前已签订存量房买卖合同的可按原规定办理转移登记手续,但双方当事人应在2007年6月15日前申请办理,逾期未申办的,按本暂行规定执行。

北京市建设委员会关于加强北京市房地产经纪机构备案管理和动态监管工作的通知

京建交[2007]301号

各区县建委(房管局)、各房地产经机构:

为规范我市房地产经纪行业,提高房地产经纪机构服务质量,维护房地产市场秩序,根据建设部《城市房地产中介服务管理规定》(建设部令第97号)、建设部和中国人民银行《关于加强房地产经纪管理规范交易结算资金账户管理有关问题的通知》(建住房[2006]321号)及北京市建设委员会《关于加强本市商品房交易市场动态监管的通知》(京建交[2006]334号)规定,现将我市加强房地产经纪机构备案管理和动态监管的有关工作通知如下:

一、新设立房地产经纪机构或其新下设的分支机构应进行初始备案。

(一)凡我市从事房地产经纪业务的机构,注册登记经营范围包括“房地产经纪”项目的,在取得营业执照之日起30日内,应当向所在地的区县建委(房管局)申请办理房地产经纪机构或分支机构备案。

(二)房地产经纪机构应当有4名以上房地产经纪人员,分支机构有2名以上房地产经纪人员。

(三)房地产经纪机构法定代表人或分支机构负责人应当具有房地产经纪职业资格(或《北京市房地产经纪资格考试合格证》)。

(四)外埠房地产经纪机构在北京首次设立分支机构的,应当持当地营业执照和资质备案证明到分支机构所在地的区县建委(房管局)先进行机构备案,分支机构的备案依照我市房地产经纪机构设立的条件和程序办理备案。

二、房地产经纪机构或其下设的分支机构备案内容发生变更的,应进行变更备案。

(一)房地产经纪人员、资格、业务内容、注册资金等发生变更的,应到所在区县建委(房管局)进行变更备案。

(二)房地产经纪机构跨区迁址的,持申请及变更所需材料,直接到迁入地所在区县建委(房管局)进行备案,相关材料未变更的可不再提交。房地产经纪机构原备案号不变,分支机构备案号由迁入地所在区县建委(房管局)重新编排。

三、房地产经纪机构或其下设的分支机构备案有效期为一年,有效期截至日前应办理续期备案。

办理续期备案时应通过北京市房地产交易管理网的企业内部管理系统提交房地产经纪机构年度报表。

四、房地产经纪机构及其下设分支机构因注销营业执照或其他原因停止从事房地产经纪业务的,应办理撤销备案。

（一）企业已注销营业执照或被吊销营业执照的，区县建委（房管局）应直接撤销其备案；

（二）企业备案证明有效期满2个月未申请办理续期备案的，区县建委（房管局）可直接撤销其备案。

房地产经纪机构或分支机构撤销备案后，管理系统自动解除该企业房地产经纪人员执业关系。房地产经纪机构撤销备案后，其下设的全部分支机构同时被撤销备案。

五、房地产经纪机构或其下设的分支机构备案证明遗失或破损的，可申请补证、换证。

《备案证明》遗失，补发后仍使用原备案证明号，由系统自动在补发的《备案证明》上注记“补证”；《备案证明》破损，换发后仍使用原备案证明号，由系统自动在换发的《备案证明》上注记 “换证”。

六、各房地产经纪机构应当自取得营业执照、营业执照发生变更、企业注销或其他原因停止从事房地产经纪业务之日起或原备案证明有效期满前30日内，进行相关备案申请，登陆北京市房地产交易管理网（www. bjfdc. gov. cn）北京房地产经纪机构管理系统进行网上申请（新用户需先进行注册），在线打印相关备案登记表格，并持相关材料（所提交材料及要求见附件一、二）（略）到所在区县建委（房管局）办理相关备案手续。

七、区县建委（房管局）在办理房地产经纪机构备案时，应自收到申请单位提交的全部材料之日起7个工作日内（分支机构备案的，为5个工作日），通过“北京市房地产经纪机构管理系统”审核该公司主要人员基本情况和信息，对不符合条件的发给行政管理事项办理结果通知书，符合条件的核发（换发、补发）或撤销《北京市房地产经纪机构备案证明》或《北京市房地产经纪机构（分支机构）备案证明》，企业在领取换发的《备案证明》时，应向发证机关交回原《北京市房地产经纪机构备案证明》（正副本）或《北京市房地产经纪机构（分支机构）备案证明》原件，由发证机关统一销毁。备案所提交的书面材料由各区县建委（房管局）存档。

八、房地产经纪机构和经纪人员的基本情况记入房地产经纪信用档案系统，通过北京市建设网和北京市房地产交易管理网向社会进行公示。

九、市和区县建委（房管局）应当加强对房地产经纪机构和从业人员经营行为的动态监管。市和区县建委（房管局）市场监管和监察执法部门负责对房地产经纪机构和从业人员是否存在违规行为（见附件三）（略）进行日常监督检查。对在巡查、信访热线、网上投诉以及媒体曝光中发现企业违规行为的，市和区县建委（房管局）应当督促企业及时限期整改。各经纪机构应登陆交易网通过“房屋市场检查系统”查看本企业是否有违规投诉，存在投诉和问题的，企业须在15日内上报整改方案和整改结果。对情节严重、整改不合格或未按期上交整改报告的企业，市和区县建委（房管局）应将其违规行为在政府网和媒体进行曝光，向社会公示，同时按照有关规定将其违法违规情况记入信用档案，应当予以行政处罚的，依法进行处罚。

十、市和区县建委（房管局）发现从事房地产经纪业务，但未在当地工商行政管理机关办理注册登记手续，或经营范围内无“房地产经纪”项目的，以及经纪机构或从业人员违规需由工商部门处理的，应当及时将情况移送工商部门处理，构成犯罪的移送公安部门处理。

十一、本通知自2007年4月15日起实施。

二〇〇七年四月三日

北京市建设委员会　北京市工商行政管理局关于推行《北京市存量房屋买卖合同》示范文本的通知

京建交[2007]507 号

各区县建委(房管局)、工商分局,各房地产经纪机构、交易保证机构:

为规范本市存量房屋(即二手房屋)买卖行为,明确存量房屋买卖双方当事人的权利和义务,增强交易的透明度,依据《中华人民共和国合同法》、《中华人民共和国城市房地产管理法》、《北京市城市房地产转让管理办法》等法律、规章的规定,北京市建设委员会和北京市工商行政管理局共同制定了《北京市存量房屋买卖合同》示范文本(以下简称示范文本),现就有关问题通知如下:

一、示范文本适用于本市行政区域内国有土地上的存量房屋买卖。存量房是指通过办理转移登记取得房屋所有权证的房屋。

二、凡经房地产经纪机构居间或代理服务达成交易的,可通过存量房网上签约系统填写下载《北京市存量房屋买卖合同》(经纪成交版),合同编号前标识"C"。

三、由买卖双方自行达成交易的,可签订纸制示范文本《北京市存量房屋买卖合同》(自行成交版)。买卖双方可登陆北京市房地产交易管理网(www.bjfdc.gov.cn)和北京工商网(www.baic.gov.cn)下载示范文本,并在打印后填写使用,合同编号前标识"CX";也可到区县工商分局或北京房地产中介行业协会领取印刷版示范文本,需支付工本费,合同编号前标识"CY"。

四、各有关单位要注意收集示范文本使用中的问题,并及时向市建委和市工商局反馈。

五、《北京市存量房屋买卖合同》(经纪成交版)、(自行成交版)自 2007 年 7 月 1 日起推行使用。此后,申请办理存量房屋转移登记手续的,按本通知规定执行。

附件:1.《北京市存量房屋买卖合同》(经纪成交版)(BF—2007—0129)
　　　2.《北京市存量房屋买卖合同》(自行成交版)(BF—2007—0129)

二〇〇七年五月二十二日

BF—2007—0129 合同编号:C

北京市存量房屋买卖合同
(经纪成交版)

出卖人:____________________

买受人:____________________

北京市建设委员会

北京市工商行政管理局

二〇〇七年五月

说　　明

1. 本合同文本为示范文本，由北京市建设委员会和北京市工商行政管理局共同制定，适用于本市行政区域内国有土地上的存量房买卖。存量房，即二手房，是指通过办理转移登记取得房屋所有权证的房屋。

2. 签订本合同前，出卖人应当向买受人出示房屋所有权证及其他有关证书和证明文件。

3. 签订本合同前，双方当事人应当仔细阅读合同条款，特别是其中具有选择性、补充性、填充性、修改性的内容。本合同文本[ ]中选择内容、空格部位填写及其他需要删除或添加的内容，双方当事人应当协商确定。[ ]中选择内容，以划√方式选定；对于实际情况未发生或双方当事人不作约定时，应当在空格部位打×，以示删除。

4. 双方当事人应当按照自愿、公平及诚实信用的原则订立合同，任何一方不得将自己的意志强加给另一方。为体现双方自愿的原则，本合同文本相关条款后留有空白行，供当事人自行约定或补充约定。合同生效后，未被修改的文本打印文字视为双方当事人同意内容。

5. 通过房地产经纪机构提供居间或代理服务达成交易的，所签订的《房屋出售委托协议》、《房屋购买委托协议》应当作为本合同的附件；通过设立“专用账户”的房地产经纪机构或交易保证机构划转交易结算资金的，所签订的《存量房交易结算资金划转协议》也应当作为本合同的附件。

6. 存量房屋所有权转移登记时所涉及的主要税费包括但不限于：契税、印花税、土地出让金（已购公有住房有此项）、综合地价款（经济适用住房有此项）、营业税及附加、所得税、土地增值税等。

7. 双方当事人选择申请仲裁解决争议的，可以向北京仲裁委员会、中国国际经济贸易仲裁委员会或注明全称的其他仲裁委员会申请。

8. 双方当事人可以根据实际情况决定本合同原件的份数，并在签订合同时认真核对，以确保各份合同内容一致。

北京市存量房屋买卖合同

出卖人：________________________________

[法定代表人][负责人]：______________ 国籍：______________

[身份证][护照][营业执照注册号][ ]：______________

出生日期：______年______月______日，性别：______________

通讯地址：________________________________

邮政编码：______________ 联系电话：______________

[法定代理人][委托代理人]:________________ 国籍:____________________________

[身份证][护照][ ]:____

通讯地址:____

邮政编码:__________________________ 联系电话:______________________________

共有权人:____

[法定代表人][负责人]:__________________ 国籍:______________________________

[身份证][护照][营业执照注册号][ ]:_____________________________________

出生日期:________年________月________日,性别:_____________________________

通讯地址:____

邮政编码:__________________________ 联系电话:______________________________

[法定代理人][委托代理人]:__________________________ 国籍:__________________

[身份证][护照][营业执照注册号][ ]:_____________________________________

通讯地址:____

邮政编码:__________________________ 联系电话:______________________________

买受人:____

[法定代表人][负责人]:__________________ 国籍:______________________________

[身份证][护照][营业执照注册号][ ]:_____________________________________

出生日期:________年________月________日,性别:_____________________________

通讯地址:____

邮政编码:__________________________ 联系电话:______________________________

[法定代理人][委托代理人]:________________ 国籍:____________________________

[身份证][护照][ ]:____

通讯地址:____

邮政编码:__________________________ 联系电话:______________________________

根据《中华人民共和国合同法》、《中华人民共和国城市房地产管理法》、《北京市城市房地产转让管理办法》及其他有关法律、法规的规定,出卖人和买受人在平等、自愿、公平、协商一致的基础上就存量房屋买卖事宜达成如下协议:

第一条 房屋基本情况

(一)出卖人所售房屋(以下简称该房屋)为[楼房][平房],坐落为:________[区(县)]________________[小区(街道)]________[幢][座][号(楼)]________单元________号(室)。该房屋所在楼栋建筑总层数为:________层,其中地上________层,地下________层。该房屋所在楼层为________层,建筑面积共________平方米。

(二)该房屋规划设计用途为[住宅][公寓][别墅][办公][商业][工业][ ]:________________。

该房屋附属设施设备、装饰装修、相关物品清单等具体情况见附件一。

第二条 房屋权属情况

（一）该房屋所有权证证号为：________________，共有权证证号为：________________，填发单位为：________________。

房屋共有权人对出售该房屋的意见见附件二。

（二）土地使用状况

该房屋占用的国有土地使用权以[出让][划拨][ ]方式获得。土地使用权证号为：________________，填发单位为：________________________。

（三）该房屋性质为下列选项中第________种情形。

1. 商品房；

2. 已购公有住房（若为中央在京单位已购公有住房，《中央在京单位已购公房上市出售登记表》表号：________________________）；

3. 向社会公开销售的经济适用住房；

4. 按经济适用住房管理的房屋（危改回迁房、安居房、康居房、绿化隔离地区农民回迁房等房屋）；

5. 其他房屋。

（四）该房屋的抵押情况为：________。

1. 该房屋未设定抵押；

2. 该房屋已经设定抵押，抵押权人为：________，抵押登记日期为：________年________月________日，他项权利证证号为：________。

该房屋已经设定抵押的，出卖人应于________年________月________日前办理抵押注销手续。

（五）该房屋的租赁情况为：________。

1. 出卖人未将该房屋出租。

2. 出卖人已将该房屋出租，[买受人为该房屋承租人][承租人已放弃优先购买权]。

关于房屋权属情况的说明及房屋抵押和租赁情况的具体约定见附件三。

第三条 出卖人与买受人通过下列第____、____、____种方式达成交易（可多选）。

1. 出卖人和买受人通过房地产经纪机构居间介绍成交（房地产经纪机构名称：________________________，备案证明编号：________________________，房地产经纪执业人员姓名：________________，资格证书编号：________________________）；

2. 出卖人委托房地产经纪机构代理达成交易（房地产经纪机构名称：____________________________，备案证明编号：________________________，房地产经纪执业人员姓名：________________，资格证书编号：________________）；

3. 买受人委托房地产经纪机构代理达成交易（房地产经纪机构名称：____________________，备案证明编号：________________________，房地产经纪执业人员姓名：________________，资格证书编号：________________）。

《房屋出售委托协议》、《房屋购买委托协议》见附件四。

第四条 成交价格、付款方式及资金划转方式

（一）经买卖双方协商一致，该房屋成交价格为：人民币________元（小写），________元整（大写）。买受人可以在签订本合同的同时支付定金人民币________元（小写），

____________________元整(大写,不高于成交价格的20%)。

该房屋附属设施设备、装饰装修等的有关价格另有约定的,具体约定见附件一。

(二)买受人采取下列第____________________种方式付款,具体付款方式及期限的约定见附件五。

1. 自行交割,买卖双方签订的《存量房交易结算资金自行划转声明》见附件六。

2. 通过存量房交易结算资金专用存款账户划转,买卖双方签订的《存量房交易结算资金划转协议》见附件六。

(1)买受人支付定金的方式为[直接支付给出卖人][存入专用账户划转]。

(2)买受人应将房价款存入双方共同委托的____________________(备案的房地产经纪机构或交易保证机构)在____________________银行设立的存量房交易结算资金专用存款账户(以下简称"专用账户",定金约定直接支付给出卖人的除外),账号为________________。买受人取得房屋所有权证书后,出卖人持房屋权属登记部门出具的《转移登记办结单》到备案的房地产经纪机构或交易保证机构按照《存量房交易结算资金划转协议》的约定办理资金划转手续。

(三)关于贷款的约定

买受人向[________________银行][公积金管理中心]申办抵押贷款,买受人因自身原因未获得银行或公积金管理中心批准的,双方同意按照第________种方式解决:

(1)买受人自行筹齐剩余房价款,以现金形式支付给出卖人;

(2)买受人继续申请其他银行贷款,至贷款批准,其间已发生的及要产生的各项费用由买受人自行负担;

(3)本合同终止,买受人支付的定金和房价款应如数返还,双方互不承担违约责任,在申办贷款过程中发生的各项费用由买受人承担。

第五条 房屋产权及具体状况的承诺

出卖人应当保证该房屋没有产权纠纷,因出卖人原因造成该房屋不能办理产权登记或发生债权债务纠纷的,由出卖人承担相应责任。

出卖人应当保证已如实陈述该房屋权属状况、附属设施设备、装饰装修情况和相关关系,附件一所列的该房屋附属设施设备及其装饰装修随同该房屋一并转让给买受人,买受人对出卖人出售的该房屋具体状况充分了解,自愿买受该房屋。

出卖人应当保证自本合同签订之日起至该房屋验收交接完成,对已纳入附件一的各项房屋附属设施设备及其装饰装修保持良好的状况。

在房屋交付日以前发生的[物业管理费][供暖][水][电][燃气][有线电视][电信][ ]:__________费用由出卖人承担,交付日以后(含当日)发生的费用由买受人承担。出卖人同意将其缴纳的该房屋专项维修资金(公共维修基金)的账面余额转移给买受人。

第六条 房屋的交付

出卖人应当在________年________月________日前将该房屋交付给买受人。该房屋交付时,应当履行下列第____、____、____、____、____、____项手续:

1. 出卖人与买受人共同对该房屋附属设施设备、装饰装修、相关物品清单等具体情况进行验收,记录水、电、气表的读数,并交接该附件一中所列物品;

2. 买卖双方在房屋附属设施设备、装饰装修、相关物品清单上签字；

3. 移交该房屋房门钥匙；

4. ____；

5. ____；

6. ____。

第七条 违约责任

（一）逾期交房责任

除不可抗力外，出卖人未按照第六条约定的期限和条件将该房屋交付买受人的，按照下列第________种方式处理。

1. 按照逾期时间，分别处理[（1）和（2）不作累加]。

（1）逾期在________日之内，自第六条约定的交付期限届满之次日起至实际交付之日止，出卖人按日计算向买受人支付已交付房价款万分之________的违约金，并于该房屋实际交付之日起________日内向买受人支付违约金，合同继续履行；

（2）逾期超过________日[该日期应当与第（1）项中的日期相同]后，买受人有权退房。买受人退房的，出卖人应当自退房通知送达之日起________日内退还全部已付款，并按照买受人全部已付款的________%向买受人支付违约金。

2. ____。

（二）逾期付款责任

买受人未按照附件五约定的时间付款的，按照下列第________种方式处理。

1. 按照逾期时间，分别处理。[（1）和（2）不作累加]。

（1）逾期在________日之内，自约定的应付款期限届满之次日起至实际支付应付款之日止，买受人按日计算向出卖人支付逾期应付款万分之________的违约金，并于实际支付应付款之日起________日内向出卖人支付违约金，合同继续履行；

（2）逾期超过________日[该日期应当与第（1）项中的日期相同]后，出卖人有权解除合同。出卖人解除合同的，买受人应当自解除合同通知送达之日起________日内按照累计的逾期应付款的________%向出卖人支付违约金，并由出卖人退还买受人全部已付款。

2. ____。

第八条 出卖人将该房屋出卖给第三人，导致买受人不能取得房屋所有权证的，买受人有权退房，出卖人应当自退房通知送达之日起____日内退还买受人全部已付款，按照________利率付给利息，并按买受人累计已付房价款的一倍支付违约金。

第九条 税、费相关规定

本合同履行过程中，买卖双方应按照国家及北京市的相关规定缴纳各项税、费，买卖双方承担税费的具体约定见附件七。因一方不按法律、法规规定缴纳相关税费导致交易不能继续进行的，其应当向对方支付相当于房价款________%的违约金。

本合同履行过程中因政策原因须缴纳新的税费的，由政策规定的缴纳方缴纳；政策中未明确缴纳方的，由[出卖人][买受人]缴纳。

第十条 权属转移登记

（一）当事人双方同意，自本合同签订之日起________日内，双方共同向房屋权属登记部门申请办理房屋权属转移登记手续。

(二)买受人未能在房屋交付之日起________日内取得房屋所有权证书的,双方同意按照下列方式处理。

1. 如因出卖人的责任,买受人有权退房。买受人退房的,出卖人应当自退房通知送达之日起________日内退还买受人全部已付款,并按照________利率付给利息。买受人不退房的,自买受人应当取得房屋所有权证书的期限届满之次日起至实际取得房屋所有权证书之日止,出卖人按日计算向买受人支付全部已付款万分之________的违约金,并于买受人实际取得房屋所有权证书之日起________日内向买受人支付。

2. ____。

(三)出卖人应当在该房屋所有权转移之日起________日内,向房屋所在地的户籍管理机关办理完成原有户口迁出手续。如因出卖人自身原因未如期将与本房屋相关的户口迁出的,应当向买受人支付____________元的违约金;逾期超过________日未迁出的,自期限届满之次日起,出卖人应当按日计算向买受人支付全部已付款万分之____的违约金。

第十一条 不可抗力

因不可抗力不能按照约定履行本合同的,根据不可抗力的影响,部分或全部免除责任,但因不可抗力不能按照约定履行合同的一方当事人应当及时告知另一方当事人,并自不可抗力事件结束之日起________日内向另一方当事人提供证明。

上述房屋风险责任自该房屋[所有权转移][转移占有]之日起转移给买受人。

第十二条 争议解决方式

本合同项下发生的争议,由双方协商解决;协商不成的,按照下列第________种方式解决。

(一)依法向房屋所在地人民法院起诉;

(二)提交________________仲裁委员会仲裁。

第十三条 本合同自双方签字(盖章)之日起生效。双方可以根据具体情况对本合同中未约定、约定不明或不适用的内容签订书面补充协议进行变更或补充。对本合同的解除,应当采用书面形式。本合同附件及补充协议与本合同具有同等法律效力。

第十四条 本合同及附件共________页,一式________份,具有同等法律效力,其中出卖人________份,买受人________份,房屋权属登记部门一份,________份。

出卖人(签章): 买受人(签章):

[法定代表人]: [法定代表人]:

[委托代理人](签章): [委托代理人](签章):

签订时间: 年____月____日 签订时间: 年____月____日

签订地点：　　　　　　　　　　　签订地点：

附件一　房屋附属设施设备、装饰装修、相关物品清单等具体情况

(一)房屋附属设施设备：

1. 供水：[自来水][矿泉水][热水][中水][ ]：________

2. 供电：[220V][380V][可负荷 ____ kW][ ]：________

3. 供燃气：[天然气][煤气][ ]：________

4. 外供暖气：[汽暖][水暖][供暖周期][ ]：________

5. 自备采暖：[电暖][燃气采暖][燃煤采暖][ ]：________

6. 空调：[中央空调][自装柜机 ____ 台][自装挂机 ____ 台][ ]：________

7. 电视馈线：[无线][有线(数字、模拟)][ ]：________

8. 电话：[外线号码 ________][内线号码 ________][ ]：________

9. 互联网接入方式：[拨号][宽带][ADSL][ ]：________

10. 其他：

(二)房屋家具、电器、用品情况

1. 双人床：
2. 单人床：
3. 床头柜：
4. 梳妆台：
5. 衣柜：
6. 书柜：
7. 写字台：
8. 沙发：
9. 茶几：
10. 椅子：
11. 餐桌：
12. 电视柜：
13. 电视：
14. 冰箱：
15. 洗衣机：
16. 热水器：
17. 空调：
18. 燃气灶：

19. 排油烟机：
20. 饮水机：
21. 电话机：
22. 吸尘器：
23. 其他：

（三）房屋配套物品

1. [房屋钥匙][单元门钥匙（或磁卡）][信箱钥匙][水门钥匙][电门钥匙][暖门钥匙][燃气门钥匙][ ][ ]；

2. [《住宅使用说明书》及《住宅质量保证书》]、[《家装装修施工合同》及装修材料的发票]；

3. [水 IC 卡][电 IC 卡][气 IC 卡]；

4. [有线电视交费凭证][电话交费凭证][ADSL（上网）交费凭证]；

5. ____。

（四）装修装饰情况

（五）关于该房屋附属设施设备、装饰装修等的有关价格的具体约定

（六）该房屋所在楼栋[已完成节能改造][未进行节能改造][ ]

附件二　房屋共有权人对出售该房屋的意见

附件三　房屋权属情况的说明及房屋抵押和租赁情况的约定

附件四　《房屋出售委托协议》、《房屋购买委托协议》

附件五　付款方式及期限的具体约定

附件六　《存量房交易结算资金划转协议》或《存量房交易结算资金自行划转声明》

附件七　买卖双方承担税费的具体约定

1. 出卖人承担的税费为：[所得税][营业税][教育费附加][城建税][土地增值税][印花税][综合地价款][ ]。

2. 买受人承担的税费为：[契税][印花税][土地出让金或土地收益][ ]。

附件八　补充协议及其他约定

BF—2007—0129　　　　　　　　合同编号:CY

北京市存量房屋买卖合同
(自行成交版)

出卖人:________

买受人:________

北京市建设委员会

北京市工商行政管理局

二〇〇七年五月

说　　明

1. 本合同文本为示范文本，由北京市建设委员会和北京市工商行政管理局共同制定，适用于本市行政区域内国有土地上的存量房买卖。存量房，即二手房，是指通过办理转移登记取得房屋所有权证的房屋。

2. 签订本合同前，出卖人应当向买受人出示房屋所有权证及其他有关证书和证明文件。

3. 签订本合同前，双方当事人应当仔细阅读合同条款，特别是其中具有选择性、补充性、填充性、修改性的内容。本合同文本[ ]中选择内容、空格部位填写及其他需要删除或添加的内容，双方当事人应当协商确定。[ ]中选择内容，以划√方式选定；对于实际情况未发生或双方当事人不作约定时，应当在空格部位打×，以示删除。

4. 双方当事人应当按照自愿、公平及诚实信用的原则订立合同，任何一方不得将自己的意志强加给另一方。为体现双方自愿的原则，本合同文本相关条款后留有空白行，供当事人自行约定或补充约定。合同生效后，未被修改的文本打印或印刷文字视为双方当事人同意内容。

5. 本合同文本为买卖双方自行成交所采用的示范文本，通过设立"专用账户"的房地产经纪机构或交易保证机构划转交易结算资金的，所签订的《存量房交易结算资金划转协议》应当作为本合同的附件。

6. 存量房屋所有权转移登记时所涉及的主要税费包括但不限于：契税、印花税、土地出让金（已购公有住房有此项）、综合地价款（经济适用住房有此项）、营业税及附加、所得税、土地增值税等。

7. 双方当事人选择申请仲裁解决争议的，可以向北京仲裁委员会、中国国际经济贸易仲裁委员会或注明全称的其他仲裁委员会申请。

8. 双方当事人可以根据实际情况决定本合同原件的份数，并在签订合同时认真核对，以确保各份合同内容一致。

北京市存量房屋买卖合同

出卖人：____

[法定代表人][负责人]：________________国籍：____________________

[身份证][护照][营业执照注册号][ ]：______________________________

出生日期：________年________月________日，性别：____________________

[法定代理人][委托代理人]：________________国籍：____________________

[身份证][护照][ ]:________________________________

通讯地址:________________________________

邮政编码:________________ 联系电话:________________

共有权人:________________________________

[法定代表人][负责人]:____________ 国籍:________________

[身份证][护照][营业执照注册号][ ]:________________

出生日期:______年______月______日,性别:________________

[法定代理人][委托代理人]:____________ 国籍:________________

[身份证][护照][营业执照注册号][ ]:________________

通讯地址:________________________________

邮政编码:________________ 联系电话:________________

买受人:________________________________

[法定代表人][负责人]:____________ 国籍:________________

[身份证][护照][营业执照注册号][ ]:________________

出生日期:______年______月______日,性别:________________

[法定代理人][委托代理人]:____________ 国籍:________________

[身份证][护照][ ]:________________________________

通讯地址:________________________________

邮政编码:________________ 联系电话:________________

根据《中华人民共和国合同法》、《中华人民共和国城市房地产管理法》、《北京市城市房地产转让管理办法》及其他有关法律、法规的规定,出卖人和买受人在平等、自愿、公平、协商一致的基础上就存量房屋买卖事宜达成如下协议:

第一条 房屋基本情况

(一)出卖人所售房屋(以下简称该房屋)为[楼房][平房],坐落为:____________[区(县)]____________[小区(街道)]__________[幢][座][号(楼)]________单元________号(室)。该房屋所在楼栋建筑总层数为:________层,其中地上________层,地下________层。该房屋所在楼层为________层,建筑面积共________平方米。

(二)该房屋规划设计用途为[住宅][公寓][别墅][办公][商业][工业][　　]:____________。

该房屋附属设施设备、装饰装修、相关物品清单等具体情况见附件一。

第二条 房屋权属情况

(一)该房屋所有权证证号为:____________,共有权证证号为:____________填发单位为:____________。

房屋共有权人对出售该房屋的意见见附件二。

(二)土地使用状况

该房屋占用的国有土地使用权以[出让][划拨][ ]方式获得。土地使用权证号为:

________________,填发单位为:________________。

(三)该房屋性质为下列选项中第____种情形。

1. 商品房;

2. 已购公有住房(若为中央在京单位已购公有住房,《中央在京单位已购公房上市出售登记表》表号:________________);

3. 向社会公开销售的经济适用住房;

4. 按经济适用住房管理的房屋(危改回迁房、安居房、康居房、绿化隔离地区农民回迁房等房屋);

5. 其他房屋。

(四)该房屋的抵押情况为:________。

1. 该房屋未设定抵押;

2. 该房屋已经设定抵押,抵押权人为:________________,抵押登记日期为:________年________月____日,他项权利证证号为:________________。

该房屋已经设定抵押的,出卖人应于________年________月________日前办理抵押注销手续。

(五)该房屋的租赁情况为:____________。

1. 出卖人未将该房屋出租。

2. 出卖人已将该房屋出租,[买受人为该房屋承租人][承租人已放弃优先购买权]。

关于房屋权属情况的说明及房屋抵押和租赁情况的具体约定见附件三。

第三条 出卖人与买受人自行成交达成交易。

第四条 成交价格、付款方式及资金划转方式

(一)经买卖双方协商一致,该房屋成交价格为:人民币________元(小写),________________元整(大写)。买受人可以在签订本合同的同时支付定金人民币__________元(小写),________________元整(大写,不高于成交价格的20%)。

该房屋附属设施设备、装饰装修等的有关价格另有约定的,具体约定见附件一。

(二)买受人采取下列第__________种方式付款,具体付款方式及期限的约定见附件四。

1. 自行交割,买卖双方签订的《存量房交易结算资金自行划转声明》见附件五。

2. 通过存量房交易结算资金专用存款账户划转,买卖双方签订的《存量房交易结算资金划转协议》见附件五。

(1)买受人支付定金的方式为[直接支付给出卖人][存入专用账户划转]。

(2)买受人应将房价款存入双方共同委托的________________(备案的房地产经纪机构或交易保证机构)在________________银行设立的存量房交易结算资金专用存款账户(以下简称"专用账户",定金约定直接支付给出卖人的除外),账号为________________。买受人取得房屋所有权证书后,出卖人持房屋权属登记部门出具的《转移登记办结单》到备案的房地产经纪机构或交易保证机构按照《存量房交易结算资金划转协议》的约定办理资金划转手续。

(三)关于贷款的约定

买受人向[________________银行][公积金管理中心]申办抵押贷款，买受人因自身原因未获得银行或公积金管理中心批准的，双方同意按照第________种方式解决：

(1)买受人自行筹齐剩余房价款，以现金形式支付给出卖人；

(2)买受人继续申请其他银行贷款，至贷款批准，其间产生的费用由买受人自行负担；

(3)本合同终止，买受人支付的定金和房价款应如数返还，双方互不承担违约责任，在申办贷款过程中发生的各项费用由买受人承担。

第五条 房屋产权及具体状况的承诺

出卖人应当保证该房屋没有产权纠纷，因出卖人原因造成该房屋不能办理产权登记或发生债权债务纠纷的，由出卖人承担相应责任。

出卖人应当保证已如实陈述该房屋权属状况、附属设施设备、装饰装修情况和相关关系，附件一所列的该房屋附属设施设备及其装饰装修随同该房屋一并转让给买受人，买受人对出卖人出售的该房屋具体状况充分了解，自愿买受该房屋。

出卖人应当保证自本合同签订之日起至该房屋验收交接完成，对已纳入附件一的各项房屋附属设施设备及其装饰装修保持良好的状况。

在房屋交付日以前发生的[物业管理费][供暖][水][电][燃气][有线电视][电信][ ]：________________费用由出卖人承担，交付日以后(含当日)发生的费用由买受人承担。出卖人同意将其缴纳的该房屋专项维修资金(公共维修基金)的账面余额转移给买受人。

第六条 房屋的交付

出卖人应当在________年____月____日前将该房屋交付给买受人。该房屋交付时，应当履行下列第____、____、____、____、____、____项手续：

1. 出卖人与买受人共同对该房屋附属设施设备、装饰装修、相关物品清单等具体情况进行验收，记录水、电、气表的读数，并交接附件一中所列物品；

2. 买卖双方在房屋附属设施设备、装饰装修、相关物品清单上签字；

3. 移交该房屋房门钥匙；

4. ____；

5. ____；

6. ____。

第七条 违约责任

(一)逾期交房责任

除不可抗力外，出卖人未按照第六条约定的期限和条件将该房屋交付买受人的，按照下列第________种方式处理。

1. 按照逾期时间，分别处理[(1)和(2)不作累加]。

(1)逾期在________日之内，自第六条约定的交付期限届满之次日起至实际交付之日止，出卖人按日计算向买受人支付已交付房价款万分之____的违约金，并于该房屋实际交付之日起____日内向买受人支付违约金，合同继续履行；

(2)逾期超过____日(该日期应当与第(1)项中的日期相同)后，买受人有权退房。买受人退房的，出卖人应当自退房通知送达之日起____日内退还全部已付款，并按照买受人全部已付款的____%向买受人支付违约金。

2. ____。

(二)逾期付款责任

买受人未按照附件四约定的时间付款的,按照下列第______种方式处理。

1. 按照逾期时间,分别处理。((1)和(2)不作累加)

(1)逾期在____日之内,自约定的应付款期限届满之次日起至实际支付应付款之日止,买受人按日计算向出卖人支付逾期应付款万分之______的违约金,并于实际支付应付款之日起______日内向出卖人支付违约金,合同继续履行;

(2)逾期超过____日(该日期应当与第(1)项中的日期相同)后,出卖人有权解除合同。出卖人解除合同的,买受人应当自解除合同通知送达之日起____日内按照累计的逾期应付款的____%向出卖人支付违约金,并由出卖人退还买受人全部已付款。

2. ____。

第八条 出卖人将该房屋出卖给第三人,导致买受人不能取得房屋所有权证的,买受人有权退房,出卖人应当自退房通知送达之日起____日内退还买受人全部已付款,按照________利率付给利息,并按买受人累计已付房价款的一倍支付违约金。

第九条 税、费相关规定

本合同履行过程中,买卖双方应按照国家及北京市的相关规定缴纳各项税、费,买卖双方承担税费的具体约定见附件六。因一方不按法律、法规规定缴纳相关税费导致交易不能继续进行的,其应当向对方支付相当于房价款________%的违约金。

本合同履行过程中因政策原因须缴纳新的税费的,由政策规定的缴纳方缴纳;政策中未明确缴纳方的,由[出卖人][买受人]缴纳。

第十条 权属转移登记

(一)当事人双方同意,自本合同签订之日起________日内,双方共同向房屋权属登记部门申请办理房屋权属转移登记手续。

(二)买受人未能在房屋交付之日起________日内取得房屋所有权证书的,双方同意按照下列方式处理。

1. 如因出卖人的责任,买受人有权退房。买受人退房的,出卖人应当自退房通知送达之日起________日内退还买受人全部已付款,并按照__________利率付给利息。买受人不退房的,自买受人应当取得房屋所有权证书的期限届满之次日起至实际取得房屋所有权证书之日止,出卖人按日计算向买受人支付全部已付款万分之________的违约金,并于买受人实际取得房屋所有权证书之日起________日内向买受人支付。

2. ____。

(三)出卖人应当在该房屋所有权转移之日起________日内,向房屋所在地的户籍管理机关办理完成原有户口迁出手续。如因出卖人自身原因未如期将与本房屋相关的户口迁出的,应当向买受人支付________________元的违约金;逾期超过________日未迁出的,自期限届满之次日起,出卖人应当按日计算向买受人支付全部已付款万分之____的违约金。

第十一条 不可抗力

因不可抗力不能按照约定履行本合同的,根据不可抗力的影响,部分或全部免除责任,但因不可抗力不能按照约定履行合同的一方当事人应当及时告知另一方当事人,并自不可抗力事件结束之日起____日内向另一方当事人提供证明。

上述房屋风险责任自该房屋[所有权转移][转移占有]之日起转移给买受人。

第十二条 争议解决方式

本合同项下发生的争议,由双方协商解决;协商不成的,按照下列第____种方式解决。

(一)依法向房屋所在地人民法院起诉;

(二)提交____________仲裁委员会仲裁。

第十三条 本合同自双方签字(盖章)之日起生效。双方可以根据具体情况对本合同中未约定、约定不明或不适用的内容签订书面补充协议进行变更或补充。对本合同的解除,应当采用书面形式。本合同附件及补充协议与本合同具有同等法律效力。

第十四条 本合同及附件共______页,一式______份,具有同等法律效力,其中出卖人______份,买受人______份,房屋权属登记部门一份。

出卖人(签章): 买受人(签章):

[法定代表人]: [法定代表人]:

[委托代理人](签章): [委托代理人](签章):

签订时间:______年______月____日 签订时间:______年______月______日

签订地点: 签订地点:

附件一 房屋附属设施设备、装饰装修、相关物品清单等具体情况

(一)房屋附属设施设备:

1. 供水:[自来水][矿泉水][热水][中水][ ]:______________________________

2. 供电:[220V][380V][可负荷________kW][ ]:______________________________

3. 供燃气:[天然气][煤气][ ]:______________________________

4. 外供暖气:[汽暖][水暖][供暖周期][ ]:______________________________

5. 自备采暖:[电暖][燃气采暖][燃煤采暖][ ]:______________________________

6. 空调:[中央空调][自装柜机____________台][自装挂机____________台][ ]:______________________________

7. 电视馈线:[无线][有线(数字、模拟)][ ]:______________________________

8. 电话:[外线号码________________][内线号码________________][ ]:______________________________

9. 互联网接入方式:[拨号][宽带][ADSL][ ]:______________________________

10. 其他:

（二）房屋家具、电器、用品情况

1. 双人床：

2. 单人床：

3. 床头柜：

4. 梳妆台：

5. 衣柜：

6. 书柜：

7. 写字台：

8. 沙发：

9. 茶几：

10. 椅子：

11. 餐桌：

12. 电视柜：

13. 电视：

14. 冰箱：

15. 洗衣机：

16. 热水器：

17. 空调：

18. 燃气灶：

19. 排油烟机：

20. 饮水机：

21. 电话机：

22. 吸尘器：

23. 其他：

（三）房屋配套物品

1. [房屋钥匙][单元门钥匙（或磁卡）][信箱钥匙][水门钥匙][电门钥匙][暖门钥匙][燃气门钥匙][ ][ ]；

2. [《住宅使用说明书》及《住宅质量保证书》]、[《家装装修施工合同》及装修材料的发票]；

3. [水 IC 卡][电 IC 卡][气 IC 卡]；

4. [有线电视交费凭证][电话交费凭证][ADSL（上网）交费凭证]；

5. ____。

（四）装修装饰情况

（五）关于该房屋附属设施设备、装饰装修等的有关价格的具体约定

（六）该房屋所在楼栋[已完成节能改造][未进行节能改造][ ]

附件二　房屋共有权人对出售该房屋的意见

附件三　房屋权属情况的说明及房屋抵押和租赁情况的约定

附件四　付款方式及期限的具体约定

附件五　《存量房交易结算资金划转协议》或《存量房交易结算资金自行划转声明》

附件六　买卖双方承担税费的具体约定

1. 出卖人承担的税费为:[所得税][营业税][教育费附加][城建税][土地增值税][印花税][综合地价款][ ]。

2. 买受人承担的税费为:[契税][印花税][土地出让金或土地收益][ ]。

附件七　补充协议及其他约定

北京市建设委员会关于实行存量房买卖合同网上签约和信息公示有关问题的通知

京建交[2007]508号

各区县建委(房管局)、北京房地产中介行业协会、各房地产经纪机构、各交易保证机构：

为规范我市存量房交易市场行为，保障存量房交易安全，提高存量房交易的透明度，根据建设部、中国人民银行《关于加强房地产经纪管理规范交易结算资金账户管理有关问题的通知》(建住房[2006]321号)、《北京市存量房交易结算资金账户管理暂行规定》等文件的相关规定，现将我市实行存量房买卖合同网上签约和信息公示的有关事项通知如下：

一、我市行政区域内国有土地上的存量房买卖(指通过办理房屋权属转移登记取得房屋所有权证的房屋的再次买卖)，凡经房地产经纪机构居间或代理(含代办转移登记手续)的，均须进行买卖合同网上签约和交易信息公示。权属部门办理转移登记时须在权属系统上进行网上办理。

存量房买卖双方自行达成交易的，可直接签订纸制合同文本。

二、《北京市存量房买卖合同》示范文本由北京市建设委员会和北京市工商行政管理局联合制订，《房屋出售委托协议》、《房屋购房委托协议》示范文本由北京房地产中介行业协会(以下简称中介协会)根据建设部推荐示范文本，结合北京市实际情况修改制订，以上示范文本在存量房买卖时推荐使用。

签订纸制合同文本的，可到各区县工商分局或中介协会购买印刷版示范文本，也可通过北京市房地产交易管理网(www. bjfdc. gov. cn)和北京工商网(www. baic. gov. cn)下载合同示范文本进行签约。

三、北京市建设委员会负责存量房交易政策的制定和存量房交易活动指导监督工作，并定期汇总和发布全市存量房交易信息。

各区县房屋权属市场管理单位负责房屋转移登记办理及房地产经纪机构经营行为的日常监管。

市建委委托中介协会具体负责存量房网上签约系统的管理和房地产经纪机构用户备案、网上签约、具体交易信息发布等工作。

四、房地产经纪机构从事存量房买卖居间代理服务的，应到中介协会办理网上用户备案手续，方可进行信息发布和合同网上签约。用户备案及信息公示的程序由中介协会另行发文。

五、凡房地产经纪机构居间或代理买卖的存量房，房地产经纪机构均应将相关房源信息上传至存量房网上签约系统(www. breaa. cn)，中介协会对房源部分信息进行公示后，房地产经纪机构方可在其经营场所进行挂牌或通过媒体发布广告。上传的信息包括：

1. 拟转让房屋所有权证号、房屋所有权人、产权证上注记的抵押信息。

2. 房屋坐落、房屋所在层/总层数、户型、建筑面积、规划设计用途、建成年代、拟售价格及房屋概况。

六、存量房网上交易信息通过北京房地产中介行业协会信息网(www. breaa. cn,以下简称“信息网”)并链接至北京市房地产交易管理网(www. bjfdc. gov. cn)和北京建设网(www. bjjs. gov. cn)进行公示,公示信息内容包括:

1. 经用户备案的房地产经纪机构及其分支机构、房地产经纪人员信息;

2. 房源信息:

拟转让房屋的发布编号、房屋坐落的典型区域、房屋所在层/总层数、户型、建筑面积、建成年代、拟售价格、受托房地产经纪机构、联系方式;

3. 每日存量房网上签约的套数、面积;

4. 房地产经纪机构网上签约后退房信息;

5. 每月各区县存量房成交面积;

6. 按季度公布各典型区域存量房成交价格。

七、凡房地产经纪机构居间或代理买卖的存量房,房源信息在网上公示满一天后,房地产经纪机构可为达成交易意向的买卖双方提供网上签约操作服务。网上签约的程序为:

(一)存量房买卖双方协商合同的相关条款内容。

(二)操作人员登录存量房网上签约系统从已公示房屋信息中选取所交易房屋,在线填写买卖合同的有关内容,并填写《北京市存量房交易结算资金划转协议》或《存量房交易结算资金自行划转声明》;填写完成后由买卖双方自行设置合同查询密码,操作人员进行网上提交;买卖当事人和房地产经纪机构签订的房地产经纪合同须作为《存量房买卖合同》的附件一并提交到系统中。

(三)合同提交完毕后,操作人员从系统中联机打印《存量房买卖合同》、《北京市存量房交易结算资金划转协议》或《存量房交易结算资金自行划转声明》。

(四)合同提交后可直接从网上打印《转移登记申请表》,相关当事人进行签字盖章后,当事人持申请表及其它相关材料到房屋权属登记部门办理转移登记手续。

八、个人需要通过存量房网上签约系统发布房源信息的,可持房屋所有权证及身份证件到中介协会办理信息公示。个人自行成交需进行网上签约的,可由中介协会提供网上签约服务。

九、存量房买卖双方可凭网上签约时设置的查询密码通过信息网外网对网上签约情况进行核实。房地产经纪机构不得向买卖双方隐瞒网上签约的查询密码。

十、合同在系统上进行提交后视为网上签约已完成,在办理转移登记业务之前,合同中的房屋买受人或资金划转方式变化的,应办理合同注销手续,并重新进行网上签约,信息网外网公示该退房信息。存量房买卖双方需对合同其它条款进行变更的,可直接签订补充协议。

城八区存量房买卖合同的注销手续由买卖双方或委托人到中介协会办理;远郊区县存量房买卖合同的注销手续可到所在区县房屋管理部门办理。

十一、房地产经纪机构和从业人员应当如实提供存量房交易信息和网上签约信息,并遵守网上签约的各项操作规程。存在发布虚假或未公示的房源信息、不进行网上签约、隐瞒房地产经纪人员身份代理并收取费用、隐瞒交易价格、欺骗买卖双方赚取差价、不告知买卖双方查询密码及存在其它相关违法违规行为的，消费者可通过信息网、交易网网上举报投诉，或向各区县建委(房管局)投诉，经查实的，可对该机构和人员的网上签约行为进行限制，将其违规行为记入该机构和人员的信用档案，进行公示曝光，并通报工商部门查处。

十二、自2007年7月1日起申请办理存量房转移登记手续的，按本通知规定执行。

二〇〇七年五月二十二日

北京市建设委员会关于加强普通地下室管理和综合整治工作的通知

京建交[2007]596号

各区县建委(房管局)、各物业管理企业、各自管房单位:

根据《北京市人民政府办公厅转发市建委市民防局关于首都地区地下空间综合整治工作方案的通知》(京政办发[2007]25号)规定,为加强本市普通地下室安全使用管理,贯彻落实全市地下空间综合整治的方案,现将有关事项通知如下:

一、全市地下空间综合整治中建设(房管)部门主要职责为:

(一)负责组织对本市普通地下室进行调查摸底和管理网络的信息录入;

(二)依法督促普通地下室产权(使用、出租)人办理登记备案手续;

(三)对违反《北京市人民防空工程和普通地下室安全使用管理办法》及相关房屋管理规定的行为责令改正并依法实施行政处罚。

二、各区县建委(房管局)要根据综合整治工作方案的要求,在区县综合整治办公室组织协调下积极开展工作,房屋安全、物业和房屋市场管理部门根据各自职责,协同配合,联动各街道、社区及有关部门通过组织拉网式调查,督促和指导各物业管理企业、各自管房单位认真按时填报《地下空间综合整治调查摸底明细表》,全面掌握本辖区普通地下室情况。

三、各区县建委(房管局)组织人员对市建委"房屋租赁和普通地下室管理系统"中基本情况进行核实和修订,根据此次调查摸底的情况,对新增及变化的普通地下室信息进行录入和补充,9月30日前完成调查和补录工作。

四、加大宣传力度,结合调查摸底工作,督促产权人、管理单位按规定及时办理登记备案手续:

(一)凡产权人、管理单位使用或出租普通地下室的,均应按规定到普通地下室所在地的区县建委(房管局)办理登记备案手续;

(二)使用人转租普通地下室的,在征得产权人同意后,到普通地下室所在地的区县建委(房管局)办理登记备案手续;

(三)普通地下室使用(出租)情况变更的,也应到普通地下室所在地的区县建委(房管局)办理登记备案变更手续。

五、普通地下室登记备案程序如下:

(一)产权人、管理单位或转租人持下列材料到普通地下室所在地的区县建委(房管局)办理登记备案手续:

1. 北京市普通地下室使用(出租)登记备案表一式两份(附件1);

2. 当事人的合法证件;

3. 普通地下室从事商业、文化娱乐业、旅店业以及其他生产经营活动或者作为居住场

所的,提交公安消防机构检查合格的证明和卫生主管部门检查合格的证明;

4. 出租(转租)普通地下室的,提交租赁合同;

5. 转租普通地下室的,提交普通地下室所有权人同意的证明。

(二)对材料齐全的,各区县建委(房管局)核发加盖公章的登记备案表一份,同时向当事人下发"普通地下室安全使用告知单"(附件2)。

对产权人、管理单位暂时无法提供消防、卫生检查合格证明的,在"登记备案表"备注栏中注明情况后予以登记备案,除向当事人下发"普通地下室安全使用告知单"外,同时填写《普通地下室安全隐患协查单》(附件3),将情况通报给相关管理部门处理。

(三)对"房屋租赁和普通地下室管理系统"中未建立基本情况记录档案或信息已变化的普通地下室,备案同时应将相关信息录入管理系统。

六、各区县建委(房管局)要加强对产权人、物业管理单位、使用人安全使用普通地下室情况的执法检查。对擅自变动主体和承重结构、变动或破坏建筑抗震构件、擅自改变物业管理用房用途、擅自改变公共建筑和共用设施用途、擅自利用物业共用部位共用设施设备进行经营、产权人及管理单位未能保证地下空间符合利用条件和不履行安全管理义务、不设置使用标志牌、未登记备案等严重违法行为要责令产权人(管理单位或使用人)限期整改,并依法处罚,同时与安监、民防、公安、消防、卫生、工商等部门密切配合,建立协查通报制度和联动处罚机制,加大执法力度。

七、在京中央国家机关普通地下室使用登记备案工作按中央国家机关人民防空办公室、北京市建设委员会《关于加强中央国家机关普通地下室安全使用管理有关问题的通知》(国机人防[2007]46号)执行。

八、本通知自发布之日起施行。

附件:1. 北京市普通地下室使用(出租)登记备案表
　　2. 普通地下室安全使用告知单
　　3. 普通地下室安全隐患协查单

二〇〇七年六月十五日

附件1：

北京市普通地下室使用（出租）登记备案表

以下内容由产权（管理）人填写（请用正楷字及蓝黑色或黑色墨水填写，也可直接打印）

申请备案类别	□使用　□出租　□转租				
坐落地址	区（县）　街道（乡镇）　大街（路）　号（小区）　号楼地下层				
楼栋名称		所在层数	地下层	房号	
建筑面积	平方米	使用面积	平方米		
规划用途	□商业　□办公　□工业仓储　□住宅　□其他				
管理方（转租方）					
管理方性质	□本市单位　□外地单位　□本市个人　□外地个人 □境外单位　□境外个人　□军队　□其他				
证照（证件）类型	□营业执照　□法人代码证书　□军官证 □身份证件　□护照　□其他			证照号码	
法定代表人		证件类型	□身份证件　□护照 □军官证　□其他	证件号码	
代理人		联系电话			
管理单位					
联系人		联系电话			
使用方（承租方）					
使用方性质	□本市单位　□外地单位　□本市个人　□外地个人 □境外单位　□境外个人　□军队　□其他				
证照（证件）类型	□营业执照　□法人代码证书　□军官证 □身份证件　□护照　□其他			证照号码	
法定代表人		证件类型	□身份证件　□护照 □军官证　□其他	证件号码	
代理人		联系电话			
实际用途	□生产经营类[□商（市）场 □旅馆　□文体娱乐　餐饮 □其他生产用房]□办公教学类　□居住类　□其他类（□地下车库　□库房　□其他）				

续表

<table>
<tr><td>使用期限
（出租期限）</td><td colspan="2">□无期限　□有期限（自　年　月　日至　年　月　日）</td><td>月租金</td><td>元</td></tr>
<tr><td>提供材料
清　单</td><td colspan="4">□管理方身份证明文件及代理人身份证件
□承租方身份证明文件及代理人身份证件
□授权委托书
□消防检查合格证明
□卫生检查合格证明
□转租许可证明文件
□租赁（转租）合同</td></tr>
<tr><td colspan="5">申　请　人　申　明
1. 本人（单位）已了解北京市关于地下空间安全使用管理的相关规定，并承诺履行法定义务，否则由此造成的一切后果由本人（单位）承担。
2. 本申请表格所填内容正确无误，所提交的所有证明材料真实有效。如有虚假由本人（单位）承担法律责任。

单位（公章）
个人签名：　　　　代理人（签名）
年　月　日</td></tr>
<tr><td colspan="5">以下内容由普通地下室安全使用管理机关填写</td></tr>
<tr><td>收件日期</td><td>年　月　日</td><td colspan="2">共收材料</td><td>件　页</td></tr>
<tr><td>备案意见</td><td colspan="4">已面见申请人，并已核对其相关证件原件，
其中居住类普通地下室核定人数________人。
单位（公章）　　　　经办人：
年　月　日</td></tr>
<tr><td>备　注</td><td colspan="4"></td></tr>
<tr><td>备案日期</td><td>年　月　日</td><td colspan="2">备案号</td><td></td></tr>
</table>

此表格可以从网上下载，复印有效。

网址：http://www.bjjs.gov.cn 北京市建设委员会制（此表不收费）。

附件2：

普通地下室安全使用告知单

____

坐落于________街道（乡镇）________大街（路）

____号（小区）____号楼普通地下室，实际用途为________，现由你单位管理、使用（出租）。根据《北京市人民防空工程和普通地下室安全使用管理办法》（市政府令第152号）的规定，你单位为该普通地下室安全使用的责任人，使用中须做到：

1. 按照《北京市人民防空工程和普通地下室安全使用管理办法》和《北京市人民防空工程和普通地下室安全使用管理规范》的要求管理和使用；

2. 使用普通地下室，须建立防火、防汛、治安、卫生责任制度；

3. 租赁普通地下室，租赁双方须签订防火、防汛、治安、卫生安全使用责任书；

4. 从事商业、文化娱乐业、旅店业以及其他生产经营活动使用的及时办理相关证照；

5. 作为居住场所使用的，需办理公安消防机构检查合格的证明和卫生主管部门检查合格的证明。

联系人：____________　　　　联系电话：____________

××区县建设委员会（房管局）

二〇〇×年×月×日

附件3：

普通地下室安全隐患协查单

××区县公安分局、卫生局、安监局、工商分局、消防支（大）队：

根据《北京市人民防空工程和普通地下室安全使用管理办法》（市政府令第152号）规定，本市普通地下室使用实行登记备案制度，我委（局）在登记备案（日常检查）中，发现坐落于________街道（乡镇）________大街（路）________

号（小区）________号楼普通地下室，现实际用途为____________________，

产权单位为______________________________，管理单位为______________________________，存在主要问题为：□无公安消防机构检查合格证明、□无卫生主管部门检查合格证明、□存放使用液化石油气、□安全出口

及疏散通道不畅通、□居住人员人均使用面积少于4平方米、□设置上下床、□其他。

上述问题违反了《北京市人民防空工程和普通地下室安全使用管理办法》等相关规定，特向贵单位通报，请依法予以处理，并请将问题处理意见函告我委(局)。

联系人:____________　　联系电话:____________

××区县建设委员会(房管局)

二〇〇×年×月×日

北京市建设委员会关于办理预售许可延期有关问题的通知

京建交[2007]1254 号

各区县建委(房管局)、北京经济开发区国土房管局、市房屋权属登记中心、各相关单位:

为了强化房地产市场监管,进一步规范商品房预售管理,现将房地产开发企业办理预售许可延期手续有关问题通知如下:

一、房地产开发企业申请预售许可延期须提交材料:

(一)该项目已竣工备案的,提交以下材料:

1. 预售许可延期申请(原件);

2. 商品房竣工备案表(验原件留复印件);

预售许可延期期限按竣工备案表标明的日期顺延 4 个月。

(二)商品房项目尚未竣工备案且未到房地产开发企业与购房人签订商品房预售合同约定的房屋交付日期的,提交以下材料:

1. 预售证延期申请(原件);

2. 施工许可证(如已超过竣工日期,应提供与施工企业签订的施工合同补充协议)(验原件留复印件)。

预售许可延期期限按施工证标注的竣工日期或房地产开发企业与施工企业签订的施工合同补充协议约定的竣工日期顺延 4 个月,但不能超过房地产开发企业与购房人签订的商品房预售合同约定的交房日期。

(三)商品房项目尚未竣工备案,但已超过房地产开发企业与购房人签订商品房预售合同约定的房屋交付日期的,房地产开发企业除按本条第(二)项规定提交材料外,还须提交《延期交房违约赔偿和房屋交付方案》和经购房人认可的证明后,管理部门按本条第(二)项规定进行延期,但不能超过与购房人新约定的交房日期。

二、存在下列情况的,不予核准预售许可延期申请

1. 该项目取得竣工验收备案表满 4 个月的;

2. 该项目未竣工备案,但存在延期交房行为且未制订违约赔偿和房屋交付方案的或未按方案支付违约金的;

3. 该项目因延期交房引起购房业主群访群诉事件尚未解决的;

4. 该项目存在信访投诉尚未处理完毕的;

5. 该项目存在违法违规行为尚未完成整改的;

6. 法律法规规定的其他情况。

附件:房地产开发企业网上申请预售许可延期的操作流程

二〇〇七年十一月十九日

附件：

房地产开发企业网上申请预售许可延期的操作流程

各申请预售许可延期的开发企业，按以下流程网上填写申请信息：

一、开发企业凭用户名、密码和钥匙盘登陆交易权属系统后，进入“预售许可延期”→“申请”模块；在右上的窗口中，点击“新增”业务活动并“保存”；

二、在右下的窗口中，点击“选择证书”，并选择申请预售延期的“证书楼栋”后，填入申请楼栋的预售截止日期。

三、在右上的窗口中，点击“提交”。

填完预售许可延期申请信息后，持相关申请材料至管理部门申请延期。

北京市建设委员会关于规范本市商品房销售机构和销售人员管理的通知

京建交[2007]1325号

各区县建委(房管局)、各房地产开发企业、各房地产经纪机构:

为了规范房地产交易市场秩序,我市加强了商品房销售机构及销售人员的管理。目前,商品房预销售中销售机构和销售人员的违规行为大大减少。为进一步规范我市商品房销售机构和销售人员管理,现将有关要求通知如下:

一、房地产开发企业申请办理商品房预售许可证时,应在预售方案中提供本预售项目《销售机构和销售人员情况表》(加盖企业公章)。初始登记后进行现房销售前,也应提供上述材料。

《销售机构和销售人员情况表》可通过北京市房地产交易管理网(www. bjfdc. gov. cn)"销售机构和人员管理"栏目中下载。

二、北京市建设委员会(以下简称市建委)不再组织商品房销售人员的专业考核。销售人员应在项目销售(含预售和现售)前持本人照片、身份证复印件及《商品房销售员胸牌申请表》(加盖单位公章)至北京房地产中介行业协会(以下简称中介协会)领取胸牌。已注册并领取胸牌的销售人员可不再重复申请。

申请领取胸牌由销售机构统一办理,办理程序见附件。

三、各销售项目销售机构和销售人员的相关信息,在北京市房地产交易管理网项目信息中进行公示。同时该项目的售楼处应公示销售机构和销售人员姓名、胸牌号码等基本情况。销售人员接待购房客户时应挂胸牌服务。预售或现房合同网上签约时,应当注明该房屋销售机构和销售人员胸牌号码。

四、各项目销售机构或销售人员的情况发生变更的,应及时到中介协会办理信息变更手续。

五、中介协会应当加强对经纪机构及从业人员的教育、培训,不断提高行业素质。中介协会在发放销售人员胸牌时,可提供销售人员培训材料。各有关开发企业和房地产经纪机构应按培训材料的内容,加强本机构销售人员政策学习和业务培训,并就培训情况做出记录。

六、销售机构和销售人员存在以下违规行为并经房地产管理部门查实的,在网上公示其违规行为,按规定进行处理并通报工商部门。

(一)销售机构未通过营业执照年检、资质备案或行业专项检查的;

(二)销售人员未按规定领取胸牌、参加培训的;

(三)销售人员将胸牌转借他人,准许他人以自己的名义从事商品房销售业务的;

(四)销售机构及销售人员进行不符合项目实际的虚假宣传的;

（五）销售机构及销售人员有商品房交易市场相关管理规定的违法违规行为及其他法律法规所禁止的行为的。

七、《关于加强本市商品房销售机构及销售人员管理的通知》（京建交[2006]312 号）同时废止。

附件：销售人员胸牌领取程序

二〇〇七年十二月二十日

附件：

销售人员胸牌领取程序

一、申请销售人员胸牌

销售机构登录北京房地产交易管理网销售机构和人员管理栏目中商品房销售人员胸牌申请系统，在线填写销售人员资料，核对无误后打印《北京市商品房销售人员胸牌申请表》；按要求在《申请表》对应位置贴 2 张照片，由申请人本人签字，销售机构加盖公章后，销售机构持《申请表》及申请人身份证复印件、培训情况说明到中介协会登记信息后可领取销售人员胸牌。

二、变更销售人员胸牌

销售人员现执业机构登录北京房地产交易管理网销售机构和人员管理栏目中商品房销售人员胸牌申请系统，在线选择需申请的执业机构并填写相应信息，核对无误后打印《北京市商品房销售人员胸牌信息变更申请表》；按要求在《申请表》对应位置贴 1 张照片，由申请人本人签字，现执业机构及申请执业机构加盖公章后，由申请执业机构持《申请表》及申请人身份证复印件到中介协会登记信息后可变更销售人员胸牌信息。

北京市建设委员会　北京市工商行政管理局关于对《北京市商品房预售合同》、《北京市商品房现房买卖合同》、《北京市存量房屋买卖合同》示范文本修订的通知

京建交[2007]1358号

各区县房屋行政管理部门、工商分局,各房地产开发企业、房地产经纪公司:

自《北京市商品房预售合同》、《北京市商品房现房买卖合同》、《北京市存量房屋买卖合同》示范文本推行以来,对维护买卖双方当事人合法权益起到了积极作用。但随着相关法律法规、配套文件等的不断完善,以及近几年合同示范文本推行工作中发现的新情况和问题,市建委和市工商局对其进行了修订。现就有关问题通知如下:

一、修订后的《北京市商品房预售合同》中增加了房屋交付条件、建筑隔声情况、商业风险提示、房屋所在楼栋的项目建设方案等内容;并对付款方式、交接手续、前期物业服务等条款进行了补充。同时对《北京市商品房现房买卖合同》条款也进行了相应的调整。

二、为进一步规范合同签订,简化合同条款,对《北京市存量房屋买卖合同》中部分条款的内容和格式进行了修改。

三、新修订的合同示范文本通过北京市房地产交易管理网(www.bjfdc.gov.cn)和北京工商网(www.baic.gov.cn)公示,消费者可从网上下载。

四、北京房地产交易权属管理系统(www.bjfdc.gov.cn)和存量房屋网上签约系统(www.breaa.cn)自2008年1月1日起更新签约模板,合同当事人进行网上签约时可使用新的合同示范文本。

五、各单位要注意收集在合同示范文本使用中发现的问题,并及时向市建委和市工商局反馈意见。

六、修订后的合同示范文本自2008年1月1日正式推行使用。

附:修订后的《北京市商品房预售合同》、《北京市商品房现房买卖合同》、《北京市存量房屋买卖合同》(自行成交版和经纪成交版)示范文本(略)

二〇〇七年十二月二十九日

北京市建设委员会关于房屋权属登记面积有关问题的通知

京建权[2007]373号

各区县建委(房管局)、北京经济技术开发区国土房管局、北京市房屋权属登记事务中心、北京市房地产勘察测绘所、各房产测绘单位:

为加强权属登记管理,规范权属登记行为,现将房屋权属登记涉及面积的有关事项通知如下:

一、存在楼外分摊部位的楼栋,房产测绘单位须在该楼栋及参与该楼分摊的楼栋全部竣工并经规划验收合格后方可进行房屋面积实测,并按实地测量结果如实出具《房屋土地测绘技术报告书》(实测)及《房屋登记表》。

二、申请初始登记的楼栋存在楼外分摊部位的,则楼外分摊部位所在楼栋须已办理初始登记或与该楼栋同时申请初始登记。

三、存在楼外分摊部位或楼中存在共有共用部位分摊至其他楼的房屋,办理房屋权属登记的建筑面积应包含楼外分摊的面积且扣减分摊至其他楼栋的面积,并在《房屋登记表》中注明分摊前建筑面积及分摊情况。

初始登记申请人申请实测时,不提供分摊原则的,可按楼栋的建筑面积(不包含楼外分摊且不扣减楼中共有共用部位分摊至其他楼的面积)申请初始登记。

四、因分摊原则或共有共用建筑面积变化的(已预售的楼栋,房地产开发企业还须征得全体预购人的同意),房屋所有权人应委托房产测绘单位重新测量,出具《房屋土地测绘技术报告书》(实测)和《房屋登记表》,并申请办理变更登记,由权属登记部门重新核发房屋所有权证(包括房号清单)。

五、已经办理了初始登记的楼栋,如分摊原则或共有共用建筑面积没有变化,只涉及房屋拆分或合并或房屋信息变更等不涉及房屋所有权证内容变更的,房屋所有权人应重新出具《房屋土地测绘技术报告书》(实测),申请变更登记,权属登记部门对房屋所有权证所附的《房号清单》进行变更。

附件:房屋面积变更登记收件标准(补充标准三)

二〇〇七年五月十一日

房屋面积变更登记收件标准(补充标准三)

1. 房屋所有权证(原件);

2. 所有权人身份证明;

3. 委托办理的提交委托书(原件)、受托人居民身份证;

4. 房屋面积测绘技术成果报告,包括公用建筑面积分摊原则和部位说明(原件)以及修改前公用建筑面积分摊原则和部位说明(原件);

5. 按楼栋提供房号(部位)清单两份;

6. 住宅房屋进行拆分或合并的,还需提供规划部门出具的同意变更证明(验原件留复印件);

7. 因分摊原则变更导致已售房屋面积变更的,房地产开发企业须提供受影响的预购人同意变更预售房屋面积的证明(原件)。

8. 已办理他项权登记的,如果变更房屋面积涉及他项权证记载抵押房屋面积变更的,需提供抵押权人出具同意变更的证明(原件)、房屋他项权证(复印件)并申请办理他项权的变更登记。

北京市建设委员会　北京市人民政府住房制度改革办公室关于集资合作建房项目配套用房办理房屋权属登记有关问题的批复

京建权[2007]385号

北京市大兴区建设委员会：

你单位报来的《关于集资建房项目商业配套用房相关问题的请示》(京兴建文[2007]19号)收悉，经研究，批复如下：

一、单位或住宅合作社在集资合作建房项目中，按规划部门要求建设的配套公建，属经营性的配套用房，在缴纳土地出让金后，办理商品房性质产权；属非经营性的配套用房，在办理产权手续时，按经济适用住房产权管理进行登记。

二、其他区县建委、房管局遇到此类问题，按照上述意见执行。

此复。

二〇〇七年四月二十五日

北京市建设委员会关于推进权属系统使用等有关问题的通知

京建交[2007]509号

各区县建委(房管局)、开发区房地局、市房屋权属登记中心:

根据《关于网上申请办理房屋权属登记有关问题的通知》(京建交[2006]885号)的规定,自2006年10月10日起,我委推行了全市统一平台的交易权属信息系统(以下简称权属系统),市或区县建委(房管局)房屋权属登记部门(以下简称权属部门)对新申请初始登记的项目及该项目之后的权属登记业务均通过权属系统办理。东城、朝阳、海淀、昌平、延庆已将本辖区内全部新申请权属登记的各类业务通过系统实现了网上办理,大大推进了权属系统的应用。

为配合全市房屋普查和权属档案数据化工作开展,进一步加快权属系统的建设,同时也为社会提供全面准确的现房、存量房交易信息,现将推进权属系统使用及规范现房项目信息的有关工作通知如下:

一、自2007年7月1日起,凡现房项目中的房屋和进行存量房网上签约的房屋办理转移登记时,权属部门须通过权属系统办理转移登记及其后的相关权属登记业务。

现房项目中的房屋指通过权属系统办理了初始登记补录或现房销售确认,已在权属系统中建立了楼盘表的房屋。

未进行存量房网上签约的房屋办理转移登记时,权属部门应尽量通过权属系统办理。未通过权属系统办理的,权属部门需通过北京市房地产交易管理网旧版系统中的“数据采集”模块,将每件转移登记信息及时填报,按月随统计报表上报。

二、自2007年6月1日起已通过权属系统网上办理初始登记的项目,售房单位进行现房合同网上签约前,由各交易或权属部门办理现房销售确认。办理时工作人员收取并审核以下材料:

1.售房单位网上打印的《现房销售确认申请表》(加盖单位公章,原件);

2.申请销售楼栋的《楼盘表》(加盖单位公章,原件);

3.委托办理的提供《授权委托书》(加盖单位公章,原件);

4.已办理土地使用权、在建工程抵押或他项权登记的,还需由抵押权人出具同意抵押范围内房屋销售的证明(原件)。

申请内容符合有关规定的,须在5个工作日内在权属系统内予以确认。

未取得预售许可的现房项目或与预售时备案的销售机构和销售人员变化的,要求售房单位至市建委受理服务大厅办理销售机构备案手续后,项目方可进行现房合同网上签约并通过交易网外网公示现房销售信息。

三、未通过权属系统办理初始登记的项目申请现房销售的,数据补录和销售确认工作仍按照《关于北京市商品房现房买卖合同实行网上签约的通知》(京建交[2005]1105 号)中的规定由市建委房屋市场管理处办理。

四、自 2007 年 6 月 1 日起,交易网对在售期房项目的司法协执信息进行公示。自 2007 年 8 月 1 日起,交易网将对在售现房项目司法协执信息进行公示。

各交易权属部门应在 7 月 31 日前,将已有现房项目房屋的司法协执文书录入或导入到“限制登记”新建模块中,标识在系统中已有的楼盘表中,并随着新的现房项目楼盘表的建立及时进行标识。

五、凡未通过实测数据上传的项目,《房屋土地测绘技术报告书》(实测)的面积与权属系统中房屋面积不一致的,需由售房单位通过权属系统进行修改,并至市建委受理服务大厅申请。

各权属部门在办理转移登记时应核对《房屋登记表》中记载的实测数据与权属系统中的实测房屋数据是否一致,不一致的不予办理转移登记。

二〇〇七年五月二十四日

北京市建设委员会　北京市人民政府住房制度改革办公室关于《房改房售房备案工作规范(试行)》和《房改房权属登记工作规范(试行)》的补充通知

京建权[2007]529号

各区县建委、房屋管理局、房改办、市房屋权属登记事务中心:

2006年5月市建委、市房改办联合印发了《房改房售房备案工作规范(试行)》和《房改房权属登记工作规范(试行)》(京建权[2006]484号)。该文件有效地规范了房改房售房备案及权属登记行为,提高了工作效率。为进一步贯彻落实市委、市政府关于全力为在京中央单位做好服务工作的精神,现就有关问题补充通知如下:

在京中央和国家机关按经济适用住房价格向职工出售住房,其售房备案及权属登记工作仍按《关于协助在京中央和国家机关做好按经济适用住房价格出售住房工作的通知》([2006]京房改办字第059号)文件规定执行。

附:《关于协助在京中央和国家机关做好按经济适用住房价格出售住房工作的通知》([2006]京房改办字第059号)(略)

二〇〇七年五月二十四日

北京市建设委员会关于增加房屋登记表样式等有关问题的通知

京建权[2007]683号

各区县建委(房管局)、北京经济技术开发区国土房管局、北京市房屋权属登记事务中心、北京市房地产勘察测绘所、各房产测绘单位:

为规范房屋权属登记行为,根据《关于房屋权属登记面积有关问题的通知》(京建权[2007]373号)和《关于印发〈北京市房地产测绘细则〉的通知》(京房地测字[1999]第05号)的有关规定,在房屋权属登记时增加一种新的房屋登记表。现将增加新房屋登记表样式等有关问题通知如下:

一、房屋权属登记申请人或房产测绘机构申请房屋权属初始登记测绘成果备案的,均使用新房屋登记表。已完成房屋权属初始登记测绘成果备案的楼栋,房屋权属登记申请人申请初始登记时可提交已经北京市房地产勘察测绘所备案的旧式样房屋登记表。

二、初始登记申请人委托面积实测时,不提供分摊原则的,可按楼栋建筑面积填写新房屋登记表。

本文中所指楼栋建筑面积是指不包含楼外分摊且不扣减楼中共有共用部位分摊至其他楼的本楼自然面积。

三、整栋楼房或整栋楼房中部分房屋进行转移登记,不涉及重新计算分摊后的建筑面积,使用新房屋登记表填写申请转移登记部分的建筑面积。除上述规定的转移登记和变更登记外仍使用原房屋登记表。

四、经备案的测绘成果涉及面积分摊的,因保留小数位数导致的分摊前后面积误差不超过误差范围(详见下表)的,登记部门予以受理登记申请。

单位(m^2)

套　数	差　值
10套以下	-0.05~0.05
11~100套	-0.50~0.50
101~500套	-1.00~1.00
500套以上	-2.00~2.00

五、房产测绘机构在填写房屋登记表时,除以下情况外均须将楼号和幢号分为两列单独填写:

1.房屋面积未变化的,房屋权属转移登记、变更登记可提交原房屋所有权证所附房屋登记表;

2. 原房屋所有权中没有附图、表的。

附件：1. 房屋登记表
　　　2. 房屋登记表填表说明

二〇〇七年七月十三日

房　屋　登　记　表

共　页，第　页

坐落：					地号			
					图号			
楼号	幢号	房屋总层数	所在层数	房号或部位	结构	套数或间数	分摊后建筑面积	分摊前建筑面积
本页小计								
总　计								
备注：								

测绘时间：　　年　　月　　日　　　　测绘单位：

填表时间：　　年　　月　　日　　　　项目负责：

房屋登记表填表说明

1. 坐落：按公安部门批准的《申请安装门牌、楼牌审批表》填写，详见样表1。

2. 若公安部门批复多个坐落，可按坐落分别填写。如一幢建筑，地下及首二层裙房连通，三层以上为三个独立楼栋。公安局批复2个坐落，三层以上三个独立楼栋坐落为通州区云景东里1～3号楼，地下及首二层裙房坐落为通州区九棵树大街1～10号。本幢建筑房屋登记表由两页构成，首页房屋登记表填通州区云景东里1～3号楼分摊后建筑面积，第二页填通州区九棵树大街1～10号分摊后建筑面积，填写详见样表2。

如申请共有产权证时，坐落应具体填写到户号，详见样表3。

3. 地号：地籍调查中的地籍编号，即宗地号。

4. 图号：宗地所在地籍图的图幅号。填写规则详见北京市地籍测绘规则。

5. 楼号：按照公安部门或其他部门出具的地址证明填写。

6. 幢号：已填写楼号的，无需填写幢号，如果该楼无楼号的，需参照《房产测量规范》中关于幢号编立的规定编制；在房地平面图中坐落栏填写房屋坐落及楼号，在房屋轮廓线内的左下角注记幢号，并加括号表示。（一张房屋登记表中的楼号和幢号不得重复）

7. 层数：依据现场勘察测绘楼栋的实际层数填写。层数分为房屋总层数和所在层数。

房屋总层数应填写地上（地下）层数。地上（地下）层数：平房层数填平房；楼房按整幢房屋的地上（地下）最高（低）层数填写，附属用房、夹层不计入层数。

8. 所在层数：填房屋所在楼中的自然层数。整楼申请初始登记时本栏可不填写。

9. 房号或部位：依据房号清单，填写按自然间分别编定的房号或楼房的单元号、房号。申请初始登记时本栏可不填写。

10. 套数或间数：平房填间数，按自然间填写；成套住宅填写套数。

11. 结构：填钢、钢和钢筋、钢筋、混合、砖木、其他六类结构。

12. 分摊后建筑面积：填写建筑物分摊后各部位建筑面积和该楼内不分摊部分建筑面积的合计（人防面积除外）。存在楼外分摊部位或楼中存在共有共用部位分摊至他楼的房屋，应包含楼外分摊的面积且扣减分摊至其他楼栋的面积。

初始登记申请人申请实测时，未提供分摊原则的，本栏可不填写。

13. 分摊前建筑面积：本次申请初始登记范围内楼栋建筑面积合计（不包含楼外分摊且不扣减楼中分摊至其他楼栋的共有共用部位的面积）。

14. 备注：申请初始登记时，存在楼外分摊部位或楼中存在共有共用部位分摊至他楼的房屋，应按楼栋分别注明分摊情况。具体包括：

（1）本楼栋共有共用面积分摊出及分摊入的面积总计；

（2）人防面积；

（3）四舍五入产生的误差值；

（4）应注明楼号（幢号）与规划许可证批复建筑项目名称的对应关系；

（5）开发项目分期建设并分期申请初始登记的房屋，新申请初始登记的房屋，如果其楼外分摊部位已申请初始登记的，需在房屋登记表的备注栏中注明已初始登记的楼外分摊面积。

样表1

房　屋　登　记　表

共1页,第1页

坐落:朝阳区五里店一街1号院				地号				
				图号	Ⅳ-2-2-60(3)			
楼号	幢号	房屋总层数	所在层数	房号或部位	结构	套数或间数	分摊后建筑面积	分摊前建筑面积
1号楼		04(-01)			钢混		3509.52	3440.64
2号楼		04(-01)			钢混		2390.49	2362.68
3号楼		04(-01)			钢混		2946.89	2880.12
4号楼		04(-01)			钢混		3517.84	3440.64
5号楼		04(-01)			钢混		3507.33	3439.24
6号楼		04(-01)			钢混		2412.98	2369.54
7号楼		04(-01)			钢混		2877.64	2878.72
8号楼		04(-01)			钢混		3429.01	3439.24
9号楼		04(-01)			钢混		4718.34	4605.62
地下室		-02			钢混		4193.89	4848.65
本页小计							33504.64	33705.59
总　计							33504.64	33705.59

备注:

1号楼分出25.65m²,分入94.51m²,误差值0.02m²;2号楼分出36.56m²,分入64.38m²,误差值-0.01m²;

3号楼分出12.58m²,分入79.36m²,误差值-0.01m²;4号楼分出17.56m²,分入94.74m²,误差值0.02m²;

5号楼分出26.35m²,分入94.46m²,误差值-0.02m²;6号楼分出21.56m²,分入64.98m²,误差值0.02m²;

7号楼分出78.59m²,分入77.50m²,误差值0.01m²;8号分出102.56m²,分入92.35m²,误差值-0.02m²;

9号楼分出14.32m²,分入127.07m²,误差值-0.03m²;

地下室分出566.58m²,分入112.96m²,误差值-0.69m²,地下室变电站200.45m²未分摊面积。

测绘时间:2005年11月24日　　　　测绘单位××××公司

填表时间:2007年3月21日　　　　项目负责×××

样表 2-1

房 屋 登 记 表

共 2 页,第 1 页

坐落:通州区云景东里				地号				
				图号	- - -( )			
楼号	幢号	房屋总层数	所在层数	房号或部位	结构	套数或间数	分摊后建筑面积	分摊前建筑面积
1 号楼		12(-02)	03-12		钢混		10210.39	10111.20
2 号楼		15(-02)	03-15		钢混		11350.49	11230.30
3 号楼		18(-02)	03-18		钢混		12366.87	12000.76
本页小计							33927.75	33342.26
总 计							37867.63	37867.46

备注:

1 号楼分入 99.14m², 误差值为 0.05m²;

2 号楼分入 120.20m², 误差值为 -0.01m²;

3 号楼分入 366.04m², 误差值为 0.07m²。

测试时间:2007 年 7 月 25 日　　　　测绘时间:××××公司

填表时间:2007 年 5 月 21 日　　　　项目负责:×××

样表 2-2

房 屋 登 记 表

共 2 页,第 2 页

坐落:通州区九棵树大街				地号				
				图号	- - -( )			
楼号	幢号	房屋总层数	所在层数	房号或部位	结构	套数或间数	分摊后建筑面积	分摊前建筑面积
1号			01-02	101			99.46	88.80
2号			01-02	102			99.46	88.80
3号			01-02	103			49.73	44.40
4号			01-02	104			99.46	88.80
5号			01-02	105			99.46	88.80
6号			01-02	106			49.73	44.40
7号			01-02	107			49.73	44.40
8号			01-02	108			74.59	66.60
9号			01-02	109			74.59	66.60
10号			01-02	110			99.46	88.80
地下车库			-01				3145.14	3814.80
本页小计							3940.81	4526.00
总 计								

备注:

1 号楼分入 10.66m²;2 号楼分入 10.66m²;

3 号楼分入 5.33m²;4 号楼分入 10.66m²;

5 号楼分入 10.66m²;6 号楼分入 5.33m²;

7 号楼分入 5.33m²;8 号楼分入 7.99m²;

9 号楼分入 7.99m²;10 号楼分入 10.66m²;

地下车库分出 670.65m²,误差值为 0.99m²;

另有地下 2 层局部人防 3210.11m² 不在以上总建筑面积以内。

测试时间:2007 年 7 月 25 日　　　　测绘时间:××××公司

填表时间:2007 年 5 月 21 日　　　　项目负责:×××

样表3

房 屋 登 记 表

共1页,第1页

<table>
<tr><td colspan="5" rowspan="2">坐落:海淀区白家潼乡中国地震研究院</td><td>地号</td><td colspan="4"></td></tr>
<tr><td>图号</td><td colspan="4">- - -( )</td></tr>
<tr><td>楼号</td><td>幢号</td><td>房屋总层数</td><td>所在层数</td><td>房号
或部位</td><td>结构</td><td>套数
或间数</td><td>分摊后
建筑面积</td><td>分摊前
建筑面积</td></tr>
<tr><td></td><td>1号</td><td>12(-01)</td><td></td><td></td><td>钢混</td><td></td><td></td><td>11280.34</td></tr>
<tr><td></td><td>2号</td><td>02(-01)</td><td></td><td></td><td>钢混</td><td></td><td></td><td>290.12</td></tr>
<tr><td></td><td>3号</td><td>03(-01)</td><td></td><td></td><td>钢混</td><td></td><td></td><td>2670.78</td></tr>
<tr><td></td><td>4号</td><td>01</td><td></td><td></td><td>钢混</td><td></td><td></td><td>15.64</td></tr>
<tr><td></td><td>5号</td><td>01</td><td></td><td></td><td>钢混</td><td></td><td></td><td>310.20</td></tr>
<tr><td></td><td></td><td></td><td></td><td></td><td></td><td></td><td></td><td></td></tr>
<tr><td></td><td></td><td></td><td></td><td></td><td></td><td></td><td></td><td></td></tr>
<tr><td></td><td></td><td></td><td></td><td></td><td></td><td></td><td></td><td></td></tr>
<tr><td></td><td></td><td></td><td></td><td></td><td></td><td></td><td></td><td></td></tr>
<tr><td></td><td></td><td></td><td></td><td></td><td></td><td></td><td></td><td></td></tr>
<tr><td></td><td></td><td></td><td></td><td></td><td></td><td></td><td></td><td></td></tr>
<tr><td></td><td></td><td></td><td></td><td></td><td></td><td></td><td></td><td></td></tr>
<tr><td colspan="6">本页小计</td><td></td><td></td><td>14567.08</td></tr>
<tr><td colspan="6">总 计</td><td></td><td></td><td>14567.08</td></tr>
<tr><td colspan="9">备注:
1号为天气观测楼;
2号为行政办公楼;
3号为档案馆;
4号为门卫;
5号为职工食堂。</td></tr>
</table>

测试时间:2007年12月2日 测绘时间:××××公司

填表时间:2007年5月11日 项目负责:×××

样表4

房屋登记表

面积单位:平方米(m^2)

坐落	某某区某某大街某某号112号楼504							图号					
								地号					
平房建筑面积					楼房建筑面积			楼、平房建筑总面积					
楼号	幢号	房屋总层数	所在层数	部位及房	结构	套数或间数	建筑面积	其中 套内建筑面积(含阳台)	其中 阳台建筑面积	其中 分摊建筑面积	使用面积	用途 规划	用途 使用
112号楼		15(-02)	4	504	钢混		177.43	157.03	19.42	20.40		住宅	
本页小计							177.43						
总计							177.43						
备注:													

测图日期:　年　月　日　　填表人 ×××　　检查人:×××　　填表日期:　年　月　日

测绘单位:×××××公司

北京市建设委员会关于市房屋权属登记事务中心部分业务交由区县办理的通知

京建交[2007]745号

各区县建委、房管局、市权属登记中心：

为推进政府职能转变和管理体制改革，充分发挥市和区县两级建委市场监管职能，按照房屋属地管理的原则，经研究，现将市房屋权属登记事务中心（以下简称市登记中心）办理商品房项目预售登记、权属登记等房屋管理事务工作移交区县建委、房管局的有关工作通知如下：

一、由区县建委（房管局）办理的项目：

1. 新批准的外资商品房预售项目，直接移交项目所在区县建委（房管局）办理。

2. 市登记中心办理的已过预售期、尚未进行初始登记的项目，转交项目所在区县建委（房管局）办理。

3. 市登记中心办理预售登记的项目竣工后，自该项目竣工满4个月之日起10日内做好交接工作，转交项目所在区县建委（房管局）办理初始登记等手续。

二、保密产、军产、部级干部房改房、中直和国管局的办公用房，继续在市登记中心办理。

三、市登记中心已办理初始登记、开始办理转移登记的，随权属档案数据化工作的推进逐步下放。

四、2007年8月1日前市权属中心要认真做好移交项目档案的整理工作，保证数据信息的准确完整，填写移交清册，将项目已预售登记收取的相关材料以及与下放项目对应的司法机关和行政机关的协助执行通知书或限制房地产权利的文书一并移交项目所在区县建委（房管局），移交双方在交接单上签字。

五、自8月1日起市登记中心和区县建委（房管局）应按项目做好交接工作，要避免出现遗漏移交相关文书的问题。8月1日－8月10日，市登记中心暂停办理移交项目的相关手续，与区县建委（房管局）办理项目移交手续，并告知相关项目开发企业自8月11日起，到区县建委（房管局）办理预售登记、权属登记等房屋管理事务工作。

六、各区县建委（房管局）要严格执行法律法规和相关规定，规范管理程序，做好预售登记、权属登记等房屋管理事务工作，强化服务，提高办事效率。

二〇〇七年七月二十八日

北京市建设委员会关于房屋权属登记有关问题的通知

京建权[2007]789 号

各区县建委(房管局)、市房屋权属登记事务中心、经济技术开发区国土房管局:

2006 年 11 月 15 日《房屋权属登记规范(试行)》施行以来,各区县房屋权属登记部门严格按照规范要求统一房屋权属登记收件标准,尽量缩短办证时间,努力提高房屋权属登记效率,但也有登记申请人反映办理登记时间较长、有的登记部门擅自增收规范以外的登记证明材料、申请人无法取得规范要求收取的有些证明材料等问题。经研究,现将房屋权属登记的有关问题通知如下:

一、经规划部门批准在划拨土地上建设房屋,房屋竣工后,申请人申请初始登记,提交划拨土地国有土地使用证的,可不再提交准许继续使用原划拨用地的批准文件。

二、申请房屋转移登记、变更登记的,房屋权属登记部门一律不得要求申请人提交房屋安全鉴定证明。

三、房屋抵押登记,符合登记条件的,登记部门应当自受理之日起 10 个工作日内完成登记工作。

初始登记应在规定的 30 个工作日的时限内、其他登记应在规定的 20 个工作日的时限内完成。登记部门在受理上述登记时,权属登记受理通知单中承诺的具体办理时间不得超过 10 个工作日,因特殊情况不能在承诺办理时间完成的,工作人员应当提前 3 个工作日告知申请人完成登记的具体时间,但承诺办理和延期办理的时间,自受理之日起不得超过规定时限。

特此通知

二〇〇七年七月二十七日

北京市建设委员会关于为房地产开发项目办理在建工程抵押登记查询销售情况等有关问题的通知

京建交[2007]1045号

各区县建委(房管局)、开发区国土房管局、市房屋权属登记中心:

为进一步完善在建工程抵押登记工作,明确职责,严格程序,市国土局和市建委联合下发了《关于房地产开发项目在建工程抵押登记工作有关问题的通知》(京国土籍[2007]751号),现将房屋管理部门为房地产开发项目办理在建工程抵押登记查询销售情况等有关问题通知如下:

一、查询预售项目销售情况

(一)未取得商品房预售许可证的房地产开发项目

1. 由房地产开发企业向市建委房屋市场管理处申请并提交下列材料:

(1)申请书(原件)(附件一);

(2)企业法人营业执照(原件及复印件);

(3)国有土地使用证(原件及复印件);

(4)出让合同(原件及复印件);

(5)规划许可证及附件、附总平面图(原件及复印件);

(6)抵押合同(原件及复印件)。

2. 房屋市场管理处进行核实。

3. 核实后为房地产开发企业出具未办理预售许可证的证明(附件二)。

(二) 已取得商品房预售许可证的房地产开发项目

1. 由房地产开发企业和提供贷款的金融机构共同向市权属登记中心、区县建委(房管局)的预售登记部门申请并提交下列材料:

(1)申请书(原件)(附件三);

(2)《北京市商品房预售许可证》(原件及复印件);

(3)抵押房屋清单(原件)。

2. 预售登记部门通过交易权属业务系统进行查询。

3. 查询后为开发企业和贷款银行出具预售项目网上销售的情况(附件四)。

交易权属业务系统对拟抵押范围内的未售房屋(未售房屋指未网上认购、签约、未司法查封、未行政限制)进行限制。

(三)预售项目销售情况查询工作的办理时限为五个工作日内。

二、项目抵押信息确认

1. 房地产开发企业办理完在建工程抵押登记后,须向市权属登记中心、区县建委(房管

局)的预售登记部门申请办理抵押信息确认手续并提交下列材料:

(1)申请书(原件);

(2)抵押权人同意抵押房屋销售的提交同意抵押房屋销售的证明(原件)(附件五);

(3)国有土地使用证(原件及复印件);

(4)土地他项权利证明书(原件及复印件)。

2. 预售登记部门依据国有土地使用证和他项权利证的记载对办理抵押登记的房屋进行抵押信息确认后,已确认的房屋系统解除限制。

申请抵押已进行限制而未办理抵押登记的房屋由预售登记部门解除限制。

3. 核实抵押权人同意销售的房屋范围,对抵押范围内抵押权人未同意销售的房屋应再进行网上签约限制。

三、房地产开发企业应在办理完在建工程抵押注销登记、变更登记后的三个工作日内到预售登记部门办理抵押信息确认和解除网上签约限制手续,并提交下列材料:

(1)申请书(原件);

(2)国有土地使用证(原件,复印件);

(3)土地他项权利证明书(原件及复印件)。

四、房地产开发企业在进行预售项目网上销售情况查询后,因各种原因未办理在建工程抵押的,开发企业应提交书面申请并交回查询证明,预售登记部门核实后将限制解除。

五、房地产开发企业预售抵押范围内的房屋时,应在买卖合同中向买受人明示抵押情况,并明确解除抵押的条件和时间。

六、买受人所购预售商品房已被房地产开发企业设定在建工程抵押的,须办理抵押注销登记后方可办理期房抵押登记。

七、在建工程抵押登记工作涉及国土、建设(房管)部门,业务衔接紧密,时效性强,责任重大,各单位应高度重视,严格遵守工作程序。

八、本通知下发之日起,建委(房管)部门不再受理新的在建工程抵押登记,本通知下发前已办理在建工程抵押登记的,仍由原抵押登记部门负责办理注销登记、变更登记手续。

二○○七年十月八日

附件一：

关于核实商品房预售许可证办理情况的申请

北京市建设委员会：

我公司拟将坐落于 ______区（县）的______ 号楼的 □土地使用权 □在建工程 □在建工程及土地使用权进行抵押。

其国有土地使用证号为 ______，建设工程规划许可证号为______ 。

我公司上述楼栋尚未办理商品房预售许可证，请你委予以核实。

盖 章

年 月 日

注：1. 申请核实商品房预售许可证办理情况需提交下列材料：

(1) 企业法人营业执照原件、复印件；

(2) 国有土地使用证原件、复印件；

(3) 出让合同原件、复印件，；

(4) 工程规划许可证及附件、附图原件、复印件；

(5) 抵押合同原件、复印件。

2. 开发企业需按照以上要求的格式打印申请并加盖公章。

附件二：

关于______公司办理商品房预售许可证的查询情况

北京________ 房地产开发公司：

你公司在 ________________ 区（县）_________________________ 开发建设的 ________________________，其国有土地使用证号为___________________，建设工程规划许可证号为____________________。截止到________年________月________日尚未在我委办理《北京市商品房预售许可证》。

盖 章

年 月 日

附件三：

<table>
<tr><td>开发企业</td><td colspan="3"></td></tr>
<tr><td>项目名称</td><td></td><td>预售许可证号</td><td></td></tr>
<tr><td>坐　　落</td><td colspan="3"></td></tr>
<tr><td>贷款银行</td><td></td><td>金融许可证号</td><td></td></tr>
<tr><td>申请查询房屋</td><td colspan="3">（详见附表）</td></tr>
<tr><td>开发企业承诺：</td><td colspan="3">我公司保证抵押范围内的房屋未进行销售（包括认购和非网上签约），如与事实不符，我公司愿承担一切法律责任。
以上房屋办理在建工程抵押时，我公司与贷款银行已按规定就转让抵押房屋所得的价款向抵押权人提前清偿债务或者提存的事宜达成一致意见。转让房屋时，我公司应向购房人明示抵押情况和解除抵押的条件和时间。</td></tr>
<tr><td colspan="4">开发企业：（盖章）　　　　贷款银行：（盖章）

年　　月　　日　　　　年　　月　　日</td></tr>
</table>

附件四：

预售项目网上销售查询情况

________________房地产开发公司：

________________银行：

从北京市房地产交易管理网查询，区项目网上销售情况如下：

号楼	预售许可证号：		查询时间：　　年　　月　　日 小时　分	
自然层	销售层	1	2	3
3	03	※1 单元 301 120m²	●1 单元 302 120m²	※1 单元 303 120m²
2	02	●1 单元 201 120m²	○1 单元 202 120m²	1 单元 203 120m²
1	01	○1 单元 101 120m²	●1 单元 102 120m²	●1 单元 103 120m²
-1	-01	内部管理用房		

图示：白色底框为预售许可房屋

○为房屋未认购、未签约

灰色底框为未预售许可房屋

●房屋已签约

★申请抵押房屋已进行网上签约限制

※查封、限制

附件五：

抵押权人同意抵押房屋销售的证明

__________建设委员会(房屋管理局)：

____________________公司开发建设的位于_________________区(县)的____________________项目________号楼(其对应的建设工程规划许可证号为_________________________)已抵押给我行,我行同意以下抵押范围内房屋销售：

国有土地使用证号： 他项权利证号：

预售许可证号(已取得预售许可的填写)：

楼栋号：

房号：

盖 章

年 月 日

说明：

1.项目名称须按地名办批准的名称填写;楼栋号须按规划许可证批准的楼号填写。

2.抵押范围是楼内部分房屋的,须在楼栋号后填写抵押房号。

北京市建设委员会关于变更房产测绘成果备案程序性规定有关内容的通知

京建权[2007]1171号

各房地产开发企业、各房产测绘机构：

为加强用于房屋预售登记和房屋权属登记的房产测绘成果备案管理，维护买卖双方合法权益，现就“房产测绘成果备案”程序性规定中有关内容变更事项通知如下：

一、原房屋预售登记测绘成果备案减少一项申报材料，即原第(7)项“北京市城镇国有土地使用权出让合同复印件一份”，增加一项申报材料“《中华人民共和国国有土地使用证》复印件”；原房屋权属登记测绘成果备案减少一项申报材料，即原第(13)项“国有土地使用权地籍调查表”，增加一项申报材料“《建设工程竣工测量成果报告书》复印件”，原第(14)项改为“有关部门批准的项目坐落复印件”。

二、房产测绘成果备案办理时限由原来的5个工作日变更为10个工作日。

三、本通知自发布之日起执行，本通知发布前已办理房屋权属登记测绘成果备案现申请变更的楼幢，也应提交《建设工程竣工测量成果报告书》。

附件：房产测绘成果备案办理程序

二〇〇七年十一月八日

房产测绘成果备案办理程序

(一)受理

提交材料：

1. 房屋预售登记测绘成果备案提交材料：

(1)房屋预售登记测绘成果备案申请表；

(2)房屋测绘成果报告书及电子文档；

(3)施工图设计文件审查报告及通知单复印件一份；

(4)共有共用面积分摊说明及配套的分摊彩图原件一份；

(5)建设工程规划许可证及其附件、附图复印件一份；

(6)人防部门批准或备案的人防工程设计审核批准通知单复印件一份；

(7)房产测绘单位资质证书复印件一份；

(8)中华人民共和国国有土地使用证复印件。

2. 房屋权属登记测绘成果备案提交材料：

(1)房屋权属登记测绘成果备案申请表；

(2)房屋权属登记测绘成果报告书及电子文档；

(3)用于房屋权证的附图、附表及电子文档；

(4)房屋权属登记测绘成果的原始记录草图复印件；

(5)房屋预售登记测绘成果报告书复印件；

(6)房屋预售合同所附分摊说明复印件一份；

(7)商品房项目需要提交施工图电子文档；

(8)共有共用面积分摊说明及配套的分摊彩图原件一份；

(9)建设工程规划许可证及其附件、附图复印件一份；

(10)人防部门批准或备案的人防工程设计审核批准通知单复印件一份；

(11)房屋竣工验收备案表；

(12)用地红线及钉桩成果通知单；

(13)有关部门批准的项目坐落复印件；

(14)房产测绘单位资质证书复印件一份；

(15)建设工程竣工测量成果报告书。

申请备案的项目已办理房屋预售登记测绘成果备案的，不必提交(5)、(9)、(10)、(14)项资料。

标准：申请材料齐全、符合法定形式。

岗位职责及权限：按照受理标准查验申请材料。

符合标准的，予以受理，向申请人出具行政管理事项受理通知书，并将申请资料转审查人员。

不符合标准但申请材料存在可以当场更正的错误的，允许申请人当场更正；不能当场更正的，向申请人出具行政管理事项补正有关材料通知书，一次性告知申请人需要补齐、补正的全部内容。

申请事项不属于本机关职权范围的，向申请人即时出具行政管理事项不予受理通知书。

时限：1个工作日

(二)审查

标准：施测单位的资格、测绘成果的适用性、面积测算依据与方法符合规定要求。

岗位职责及权限：按照审查标准对受理人员移送的申请材料进行审查。

符合标准的，签署意见后将申请材料转决定人员。

不符合标准的，书面写明审查意见及理由后将申请材料转决定人员。

时限：7个工作日

(三)决定

标准：同审查标准

岗位职责及权限：对申请事项作出决定。

同意审查意见的，签署意见，转告知人员。

不同意审查意见的,书面提出意见及理由,转告知人员。

时限:1 个工作日

(四)告知

岗位职责及权限:

对符合要求的,在 1 个工作日内制作行政管理事项办理结果通知书和有关文件,并及时向申请人送达。

对不符合要求的,在 1 个工作日内制作行政管理事项办理结果通知书,写明理由和申请人享有的依法申请行政复议或者提起行政诉讼的权利,并将行政管理事项办理结果通知书和申请材料及时退回申请人。

作出行政决定后,将过程中形成的文书材料按要求归档,并定期公示行政决定。

时限:1 个工作日(不包括送达期限)

北京市建设委员会关于商品房初始登记涉及楼外分摊部位有关问题的补充通知

京建权[2007]1192 号

各区县建委(房管局)、市房屋权属登记事务中心、北京经济技术开发区房地局、各有关单位:

根据《关于权属登记面积有关问题的通知》(京建权[2007]373 号)的规定,申请初始登记的楼栋存在楼外分摊部位的,则楼外分摊部位所在楼栋须已办理初始登记或与该楼栋同时申请初始登记。为妥善解决历史遗留问题,现就该文件实施中的有关问题补充通知如下:

一、申请初始登记的楼栋存在楼外分摊部位,楼外分摊部位所在楼栋层数与建设工程规划许可证许可的内容相符且已竣工的,其楼栋应与申请初始登记的楼栋一同进行测绘备案;如有其他楼栋参与分摊,参与分摊的楼栋层数须与建设工程规划许可证许可的内容相符且通过竣工验收。办理以上测绘备案手续时,应当提交建设、施工、监理、设计单位盖章的《单位(子单位)工程质量竣工验收记录》。

二、申请初始登记的楼栋存在楼外分摊部位,楼外分摊部位所在楼栋未竣工,但楼外分摊部位已建成且在建设工程规划许可证许可范围内,开发企业和测绘单位须共同出具“楼外分摊部位已经建成且面积不会发生变化”的证明后,与申请初始登记的楼栋一同进行测绘备案。楼外分摊部位所在楼栋竣工后,应向测绘管理部门补交竣工备案材料。

三、楼外分摊部位所在楼栋未竣工且不符合本通知第一、二条规定的条件的,视为此楼未竣工,房地产开发企业应当向预售管理部门申请预售许可延期。

二〇〇七年十一月二十日

北京市国土资源局关于房地产开发项目在建工程抵押登记有关问题的通知

京国土籍[2007]751号

各区(县)国土资源分局、各区(县)房屋行政管理部门、北京市国土资源局经济技术开发区分局、各房地产开发企业:

为规范我市在建工程抵押登记工作,保护抵押权人、抵押人及相关权利人的合法权益,根据《中华人民共和国城市房地产管理法》及《城市房地产抵押管理办法》(2001年建设部第98号令)等有关法律法规的规定,现就我市房地产开发项目在建工程抵押登记工作有关问题通知如下:

一、本通知所称在建工程抵押,是指抵押人为取得在建工程继续建造资金的贷款,以其合法方式取得的土地使用权连同在建工程的投入资产,以不转移占有的方式抵押给贷款银行(包括其他法定金融机构)作为偿还贷款履行担保的行为。

二、房地产开发项目在建工程抵押登记工作统一由北京市国土资源局(以下简称市国土局)及各区(县)国土资源分局负责办理。北京市建设委员会(以下称市建委)及各区(县)房屋行政管理部门按照职责分工负责相关工作。

三、未取得《北京市商品房预售许可证》的房地产开发项目拟办理在建工程抵押登记,需由房地产开发企业向市建委申请核实未办理商品房预售许可证的情况。市建委核实后,为房地产开发企业出具抵押楼栋未办理商品房预售许可证的证明,房地产开发企业和提供贷款的金融机构凭此证明向市、区(县)国土资源管理部门申请办理在建工程抵押登记手续。

四、未取得《北京市商品房预售许可证》的房地产开发项目办理在建工程抵押登记期间,市建委对房地产开发企业提出的预售许可申请不予受理。房地产开发企业办理在建工程抵押登记审批事项完毕后,方可申请预售许可。

五、房地产开发企业申请办理《北京市商品房预售许可证》时,对预售项目已办理了在建工程抵押登记的,需由抵押权人出具同意抵押房屋销售的证明。

六、已取得《北京市商品房预售许可证》的项目,以未售房屋抵押的,需由提供贷款的金融机构和房地产开发企业共同向项目所在地的市、区县建委、房管局申请查询拟抵押房屋未销售情况。市、区县建委、房管局通过北京市房地产交易管理网查询后,为提供贷款的金融机构和房地产开发企业出具拟抵押房屋未销售(指未网上认购、网上签约)的证明。房地产开发企业和提供贷款的金融机构凭此证明向市、区(县)国土资源管理部门申请办理未售房屋在建工程抵押登记手续。

市、区县建委、房管局在出具拟抵押房屋未销售证明的同时,在北京市房地产交易管理网上将拟抵押房屋进行限制。房地产开发企业在办理完成在建工程抵押登记后,需持《国有土地使用证》、《土地他项权利证明书》原件、复印件和抵押权人同意抵押房屋销售的证明到市、区县建委、房管局办理网上解除限制和抵押确认手续。

七、房地产开发企业销售抵押房屋的，在与购房人签订商品房买卖合同时，必须在《买卖合同》中写明房屋抵押情况并附抵押权人同意抵押房屋销售的证明。

八、抵押期间，抵押房屋出售的，市、区（县）国土资源管理部门可以不分别办理抵押变更登记手续（购房人要求单独办理按揭贷款的，按购房人的要求办理），但每售出3000平方米，抵押当事人应申请办理已售出房屋及其占用的土地的抵押注销登记手续。该种抵押变更登记不改变原抵押登记的顺位。

九、市、区（县）国土资源部门在办理在建工程抵押登记时应到现场核实，其抵押部位必须是实际完工部分。

十、房屋已竣工验收或实际投入使用的，房地产开发企业应依法抓紧办理房屋初始登记，不得再按在建工程办理抵押登记手续。

十一、已经办理在建工程抵押登记的房地产开发项目已竣工验收或实际交付的，房地产开发企业应在依法办理房屋初始登记后，向市、区县建委、房管局申请办理在建工程转现房抵押登记。然后再向市、区县国土资源部门申请办理土地使用权抵押变更登记手续。

十二、办理在建工程抵押登记时有关司法查封的问题按照最高人民法院、国土资源部、建设部《关于依法规范人民法院执行和国土资源房地产管理部门协助执行若干问题的通知》（法发[2004]5号）有关规定执行。

十三、本通知自印发之日起执行，此前规定与本通知不一致的，以本通知为准。

二〇〇七年九月二十九日

北京市建设委员会
关于加强本市公有住宅电梯管理的通知

京建房[2007]100号

各直管公房管理单位、各物业管理单位、各相关单位：

为提高本市公有住宅电梯管理水平，保障电梯正常使用和安全运行，更好地为居民服务，现就有关问题通知如下：

一、进一步明确公有住宅电梯管理和使用安全的责任主体，做好电梯维修保养，确保电梯安全运行

公有住宅，即指按房改政策向个人出售的住宅（以下简称已售公有住宅）和承租人按照本市公房租金标准承租的住宅（以下简称未售公有住宅）。公有住宅电梯管理的责任主体是房屋的产权单位，如物业管理单位或电梯公司接受委托对电梯进行维修保养的，物业管理单位或电梯公司作为维修保养的责任主体。

房屋产权单位、物业管理单位或电梯维修保养单位共同承担电梯运行过程中的安全管理责任，各有关单位要加强对公有住宅电梯的日常维修保养，完善各项制度，确保电梯安全运行。

房屋产权单位或物业管理单位应与有资质的电梯维保单位签订电梯维修保养合同，并监督电梯维保单位，按时维护保养电梯设备，出现故障及时排除。

二、进一步规范公有住宅电梯运行服务标准，努力提高电梯运行服务水平

1. 电梯运行时间

本市公有住宅电梯实行全天24小时运行制，每天6时至24时正常开梯，24时至6时可间断运行，但需有人值班，住户用梯随叫随到。各单位应创造条件，积极实行24小时不间断运行。

2. 电梯运行服务标志牌

电梯候梯厅张贴电梯运行服务标志牌，标志牌上应注明电梯运行时间；电梯司机值班室地点及值班电话；电梯维修保养单位电话；电梯每周的保养时间；电梯管理单位电话及电梯急修电话等。在电梯轿厢内应张贴“乘梯须知”及“操作规程”。

三、保障公有住宅电梯运行及维修工程费用来源，建立电梯更新改造的良性机制

已售公有住宅电梯日常运行维护费由出售公有住宅楼房的单位承担。未售公有住宅电梯日常运行维护费，由房屋的产权单位承担。出售公有住宅的单位、房屋产权单位与房改购房人或使用人就电梯日常运行维护费的承担另有合同约定的，从其约定。

已售公有住宅电梯维修工程费用（即指电梯大中修、改造更新工程）按北京市专项维修资金使用管理的有关规定执行。

对已上市交易的公有住宅，由新购房人承担电梯日常运行维护及维修工程费用。根据

《北京市城市房地产转让管理办法》(北京市人民政府令第135号)第十六条:“已购公有住房转让后,原售房单位不再承担该房屋的供暖、物业管理等费用。”即个人购买的公有住宅上市交易后,房屋产权性质变为商品房,其电梯的日常运行维护及维修工程费用由新购房人承担。

二〇〇七年一月二十六日

北京市建设委员会　北京市"2008"环境建设指挥部办公室　北京市发展和改革委员会　北京市财政局　北京市规划委员会关于印发《奥运会前平改坡工作实施方案》的通知

京建房[2007]167号

相关区政府、各平改坡工作办公室、各有关单位：

为改善居民生活，提高平顶楼房保温隔热和防水能力，迎接2008年奥运会，创建优美的城市景观，根据市政府部署，奥运会前北京市继续开展以多层楼房平改坡为主的景观改造工作。经研究，现制定印发《奥运会前平改坡工作实施方案》，请认真贯彻执行，确保平改坡工作的顺利实施。

二○○七年二月十四日

奥运会前平改坡工作实施方案

为迎接2008年奥运会，按照北京市城市环境建设总体部署，奥运会前，本市要完成市政府环境整治计划中的平改坡任务。

一、工作目标

北京市平改坡的工作目标是：配合迎接奥运会和老旧楼房改造工作，明显改善城市景观，改善居民生活条件，节约能源，提高楼房顶层房屋的保温隔热和防水能力。

平改坡是指在建筑物结构许可、地基承载力达到要求的情况下，将多层楼房平屋顶改造为坡屋顶，达到改善建筑物功能和景观效果的房屋修缮工程。平改坡改造同时考虑楼房外立面整治（包括雨落管、门窗油饰或更换、外墙粉刷等）和必要的房屋加固。

二、组织领导

北京市08环境建设指挥部副总指挥李伟同志牵头负责楼房平改坡工作。由市08环办、市建委统一组织落实，各相关区政府、中直、国管和部队系统具体实施。成立市平改坡专项工作组，由市08环办、市建委、市发改委、市财政局、市规划委、中直机关事务管理局、国务院事务管理局、总后营房部联合组成，负责相关政策的制定，组织落实改造资金，协调解决工作中遇到的问题。

平改坡专项工作组下设办公室。负责对平改坡实施项目进行指导和协调，编制全市平改坡工作计划，对平改坡工程完成情况实施目标考核、统计。建立联系人制度，定期召开工作例会。

相关区政府负责辖区内楼房平改坡工作。具体负责落实本区平改坡计划和改造资金，组织编制改造方案等。各区应设立区平改坡工作办公室，在区政府领导下负责本区平改坡工作的组织实施。

中直、国管和部队系统相应成立平改坡工作办公室，按市、区平改坡办公室的统一要求负责本系统平改坡项目的组织实施。

各相关政府部门、各相关单位要密切配合平改坡工作，加强宣传和协调，争取居民和各方面的理解支持。

三、资金筹措

列入奥运前改造计划的平改坡项目，改造资金按以下原则筹措：

1. 市级公产楼房（含市级直管公房，市委、市政府所属机关、市属事业单位的产权房屋），由市政府固定资产投资安排解决，具体数额以市发改委批复为准。

区级公产楼房（含区级直管公房，区委、区政府所属机关、区属事业单位的产权房屋），由市政府固定资产投资给予 50% 的补贴，区政府负担 50%，具体数额以市发改委批复为准。

2. 对于其它产权的房屋，实行政府补贴和产权单位自筹相结合的办法。市政府给予 50% 的补贴，各区政府可根据实际情况制定不低于工程总投资 20% 的补贴办法，具体数额以市发改委批复为准。

3. 驻京部队、中央在京机关、企事业单位产权楼房的改造资金，由国家财政部门制定补贴办法。

四、工作程序

（一）简化审批程序

市建委编报申请提前开展 2007 年平改坡工作的报告，报市发改委批准。

市建委依据市发改委的批复，组织各区、各系统提前开展房屋安全鉴定、设计招标等前期工作。

（二）编报改造方案

北京市建设工程造价管理处牵头，参照前几年平改坡工程投资情况，按照不同结构形式、主要材料等，结合当年的具体情况，编制平改坡工程（指导价）单方造价标准。

市建委委托中介机构根据平改坡工程指导价编制工程改造投资方案报市发改委，市发改委委托中介机构对改造方案进行评审后批复。

（三）招投标

平改坡工程是奥运工程的重要配套项目，市建委、市规划委应在符合有关招投标法律法规规定的条件下，简化手续，缩短办理时间。

平改坡工程主要建筑材料选择：由市平改坡办公室委托市建委建筑材料管理办公室采取公开征集、综合评议、专家评审的办法圈定入围名录，各平改坡办公室根据具体项目的规划要求从名录中选取。

（四）设计方案审核和备案

各平改坡工作办公室应及时归集平改坡景观设计方案（设计效果图、街景效果图等）并于施工前报市规划委审核。市规划委收到设计方案后 7 日内完成审核。各平改坡工作办公室应于平改坡工程施工前到区规划分局完成设计备案。

平改坡工程施工图统一送市平改坡工作办公室指定的经认定具有施工图审查资格的

施工图审查单位审核。

（五）组织实施

各区应按照《关于进一步做好北京市平改坡工程规划设计工作的意见》、《关于加强奥运城市环境建设工程招投标和施工许可管理的若干规定》和《北京市楼房平改坡工程结构技术实施纲要》的要求组织实施。对实施中的问题，可及时向市平改坡工作办公室报告，协调解决。

列入改造计划的楼房，楼房产权单位应于房屋安全鉴定前提供原建筑图纸和变更数据。工程施工前将配套资金及时归集到相应的资金管理部门。

各级资金管理部门应按照平改坡工程进度及时拨付资金。

各施工单位必须严格执行北京市文明施工管理的各项规定，施工期间要减少扰民，做好现场安全防护等工作。

（六）竣工验收

工程竣工后，房屋产权单位提请区平改坡工作办公室组织验收。验收交接应提交竣工图纸及相关资料。工程验收合格后，产权单位与施工单位办理接管、保修手续。

（七）工程结（决）算

工程全部完成后，各区组织编制工程结（决）算报市建委，市建委委托咨询公司汇总后报市发改委、市财政局审核。

（八）改造后坡屋顶的管理

改造工程竣工验收后，房屋管理单位应将竣工资料归档，负责日常维修养护。改造后的屋顶属楼房共用部位，维修费用由房屋产权单位或产权人按有关规定承担。

为保障房屋安全和正常使用，房屋管理单位要对改造后的屋顶严格管理，不得随意挪做他用。

五、工作要求

（一）统一思想、做好宣传。平改坡工作是市政府积极贯彻“三个代表”精神，为老百姓做的一件实事。它能有效地解决现有楼房渗漏、隔热、保温等问题，北京的平改坡同时结合了抗震加固和景观改造，对提高居民的住用质量、美化城市、节约能源都具有重要意义。各级管理部门要统一思想，提高认识，加强领导，积极宣传，争取居民和有关各方的理解和支持，使这项工作能扎实开展。

（二）要明确责任，强化管理，提高科技含量，努力降低成本，确保改造工程质量、安全。

（三）平改坡施工过程中，各主管部门要精心组织、严格管理、加强检查，发现问题及时提出整改措施。

六、在平改坡工作中做出突出贡献的单位和个人，有关部门给予表彰和奖励。

七、中直、国管和部队系统的平改坡项目可参照本实施方案制定相应实施办法。

二〇〇七年二月十四日

北京市建设委员会关于印发《2007 年北京市城镇房屋防汛工作要点》的通知

京建房[2007]266 号

各区县建委、房管局,各管房单位:

现将《2007 年北京市城镇房屋防汛工作要点》印发给你们,请结合本单位实际情况,认真贯彻执行。

附件:2007 年北京市城镇房屋防汛工作要点

二〇〇七年三月二十六日

2007 年北京市城镇房屋防汛工作要点

根据《关于做好 2007 年迎汛安全工作的通知》京政汛[2007]03 号和《北京市城镇房屋防汛管理办法》(京建[2005]503 号),为做好 2007 年度北京市城镇房屋防汛工作,北京市建设委员会(以下简称市建委)印发《2007 年北京市城镇房屋防汛工作要点》如下:

一、指导思想和工作目标

(一)指导思想

坚持以人为本,贯彻落实科学发展观,紧紧围绕构建和谐社会、提高城镇房屋汛期安全保障能力、备战 2008 年奥运会和有利于首都可持续发展。

(二)工作目标

建立完善城镇房屋防汛体系,明确落实房屋防汛主体责任,监督落实房屋防汛制度、措施和办法,全力消除房屋安全度汛隐患,充实抢险队伍,加强应急抢险保障能力,全力应对极端天气,确保人民生命安全,把灾害造成的损失和影响减低到最小程度。

二、工作要点

(一)建立完善房屋防汛应急指挥系统

房屋防汛实行条块结合管理,纳入属地政府应急体系。各区县建委、房管局要成立房屋防汛指挥部和办公室,明确落实职责。各管房单位也要明确房屋防汛主体责任,层层落实,不留死角。各区县建委、房管局和管房单位要完善实施房屋防汛责任事故追究制和公示制。发生房屋防汛安全责任事故,要严格追究责任人的责任。汛期房屋抢险抢修值班电话要进行社会公示,接受社会监督。

市建委房屋防汛办公室负责编写印发《城镇房屋安全防汛指挥手册》,各单位将房屋防汛日常办事机构基本情况于4月20日前报市建委。

（二）完善房屋防汛预案

《北京市防汛应急预案》和《北京市城镇房屋防汛应急预案》已编制印发。各区县建委、房管局和管房单位要结合本地区、本单位实际情况制定房屋防汛应急预案。做到职责明确、指挥到位、预警及时、响应到位、上下联动、快速反馈、有效防范。

各单位房屋防汛应急预案在4月25前报市建委。

（三）组建房屋防汛抢险抢修队伍和做好物资保障工作

今年全市防汛工作的重点是建立完善快速抢险专业队伍和物资保障体系。各区县建委、房管局和管房单位要围绕着2008年奥运保障工作，加强房屋防汛抢险抢修队伍建设，提高对险情、灾情的快速处置能力。要依据所管房屋状况和参照近年发生的险情、灾情进行物资储备。建立物资储备台账，将物资存放在有利于随时调用的场所。

各单位房屋防汛抢险抢修队伍建设和物资储备情况在4月25日前报市建委。

（四）加强培训和演练，提高实战能力

各区县建委、房管局和管房单位要结合本单位实际组织形式多样的培训和演练。要做到培训演练与防汛“五落实”相结合，与房屋防汛应急预案相结合，与曾防御发生过的灾害事故相结合。做到防汛责任人到位，各项措施到位，达到实战要求。市建委将组织房屋防汛抢险队长培训，组织部分房屋防汛抢险队进行抢险演练，抽查部分单位的抢险演练情况。

（五）建立危房和严重积水区域数据库

在2007年度房屋安全检查的基础上，各区县建委、房管局和管房单位要建立危房和严重积水区域数据库，明确汛期房屋安全责任单位、责任人，制订落实解危措施，保障房屋安全。市建委在4月中旬组织危房和严重积水区域数据库输入培训，5月中旬完成危房和严重积水区域数据库输入工作。

（六）进行汛前房屋安全复查和危房修缮

1. 各管房单位要组建查房队伍，对所管房屋实行动态管理，掌握房屋状况，及时发现和解除危险隐患。对房屋安全检查中的锁门户、拒查户及老旧危破平房、中式旧楼、加气块简易楼及征而未拆等重点地区、重点房屋要组织复查。对楼房的水漏管、共用天线、避雷设施和顶层广告牌等也应进行检查。检查要做好记录和建立台账。对危及房屋安全的树木、人防设施和供电设施等积极协调有关部门解危。

2. 上汛前，房屋安全责任人应当完成房屋木结构加固，危险房墙、院墙拆砌和屋面严重漏雨及浸泡房屋的积水排除等工程。六月底前，完成严重破损、危险房屋的翻建挑顶。因工程量较大等原因，期限内不能完成的，应采取支顶、加固或动员住户迁出等安全措施。六月底前，疏通、清掏平房院落的下水管线，吊井、联接井等下水设施，疏浚低洼院落的排水明沟。主汛前，必须排除可能引发房屋倒塌事故的危险隐患。

（七）认真执行《北京市城镇房屋防汛管理办法》落实各项防汛制度，做好汛期防汛工作

1. 严格执行房屋防汛行政领导责任制和防汛抢险队伍责任制。做好汛期值班和领导带班工作。无雨和小阵雨时，值班人员应在岗；中雨或持续小雨时，主要领导应在岗，并适当增加值班抢险抢修人员；中雨以上或接到上级指令时，主管防汛工作的领导、工作人员及

抢险、抢修队伍应到岗。

2. 严格执行雨中重点地片、重点房屋巡视检查制度。各单位要设专人对防汛重点地片、重点房屋进行监测检查,并加强雨中巡视检查,发现险情及时解除。在中雨以上或持续小雨后各单位还要组织进行雨后查房,并将查房情况及时报市建委。

3. 做好汛期房屋抢修工作,充分利用两次降雨的间隙时间,积极抢修漏雨等房屋。

4. 对汛期中突发险情,责任单位抢险队伍必须及时赶到现场,积极抢险抢修,并将险情及抢险情况 4 小时内报市建委。

5. 严格执行重大责任事故追究制度。房屋倒塌达到上报标准的,管房单位必须立即将事故情况逐级上报,并于事故发生 12 小时内将事故报告表报送市建委。

6. 认真做好汛期住户接待工作。对住户反映的房屋危险、漏雨等问题,管房单位必须派人赴现场检查处理,杜绝冷、顶、推、拖的现象。

(八)加强各级房屋防汛办自身建设,做好日常管理工作

1. 市建委设立城镇房屋防汛指挥部和办公室,负责监督、管理、协调本市城镇房屋防汛工作。制定实施北京市城镇房屋防汛应急预案。负责日常管理工作。

各区县建委、房管局、直管公房管理单位及其他管房单位设立防汛指挥部和办公室,负责组织、监督、管理本辖区及本单位的房屋防汛工作。制定实施本地区、本单位房屋防汛应急预案。负责日常管理工作。

各区县建委、房管局防汛办公室要加强对本辖区内自管房单位防汛工作的监督管理,明确房屋安全责任。加强对辖区内城镇私房,特别是标准租出租私房安全的监督管理。对其中的危险房屋必须督促落实安全措施。

2. 各区县建委、房管局防汛办公室要加强对基层防汛工作的监督、检查和管理。汛前要组织对房屋防汛落实情况的全面检查。对发现的问题,特别是安全隐患,必须责成主体责任单位限期解决,并复核解决情况。各单位的检查情况应报市建委。市建委还将进行抽查。

3. 加强基础建设,规范工作制度,提高管理水平和人员素质,做到任务明确、职责清楚、情况熟悉、数字准确、办事高效;各级领导和主管人员要深入实际,加强调研,求真务实,推广高效、实用、快捷的工作形式和及时解决汛期发生的各种问题。各区县建委、房管局防汛办公室要将有关房屋防汛信息及时准确报告市建委,以利全面掌握情况,指导工作。

4. 提高首都意识、大局意识、责任意识,严格落实岗位责任制,服从统一指挥,加强协作、配合,严肃工作纪律。对不认真履行防汛责任并导致房屋倒塌等责任事故的单位和个人,市建委将给予通报批评,情节严重的要按有关规定追究责任。

5. 各区县建委、房管局及管房单位均应做好汛前动员和汛后总结工作,并将有关情况报市建委。

今年房屋防汛形势严峻,工作任务艰巨,责任重大,各管房单位务必高度重视、精心部署、狠抓落实,以对人民生命财产高度负责的精神,以深入实际解决问题的工作作风,开拓创新,扎实工作,为全面提高房屋防汛工作水平、建设和谐社会、成功举办 2008 年奥运会、实现首都可持续发展做出贡献。

北京市建设委员会关于做好平改坡工程建筑材料使用管理工作的通知

京建房[2007]378号

各平改坡工作办公室、各相关单位：

为顺利完成平改坡工作任务，做好奥运会前平改坡工程建筑材料的选用工作，保证工程质量，现就平改坡工程建筑材料有关问题提出如下管理要求：

一、平改坡建设和施工单位要建立严格的材料采购责任制，加强建筑材料采购的内部监督管理。

平改坡工程必须按照相关规定和工程设计、施工技术标准以及国家产品质量标准选购质量、信誉高的企业生产的优质产品。采购单位应认真核实建筑材料供货单位的质量保证能力和履约能力。采购单位对其采购的产品质量负责。

二、屋面材料的选用应根据屋面材料的技术经济指标、平改坡项目周边景观环境要求，综合考虑。

按照有关规定，建筑防水材料达到国家规定规模标准的，采购单位应当依法通过招标方式选择防水材料供应单位，确保防水材料质量。

对于新型屋面材料，应注意对其可靠性、耐候性、使用寿命等性能进行检验。

三、平改坡工程施工单位应当依据合同约定，将所使用的主要建筑材料（包括钢材、屋面材料、建筑涂料）的采购合同于合同订立后10个工作日内报送工程所在地平改坡工作办公室备案。

采购单位采购建筑材料，应直接与生产厂家或其直接授权的一级或总代理机构签订合同进行采购。

建筑材料的质量保证、保修等相关事宜应在合同中约定。

四、建筑材料进场时，材料的供应单位必须提供检测合格、项目齐全、有效期内的产品质量检验报告。产品质量检验报告应执行国家、行业或地方相应的产品质量标准，没有国家标准、行业标准或地方标准的，应当执行通过质量技术监督部门备案的企业标准。

建筑材料进场时，施工单位必须依照国家和北京市有关施工质量验收规范规定，认真核查出厂合格证、产品质量检验报告等质量合格证明文件的原件。发现实物与其出厂合格证、质量合格证明文件不一致或存在疑义的，应立即停止采购，并及时向有关部门报告。

监理人员对进场的材料必须严格审查全部质量证明文件，按规定进行见证取样和送检，对不符合要求的不予签认。未经监理工程师签字，建筑材料不得在工程上使用或者安装。

五、平改坡工程施工单位要建立建筑材料管理综合台账（见附件）（略），对建筑材料的采购、验收、检验和使用情况进行完整地记录，实现产品质量的可追溯性。综合台账一式三份，施工单位留存一份存档，并应于每月10日前将上月的综合台账报建设单位和工程所在地平改坡工作办公室存档备查。

六、平改坡工程建筑外墙涂料的采购，应按照《关于公布奥运环境建设工程建筑外墙涂料生产企业名录的通知》（市环指办发[2007]17 号）的要求执行。

屋面材料、建筑外墙涂料的外观要求应符合《关于进一步做好北京市平改坡工程规划设计工作的意见》（京建房[2006]719 号）和规划部门的景观设计方案审核意见。

七、市、区建委将不定期组织相关部门对平改坡工程建筑材料使用情况进行专项检查。主要检查有关规范制度落实情况；检查建筑材料产品质量证明等资料的真实性和存档情况；检查建筑材料管理综合台账的建立和管理情况，并对部分产品进行抽样检测。

市、区建委对在检查中发现的采购建筑材料过程中存在的采购不合格产品、不按规定对建筑材料实施进场检验以及不进行综合台账管理等违规行为，要依照有关法规进行处罚。

八、鉴于奥运会前平改坡工作任务紧迫，经市平改坡工作办公室与市建委建筑材料管理办公室研究决定，改变工作方式，由各平改坡工作办公室按照有关规定和本通知的要求，制定具体办法和措施，做好平改坡工程主要建筑材料使用管理相关工作。

二〇〇七年四月二十日

北京市建设委员会关于加强平改坡夏季施工安全管理的通知

京建房[2007]555号

各有关区建委(房管局)、各平改坡工作办公室、各相关单位:

平改坡工程是市政府在关系群众生活方面拟办的58件实事之一,是奥运环境建设的重要内容。工作任务重,时间紧迫。在各区和相关单位的努力下,第一批平改坡工程已陆续开工。当前北京已进入夏季,也是多雨季节,高温或降雨随时可能影响正常施工。为此,各相关单位应在保证工程进度的同时,全面落实夏季施工管理各项措施,现就做好夏季施工现场管理工作提出如下要求:

一、各有关区建委(房管局)主管领导、各平改坡工作办公室主要负责人要高度重视夏季施工现场管理工作,加强领导,加强对施工单位的指导和监督;坚持定期召开专题会议,制定并落实切实可行的夏季施工安全及管理措施。

二、要结合本区、本系统的实际情况,认真做好平改坡工程防汛的各项准备工作,全面提高应急保障能力。做到职责明确、规范有序、责任到人。要与房屋防汛工作结合起来,必要时启动防汛应急预案,确保住户和施工人员的生命财产安全。

三、各区建委(房管局)、各单位要提高防范意识,遵循预防为主、常备不懈的方针,每日都要关注天气变化和天气预报,每日检查安全措施落实情况。要组织施工单位和监理单位按各自实际制定并演练夏季施工防雨、防漏、防雷、防暑措施,保证用电、用火安全,克服麻痹思想和侥幸心理。

四、要做好夏季施工的防盗和防意外事故工作,每栋在施的平改坡工程都要设专职安全员,建立24小时值班制度,施工期间要加强施工现场巡视检查,同时加强对住户的宣传工作,共同防止借助施工脚手架入室盗窃事件发生。要加强对施工脚手架周边、各楼单元入口、人行通道范围等地的巡视,杜绝意外伤人等安全事故的发生。

五、各设计单位应针对雨季施工特点做好设计工作,尽量减少对原有屋面的破坏,减少湿作业。密切配合施工单位和监理单位,结合具体工程实际情况做好安全、技术交底工作,及时解决施工中出现的技术和工艺问题,严格按照有关技术规范和要求指导施工单位做好屋面防水、排水技术处理,保障原有屋面的防水功能。

杜绝发生植筋错位以及破坏原有电气管线、严重破坏原建筑防水层造成居室内渗漏等影响居民正常生活及安全的事故。

六、强化重要事项报告制度,确保信息畅通。各有关单位要加强信息上报工作,每半月报送一次平改坡工作动态,坚持每月5日前报工程进度制度;遇突发事件和异常情况要立即报告。

二〇〇七年六月一日

北京市建设委员会关于做好2007年度房屋安全隐患整改工作的通知

京建房[2007]631号

各区县建委、房管局,各直管房屋管理单位:

为落实《北京市人民政府办公厅关于落实2007年安全隐患整改工作任务的通知》(京政办发[2007]38号)的要求,以及完成《市政府第261号督查通知单》中明确的我委负责监管的涉及房屋安全隐患的整改任务,通知要求如下:

一、认真落实房屋安全责任制

(一)房屋安全管理坚持"安全第一、预防为主、综合治理"的方针。要切实加强领导,认真明确、履行安全隐患监管主体责任和整改主体责任。按照整改内容、标准、措施、进度、责任人"五落实"的要求,推进安全隐患整改工作。

(二)房屋安全隐患整改责任。市建委对房屋安全隐患整改工作承担行业监管责任;各区县建委、房管局对房屋安全隐患整改工作承担属地监管责任;各隐患整改主体责任单位对房屋安全隐患整改工作承担主体责任。

二、逐处细化落实房屋安全隐患整改措施

(一)各区县建委、房管局要对所监管的房屋安全隐患整改情况进行一次全面检查。对各隐患整改主体责任单位发放《房屋安全隐患限期整改通知》,指派专人负责监督管理,落实整改方案,掌握整改进度情况,督促整改任务按时完成。特别要加大对单位自管房和城镇私有平房安全隐患整改的监管力度。

(二)各隐患整改主体责任单位要制订切实可行的整改计划和实施方案,逐处落实房屋翻挑、加固等修缮解危措施。对由于修缮资金的原因,暂时不能进行修缮解危的,要采取临时支顶加固、加强巡视检查、将居民搬出等安全措施,确保不发生安全责任事故。

(三)做好房屋安全隐患整改过程中的资料收集管理工作,特别要提供房屋隐患整改前和整改过程中的图片(数码照片)。

三、按时汇总上报房屋安全隐患整改进展情况

各隐患整改主体责任单位要及时向属地行业监管部门报告整改情况。每月20日前由各区县建委、房管局将《2007年度房屋安全隐患整改进度表》(见附表)(略)汇总,经单位主管领导签字并加盖单位公章后报市建委房屋安全和设备管理处。6月份的房屋安全隐患整改进度表及整改前的数码照片报市建委时间为7月4日前。

附件:2007年度房屋安全隐患整改进度表(略)

二〇〇七年六月二十一日

北京市建设委员会关于做好非汛期房屋和在建工程安全工作的通知

京建房[2007]957号

各区县建委、房管局,各有关单位:

按照市防汛抗旱指挥部《关于做好非汛期安全迎汛工作的通知》(京政汛[2007]电传8号),9月15日12时起结束汛期值班。为做好非汛期房屋安全工作,补充通知如下:

一、各区县建委、房管局要认真落实国家防办《关于做好今年秋季防汛抗旱工作的通知》(国汛办电[2007]119号)和《关于做好非汛期安全迎汛工作的通知》(京政汛[2007]电传8号)。非汛期出现降中雨以上天气时,仍执行《北京市防汛应急预案》和《2007年北京市建委防汛应急预案》。根据雨情和本辖区、本单位实际情况及时启动房屋防汛和在建工程应急预案,做好房屋和在建工程的检查、抢险抢修及信息报送工作。

二、认真做好汛期工作总结。各区县建委、房管局、市属管房单位将房屋防汛、在建工程防汛总结及典型事例材料于9月25日前报房屋安全和设备管理处、施工安全管理处。

三、认真组织汛后房屋、在建工程隐患排查消除工作。对汛期未解除的房屋和在建工程隐患要抓紧排除。同时要做好安全检查的准备工作。

四、为提高2008年奥运保障应急抢险能力,各区县建委、房管局、市属管房单位要增加防汛专项资金,补充购置抢险装备、物资,提高房屋和在建工程应对极端天气的应急抢险能力。

附件:《关于做好非汛期安全迎汛工作的通知》(京政汛[2007]电传8号)(略)

二〇〇七年九月十七日

北京市建设委员会关于进一步加强平改坡工作的紧急通知

京建房[2007]985号

各平改坡工作办公室、各相关单位：

开展平改坡工作是市委、市政府为改善人民生活和城市景观而实施的一项重要举措。几年来，市建委和相关部门按照构建和谐社会的总体要求，贯彻落实科学发展观，统筹规划、规范管理、试点先行、稳步推进，按时完成了平改坡工作任务，取得了阶段性成果，达到了预期目的。2007年是奥运决战之年，平改坡工程是奥运工程的重要配套项目，是奥运环境建设的重要内容，列入2007年平改坡改造任务的楼房是经过相关政府部门反复论证并征求居民意见后确定的。市政府非常重视平改坡工作，将平改坡工作列入市政府在关系群众生活方面拟办的58件实事和市政府折子工程，并向社会公开承诺，11月底必须完成。为保证平改坡工作的顺利实施，按期完成工作任务，现将有关工作通知如下：

一、各相关单位领导要高度重视平改坡工作，提高思想认识，平改坡工作既是为民办实事的民生工程，又是为奥运做贡献的政治工程，各单位要本着对百姓负责，对奥运负责的态度，顾全大局，克服困难，做好平改坡相关工作。

二、市建委将随时抽查每个区、每个单位、每个工地的施工计划、倒排工期计划执行情况，要确保施工的每个环节不出问题。相关区政府、各平改坡工作办公室要加强组织协调，落实建设资金，制定切实可行的进度计划，确保按期完成平改坡工作任务。

三、尚未落实平改坡改造资金的市国资委监管的企业要将改造资金落实，并于9月30日前将改造资金交平改坡项目所在地平改坡工作办公室。筹集资金确有困难的，要将原因上报上级主管公司，于9月30日前以集团公司的名义报市国资委。

四、各平改坡工作办公室要加强对施工单位的指导和监督，定期组织召开施工单位、监理单位参加的例会，落实施工的各项安全管理措施，及时协调解决施工中遇到的问题，确保平改坡工程按时完成。对施工中遇到的重大问题，要及时向市平改坡工作办公室报告。

五、各设计单位必须加强与施工单位和监理单位的沟通配合，结合楼房实际情况做好安全、技术交底工作，确保工程顺利进行。

六、施工现场要严格管理制度，努力减少扰民，设专人妥善处理群众来电和来访，做好和居民沟通解释工作。每个施工现场要24小时有人值班，确保居民正常生活和安全。

二〇〇七年九月二十四日

北京市建设委员会关于转发《关于加强建设系统防灾减灾工作的意见》的通知

京建房[2007]1009号

各区、县建委,房管局:

现将建设部《关于加强建设系统防灾减灾工作的意见》(建质[2007]170号)转发给你们,请认真贯彻执行,同时结合本市建设系统实际情况,提出具体要求如下:

一、进一步做好我市建设系统的防灾减灾工作,各单位要继续建立健全各项防灾减灾工作体制,以高度的责任感保障人民生命财产安全。要进一步明确防灾减灾管理工作机构,制定灾害管理工作程序和制度,保障必要的人员、经费等工作条件。

二、进行风险源调查和隐患排查工作,定期召开安全分析会,有效化解风险源,并对不具备抗灾能力的建筑提出加固改造的要求。加强信息的报送和归口管理工作,有关信息须在第一时间上报市建委应急办。

三、做好城镇房屋建筑特别是大型公共建筑的抗灾设防,加强新建工程的抗灾设防质量管理。依据现有法规,定期对既有房屋进行安全检查,及时发现和消除安全隐患,提高各类房屋抗震、防汛等抗御自然灾害的能力。

四、有针对性地开展在建工程建设过程中的灾害预防工作,进一步提高建筑施工工地抵御各种灾害的能力,避免引发施工过程中的次生灾害和危及公共安全的事件。各区县建委要加大检查、执法力度,及时查处违法违规行为,减少和控制安全事故的发生。

五、继续制定和完善各类防灾应急预案,并要注重预案的有效性和及时性,确保各类抢险抢修和应急鉴定队伍及救灾物资能够在灾情发生时提供有效保障。

六、各区县建委、房管局要主动协调相关部门,按各自职能落实文件要求,加强协调与配合,共同做好我市建设系统防灾减灾工作。

附件:《关于加强建设系统防灾减灾工作的意见》(略)

二〇〇七年九月二十八日

北京市建设委员会
关于限期汇缴专项维修资金的通知

京建物[2007]115号

北京城市开发集团有限责任公司:

你单位所属三个物业公司亿方物业管理公司、方庄物业管理公司、望京实业总公司,自1992年至2006年11月30日累计收取专项维修资金8334.05万元,在2000年4月至2002年12月间,经小区物业管理委员会同意累计支出专项维修资金114.92万元,余额8219.13万元至今仍滞留在本单位,其行为已违反了《物业管理条例》(国务院令第379号)、《关于进一步加强北京市住宅专项维修资金归集管理工作的公告》(京建物[2005]691号)第二、三条规定。

现要求你单位于2007年2月9日前,将8219.13万元专项维修资金本金及利息,按商品房及房改房分别汇缴到市居住小区管理办公室及市住房资金管理中心。你单位其它住宅项目及上述三个物业公司近期收取的专项维修资金本金及利息,须同时汇缴。逾期未汇缴的,将按照《物业管理条例》(国务院令第379号)进行处罚。

对已使用的114.92万元专项维修资金,我委将进行核算清理,对未按规定使用的专项维修资金由你单位补足。

二〇〇七年元月三十一日

北京市建设委员会关于印发《2007 年度和谐物业行动纲要》的通知

京建物[2007]296 号

各区、县建委(房管局):

为深入贯彻《关于构建社会主义和谐社会首善之区的意见》,规范物业管理,创建和谐物业,促进和谐社区建设,市建委拟定了《2007 年度和谐物业行动纲要》(以下简称《纲要》),并已经报市政府同意组织实施。

现将《纲要》印发给你们,请结合本区、县实际,制定工作方案并认真组织落实。

二〇〇七年四月二日

2007 年度和谐物业行动纲要

为认真贯彻落实《关于构建社会主义和谐社会首善之区的意见》,规范物业管理市场秩序,维护物业管理活动中各方的合法权益,创建和谐物业,促进和谐社区建设,制定本纲要。

一、指导思想

以邓小平理论和"三个代表"重要思想为指导,以科学发展观为统领,认真贯彻落实党的十六届六中全会精神,按照市委、市政府关于构建社会主义和谐社会首善之区的根本要求,着力完善物业管理体制和运行机制,着力强化基层组织对物业管理的指导和监督,着力加强物业管理市场监管,着力规范物业管理服务行为,逐步实现政府监督管理、社区民主自治、物业规范服务和业主自我管理的有机融合,全面提高物业管理服务水平。

二、重点工作任务

2007 年,"和谐物业"创建工作要围绕"一条主线、两个推进、五项加强"全面展开。"一条主线",即加快物业管理立法、立规步伐,完善相关配套政策,为物业管理的健康发展奠定法律基础;"两个推进",即大力推进物业管理体制的完善,积极推进物业管理工作机制的创新,为物业管理法规政策实施及各项工作的开展提供组织保障;"五项加强",即加强对物业企业的管理,加强对业主大会及业主委员会活动的指导和监督,加强老旧居住区长效管理机制的建立,加强专项维修资金管理,加强正面宣传引导。

(一)加强法制建设,健全法规政策体系

1. 加快立法进程,构建地方法规框架

按照并结合《中华人民共和国物权法》的有关规定,会同市政府法制办和相关部门抓紧研究制定北京市物业管理办法,全面规范物业管理。

针对我市居住区物业管理存在的突出问题，研究制定《关于加强居住区物业管理工作的指导意见》，健全管理体制，完善工作机制，推进物业管理与社区建设结合，规范居住区物业管理。

2. 完善配套政策，着力解决当前突出问题

研究制定物业管理项目交接管理办法，理顺物业交接中各方主体法律关系，明确交接程序，强化交接责任，同时要建立物业承接验收规范，落实物业承接验收制度。要研究制定业主大会成立和运作指导规则，为区、县建委（房管局）、街道、社区对业主大会及业主委员会活动的指导和监督工作提供政策支撑。要修订完善业主公约、业主临时公约、前期物业服务合同、物业服务合同等示范文本，引导物业管理各方主体依法开展活动。要研究建立物业管理项目经理责任制，落实物业管理项目负责人的责任。

（二）加强行业监管，规范物业管理企业行为

1. 制定住宅物业服务基本标准

制定住宅物业服务基本标准，增加物业服务透明度，促进物业服务规范化、标准化。

2. 建立物业管理企业信用评价体系

建立物业管理企业信用档案。对物业管理企业的良好行为、不良行为打分，记入信用档案，向社会公示。信用记录作为资质等级评定、承接物业项目、优秀小区评比的基础依据之一。

3. 建立物业服务巡查制度

各区、县建委（房管局）要加强对物业服务的巡查，实现动态管理。上、下半年巡查一次，巡查对象是本辖区内的全部物业管理项目。巡查结果应及时向市建委报告。

（三）继续推进居住区物业管理纳入社区建设

各区、县政府要健全管理体制，在街道、乡（镇）设立物业管理派出机构，切实加强属地管理；推进居住区物业管理纳入社区建设，建立物业管理分级协调指导机制，发挥街道、乡（镇）和社区作用，形成物业管理派出机构与街道、乡（镇）、社区的联动工作机制，相互配合，齐抓共管。

业主要求成立业主大会的，区、县建委（房管局）、街道、乡（镇）、社区要给予积极的指导和支持。社区居委会要根据业主的要求，指导、组织业主代表、相关单位组成业主大会筹备组，并参加筹备组。社区党组织要动员党员发挥先锋模范作用，积极参加业主委员会的选举。要对筹备组进行法规政策培训，保障业主大会成立工作的有序启动，并加强对业主大会及业主委员会活动的指导和监督。

（四）建立长效管理机制，加强老旧居住区管理

今年上半年开展试点，探索建立老旧居住区的长效管理机制，坚持符合老旧居住区实际、尊重居民意愿的原则。根据不同情况和特点，以社区居委会为主体，可以分别采取居民自我管理、单项服务专业管理、综合管理等多种形式。下半年，总结试点工作经验，加以推广。

（五）加强专项维修资金管理

加快发放专项维修资金查询卡。上半年，完成100万户商品房维修资金查询卡发放工作。落实市政府专题会议精神，与住房资金中心统一管理专项维修资金。及时完善专项维

修资金补建等相关政策,严肃处理欠缴、滞留维修资金等问题。

(六)认真做好市人大议案办理和专项执法检查工作

根据市人大议案办理要求和专项执法检查工作安排,市建委制定工作计划,分解任务,明确相关部门和区、县政府的责任,认真组织办理。结合议案办理、专项执法检查工作,有步骤、有重点地推进物业管理各项工作,变被动为主动。

三、开展物业管理服务达标专项活动

住宅物业管理服务基本标准颁布实施后,组织开展物业管理服务达标活动,要求住宅物业服务在要求的过渡期内全部达到住宅物业管理服务基本标准。

达标活动结束后,市建委将组织检查。对未达标物业管理企业,采取限期整改、通报批评、网上公示、不予核定企业资质等级、注销企业资质证书等措施严肃处理。

四、保障措施

(一)加强组织领导

1. 建立物业管理工作联席会议制度

建立物业管理工作联席会议。市物业管理工作联席会议由主管市领导主持,主管副秘书长任总召集人,市建委、发展改革委、公安局、民政局、财政局、国土局、规划委、市政管委、工商局、市政府法制办、市城管执法局、市社区建设和城市管理体制改革领导小组办公室、市委宣传部、首都精神文明办和各区、县人民政府任联席会议成员。物业管理工作联席会议的主要任务是:进行统一工作部署,密切各部门之间的配合,研究重要的法规和政策,协调处理重大问题。

各区、县政府要相应建立本区、县物业管理工作联席会议制度,具体负责本辖区物业管理的组织协调工作。

2. 强化工作机制

市建委成立和谐物业工程推进领导小组,市建委隋振江主任任组长,相关处室和区、县建委(房管局)主管领导为成员,负责组织、指导全市物业管理工作,研究、协调处理重点问题和重大纠纷。各区、县建委(房管局)要建立相应工作机构,加强物业服务巡查,加强对业主大会及业主委员会的指导,加大物业管理矛盾纠纷的排查和处理力度。

市建委建立工作目标考核体系,制定考核办法,按年度对区、县建委(房管局)物业管理工作效率、工作作风、工作质量进行综合考评,并将考评结果通报区、县政府。

3. 充分发挥市物业管理协会作用

发挥行业协会作用,使市物业管理协会切实承担起行业标准和行业规范的拟订、企业业绩评定及行业评比、行业指导及行业自律、物业管理企业之间纠纷的协调处理、调研并提出合理化建议等工作。

(二)加大矛盾纠纷排查处理力度

1. 强化纠纷或矛盾隐患排查制度

区、县建委(房管局)要树立“预防在先”的意识,按月对辖区内发生的和可能发生的纠纷及重点矛盾隐患进行排查,做到问题“早发现、早报告、早处理”,尽可能将矛盾解决在萌芽状态。

2. 建立应急处置工作机制

区、县建委(房管局)应当遵循"依法管理、分级负责"的原则,建立应急工作预案。遇有突发事件,区、县建委(房管局)要及时会同相关部门、街道办事处、社区居委会、公安派出所了解情况,协调处理,同时向区、县政府和上级主管部门书面报告。

各区、县政府须组织建立应急物业管理企业储备库,积极应对无人管理的"真空"状态,保障居民正常生活秩序;同时建立应急专项资金,专项用于垫付应急企业临时代管费用。

3. 建立物业管理分级协调指导机制

总结并推广东城区物业管理分级协调指导机制经验,开展试点,探索建立分级物业管理协调指导机制,及时处理辖区内的物业管理问题,努力将矛盾化解在基层。

4. 发挥人民调解机构作用

利用现有人民调解网络,充分发挥各级人民调解委员会作用,加大物业管理纠纷调解力度,引导居民自愿和解。各区、县建委(房管局)要积极参与和配合人民调解,动员组织纠纷当事方、物业管理企业参加调解并积极履行调解意见。

(三)加强宣传和培训

1. 加强正面宣传引导

组织区、县建委(房管局)、物业管理企业,通过电视、网络等媒体,多形式、全方位加强宣传,帮助居民了解物业管理法规政策,引导业主依法活动,树立先进典型,转变行业形象。

2. 加强从业人员培训

加强物业管理从业人员继续教育,分批次进行法规政策、岗位技能培训,提高从业人员素质。

北京市建设委员会
关于住宅物业服务标准化试点工作的通知

京建物[2007]569号

西城、石景山、房山区建委(房管局):

为促进我市住宅物业服务规范化,提高物业服务水平,促进和谐社会的构建,市建委决定在你区先行开展住宅物业服务标准化试点。现将试点工作有关事宜通知如下:

一、试点对象和范围

以《住宅物业服务标准化试点规范》(附件1,以下简称《试点规范》)为依据和要求,在本辖区内实施物业管理的全部住宅物业项目进行试点,要求所涉物业服务企业(含外区、县注册企业)全部参加。

二、试点工作阶段、步骤

试点工作为期两个月,统一安排在6月15日至8月31日期间进行,具体安排如下:

(一)动员部署阶段(6月15日—6月30日)

按照试点方案,各区结合实际,成立专门领导机构,制定实施方案,组织召开物业服务企业会议,动员、部署试点工作,指导、培训物业项目负责人掌握《试点规范》。

(二)自查达标阶段(7月1日—8月10日)

各物业服务企业组织员工学习《试点规范》,并按照《试点规范》要求对所管住宅物业项目进行自查、自评,业主或业主委员会反映或投诉物业服务问题的,应认真整改。自查、自评过程中,各住宅物业项目负责人要主动与项目所在社区居委会或街道办事处联系,汇报并以《物业服务达标征求意见表》(附件3)形式征求社区居委会或街道办事处对本项目达标情况的意见。

(三)检查、总结阶段(8月11日—8月31日)

8月15日前,要求各物业服务项目以书面形式向所在区建委、房管局报送达标情况报告及《物业服务达标征求意见表》。

对未达标物业项目,区建委、房管局要向其所属物业服务企业下达《整改通知书》(附件4),告知未达标的具体事项和内容,督促其整改。同时,要会同相关部门、社区居委会或街道办事处组织对住宅物业项目达标情况进行抽查;对试点期间居民反映和投诉"物业服务问题"的物业项目,要重点检查。

8月31日前,各试点区建委、房管局总结试点工作,形成总结报告,上报市建委物业管理处。试点总结报告须包括辖区内住宅物业项目总量、专项活动试点参加情况、达标程度、存在的问题及建议等内容。

三、试点工作要求

(一)有关区建委、房管局要高度重视此次试点工作,制定具体工作方案,细化任务,落实责任，组织、指导物业服务企业积极参加标准化活动试点。

（二）各物业服务企业要充分认识标准化活动的重要意义，积极参加试点。要从长远着眼，认真查找物业服务中的问题和不足，从转变观念、完善制度、改进质量方面下功夫，努力提高物业服务水平。

（三）有关区建委、房管局要通过试点，总结经验，探索建立长效管理工作机制，实现对物业项目的动态监管，促进物业服务企业不断改进和规范服务。

特此通知。

附件：1.《住宅物业服务标准化试点规范》

2.《住宅物业服务标准化试点评分标准》

3.《物业服务达标征求意见表》

4.《整改通知书》

二〇〇七年六月十一日

附件1：

住宅物业服务标准化试点规范

项　目	内　容　与　标　准
（一）基本要求	1. 依据有关规定，签订规范的物业服务合同，合同中各方权利义务明确。 2. 承接项目时，对住宅共用部位、共用设施设备进行认真查验，做好记录。 3. 物业服务从业人员按照有关规定取得相应的专业培训合格证书。 4. 有物业服务方案，以及质量管理、财务管理、档案管理等制度。 5. 服务人员佩戴标志，服务主动、细致、周到，文明用语。 6. 在物业服务中心悬挂（或张贴）物业企业资质证书（或复印件）、项目负责人照片及联系电话，公开物业服务标准、收费依据、收费标准。 7. 在公共区域显著位置公示24小时报修电话，水、电、气等急迫性报修20分钟内、其他报修按双方约定时间到达现场，有报修、维修记录（依法由专业部门负责的除外，但发现问题及时通知有关部门）。白天(8:30—12:00,13:00—17:00)有服务人员接待住户，处理服务范围内的公共性事物，受理住户的咨询和投诉。 8. 涉及住户正常生活的物业服务重要事项，应在小区主要出入口、各楼单元门张贴通知，履行告知义务。 9. 设置意见箱，每年集中进行一次公开的物业服务意见征集，并将提出的意见与解决情况公示。 10. 每年第四季度对房屋共用部位及共用设施设备进行一次安全普查，根据普查情况制定维修和服务计划，报告委托方并组织实施。 11. 公布公共服务的收支情况。 12. 建立各种公共突发性事件（如消防、水、电、气、电梯、公共卫生、自然灾害等）的处理机制和预案，包括组织机构、人员和具体措施等，一旦发生突发事件即能随时保证预案的实施。 13. 小区内显著位置设立公共信息栏，配合街道、社区居委会进行公益性宣传。 14. 冬季、雨季以及重大节假日前进行安全检查。

续表

项　目	内　容　与　标　准
（二）房屋管理	1. 对房屋共用部位进行日常管理和维修养护，预防安全事故的发生，有检修记录和保养记录。 2. 根据房屋实际使用年限，适时检查房屋共用部位的使用状况。如需要维修，属于小修范围的，及时组织修复；属于大、中修范围或者需要更新改造的，向委托方提出报告与建议，按有关规定办理。 3. 每周巡查一次小区房屋单元门、楼梯通道以及其他共用部位的门窗、玻璃等，做好巡查记录，并及时维修养护。 4. 定期巡视房屋共用部位的楼地面、墙面、顶棚等，发现破损及时修补。 5. 按照有关规定，每年进行一次房屋避雷检测，符合避雷规范要求。 6. 对违反规划和擅自改变房屋用途的行为及时告知和劝阻，并报告行政主管部门。 7. 保持小区各组团、栋及单元(门)、户标志清晰。 8. 按照有关规定使用、管理人防工程和普通地下室。
（三）共用设施设备运行、维修养护	1. 对共用设施设备进行日常管理和维修养护，共用设施设备保持正常运行和使用。 2. 建立共用设施设备清册档案（设备台账），有设施设备的运行、检查、维修、保养记录。 3. 制定并执行设施设备操作规程及保养规范。 4. 对共用设施设备适时组织巡查，做好巡查记录，需要维修，属于小修范围的，及时组织修复；属于大、中修范围或者需要更新改造的，向委托方提出报告与建议，按有关规定办理。 5. 属于特种设备的，按照有关规定进行运行、养护、维修和定期检验检测，并符合相关规范。 6. 设备房保持整洁，无鼠害现象。 7. 庭院灯、楼道灯损坏及时修复。 8. 有可能危及人身安全的设施设备有警示标志和防范措施。 9. 公共区域内的雨水、污水管道每半年检查、疏通一次；雨水、污水井每半年检查、清掏一次；雨水、污水管道发生堵塞应及时疏通；化粪池清掏每年一次，每季度检查一次，防止外溢。（依法由专业部门负责的除外，但发现问题须及时通知有关部门）

续表

项　目	内　容　与　标　准
（四）电梯服务	1. 无人值守电梯，主梯24小时不间断运行；有人值守电梯6:00—24:00不间断运行，0:00—6:00呼叫运行。 2. 电梯工夜间值班，在首层候梯厅及轿厢内公布值班电话和房号。 3. 凡设有高峰梯的，在高峰期6:00—8:00、17:00—19:00与主梯同时运行。 4. 电梯出现故障时，电梯报修后，维修人员应在20分钟到达现场。主梯维修时，有备用梯的，用备用梯运行。 5. 电梯出现事故，应迅速启用紧急救援预案，组织救助，并报告有关部门。
（五）消防服务	1. 有消防管理制度。 2. 消防设施有明显标志，定期对消防设施进行巡视、检查和维护，并有记录。 3. 消防设施设备能正常运行，可随时启用，消防通道畅通。 4. 每年进行一次消防训练，相关人员掌握消防基本知识和技能。 5. 发生火情及时报警，并采取必要处理措施，积极协助配合消防人员的工作。 6. 设有消防箱，备存紧急消防物资，设有消防监控中心的24小时有专人值守。
（六）二次供水	1. 二次供水设施设备正常运行。 2. 水箱按要求使用紫外线消毒灯（器），并按规定清洗消毒、水质化验，取得卫生许可证，水质符合国家生活饮用水卫生标准，水箱盖必须上锁，钥匙有专人保管。 3. 操作人员应取得生活饮用水健康体检合格证。
（七）协助维护秩序	1. 负责小区共有部位和共有设施设备的看护。 2. 有可能危及人身安全处设有警示标志。 3. 封闭的小区，主要出入口有专人24小时执勤。 4. 夜间（22:00—6:00）对服务范围内重点部位、道路进行一次防范检查和巡逻，巡逻人数为二人，做好巡查记录。
（八）清洁服务	1. 小区内生活垃圾封闭式管理，设有垃圾收集箱，生活垃圾每天清运一次。 2. 小区公共清洁区域每日清扫一次。 3. 保持电梯轿箱清洁卫生。 4. 按照有关规定对公共区域进行灭鼠、杀虫、消毒活动。 5. 在雨、雪天气应及时对小区内主路、干路积水、积雪进行清扫。 6. 发生突发公共卫生事件时，应迅速组织人员对物业的共用部位共用设施设备进行通风、清洗和消毒，加强宣传，维持正常的生活秩序。

续表

项　目	内　容　与　标　准
（九）绿化养护	1. 植物搭配一般，绿化基本充分，无明显裸露土地。 2. 树木生长基本正常，无死树和明显枯枝死杈；在正常条件下，无严重黄叶、焦叶、卷叶；被啃咬的叶片最严重的每株在20%以下；有蛀干害虫的株数在10%以下；介壳虫危害一般；树木缺株在6%以下；树木无明显的钉栓、捆绑现象。 3. 绿篱生长造型基本正常，叶色基本正常，无明显的死株和枯死枝，有虫株率在20%以下；草坪宿根花卉生长基本正常，草坪斑秃和宿根花卉缺株不明显，基本无明显的草荒。 4. 绿地基本整洁；设施无明显破损，无较严重人为破坏；无绿化生产垃圾。
（十）停车服务	1. 有机动车、非机动车停（存）车管理制度。 2. 引导进出小区车辆有序通行。 3. 主要道路及停车场有交通标志。停车收费的，达到以上要求外，还须符合以下要求： 4. 小区内的机动车凭证出入，临时进入小区的机动车进行登记。 5. 机动车停放有序，24小时有专人巡视管理。 6. 定期存放的，应签订停车管理服务协议，明确双方的权利义务。 7. 地下停车场照明、给排水、通风等系统正常运行，各类指示标识清晰。
（十一）装饰装修	1. 按照有关规定和业主公约（业主临时公约）约定，建立住宅装饰装修管理制度。 2. 受理业主或使用人的装修申报登记，与业主或使用人、施工单位签订装修管理服务协议，告知业主或使用人有关装饰装修的禁止行为和注意事项。 3. 装修期间，每天巡查一次装修施工现场，发现影响房屋外观、危及房屋结构安全及违规拆改共用管线、不符合消防管理规定和治安管理规定等现象，及时劝阻并报告行政主管部门。 4. 装修结束后，应进行检查。对违反装修管理协议的行为当事人要按照约定进行违约处理，问题严重的要报告行政主管部门。 5. 指定装修垃圾存放点并设有围挡，装修垃圾及时集中清运、不得外溢。

附件2:

住宅物业服务标准化试点评分标准

一、单项分值

序号	项　目	分值	扣　分　标　准
1	基本要求	6	每一款不符合标准,扣1分;单项累计五款不符合标准,此项分数全部扣除
2	房屋管理	5	每一款不符合标准,扣1分;单项累计四款不符合标准,此项分数全部扣除
3	共用设施设备运行维修养护	5	每一款不符合标准,扣1分;单项累计四款不符合标准,此项分数全部扣除
4	电梯服务	3	每一款不符合标准,扣1分
5	消防服务	3	每一款不符合标准,扣1分
6	二次供水	1	每一款不符合标准,扣0.5分
7	协助维护秩序	2	每一款不符合标准,扣0.5分
8	清洁服务	2	每一款不符合标准,扣0.5分
9	绿化养护	1	每一款不符合标准,扣0.5分
10	停车服务	1	每一款不符合标准,扣0.5分
11	装饰装修	1	每一款不符合标准,扣0.5分

二、总评标准

总分值为30分。

1. 总分30分,为合格。
2. 总分25分(含25分)以上,且1、2、3项的单项未出现0分,为基本合格。
3. 总分25分以下,或1、2、3项的单项出现0分,为不合格。

附件3：

物业服务达标征求意见表

一、基本情况（由物业管理企业填写）

住宅项目名称：

物业服务企业名称：

住宅类型：____________________ 建筑面积：________________ 平方米

项目负责人：

项目管理处地址：　　　　　　　联系电话：

二、按照《住宅物业服务等级（一级）》要求和评分标准，您认为该项目的物业服务［由住宅小区所在的社区居委会（村委会）或街道办事处（乡镇）填写，在所选项处加盖印章］：

物业服务 总体评价	合格（20分）	基本合格 （17分以上）	不合格（低于17分）
基本合格或不合格的主要原因、相关情况			

附件4：

整 改 通 知 书

依据《住宅物业服务标准化试点规范》，对你单位____________小区下列物业服务项目查实：

（一）基本要求项____________款

（二）房屋管理项____________款

（三）公用设施设备的运行、维修与养护项____________款

（四）协助维护公共秩序项________________________款

（五）清洁服务项________________________________款

（六）绿化养护管理项____________________________款

（七）消防管理项________________________________款

（八）停车管理项________________________款

（九）二次供水管理项____________________款

（十）电梯管理项________________________款

（十一）装修管理服务项__________________款

以上款项不符合《住宅物业服务标准化试点规范》的要求。请你单位立即在__________日内对相关项目进行整改，在__________月__________日前将整改情况向__________区（县）建委（房管局）书面报告。

__________区（县）建委（房管局）（盖章）

年 月 日

北京市建设委员会关于印发《住宅区自行车存车设施建设及停放管理方案(试行)》的通知

京建物[2007]612号

各有关单位:

为规范住宅区自行车存车设施建设和管理,维护自行车停放秩序,市建委制定了《住宅区自行车存车设施建设及停放管理方案(试行)》,现印发给你们,请结合工作实际,研究落实,并就有关工作通知如下:

一、建设要求

(一)新建住宅区。新建住宅区自行车存车处应做到与住宅同步规划、同步建设和同时投入使用。

建设单位应按《北京市新建改建居住区公共服务设施配套建设指标》要求,合理规划配置自行车存车处。建设行政管理部门应督促建设单位按照规划设计图和建设工程施工规范要求实施建设。建设单位要将自行车存放设施与住宅工程同步验收、同步交付使用。

(二)已建成住宅区。住宅区未按规定建设自行车存车设施或存放场地不足的,由开发建设单位或产权单位根据居民意愿,按照规定程序和设计标准实施补建或扩建工作,或实施集中停放。

二、管理形式

住宅区自行车的停放管理和设施维护,可根据建设单位、产权单位或居民对自行车停放服务的需求,采取以下管理方式:

(一)可委托物业管理企业负责或由物业管理企业委托专业停车管理单位负责。

(二)可组织本住宅区下岗职工等人员提供服务,实施自我服务机制。

(三)建立治安防范机制,由保安人员负责巡视管理。

三、停放费用

住宅区自行车的停放管理和设施维护费用,可根据住宅区居民意愿,实行有偿、无偿两种方式。

(一)有偿服务。住宅区自行车停放管理实行有偿服务的,存车人应按照价格主管部门规定的收费标准向自行车停放管理者交纳存车费用,自行车停放管理者应为交纳存车费的车辆提供服务。自行车存放设施的日常维护费用从自行车存车费中列支。

(二)无偿服务。以保障住宅区自行车停放安全为基本目标,建立保障性基本服务。

四、看管要求

(一)有偿服务:

1.建立自行车停放管理制度和服务规范,并接受相关行政主管部门的指导、监督和检查;

2. 按照市价格主管部门规定的收费标准收费；

3. 保持自行车摆放整齐，场地整洁；

4. 确保存车设施和安全防范设施正常运行，对被损坏的部位或设施及时维修；

5. 保障存车安全，杜绝事故隐患，防止车辆损坏；

（二）无偿服务。要做到停车场地整洁，车辆摆放整齐。

五、任何单位和个人不得将已建成的自行车存车处挪作他用、擅自停止使用或占用自行车存车处，确需改变的应依法办理有关手续。

六、存车人应自觉遵守自行车停放有关管理规定，爱护存车处设施设备，有序停放车辆。

七、对违反规划、建设、价格等法律、法规和规章规定的，由相关主管部门依法处理。

二〇〇七年六月十九日

北京市建设委员会　北京住房公积金管理中心关于促进在京物业服务及相关单位建立住房公积金有关问题的通知

京建物[2007]764号

各有关单位：

根据《住房公积金管理条例》(国务院262号令)、《北京市实施＜住房公积金管理条例＞若干规定》(北京市人民政府164号令)的规定，现就在京物业服务公司、拆迁、评估、房地产经纪、房地产开发、工程质量检测、室内环境检测、房地产测绘、建筑施工、监理、招标代理、造价咨询等单位(以下简称“单位”)为其职工建立住房公积金的有关事项通知如下：

一、单位应为签订聘用合同、劳动合同或事实劳动关系满6个月以上的城镇职工建立住房公积金。

有条件的单位可以为进城务工人员或者实际工作不满6个月未签订合同的城镇职工建立住房公积金。

二、新设立的单位应自设立之日起30日内到管理中心办理住房公积金缴存登记。

单位办理住房公积金缴存登记，应持单位法人证书副本、营业执照副本或者单位设立批准文件。

单位录用职工，应自录用之日起30日内为职工办理住房公积金账户设立手续。

三、住房公积金的月缴存额由职工住房公积金月缴存额和单位住房公积金月缴存额两部分组成。

职工住房公积金月缴存额为职工月平均工资乘以职工住房公积金缴存比例。

单位住房公积金月缴存额为职工月平均工资乘以单位住房公积金缴存比例。

四、职工月平均工资，按照职工本人上一年1月1日至12月31日期间的工资总额除以12确定。

工资总额标准按照国家统计局《关于认真贯彻执行＜关于工资总额组成的规定＞》(统制字[1990]第1号)的规定计算。

五、职工个人缴存的住房公积金，由所在单位每月从其工资中代扣代缴。

单位应于每月发放职工工资之日起5日内将单位缴存的和为职工代缴的住房公积金汇缴到公积金管理中心在银行开设的住房公积金专户内。待资金到账后，公积金管理中心将相应资金分配计入职工住房公积金个人账户。

新参加工作的职工从参加工作第二个月起开始缴存住房公积金。

新调入的职工从调入单位发放工资之月起缴存住房公积金。

借调、外派职工，由与职工确立劳动关系的单位负责落实住房公积金的缴存。

六、职工工资扣除职工住房公积金月缴存额后，低于北京市劳动与社会保障局公布的当年最低工资标准的，职工住房公积金月缴存额可以降低，以达到最低工资标准为限。单位住房公积金月缴存额不变。

下岗、内退等情况职工工资扣除住房公积金月缴存额后，低于北京市劳动与社会保障局公布的当年下岗职工基本生活费的，职工住房公积金月缴存额可以降低，以达到下岗职工基本生活费为限。单位住房公积金月缴存额不变。

七、职工有下列情形之一的，可以提取住房公积金账户内的存储余额：

（一）购买、建造、翻建、大修自住住房的；

（二）离休、退休的；

（三）完全丧失劳动能力，并与单位终止劳动关系的；

（四）出境定居的；

（五）偿还自住住房贷款本息的；

（六）房租支出超出家庭工资收入5%的；

（七）生活困难，正在领取城镇最低生活保障金的；

（八）遇到突发事件，造成家庭生活严重困难的；

（九）进城务工人员，与单位解除劳动关系的；

（十）在职期间判处死刑、判处无期徒刑或有期徒刑刑期期满时达到国家法定退休年龄的；

（十一）死亡或者被宣告死亡的；

（十二）北京住房公积金管理委员会规定的其他情形。

八、职工与新单位形成劳动关系后，新单位应自与职工建立劳动关系之日起30日内，为职工办理住房公积金账户转移手续。

九、缴存住房公积金的职工，在购买、建造、翻建、大修自住住房时，可以向住房公积金管理中心申请住房公积金贷款，贷款利率低于商业银行贷款利率。

十、尚未建立住房公积金的单位，应在此《通知》下发之日起60天内，按照方便、就近原则到北京住房公积金管理中心下属的管理部办理住房公积金缴存登记和职工账户设立手续。

十一、对缴存住房公积金确有困难的单位，可以在完成住房公积金缴存登记和职工账户设立手续后，按照规定申请缓缴或降低缴存比例；待经济效益好转后再提高缴存比例或补缴缓缴期间的住房公积金。

十二、单位不办理住房公积金缴存登记、不为职工设立个人账户手续、逾期不缴或少缴住房公积金的，北京住房公积金管理中心将依据《住房公积金管理条例》有关规定处理。

十三、需详细了解住房公积金相关政策和办理手续，可拨打北京住房公积金管理中心客户服务热线96155或登陆www.bjgjj.gov.cn查询。

二〇〇七年八月二十日

北京市建设委员会关于转发《关于开展集中空调通风系统清洗工作的方案》及有关问题的通知

京建物[2007]835号

各区县建委、房管局,各有关单位:

为全面提高公共场所的卫生质量,保障人民身体健康,迎接2008年北京奥运会的召开,根据国务院《公共场所卫生管理条例》等法律法规及标准,市“2008”环境建设指挥部制定了《关于开展集中空调通风系统清洗工作的方案》(以下简称《方案》),现转发给你们,请认真贯彻落实,并就有关问题通知如下:

一、各区县建委、房管局结合本辖区实际情况,制定实施物业服务的写字楼、办公楼等项目的集中空调通风系统清洗工作实施方案。《方案》中要明确落实该项工作的机构、负责人,请于8月24日之前将具体工作方案报市建委物业管理处。

二、为全面及时地掌握集中空调通风系统的清洗动态,利于工作的顺利开展,根据市“2008”环境建设指挥部下发的《方案》要求,各区县建委、房管局须建立实施物业服务的写字楼、办公楼等项目的集中空调通风系统清洗情况台账。要督促物业服务企业认真填写台账,保证全面、真实、准确、按规定时间上报。各区县建委、房管局于每月30日前报市建委物业处。台账表样和填表说明可在ktqxb@126.com邮箱下载,密码为ktqxb344。

三、督促本辖区县实施物业服务的写字楼、办公楼等项目的物业服务企业积极协调委托人(产权人)按《方案》规定时间完成集中空调通风系统的清洗工作。

四、各区县建委、房管局要高度重视,认真组织落实各项工作,市建委将对工作完成情况进行检查。

附件:北京市“2008”环境建设指挥部关于印发《关于开展集中空调通风系统清洗工作的方案》的通知(略)

二〇〇七年八月十七日

北京市建设委员会关于发布《住宅物业服务等级规范(一级)(试行)》的通知

京建物[2007]1209号

各有关单位:

为规范本市住宅物业服务行为,促进物业服务质价相符、公开透明,根据有关规定,结合本市实际,现发布《住宅物业服务等级规范(一级)(试行)》(以下简称本规范),并就有关问题通知如下:

一、本规范是住宅项目物业服务的基本规范。在本市行政区域内从事住宅物业服务的物业服务企业,向业主收取物业服务费用的,均应达到第一项"综合要求"规定的15条规范要求;按照物业服务合同约定提供第二至第十一项内容中的单项或多项服务的,还应达到该单项或多项服务规定的各条规范要求。

二、本规范自2008年1月1日起施行,《关于修订〈北京市居住小区物业管理服务标准〉的通知》(京国土房管物[2003]950号)同时废止。

本规范施行之日起,物业服务企业新承接项目,所签物业服务合同约定服务标准不应低于本规范规定的对应要求。

本规范实施前物业服务合同约定物业服务内容、标准超出、高于本规范要求的,单方不得调整;标准低于本规范要求的,物业服务企业应当按照本规范先进行自查、整改,在全市住宅物业服务标准化活动(活动方案另行制定)结束前达到本规范要求。

三、本规范是检查和评定物业服务的依据。市、区(县)建委、房管局将按照《住宅物业服务等级规范(一级)考评细则(试行)》对住宅物业服务进行考评。对不符合规范要求的,责令物业服务企业限期整改;整改后仍不合格或拒不整改的,限制其承接物业项目、不予核定资质等级。

特此通知。

附件:1. 住宅物业服务等级规范(一级)(试行)
　　　2. 住宅物业服务等级规范(一级)考评细则(试行)

二〇〇七年十一月二十二日

附件1：

住宅物业服务等级规范（一级）（试行）

内容	规　　范
一、综合要求	1. 依据有关规定，签订规范的物业服务合同，各方权利义务明确。 2. 承接项目时，对住宅共用部位、共用设施设备进行认真查验，做好记录。 3. 从业人员按照有关规定取得相应的专业培训合格证书。 4. 物业服务方案，质量管理、财务管理、档案管理等制度健全。 5. 服务人员佩戴标志，服务主动、细致、周到，用语文明。 6. 在物业服务中心悬挂（或张贴）物业企业资质证书（或复印件）、项目负责人照片，公示物业服务标准、收费依据、收费标准。 7. 在公共区域显著位置公示24小时报修电话，有服务人员接待住户，8：30—12：00、13：00—17：00受理住户的咨询和投诉，水、电、气等急迫性报修20分钟内、其它报修按双方约定时间到达现场，由专业机构负责的，发现问题应及时通知有关机构，有报修、维修记录。 8. 涉及住户正常生活的物业服务重要事项，应在小区主要出入口、各楼单元门张贴通知，履行告知义务。 9. 每年第四季度对房屋共用部位及共用设施设备进行一次安全检查，根据检查情况制定下一年度维修和服务计划，并按规定组织实施。 10. 对区域内违反治安、规划、环保等方面法律、法规的行为，应及时劝阻，报告主管部门，也可依据管理规约等约定提起诉讼。 11. 建立各种公共突发性事件（如：消防、水、电、气、电梯公共卫生、自然灾害等）的处理机制和预案，包括组织机构、人员和具体措施等，一旦发生突发事件即能立即实施。 12. 冬季、雨季、汛前以及重大节假日前进行安全检查。 13. 设置意见箱，每年集中进行一次公开的物业服务意见征集，并将提出的意见与解决情况公示。 14. 公布公共服务的收支情况。 15. 小区内显著位置设立公共信息栏，配合街（乡）、社区进行公益性宣传。

续表

内容	规　　范
二、房屋维修养护	1. 对房屋共用部位进行日常管理和维修养护,有检修记录和保养记录。 2. 根据房屋实际使用年限,适时检查房屋共用部位的使用状况。如需要维修,属于小修范围的,及时组织修复;属于大、中修范围或者需要更新改造的,提出报告与建议,按规定组织实施。 3. 每周巡查1次小区房屋单元门、楼梯通道以及其他共用部位的门窗、玻璃等,做好巡查记录,并及时维修养护。 4. 定期巡视房屋共用部位的楼地面、墙面、顶棚等,发现破损及时修补。 5. 按照有关规定,每年进行1次房屋避雷检测,符合避雷规范要求。 6. 保持小区各组团、栋及单元(门)、户标志清晰。 7. 对危及房屋结构安全的行为及时告知和劝阻,对拒不改正的,要报告行政主管部门。 8. 按照有关规定使用、管理人防工程和普通地下室。
三、共用设施设备运行及维修养护	1. 对共用设施设备进行日常管理和维修养护,共用设施设备保持正常运行和使用。 2. 建立共用设施设备清册档案(设备台账),有设施设备的运行、检查、保养、维修记录。 3. 制定并执行设施设备操作规程及保养规范。 4. 对共用设施设备适时组织巡查,做好巡查记录,需要维修,属于小修范围的,及时组织修复;属于大、中修范围或者需要新改造的,提出报告与建议,按规定组织实施。 5. 属于特种设备的,按照有关规定,进行运行、养护、维修和定期检验检测。 6. 设备房保持整洁,无鼠害现象。 7. 庭院灯、楼道灯损坏及时修复。 8. 公共区域内的雨水、污水管道每半年检查、疏通1次;雨水、污水井每半年检查、清掏1次;雨水、污水管道发生堵塞应及时疏通;化粪池清掏每年1次,每季度检查1次,防止外溢(由专业机构负责的除外,但发现问题应及时通知有关部门)。 9. 有可能危及人身安全的设施设备有警示标志和防范措施。

续表

内容	规　　范
四、电梯服务	1. 无人值守电梯，主梯24小时不间断运行；有人值守电梯6: 00 — 24: 00不间断运行，0: 00 — 6: 00呼叫运行。 2. 电梯工夜间值班，在首层候梯厅及轿厢内公布值班电话和房号。 3、设有高峰梯的，在高峰期6: 00 — 8: 00、17: 00 — 19: 00与主梯同时运行。 4. 电梯出现故障时，电梯报修后维修人员应在20分钟到达现场。主梯维修时，有备用梯的，用备用梯运行。 5. 电梯出现事故，应迅速启用紧急救援预案，组织救助，并报告有关部门。委托其他单位提供电梯维保等服务的，应与受托单位签订书面协议，明确并监督受托单位落实责任。
五、消防服务	1. 有消防管理制度。 2. 消防设施有明显标志，定期对消防设施进行巡视、检查和维护，并有记录。 3. 消防设施设备能正常运行，可随时启用；消防通道畅通。 4. 每年进行1次消防训练，相关人员掌握消防基本知识和技能。 5. 发生火情及时报警，并采取必要处理措施，协助配合消防人员的工作。 6. 设有消防箱，备存紧急消防物资；设有消防监控中心的，24小时有专人值守。
六、二次供水管理	1. 二次供水设施设备正常运行。 2. 水箱按要求使用紫外线消毒灯（器），并按规定清洗消毒、水质化验，取得卫生许可证，水质符合国家生活饮用水卫生标准，水箱盖上锁，钥匙有专人保管。 3. 操作人员应取得生活饮用水健康体检合格证。
七、协助维护秩序	1. 看护小区共用部位和共用设施设备。 2. 有可能危及人身安全处设有警示标志。 3. 封闭的小区，主要出入口有专人24小时执勤。 4. 夜间（22: 00 — 6: 00）对服务范围内重点部位、道路进行1次防范检查和巡视，巡查人数为2人，做好记录。

续表

内容	规　　范
八、清洁服务	1. 小区内生活垃圾封闭式管理,设有垃圾收集箱,生活垃圾每天清运1次。 2. 小区公共清洁区域每日清扫1次。 3. 保持电梯轿厢清洁卫生。 4. 按照有关规定对公共区域进行灭鼠、杀虫、消毒活动。 5. 在雨、雪天气应及时对小区内主路、干路积水、积雪进行清扫。 6. 发生突发公共卫生事件时,应迅速组织人员对物业的共用部位共用设施设备进行通风、清洗和消毒,加强宣传。
九、绿化养护	1. 绿化基本充分,无明显裸露土地。 2. 树木生长基本正常,无死树和明显枯枝死杈;在正常条件下,无严重黄叶、焦叶、卷叶;被啃咬的叶片最严重的每株在20%以下;有蛀干害虫的株数在10%以下;树木缺株在6%以下;树木无明显的钉栓、捆绑现象。 3. 绿篱生长造型基本正常,叶色基本正常,无明显的死株和枯死枝,有虫株率在20%以下;草坪宿根花卉生长基本正常,草坪斑秃和宿根花卉缺株不明显,基本无明显的草荒。 4. 绿地基本整洁,无明显的堆物堆料、搭棚、侵占等现象;设施无明显的破损,无较严重人为破坏;无绿化生产垃圾。
十、停车服务	1. 有机动车、非机动车停(存)车管理制度。 2. 引导进出小区车辆有序通行。 3. 主要道路及停车场有交通标志。 4. 小区内的机动车辆凭证出入,临时进入小区的机动车辆进行登记。 5. 机动车停放有序,24小时有专人巡视。 6. 定期存放的,应签订停车服务协议,明确双方的权利义务。 7、地下停车场照明、给排水、通风等系统正常运行,各类指示标识清晰。 8. 交通设施(道闸、挡车器材、交通标识)能正常使用。注:4—8条是机动车收费停放服务应达到的要求。

续表

内容	规　　范
十一、装饰装修服务	1. 按照有关规定和管理规约（临时管理规约）约定，建立住宅装饰装修服务制度。 2. 受理业主或使用人的装修申报登记，与业主或使用人、施工单位签订装修服务协议，告知业主或使用人有关装饰装修的禁止行为和注意事项。 3. 装修期间，每天巡查1次装修施工现场，有记录。发现影响房屋外观、危及房屋结构安全及违规拆改共用管线、消防设施等行为，及时劝阻，对拒不改正的应报告主管部门。 4. 装修结束后，应进行检查。对违反装修服务协议的当事人应按照约定处理，问题严重的应报告主管部门。 5. 指定装修垃圾存放点并设有围挡，装修垃圾及时集中清运，不得外溢。

附件2：

住宅物业服务等级规范(一级)考评细则(试行)

内　容	分值	扣　分　细　则
一、综合要求	6	每一条未达到规范,扣1分;累计五条未达到规范,此项分数全部扣除
二、房屋维修养护	5	每一条未达到规范,扣1分;累计四条未达到规范,此项分数全部扣除
三、共用设施设备运行及维修养护	5	每一条未达到规范,扣1分;累计四条未达到规范,此项分数全部扣除
四、电梯服务	3	每一条未达到规范,扣1分
五、消防服务	3	每一条未达到规范,扣1分
六、二次供水管理	1	每一条未达到规范,扣0.5分
七、协助维护秩序	2	每一条未达到规范,扣0.5分
八、清洁服务	2	每一条未达到规范,扣0.5分
九、绿化养护	1	每一条未达到规范,扣0.5分
十、停车服务	1	每一条未达到规范,扣0.5分
十一、装饰装修服务	1	每一条未达到规范,扣0.5分
说明:1. 单项最低计0分,不出现负分; 2. 扣5分(含5分)以下,且一、二、三项的单项未出现0分,为合格; 3. 扣5分(不含5分)以上,或一、二、三项的单项出现0分,为不合格。		

北京市建设委员会　北京市规划委员会　北京市国土资源局关于印发《北京市新建商品住宅小区住宅与市政公用基础设施、公共服务设施同步交付使用管理暂行办法》的通知

京建法[2007]99号

各区县建委、规划分局、国土资源分局、各有关单位：

现将《北京市新建商品住宅小区住宅与市政公用基础设施、公共服务设施同步交付使用管理暂行办法》印发给你们，请依照执行。

附件：《北京市新建商品住宅小区住宅与市政公用基础设施、公共服务设施同步交付使用管理暂行办法》

二〇〇七年一月二十六日

附件

北京市新建商品住宅小区住宅与市政公用基础设施、公共服务设施同步交付使用管理暂行办法

第一条　为了加强本市新建商品住宅小区住宅与市政公用基础设施、公共服务设施同步交付使用管理，规范新建商品住宅小区参建各方行为，保障住宅正常使用，根据有关法律、法规、规章规定，结合本市实际，制定本办法。

第二条　本市行政区域内新建商品住宅小区（以下简称住宅小区）住宅与市政公用基础设施和公共服务设施同步交付使用及其监督管理，适用本办法。

第三条　市国土资源、规划、建设行政主管部门共同负责本市住宅小区住宅与市政公用基础设施和公共服务设施同步交付使用的监督管理工作。

区县国土资源、规划分局和建设行政主管部门负责辖区内住宅小区住宅与市政公用基础设施和公共服务设施同步交付使用的具体监督管理工作。

第四条　房地产开发企业应当按照规划意见书的要求安排住宅小区市政公用基础设施和公共服务设施，并与住宅同步建设、同步交付使用。

教育、医疗卫生、社区管理服务等公共服务设施，应当在住宅总规模完成50%之前同步

建设、同步交付使用;其他公共服务设施应当在住宅总规模完成80%之前同步建设、同步交付使用。

第五条 市和区县国土资源行政主管部门与土地使用者签订用于住宅小区开发的土地使用权出让合同时,应当将规划意见书中明确同步建设的市政公用基础设施、公共服务设施及其建设时序作为出让条件,并约定土地受让人应当持住宅小区建设方案(以下简称建设方案)向相关规划、建设行政主管部门办理有关审批手续。

建设方案内容有重大变更时,受让人应在变更后的10个工作日内将变更内容及变更后的建设方案告知相关国土资源、规划和建设行政主管部门。

第六条 建设方案应当包括以下主要内容:

(一)住宅小区建设工程基本情况(附表)。

(二)建设工程的进度安排及保障措施。

(三)住宅小区分期建设时,建设方案还应当包括:

1. 分期的区域划分,区域界限,建设时序;

2. 每期区域内的住宅栋号及每栋建筑面积;

3. 每期工程的公共服务设施项目、功能及建筑名称;

4. 每期工程的市政公用基础设施项目及建设进度安排;

5. 每期工程的招标和竣工验收计划。

第七条 建设方案应当符合以下要求:

(一)每期建设应当包括住宅、与住宅配套的市政公用基础设施(含道路、绿地)及符合本办法第四条第二款规定的公共服务设施项目,工程建设进度安排合理。

(二)工程招标和竣工验收计划能够保证住宅与市政公用基础设施和公共服务设施同步建设、同步交付使用。

(三)分期的区域界限是道路或绿地的,将道路、道路照明、绿地纳入前一期建设范围。

(四)每期建设应当包括与交通干道相连的道路以及与下一期建设的有效临时隔离措施。

第八条 房地产开发企业应当在申请建设工程规划许可证时提交建设方案。规划行政主管部门在办理住宅小区项目的建设工程规划许可证时,应当对房地产开发企业提出的申请是否符合规划意见书的要求进行审核,并注明与住宅同期进行验收的公共服务设施。

第九条 建设行政主管部门在办理住宅小区项目施工招标文件备案时,应当审核施工招标范围是否符合建设方案。

建设行政主管部门应当根据建设方案确定的施工招标范围核发施工许可证。

第十条 建设行政主管部门在办理商品房预售许可时,应当对房地产开发企业申报的预售方案是否符合建设方案进行审核。

房地产开发企业在预(销)售商品房时应当公示建设方案,并将建设方案和本办法第十三条内容作为合同约定的房屋交付条件写入商品房预(销)售合同。

第十一条 建设工程质量监督机构应当根据施工许可范围对住宅、市政公用基础设施和公共服务设施等单位工程实施建设工程质量监督,并将建设方案的实施情况纳入质量监督报告。

第十二条　房地产开发企业应当按照建设方案确定的竣工验收计划，组织设计、施工、监理单位对住宅小区工程进行竣工验收。

第十三条　住宅小区每期建设的市政公用基础设施和公共服务设施等工程达到下列要求时，房地产开发企业方可组织住宅工程的竣工验收：

（一）按照建设方案内容，完成市政公用基础设施和公共服务设施建设，并且竣工验收合格。

（二）公共服务设施规划验收合格，具备投入使用条件，已经明确产权、管理权及其关系，并且以书面形式明确管理责任。

（三）市政公用基础设施等工程达到下列要求：

1. 生活用水及节水设施齐全，水质符合相关标准。生活用水纳入城乡自来水管网的，须取得供水专业单位的供水认可。采用自供水的住宅小区，供水设备应符合给水设计规范，设备完好。

2. 生活用电应按有关部门的供电方案纳入城市供电网络，不得使用临时施工用电和其他不符合要求的用电。若因分期建设暂时无法提供永久供电的，须取得供电专业单位的认可，在规定的期限内，采取过渡性供电措施，并须保证用电的使用功能要求和使用安全。

3. 采用市政管道燃气的住宅小区，应当按照开发建设单位与燃气供应企业确定的燃气供应方案完成室内和室外燃气管道的敷设和衔接，并经燃气供应企业验收确认。若确因客观条件限制，暂时无法实现燃气供应，应由房地产开发企业会同燃气供应企业提出过渡性解决方案。采用自建管道燃气供应站的住宅小区，须提供该自建管道燃气供应站的竣工验收报告和北京市燃气经营许可证。

4. 供热系统要符合供热配建标准，达到建筑节能设计要求。使用城市集中供热系统的，要取得供热专业单位出具的具备供热条件认可文件。

5. 电话通信线、有线电视线按设计要求敷设到户。

6. 道路建设符合规划要求，与外界交通干道之间有道路相连，并按照设计要求完成相应的公共照明设施建设。

7. 完成住宅小区相应绿化建设，因季节原因未完成绿化的，应有防尘措施。

8. 住宅周边场地清洁，道路平整。采取分期建设的，已建成与下一期施工工地有效的临时隔离措施。分期界限是道路或者绿地的，已完成道路、道路照明或者绿地建设。

第十四条　房地产开发企业依法选定的住宅小区物业管理企业应当参与住宅小区每期建设的竣工验收。

没有按照建设方案完成市政公用基础设施和公共服务设施工程竣工验收前，房地产开发企业、物业管理企业不得办理入住手续。

第十五条　房地产开发企业应当依法将住宅小区的公共服务设施移交给有关单位，并办理交接手续。

第十六条　房地产开发企业未按照建设方案进行住宅与市政公用基础设施和公共服务设施招标投标的，建设行政主管部门不予办理该项目招标文件备案手续。

第十七条　房地产开发企业未按照建设方案进行竣工验收的，或者在市政公用基础设施和公共服务设施等不符合第十三条规定条件时进行住宅工程竣工验收的，建设工程质量监督机构应当责令改正。

第十八条 房地产开发企业在建设过程中违反本办法规定或弄虚作假交付使用的，由建设行政主管部门责令其改正，并作为不良经营行为记录在开发企业信用信息系统，向社会公布。情节严重的，建设行政主管部门应依法降低或取消房地产开发企业资质。涉嫌犯罪的，由建设行政主管部门将案件线索移交公安检察机关进行查处。

第十九条 经济适用房住宅小区住宅与市政公用基础设施和公共服务设施建设，参照本办法执行。

第二十条 2007 年 3 月 1 日后（含 3 月 1 日）签订土地使用权出让合同的住宅小区项目，适用本办法。

2007 年 3 月 1 日，全市所有已签订土地使用权出让合同，但是未开始进行施工招标的住宅小区项目，应当依据本办法补充制定建设方案，并按照本办法进行招标投标、施工许可、房屋预售和竣工验收。

北京市建设委员会关于房地产开发企业申请延续暂定资质证书有效期有关问题的通知

京建开[2007]371号

各区县建委,各房地产开发企业:

为加强房地产开发企业资质管理,根据《行政许可法》和《房地产开发企业资质管理规定》(建设部77号令),现将房地产开发企业申请延续暂定资质证书有效期有关问题通知如下:

一、房地产开发企业需要延续暂定资质证书有效期的,应在资质证书有效期届满前1个月内向注册住所所在区(县)建委申请预审,预审的时限为5个工作日。区县建委预审后报市建委,市建委在10个工作日内审查做出决定。

二、申请延续暂定资质证书有效期需提供如下材料:

(一)书面申请;

(二)房地产开发企业资质延续申报表;

(三)房地产开发企业原有的资质证书正、副本原件;

(四)企业营业执照副本(扫描件加盖单位公章);

(五)企业(公司)章程(复印件加盖单位公章);

(六)企业上年度及上月财务报表(复印件加盖单位公章);

(七)企业专业技术人员职称证件(扫描件);

(八)本企业承担开发项目的证明材料:

1. 立项文件;

2. 建设计划;

3. 规划意见书、建设用地规划许可证或建筑工程规划许可证;

4. 施工许可证;

5. 工程竣工验收备案表;

6. 合作开发项目的,提供有关合同及投资的正式票据。

以上材料需以A4纸制作,按顺序装订成册。

三、预审及审查的内容和标准

(一)企业真实、完整、准确、及时地填报北京开发网有关信息;

(二)企业提供材料齐全、有效;

(三)注册资本金不低于规定数额,并且没有抽逃资金的行为;

(四)有专门的办公场所;

(五)企业聘用的专业技术人员不低于规定人数,并且聘用期不少于1年;

(六)企业及其股东、控股公司没有拖欠工程款的行为。

四、决定

(一)符合下列条件,予以延续有效期:

1. 申请材料齐全,符合审查标准;

2. 存在不良经营行为,经整改合格。

(二)有下列情况,不予延续有效期:

1. 存在严重不良经营行为并被记录在开发企业信用档案的;

2. 成立满 1 年无任何项目。

(三)对有效期届满未申请延续的,以及经审查不予延续有效期的企业,市建委将注销其资质证书,并向社会公布。

特此通知。

二〇〇七年四月十九日

房地产开发企业暂定资质延续申报审核表

<table>
<tr><td>企业名称(盖章)</td><td colspan="6"></td></tr>
<tr><td>企业编号</td><td colspan="3"></td><td>企业类型</td><td colspan="2"></td></tr>
<tr><td>注册资本</td><td colspan="3"></td><td>邮政编码</td><td colspan="2"></td></tr>
<tr><td>注册地点</td><td colspan="3"></td><td>企业成立时间</td><td colspan="2"></td></tr>
<tr><td>联系人</td><td colspan="3"></td><td>联系电话</td><td colspan="2"></td></tr>
<tr><td>批准从事房地产开发经营业务时间</td><td colspan="3"></td><td>资质证书有效期</td><td colspan="2"></td></tr>
<tr><td>类别</td><td>姓名</td><td colspan="3">身份证号</td><td>职称</td><td>联系电话</td></tr>
<tr><td>法定代表人</td><td></td><td colspan="3"></td><td></td><td></td></tr>
<tr><td>总经理</td><td></td><td colspan="3"></td><td></td><td></td></tr>
<tr><td>工程负责人</td><td></td><td colspan="3"></td><td></td><td></td></tr>
<tr><td>财务负责人</td><td></td><td colspan="3"></td><td></td><td></td></tr>
<tr><td>经营负责人</td><td></td><td colspan="3"></td><td></td><td></td></tr>
<tr><td>统计负责人</td><td></td><td colspan="3"></td><td></td><td></td></tr>
<tr><td colspan="3">审查内容</td><td colspan="4">是否符合</td></tr>
<tr><td colspan="3">是否有专门的办公场所</td><td colspan="4"></td></tr>
<tr><td colspan="3">是否具备规定的专业技术人员</td><td colspan="4"></td></tr>
<tr><td colspan="3">是否按规定填报开发网有关信息</td><td colspan="4"></td></tr>
<tr><td colspan="3">是否有抽逃注册资金的行为</td><td colspan="4"></td></tr>
<tr><td colspan="3">是否有房地产开发项目</td><td colspan="4"></td></tr>
<tr><td colspan="3">是否存在拖欠工程款行为</td><td colspan="4"></td></tr>
<tr><td colspan="3">是否有不良经营行为/是否记入信用档案</td><td colspan="4"></td></tr>
<tr><td colspan="3">区县建委审核意见
(盖章)</td><td colspan="4">市建委审核意见
(盖章)</td></tr>
</table>

北京市建设委员会关于贯彻《北京市新建商品住宅小区住宅与市政公用基础设施、公共服务设施同步交付使用管理暂行办法》有关问题的通知

京建开[2007]660号

各区县建委(房管局)、开发区建设局(国土房管局),各房地产开发企业,各有关单位:

为做好《北京市新建商品住宅小区住宅与市政公用基础设施、公共服务设施同步交付使用管理暂行办法》(京建法[2007]99号,以下简称《办法》)的实施工作,现将有关问题通知如下:

一、在本市行政区域内,从事商品房开发建设经营活动的房地产开发企业,应当编制项目建设方案,在办理施工招标投标手续前向项目所在地的区县建委备案。

二、区县建委在8个工作日内完成对项目建设方案的审核,并将审核备案的项目建设方案电子版按附件格式摘要后,发送至市建委房地产开发管理处邮箱(kfc@bjjs.gov.cn),由市建委房地产开发管理处统一在北京建设网(www.bjjs.gov.cn)公示。

三、建设方案中分期建设内容、分期进度安排以及各分期中配套建设内容等发生变更时,房地产开发企业应在变更发生后10个工作日内,按原报审程序提交变更内容及变更后的项目建设方案。区县建委审核通过后按前述程序予以公示。

对已办理商品房预售许可证的建设项目,原则上不得变更项目建设方案。确需变更的,应征求已售房屋购房人的同意,并须按前述程序办理建设方案报审公示手续。

四、房地产开发企业对提交的项目建设方案的真实性、准确性负责,并对所公示信息依法承担责任。

五、房地产开发企业应严格按照网上公示的项目建设方案组织实施项目建设。

六、房地产开发企业依据网上公示的项目建设方案,办理住宅和市政基础设施、公共服务设施的施工招标投标手续。承担该项目的具有相应资质的施工总包单位,可将其中市政基础设施作为一个子单位工程,进行专业分包。

七、房地产开发企业应按照施工招标内容申请办理《建筑工程施工许可证》,住宅与市政基础设施、公共服务设施施工许可证原则上不分解办理,而以住宅工程为基础统一进行办理。

八、房地产开发企业在申报该项目的预售许可证时,应将经区县建委审核并加盖建设单位公章的项目建设方案同时报送。房地产开发企业领取商品房预售许可证后,应将摘要公示的该项目建设方案在售楼场所的明显位置进行公示。项目建设方案的相应内容应在预售合同(现房合同)中予以明确。

九、工程按照项目建设方案建设完成后,由房地产开发企业分别组织对住宅和市政公

用基础设施、公共服务设施工程的竣工验收，工程竣工验收应当符合国家有关规定和《办法》的要求。

十、工程质量监督机构应加强对施工许可证许可范围内的住宅与市政公用基础设施、公共服务设施建设交用情况的动态监督，督促其按照《办法》执行。

十一、市和区县建委要加强对房地产开发企业实施项目建设方案的监督管理，依法查处违法违规行为，并在房地产开发企业信用信息系统中予以公示。

十二、本通知自 2007 年 8 月 1 日起施行。

附件:《××项目建设方案》公示样本(摘要)

二〇〇七年七月十日

附件:

____________项目建设方案

（编号：　　　　）

____________项目建设方案严格执行《北京市新建商品住宅小区住宅与市政公用基础设施、公共服务设施同步交付使用管理暂行办法》及相关要求，具体内容如下：

一、总体建设分期

该项目总建设规模为____________万平方米，共分______期开发建设。

其中：一期建设范围：……

二期建设范围：……

……

二、建设内容

一期建筑面积__________平方米

建设内容：住宅楼___（楼号）__________；

公共服务设施___（使用性质）_______；

市政公用基础设施______________；

本期区域内市政道路______________；

本期区域内代征道路______________；

本期区域内绿化 ______________；

本期区域内代征绿化______________。

计划建设时间：________至________。

二期建筑面积 ____________平方米

建设内容：住宅楼___（楼号）__________；

公共服务设施______（使用性质）______________________；

市政公用基础设施______________________________；

本期区域内市政道路____________________________；

本期区域内代征道路____________________________；

本期区域内绿化________________________________；

本期区域内代征绿化____________________________。

计划建设时间：____________________至______________。

……

三、拆迁进度

每期项目开工建设前，项目区域内需要拆迁的，其拆迁进度符合施工要求。

四、建设程序

1. 一期项目：

__________#住宅楼应与_______________公共服务设施、_____________市政公用基础设施、_________________道路一同办理工程施工招标、竣工验收；

__________#住宅楼应与_______________公共服务设施、_____________市政公用基础设施、_________________道路一同办理工程施工招标、施工许可、竣工验收；

……

最后一栋________________#住宅楼楼竣工验收前，应完成一期区域内的所有公共服务设施、市政公用基础设施、道路及代征道路、道路照明、绿化及代征绿化、与二期项目的临时隔离措施等。

其中：临时隔离措施采用_________________。

如一期项目在绿化季节完成，建设单位应负责完成本期区域内的全部绿化；如非绿化季节完成，应有防尘措施，措施为_________________。

2. 二期项目：

3. 三期项目：

……

建设单位：____________________（盖章）

日期：　　年　　月　　日

北京市建设委员会关于进一步加强房地产开发企业资质管理的通知

京建开[2007]1152号

各区县建委(房管局),各房地产开发企业,各有关单位:

为进一步规范房地产开发企业资质等级核定、变更和延续工作,加强对房地产开发企业的管理和服务,按照有关法律、法规规定,结合我市房地产开发企业管理工作实际,现将有关要求通知如下:

一、资质证书有效期

(一)房地产开发企业二、三、四级资质证书有效期为3年,自资质证书核发之日起计算。资质证书在有效期内,不再进行年检。原年检有效期与资质证书有效期不一致的,以资质证书有效期为准。

房地产开发企业应在资质证书有效期满前1个月内向市和区县房地产开发行政主管部门申请延续资质证书有效期。

(二)依据建设部《房地产开发企业资质管理规定》(建设部令第77号)有关规定,房地产开发企业《暂定资质证书》有效期为1年,《暂定资质证书》有效期延长期限不超过2年。房地产开发企业应当在《暂定资质证书》有效期满前1个月向市和区县房地产开发行政主管部门申请核定资质等级或延长《暂定资质证书》有效期。

房地产开发企业申请延长《暂定资质证书》有效期的,按照《关于房地产开发企业申请延续暂定资质证书有效期有关问题的通知》(京建开[2007]371号)执行。

二、办理要求

(三)房地产开发企业名称、法定代表人和主要管理、技术负责人、注册资金、企业类型等发生变更的,应当在变更后30日内,按原资质审批渠道办理资质证书变更手续。

(四)房地产开发企业办理资质核定、变更和延续手续时,须提交真实有效的申请材料。

房地产开发企业提交的申请材料为复印件、扫描件的,区县房地产开发行政管理部门应查验原件,并在复印件上加盖"与原件核对无误"章。

(五)房地产开发企业办理资质核定、变更和延续手续,由企业注册地的区县房地产开发行政主管部门受理、初审。

(六)区县房地产开发行政主管部门接到房地产开发企业报送的资质核定、变更和延续申请材料后,应当完成以下工作:

1.对于符合申报条件的,在20个工作日内完成初审并送市建委审核;

2.对于不符合申报条件的,5日内一次性告知申办人需要补充的材料和手续;

3.对于认为依法应当降低资质等级或者吊销资质证书的,在20个工作日内出具书面意见并送市建委。

三、监督管理

（七）市建委在资质审查过程中发现房地产开发企业存在隐瞒真实情况、弄虚作假骗取资质证书行为的，将采取如下措施：

1. 对于申请核定房地产资质的，不予受理，并责令该企业1年内不得申请资质核定；

2. 对于申请资质证书延续的，不予延期，并依法注销资质证书；

3. 对于已经取得资质证书的，将按照《房地产开发企业资质管理》（建设部令第77号）规定，公告资质证书作废，收回证书，并处以3万元罚款。

（八）资质证书有效期期满，房地产企业未按规定办理延续和升级的，由市建委注销其房地产开发企业资质证书，并向工商行政管理机关建议注销其营业执照的房地产开发业务。

（九）市和区县房地产开发行政主管部门每年制定计划，抽取一定数量的房地产开发企业对其资质条件进行核查，发现不符合原定资质条件的企业，予以降级或者注销资质证书。

（十）市和区县房地产开发行政主管部门按照有关规定制定北京市房地产开发企业信用管理办法，全面搜集、记录房地产开发信息在开发经营过程中的信用信息，作为对房地产开发企业资质延续、升级和其他管理服务行为的重要依据。

四、附则

（十一）本通知自2007年12月1日起实施。房地产开发企业《暂定资质证书》于2007年6月10日前到期的，应当在2007年12月30日之前向市建委窗口递交申报材料办理延续手续，逾期将不再受理。

二〇〇七年十一月七日

北京市建设委员会　北京市人民政府住房制度改革办公室　北京住房公积金管理中心关于房地产开发企业不得拒绝购房人选择住房公积金贷款购房有关事宜的紧急通知

京建开[2007]1228号

各房地产开发企业,各区县建委(房管局)、开发区建设局(国土房管局),各有关单位:

近期,少数房地产开发企业在预售或现售商品房时拒绝购房人选择住房公积金贷款购房,损害了住房公积金缴存人享受住房公积金贷款的权益,干扰了住房公积金制度的顺利实施。为维护住房公积金缴存人的合法权益,充分发挥住房公积金制度在解决职工住房问题中的作用,促进住房公积金制度的顺利实施,根据《住房公积金管理条例》(国务院令第350号)等有关规定,现通知如下:

一、在本市行政区域内,从事商品房开发建设经营活动的房地产开发企业,在预售或现售商品房时允许购房人贷款支付房价款的,不得拒绝购房人选择住房公积金贷款。

二、符合住房公积金贷款资格的购房人办理住房公积金贷款,按照国务院、建设部及北京住房公积金管理中心等有关部门颁布的相关规定执行,房地产开发企业不得以任何形式增加附带条件。

三、北京住房公积金管理中心及其贷款管理部门、贷款经办机构要进一步增强服务意识,提高效率,方便住房公积金缴存人办理住房公积金贷款。

四、房地产开发企业应配合住房公积金贷款经办机构提供购房人贷款过程中应由房地产开发企业提供的有关材料。

五、市和区县建设房屋行政主管部门将加强对房地产开发企业限制购房人选择住房公积金贷款的监督管理,依法查处违法违规行为。对经查实确有上述行为的房地产开发企业,建设房屋行政主管部门将下达责令改正的行政处理决定,情节严重的依法暂停其项目的预售许可、网上签约,暂停该公司的房地产开发资质延续或升级和新项目立项核准,并在房地产开发企业信用信息系统中予以公示。

六、本通知自发布之日起实施,此前已签订购房合同的,按合同约定的付款方式执行。

二〇〇七年十一月二十七日

北京市建设委员会关于区县组织实施的保障性住房项目工程招标和施工许可事项在项目所在地区县建委办理的通知

京建住[2007]848 号

各区县建委：

遵照市政府住房保障会议精神，为确保 2007 年市政府制定的 530 万平方米保障性住房和两限商品房建设目标的实现，经研究决定，列入北京市 2007 年建设计划的由区县组织实施的保障性住房项目，工程招标和施工许可事项由项目所在地区县建委办理，请各区县建委认真执行，并加快办理各项建设手续。

特此通知。

附：北京市 2007 年保障性住房建设计划一览表（略）

二〇〇七年八月十七日

北京市建设委员会关于2007年保障性住房和两限商品房建设计划及简化审批工作流程的通知

京建住[2007]866号

各区县建委(住房保障办):

按照市委、市政府的工作部署,我市今年新开工经济适用住房200万平方米、两限商品房300万平方米、建设收购廉租房30万平方米。目前,2007年保障性住房和两限商品房建设计划及简化审批工作流程已经报市政府批准,请各区县建委(住房保障办)执行,现将有关事项通知如下:

一、保障性住房和两限商品房建设计划

(一)保障性住房项目(见附件一)

今年重点开工的保障性住房项目共21个,住宅总建筑面积约440万平方米。其中,由区县组织实施的项目19个,住宅建筑面积约352万平方米;由市建委、市国土局组织招标的项目2个,住宅建筑面积约88万平方米。计划11月底以前经济适用住房开工246万平方米,其中配建廉租房约16万平方米。

(二)两限商品房项目(见附件二)

预计三季度两限商品房总的建设规模可达317万平方米,其中配建廉租房约15万平方米。

二、简化审批工作流程

(一)保障性住房项目由区县政府直接确定建设单位

区县组织实施的保障性住房项目,由项目所在地区县政府采取招标方式或比照招标条件以指定方式确定项目建设单位,并出具确认文件。项目建设单位据此办理立项、规划、土地等相关手续。

(二)规划条件审批前置

项目主体确定后,即可向市规划委直接申办规划意见书。对于已取得控规批复的项目,市规划委在受理后10个工作日内核发规划意见书;对于未取得控规批复的项目,按照单个项目审批。

(三)简化立项前置条件,后期完善相关手续

取得规划意见书后,项目主体可同时办理项目立项、用地预审、交评审查、环评审查和节能审查等手续,市发改委可先予以项目核准,在批复文件中明确项目建设应满足土地、交通、环保及节能的相关要求,并由项目主体抓紧办理相关文件。

(四)缩短方案审查时限,加快项目深化设计

勘察设计单位招标完成后,项目主体即将规划方案招标结果报市规划委,市规划委在

10个工作日内出具规划设计方案复函，项目主体依据规划设计方案复函在征询人防、消防等专业单位意见的基础上，加快进行初步设计和施工图设计。

（五）简化用地审批条件，加快相关手续办理

取得项目立项、规划等批复手续后，项目主体即可向市国土局提出征地申请，市国土局审核后即依法报批。

取得征地批复后，项目主体依据市规划委核发的建设用地规划许可证和审定的规划方案即向市国土局提出土地划拨申请，市国土局审核后即报市政府审定。

（六）下放工作权限，强化区县审批职能

1. 由区县建委办理施工、监理单位招标工作，核发施工许可证。

2. 针对经济适用住房价格审批，采取招标方式确定项目主体的，在招标前由项目所在地区县价格管理部门提出拦标价确定方案，报市发改委核定；区县政府指定建设单位的，销售价格在开工前由项目所在地区县价格管理部门审核后，报市发改委、市建委核定。

（七）提供拆迁优惠政策，允许居民就地安置

保障性住房项目用地范围内的拆迁户可以就地安置，由项目所在地区县政府组织拆迁安置工作，并将安置方案报市建委备案。

特此通知。

附件：1. 北京市2007年保障性住房建设计划一览表（略）

2. 北京市2007年两限商品房建设计划一览表（略）

二○○七年八月二十三日

北京市建设委员会　北京市统计局　国家统计局北京调查总队　北京市民政局　北京市财政局关于印发北京市廉租住房、经济适用住房家庭收入、住房、资产准入标准的通知

京建住[2007]1129 号

各区县人民政府，市政府各委、办、局，各市属机构：

根据《北京市人民政府关于印发北京市城市廉租住房管理办法的通知》（京政发[2007]26 号）和《北京市人民政府关于印发北京市经济适用住房管理办法（试行）的通知》（京政发[2007]27 号）的有关规定，经市政府批准，现就我市城市居民申请廉租住房租房补贴或实物配租及购买经济适用住房的准入标准有关事项通知如下：

一、本市城市居民申请廉租住房租房补贴或实物配租及购买经济适用住房家庭年收入、人均住房使用面积、家庭总资产净值须符合北京市政府相关部门每年公布的标准。

其中，申请廉租住房的家庭总资产净值中除拆迁补偿款及房屋折价外，现金、有价证券、投资（含股份）、存款、借出款等项之和不超过民政部门规定的社会救助对象家庭收入的认定标准。

二、2007 年城八区城市居民申请廉租住房租房补贴或实物配租及购买经济适用住房，须符合本通知规定的标准（详见附表 1、附表 2）。

三、各远郊区县参照本通知精神，结合各自区县的实际情况制定相应保障住房准入标准，并颁布执行。

特此通知。

附件：1. 北京市城八区城市居民申请廉租住房家庭收入、住房、资产准入标准

2. 北京市城八区城市居民购买经济适用住房家庭收入、住房、资产准入标准

二○○七年十一月五日

附件 1：

北京市城八区城市居民申请廉租住房家庭收入、住房、资产准入标准

家庭人口	家庭年收入	人均住房使用面积	家庭总资产净值
1 人	6960 元及以下	$7.5m^2$ 及以下	15 万元及以下
2 人	13920 元及以下	$7.5m^2$ 及以下	23 万元及以下
3 人	20880 元及以下	$7.5m^2$ 及以下	30 万元及以下
4 人	27840 元及以下	$7.5m^2$ 及以下	38 万元及以下
5 人及以上	34800 元及以下	$7.5m^2$ 及以下	40 万元及以下

注：人均 580 元/月。

附件 2：

北京市城八区城市居民购买经济适用住房家庭收入、住房、资产准入标准

家庭人口	家庭年收入	人均住房使用面积	家庭总资产净值
1 人	22700 元及以下	$10m^2$ 及以下	24 万元及以下
2 人	36300 元及以下	$10m^2$ 及以下	27 万元及以下
3 人	45300 元及以下	$10m^2$ 及以下	36 万元及以下
4 人	52900 元及以下	$10m^2$ 及以下	45 万元及以下
5 人及以上	60000 元及以下	$10m^2$ 及以下	48 万元及以下

北京市建设委员会关于印发《北京市经济适用住房购买资格申请、审核及配售管理办法》的通知

京建住[2007]1175 号

各区(县)建委(房管局)、各有关单位:

为规范我市经济适用住房申请、审核及配售等管理工作,根据《中共北京市委、北京市人民政府关于贯彻落实 <国务院关于解决城市低收入家庭住房困难的若干意见> 的实施意见》(京发[2007]22 号)和《北京市人民政府关于印发 <北京市经济适用住房管理办法(试行)> 的通知》(京政发[2007]27 号),北京市建设委员会制定了《北京市经济适用住房购买资格申请、审核及配售管理办法》,现印发给你们,请结合实际,依照执行。

二〇〇七年十一月十三日

北京市经济适用住房购买资格申请、审核及配售管理办法

第一章　总　　则

第一条　为规范本市经济适用住房购买资格审核和配售管理工作,根据《中共北京市委、北京市人民政府关于贯彻落实 <国务院关于解决城市低收入家庭住房困难的若干意见> 的实施意见》(京发[2007]22 号)和《北京市人民政府关于印发北京市经济适用住房管理办法(试行)的通知》(京政发[2007]27 号),制定本办法。

第二条　北京市低收入住房困难家庭购买经济适用住房的申请、审核及房屋配售等适用本办法。

第三条　市住房保障管理部门负责本市经济适用住房管理的指导、监督、检查以及申请家庭的备案工作。区(县)、街道办事处(乡镇人民政府)住房保障管理部门按照各自职责负责受理本地区居民家庭经济适用住房购买资格的申请、审核及配售管理等工作。

第二章　申　请　条　件

第四条　申请购买经济适用住房应当以家庭为单位,并同时具备下列条件:

(一)申请人须取得本市城镇户籍时间满 3 年,年满 18 周岁,且具有完全民事行为能

力。单身家庭申请经济适用住房的,申请人须年满30周岁。

(二)申请家庭人均住房面积、家庭收入、家庭总资产净值符合规定的标准。具体标准按照我市每年向社会公布的标准执行。

第五条 符合本办法第四条规定条件的老人、严重残疾人员(以下简称重残人员)、患有大病人员、经济适用住房建设用地涉及的被拆迁家庭、重点工程建设涉及的被拆迁家庭、旧城改造和风貌保护涉及的外迁家庭、优抚对象和承租危房等住房困难的家庭,可优先配售。其中:

老人家庭是指申请家庭成员中至少有1人年满60周岁以上(含60周岁)。

重残人员是指申请家庭成员中有经残联鉴定为重度残疾的人员。

患有大病人员家庭是指申请家庭成员中患有以下病症或做过以下手术:具体指慢性肾衰竭(尿毒症)、恶性肿瘤、再生障碍性贫血、慢性重型肝炎、心脏瓣膜置换手术、冠性动脉旁路手术、颅内肿瘤开颅摘除手术、重大器官移植手术、主动脉手术等。家庭成员是否患有上述病种,需要出示医疗机构的证明。

承租危房的家庭是指申请家庭承租的住房经有资质的房屋安全鉴定机构鉴定为危险房屋。

第六条 申请家庭成员之间应具有法定的赡养、扶养或者抚养关系,可包括:

(一)配偶;

(二)父母;

(三)未成年子女;

(四)已成年但因残疾或重大疾病不能独立生活的子女;

(五)父母双亡且由祖父母或者外祖父母作为监护人的未成年或者已成年但不能独立生活的孙子女和外孙子女;

(六)根据本条原则和有关程序认定的其他人员。

重残家庭1人户按2人计算。

第七条 家庭住房是指全部家庭成员名下承租的公有住房和拥有的私有住房。住房面积按照使用面积计算,承租公有住房的,使用面积按《公有住房租赁合同》上标明的计租面积为准;居住私产住房的,使用面积以《房屋所有权证》上标明的建筑面积除以1.333计算。申请家庭现有2处或2处以上住房的,住房面积应合并计算。下列房屋面积纳入申请家庭住房面积核定范围:

(一)全部家庭成员自有私房(含已购公有住房);

(二)全部家庭成员按照本市规定租金标准承租住房;

(三)全部家庭成员拆迁已明确的安置住房;

(四)全部家庭成员在集体土地上自有的正式住房;

家庭人均住房面积计算公式:申请人户口所在地现居住住房面积÷其所在住房同一《租赁合同》或《房屋所有权证》下的长期共居户籍人口(共居人口在他处有住房除外)+申请家庭成员它处住房面积÷申请家庭人口。

申请家庭有原住房的,将原住房腾退给区(县)住房保障管理部门后,可按无房户配售经济适用住房;申请家庭住用其父母、子女自有或承租的住房,家庭人均住房使用面积符合经济适用住房申请标准的,可按无房户配售经济适用住房。

第八条 家庭收入是指全部家庭成员申请当月前12个月的全部家庭收入总和,包括工资、奖金、津贴、补贴、各类保险金及其他劳动收入、储蓄存款利息等。

第九条 家庭总资产净值是指全部家庭成员名下的房产、汽车的净值及现金、有价证券、投资(含股份)、存款、借出款等。

第三章 审 核 程 序

第十条 符合本办法规定条件的家庭,应向户口所在地的街道(乡镇)领取《北京市城市居民购买经济适用住房申请核定表》(以下简称《核定表》,《核定表》按统一格式印制,见样表)一式三份,按要求填写相关内容。

申请家庭成员所在单位要为各家庭成员出具住房及收入情况证明(离退休人员凭退休金领取证计算收入,失业人员凭失业保险金领取证计算收入),并在《核定表》的相应栏目中签署意见、盖章。

家庭成员无工作单位的,由户口所在街道(乡镇)通过入户调查、邻里访问及信函索证等方法,对其住房、收入进行核定,并签署意见、盖章。

第十一条 申请家庭推举一名具有完全民事行为能力的家庭成员作为申请人,向户口所在地街道办事处或乡镇人民政府提出申请,并提交以下申请材料及复印件,所需复印件一式三份:

(一)申请人及家庭成员的身份证、户口簿;

(二)已婚家庭成员的婚姻证明,离异的提供离婚证、离婚协议书或法院判决书;

(三)居住地住房情况证明(《房屋租赁合同》、《房屋所有权证》或房屋产权单位的证明);

(四)按要求填写并经有关部门认定的《核定表》(须提供原件);

(五)优抚家庭须提供民政部门核发的优抚证明;

(六)重残家庭须提供残联出具的重残证明;

(七)有患大病成员家庭须提供医疗卫生部门出具的大病诊断书;

(八)个体工商户需提交《营业执照》和上年度缴税凭证;

(九)由房屋安全鉴定机构出具的危险房屋鉴定书;

(十)原住房被拆迁家庭须提供房屋拆迁补偿协议;

(十一)需要提供的其他证明材料。

第十二条 申请家庭须做出声明,同意市区(县)住房保障管理部门向其他有关政府部门(如工商、税务、交通等)、公/私营机构(如银行、证券交易所、车辆管理所等)或其工作单位调查其家庭收入、住房、资产等情况,并索取相关证明。

第十三条 街道(乡镇)住房保障管理部门收到申请家庭交报的材料后,应当及时做出是否受理的决定,并向申请人出具书面凭证。申请材料不齐全或者不符合法定形式的,应当在5日内书面告知申请人需要补正的全部内容,受理时间从申请人补齐材料的次日起计算;逾期不告知的,自收到材料之日起即为受理。

第十四条 受理申请后,由街道(乡镇)住房保障管理部门对申请家庭收入、资产、人口和住房状况进行初审。初审工作按照以下程序进行:

(一)审核材料

街道(乡镇)住房保障管理部门根据申请家庭交报的材料完成对家庭人口、住房面积、家庭收入、家庭资产等情况的审核,核查原件,留存复印件。

(二)入户调查

街道(乡镇)住房保障管理部门与其他相关部门组成入户调查小组,对申请家庭的住房面积、实际居住人口、家庭资产情况进行实地调查,入户调查人员不得少于2人,由入户人员填写调查情况。

(三)组织评议

街道(乡镇)住房保障管理部门组织相关单位对申请家庭的收入、住房及资产情况进行评议,由经办人记录评议情况。

(四)公示

街道(乡镇)住房保障管理部门在正式受理申请家庭材料后20个工作日内,完成材料审核、入户调查和组织评议工作。经审核符合申请条件的,街道(乡镇)住房保障管理部门应在申请人户口所在地、居住地或工作单位对申请家庭的人口、住房、收入、资产等情况进行公示,期限为15日。

第十五条 经公示无异议的,或者异议不成立的,街道(乡镇)住房保障管理部门在《核定表》中签署初审意见、提出初步配售意见,将申请家庭的资料录入申请审核管理系统,并在2个工作日内将申请资料上报区(县)住房保障管理部门。

经公示提出异议的,由街道(乡镇)住房保障管理部门会同有关单位在10日内完成复查。并对不符合申请条件的家庭书面告知原因;经复查符合申请条件的,按前款规定办理。

第十六条 区(县)住房保障管理部门自收到申请材料之日起10个工作日内完成对申请资料的复审,符合条件的,确定配售方案。在区(县)政府网站和指定范围内对申请家庭人口、工作单位、住房、收入、家庭资产情况及配售方案等进行公示,期限为15日。

复审及公示无异议的,由区(县)住房保障管理部门对申请家庭的资格进行认定,并在申请家庭《核定表》上签署意见、盖章后,在2个工作日内上报市住房保障管理部门备案。

复审及公示有异议的,由街道(乡镇)住房保障管理部门会同有关单位在10日内进行复查,并对不符合申请条件的家庭书面告知原因;符合条件的,按前款规定办理。

第十七条 市住房保障管理部门自接到区(县)复审备案材料后,在2个工作日内向区(县)住房保障管理部门下发备案通知。由街道(乡镇)住房保障管理部门向符合条件的家庭发放《北京市城市居民购买经济适用住房申请备案通知单》。

市、区(县)、街道(乡镇)住房保障管理部门在审核过程中,因申请家庭提供的要件不全需补交材料的,所需时间不计入审核时限。

第四章 轮候配售

第十八条 经审核通过并备案的申请家庭进入轮候期,由区(县)住房保障管理部门统一组织摇号配售。

第十九条　由区（县）住房保障管理部门公布房源信息，内容包括房源位置、套数、工期、户型面积、销售价格、供应对象范围、认购登记时限、登记地点等内容。

第二十条　有购房意向且已通过资格审核的申请人应在规定的时限内到指定地点登记。登记情况由区（县）住房保障管理部门在相关媒体公布。

第二十一条　区（县）住房保障管理部门根据申请家庭困难程度对登记居民排序，按照一定比例选出入围家庭公开摇号。入围家庭名单通过媒体公布。

第二十二条　区（县）住房保障管理部门组织公开摇号，确定选房顺序。摇号排序过程邀请人大代表、政协委员、政风行风监督员以及新闻媒体监督。摇号排序过程应当由公证部门全程监督并出具公证证明，摇号排序结果通过相关媒体公布。

第二十三条　摇号结果公布后，摇中的申请人须在规定期限内持身份证明到街道（乡镇）住房保障管理部门领取选房排序单。

第二十四条　申请家庭需在规定期限内持户口本、身份证明及选房排序单到指定地点按顺序选房，并与开发建设单位签订经济适用住房购买合同。

第二十五条　申请人未在规定时间内选房或签订购房合同，视同放弃购房资格，但可重新参加摇号排序。同一申请家庭只能放弃两次购房机会，之后须重新提出申请。

第二十六条　经济适用住房配售面积标准为人均使用面积15平方米。申请家庭将原住房腾退给区（县）住房保障部门的，按全额配售面积标准配售；不腾退原房的，按差额面积配售。

申请家庭原住房腾退及补偿的具体办法，由区（县）政府根据本区（县）实际情况制定。

对无房家庭原则上二人及二人以下户配售一套一居室，三人户最大配售一套两居室，四人及四人以上户最大配售一套三居室，超出配售标准的面积需在产权证上注记。腾退原房的，按无房户标准配售。重残家庭、重大疾病人员家庭人口不足2人的，配售面积按2人计算。

第五章　监　督　管　理

第二十七条　通过购买经济适用住房资格审核的城市低收入家庭每年应按期向街道（乡镇）住房保障管理部门如实申报家庭收入、人口、住房、资产等变动情况。

区（县）、街道（乡镇）住房保障管理部门应当定期会同民政等相关部门对通过购买经济适用住房资格审核家庭的人口、收入、住房、资产等变动状况进行复核，并根据复核结果对通过购买经济适用住房资格审核家庭的资格及时调整并书面告知当事人。

第二十八条　在轮候期间的申请家庭有下列情况之一的，由区（县）住房保障管理部门做出取消其家庭保障资格的决定：

（一）未如实申报家庭收入、家庭人口、住房、资产等状况的；

（二）家庭人均收入、资产连续12个月以上超出规定的低收入家庭收入标准的；

（三）因家庭人数减少或住房面积增加，人均住房面积超出规定的住房保障标准的。

第二十九条　区（县）住房保障管理部门做出取消经济适用住房购买资格的决定后，

应发放《北京市经济适用住房购买资格取消通知书》,并说明理由。

第三十条 各级住房保障管理部门工作人员应严格执行经济适用住房的申请、审核、公示、摇号、配售、退出等程序,认真履行相关职责。违反本规定的,按《北京市经济适用住房管理办法》第二十七条规定执行。

第六章 附 则

第三十一条 各区(县)可根据本办法,结合实际情况,制定具体实施办法。

第三十二条 本办法自发布之日起施行。

附件:《北京市城市居民购买经济适用住房申请核定表》(略)

北京市建设委员会关于印发《北京市城市廉租住房申请、审核及配租管理办法》的通知

京建住[2007]1176号

各区(县)建委(房管局)、各有关单位:

为做好廉租住房申请、审核、租房补贴发放和实物配租管理工作,根据北京市委、市政府《关于贯彻落实〈国务院关于解决城市低收入家庭住房困难的若干意见〉的实施意见》(京发[2007]22号)和《北京市人民政府关于印发〈北京市城市廉租住房管理办法〉的通知》(京政发[2007]26号),北京市建设委员会制定了《北京市城市廉租住房申请、审核及配租管理办法》,现印发给你们,请结合实际,依照执行。

二○○七年十一月十三日

北京市城市廉租住房申请、审核及配租管理办法

第一章　总　　则

第一条　为完善我市城市廉租住房制度,规范城市廉租住房管理工作,根据《中共北京市委、北京市人民政府关于贯彻落实〈国务院关于解决城市低收入家庭住房困难的若干意见〉的实施意见》(京发[2007]22号)和《北京市人民政府关于印发〈北京市城市廉租住房管理办法〉的通知》(京政发[2007]26号),制定本办法。

第二条　北京市城市低收入住房困难家庭申请廉租住房保障,适用本办法。

第三条　市住房保障管理部门负责本市廉租住房管理的指导、监督、检查以及申请家庭的备案工作。区(县)、街道办事处(乡镇人民政府)住房保障管理部门按照各自职责负责受理本地区廉租住房的申请、审核、认定、配租、补贴发放及后期管理工作。

第二章　申　请　条　件

第四条　申请廉租住房租房补贴或实物配租应当以家庭为单位,并同时具备下列条件:

(一)申请人必须具有本市城镇户籍,在本市生活;

（二）申请家庭人均住房面积、家庭收入、家庭资产符合规定的标准。具体标准按照我市每年向社会公布的标准执行。

第五条 符合本办法第四条规定的老人、严重残疾人员（以下简称重残人员）、患有大病人员和承租危房及面临拆迁的家庭可以申请实物配租。实物房源不足时，可采取租房补贴方式过渡。其中：

老人是指申请家庭成员中至少有1人年满60周岁以上（含60周岁）。

重残人员是指申请家庭成员中有经残联鉴定为重度残疾人员。

患有大病人员家庭是指申请家庭成员中患有以下病症或做过以下手术：具体指慢性肾衰竭（尿毒症）、恶性肿瘤、再生障碍性贫血、慢性重型肝炎、心脏瓣膜置换手术、冠状动脉旁路手术、颅内肿瘤开颅摘除手术、重大器官移植手术、主动脉手术等。家庭成员是否患有上述病种，需要出示医疗机构提供的证明。

承租危房是指申请家庭承租的住房经有资质的房屋安全鉴定机构鉴定为危险房屋。

面临拆迁是指申请家庭居住房屋已列入区县建委（房管局）核发房屋拆迁许可证确定的拆迁范围内，并已在拆迁范围内发布拆迁公告。

第六条 申请家庭成员之间应具有法定的赡养、扶养或者抚养关系，包括申请人及其配偶、子女、父母等。低保申请家庭成员按民政部门核发的《北京市城市居民最低生活保障金领取证》上标明的人口认定；不属于低保的其他申请家庭成员按下列人员认定：

（一）配偶；

（二）父母；

（三）未成年子女；

（四）已成年但不能独立生活的子女；

（五）父母双亡且由祖父母或者外祖父母作为监护人的未成年或者已成年但不能独立生活的孙子女和外孙子女；

（六）根据本条原则和有关程序认定的其他人员。

重残人员家庭1人户按2人计算。

第七条 家庭住房是指全部家庭成员名下承租的公有住房和拥有的私有住房，住房面积按照使用面积计算。承租公有住房的，使用面积按《公有住房租赁合同》上标明的计租面积为准；居住私产住房的，以《房屋所有权证》上标明的建筑面积除以1.333计算。申请家庭现有2处或2处以上住房的，住房面积应合并计算。下列房屋面积纳入申请家庭住房面积核定范围：

（一）全部家庭成员自有私房（含已购公有住房）；

（二）全部家庭成员按照本市规定租金标准承租住房；

（三）全部家庭成员拆迁待安置的住房；

（四）全部家庭成员在集体土地上自有的正式住房。

家庭人均住房面积计算公式：申请人户口所在地现居住住房面积÷其所在住房同一《租赁合同》或《房屋所有权证》下的长期共居户籍人口（共居人口在他处有住房除外）+申请家庭成员它处住房面积÷申请家庭人口。

申请家庭居住在自建房内、单独立户，且他处无正式住房的，自行拆除自建房或承诺配租后自行拆除,可申请廉租住房。

申请家庭将原住房腾退给区(县)住房保障管理部门后,可按无房户配租廉租住房;申请家庭住用其父母、子女自有或承租的住房,家庭人均住房使用面积符合廉租住房申请标准的,可按全额配租廉租住房。

第八条 家庭收入是指家庭成员申请当月前12个月的全部家庭收入总和,包括工资、奖金、津贴、补贴、各类保险金及其他劳动收入、储蓄存款利息等。

第九条 家庭总资产净值是指家庭成员名下的房产、汽车净值及现金、有价证券、投资(含股份)、存款、借出款等。

家庭总资产净值中除拆迁补偿款及房屋折价外,现金、有价证券、投资(含股份)、存款、借出款等项之和不能超过民政部门规定的社会救助对象家庭收入的认定标准。

第三章 审 核 程 序

第十条 符合本办法规定条件的家庭,向户口所在地的街道(乡镇)领取《北京市城市居民申请廉租住房家庭情况核定表》(以下简称《核定表》,《核定表》按统一格式印制,见样表)一式三份,按要求填写相关内容。

申请家庭成员所在单位要为各家庭成员出具住房及收入情况证明(离退休人员凭退休金领取证计算收入,失业人员凭失业保险金领取证计算收入),并在《核定表》的相应栏目中签署意见、盖章。

家庭成员无工作单位的,由户口所在街道(乡镇)通过入户调查、邻里访问及信函索证等方法,对其住房、收入进行核定,并签署意见、盖章。

第十一条 申请家庭推举一名具有完全民事行为能力的家庭成员作为申请人,向户口所在地街道办事处或乡镇人民政府提出申请,并提交以下申请材料及复印件,所需复印件一式三份:

(一)申请人及家庭成员身份证、户口簿;

(二)已婚家庭成员的婚姻证明,离异的提供离婚证;

(三)居住地住房情况证明(《房屋租赁合同》、《房屋所有权证》或房屋产权单位的证明);

(四)按要求填写并经有关部门认定的《核定表》(须提供原件);

(五)低保和优抚家庭提供民政部门核发的低保或优抚证明;

(六)原住房拆迁的家庭须提供拆迁补偿协议;

(七)需要提供的其他证明材料。

申请廉租住房实物配租的家庭,需同时提交以下相应材料:重残家庭须提供残联出具的重残证明;有患大病成员家庭须提供医疗机构出具的大病诊断书;居住危房的由房屋安全鉴定机构出具的危险房屋鉴定书。

第十二条 申请家庭须做出声明,同意市区(县)住房保障管理部门向其他有关政府部门(如工商、税务、交通等)、公/私营机构(如银行、证券交易所、车辆管理所等)或其工作单位调查其家庭收入、住房、资产等情况,并索取相关证明。

第十三条 街道(乡镇)住房保障管理部门收到申请家庭交报的材料后,应当及时做出是否受理的决定,并向申请人出具书面凭证。申请材料不齐全或者不符合法定形式的,应当在5日内书面告知申请人需要补正的全部内容,受理时间从申请人补齐材料的次日起计算;逾期不告知的,自收到材料之日起即为受理。

第十四条 接受申请人的受理后,由街道(乡镇)住房保障管理部门对申请家庭收入、资产、人口和住房状况进行初审。初审工作按照以下程序进行:

(一)审核材料

街道(乡镇)住房保障管理部门根据申请家庭交报的材料完成对家庭人口、住房面积、家庭收入、家庭资产等情况的审核,核查原件,留存复印件。

(二)入户调查

街道(乡镇)住房保障管理部门与其他相关部门组成入户调查小组,对申请家庭的住房面积、实际居住人口、家庭资产情况进行实地调查,入户调查人员不得少于2人,由入户人员填写调查情况。

(三)组织评议

街道(乡镇)住房保障管理部门组织相关单位对申请家庭的收入、住房及资产情况进行评议,由经办人填写《评议记录》。

(四)公示

街道(乡镇)住房保障管理部门在正式受理申请家庭材料后20个工作日内,完成材料审核、入户调查和组织评议工作。经审核符合申请条件的,街道(乡镇)住房保障管理部门应当在申请人户口所在地、居住地及工作单位对申请家庭的人口、住房、收入、资产等情况进行公示,期限为15日。

第十五条 经公示无异议或者异议不成立的,街道(乡镇)住房保障管理部门在申请家庭的《核定表》中签署初审意见、提出初步的配租方案,将申请家庭的资料录入申请审核管理系统,并在2个工作日内将申请家庭的书面申请材料上报区(县)住房保障管理部门。

经公示提出异议的,由街道(乡镇)住房保障管理部门会同有关单位在10日内完成复查,并对不符合申请条件的家庭书面告知原因;经复查符合申请条件的,按前款规定办理。

第十六条 区(县)住房保障管理部门应自收到申请材料之日起10个工作日内完成对申请资料的复审,符合条件的,确定配租方案。在区(县)政府网站或规定的范围内对申请家庭人口、住房、收入、资产情况及配租方案进行公示,期限为15日。

复审及公示无异议的,由区(县)住房保障管理部门对申请家庭的资格进行认定,并在申请家庭《核定表》上签署意见、盖章后,在2个工作日内上报市住房保障管理部门备案。

复审及公示有异议的,由街道(乡镇)住房保障管理部门会同有关单位在10日内进行复查,并对不符合申请条件的家庭书面告知原因;符合条件的,按前款规定办理。

第十七条 市住房保障管理部门自接到区(县)住房保障管理部门上报材料之日起8个工作日内完成备案工作,并在2个工作日内向区(县)住房保障管理部门下发备案通知。由街道(乡镇)住房保障管理部门向符合条件的家庭发放《北京市城市廉租住房资格审核及配租通知单》。

市、区(县)、街道(乡镇)住房保障管理部门在审核过程中,因申请家庭提供的要件不全需补交材料的,所需时间不计入审核时限。

第四章　租房补贴配租管理

第十八条　租房补贴按人均住房保障面积标准、配租家庭人口、每月每平方米租赁住房补贴标准、家庭收入水平等因素确定。具体标准按我市规定标准执行。

第十九条　城近郊八区廉租家庭租房补贴金额按下列公式计算:

低保家庭月租房补贴数额 = 每平方米月补贴额 ×(人均住房保障面积标准 − 人均现住房使用面积)× 配租家庭人口

其他低收入家庭月租房补贴数额 = 每平方米月补贴额 ×(人均住房保障面积标准 − 人均现住房使用面积)× 配租家庭人口 −(家庭人均月收入 − 北京市城市低保标准)× 配租家庭人口。

上述公式计算每户计发的租房补贴数额不足月租房补贴最低限额标准的,按月租房补贴最低限额标准计;高于月租房补贴最高限额标准的,按月租房补贴最高限额标准计。

远郊区(县)廉租家庭按各自区(县)的标准计算月租房补贴金额、月租房补贴最低限额及最高补贴限额。

第二十条　已确定为租房补贴的家庭应在 6 个月内落实租赁房屋,并与房屋出租人签订《北京市城市廉租住房租赁合同—租房补贴协议》,双方当事人将合同报廉租住房申请人户口所在区(县)住房保障管理部门备案后,区(县)住房保障管理部门向房屋出租人发放《北京市廉租住房租房补贴发放通知单》,房屋出租人持《北京市廉租住房租房补贴发放通知单》和身份证件到住房保障管理部门指定的地点按月领取补贴资金。

配租家庭所租房屋实纳租金超过家庭月租房补贴数额的,超出部分由配租家庭自行承担;低于月租房补贴数额的,按实际发生额发放租房补贴。

每月 15 日(含)前签订租赁合同并备案的,房屋出租人可从当月领取租房补贴;15 日后签订租赁合同并备案的,房屋出租人从次月开始领取租房补贴。

第五章　实 物 配 租 管 理

第二十一条　对符合承租廉租实物住房条件的家庭实行轮候配租制度。轮候期间,申请家庭收入、人口、住房、资产等情况发生变化,申请人应当及时告知街道(乡镇)住房保障管理部门。经审核后,街道(乡镇)住房保障管理部门应上报区(县)住房保障管理部门,并对变更情况进行登记,不再符合申请条件的,由区(县)住房保障管理部门取消轮候资格。

第二十二条　向廉租家庭配租实物住房的人均住房使用面积原则上不超过人均住房保障面积标准。住房分配考虑家庭代际、性别、年龄结构和家庭人口数量等因素,全额保障标准为:

<table>
<tr><th>家庭人口</th><th>家 庭 构 成</th><th>配租居室</th></tr>
<tr><td>1人</td><td>单身(未婚、离异、丧偶)</td><td>单间平房</td></tr>
<tr><td rowspan="2">2人</td><td>夫妻、同性单亲家庭</td><td>1居室</td></tr>
<tr><td>异性单亲家庭(子女年满10周岁)</td><td rowspan="4">2居室或
两间平房</td></tr>
<tr><td rowspan="2">3人</td><td>夫妻及子女或夫妻一方父母</td></tr>
<tr><td>祖孙三代</td></tr>
<tr><td rowspan="3">4人</td><td>两对夫妻、夫妻及两单身同性子女</td></tr>
<tr><td>夫妻及两单身异性子女(年满10周岁)</td><td rowspan="2">3居室</td></tr>
<tr><td>夫妻、子女及夫妻一方父母</td></tr>
<tr><td>5人以上</td><td colspan="2">3居室或根据家庭人口、性别、年龄结构确定配租住房</td></tr>
</table>

第二十三条 申请廉租住房的家庭,原则上应将原住房腾退给区(县)住房保障管理部门,腾退原住房的,按全额保障面积标准配租或发放租房补贴;不腾退原房的,按差额保障面积标准配租或发放租房补贴。

申请家庭原住房腾退及补偿的具体办法,由区(县)政府根据本区(县)实际情况制定。

第二十四条 区(县)住房保障管理部门定期通过摇号方式确定实物配租家庭:

(一)确定配租家庭数量

区(县)住房保障管理部门根据每年筹集房源数量决定实物配租的家庭户数。

(二)摇号配租

区(县)住房保障管理部门根据配租住房面积(户型)将申请家庭分成不同组别,并根据申请家庭的住房困难程度等因素进行排队,按照配租数量的一定比例确定参加摇号的家庭范围。区(县)住房保障管理部门向中选家庭发放《北京市廉租住房实物配租摇号结果通知单》。

申请家庭根据区(县)住房保障管理部门提供的房源,按照摇号结果顺序选房,填写《北京市廉租住房实物配租选房确认单》。

申请家庭放弃选房的,须重新轮候,由后续家庭依次递补。两次放弃选房的,须进行重新申请。

同一家庭参加3次摇号均未能选中住房的,区(县)住房保障管理部门可直接为其配租。

区(县)住房保障管理部门组织摇号活动应公开透明,可邀请人大代表、政协委员以及新闻媒体参加,接受社会监督。

摇号排序结果及选房结果应在一定范围内予以公布。

(三)发放通知

申请家庭选房确认后,区(县)住房保障管理部门为选房家庭发放《北京市廉租住房实物配租通知单》。其中需要退出原住房的配租家庭,须与区(县)住房保障管理部门办理原住房退出手续。

第二十五条 申请家庭凭《北京市廉租住房实物配租通知单》与廉租住房产权单位签订《北京市城市廉租住房实物配租租赁合同》。合同应当明确廉租住房情况、租赁期限、房屋面积、租金标准、权利、义务、腾退住房方式及违约责任等内容。承租人应当按合同约定的标准缴纳租金,并按约定的期限腾退原有住房。

未按约定办理上述腾退或交款手续的,或逾期不签订《北京市城市廉租住房实物配租租赁合同》的,视为放弃本次廉租住房实物配租资格。

第二十六条 由政府统一管理的廉租住房实物配租租金按照使用面积计租。可按照廉租家庭总收入的一定比例确定租金标准;也可参照廉租住房的各项成本及市场租金水平实行政府定价,并根据家庭收入不同实行差别补助。

第六章 监 督 管 理

第二十七条 享受廉租住房保障的城市低收入家庭每年应按期向街道(乡镇)住房保障管理部门如实申报家庭收入、人口、住房、资产等变动情况。

区(县)、街道(乡镇)住房保障管理部门应当定期会同同级民政等相关部门对享受廉租住房保障家庭的收入、人口、住房、资产等变动状况进行复核,并根据复核结果对享受廉租住房保障的资格、方式、租房补贴发放额度、实物住房租金等进行及时调整并书面告知当事人。

第二十八条 享受廉租住房保障的城市低收入家庭在承租廉租住房期间,因家庭人口减少的,减少租房补贴或配租住房面积;因家庭人口增加,需增加租房补贴或实物配租面积的,需按照第三章审核程序申请轮候。

第二十九条 享受廉租住房保障的家庭有下列情况之一的,由区(县)住房保障管理部门做出取消保障资格的决定,收回承租的廉租住房,或者停发租房补贴:

(一)未如实申报家庭收入、家庭人口、住房、资产等状况的;

(二)家庭人均收入连续1年以上超出廉租住房政策确定的收入标准的;

(三)人均住房面积超出规定的住房保障标准的;

(四)擅自改变房屋用途,经劝告不改正的;

(五)将承租的廉租住房转借、转租的;

(六)连续6个月以上未在廉租住房居住的;

(七)连续3个月或累计超过6个月未交纳房租的;

(八)其他违反合同约定行为的。

第三十条 区(县)住房保障管理部门做出取消保障资格的决定后,向配租家庭发放《北京市廉租住房终止配租通知单》,并说明理由。

对享受租房补贴的家庭,住房保障管理部门停发租房补贴。

享受实物配租的家庭,应当在6个月内将承租的廉租住房退回住房保障管理部门,并结清相关费用。逾期不退回的,区(县)住房保障管理部门可从次月起按照市场租金标准提高租金,或向人民法院提起诉讼。处理结果向社会公布,计入不良信用档案,5年内不允许该家庭申请廉租住房。

第三十一条 各级住房保障管理部门工作人员应严格执行廉租住房的申请、审核、公示、摇号、配租、退出等程序,认真履行相关职责。违反本规定的,按《北京市城市廉租住房管理办法》第三十条规定执行。

第七章 附 则

第三十二条 各区(县)可根据本办法,结合实际情况,制定具体的办法。

第三十三条 本办法自发布之日起施行。

附件:《北京市城市居民申请廉租住房家庭情况核定表》(略)

北京市建设委员会　北京市财政局 北京住房公积金管理中心关于调整北京市廉租住房租房补贴标准有关问题的通知

京建住[2007]1213号

各区(县)建委(房管局)、财政局、北京住房公积金管理中心各管理部:

根据市委、市政府《关于北京市贯彻国务院24号文件精神解决城市低收入家庭住房困难的若干意见》(京发[2007]22号)和《北京市人民政府办公厅转发市建委关于2007年底前对本市申请廉租住房租赁补贴的住房困难城市低保家庭实现应保尽保加大廉租住房建设力度工作方案的通知》(京政办发[2007]69号)要求,经市政府同意,现就调整我市廉租住房租房补贴标准有关事项通知如下:

一、自本通知下发之日起,北京市城八区廉租住房租房补贴标准,统一调整为每平方米使用面积每月40元,城八区廉租家庭月租房补贴最低限额调整为550元,月租房补贴最高限额为1500元,远郊区(县)可结合各自实际制定本区(县)廉租住房租房补贴标准及最低和最高限额标准,并报市建委备案。根据《北京市城镇廉租住房资金管理暂行办法》(京财经二[2001]2316号)规定,市、区(县)两级财政按8∶2的比例拨付廉租家庭租房补贴资金。为使廉租家庭能够租到相应的住房,城八区可根据本区市场租金水平提高廉租住房租房补贴标准,提高标准所需资金由区财政支付。

二、各区(县)要根据本区(县)廉租家庭数量编制廉租住房租房补贴资金需求计划报市建委,经市建委核定后报市财政局,市财政局核定后将市级财政负担的资金拨付区(县)财政局廉租房补贴资金专户,区(县)财政配套资金要同步到位,及时发放给通过审核的廉租家庭。

为做好2007年底前对申请廉租住房租赁补贴的低保住房困难家庭应保尽保工作,市建委会同市财政局根据各区(县)上报的补贴资金需求计划核定后拨付资金。

三、在本通知下发之日前已通过租房补贴资格审核,但未租到住房的家庭,可持《北京市廉租住房租房补贴通知单》到户口所在地的住房保障管理部门按调整后的标准申请核发租房补贴。

对已通过租房补贴资格审核,并已签订《北京市城镇廉租住房租赁合同(租房补贴协议)》的廉租家庭,在合同履行期内对租房补贴标准不作调整。合同到期重新签订《北京市城镇廉租住房租赁合同(租房补贴协议)》时再按调整后的租房补贴标准核发租房补贴。

四、各区(县)要按照国发[2007]24号文件的要求,建立住房保障专项资金,以保证租房补贴的发放和实物廉租住房的建设、收购及后期管理费用支出。为增加区(县)廉租房专项资金,市财政将根据各区(县)住房公积金的归集情况,将住房公积金的增值收益按年返还区(县)财政局。

在加快低保廉租家庭住房解困工作的同时，各区（县）要根据我市原有相关规定，继续做好低保以外其他廉租家庭租赁住房补贴的审核发放工作。

五、市财政局、市审计局、市建委每年对各区（县）发放租房补贴资金的使用情况进行监督、检查，重点检查各区（县）配套资金是否足额及时到位，是否专户存储、专款使用，是否按规定及时发给符合条件的廉租家庭、做到应保尽保等方面的情况。

二〇〇七年十一月二十六日

北京市建设委员会关于刻制、使用经济适用住房、廉租住房资格审核、备案专用章的通知

京建住[2007]1215号

各区(县)住房保障办公室、各街道办事处(乡镇人民政府)、北京市廉租住房管理中心:

根据《中共北京市委北京市人民政府关于贯彻落实〈国务院关于解决城市低收入家庭住房困难的若干意见〉的实施意见》(京发[2007]22号)和《北京市人民政府关于印发北京市城市廉租住房管理办法的通知》(京政发[2007]26号)、《北京市人民政府关于印发北京市经济适用住房管理办法(试行)的通知》(京政发[2007]27号)关于构建市、区、街(乡)三级住房保障审核体系的要求,为便于各级住房保障机构统一开展工作,现就经济适用住房和廉租住房资格审核、备案工作中刻制、使用资格审核和备案专用章问题通知如下:

一、各街道办事处(乡镇人民政府)住房保障部门完成对申请购买经济适用住房家庭的初审后,在《北京市城市居民购买经济适用住房家庭情况核定表》的"初审及配售意见栏"中填写核定意见并加盖"北京市××区××街道(乡镇)经济适用住房购买资格初审专用章"。

各街道办事处(乡镇人民政府)住房保障部门完成对申请廉租住房家庭的初审后,在《北京市城市居民申请廉租住房家庭情况核定表》的"初审及配租意见栏"中填写核定意见并加盖"北京市××区××街道(乡镇)廉租住房资格初审专用章"。

印章由各街道办事处(乡镇人民政府)自行刻制,样式如下:

北京市××区 ××街道办事处(乡镇人民政府) 经济适用住房购买资格初审专用章	北京市××区 ××街道办事处(乡镇人民政府) 廉租住房资格初审专用章

初审专用章印章标准为:章长5.7cm,章宽2.2cm,"北京市××区××街道办事处(乡镇人民政府)"字样用小五号仿宋字体,"经济适用住房购买(廉租住房)资格初审专用章"字样用小五号宋体。

二、各区(县)住房保障办公室完成对申请购买经济适用住房家庭的复核后,在《北京市城市居民购买经济适用住房家庭情况核定表》的"第二次公示及复核意见"栏中填写复审意见并加盖"北京市××区经济适用住房购买资格复审专用章"。

各区(县)住房保障办公室完成对申请廉租住房家庭的复核后,在《北京市城市居民申请廉租住房家庭情况核定表》的"第二次公示及复核意见"栏中填写复审意见并加盖"北京市××区廉租住房资格复审专用章"。

印章由各区(县)住房保障办公室自行刻制,样式如下:

北京市××区 经济适用住房购买资格复审专用章	北京市 ××区 廉租住房资格复审专用章

复审专用章标准为:章长6.0cm,章宽2.2cm。“北京市××区”字样用四号仿宋字体,“经济适用住房购买(廉租住房)资格复审专用章”字样用10号宋体。

三、北京市廉租住房管理中心完成对申请购买经济适用住房家庭材料的备案后,在《北京市城市居民购买经济适用住房家庭情况核定表》的“备案情况” 栏中加盖“北京市经济适用住房购买资格备案专用章”。

北京市廉租住房管理中心完成对申请廉租住房家庭材料的备案后,在《北京市城市居民申请廉租住房家庭情况核定表》的“备案情况”栏中加盖“北京市廉租住房资格备案专用章”。

印章由北京市廉租住房管理中心自行刻制,样式如下:

北京市经济适用住房 购买资格备案专用章	北京市廉租住房 资格备案专用章

备案专用章标准为:章长6.0cm,章宽2.5cm,用四号仿宋字体。

四、请各街道办事处(乡镇人民政府)、各区(县)住房保障办公室、北京市廉租住房管理中心接到本通知后,按有关规定,尽快办理刻章手续。刻完章后,将印模样式上报市住房保障办公室备案。

特此通知。

二〇〇七年十一月二十二日

北京市经济适用住房建设危旧房改造和古都风貌保护关于落实2008年奥运会前旧城内历史风貌保护区整治工作的指导意见

京危办字[2007]59号

市发改委、市财政局、市规划委、市文物局、城四区人民政府：

按照市委、市政府工作部署，在2008年奥运会前，我市将对旧城内历史风貌保护区一批重点院落、街巷进行保护、整治，坚持改善居民居住条件与保护古都风貌并重，这是今后旧城保护工作的主要方向，也是对小规模渐进式保护更新方式的积极实践。此项工作时间紧、任务重，为确保按时顺利完成，现提出以下工作意见：

一、指导思想

落实市委市政府提出的“修缮、改善、疏散”总体要求，实事求是，量力而行，将“解危先行、修缮为主、完善市政、适当疏散”作为本次改造的指导原则，集中力量对旧城内一批重点院落、街巷进行整治改造：一是现存五类危险房屋基本改造完毕；二是对文保区内重要街巷、重点四合院落、重点景区周边进行修缮、整治，保护历史遗存，消除房屋安全隐患，改善居民居住条件；三是结合重点区域改造，完善市政基础设施；四是适当疏散旧城人口，优先解决低收入住房困难家庭住房保障问题。

二、具体部署

（一）改造计划

按照各区最终上报计划，本次改造共涉及44条胡同，1474个院落，16栋危楼，涉及房屋间数16566.5间，建筑面积24.13万平方米，居民（租赁户）9635户。详见下表：

区	胡同条数	院落个数	楼房栋数	房屋间数	建筑面积（平方米）	居民户数（租赁户）
东城	10	223		2761	38182.7	1563
西城	12	411		5373	74528.1	2972
崇文	14	533	15	5796.5	84660.5	3136
宣武	8	307	1	2636	43904.34	1964
合计	44	1474	16	16566.5	241275.64	9635

（二）完成时间

各区应在2008年6月30日前完成上报计划，并达到相关验收标准。

（三）工作机制

一是市政府统一领导本次旧城整治改造工作，市有关部门负责指导落实修缮标准、资金安排、房源调配及疏散政策等，建立相关验收机制。

二是四城区政府为本次旧城整治改造工作责任主体，负责组织编制实施计划，制定详细的房屋修缮、市政改造、资金拨付、公开招标与政府采购、工程设计、施工管理、资料留存、居民疏散等实施方案和程序，并组织落实，确保按时高质量完成整治改造工作任务。

（四）资金安排

1. 市政府补助资金原则上主要用于支持房屋修缮、市政改造；人口疏散由各区结合住房保障政策和征购补偿政策组织实施，市政府主要支持保障房、两限房和定向安置房。

2. 市财政安排10亿元启动资金，每区2.5亿元，主要用于房屋修缮及外迁补助。由市发改委根据各区街巷市政改造规划与计划，安排市政改造补助资金。各区政府应根据本次整治工作计划，在本区财政预算中安排相应配套资金。

3. 市政府资金拨付标准与验收要求。

一是房屋修缮资金，由区政府按照市有关部门制定的相关标准，并结合实际组织修缮和验收，市政府补助资金根据验收结果据实结算。修缮资金不足部分由区政府补足。

二是市政改造资金，由市发改委负责按照基本建设投资管理程序办理。市区规划部门会同各区实施单位负责审定市政改造方案，区发改委办理立项手续后上报市发改委，由市发改委统一按基建项目程序安排资金。

三是居民外迁资金，原则上市政府参照旧城解危排险补助标准给予补贴资金，即每外迁一户（户数认定以公房租赁户为准），对东城、西城区补贴5万元，对崇文、宣武区补贴8万元，资金不足部分由区政府补足。

四是建立资金拨付验收机制。市政府补助资金要确保专款专用，各区应按照财政专项资金具体要求负责使用、监督和管理。市有关部门将按期对各区资金使用情况进行专项审计，并对工程改造情况进行抽查验收，结余改造资金不允许挪作他用。

（五）房源筹措

1. 符合保障住房供应条件的居民，优先纳入住房保障范围，保障住房由市、区政府共同筹集。

2. 不符合保障住房供应条件（或自愿放弃住房保障资格）的居民，可由各区通过货币补偿、定向安置房（包括一部分两限房）产权置换等方式，协商疏散。各区有存量定向安置房的，可优先安排用于本次整治工作。

3. 由市规划委、市国土局牵头，根据各区中长期人口疏散计划，确定旧城外迁居民安置用房建设规模，研究落实定向安置房建设用地选址，由各区负责组织建设。

（六）疏散政策

1. 保障房安置

由各区按照有关政策、标准和程序优先进行审核，符合保障住房供应条件的居民，按照现行保障住房政策执行，并优先供应保障住房。

2. 定向房、两限房安置

不符合保障住房供应条件，或自愿放弃住房保障资格的外迁居民，可以优先购买或置换各区已建设筹集的定向安置房，由各区制定具体安置政策；符合两限房供应条件的，还可购买（或由各区制定具体政策进行产权置换）市里提供的两限房。

3. 货币补偿

外迁居民自愿选择货币补偿方式的，按照市场评估价格确定货币补偿金额，具体标准由各区制定。

4. 登记式疏散

对于部分愿意外迁，但因安置房源不足、短期又难以外迁的居民，可以先与区有关部门签订疏散协议，轮候定向安置房或保障住房，待房源落实后，需按协议外迁并腾出原房。

（七）改造标准

1. 本次改造标准参照市建委、市规划委、市文物局共同制定的《北京旧城房屋修缮与保护技术导则》执行。街巷、胡同、院落、房屋在修缮、改造后，应符合旧城风貌保护要求，并达到结构安全，能源清洁，设施基本完善，建筑节能符合标准等要求。

2. 房屋修缮和街巷改造的施工，应选择具有相应古建筑施工资质的单位，并通过招标程序确定。建筑材料的采购，应通过政府采购或招标程序进行，材料的使用，应厉行节约，严禁浪费。

3. 市建委、市规划委、市文物局等部门要对施工质量安全、节能环保和风貌保护的全过程进行跟踪指导，加强监督检查。改造完成后，由区政府牵头组织相关部门及旧城保护专家进行施工质量、风貌保护联合验收。

（八）原房腾退

1. 腾退房屋改造

一是外迁比例不大的院落，对正式房屋进行修缮改造，适当拆除院内违章自建房，并将腾空房屋进行改造后作为厨房，具备条件的还可以改造成厕所。

二是外迁比例较大的院落，除拿出一部分房屋改造成厨房、厕所外，还可以集中安置其它院落留住居民，并适当扩大其居住面积。

2. 居民留住责任

一是公房承租居民，应当配合产权人进行房屋修缮、改造、拆除私搭乱建等，并自行周转。院落改造完成后，产权单位应与承租居民签订保护公约，约定由承租居民承担风貌保护责任，不得擅自改变房屋、院落外貌、边界，不得私搭乱建等，否则应承担违约责任。

二是私房居民，应自行承担房屋修缮、改造责任，负责从院外胡同引入院内市政管线的材料、人工费用。各区实施改造的部门要协调有关单位负责提供接驳服务。对于房屋、院落外部沿街整修部分，区政府可以给予一定补助，具体补助办法由各区自行制定。

（九）审批手续

一是对房屋进行修缮、翻建的，应符合风貌保护与施工质量安全和节能标准，接受相关部门的检查、监督与指导，履行验收程序，不再办理基本建设审批手续。

二是对房屋进行改、扩建的，实施单位需到区有关部门办理规划、施工审批手续，并履行验收程序，不再办理其他基本建设审批程序。

三是涉及文物的修缮以及文物保护单位保护范围和建设控制地带的翻建、扩建等建设工程，应按《中华人民共和国文物保护法》等相关规定办理相应的报批手续。

二〇〇七年十二月二十七日

北京市人民政府住房制度改革办公室 北京市财政局　北京市住房资金管理中心 关于按房改政策出售住房售房款存储使用等有关问题的通知

京房改办[2007]4号

各有关单位：

根据《国务院关于促进房地产市场持续健康发展的通知》(国发[2003]18号)和《北京市住房基金管理办法》(京政发[1992]35号)等文件精神，为充分发挥售房款在住房制度改革中的作用，规范售房款存储、使用程序，现将有关事宜通知如下：

一、凡经我市市、区(县)及相关单位房改部门批准，单位按照房改政策出售住房的售房款(包括房改成本价、标准价、标准价优惠、集资建房建造成本价、市场价出售住房的售房款)，扣除房屋公共部位和共用设施、设备的维修养护专项维修资金外的余额(以下简称售房款)，其存储和使用，均适用本通知。

二、北京市各单位须将售房款全额存储于北京市住房资金管理中心，专户存储，专项使用，所有权不变。

三、市属行政机关和与财政有经费缴拨关系事业单位的售房款，只能用于发放本单位职工的住房补贴。

四、企业、与财政没有经费缴拨关系事业单位及其他单位的售房款，可用于以下几个方面：

(一)发放本单位职工住房补贴；

(二)发放本单位职工提高房租增发补贴；

(三)资助职工建立住房公积金单位缴存部分；

(四)房屋及设备的维修工程；

(五)经市政府批准的其他使用方向。

五、北京市市属行政机关和与财政有经费缴拨关系事业单位支取售房款发放住房补贴，须经同级财政部门同意后，由单位到北京市住房资金管理中心办理售房款划转手续，并向住房资金管理中心提交如下材料：

(一)单位存储售房款的住房基金资金账户对账单；

(二)财政部门同意单位可用售房款发放单位职工住房补贴的函；

(三)经本单位核准的用售房款发放住房补贴职工名单及补贴额。

六、企业、与财政没有经费缴拨关系事业单位及其他单位使用售房款，须经职工代表大会通过。有上级主管单位的需经上级主管单位同意。

(一)企业、与财政没有经费缴拨关系事业单位及其他单位使用售房款发放住房补贴，需向房改部门提交如下材料：

1. 房改部门同意实施住房补贴的批复；

2. 经本单位核准的用售房款发放住房补贴职工名单及补贴额；

3. 市住房资金管理中心出具的售房款住房基金资金账户对账单；

4. 上级单位的批准材料、职工代表大会决议。

（二）企业、与财政没有经费缴拨关系事业单位及其他单位使用售房款资助职工建立住房公积金单位缴存部分，需向房改部门提交如下材料：

1. 经单位核准的本单位职工住房公积金明细材料；

2. 市住房资金管理中心出具的住房基金资金账户对账单；

3. 上级单位的批准材料、职工代表大会决议。

（三）企业、与财政没有经费缴拨关系事业单位及其他单位使用售房款为职工建立提高房租增发补贴，需向房改部门提交如下材料：

1. 经单位核准本单位职工提租房租增发补贴的明细材料；

2. 市住房资金管理中心出具的住房基金资金账户对账单；

3. 上级单位的批准材料、职工代表大会决议。

（四）企业、与财政没有经费缴拨关系事业单位及其他单位使用售房款用于单位住宅楼房及设备的维修工程，需向房改部门提交如下材料：

1. 所需维修房屋的相关权属证明；

2. 由房屋鉴定部门或设备的专业检测机构出具的房屋维修工程鉴定报告；

3. 由房屋和设备的专业机构出具的预算审核报告；

4. 市住房资金管理中心出具的住房基金资金账户对账单；

5. 上级单位的批准材料、职工代表大会决议。

（五）集资合作建房单位使用集资款用于工程建设，须向房改部门提出申请并提交以下材料：

1. 集资合作建房方案批复；

2. 市住房资金管理中心出具的住房基金资金账户对账单；

3. 单位编制的集资合作建房项目集资款使用计划，集资款使用计划应注明集资合作建房项目应收集资款总额、应支付项目费用总额及明细，并根据项目进展情况列出集资款用款进度（包括用款具体项目、金额、时间）；

4. 提供支取集资款金额相应票据、合同等有效凭证。

七、单位使用售房款用于发放职工住房补贴或资助职工建立住房公积金的，由单位按规定程序直接将售房款从市住房资金管理中心单位住房基金账户划转到职工个人住房补贴专户或公积金专户。

八、需房改部门审核的相关单位支取售房款的职责划分：市房改部门负责审核市属相关单位售房款的支取使用和其他相关单位售房款的支取使用；区（县）房改部门负责审核本区（县）属相关单位售房款的支取使用。

九、各相关单位要严肃房改纪律，严格执行售房款支取使用政策，确保售房款的使用方向，挪用售房款的，依法追究有关责任人的责任。

二○○七年一月一日

北京市建设委员会关于开展北京市市级机关事业单位未达标职工住房补贴调查工作及落实退休无房老职工住房补贴有关问题的通知

京房改办[2007]58号

市政府各委办局,各人民团体,各有关单位:

为保证我市住房补贴工作平稳顺利进行,经市政府同意,我市市级机关事业单位按照《关于北京市机关事业单位职工住房补贴调查工作安排及有关问题的通知》(京房改办[2006]243号,以下简称243号文件)开展未达标职工住房补贴调查工作,同时逐步落实退休无房老职工的住房补贴。现就有关问题通知如下:

一、未达标职工住房补贴调查工作

(一)各单位应抓紧时间按照243号文件规定的调查范围、申请程序,自行组织做好本单位符合条件职工的申请、公示、审核认定工作。

(二)各主管单位(一级预算单位)组织本单位及所属单位逐级进行职工住房补贴支出预算的录入、汇总工作。录入汇总从网上下载软件安装后填报,下载网址为:http://202.127.160.107/zfbt 。各主管单位(一级预算单位)于2007年6月30日前将按要求签字盖章后的《北京市住房补贴支出预算汇总表(一级预算单位)》(含电子版)、《北京市机关事业单位职工住房补贴申请审核表》(含下属单位)上报我办。

(三)各单位尚未按规定将房改售房款及时存入市住房资金管理中心,自行管理或以其他方式管理的,应于2007年6月30日前存入市住房资金管理中心账户。

(四)未实行住房补贴代缴的无房新职工的按月住房补贴仍按原渠道解决,不参加本次调查工作。

二、退休无房老职工及补报的困难企业离休职工住房补贴的落实工作

(一)2007年度退休无房老职工住房补贴落实工作的范围是已参加了2004年机关事业单位职工住房补贴申报的退休无房老职工。

(二)2006年我市开展了职工住房补贴专项检查,并进行了抽查审计。结合各单位自查情况及审计结果,逐步落实退休无房老职工的住房补贴。对于少数目前尚未完成自查工作的单位,和未按审计结果整改的单位,应抓紧落实有关工作,其退休无房老职工的住房补贴待完成上述工作后再行发放。

(三)鉴于243号文件对垂直管理单位所在地在远郊区县的,适用所在地的住房补贴系数等问题予以了明确,该文件下发前已申报的退休无房老职工,其住房补贴的计算办法与该文件有不一致之处,按243号文件重新计算后再予以落实。

落实住房补贴工作政策性强,涉及职工的切身利益,请各单位房管(房改)、财务、人事、监察等部门分工协作、密切配合，认真细致地做好组织实施工作，严肃纪律，确保住房补贴调查、汇总情况按时准确上报以及退休无房老职工的住房补贴及时到位。

特此通知。

二〇〇七年五月十日

北京市人民政府房改办公室　北京市财政局 北京市人事局　北京住房公积金管理中心 关于提高我市行政事业单位住房公积金缴存比例有关问题的通知

京房改办[2007]256号

各区县人民政府，市政府各委、办、局，各市属机构：

为了更好发挥住房公积金的政策优势，提高我市行政机关事业单位职工解决住房能力，根据《住房公积金管理条例》等文件，以及北京住房公积金管委会第五次会议关于全市有条件的单位住房公积金缴存比例可以提高到12%的决定，经市政府同意，现将市级行政机关事业单位提高住房公积金缴存比例有关问题通知如下：

一、从2008年1月1日开始，我市市级行政机关、事业单位住房公积金缴存比例从目前的8%提高到12%。所需经费按照原资金渠道解决。

二、考虑区县行政机关事业单位职工住房公积金资金由各区县自行负担的实际，区县职工住房公积金的缴存比例由各区县结合本区县实际，在规定范围内自行确定。

三、住房公积金缴存比例的提高涉及职工切身利益，请各有关单位精心组织实施，确保此项工作

特此通知。

二〇〇七年十一月二十七日

关于转发建设部办公厅《关于转发最高人民法院办公厅〈关于房地产管理部门协助人民法院执行造成转移登记错误，人民法院对当事人提起的行政诉讼的受理及赔偿责任问题的复函〉的通知》的通知

京建法[2007]224号

各区县建委、房管局、市房屋权属登记事务中心：

现将建设部办公厅《关于转发最高人民法院办公厅〈关于房地产管理部门协助人民法院执行造成转移登记错误，人民法院对当事人提起的行政诉讼的受理及赔偿责任问题的复函〉的通知》转发给你们，并就进一步做好协助执行工作的有关事项通知如下：

一、各单位要高度重视协助执行工作，提高法律意识，建立健全规章制度，不断完善各项措施，认真办理协助执行事项。

二、各单位在接收协助执行文书时，应当场核实房屋权属状况，核对无误后方可接收。没有条件当场核实的，应在接收后尽快核实。如发现人民法院查封、预查封、处理的房屋权属错误或者难以执行的，应当在收到协助执行文书之日起10个工作日内与人民法院联系，书面回函告知或提出审查建议。因逾期不告知人民法院造成不良影响的，将追究责任人的责任。

三、各单位在接收协助执行文书时，应当场确认协助执行的事项属于本单位办理。在接收协助执行文书后，发现执行事项不属于本单位办理的，应当即将协助执行文书传真至办理单位，并转送原件。因转送不及时造成协助执行事项无法办理的，追究责任人的责任。

四、对人民法院轮候查封的，要按接收顺序做好登记。能够当场告知人民法院的，要当场告知其轮候查封情况（可在送达回证上直接注明轮候情况）；不能当场告知的，应在接到协助执行文书之日起10日内书面告知。

五、排列在先的人民法院未解封或处分的，排列在后的人民法院不得处分。如其坚持要求处分，各单位应及时告知排列在先的人民法院。在法院协调期间，各单位应暂停办理协助执行事项，维持查封状态。

排列在先的人民法院处分房产后，各单位应将处分情况告知排列在后的人民法院。

二〇〇七年三月十五日

北京市建设委员会关于使用统一格式的《责令改正通知书》文本的通知

京建法[2007]1068号

各机关处室、直属事业单位,各区县建委(房管局):

为规范建设系统行政执法行为,加强执法监督,市建委修订了《责令改正通知书》。市建委机关处室、直属事业单位、各区县建委(房管局)在行政执法中,需要责令当事人改正违法违规行为时,应当使用此次印发的《责令改正通知书》。现将《责令改正通知书》印发给你们,请按规定正确使用。《责令改正通知书》电子版可从北京建设网上下载。

附件:1.《责令改正通知书》样式(略)

2. 填写说明

二〇〇七年十月十五日

附件2:

填　写　说　明

一、"北京市建设系统"后圆括号内,市建委机关各处室、各直属事业单位填写"北京市建设委员会"字样;各区县建委(房管局)填写本单位全称。

二、"京建法改"后圆括号内,市建委机关各处室、各直属事业单位打"/"或将括号删去;各区县建委(房管局)填写本单位简称。"字"后方括号内填写年度。

各区县建委(房管局)简称如下:

东城区建委(东建)、东城区房管局(东房)、西城区建委(西建)、西城区房管局(西房)、崇文区建委(崇建)、崇文区房管局(崇房)、宣武区建委(宣建)、宣武区房管局(宣房)、朝阳区建委(朝建)、朝阳区房管局(朝房)、海淀区建委(海建)、丰台区建委(丰建)、石景山区建委(石建)、通州区建委(通建)、顺义区建委(顺建)、昌平区建委(昌建)、大兴区建委(大建)、房山区建委(房建)、门头沟区建委(门建)、平谷区建委(平建)、怀柔区建委(怀建)、密云县建委(密建)、延庆县建委(延建)、开发区建设局(开建)、开发区房土局(开房)。

三、市建委各机关处室、直属事业单位制发的《责令改正通知书》,其编号的前两位为填写单位代码,后3位为顺序号,由各单位自行编排。各区县建委(房管局)制发的《责令改正通知书》,其编号由各单位自行编排,但至少应由3位数字组成。

市建委机关处室、直属事业单位代码为:

市建设工程和房屋管理监察执法大队	01
市建设工程安全质量监督总站	02
建设市场处	03
工程建设管理办公室	04
建筑业管理处	05
施工安全管理处	06
工程质量管理处	07
建筑节能与建筑材料管理处	08
科技教育处	09
房屋市场管理处	10
物业管理处	11
拆迁管理处	12
房屋安全和设备管理处	13
建筑业管理服务中心	14
建设工程造价管理处	15
建设工程招标投标管理办公室	16
建筑节能与建筑材料管理办公室	17
执业资格注册中心	18
住宅发展与保障办公室	19
物业服务指导中心	20
房地产勘察测绘所	21
房屋权属登记事务中心	22
抗震办公室	23

按上述规定,以市建委执法大队2007年做出的第12号《责令改正通知书》为例,其字号应为"京建法改字[2007]第01—012号";以东城区建委2007年做出的第12号《责令改正通知书》为例,其字号应为"京建法改(东建)字[2007]第012号"。

四、有效证件为四类:居民身份证、驾驶证、军官证和护照。

五、依照《北京市建委建筑业企业资质及人员资格动态监督管理办法》等资质动态监管规定,各单位对企业及人员违法违规行为责令改正后,如不需要进一步立案、调查以及行政处罚的,应当填写"动态监管"中有关内容,并按规定给单位、人员记分。如依法需要进行行政处罚的,应在"动态监管"中有关横线上打"/",并在行政处罚决定做出后,在行政处罚决定书中对企业及人员记分。

六、"动态监管"内企业负责人、项目负责人、专职安全员和其他人员后横线上填写人员姓名。项目负责人执业证书编号后横线上填写项目经理证书编号或者建造师注册证书编号。专职安全员考核证书号后横线上填写专职安全员安全生产考试合格证书编号。

附　　录

中华人民共和国城乡规划法

中华人民共和国主席令第74号

《中华人民共和国城乡规划法》已由中华人民共和国第十届全国人民代表大会常务委员会第三十次会议于2007年10月28日通过,现予公布,自2008年1月1日起施行。

中华人民共和国主席 胡锦涛

二〇〇年七十月二十八日

中华人民共和国城乡规划法

(2007年10月28日第十届全国人民代表大会常务委员会第三十次会议通过)

目 录

第一章 总 则

第一条 为了加强城乡规划管理,协调城乡空间布局,改善人居环境,促进城乡经济社会全面协调可持续发展,制定本法。

第二条 制定和实施城乡规划,在规划区内进行建设活动,必须遵守本法。

本法所称城乡规划,包括城镇体系规划、城市规划、镇规划、乡规划和村庄规划。城市规划、镇规划分为总体规划和详细规划。详细规划分为控制性详细规划和修建性详细规划。

本法所称规划区,是指城市、镇和村庄的建成区以及因城乡建设和发展需要,必须实行规划控制的区域。规划区的具体范围由有关人民政府在组织编制的城市总体规划、镇总体规划、乡规划和村庄规划中，根据城乡经济社会发展水平和统筹城乡发展的需要划定。

第三条 城市和镇应当依照本法制定城市规划和镇规划。城市、镇规划区内的建设活动应当符合规划要求。

县级以上地方人民政府根据本地农村经济社会发展水平，按照因地制宜、切实可行的原则，确定应当制定乡规划、村庄规划的区域。在确定区域内的乡、村庄，应当依照本法制定规划，规划区内的乡、村庄建设应当符合规划要求。

县级以上地方人民政府鼓励、指导前款规定以外的区域的乡、村庄制定和实施乡规划、村庄规划。

第四条 制定和实施城乡规划，应当遵循城乡统筹、合理布局、节约土地、集约发展和先规划后建设的原则，改善生态环境，促进资源、能源节约和综合利用，保护耕地等自然资源和历史文化遗产，保持地方特色、民族特色和传统风貌，防止污染和其他公害，并符合区域人口发展、国防建设、防灾减灾和公共卫生、公共安全的需要。

在规划区内进行建设活动，应当遵守土地管理、自然资源和环境保护等法律、法规的规定。

县级以上地方人民政府应当根据当地经济社会发展的实际，在城市总体规划、镇总体规划中合理确定城市、镇的发展规模、步骤和建设标准。

第五条 城市总体规划、镇总体规划以及乡规划和村庄规划的编制，应当依据国民经济和社会发展规划，并与土地利用总体规划相衔接。

第六条 各级人民政府应当将城乡规划的编制和管理经费纳入本级财政预算。

第七条 经依法批准的城乡规划，是城乡建设和规划管理的依据，未经法定程序不得修改。

第八条 城乡规划组织编制机关应当及时公布经依法批准的城乡规划。但是，法律、行政法规规定不得公开的内容除外。

第九条 任何单位和个人都应当遵守经依法批准并公布的城乡规划，服从规划管理，并有权就涉及其利害关系的建设活动是否符合规划的要求向城乡规划主管部门查询。

任何单位和个人都有权向城乡规划主管部门或者其他有关部门举报或者控告违反城乡规划的行为。城乡规划主管部门或者其他有关部门对举报或者控告，应当及时受理并组织核查、处理。

第十条 国家鼓励采用先进的科学技术，增强城乡规划的科学性，提高城乡规划实施及监督管理的效能。

第十一条 国务院城乡规划主管部门负责全国的城乡规划管理工作。

县级以上地方人民政府城乡规划主管部门负责本行政区域内的城乡规划管理工作。

第二章 城乡规划的制定

第十二条 国务院城乡规划主管部门会同国务院有关部门组织编制全国城镇体系规划，用于指导省域城镇体系规划、城市总体规划的编制。

全国城镇体系规划由国务院城乡规划主管部门报国务院审批。

第十三条　省、自治区人民政府组织编制省域城镇体系规划，报国务院审批。

省域城镇体系规划的内容应当包括：城镇空间布局和规模控制，重大基础设施的布局，为保护生态环境、资源等需要严格控制的区域。

第十四条　城市人民政府组织编制城市总体规划。

直辖市的城市总体规划由直辖市人民政府报国务院审批。省、自治区人民政府所在地的城市以及国务院确定的城市的总体规划，由省、自治区人民政府审查同意后，报国务院审批。其他城市的总体规划，由城市人民政府报省、自治区人民政府审批。

第十五条　县人民政府组织编制县人民政府所在地镇的总体规划，报上一级人民政府审批。其他镇的总体规划由镇人民政府组织编制，报上一级人民政府审批。

第十六条　省、自治区人民政府组织编制的省域城镇体系规划，城市、县人民政府组织编制的总体规划，在报上一级人民政府审批前，应当先经本级人民代表大会常务委员会审议，常务委员会组成人员的审议意见交由本级人民政府研究处理。

镇人民政府组织编制的镇总体规划，在报上一级人民政府审批前，应当先经镇人民代表大会审议，代表的审议意见交由本级人民政府研究处理。

规划的组织编制机关报送审批省域城镇体系规划、城市总体规划或者镇总体规划，应当将本级人民代表大会常务委员会组成人员或者镇人民代表大会代表的审议意见和根据审议意见修改规划的情况一并报送。

第十七条　城市总体规划、镇总体规划的内容应当包括：城市、镇的发展布局，功能分区，用地布局，综合交通体系，禁止、限制和适宜建设的地域范围，各类专项规划等。

规划区范围、规划区内建设用地规模、基础设施和公共服务设施用地、水源地和水系、基本农田和绿化用地、环境保护、自然与历史文化遗产保护以及防灾减灾等内容，应当作为城市总体规划、镇总体规划的强制性内容。

城市总体规划、镇总体规划的规划期限一般为二十年。城市总体规划还应当对城市更长远的发展作出预测性安排。

第十八条　乡规划、村庄规划应当从农村实际出发，尊重村民意愿，体现地方和农村特色。

乡规划、村庄规划的内容应当包括：规划区范围，住宅、道路、供水、排水、供电、垃圾收集、畜禽养殖场所等农村生产、生活服务设施、公益事业等各项建设的用地布局、建设要求，以及对耕地等自然资源和历史文化遗产保护、防灾减灾等的具体安排。乡规划还应当包括本行政区域内的村庄发展布局。

第十九条　城市人民政府城乡规划主管部门根据城市总体规划的要求，组织编制城市的控制性详细规划，经本级人民政府批准后，报本级人民代表大会常务委员会和上一级人民政府备案。

第二十条　镇人民政府根据镇总体规划的要求，组织编制镇的控制性详细规划，报上一级人民政府审批。县人民政府所在地镇的控制性详细规划，由县人民政府城乡规划主管部门根据镇总体规划的要求组织编制，经县人民政府批准后，报本级人民代表大会常务委员会和上一级人民政府备案。

第二十一条　城市、县人民政府城乡规划主管部门和镇人民政府可以组织编制重要地块的修建性详细规划。修建性详细规划应当符合控制性详细规划。

第二十二条 乡、镇人民政府组织编制乡规划、村庄规划，报上一级人民政府审批。村庄规划在报送审批前，应当经村民会议或者村民代表会议讨论同意。

第二十三条 首都的总体规划、详细规划应当统筹考虑中央国家机关用地布局和空间安排的需要。

第二十四条 城乡规划组织编制机关应当委托具有相应资质等级的单位承担城乡规划的具体编制工作。

从事城乡规划编制工作应当具备下列条件，并经国务院城乡规划主管部门或者省、自治区、直辖市人民政府城乡规划主管部门依法审查合格，取得相应等级的资质证书后，方可在资质等级许可的范围内从事城乡规划编制工作：

(一)有法人资格；

(二)有规定数量的经国务院城乡规划主管部门注册的规划师；

(三)有规定数量的相关专业技术人员；

(四)有相应的技术装备；

(五)有健全的技术、质量、财务管理制度。

规划师执业资格管理办法，由国务院城乡规划主管部门会同国务院人事行政部门制定。

编制城乡规划必须遵守国家有关标准。

第二十五条 编制城乡规划，应当具备国家规定的勘察、测绘、气象、地震、水文、环境等基础资料。

县级以上地方人民政府有关主管部门应当根据编制城乡规划的需要，及时提供有关基础资料。

第二十六条 城乡规划报送审批前，组织编制机关应当依法将城乡规划草案予以公告，并采取论证会、听证会或者其他方式征求专家和公众的意见。公告的时间不得少于三十日。

组织编制机关应当充分考虑专家和公众的意见，并在报送审批的材料中附具意见采纳情况及理由。

第二十七条 省域城镇体系规划、城市总体规划、镇总体规划批准前，审批机关应当组织专家和有关部门进行审查。

第三章 城乡规划的实施

第二十八条 地方各级人民政府应当根据当地经济社会发展水平，量力而行，尊重群众意愿，有计划、分步骤地组织实施城乡规划。

第二十九条 城市的建设和发展，应当优先安排基础设施以及公共服务设施的建设，妥善处理新区开发与旧区改建的关系，统筹兼顾进城务工人员生活和周边农村经济社会发展、村民生产与生活的需要。

镇的建设和发展，应当结合农村经济社会发展和产业结构调整，优先安排供水、排水、供电、供气、道路、通信、广播电视等基础设施和学校、卫生院、文化站、幼儿园、福利院等公共服务设施的建设,为周边农村提供服务。

乡、村庄的建设和发展,应当因地制宜、节约用地,发挥村民自治组织的作用,引导村民合理进行建设,改善农村生产、生活条件。

第三十条　城市新区的开发和建设,应当合理确定建设规模和时序,充分利用现有市政基础设施和公共服务设施,严格保护自然资源和生态环境,体现地方特色。

在城市总体规划、镇总体规划确定的建设用地范围以外,不得设立各类开发区和城市新区。

第三十一条　旧城区的改建,应当保护历史文化遗产和传统风貌,合理确定拆迁和建设规模,有计划地对危房集中、基础设施落后等地段进行改建。

历史文化名城、名镇、名村的保护以及受保护建筑物的维护和使用,应当遵守有关法律、行政法规和国务院的规定。

第三十二条　城乡建设和发展,应当依法保护和合理利用风景名胜资源,统筹安排风景名胜区及周边乡、镇、村庄的建设。

风景名胜区的规划、建设和管理,应当遵守有关法律、行政法规和国务院的规定。

第三十三条　城市地下空间的开发和利用,应当与经济和技术发展水平相适应,遵循统筹安排、综合开发、合理利用的原则,充分考虑防灾减灾、人民防空和通信等需要,并符合城市规划,履行规划审批手续。

第三十四条　城市、县、镇人民政府应当根据城市总体规划、镇总体规划、土地利用总体规划和年度计划以及国民经济和社会发展规划,制定近期建设规划,报总体规划审批机关备案。

近期建设规划应当以重要基础设施、公共服务设施和中低收入居民住房建设以及生态环境保护为重点内容,明确近期建设的时序、发展方向和空间布局。近期建设规划的规划期限为五年。

第三十五条　城乡规划确定的铁路、公路、港口、机场、道路、绿地、输配电设施及输电线路走廊、通信设施、广播电视设施、管道设施、河道、水库、水源地、自然保护区、防汛通道、消防通道、核电站、垃圾填埋场及焚烧厂、污水处理厂和公共服务设施的用地以及其他需要依法保护的用地,禁止擅自改变用途。

第三十六条　按照国家规定需要有关部门批准或者核准的建设项目,以划拨方式提供国有土地使用权的,建设单位在报送有关部门批准或者核准前,应当向城乡规划主管部门申请核发选址意见书。

前款规定以外的建设项目不需要申请选址意见书。

第三十七条　在城市、镇规划区内以划拨方式提供国有土地使用权的建设项目,经有关部门批准、核准、备案后,建设单位应当向城市、县人民政府城乡规划主管部门提出建设用地规划许可申请,由城市、县人民政府城乡规划主管部门依据控制性详细规划核定建设用地的位置、面积、允许建设的范围,核发建设用地规划许可证。

建设单位在取得建设用地规划许可证后,方可向县级以上地方人民政府土地主管部门申请用地,经县级以上人民政府审批后,由土地主管部门划拨土地。

第三十八条　在城市、镇规划区内以出让方式提供国有土地使用权的，在国有土地使用权出让前，城市、县人民政府城乡规划主管部门应当依据控制性详细规划，提出出让地块的位置、使用性质、开发强度等规划条件，作为国有土地使用权出让合同的组成部分。未确定规划条件的地块，不得出让国有土地使用权。

以出让方式取得国有土地使用权的建设项目，在签订国有土地使用权出让合同后，建设单位应当持建设项目的批准、核准、备案文件和国有土地使用权出让合同，向城市、县人民政府城乡规划主管部门领取建设用地规划许可证。

城市、县人民政府城乡规划主管部门不得在建设用地规划许可证中，擅自改变作为国有土地使用权出让合同组成部分的规划条件。

第三十九条　规划条件未纳入国有土地使用权出让合同的，该国有土地使用权出让合同无效；对未取得建设用地规划许可证的建设单位批准用地的，由县级以上人民政府撤销有关批准文件；占用土地的，应当及时退回；给当事人造成损失的，应当依法给予赔偿。

第四十条　在城市、镇规划区内进行建筑物、构筑物、道路、管线和其他工程建设的，建设单位或者个人应当向城市、县人民政府城乡规划主管部门或者省、自治区、直辖市人民政府确定的镇人民政府申请办理建设工程规划许可证。

申请办理建设工程规划许可证，应当提交使用土地的有关证明文件、建设工程设计方案等材料。需要建设单位编制修建性详细规划的建设项目，还应当提交修建性详细规划。对符合控制性详细规划和规划条件的，由城市、县人民政府城乡规划主管部门或者省、自治区、直辖市人民政府确定的镇人民政府核发建设工程规划许可证。

城市、县人民政府城乡规划主管部门或者省、自治区、直辖市人民政府确定的镇人民政府应当依法将经审定的修建性详细规划、建设工程设计方案的总平面图予以公布。

第四十一条　在乡、村庄规划区内进行乡镇企业、乡村公共设施和公益事业建设的，建设单位或者个人应当向乡、镇人民政府提出申请，由乡、镇人民政府报城市、县人民政府城乡规划主管部门核发乡村建设规划许可证。

在乡、村庄规划区内使用原有宅基地进行农村村民住宅建设的规划管理办法，由省、自治区、直辖市制定。

在乡、村庄规划区内进行乡镇企业、乡村公共设施和公益事业建设以及农村村民住宅建设，不得占用农用地；确需占用农用地的，应当依照《中华人民共和国土地管理法》有关规定办理农用地转用审批手续后，由城市、县人民政府城乡规划主管部门核发乡村建设规划许可证。

建设单位或者个人在取得乡村建设规划许可证后，方可办理用地审批手续。

第四十二条　城乡规划主管部门不得在城乡规划确定的建设用地范围以外作出规划许可。

第四十三条　建设单位应当按照规划条件进行建设；确需变更的，必须向城市、县人民政府城乡规划主管部门提出申请。变更内容不符合控制性详细规划的，城乡规划主管部门不得批准。城市、县人民政府城乡规划主管部门应当及时将依法变更后的规划条件通报同级土地主管部门并公示。

建设单位应当及时将依法变更后的规划条件报有关人民政府土地主管部门备案。

第四十四条 在城市、镇规划区内进行临时建设的，应当经城市、县人民政府城乡规划主管部门批准。临时建设影响近期建设规划或者控制性详细规划的实施以及交通、市容、安全等的，不得批准。

临时建设应当在批准的使用期限内自行拆除。

临时建设和临时用地规划管理的具体办法，由省、自治区、直辖市人民政府制定。

第四十五条 县级以上地方人民政府城乡规划主管部门按照国务院规定对建设工程是否符合规划条件予以核实。未经核实或者经核实不符合规划条件的，建设单位不得组织竣工验收。

建设单位应当在竣工验收后六个月内向城乡规划主管部门报送有关竣工验收资料。

第四章 城乡规划的修改

第四十六条 省域城镇体系规划、城市总体规划、镇总体规划的组织编制机关，应当组织有关部门和专家定期对规划实施情况进行评估，并采取论证会、听证会或者其他方式征求公众意见。组织编制机关应当向本级人民代表大会常务委员会、镇人民代表大会和原审批机关提出评估报告并附具征求意见的情况。

第四十七条 有下列情形之一的，组织编制机关方可按照规定的权限和程序修改省域城镇体系规划、城市总体规划、镇总体规划：

（一）上级人民政府制定的城乡规划发生变更，提出修改规划要求的；

（二）行政区划调整确需修改规划的；

（三）因国务院批准重大建设工程确需修改规划的；

（四）经评估确需修改规划的；

（五）城乡规划的审批机关认为应当修改规划的其他情形。

修改省域城镇体系规划、城市总体规划、镇总体规划前，组织编制机关应当对原规划的实施情况进行总结，并向原审批机关报告；修改涉及城市总体规划、镇总体规划强制性内容的，应当先向原审批机关提出专题报告，经同意后，方可编制修改方案。

修改后的省域城镇体系规划、城市总体规划、镇总体规划，应当依照本法第十三条、第十四条、第十五条和第十六条规定的审批程序报批。

第四十八条 修改控制性详细规划的，组织编制机关应当对修改的必要性进行论证，征求规划地段内利害关系人的意见，并向原审批机关提出专题报告，经原审批机关同意后，方可编制修改方案。修改后的控制性详细规划，应当依照本法第十九条、第二十条规定的审批程序报批。控制性详细规划修改涉及城市总体规划、镇总体规划的强制性内容的，应当先修改总体规划。

修改乡规划、村庄规划的，应当依照本法第二十二条规定的审批程序报批。

第四十九条 城市、县、镇人民政府修改近期建设规划的，应当将修改后的近期建设规划报总体规划审批机关备案。

第五十条 在选址意见书、建设用地规划许可证、建设工程规划许可证或者乡村建设规划许可证发放后，因依法修改城乡规划给被许可人合法权益造成损失的，应当依法给予补偿。

经依法审定的修建性详细规划、建设工程设计方案的总平面图不得随意修改；确需修改的，城乡规划主管部门应当采取听证会等形式，听取利害关系人的意见；因修改给利害关系人合法权益造成损失的，应当依法给予补偿。

第五章 监 督 检 查

第五十一条 县级以上人民政府及其城乡规划主管部门应当加强对城乡规划编制、审批、实施、修改的监督检查。

第五十二条 地方各级人民政府应当向本级人民代表大会常务委员会或者乡、镇人民代表大会报告城乡规划的实施情况，并接受监督。

第五十三条 县级以上人民政府城乡规划主管部门对城乡规划的实施情况进行监督检查，有权采取以下措施：

（一）要求有关单位和人员提供与监督事项有关的文件、资料，并进行复制；

（二）要求有关单位和人员就监督事项涉及的问题作出解释和说明，并根据需要进入现场进行勘测；

（三）责令有关单位和人员停止违反有关城乡规划的法律、法规的行为。

城乡规划主管部门的工作人员履行前款规定的监督检查职责，应当出示执法证件。被监督检查的单位和人员应当予以配合，不得妨碍和阻挠依法进行的监督检查活动。

第五十四条 监督检查情况和处理结果应当依法公开，供公众查阅和监督。

第五十五条 城乡规划主管部门在查处违反本法规定的行为时，发现国家机关工作人员依法应当给予行政处分的，应当向其任免机关或者监察机关提出处分建议。

第五十六条 依照本法规定应当给予行政处罚，而有关城乡规划主管部门不给予行政处罚的，上级人民政府城乡规划主管部门有权责令其作出行政处罚决定或者建议有关人民政府责令其给予行政处罚。

第五十七条 城乡规划主管部门违反本法规定作出行政许可的，上级人民政府城乡规划主管部门有权责令其撤销或者直接撤销该行政许可。因撤销行政许可给当事人合法权益造成损失的，应当依法给予赔偿。

第六章 法 律 责 任

第五十八条 对依法应当编制城乡规划而未组织编制，或者未按法定程序编制、审批、修改城乡规划的，由上级人民政府责令改正，通报批评；对有关人民政府负责人和其他直接责任人员依法给予处分。

第五十九条 城乡规划组织编制机关委托不具有相应资质等级的单位编制城乡规划的，由上级人民政府责令改正，通报批评；对有关人民政府负责人和其他直接责任人员依法给予处分。

第六十条 镇人民政府或者县级以上人民政府城乡规划主管部门有下列行为之一的，

由本级人民政府、上级人民政府城乡规划主管部门或者监察机关依据职权责令改正，通报批评；对直接负责的主管人员和其他直接责任人员依法给予处分：

（一）未依法组织编制城市的控制性详细规划、县人民政府所在地镇的控制性详细规划的；

（二）超越职权或者对不符合法定条件的申请人核发选址意见书、建设用地规划许可证、建设工程规划许可证、乡村建设规划许可证的；

（三）对符合法定条件的申请人未在法定期限内核发选址意见书、建设用地规划许可证、建设工程规划许可证、乡村建设规划许可证的；

（四）未依法对经审定的修建性详细规划、建设工程设计方案的总平面图予以公布的；

（五）同意修改修建性详细规划、建设工程设计方案的总平面图前未采取听证会等形式听取利害关系人的意见的；

（六）发现未依法取得规划许可或者违反规划许可的规定在规划区内进行建设的行为，而不予查处或者接到举报后不依法处理的。

第六十一条　县级以上人民政府有关部门有下列行为之一的，由本级人民政府或者上级人民政府有关部门责令改正，通报批评；对直接负责的主管人员和其他直接责任人员依法给予处分：

（一）对未依法取得选址意见书的建设项目核发建设项目批准文件的；

（二）未依法在国有土地使用权出让合同中确定规划条件或者改变国有土地使用权出让合同中依法确定的规划条件的；

（三）对未依法取得建设用地规划许可证的建设单位划拨国有土地使用权的。

第六十二条　城乡规划编制单位有下列行为之一的，由所在地城市、县人民政府城乡规划主管部门责令限期改正，处合同约定的规划编制费一倍以上二倍以下的罚款；情节严重的，责令停业整顿，由原发证机关降低资质等级或者吊销资质证书；造成损失的，依法承担赔偿责任：

（一）超越资质等级许可的范围承揽城乡规划编制工作的；

（二）违反国家有关标准编制城乡规划的。

未依法取得资质证书承揽城乡规划编制工作的，由县级以上地方人民政府城乡规划主管部门责令停止违法行为，依照前款规定处以罚款；造成损失的，依法承担赔偿责任。

以欺骗手段取得资质证书承揽城乡规划编制工作的，由原发证机关吊销资质证书，依照本条第一款规定处以罚款；造成损失的，依法承担赔偿责任。

第六十三条　城乡规划编制单位取得资质证书后，不再符合相应的资质条件的，由原发证机关责令限期改正；逾期不改正的，降低资质等级或者吊销资质证书。

第六十四条　未取得建设工程规划许可证或者未按照建设工程规划许可证的规定进行建设的，由县级以上地方人民政府城乡规划主管部门责令停止建设；尚可采取改正措施消除对规划实施的影响的，限期改正，处建设工程造价百分之五以上百分之十以下的罚款；无法采取改正措施消除影响的，限期拆除，不能拆除的，没收实物或者违法收入，可以并处建设工程造价百分之十以下的罚款。

第六十五条　在乡、村庄规划区内未依法取得乡村建设规划许可证或者未按照乡村建设规划许可证的规定进行建设的，由乡、镇人民政府责令停止建设、限期改正；逾期不改正的，可以拆除。

第六十六条　建设单位或者个人有下列行为之一的，由所在地城市、县人民政府城乡规划主管部门责令限期拆除，可以并处临时建设工程造价一倍以下的罚款：

（一）未经批准进行临时建设的；

（二）未按照批准内容进行临时建设的；

（三）临时建筑物、构筑物超过批准期限不拆除的。

第六十七条　建设单位未在建设工程竣工验收后六个月内向城乡规划主管部门报送有关竣工验收资料的，由所在地城市、县人民政府城乡规划主管部门责令限期补报；逾期不补报的，处一万元以上五万元以下的罚款。

第六十八条　城乡规划主管部门作出责令停止建设或者限期拆除的决定后，当事人不停止建设或者逾期不拆除的，建设工程所在地县级以上地方人民政府可以责成有关部门采取查封施工现场、强制拆除等措施。

第六十九条　违反本法规定，构成犯罪的，依法追究刑事责任。

第七章　附　　则

第七十条　本法自2008年1月1日起施行。《中华人民共和国城市规划法》同时废止。

中华人民共和国劳动合同法

中华人民共和国主席令第65号

《中华人民共和国劳动合同法》已由中华人民共和国第十届全国人民代表大会常务委员会第二十八次会议于2007年6月29日通过，现予公布，自2008年1月1日起施行。

中华人民共和国主席　胡锦涛

二〇〇七年六月二十九日

中华人民共和国劳动合同法

（2007年6月29日第十届全国人民代表大会常务委员会第二十八次会议通过）

目　　录

第一章　总　　则

第一条　为了完善劳动合同制度，明确劳动合同双方当事人的权利和义务，保护劳动者的合法权益，构建和发展和谐稳定的劳动关系，制定本法。

第二条　中华人民共和国境内的企业、个体经济组织、民办非企业单位等组织（以下称用人单位）与劳动者建立劳动关系，订立、履行、变更、解除或者终止劳动合同，适用本法。

国家机关、事业单位、社会团体和与其建立劳动关系的劳动者，订立、履行、变更、解除或者终止劳动合同，依照本法执行。

第三条 订立劳动合同，应当遵循合法、公平、平等自愿、协商一致、诚实信用的原则。

依法订立的劳动合同具有约束力，用人单位与劳动者应当履行劳动合同约定的义务。

第四条 用人单位应当依法建立和完善劳动规章制度，保障劳动者享有劳动权利、履行劳动义务。

用人单位在制定、修改或者决定有关劳动报酬、工作时间、休息休假、劳动安全卫生、保险福利、职工培训、劳动纪律以及劳动定额管理等直接涉及劳动者切身利益的规章制度或者重大事项时，应当经职工代表大会或者全体职工讨论，提出方案和意见，与工会或者职工代表平等协商确定。

在规章制度和重大事项决定实施过程中，工会或者职工认为不适当的，有权向用人单位提出，通过协商予以修改完善。

用人单位应当将直接涉及劳动者切身利益的规章制度和重大事项决定公示，或者告知劳动者。

第五条 县级以上人民政府劳动行政部门会同工会和企业方面代表，建立健全协调劳动关系三方机制，共同研究解决有关劳动关系的重大问题。

第六条 工会应当帮助、指导劳动者与用人单位依法订立和履行劳动合同，并与用人单位建立集体协商机制，维护劳动者的合法权益。

第二章 劳动合同的订立

第七条 用人单位自用工之日起即与劳动者建立劳动关系。用人单位应当建立职工名册备查。

第八条 用人单位招用劳动者时，应当如实告知劳动者工作内容、工作条件、工作地点、职业危害、安全生产状况、劳动报酬，以及劳动者要求了解的其他情况；用人单位有权了解劳动者与劳动合同直接相关的基本情况，劳动者应当如实说明。

第九条 用人单位招用劳动者，不得扣押劳动者的居民身份证和其他证件，不得要求劳动者提供担保或者以其他名义向劳动者收取财物。

第十条 建立劳动关系，应当订立书面劳动合同。

已建立劳动关系，未同时订立书面劳动合同的，应当自用工之日起一个月内订立书面劳动合同。

用人单位与劳动者在用工前订立劳动合同的，劳动关系自用工之日起建立。

第十一条 用人单位未在用工的同时订立书面劳动合同，与劳动者约定的劳动报酬不明确的，新招用的劳动者的劳动报酬按照集体合同规定的标准执行；没有集体合同或者集体合同未规定的，实行同工同酬。

第十二条 劳动合同分为固定期限劳动合同、无固定期限劳动合同和以完成一定工作任务为期限的劳动合同。

第十三条 固定期限劳动合同，是指用人单位与劳动者约定合同终止时间的劳动合同。

用人单位与劳动者协商一致，可以订立固定期限劳动合同。

第十四条　无固定期限劳动合同，是指用人单位与劳动者约定无确定终止时间的劳动合同。

用人单位与劳动者协商一致，可以订立无固定期限劳动合同。有下列情形之一，劳动者提出或者同意续订、订立劳动合同的，除劳动者提出订立固定期限劳动合同外，应当订立无固定期限劳动合同：

（一）劳动者在该用人单位连续工作满十年的；

（二）用人单位初次实行劳动合同制度或者国有企业改制重新订立劳动合同时，劳动者在该用人单位连续工作满十年且距法定退休年龄不足十年的；

（三）连续订立二次固定期限劳动合同，且劳动者没有本法第三十九条和第四十条第一项、第二项规定的情形，续订劳动合同的。

用人单位自用工之日起满一年不与劳动者订立书面劳动合同的，视为用人单位与劳动者已订立无固定期限劳动合同。

第十五条　以完成一定工作任务为期限的劳动合同，是指用人单位与劳动者约定以某项工作的完成为合同期限的劳动合同。

用人单位与劳动者协商一致，可以订立以完成一定工作任务为期限的劳动合同。

第十六条　劳动合同由用人单位与劳动者协商一致，并经用人单位与劳动者在劳动合同文本上签字或者盖章生效。

劳动合同文本由用人单位和劳动者各执一份。

第十七条　劳动合同应当具备以下条款：

（一）用人单位的名称、住所和法定代表人或者主要负责人；

（二）劳动者的姓名、住址和居民身份证或者其他有效身份证件号码；

（三）劳动合同期限；

（四）工作内容和工作地点；

（五）工作时间和休息休假；

（六）劳动报酬；

（七）社会保险；

（八）劳动保护、劳动条件和职业危害防护；

（九）法律、法规规定应当纳入劳动合同的其他事项。

劳动合同除前款规定的必备条款外，用人单位与劳动者可以约定试用期、培训、保守秘密、补充保险和福利待遇等其他事项。

第十八条　劳动合同对劳动报酬和劳动条件等标准约定不明确，引发争议的，用人单位与劳动者可以重新协商；协商不成的，适用集体合同规定；没有集体合同或者集体合同未规定劳动报酬的，实行同工同酬；没有集体合同或者集体合同未规定劳动条件等标准的，适用国家有关规定。

第十九条　劳动合同期限三个月以上不满一年的，试用期不得超过一个月；劳动合同期限一年以上不满三年的，试用期不得超过二个月；三年以上固定期限和无固定期限的劳动合同，试用期不得超过六个月。

同一用人单位与同一劳动者只能约定一次试用期。

以完成一定工作任务为期限的劳动合同或者劳动合同期限不满三个月的，不得约定试用期。

试用期包含在劳动合同期限内。劳动合同仅约定试用期的，试用期不成立，该期限为劳动合同期限。

第二十条 劳动者在试用期的工资不得低于本单位相同岗位最低档工资或者劳动合同约定工资的百分之八十，并不得低于用人单位所在地的最低工资标准。

第二十一条 在试用期中，除劳动者有本法第三十九条和第四十条第一项、第二项规定的情形外，用人单位不得解除劳动合同。用人单位在试用期解除劳动合同的，应当向劳动者说明理由。

第二十二条 用人单位为劳动者提供专项培训费用，对其进行专业技术培训的，可以与该劳动者订立协议，约定服务期。

劳动者违反服务期约定的，应当按照约定向用人单位支付违约金。违约金的数额不得超过用人单位提供的培训费用。用人单位要求劳动者支付的违约金不得超过服务期尚未履行部分所应分摊的培训费用。

用人单位与劳动者约定服务期的，不影响按照正常的工资调整机制提高劳动者在服务期期间的劳动报酬。

第二十三条 用人单位与劳动者可以在劳动合同中约定保守用人单位的商业秘密和与知识产权相关的保密事项。

对负有保密义务的劳动者，用人单位可以在劳动合同或者保密协议中与劳动者约定竞业限制条款，并约定在解除或者终止劳动合同后，在竞业限制期限内按月给予劳动者经济补偿。劳动者违反竞业限制约定的，应当按照约定向用人单位支付违约金。

第二十四条 竞业限制的人员限于用人单位的高级管理人员、高级技术人员和其他负有保密义务的人员。竞业限制的范围、地域、期限由用人单位与劳动者约定，竞业限制的约定不得违反法律、法规的规定。

在解除或者终止劳动合同后，前款规定的人员到与本单位生产或者经营同类产品、从事同类业务的有竞争关系的其他用人单位，或者自己开业生产或者经营同类产品、从事同类业务的竞业限制期限，不得超过二年。

第二十五条 除本法第二十二条和第二十三条规定的情形外，用人单位不得与劳动者约定由劳动者承担违约金。

第二十六条 下列劳动合同无效或者部分无效：

(一)以欺诈、胁迫的手段或者乘人之危，使对方在违背真实意思的情况下订立或者变更劳动合同的；

(二)用人单位免除自己的法定责任、排除劳动者权利的；

(三)违反法律、行政法规强制性规定的。

对劳动合同的无效或者部分无效有争议的，由劳动争议仲裁机构或者人民法院确认。

第二十七条 劳动合同部分无效，不影响其他部分效力的，其他部分仍然有效。

第二十八条 劳动合同被确认无效，劳动者已付出劳动的，用人单位应当向劳动者支付劳动报酬。劳动报酬的数额,参照本单位相同或者相近岗位劳动者的劳动报酬确定。

第三章　劳动合同的履行和变更

第二十九条　用人单位与劳动者应当按照劳动合同的约定,全面履行各自的义务。

第三十条　用人单位应当按照劳动合同约定和国家规定,向劳动者及时足额支付劳动报酬。

用人单位拖欠或者未足额支付劳动报酬的,劳动者可以依法向当地人民法院申请支付令,人民法院应当依法发出支付令。

第三十一条　用人单位应当严格执行劳动定额标准,不得强迫或者变相强迫劳动者加班。用人单位安排加班的,应当按照国家有关规定向劳动者支付加班费。

第三十二条　劳动者拒绝用人单位管理人员违章指挥、强令冒险作业的,不视为违反劳动合同。

劳动者对危害生命安全和身体健康的劳动条件,有权对用人单位提出批评、检举和控告。

第三十三条　用人单位变更名称、法定代表人、主要负责人或者投资人等事项,不影响劳动合同的履行。

第三十四条　用人单位发生合并或者分立等情况,原劳动合同继续有效,劳动合同由承继其权利和义务的用人单位继续履行。

第三十五条　用人单位与劳动者协商一致,可以变更劳动合同约定的内容。变更劳动合同,应当采用书面形式。

变更后的劳动合同文本由用人单位和劳动者各执一份。

第四章　劳动合同的解除和终止

第三十六条　用人单位与劳动者协商一致,可以解除劳动合同。

第三十七条　劳动者提前三十日以书面形式通知用人单位,可以解除劳动合同。劳动者在试用期内提前三日通知用人单位,可以解除劳动合同。

第三十八条　用人单位有下列情形之一的,劳动者可以解除劳动合同:

(一)未按照劳动合同约定提供劳动保护或者劳动条件的;

(二)未及时足额支付劳动报酬的;

(三)未依法为劳动者缴纳社会保险费的;

(四)用人单位的规章制度违反法律、法规的规定,损害劳动者权益的;

(五)因本法第二十六条第一款规定的情形致使劳动合同无效的;

(六)法律、行政法规规定劳动者可以解除劳动合同的其他情形。

用人单位以暴力、威胁或者非法限制人身自由的手段强迫劳动者劳动的,或者用人单位违章指挥、强令冒险作业危及劳动者人身安全的,劳动者可以立即解除劳动合同,不需事先告知用人单位。

第三十九条 劳动者有下列情形之一的，用人单位可以解除劳动合同：

（一）在试用期间被证明不符合录用条件的；

（二）严重违反用人单位的规章制度的；

（三）严重失职，营私舞弊，给用人单位造成重大损害的；

（四）劳动者同时与其他用人单位建立劳动关系，对完成本单位的工作任务造成严重影响，或者经用人单位提出，拒不改正的；

（五）因本法第二十六条第一款第一项规定的情形致使劳动合同无效的；

（六）被依法追究刑事责任的。

第四十条 有下列情形之一的，用人单位提前三十日以书面形式通知劳动者本人或者额外支付劳动者一个月工资后，可以解除劳动合同：

（一）劳动者患病或者非因工负伤，在规定的医疗期满后不能从事原工作，也不能从事由用人单位另行安排的工作的；

（二）劳动者不能胜任工作，经过培训或者调整工作岗位，仍不能胜任工作的；

（三）劳动合同订立时所依据的客观情况发生重大变化，致使劳动合同无法履行，经用人单位与劳动者协商，未能就变更劳动合同内容达成协议的。

第四十一条 有下列情形之一，需要裁减人员二十人以上或者裁减不足二十人但占企业职工总数百分之十以上的，用人单位提前三十日向工会或者全体职工说明情况，听取工会或者职工的意见后，裁减人员方案经向劳动行政部门报告，可以裁减人员：

（一）依照企业破产法规定进行重整的；

（二）生产经营发生严重困难的；

（三）企业转产、重大技术革新或者经营方式调整，经变更劳动合同后，仍需裁减人员的；

（四）其他因劳动合同订立时所依据的客观经济情况发生重大变化，致使劳动合同无法履行的。

裁减人员时，应当优先留用下列人员：

（一）与本单位订立较长期限的固定期限劳动合同的；

（二）与本单位订立无固定期限劳动合同的；

（三）家庭无其他就业人员，有需要扶养的老人或者未成年人的。

用人单位依照本条第一款规定裁减人员，在六个月内重新招用人员的，应当通知被裁减的人员，并在同等条件下优先招用被裁减的人员。

第四十二条 劳动者有下列情形之一的，用人单位不得依照本法第四十条、第四十一条的规定解除劳动合同：

（一）从事接触职业病危害作业的劳动者未进行离岗前职业健康检查，或者疑似职业病病人在诊断或者医学观察期间的；

（二）在本单位患职业病或者因工负伤并被确认丧失或者部分丧失劳动能力的；

（三）患病或者非因工负伤，在规定的医疗期内的；

（四）女职工在孕期、产期、哺乳期的；

（五）在本单位连续工作满十五年，且距法定退休年龄不足五年的；

（六）法律、行政法规规定的其他情形。

第四十三条　用人单位单方解除劳动合同，应当事先将理由通知工会。用人单位违反法律、行政法规规定或者劳动合同约定的，工会有权要求用人单位纠正。用人单位应当研究工会的意见，并将处理结果书面通知工会。

第四十四条　有下列情形之一的，劳动合同终止：

（一）劳动合同期满的；

（二）劳动者开始依法享受基本养老保险待遇的；

（三）劳动者死亡，或者被人民法院宣告死亡或者宣告失踪的；

（四）用人单位被依法宣告破产的；

（五）用人单位被吊销营业执照、责令关闭、撤销或者用人单位决定提前解散的；

（六）法律、行政法规规定的其他情形。

第四十五条　劳动合同期满，有本法第四十二条规定情形之一的，劳动合同应当续延至相应的情形消失时终止。但是，本法第四十二条第二项规定丧失或者部分丧失劳动能力劳动者的劳动合同的终止，按照国家有关工伤保险的规定执行。

第四十六条　有下列情形之一的，用人单位应当向劳动者支付经济补偿：

（一）劳动者依照本法第三十八条规定解除劳动合同的；

（二）用人单位依照本法第三十六条规定向劳动者提出解除劳动合同并与劳动者协商一致解除劳动合同的；

（三）用人单位依照本法第四十条规定解除劳动合同的；

（四）用人单位依照本法第四十一条第一款规定解除劳动合同的；

（五）除用人单位维持或者提高劳动合同约定条件续订劳动合同，劳动者不同意续订的情形外，依照本法第四十四条第一项规定终止固定期限劳动合同的；

（六）依照本法第四十四条第四项、第五项规定终止劳动合同的；

（七）法律、行政法规规定的其他情形。

第四十七条　经济补偿按劳动者在本单位工作的年限，每满一年支付一个月工资的标准向劳动者支付。六个月以上不满一年的，按一年计算；不满六个月的，向劳动者支付半个月工资的经济补偿。

劳动者月工资高于用人单位所在直辖市、设区的市级人民政府公布的本地区上年度职工月平均工资三倍的，向其支付经济补偿的标准按职工月平均工资三倍的数额支付，向其支付经济补偿的年限最高不超过十二年。

本条所称月工资是指劳动者在劳动合同解除或者终止前十二个月的平均工资。

第四十八条　用人单位违反本法规定解除或者终止劳动合同，劳动者要求继续履行劳动合同的，用人单位应当继续履行；劳动者不要求继续履行劳动合同或者劳动合同已经不能继续履行的，用人单位应当依照本法第八十七条规定支付赔偿金。

第四十九条　国家采取措施，建立健全劳动者社会保险关系跨地区转移接续制度。

第五十条　用人单位应当在解除或者终止劳动合同时出具解除或者终止劳动合同的证明，并在十五日内为劳动者办理档案和社会保险关系转移手续。

劳动者应当按照双方约定，办理工作交接。用人单位依照本法有关规定应当向劳动者支付经济补偿的,在办结工作交接时支付。

用人单位对已经解除或者终止的劳动合同的文本,至少保存二年备查。

第五章 特 别 规 定

第一节 集 体 合 同

第五十一条 企业职工一方与用人单位通过平等协商,可以就劳动报酬、工作时间、休息休假、劳动安全卫生、保险福利等事项订立集体合同。集体合同草案应当提交职工代表大会或者全体职工讨论通过。

集体合同由工会代表企业职工一方与用人单位订立;尚未建立工会的用人单位,由上级工会指导劳动者推举的代表与用人单位订立。

第五十二条 企业职工一方与用人单位可以订立劳动安全卫生、女职工权益保护、工资调整机制等专项集体合同。

第五十三条 在县级以下区域内,建筑业、采矿业、餐饮服务业等行业可以由工会与企业方面代表订立行业性集体合同,或者订立区域性集体合同。

第五十四条 集体合同订立后,应当报送劳动行政部门;劳动行政部门自收到集体合同文本之日起十五日内未提出异议的,集体合同即行生效。

依法订立的集体合同对用人单位和劳动者具有约束力。行业性、区域性集体合同对当地本行业、本区域的用人单位和劳动者具有约束力。

第五十五条 集体合同中劳动报酬和劳动条件等标准不得低于当地人民政府规定的最低标准;用人单位与劳动者订立的劳动合同中劳动报酬和劳动条件等标准不得低于集体合同规定的标准。

第五十六条 用人单位违反集体合同,侵犯职工劳动权益的,工会可以依法要求用人单位承担责任;因履行集体合同发生争议,经协商解决不成的,工会可以依法申请仲裁、提起诉讼。

第二节 劳 务 派 遣

第五十七条 劳务派遣单位应当依照公司法的有关规定设立,注册资本不得少于五十万元。

第五十八条 劳务派遣单位是本法所称用人单位,应当履行用人单位对劳动者的义务。劳务派遣单位与被派遣劳动者订立的劳动合同,除应当载明本法第十七条规定的事项外,还应当载明被派遣劳动者的用工单位以及派遣期限、工作岗位等情况。

劳务派遣单位应当与被派遣劳动者订立二年以上的固定期限劳动合同,按月支付劳动报酬;被派遣劳动者在无工作期间,劳务派遣单位应当按照所在地人民政府规定的最低工资标准,向其按月支付报酬。

第五十九条 劳务派遣单位派遣劳动者应当与接受以劳务派遣形式用工的单位(以下

称用工单位)订立劳务派遣协议。劳务派遣协议应当约定派遣岗位和人员数量、派遣期限、劳动报酬和社会保险费的数额与支付方式以及违反协议的责任。

用工单位应当根据工作岗位的实际需要与劳务派遣单位确定派遣期限,不得将连续用工期限分割订立数个短期劳务派遣协议。

第六十条　劳务派遣单位应当将劳务派遣协议的内容告知被派遣劳动者。

劳务派遣单位不得克扣用工单位按照劳务派遣协议支付给被派遣劳动者的劳动报酬。

劳务派遣单位和用工单位不得向被派遣劳动者收取费用。

第六十一条　劳务派遣单位跨地区派遣劳动者的,被派遣劳动者享有的劳动报酬和劳动条件,按照用工单位所在地的标准执行。

第六十二条　用工单位应当履行下列义务:

(一)执行国家劳动标准,提供相应的劳动条件和劳动保护;

(二)告知被派遣劳动者的工作要求和劳动报酬;

(三)支付加班费、绩效奖金,提供与工作岗位相关的福利待遇;

(四)对在岗被派遣劳动者进行工作岗位所必需的培训;

(五)连续用工的,实行正常的工资调整机制。

用工单位不得将被派遣劳动者再派遣到其他用人单位。

第六十三条　被派遣劳动者享有与用工单位的劳动者同工同酬的权利。用工单位无同类岗位劳动者的,参照用工单位所在地相同或者相近岗位劳动者的劳动报酬确定。

第六十四条　被派遣劳动者有权在劳务派遣单位或者用工单位依法参加或者组织工会,维护自身的合法权益。

第六十五条　被派遣劳动者可以依照本法第三十六条、第三十八条的规定与劳务派遣单位解除劳动合同。

被派遣劳动者有本法第三十九条和第四十条第一项、第二项规定情形的,用工单位可以将劳动者退回劳务派遣单位,劳务派遣单位依照本法有关规定,可以与劳动者解除劳动合同。

第六十六条　劳务派遣一般在临时性、辅助性或者替代性的工作岗位上实施。

第六十七条　用人单位不得设立劳务派遣单位向本单位或者所属单位派遣劳动者。

第三节　非全日制用工

第六十八条　非全日制用工,是指以小时计酬为主,劳动者在同一用人单位一般平均每日工作时间不超过四小时,每周工作时间累计不超过二十四小时的用工形式。

第六十九条　非全日制用工双方当事人可以订立口头协议。

从事非全日制用工的劳动者可以与一个或者一个以上用人单位订立劳动合同;但是,后订立的劳动合同不得影响先订立的劳动合同的履行。

第七十条　非全日制用工双方当事人不得约定试用期。

第七十一条　非全日制用工双方当事人任何一方都可以随时通知对方终止用工。终止用工,用人单位不向劳动者支付经济补偿。

第七十二条　非全日制用工小时计酬标准不得低于用人单位所在地人民政府规定的最低小时工资标准。

非全日制用工劳动报酬结算支付周期最长不得超过十五日。

第六章　监　督　检　查

第七十三条　国务院劳动行政部门负责全国劳动合同制度实施的监督管理。

县级以上地方人民政府劳动行政部门负责本行政区域内劳动合同制度实施的监督管理。

县级以上各级人民政府劳动行政部门在劳动合同制度实施的监督管理工作中,应当听取工会、企业方面代表以及有关行业主管部门的意见。

第七十四条　县级以上地方人民政府劳动行政部门依法对下列实施劳动合同制度的情况进行监督检查:

(一)用人单位制定直接涉及劳动者切身利益的规章制度及其执行的情况;

(二)用人单位与劳动者订立和解除劳动合同的情况;

(三)劳务派遣单位和用工单位遵守劳务派遣有关规定的情况;

(四)用人单位遵守国家关于劳动者工作时间和休息休假规定的情况;

(五)用人单位支付劳动合同约定的劳动报酬和执行最低工资标准的情况;

(六)用人单位参加各项社会保险和缴纳社会保险费的情况;

(七)法律、法规规定的其他劳动监察事项。

第七十五条　县级以上地方人民政府劳动行政部门实施监督检查时,有权查阅与劳动合同、集体合同有关的材料,有权对劳动场所进行实地检查,用人单位和劳动者都应当如实提供有关情况和材料。

劳动行政部门的工作人员进行监督检查,应当出示证件,依法行使职权,文明执法。

第七十六条　县级以上人民政府建设、卫生、安全生产监督管理等有关主管部门在各自职责范围内,对用人单位执行劳动合同制度的情况进行监督管理。

第七十七条　劳动者合法权益受到侵害的,有权要求有关部门依法处理,或者依法申请仲裁、提起诉讼。

第七十八条　工会依法维护劳动者的合法权益,对用人单位履行劳动合同、集体合同的情况进行监督。用人单位违反劳动法律、法规和劳动合同、集体合同的,工会有权提出意见或者要求纠正;劳动者申请仲裁、提起诉讼的,工会依法给予支持和帮助。

第七十九条　任何组织或者个人对违反本法的行为都有权举报,县级以上人民政府劳动行政部门应当及时核实、处理,并对举报有功人员给予奖励。

第七章　法　律　责　任

第八十条　用人单位直接涉及劳动者切身利益的规章制度违反法律、法规规定的,由劳动行政部门责令改正,给予警告;给劳动者造成损害的,应当承担赔偿责任。

第八十一条　用人单位提供的劳动合同文本未载明本法规定的劳动合同必备条款或者用人单位未将劳动合同文本交付劳动者的，由劳动行政部门责令改正；给劳动者造成损害的，应当承担赔偿责任。

第八十二条　用人单位自用工之日起超过一个月不满一年未与劳动者订立书面劳动合同的，应当向劳动者每月支付二倍的工资。

用人单位违反本法规定不与劳动者订立无固定期限劳动合同的，自应当订立无固定期限劳动合同之日起向劳动者每月支付二倍的工资。

第八十三条　用人单位违反本法规定与劳动者约定试用期的，由劳动行政部门责令改正；违法约定的试用期已经履行的，由用人单位以劳动者试用期满月工资为标准，按已经履行的超过法定试用期的期间向劳动者支付赔偿金。

第八十四条　用人单位违反本法规定，扣押劳动者居民身份证等证件的，由劳动行政部门责令限期退还劳动者本人，并依照有关法律规定给予处罚。

用人单位违反本法规定，以担保或者其他名义向劳动者收取财物的，由劳动行政部门责令限期退还劳动者本人，并以每人五百元以上两千元以下的标准处以罚款；给劳动者造成损害的，应当承担赔偿责任。

劳动者依法解除或者终止劳动合同，用人单位扣押劳动者档案或者其他物品的，依照前款规定处罚。

第八十五条　用人单位有下列情形之一的，由劳动行政部门责令限期支付劳动报酬、加班费或者经济补偿；劳动报酬低于当地最低工资标准的，应当支付其差额部分；逾期不支付的，责令用人单位按应付金额百分之五十以上百分之一百以下的标准向劳动者加付赔偿金：

（一）未按照劳动合同的约定或者国家规定及时足额支付劳动者劳动报酬的；

（二）低于当地最低工资标准支付劳动者工资的；

（三）安排加班不支付加班费的；

（四）解除或者终止劳动合同，未依照本法规定向劳动者支付经济补偿的。

第八十六条　劳动合同依照本法第二十六条规定被确认无效，给对方造成损害的，有过错的一方应当承担赔偿责任。

第八十七条　用人单位违反本法规定解除或者终止劳动合同的，应当依照本法第四十七条规定的经济补偿标准的二倍向劳动者支付赔偿金。

第八十八条　用人单位有下列情形之一的，依法给予行政处罚；构成犯罪的，依法追究刑事责任；给劳动者造成损害的，应当承担赔偿责任：

（一）以暴力、威胁或者非法限制人身自由的手段强迫劳动的；

（二）违章指挥或者强令冒险作业危及劳动者人身安全的；

（三）侮辱、体罚、殴打、非法搜查或者拘禁劳动者的；

（四）劳动条件恶劣、环境污染严重，给劳动者身心健康造成严重损害的。

第八十九条　用人单位违反本法规定未向劳动者出具解除或者终止劳动合同的书面证明，由劳动行政部门责令改正；给劳动者造成损害的，应当承担赔偿责任。

第九十条　劳动者违反本法规定解除劳动合同，或者违反劳动合同中约定的保密义务或者竞业限制，给用人单位造成损失的，应当承担赔偿责任。

第九十一条　用人单位招用与其他用人单位尚未解除或者终止劳动合同的劳动者，给其他用人单位造成损失的，应当承担连带赔偿责任。

第九十二条　劳务派遣单位违反本法规定的，由劳动行政部门和其他有关主管部门责令改正；情节严重的，以每人一千元以上五千元以下的标准处以罚款，并由工商行政管理部门吊销营业执照；给被派遣劳动者造成损害的，劳务派遣单位与用工单位承担连带赔偿责任。

第九十三条　对不具备合法经营资格的用人单位的违法犯罪行为，依法追究法律责任；劳动者已经付出劳动的，该单位或者其出资人应当依照本法有关规定向劳动者支付劳动报酬、经济补偿、赔偿金；给劳动者造成损害的，应当承担赔偿责任。

第九十四条　个人承包经营违反本法规定招用劳动者，给劳动者造成损害的，发包的组织与个人承包经营者承担连带赔偿责任。

第九十五条　劳动行政部门和其他有关主管部门及其工作人员玩忽职守、不履行法定职责，或者违法行使职权，给劳动者或者用人单位造成损害的，应当承担赔偿责任；对直接负责的主管人员和其他直接责任人员，依法给予行政处分；构成犯罪的，依法追究刑事责任。

第八章　附　　则

第九十六条　事业单位与实行聘用制的工作人员订立、履行、变更、解除或者终止劳动合同，法律、行政法规或者国务院另有规定的，依照其规定；未作规定的，依照本法有关规定执行。

第九十七条　本法施行前已依法订立且在本法施行之日存续的劳动合同，继续履行；本法第十四条第二款第三项规定连续订立固定期限劳动合同的次数，自本法施行后续订固定期限劳动合同时开始计算。

本法施行前已建立劳动关系，尚未订立书面劳动合同的，应当自本法施行之日起一个月内订立。

本法施行之日存续的劳动合同在本法施行后解除或者终止，依照本法第四十六条规定应当支付经济补偿的，经济补偿年限自本法施行之日起计算；本法施行前按照当时有关规定，用人单位应当向劳动者支付经济补偿的，按照当时有关规定执行。

第九十八条　本法自 2008 年 1 月 1 日起施行。

中华人民共和国节约能源法

中华人民共和国主席令第77号

《中华人民共和国节约能源法》已由中华人民共和国第十届全国人民代表大会常务委员会第三十次会议于2007年10月28日修订通过，现将修订后的《中华人民共和国节约能源法》公布，自2008年4月1日起施行。

中华人民共和国主席　胡锦涛

二〇〇七年十月二十八日

中华人民共和国节约能源法

（1997年11月1日第八届全国人民代表大会常务委员会第二十八次会议通过
2007年10月28日第十届全国人民代表大会常务委员会第三十次会议修订）

目　　录

第一章　总　　则

第一条　为了推动全社会节约能源，提高能源利用效率，保护和改善环境，促进经济社会全面协调可持续发展，制定本法。

第二条　本法所称能源，是指煤炭、石油、天然气、生物质能和电力、热力以及其他直接或者通过加工、转换而取得有用能的各种资源。

第三条　本法所称节约能源(以下简称节能)，是指加强用能管理，采取技术上可行、经济上合理以及环境和社会可以承受的措施，从能源生产到消费的各个环节，降低消耗、减少损失和污染物排放、制止浪费，有效、合理地利用能源。

第四条　节约资源是我国的基本国策。国家实施节约与开发并举、把节约放在首位的能源发展战略。

第五条　国务院和县级以上地方各级人民政府应当将节能工作纳入国民经济和社会发展规划、年度计划，并组织编制和实施节能中长期专项规划、年度节能计划。

国务院和县级以上地方各级人民政府每年向本级人民代表大会或者其常务委员会报告节能工作。

第六条　国家实行节能目标责任制和节能考核评价制度，将节能目标完成情况作为对地方人民政府及其负责人考核评价的内容。

省、自治区、直辖市人民政府每年向国务院报告节能目标责任的履行情况。

第七条　国家实行有利于节能和环境保护的产业政策，限制发展高耗能、高污染行业，发展节能环保型产业。

国务院和省、自治区、直辖市人民政府应当加强节能工作，合理调整产业结构、企业结构、产品结构和能源消费结构，推动企业降低单位产值能耗和单位产品能耗，淘汰落后的生产能力，改进能源的开发、加工、转换、输送、储存和供应，提高能源利用效率。

国家鼓励、支持开发和利用新能源、可再生能源。

第八条　国家鼓励、支持节能科学技术的研究、开发、示范和推广，促进节能技术创新与进步。

国家开展节能宣传和教育，将节能知识纳入国民教育和培训体系，普及节能科学知识，增强全民的节能意识，提倡节约型的消费方式。

第九条　任何单位和个人都应当依法履行节能义务，有权检举浪费能源的行为。

新闻媒体应当宣传节能法律、法规和政策，发挥舆论监督作用。

第十条　国务院管理节能工作的部门主管全国的节能监督管理工作。国务院有关部门在各自的职责范围内负责节能监督管理工作，并接受国务院管理节能工作的部门的指导。

县级以上地方各级人民政府管理节能工作的部门负责本行政区域内的节能监督管理工作。县级以上地方各级人民政府有关部门在各自的职责范围内负责节能监督管理工作，并接受同级管理节能工作的部门的指导。

第二章　节　能　管　理

第十一条　国务院和县级以上地方各级人民政府应当加强对节能工作的领导，部署、协调、监督、检查、推动节能工作。

第十二条　县级以上人民政府管理节能工作的部门和有关部门应当在各自的职责范

围内，加强对节能法律、法规和节能标准执行情况的监督检查，依法查处违法用能行为。

履行节能监督管理职责不得向监督管理对象收取费用。

第十三条　国务院标准化主管部门和国务院有关部门依法组织制定并适时修订有关节能的国家标准、行业标准，建立健全节能标准体系。

国务院标准化主管部门会同国务院管理节能工作的部门和国务院有关部门制定强制性的用能产品、设备能源效率标准和生产过程中耗能高的产品的单位产品能耗限额标准。

国家鼓励企业制定严于国家标准、行业标准的企业节能标准。

省、自治区、直辖市制定严于强制性国家标准、行业标准的地方节能标准，由省、自治区、直辖市人民政府报经国务院批准；本法另有规定的除外。

第十四条　建筑节能的国家标准、行业标准由国务院建设主管部门组织制定，并依照法定程序发布。

省、自治区、直辖市人民政府建设主管部门可以根据本地实际情况，制定严于国家标准或者行业标准的地方建筑节能标准，并报国务院标准化主管部门和国务院建设主管部门备案。

第十五条　国家实行固定资产投资项目节能评估和审查制度。不符合强制性节能标准的项目，依法负责项目审批或者核准的机关不得批准或者核准建设；建设单位不得开工建设；已经建成的，不得投入生产、使用。具体办法由国务院管理节能工作的部门会同国务院有关部门制定。

第十六条　国家对落后的耗能过高的用能产品、设备和生产工艺实行淘汰制度。淘汰的用能产品、设备、生产工艺的目录和实施办法，由国务院管理节能工作的部门会同国务院有关部门制定并公布。

生产过程中耗能高的产品的生产单位，应当执行单位产品能耗限额标准。对超过单位产品能耗限额标准用能的生产单位，由管理节能工作的部门按照国务院规定的权限责令限期治理。

对高耗能的特种设备，按照国务院的规定实行节能审查和监管。

第十七条　禁止生产、进口、销售国家明令淘汰或者不符合强制性能源效率标准的用能产品、设备；禁止使用国家明令淘汰的用能设备、生产工艺。

第十八条　国家对家用电器等使用面广、耗能量大的用能产品，实行能源效率标识管理。实行能源效率标识管理的产品目录和实施办法，由国务院管理节能工作的部门会同国务院产品质量监督部门制定并公布。

第十九条　生产者和进口商应当对列入国家能源效率标识管理产品目录的用能产品标注能源效率标识，在产品包装物上或者说明书中予以说明，并按照规定报国务院产品质量监督部门和国务院管理节能工作的部门共同授权的机构备案。

生产者和进口商应当对其标注的能源效率标识及相关信息的准确性负责。禁止销售应当标注而未标注能源效率标识的产品。

禁止伪造、冒用能源效率标识或者利用能源效率标识进行虚假宣传。

第二十条　用能产品的生产者、销售者，可以根据自愿原则，按照国家有关节能产品认证的规定，向经国务院认证认可监督管理部门认可的从事节能产品认证的机构提出节能产品认证申请；经认证合格后，取得节能产品认证证书，可以在用能产品或者其包装物上使用节能产品认证标志。

禁止使用伪造的节能产品认证标志或者冒用节能产品认证标志。

第二十一条　县级以上各级人民政府统计部门应当会同同级有关部门，建立健全能源统计制度，完善能源统计指标体系，改进和规范能源统计方法，确保能源统计数据真实、完整。

国务院统计部门会同国务院管理节能工作的部门，定期向社会公布各省、自治区、直辖市以及主要耗能行业的能源消费和节能情况等信息。

第二十二条　国家鼓励节能服务机构的发展，支持节能服务机构开展节能咨询、设计、评估、检测、审计、认证等服务。

国家支持节能服务机构开展节能知识宣传和节能技术培训，提供节能信息、节能示范和其他公益性节能服务。

第二十三条　国家鼓励行业协会在行业节能规划、节能标准的制定和实施、节能技术推广、能源消费统计、节能宣传培训和信息咨询等方面发挥作用。

第三章　合理使用与节约能源

第一节　一　般　规　定

第二十四条　用能单位应当按照合理用能的原则，加强节能管理，制定并实施节能计划和节能技术措施，降低能源消耗。

第二十五条　用能单位应当建立节能目标责任制，对节能工作取得成绩的集体、个人给予奖励。

第二十六条　用能单位应当定期开展节能教育和岗位节能培训。

第二十七条　用能单位应当加强能源计量管理，按照规定配备和使用经依法检定合格的能源计量器具。

用能单位应当建立能源消费统计和能源利用状况分析制度，对各类能源的消费实行分类计量和统计，并确保能源消费统计数据真实、完整。

第二十八条　能源生产经营单位不得向本单位职工无偿提供能源。任何单位不得对能源消费实行包费制。

第二节　工　业　节　能

第二十九条　国务院和省、自治区、直辖市人民政府推进能源资源优化开发利用和合理配置，推进有利于节能的行业结构调整，优化用能结构和企业布局。

第三十条　国务院管理节能工作的部门会同国务院有关部门制定电力、钢铁、有色金属、建材、石油加工、化工、煤炭等主要耗能行业的节能技术政策，推动企业节能技术改造。

第三十一条 国家鼓励工业企业采用高效、节能的电动机、锅炉、窑炉、风机、泵类等设备，采用热电联产、余热余压利用、洁净煤以及先进的用能监测和控制等技术。

第三十二条 电网企业应当按照国务院有关部门制定的节能发电调度管理的规定，安排清洁、高效和符合规定的热电联产、利用余热余压发电的机组以及其他符合资源综合利用规定的发电机组与电网并网运行，上网电价执行国家有关规定。

第三十三条 禁止新建不符合国家规定的燃煤发电机组、燃油发电机组和燃煤热电机组。

第三节 建 筑 节 能

第三十四条 国务院建设主管部门负责全国建筑节能的监督管理工作。

县级以上地方各级人民政府建设主管部门负责本行政区域内建筑节能的监督管理工作。

县级以上地方各级人民政府建设主管部门会同同级管理节能工作的部门编制本行政区域内的建筑节能规划。建筑节能规划应当包括既有建筑节能改造计划。

第三十五条 建筑工程的建设、设计、施工和监理单位应当遵守建筑节能标准。

不符合建筑节能标准的建筑工程，建设主管部门不得批准开工建设；已经开工建设的，应当责令停止施工、限期改正；已经建成的，不得销售或者使用。

建设主管部门应当加强对在建建筑工程执行建筑节能标准情况的监督检查。

第三十六条 房地产开发企业在销售房屋时，应当向购买人明示所售房屋的节能措施、保温工程保修期等信息，在房屋买卖合同、质量保证书和使用说明书中载明，并对其真实性、准确性负责。

第三十七条 使用空调采暖、制冷的公共建筑应当实行室内温度控制制度。具体办法由国务院建设主管部门制定。

第三十八条 国家采取措施，对实行集中供热的建筑分步骤实行供热分户计量、按照用热量收费的制度。新建建筑或者对既有建筑进行节能改造，应当按照规定安装用热计量装置、室内温度调控装置和供热系统调控装置。具体办法由国务院建设主管部门会同国务院有关部门制定。

第三十九条 县级以上地方各级人民政府有关部门应当加强城市节约用电管理，严格控制公用设施和大型建筑物装饰性景观照明的能耗。

第四十条 国家鼓励在新建建筑和既有建筑节能改造中使用新型墙体材料等节能建筑材料和节能设备，安装和使用太阳能等可再生能源利用系统。

第四节 交通运输节能

第四十一条 国务院有关交通运输主管部门按照各自的职责负责全国交通运输相关领域的节能监督管理工作。

国务院有关交通运输主管部门会同国务院管理节能工作的部门分别制定相关领域的

节能规划。

第四十二条 国务院及其有关部门指导、促进各种交通运输方式协调发展和有效衔接，优化交通运输结构，建设节能型综合交通运输体系。

第四十三条 县级以上地方各级人民政府应当优先发展公共交通，加大对公共交通的投入，完善公共交通服务体系，鼓励利用公共交通工具出行；鼓励使用非机动交通工具出行。

第四十四条 国务院有关交通运输主管部门应当加强交通运输组织管理，引导道路、水路、航空运输企业提高运输组织化程度和集约化水平，提高能源利用效率。

第四十五条 国家鼓励开发、生产、使用节能环保型汽车、摩托车、铁路机车车辆、船舶和其他交通运输工具，实行老旧交通运输工具的报废、更新制度。

国家鼓励开发和推广应用交通运输工具使用的清洁燃料、石油替代燃料。

第四十六条 国务院有关部门制定交通运输营运车船的燃料消耗量限值标准；不符合标准的，不得用于营运。

国务院有关交通运输主管部门应当加强对交通运输营运车船燃料消耗检测的监督管理。

第五节 公共机构节能

第四十七条 公共机构应当厉行节约，杜绝浪费，带头使用节能产品、设备，提高能源利用效率。

本法所称公共机构，是指全部或者部分使用财政性资金的国家机关、事业单位和团体组织。

第四十八条 国务院和县级以上地方各级人民政府管理机关事务工作的机构会同同级有关部门制定和组织实施本级公共机构节能规划。公共机构节能规划应当包括公共机构既有建筑节能改造计划。

第四十九条 公共机构应当制定年度节能目标和实施方案，加强能源消费计量和监测管理，向本级人民政府管理机关事务工作的机构报送上年度的能源消费状况报告。

国务院和县级以上地方各级人民政府管理机关事务工作的机构会同同级有关部门按照管理权限，制定本级公共机构的能源消耗定额，财政部门根据该定额制定能源消耗支出标准。

第五十条 公共机构应当加强本单位用能系统管理，保证用能系统的运行符合国家相关标准。

公共机构应当按照规定进行能源审计，并根据能源审计结果采取提高能源利用效率的措施。

第五十一条 公共机构采购用能产品、设备，应当优先采购列入节能产品、设备政府采购名录中的产品、设备。禁止采购国家明令淘汰的用能产品、设备。

节能产品、设备政府采购名录由省级以上人民政府的政府采购监督管理部门会同同级有关部门制定并公布。

第六节　重点用能单位节能

第五十二条　国家加强对重点用能单位的节能管理。

下列用能单位为重点用能单位：

（一）年综合能源消费总量一万吨标准煤以上的用能单位；

（二）国务院有关部门或者省、自治区、直辖市人民政府管理节能工作的部门指定的年综合能源消费总量五千吨以上不满一万吨标准煤的用能单位。

重点用能单位节能管理办法，由国务院管理节能工作的部门会同国务院有关部门制定。

第五十三条　重点用能单位应当每年向管理节能工作的部门报送上年度的能源利用状况报告。能源利用状况包括能源消费情况、能源利用效率、节能目标完成情况和节能效益分析、节能措施等内容。

第五十四条　管理节能工作的部门应当对重点用能单位报送的能源利用状况报告进行审查。对节能管理制度不健全、节能措施不落实、能源利用效率低的重点用能单位，管理节能工作的部门应当开展现场调查，组织实施用能设备能源效率检测，责令实施能源审计，并提出书面整改要求，限期整改。

第五十五条　重点用能单位应当设立能源管理岗位，在具有节能专业知识、实际经验以及中级以上技术职称的人员中聘任能源管理负责人，并报管理节能工作的部门和有关部门备案。

能源管理负责人负责组织对本单位用能状况进行分析、评价，组织编写本单位能源利用状况报告，提出本单位节能工作的改进措施并组织实施。

能源管理负责人应当接受节能培训。

第四章　节能技术进步

第五十六条　国务院管理节能工作的部门会同国务院科技主管部门发布节能技术政策大纲，指导节能技术研究、开发和推广应用。

第五十七条　县级以上各级人民政府应当把节能技术研究开发作为政府科技投入的重点领域，支持科研单位和企业开展节能技术应用研究，制定节能标准，开发节能共性和关键技术，促进节能技术创新与成果转化。

第五十八条　国务院管理节能工作的部门会同国务院有关部门制定并公布节能技术、节能产品的推广目录，引导用能单位和个人使用先进的节能技术、节能产品。

国务院管理节能工作的部门会同国务院有关部门组织实施重大节能科研项目、节能示范项目、重点节能工程。

第五十九条　县级以上各级人民政府应当按照因地制宜、多能互补、综合利用、讲求效益的原则，加强农业和农村节能工作，增加对农业和农村节能技术、节能产品推广应用的资金投入。

农业、科技等有关主管部门应当支持、推广在农业生产、农产品加工储运等方面应用节能技术和节能产品，鼓励更新和淘汰高耗能的农业机械和渔业船舶。

国家鼓励、支持在农村大力发展沼气，推广生物质能、太阳能和风能等可再生能源利用技术，按照科学规划、有序开发的原则发展小型水力发电，推广节能型的农村住宅和炉灶等，鼓励利用非耕地种植能源植物，大力发展薪炭林等能源林。

第五章 激 励 措 施

第六十条 中央财政和省级地方财政安排节能专项资金，支持节能技术研究开发、节能技术和产品的示范与推广、重点节能工程的实施、节能宣传培训、信息服务和表彰奖励等。

第六十一条 国家对生产、使用列入本法第五十八条规定的推广目录的需要支持的节能技术、节能产品，实行税收优惠等扶持政策。

国家通过财政补贴支持节能照明器具等节能产品的推广和使用。

第六十二条 国家实行有利于节约能源资源的税收政策，健全能源矿产资源有偿使用制度，促进能源资源的节约及其开采利用水平的提高。

第六十三条 国家运用税收等政策，鼓励先进节能技术、设备的进口，控制在生产过程中耗能高、污染重的产品的出口。

第六十四条 政府采购监督管理部门会同有关部门制定节能产品、设备政府采购名录，应当优先列入取得节能产品认证证书的产品、设备。

第六十五条 国家引导金融机构增加对节能项目的信贷支持，为符合条件的节能技术研究开发、节能产品生产以及节能技术改造等项目提供优惠贷款。

国家推动和引导社会有关方面加大对节能的资金投入，加快节能技术改造。

第六十六条 国家实行有利于节能的价格政策，引导用能单位和个人节能。

国家运用财税、价格等政策，支持推广电力需求侧管理、合同能源管理、节能自愿协议等节能办法。

国家实行峰谷分时电价、季节性电价、可中断负荷电价制度，鼓励电力用户合理调整用电负荷；对钢铁、有色金属、建材、化工和其他主要耗能行业的企业，分淘汰、限制、允许和鼓励类实行差别电价政策。

第六十七条 各级人民政府对在节能管理、节能科学技术研究和推广应用中有显著成绩以及检举严重浪费能源行为的单位和个人，给予表彰和奖励。

第六章 法 律 责 任

第六十八条 负责审批或者核准固定资产投资项目的机关违反本法规定，对不符合强制性节能标准的项目予以批准或者核准建设的，对直接负责的主管人员和其他直接责任人员依法给予处分。

固定资产投资项目建设单位开工建设不符合强制性节能标准的项目或者将该项目投

入生产、使用的，由管理节能工作的部门责令停止建设或者停止生产、使用，限期改造；不能改造或者逾期不改造的生产性项目，由管理节能工作的部门报请本级人民政府按照国务院规定的权限责令关闭。

第六十九条　生产、进口、销售国家明令淘汰的用能产品、设备的，使用伪造的节能产品认证标志或者冒用节能产品认证标志的，依照《中华人民共和国产品质量法》的规定处罚。

第七十条　生产、进口、销售不符合强制性能源效率标准的用能产品、设备的，由产品质量监督部门责令停止生产、进口、销售，没收违法生产、进口、销售的用能产品、设备和违法所得，并处违法所得一倍以上五倍以下罚款；情节严重的，由工商行政管理部门吊销营业执照。

第七十一条　使用国家明令淘汰的用能设备或者生产工艺的，由管理节能工作的部门责令停止使用，没收国家明令淘汰的用能设备；情节严重的，可以由管理节能工作的部门提出意见，报请本级人民政府按照国务院规定的权限责令停业整顿或者关闭。

第七十二条　生产单位超过单位产品能耗限额标准用能，情节严重，经限期治理逾期不治理或者没有达到治理要求的，可以由管理节能工作的部门提出意见，报请本级人民政府按照国务院规定的权限责令停业整顿或者关闭。

第七十三条　违反本法规定，应当标注能源效率标识而未标注的，由产品质量监督部门责令改正，处三万元以上五万元以下罚款。

违反本法规定，未办理能源效率标识备案，或者使用的能源效率标识不符合规定的，由产品质量监督部门责令限期改正；逾期不改正的，处一万元以上三万元以下罚款。

伪造、冒用能源效率标识或者利用能源效率标识进行虚假宣传的，由产品质量监督部门责令改正，处五万元以上十万元以下罚款；情节严重的，由工商行政管理部门吊销营业执照。

第七十四条　用能单位未按照规定配备、使用能源计量器具的，由产品质量监督部门责令限期改正；逾期不改正的，处一万元以上五万元以下罚款。

第七十五条　瞒报、伪造、篡改能源统计资料或者编造虚假能源统计数据的，依照《中华人民共和国统计法》的规定处罚。

第七十六条　从事节能咨询、设计、评估、检测、审计、认证等服务的机构提供虚假信息的，由管理节能工作的部门责令改正，没收违法所得，并处五万元以上十万元以下罚款。

第七十七条　违反本法规定，无偿向本单位职工提供能源或者对能源消费实行包费制的，由管理节能工作的部门责令限期改正；逾期不改正的，处五万元以上二十万元以下罚款。

第七十八条　电网企业未按照本法规定安排符合规定的热电联产和利用余热余压发电的机组与电网并网运行，或者未执行国家有关上网电价规定的，由国家电力监管机构责令改正；造成发电企业经济损失的，依法承担赔偿责任。

第七十九条　建设单位违反建筑节能标准的，由建设主管部门责令改正，处二十万元以上五十万元以下罚款。

设计单位、施工单位、监理单位违反建筑节能标准的，由建设主管部门责令改正，处十万元以上五十万元以下罚款;情节严重的,由颁发资质证书的部门降低资质等级或者吊销资质证书;造成损失的,依法承担赔偿责任。

第八十条 房地产开发企业违反本法规定,在销售房屋时未向购买人明示所售房屋的节能措施、保温工程保修期等信息的,由建设主管部门责令限期改正,逾期不改正的,处三万元以上五万元以下罚款;对以上信息作虚假宣传的,由建设主管部门责令改正,处五万元以上二十万元以下罚款。

第八十一条 公共机构采购用能产品、设备,未优先采购列入节能产品、设备政府采购名录中的产品、设备,或者采购国家明令淘汰的用能产品、设备的,由政府采购监督管理部门给予警告,可以并处罚款;对直接负责的主管人员和其他直接责任人员依法给予处分,并予通报。

第八十二条 重点用能单位未按照本法规定报送能源利用状况报告或者报告内容不实的,由管理节能工作的部门责令限期改正;逾期不改正的,处一万元以上五万元以下罚款。

第八十三条 重点用能单位无正当理由拒不落实本法第五十四条规定的整改要求或者整改没有达到要求的,由管理节能工作的部门处十万元以上三十万元以下罚款。

第八十四条 重点用能单位未按照本法规定设立能源管理岗位,聘任能源管理负责人,并报管理节能工作的部门和有关部门备案的,由管理节能工作的部门责令改正;拒不改正的,处一万元以上三万元以下罚款。

第八十五条 违反本法规定,构成犯罪的,依法追究刑事责任。

第八十六条 国家工作人员在节能管理工作中滥用职权、玩忽职守、徇私舞弊,构成犯罪的,依法追究刑事责任;尚不构成犯罪的,依法给予处分。

第七章　附　　则

第八十七条 本法自2008年4月1日起施行。

全国人民代表大会常务委员会关于修改《中华人民共和国城市房地产管理法》的决定

中华人民共和国主席令第72号

《全国人民代表大会常务委员会关于修改〈中华人民共和国城市房地产管理法〉的决定》已由中华人民共和国第十届全国人民代表大会常务委员会第二十九次会议于2007年8月30日通过，现予公布，自公布之日起施行。

中华人民共和国主席　胡锦涛

二〇〇七年八月三十日

全国人民代表大会常务委员会关于修改《中华人民共和国城市房地产管理法》的决定

（2007年8月30日第十届全国人民代表大会常务委员会第二十九次会议通过）

第十届全国人民代表大会常务委员会第二十九次会议决定对《中华人民共和国城市房地产管理法》作如下修改：

在第一章“总则”中增加一条，作为第六条：“为了公共利益的需要，国家可以征收国有土地上单位和个人的房屋，并依法给予拆迁补偿，维护被征收人的合法权益；征收个人住宅的，还应当保障被征收人的居住条件。具体办法由国务院规定。”

本决定自公布之日起施行。

《中华人民共和国城市房地产管理法》根据本决定作相应修改，重新公布。

中华人民共和国城市房地产管理法

(1994年7月5日第八届全国人民代表大会常务委员会第八次会议通过 根据2007年8月30日第十届全国人民代表大会常务委员会第二十九次会议《关于修改〈中华人民共和国城市房地产管理法〉的决定》修正)

目　　录

第一章　总　　则

第一条　为了加强对城市房地产的管理,维护房地产市场秩序,保障房地产权利人的合法权益,促进房地产业的健康发展,制定本法。

第二条　在中华人民共和国城市规划区国有土地(以下简称国有土地)范围内取得房地产开发用地的土地使用权,从事房地产开发、房地产交易,实施房地产管理,应当遵守本法。

本法所称房屋,是指土地上的房屋等建筑物及构筑物。

本法所称房地产开发,是指在依据本法取得国有土地使用权的土地上进行基础设施、房屋建设的行为。

本法所称房地产交易,包括房地产转让、房地产抵押和房屋租赁。

第三条　国家依法实行国有土地有偿、有限期使用制度。但是,国家在本法规定的范围内划拨国有土地使用权的除外。

第四条　国家根据社会、经济发展水平，扶持发展居民住宅建设，逐步改善居民的居住条件。

第五条　房地产权利人应当遵守法律和行政法规，依法纳税。房地产权利人的合法权益受法律保护，任何单位和个人不得侵犯。

第六条　为了公共利益的需要，国家可以征收国有土地上单位和个人的房屋，并依法给予拆迁补偿，维护被征收人的合法权益；征收个人住宅的，还应当保障被征收人的居住条件。具体办法由国务院规定。

第七条　国务院建设行政主管部门、土地管理部门依照国务院规定的职权划分，各司其职，密切配合，管理全国房地产工作。

县级以上地方人民政府房产管理、土地管理部门的机构设置及其职权由省、自治区、直辖市人民政府确定。

第二章　房地产开发用地

第一节　土地使用权出让

第八条　土地使用权出让，是指国家将国有土地使用权（以下简称土地使用权）在一定年限内出让给土地使用者，由土地使用者向国家支付土地使用权出让金的行为。

第九条　城市规划区内的集体所有的土地，经依法征用转为国有土地后，该幅国有土地的使用权方可有偿出让。

第十条　土地使用权出让，必须符合土地利用总体规划、城市规划和年度建设用地计划。

第十一条　县级以上地方人民政府出让土地使用权用于房地产开发的，须根据省级以上人民政府下达的控制指标拟订年度出让土地使用权总面积方案，按照国务院规定，报国务院或者省级人民政府批准。

第十二条　土地使用权出让，由市、县人民政府有计划、有步骤地进行。出让的每幅地块、用途、年限和其他条件，由市、县人民政府土地管理部门会同城市规划、建设、房产管理部门共同拟定方案，按照国务院规定，报经有批准权的人民政府批准后，由市、县人民政府土地管理部门实施。

直辖市的县人民政府及其有关部门行使前款规定的权限，由直辖市人民政府规定。

第十三条　土地使用权出让，可以采取拍卖、招标或者双方协议的方式。

商业、旅游、娱乐和豪华住宅用地，有条件的，必须采取拍卖、招标方式；没有条件，不能采取拍卖、招标方式的，可以采取双方协议的方式。

采取双方协议方式出让土地使用权的出让金不得低于按国家规定所确定的最低价。

第十四条　土地使用权出让最高年限由国务院规定。

第十五条　土地使用权出让，应当签订书面出让合同。

土地使用权出让合同由市、县人民政府土地管理部门与土地使用者签订。

第十六条　土地使用者必须按照出让合同约定,支付土地使用权出让金;未按照出让合同约定支付土地使用权出让金的,土地管理部门有权解除合同,并可以请求违约赔偿。

第十七条　土地使用者按照出让合同约定支付土地使用权出让金的,市、县人民政府土地管理部门必须按照出让合同约定,提供出让的土地;未按照出让合同约定提供出让的土地的,土地使用者有权解除合同,由土地管理部门返还土地使用权出让金,土地使用者并可以请求违约赔偿。

第十八条　土地使用者需要改变土地使用权出让合同约定的土地用途的,必须取得出让方和市、县人民政府城市规划行政主管部门的同意,签订土地使用权出让合同变更协议或者重新签订土地使用权出让合同,相应调整土地使用权出让金。

第十九条　土地使用权出让金应当全部上缴财政,列入预算,用于城市基础设施建设和土地开发。土地使用权出让金上缴和使用的具体办法由国务院规定。

第二十条　国家对土地使用者依法取得的土地使用权,在出让合同约定的使用年限届满前不收回;在特殊情况下,根据社会公共利益的需要,可以依照法律程序提前收回,并根据土地使用者使用土地的实际年限和开发土地的实际情况给予相应的补偿。

第二十一条　土地使用权因土地灭失而终止。

第二十二条　土地使用权出让合同约定的使用年限届满,土地使用者需要继续使用土地的,应当至迟于届满前一年申请续期,除根据社会公共利益需要收回该幅土地的,应当予以批准。经批准准予续期的,应当重新签订土地使用权出让合同,依照规定支付土地使用权出让金。

土地使用权出让合同约定的使用年限届满,土地使用者未申请续期或者虽申请续期但依照前款规定未获批准的,土地使用权由国家无偿收回。

第二节　土地使用权划拨

第二十三条　土地使用权划拨,是指县级以上人民政府依法批准,在土地使用者缴纳补偿、安置等费用后将该幅土地交付其使用,或者将土地使用权无偿交付给土地使用者使用的行为。

依照本法规定以划拨方式取得土地使用权的,除法律、行政法规另有规定外,没有使用期限的限制。

第二十四条　下列建设用地的土地使用权,确属必需的,可以由县级以上人民政府依法批准划拨:

(一)国家机关用地和军事用地;

(二)城市基础设施用地和公益事业用地;

(三)国家重点扶持的能源、交通、水利等项目用地;

(四)法律、行政法规规定的其他用地。

第三章　房地产开发

第二十五条　房地产开发必须严格执行城市规划,按照经济效益、社会效益、环境效益相统一的原则,实行全面规划、合理布局、综合开发、配套建设。

第二十六条　以出让方式取得土地使用权进行房地产开发的,必须按照土地使用权出让合同约定的土地用途、动工开发期限开发土地。超过出让合同约定的动工开发日期满一年未动工开发的,可以征收相当于土地使用权出让金百分之二十以下的土地闲置费;满二年未动工开发的,可以无偿收回土地使用权;但是,因不可抗力或者政府、政府有关部门的行为或者动工开发必需的前期工作造成动工开发迟延的除外。

第二十七条　房地产开发项目的设计、施工,必须符合国家的有关标准和规范。

房地产开发项目竣工,经验收合格后,方可交付使用。

第二十八条　依法取得的土地使用权,可以依照本法和有关法律、行政法规的规定,作价入股,合资、合作开发经营房地产。

第二十九条　国家采取税收等方面的优惠措施鼓励和扶持房地产开发企业开发建设居民住宅。

第三十条　房地产开发企业是以营利为目的,从事房地产开发和经营的企业。设立房地产开发企业,应当具备下列条件:

(一)有自己的名称和组织机构;

(二)有固定的经营场所;

(三)有符合国务院规定的注册资本;

(四)有足够的专业技术人员;

(五)法律、行政法规规定的其他条件。

设立房地产开发企业,应当向工商行政管理部门申请设立登记。工商行政管理部门对符合本法规定条件的,应当予以登记,发给营业执照;对不符合本法规定条件的,不予登记。

设立有限责任公司、股份有限公司,从事房地产开发经营的,还应当执行公司法的有关规定。

房地产开发企业在领取营业执照后的一个月内,应当到登记机关所在地的县级以上地方人民政府规定的部门备案。

第三十一条　房地产开发企业的注册资本与投资总额的比例应当符合国家有关规定。

房地产开发企业分期开发房地产的,分期投资额应当与项目规模相适应,并按照土地使用权出让合同的约定,按期投入资金,用于项目建设。

第四章　房地产交易

第一节　一般规定

第三十二条　房地产转让、抵押时,房屋的所有权和该房屋占用范围内的土地使用权同时转让、抵押。

第三十三条　基准地价、标定地价和各类房屋的重置价格应当定期确定并公布。具体办法由国务院规定。

第三十四条　国家实行房地产价格评估制度。

房地产价格评估，应当遵循公正、公平、公开的原则，按照国家规定的技术标准和评估程序，以基准地价、标定地价和各类房屋的重置价格为基础，参照当地的市场价格进行评估。

第三十五条　国家实行房地产成交价格申报制度。

房地产权利人转让房地产，应当向县级以上地方人民政府规定的部门如实申报成交价，不得瞒报或者作不实的申报。

第三十六条　房地产转让、抵押，当事人应当依照本法第五章的规定办理权属登记。

第二节　房地产转让

第三十七条　房地产转让，是指房地产权利人通过买卖、赠与或者其他合法方式将其房地产转移给他人的行为。

第三十八条　下列房地产，不得转让：

（一）以出让方式取得土地使用权的，不符合本法第三十九条规定的条件的；

（二）司法机关和行政机关依法裁定、决定查封或者以其他形式限制房地产权利的；

（三）依法收回土地使用权的；

（四）共有房地产，未经其他共有人书面同意的；

（五）权属有争议的；

（六）未依法登记领取权属证书的；

（七）法律、行政法规规定禁止转让的其他情形。

第三十九条　以出让方式取得土地使用权的，转让房地产时，应当符合下列条件：

（一）按照出让合同约定已经支付全部土地使用权出让金，并取得土地使用权证书；

（二）按照出让合同约定进行投资开发，属于房屋建设工程的，完成开发投资总额的百分之二十五以上，属于成片开发土地的，形成工业用地或者其他建设用地条件。

转让房地产时房屋已经建成的，还应当持有房屋所有权证书。

第四十条　以划拨方式取得土地使用权的，转让房地产时，应当按照国务院规定，报有批准权的人民政府审批。有批准权的人民政府准予转让的，应当由受让方办理土地使用权出让手续，并依照国家有关规定缴纳土地使用权出让金。

以划拨方式取得土地使用权的，转让房地产报批时，有批准权的人民政府按照国务院规定决定可以不办理土地使用权出让手续的，转让方应当按照国务院规定将转让房地产所获收益中的土地收益上缴国家或者作其他处理。

第四十一条　房地产转让，应当签订书面转让合同，合同中应当载明土地使用权取得的方式。

第四十二条　房地产转让时，土地使用权出让合同载明的权利、义务随之转移。

第四十三条　以出让方式取得土地使用权的，转让房地产后，其土地使用权的使用年限为原土地使用权出让合同约定的使用年限减去原土地使用者已经使用年限后的剩余年限。

第四十四条　以出让方式取得土地使用权的，转让房地产后，受让人改变原土地使用权出让合同约定的土地用途的,必须取得原出让方和市、县人民政府城市规划行政主管部门的同意,签订土地使用权出让合同变更协议或者重新签订土地使用权出让合同,相应调整土地使用权出让金。

第四十五条　商品房预售,应当符合下列条件:

(一)已交付全部土地使用权出让金,取得土地使用权证书;

(二)持有建设工程规划许可证;

(三)按提供预售的商品房计算,投入开发建设的资金达到工程建设总投资的百分之二十五以上,并已经确定施工进度和竣工交付日期;

(四)向县级以上人民政府房产管理部门办理预售登记,取得商品房预售许可证明。

商品房预售人应当按照国家有关规定将预售合同报县级以上人民政府房产管理部门和土地管理部门登记备案。

商品房预售所得款项,必须用于有关的工程建设。

第四十六条　商品房预售的,商品房预购人将购买的未竣工的预售商品房再行转让的问题,由国务院规定。

第三节　房地产抵押

第四十七条　房地产抵押,是指抵押人以其合法的房地产以不转移占有的方式向抵押权人提供债务履行担保的行为。债务人不履行债务时,抵押权人有权依法以抵押的房地产拍卖所得的价款优先受偿。

第四十八条　依法取得的房屋所有权连同该房屋占用范围内的土地使用权,可以设定抵押权。

以出让方式取得的土地使用权,可以设定抵押权。

第四十九条　房地产抵押,应当凭土地使用权证书、房屋所有权证书办理。

第五十条　房地产抵押,抵押人和抵押权人应当签订书面抵押合同。

第五十一条　设定房地产抵押权的土地使用权是以划拨方式取得的,依法拍卖该房地产后,应当从拍卖所得的价款中缴纳相当于应缴纳的土地使用权出让金的款额后,抵押权人方可优先受偿。

第五十二条　房地产抵押合同签订后,土地上新增的房屋不属于抵押财产。需要拍卖该抵押的房地产时,可以依法将土地上新增的房屋与抵押财产一同拍卖,但对拍卖新增房屋所得,抵押权人无权优先受偿。

第四节　房屋租赁

第五十三条　房屋租赁,是指房屋所有权人作为出租人将其房屋出租给承租人使用,由承租人向出租人支付租金的行为。

第五十四条　房屋租赁,出租人和承租人应当签订书面租赁合同,约定租赁期限、租赁用途、租赁价格、修缮责任等条款,以及双方的其他权利和义务,并向房产管理部门登记备案。

第五十五条 住宅用房的租赁,应当执行国家和房屋所在城市人民政府规定的租赁政策。租用房屋从事生产、经营活动的,由租赁双方协商议定租金和其他租赁条款。

第五十六条 以营利为目的,房屋所有权人将以划拨方式取得使用权的国有土地上建成的房屋出租的,应当将租金中所含土地收益上缴国家。具体办法由国务院规定。

第五节 中介服务机构

第五十七条 房地产中介服务机构包括房地产咨询机构、房地产价格评估机构、房地产经纪机构等。

第五十八条 房地产中介服务机构应当具备下列条件:

(一)有自己的名称和组织机构;

(二)有固定的服务场所;

(三)有必要的财产和经费;

(四)有足够数量的专业人员;

(五)法律、行政法规规定的其他条件。

设立房地产中介服务机构,应当向工商行政管理部门申请设立登记,领取营业执照后,方可开业。

第五十九条 国家实行房地产价格评估人员资格认证制度。

第五章 房地产权属登记管理

第六十条 国家实行土地使用权和房屋所有权登记发证制度。

第六十一条 以出让或者划拨方式取得土地使用权,应当向县级以上地方人民政府土地管理部门申请登记,经县级以上地方人民政府土地管理部门核实,由同级人民政府颁发土地使用权证书。

在依法取得的房地产开发用地上建成房屋的,应当凭土地使用权证书向县级以上地方人民政府房产管理部门申请登记,由县级以上地方人民政府房产管理部门核实并颁发房屋所有权证书。

房地产转让或者变更时,应当向县级以上地方人民政府房产管理部门申请房产变更登记,并凭变更后的房屋所有权证书向同级人民政府土地管理部门申请土地使用权变更登记,经同级人民政府土地管理部门核实,由同级人民政府更换或者更改土地使用权证书。

法律另有规定的,依照有关法律的规定办理。

第六十二条 房地产抵押时,应当向县级以上地方人民政府规定的部门办理抵押登记。

因处分抵押房地产而取得土地使用权和房屋所有权的,应当依照本章规定办理过户登记。

第六十三条 经省、自治区、直辖市人民政府确定,县级以上地方人民政府由一个部门统一负责房产管理和土地管理工作的，可以制作、颁发统一的房地产权证书，依照本法第六十一条的规定，将房屋的所有权和该房屋占用范围内的土地使用权的确认和变更，分别载入房地产权证书。

第六章　法　律　责　任

第六十四条　违反本法第十一条、第十二条的规定，擅自批准出让或者擅自出让土地使用权用于房地产开发的，由上级机关或者所在单位给予有关责任人员行政处分。

第六十五条　违反本法第三十条的规定，未取得营业执照擅自从事房地产开发业务的，由县级以上人民政府工商行政管理部门责令停止房地产开发业务活动，没收违法所得，可以并处罚款。

第六十六条　违反本法第三十九条第一款的规定转让土地使用权的，由县级以上人民政府土地管理部门没收违法所得，可以并处罚款。

第六十七条　违反本法第四十条第一款的规定转让房地产的，由县级以上人民政府土地管理部门责令缴纳土地使用权出让金，没收违法所得，可以并处罚款。

第六十八条　违反本法第四十五条第一款的规定预售商品房的，由县级以上人民政府房产管理部门责令停止预售活动，没收违法所得，可以并处罚款。

第六十九条　违反本法第五十八条的规定，未取得营业执照擅自从事房地产中介服务业务的，由县级以上人民政府工商行政管理部门责令停止房地产中介服务业务活动，没收违法所得，可以并处罚款。

第七十条　没有法律、法规的依据，向房地产开发企业收费的，上级机关应当责令退回所收取的钱款；情节严重的，由上级机关或者所在单位给予直接责任人员行政处分。

第七十一条　房产管理部门、土地管理部门工作人员玩忽职守、滥用职权，构成犯罪的，依法追究刑事责任；不构成犯罪的，给予行政处分。

房产管理部门、土地管理部门工作人员利用职务上的便利，索取他人财物，或者非法收受他人财物为他人谋取利益，构成犯罪的，依照惩治贪污罪贿赂罪的补充规定追究刑事责任；不构成犯罪的，给予行政处分。

第七章　附　　则

第七十二条　在城市规划区外的国有土地范围内取得房地产开发用地的土地使用权，从事房地产开发、交易活动以及实施房地产管理，参照本法执行。

第七十三条　本法自 1995 年 1 月 1 日起施行。

全国人民代表大会常务委员会关于修改《中华人民共和国文物保护法》的决定

中华人民共和国主席令第84号

《全国人民代表大会常务委员会关于修改〈中华人民共和国文物保护法〉的决定》已由中华人民共和国第十届全国人民代表大会常务委员会第三十一次会议于2007年12月29日通过，现予公布，自公布之日起施行。

中华人民共和国主席　胡锦涛

二〇〇七年十二月二十九日

全国人民代表大会常务委员会关于修改《中华人民共和国文物保护法》的决定

（2007年12月29日第十届全国人民代表大会常务委员会第三十一次会议通过）

第十届全国人民代表大会常务委员会第三十一次会议决定对《中华人民共和国文物保护法》作如下修改：

一、第二十二条修改为："不可移动文物已经全部毁坏的，应当实施遗址保护，不得在原址重建。但是，因特殊情况需要在原址重建的，由省、自治区、直辖市人民政府文物行政部门报省、自治区、直辖市人民政府批准；全国重点文物保护单位需要在原址重建的，由省、自治区、直辖市人民政府报国务院批准。"

二、第二十三条修改为："核定为文物保护单位的属于国家所有的纪念建筑物或者古建筑，除可以建立博物馆、保管所或者辟为参观游览场所外，作其他用途的，市、县级文物保护单位应当经核定公布该文物保护单位的人民政府文物行政部门征得上一级文物行政部门同意后，报核定公布该文物保护单位的人民政府批准；省级文物保护单位应当经核定公布该文物保护单位的省级人民政府的文物行政部门审核同意后，报该省级人民政府批准；全国重点文物保护单位作其他用途的，应当由省、自治区、直辖市人民政府报国务院批准。国有未核定为文物保护单位的不可移动文物作其他用途的，应当报告县级人民政府文物行政部门。"

三、第四十条第二款修改为："国有文物收藏单位之间因举办展览、科学研究等需借用馆藏文物的，应当报主管的文物行政部门备案；借用馆藏一级文物的，应当经省、自治区、直辖市人民政府文物行政部门批准，并报国务院文物行政部门备案。"

本决定自公布之日起施行。

《中华人民共和国文物保护法》根据本决定作相应修改，重新公布。

中华人民共和国文物保护法

（1982年11月19日第五届全国人民代表大会常务委员会第二十五次会议通过根据1991年6月29日第七届全国人民代表大会常务委员会第二十次会议《关于修改〈中华人民共和国文物保护法〉第三十条、第三十一条的决定》修正2002年10月28日第九届全国人民代表大会常务委员会第三十次会议修订根据2007年12月29日第十届全国人民代表大会常务委员会第三十一次会议《关于修改〈中华人民共和国文物保护法〉的决定》第二次修正）

目　录

第一章　总　　则

第一条　为了加强对文物的保护，继承中华民族优秀的历史文化遗产，促进科学研究工作，进行爱国主义和革命传统教育，建设社会主义精神文明和物质文明，根据宪法，制定本法。

第二条　在中华人民共和国境内，下列文物受国家保护：

（一）具有历史、艺术、科学价值的古文化遗址、古墓葬、古建筑、石窟寺和石刻、壁画；

（二）与重大历史事件、革命运动或者著名人物有关的以及具有重要纪念意义、教育意义或者史料价值的近代现代重要史迹、实物、代表性建筑；

（三）历史上各时代珍贵的艺术品、工艺美术品；

（四）历史上各时代重要的文献资料以及具有历史、艺术、科学价值的手稿和图书资料等；

（五）反映历史上各时代、各民族社会制度、社会生产、社会生活的代表性实物。

文物认定的标准和办法由国务院文物行政部门制定，并报国务院批准。

具有科学价值的古脊椎动物化石和古人类化石同文物一样受国家保护。

第三条 古文化遗址、古墓葬、古建筑、石窟寺、石刻、壁画、近代现代重要史迹和代表性建筑等不可移动文物，根据它们的历史、艺术、科学价值，可以分别确定为全国重点文物保护单位，省级文物保护单位，市、县级文物保护单位。

历史上各时代重要实物、艺术品、文献、手稿、图书资料、代表性实物等可移动文物，分为珍贵文物和一般文物；珍贵文物分为一级文物、二级文物、三级文物。

第四条 文物工作贯彻保护为主、抢救第一、合理利用、加强管理的方针。

第五条 中华人民共和国境内地下、内水和领海中遗存的一切文物，属于国家所有。

古文化遗址、古墓葬、石窟寺属于国家所有。国家指定保护的纪念建筑物、古建筑、石刻、壁画、近代现代代表性建筑等不可移动文物，除国家另有规定的以外，属于国家所有。

国有不可移动文物的所有权不因其所依附的土地所有权或者使用权的改变而改变。

下列可移动文物，属于国家所有：

（一）中国境内出土的文物，国家另有规定的除外；

（二）国有文物收藏单位以及其他国家机关、部队和国有企业、事业组织等收藏、保管的文物；

（三）国家征集、购买的文物；

（四）公民、法人和其他组织捐赠给国家的文物；

（五）法律规定属于国家所有的其他文物。

属于国家所有的可移动文物的所有权不因其保管、收藏单位的终止或者变更而改变。

国有文物所有权受法律保护，不容侵犯。

第六条 属于集体所有和私人所有的纪念建筑物、古建筑和祖传文物以及依法取得的其他文物，其所有权受法律保护。文物的所有者必须遵守国家有关文物保护的法律、法规的规定。

第七条 一切机关、组织和个人都有依法保护文物的义务。

第八条 国务院文物行政部门主管全国文物保护工作。

地方各级人民政府负责本行政区域内的文物保护工作。县级以上地方人民政府承担文物保护工作的部门对本行政区域内的文物保护实施监督管理。

县级以上人民政府有关行政部门在各自的职责范围内，负责有关的文物保护工作。

第九条 各级人民政府应当重视文物保护，正确处理经济建设、社会发展与文物保护的关系，确保文物安全。

基本建设、旅游发展必须遵守文物保护工作的方针，其活动不得对文物造成损害。

公安机关、工商行政管理部门、海关、城乡建设规划部门和其他有关国家机关，应当依法认真履行所承担的保护文物的职责，维护文物管理秩序。

第十条 国家发展文物保护事业。县级以上人民政府应当将文物保护事业纳入本级国民经济和社会发展规划，所需经费列入本级财政预算。

国家用于文物保护的财政拨款随着财政收入增长而增加。

国有博物馆、纪念馆、文物保护单位等的事业性收入，专门用于文物保护，任何单位或者个人不得侵占、挪用。

国家鼓励通过捐赠等方式设立文物保护社会基金，专门用于文物保护，任何单位或者个人不得侵占、挪用。

第十一条　文物是不可再生的文化资源。国家加强文物保护的宣传教育，增强全民文物保护的意识，鼓励文物保护的科学研究，提高文物保护的科学技术水平。

第十二条　有下列事迹的单位或者个人，由国家给予精神鼓励或者物质奖励：

（一）认真执行文物保护法律、法规，保护文物成绩显著的；

（二）为保护文物与违法犯罪行为作坚决斗争的；

（三）将个人收藏的重要文物捐献给国家或者为文物保护事业作出捐赠的；

（四）发现文物及时上报或者上交，使文物得到保护的；

（五）在考古发掘工作中作出重大贡献的；

（六）在文物保护科学技术方面有重要发明创造或者其他重要贡献的；

（七）在文物面临破坏危险时，抢救文物有功的；

（八）长期从事文物工作，作出显著成绩的。

第二章　不可移动文物

第十三条　国务院文物行政部门在省级、市、县级文物保护单位中，选择具有重大历史、艺术、科学价值的确定为全国重点文物保护单位，或者直接确定为全国重点文物保护单位，报国务院核定公布。

省级文物保护单位，由省、自治区、直辖市人民政府核定公布，并报国务院备案。

市级和县级文物保护单位，分别由设区的市、自治州和县级人民政府核定公布，并报省、自治区、直辖市人民政府备案。

尚未核定公布为文物保护单位的不可移动文物，由县级人民政府文物行政部门予以登记并公布。

第十四条　保存文物特别丰富并且具有重大历史价值或者革命纪念意义的城市，由国务院核定公布为历史文化名城。

保存文物特别丰富并且具有重大历史价值或者革命纪念意义的城镇、街道、村庄，由省、自治区、直辖市人民政府核定公布为历史文化街区、村镇，并报国务院备案。

历史文化名城和历史文化街区、村镇所在地的县级以上地方人民政府应当组织编制专门的历史文化名城和历史文化街区、村镇保护规划，并纳入城市总体规划。

历史文化名城和历史文化街区、村镇的保护办法，由国务院制定。

第十五条　各级文物保护单位，分别由省、自治区、直辖市人民政府和市、县级人民政府划定必要的保护范围，作出标志说明，建立记录档案，并区别情况分别设置专门机构或者专人负责管理。全国重点文物保护单位的保护范围和记录档案，由省、自治区、直辖市人民政府文物行政部门报国务院文物行政部门备案。

县级以上地方人民政府文物行政部门应当根据不同文物的保护需要，制定文物保护单位和未核定为文物保护单位的不可移动文物的具体保护措施，并公告施行。

第十六条　各级人民政府制定城乡建设规划，应当根据文物保护的需要，事先由城乡建设规划部门会同文物行政部门商定对本行政区域内各级文物保护单位的保护措施，并纳入规划。

第十七条　文物保护单位的保护范围内不得进行其他建设工程或者爆破、钻探、挖掘等作业。但是，因特殊情况需要在文物保护单位的保护范围内进行其他建设工程或者爆破、钻探、挖掘等作业的，必须保证文物保护单位的安全，并经核定公布该文物保护单位的人民政府批准，在批准前应当征得上一级人民政府文物行政部门同意；在全国重点文物保护单位的保护范围内进行其他建设工程或者爆破、钻探、挖掘等作业的，必须经省、自治区、直辖市人民政府批准，在批准前应当征得国务院文物行政部门同意。

第十八条　根据保护文物的实际需要，经省、自治区、直辖市人民政府批准，可以在文物保护单位的周围划出一定的建设控制地带，并予以公布。

在文物保护单位的建设控制地带内进行建设工程，不得破坏文物保护单位的历史风貌；工程设计方案应当根据文物保护单位的级别，经相应的文物行政部门同意后，报城乡建设规划部门批准。

第十九条　在文物保护单位的保护范围和建设控制地带内，不得建设污染文物保护单位及其环境的设施，不得进行可能影响文物保护单位安全及其环境的活动。对已有的污染文物保护单位及其环境的设施，应当限期治理。

第二十条　建设工程选址，应当尽可能避开不可移动文物；因特殊情况不能避开的，对文物保护单位应当尽可能实施原址保护。

实施原址保护的，建设单位应当事先确定保护措施，根据文物保护单位的级别报相应的文物行政部门批准，并将保护措施列入可行性研究报告或者设计任务书。

无法实施原址保护，必须迁移异地保护或者拆除的，应当报省、自治区、直辖市人民政府批准；迁移或者拆除省级文物保护单位的，批准前须征得国务院文物行政部门同意。全国重点文物保护单位不得拆除；需要迁移的，须由省、自治区、直辖市人民政府报国务院批准。

依照前款规定拆除的国有不可移动文物中具有收藏价值的壁画、雕塑、建筑构件等，由文物行政部门指定的文物收藏单位收藏。

本条规定的原址保护、迁移、拆除所需费用，由建设单位列入建设工程预算。

第二十一条　国有不可移动文物由使用人负责修缮、保养；非国有不可移动文物由所有人负责修缮、保养。非国有不可移动文物有损毁危险，所有人不具备修缮能力的，当地人民政府应当给予帮助；所有人具备修缮能力而拒不依法履行修缮义务的，县级以上人民政府可以给予抢救修缮，所需费用由所有人负担。

对文物保护单位进行修缮，应当根据文物保护单位的级别报相应的文物行政部门批准；对未核定为文物保护单位的不可移动文物进行修缮，应当报登记的县级人民政府文物行政部门批准。

文物保护单位的修缮、迁移、重建，由取得文物保护工程资质证书的单位承担。

对不可移动文物进行修缮、保养、迁移，必须遵守不改变文物原状的原则。

第二十二条　不可移动文物已经全部毁坏的，应当实施遗址保护，不得在原址重建。但是，因特殊情况需要在原址重建的，由省、自治区、直辖市人民政府文物行政部门报省、自治区、直辖市人民政府批准；全国重点文物保护单位需要在原址重建的，由省、自治区、直辖市人民政府报国务院批准。

第二十三条　核定为文物保护单位的属于国家所有的纪念建筑物或者古建筑，除可以建立博物馆、保管所或者辟为参观游览场所外，作其他用途的，市、县级文物保护单位应当经核定公布该文物保护单位的人民政府文物行政部门征得上一级文物行政部门同意后，报核定公布该文物保护单位的人民政府批准；省级文物保护单位应当经核定公布该文物保护单位的省级人民政府的文物行政部门审核同意后，报该省级人民政府批准；全国重点文物保护单位作其他用途的，应当由省、自治区、直辖市人民政府报国务院批准。国有未核定为文物保护单位的不可移动文物作其他用途的，应当报告县级人民政府文物行政部门。

第二十四条　国有不可移动文物不得转让、抵押。建立博物馆、保管所或者辟为参观游览场所的国有文物保护单位，不得作为企业资产经营。

第二十五条　非国有不可移动文物不得转让、抵押给外国人。

非国有不可移动文物转让、抵押或者改变用途的，应当根据其级别报相应的文物行政部门备案；由当地人民政府出资帮助修缮的，应当报相应的文物行政部门批准。

第二十六条　使用不可移动文物，必须遵守不改变文物原状的原则，负责保护建筑物及其附属文物的安全，不得损毁、改建、添建或者拆除不可移动文物。

对危害文物保护单位安全、破坏文物保护单位历史风貌的建筑物、构筑物，当地人民政府应当及时调查处理，必要时，对该建筑物、构筑物予以拆迁。

第三章　考　古　发　掘

第二十七条　一切考古发掘工作，必须履行报批手续；从事考古发掘的单位，应当经国务院文物行政部门批准。

地下埋藏的文物，任何单位或者个人都不得私自发掘。

第二十八条　从事考古发掘的单位，为了科学研究进行考古发掘，应当提出发掘计划，报国务院文物行政部门批准；对全国重点文物保护单位的考古发掘计划，应当经国务院文物行政部门审核后报国务院批准。国务院文物行政部门在批准或者审核前，应当征求社会科学研究机构及其他科研机构和有关专家的意见。

第二十九条　进行大型基本建设工程，建设单位应当事先报请省、自治区、直辖市人民政府文物行政部门组织从事考古发掘的单位在工程范围内有可能埋藏文物的地方进行考古调查、勘探。

考古调查、勘探中发现文物的，由省、自治区、直辖市人民政府文物行政部门根据文物保护的要求会同建设单位共同商定保护措施；遇有重要发现的，由省、自治区、直辖市人民政府文物行政部门及时报国务院文物行政部门处理。

第三十条　需要配合建设工程进行的考古发掘工作，应当由省、自治区、直辖市文物行政部门在勘探工作的基础上提出发掘计划，报国务院文物行政部门批准。国务院文物行政部门在批准前，应当征求社会科学研究机构及其他科研机构和有关专家的意见。

确因建设工期紧迫或者有自然破坏危险，对古文化遗址、古墓葬急需进行抢救发掘的，由省、自治区、直辖市人民政府文物行政部门组织发掘，并同时补办审批手续。

第三十一条　凡因进行基本建设和生产建设需要的考古调查、勘探、发掘，所需费用由建设单位列入建设工程预算。

第三十二条　在进行建设工程或者在农业生产中，任何单位或者个人发现文物，应当保护现场，立即报告当地文物行政部门，文物行政部门接到报告后，如无特殊情况，应当在二十四小时内赶赴现场，并在七日内提出处理意见。文物行政部门可以报请当地人民政府通知公安机关协助保护现场；发现重要文物的，应当立即上报国务院文物行政部门，国务院文物行政部门应当在接到报告后十五日内提出处理意见。

依照前款规定发现的文物属于国家所有，任何单位或者个人不得哄抢、私分、藏匿。

第三十三条　非经国务院文物行政部门报国务院特别许可，任何外国人或者外国团体不得在中华人民共和国境内进行考古调查、勘探、发掘。

第三十四条　考古调查、勘探、发掘的结果，应当报告国务院文物行政部门和省、自治区、直辖市人民政府文物行政部门。

考古发掘的文物，应当登记造册，妥善保管，按照国家有关规定移交给由省、自治区、直辖市人民政府文物行政部门或者国务院文物行政部门指定的国有博物馆、图书馆或者其他国有收藏文物的单位收藏。经省、自治区、直辖市人民政府文物行政部门或者国务院文物行政部门批准，从事考古发掘的单位可以保留少量出土文物作为科研标本。

考古发掘的文物，任何单位或者个人不得侵占。

第三十五条　根据保证文物安全、进行科学研究和充分发挥文物作用的需要，省、自治区、直辖市人民政府文物行政部门经本级人民政府批准，可以调用本行政区域内的出土文物；国务院文物行政部门经国务院批准，可以调用全国的重要出土文物。

第四章　馆　藏　文　物

第三十六条　博物馆、图书馆和其他文物收藏单位对收藏的文物，必须区分文物等级，设置藏品档案，建立严格的管理制度，并报主管的文物行政部门备案。

县级以上地方人民政府文物行政部门应当分别建立本行政区域内的馆藏文物档案；国务院文物行政部门应当建立国家一级文物藏品档案和其主管的国有文物收藏单位馆藏文物档案。

第三十七条　文物收藏单位可以通过下列方式取得文物：

（一）购买；

（二）接受捐赠；

（三）依法交换；

（四）法律、行政法规规定的其他方式。

国有文物收藏单位还可以通过文物行政部门指定保管或者调拨方式取得文物。

第三十八条　文物收藏单位应当根据馆藏文物的保护需要，按照国家有关规定建立、健全管理制度，并报主管的文物行政部门备案。未经批准，任何单位或者个人不得调取馆藏文物。

文物收藏单位的法定代表人对馆藏文物的安全负责。国有文物收藏单位的法定代表人离任时，应当按照馆藏文物档案办理馆藏文物移交手续。

第三十九条　国务院文物行政部门可以调拨全国的国有馆藏文物。省、自治区、直辖市人民政府文物行政部门可以调拨本行政区域内其主管的国有文物收藏单位馆藏文物；调拨国有馆藏一级文物，应当报国务院文物行政部门备案。

国有文物收藏单位可以申请调拨国有馆藏文物。

第四十条　文物收藏单位应当充分发挥馆藏文物的作用，通过举办展览、科学研究等活动，加强对中华民族优秀的历史文化和革命传统的宣传教育。

国有文物收藏单位之间因举办展览、科学研究等需借用馆藏文物的，应当报主管的文物行政部门备案；借用馆藏一级文物的，应当经省、自治区、直辖市人民政府文物行政部门批准，并报国务院文物行政部门备案。

非国有文物收藏单位和其他单位举办展览需借用国有馆藏文物的，应当报主管的文物行政部门批准；借用国有馆藏一级文物，应当经国务院文物行政部门批准。

文物收藏单位之间借用文物的最长期限不得超过三年。

第四十一条　已经建立馆藏文物档案的国有文物收藏单位，经省、自治区、直辖市人民政府文物行政部门批准，并报国务院文物行政部门备案，其馆藏文物可以在国有文物收藏单位之间交换；交换馆藏一级文物的，必须经国务院文物行政部门批准。

第四十二条　未建立馆藏文物档案的国有文物收藏单位，不得依照本法第四十条、第四十一条的规定处置其馆藏文物。

第四十三条　依法调拨、交换、借用国有馆藏文物，取得文物的文物收藏单位可以对提供文物的文物收藏单位给予合理补偿，具体管理办法由国务院文物行政部门制定。

国有文物收藏单位调拨、交换、出借文物所得的补偿费用，必须用于改善文物的收藏条件和收集新的文物，不得挪作他用；任何单位或者个人不得侵占。

调拨、交换、借用的文物必须严格保管，不得丢失、损毁。

第四十四条　禁止国有文物收藏单位将馆藏文物赠与、出租或者出售给其他单位、个人。

第四十五条　国有文物收藏单位不再收藏的文物的处置办法，由国务院另行制定。

第四十六条　修复馆藏文物，不得改变馆藏文物的原状；复制、拍摄、拓印馆藏文物，不得对馆藏文物造成损害。具体管理办法由国务院制定。

不可移动文物的单体文物的修复、复制、拍摄、拓印，适用前款规定。

第四十七条　博物馆、图书馆和其他收藏文物的单位应当按照国家有关规定配备防火、防盗、防自然损坏的设施，确保馆藏文物的安全。

第四十八条　馆藏一级文物损毁的，应当报国务院文物行政部门核查处理。其他馆藏文物损毁的，应当报省、自治区、直辖市人民政府文物行政部门核查处理；省、自治区、直辖市人民政府文物行政部门应当将核查处理结果报国务院文物行政部门备案。

馆藏文物被盗、被抢或者丢失的，文物收藏单位应当立即向公安机关报案，并同时向主管的文物行政部门报告。

第四十九条　文物行政部门和国有文物收藏单位的工作人员不得借用国有文物，不得非法侵占国有文物。

第五章 民间收藏文物

第五十条 文物收藏单位以外的公民、法人和其他组织可以收藏通过下列方式取得的文物:

(一)依法继承或者接受赠与;

(二)从文物商店购买;

(三)从经营文物拍卖的拍卖企业购买;

(四)公民个人合法所有的文物相互交换或者依法转让;

(五)国家规定的其他合法方式。

文物收藏单位以外的公民、法人和其他组织收藏的前款文物可以依法流通。

第五十一条 公民、法人和其他组织不得买卖下列文物:

(一)国有文物,但是国家允许的除外;

(二)非国有馆藏珍贵文物;

(三)国有不可移动文物中的壁画、雕塑、建筑构件等,但是依法拆除的国有不可移动文物中的壁画、雕塑、建筑构件等不属于本法第二十条第四款规定的应由文物收藏单位收藏的除外;

(四)来源不符合本法第五十条规定的文物。

第五十二条 国家鼓励文物收藏单位以外的公民、法人和其他组织将其收藏的文物捐赠给国有文物收藏单位或者出借给文物收藏单位展览和研究。

国有文物收藏单位应当尊重并按照捐赠人的意愿,对捐赠的文物妥善收藏、保管和展示。

国家禁止出境的文物,不得转让、出租、质押给外国人。

第五十三条 文物商店应当由国务院文物行政部门或者省、自治区、直辖市人民政府文物行政部门批准设立,依法进行管理。

文物商店不得从事文物拍卖经营活动,不得设立经营文物拍卖的拍卖企业。

第五十四条 依法设立的拍卖企业经营文物拍卖的,应当取得国务院文物行政部门颁发的文物拍卖许可证。

经营文物拍卖的拍卖企业不得从事文物购销经营活动,不得设立文物商店。

第五十五条 文物行政部门的工作人员不得举办或者参与举办文物商店或者经营文物拍卖的拍卖企业。

文物收藏单位不得举办或者参与举办文物商店或者经营文物拍卖的拍卖企业。

禁止设立中外合资、中外合作和外商独资的文物商店或者经营文物拍卖的拍卖企业。

除经批准的文物商店、经营文物拍卖的拍卖企业外,其他单位或者个人不得从事文物的商业经营活动。

第五十六条 文物商店销售的文物,在销售前应当经省、自治区、直辖市人民政府文物行政部门审核;对允许销售的,省、自治区、直辖市人民政府文物行政部门应当作出标识。

拍卖企业拍卖的文物，在拍卖前应当经省、自治区、直辖市人民政府文物行政部门审核，并报国务院文物行政部门备案；省、自治区、直辖市人民政府文物行政部门不能确定是否可以拍卖的，应当报国务院文物行政部门审核。

第五十七条 文物商店购买、销售文物，拍卖企业拍卖文物，应当按照国家有关规定作出记录，并报原审核的文物行政部门备案。

拍卖文物时，委托人、买受人要求对其身份保密的，文物行政部门应当为其保密；但是，法律、行政法规另有规定的除外。

第五十八条 文物行政部门在审核拟拍卖的文物时，可以指定国有文物收藏单位优先购买其中的珍贵文物。购买价格由文物收藏单位的代表与文物的委托人协商确定。

第五十九条 银行、冶炼厂、造纸厂以及废旧物资回收单位，应当与当地文物行政部门共同负责拣选掺杂在金银器和废旧物资中的文物。拣选文物除供银行研究所必需的历史货币可以由人民银行留用外，应当移交当地文物行政部门。移交拣选文物，应当给予合理补偿。

第六章 文物出境进境

第六十条 国有文物、非国有文物中的珍贵文物和国家规定禁止出境的其他文物，不得出境；但是依照本法规定出境展览或者因特殊需要经国务院批准出境的除外。

第六十一条 文物出境，应当经国务院文物行政部门指定的文物进出境审核机构审核。经审核允许出境的文物，由国务院文物行政部门发给文物出境许可证，从国务院文物行政部门指定的口岸出境。

任何单位或者个人运送、邮寄、携带文物出境，应当向海关申报；海关凭文物出境许可证放行。

第六十二条 文物出境展览，应当报国务院文物行政部门批准；一级文物超过国务院规定数量的，应当报国务院批准。

一级文物中的孤品和易损品，禁止出境展览。

出境展览的文物出境，由文物进出境审核机构审核、登记。海关凭国务院文物行政部门或者国务院的批准文件放行。出境展览的文物复进境，由原文物进出境审核机构审核查验。

第六十三条 文物临时进境，应当向海关申报，并报文物进出境审核机构审核、登记。

临时进境的文物复出境，必须经原审核、登记的文物进出境审核机构审核查验；经审核查验无误的，由国务院文物行政部门发给文物出境许可证，海关凭文物出境许可证放行。

第七章 法律责任

第六十四条 违反本法规定，有下列行为之一，构成犯罪的，依法追究刑事责任：

（一）盗掘古文化遗址、古墓葬的；

（二）故意或者过失损毁国家保护的珍贵文物的；

（三）擅自将国有馆藏文物出售或者私自送给非国有单位或者个人的；

（四）将国家禁止出境的珍贵文物私自出售或者送给外国人的；

（五）以牟利为目的倒卖国家禁止经营的文物的；

（六）走私文物的；

（七）盗窃、哄抢、私分或者非法侵占国有文物的；

（八）应当追究刑事责任的其他妨害文物管理行为。

第六十五条 违反本法规定，造成文物灭失、损毁的，依法承担民事责任。

违反本法规定，构成违反治安管理行为的，由公安机关依法给予治安管理处罚。

违反本法规定，构成走私行为，尚不构成犯罪的，由海关依照有关法律、行政法规的规定给予处罚。

第六十六条 有下列行为之一，尚不构成犯罪的，由县级以上人民政府文物主管部门责令改正，造成严重后果的，处五万元以上五十万元以下的罚款；情节严重的，由原发证机关吊销资质证书：

（一）擅自在文物保护单位的保护范围内进行建设工程或者爆破、钻探、挖掘等作业的；

（二）在文物保护单位的建设控制地带内进行建设工程，其工程设计方案未经文物行政部门同意、报城乡建设规划部门批准，对文物保护单位的历史风貌造成破坏的；

（三）擅自迁移、拆除不可移动文物的；

（四）擅自修缮不可移动文物，明显改变文物原状的；

（五）擅自在原址重建已全部毁坏的不可移动文物，造成文物破坏的；

（六）施工单位未取得文物保护工程资质证书，擅自从事文物修缮、迁移、重建的。

刻划、涂污或者损坏文物尚不严重的，或者损毁依照本法第十五条第一款规定设立的文物保护单位标志的，由公安机关或者文物所在单位给予警告，可以并处罚款。

第六十七条 在文物保护单位的保护范围内或者建设控制地带内建设污染文物保护单位及其环境的设施的，或者对已有的污染文物保护单位及其环境的设施未在规定的期限内完成治理的，由环境保护行政部门依照有关法律、法规的规定给予处罚。

第六十八条 有下列行为之一的，由县级以上人民政府文物主管部门责令改正，没收违法所得，违法所得一万元以上的，并处违法所得二倍以上五倍以下的罚款；违法所得不足一万元的，并处五千元以上二万元以下的罚款：

（一）转让或者抵押国有不可移动文物，或者将国有不可移动文物作为企业资产经营的；

（二）将非国有不可移动文物转让或者抵押给外国人的；

（三）擅自改变国有文物保护单位的用途的。

第六十九条 历史文化名城的布局、环境、历史风貌等遭到严重破坏的，由国务院撤销其历史文化名城称号；历史文化城镇、街道、村庄的布局、环境、历史风貌等遭到严重破坏的，由省、自治区、直辖市人民政府撤销其历史文化街区、村镇称号；对负有责任的主管人员和其他直接责任人员依法给予行政处分。

第七十条 有下列行为之一，尚不构成犯罪的，由县级以上人民政府文物主管部门责令改正，可以并处二万元以下的罚款，有违法所得的，没收违法所得：

（一）文物收藏单位未按照国家有关规定配备防火、防盗、防自然损坏的设施的；

（二）国有文物收藏单位法定代表人离任时未按照馆藏文物档案移交馆藏文物，或者所移交的馆藏文物与馆藏文物档案不符的；

（三）将国有馆藏文物赠与、出租或者出售给其他单位、个人的；

（四）违反本法第四十条、第四十一条、第四十五条规定处置国有馆藏文物的；

（五）违反本法第四十三条规定挪用或者侵占依法调拨、交换、出借文物所得补偿费用的。

第七十一条　买卖国家禁止买卖的文物或者将禁止出境的文物转让、出租、质押给外国人，尚不构成犯罪的，由县级以上人民政府文物主管部门责令改正，没收违法所得，违法经营额一万元以上的，并处违法经营额二倍以上五倍以下的罚款；违法经营额不足一万元的，并处五千元以上二万元以下的罚款。

第七十二条　未经许可，擅自设立文物商店、经营文物拍卖的拍卖企业，或者擅自从事文物的商业经营活动，尚不构成犯罪的，由工商行政管理部门依法予以制止，没收违法所得、非法经营的文物，违法经营额五万元以上的，并处违法经营额二倍以上五倍以下的罚款；违法经营额不足五万元的，并处二万元以上十万元以下的罚款。

第七十三条　有下列情形之一的，由工商行政管理部门没收违法所得、非法经营的文物，违法经营额五万元以上的，并处违法经营额一倍以上三倍以下的罚款；违法经营额不足五万元的，并处五千元以上五万元以下的罚款；情节严重的，由原发证机关吊销许可证书：

（一）文物商店从事文物拍卖经营活动的；

（二）经营文物拍卖的拍卖企业从事文物购销经营活动的；

（三）文物商店销售的文物、拍卖企业拍卖的文物，未经审核的；

（四）文物收藏单位从事文物的商业经营活动的。

第七十四条　有下列行为之一，尚不构成犯罪的，由县级以上人民政府文物主管部门会同公安机关追缴文物；情节严重的，处五千元以上五万元以下的罚款：

（一）发现文物隐匿不报或者拒不上交的；

（二）未按照规定移交拣选文物的。

第七十五条　有下列行为之一的，由县级以上人民政府文物主管部门责令改正：

（一）改变国有未核定为文物保护单位的不可移动文物的用途，未依照本法规定报告的；

（二）转让、抵押非国有不可移动文物或者改变其用途，未依照本法规定备案的；

（三）国有不可移动文物的使用人拒不依法履行修缮义务的；

（四）考古发掘单位未经批准擅自进行考古发掘，或者不如实报告考古发掘结果的；

（五）文物收藏单位未按照国家有关规定建立馆藏文物档案、管理制度，或者未将馆藏文物档案、管理制度备案的；

（六）违反本法第三十八条规定，未经批准擅自调取馆藏文物的；

（七）馆藏文物损毁未报文物行政部门核查处理，或者馆藏文物被盗、被抢或者丢失，文物收藏单位未及时向公安机关或者文物行政部门报告的；

（八）文物商店销售文物或者拍卖企业拍卖文物，未按照国家有关规定作出记录或者未将所作记录报文物行政部门备案的。

第七十六条 文物行政部门、文物收藏单位、文物商店、经营文物拍卖的拍卖企业的工作人员，有下列行为之一的，依法给予行政处分，情节严重的，依法开除公职或者吊销其从业资格；构成犯罪的，依法追究刑事责任：

（一）文物行政部门的工作人员违反本法规定，滥用审批权限、不履行职责或者发现违法行为不予查处，造成严重后果的；

（二）文物行政部门和国有文物收藏单位的工作人员借用或者非法侵占国有文物的；

（三）文物行政部门的工作人员举办或者参与举办文物商店或者经营文物拍卖的拍卖企业的；

（四）因不负责任造成文物保护单位、珍贵文物损毁或者流失的；

（五）贪污、挪用文物保护经费的。

前款被开除公职或者被吊销从业资格的人员，自被开除公职或者被吊销从业资格之日起十年内不得担任文物管理人员或者从事文物经营活动。

第七十七条 有本法第六十六条、第六十八条、第七十条、第七十一条、第七十四条、第七十五条规定所列行为之一的，负有责任的主管人员和其他直接责任人员是国家工作人员的，依法给予行政处分。

第七十八条 公安机关、工商行政管理部门、海关、城乡建设规划部门和其他国家机关，违反本法规定滥用职权、玩忽职守、徇私舞弊，造成国家保护的珍贵文物损毁或者流失的，对负有责任的主管人员和其他直接责任人员依法给予行政处分；构成犯罪的，依法追究刑事责任。

第七十九条 人民法院、人民检察院、公安机关、海关和工商行政管理部门依法没收的文物应当登记造册，妥善保管，结案后无偿移交文物行政部门，由文物行政部门指定的国有文物收藏单位收藏。

第八章 附 则

第八十条 本法自公布之日起施行。

中华人民共和国政府信息公开条例

中华人民共和国国务院令第492号

《中华人民共和国政府信息公开条例》已经2007年1月17日国务院第165次常务会议通过,现予公布,自2008年5月1日起施行。

总理 温家宝

二〇〇七年四月五日

中华人民共和国政府信息公开条例

第一章 总 则

第一条 为了保障公民、法人和其他组织依法获取政府信息,提高政府工作的透明度,促进依法行政,充分发挥政府信息对人民群众生产、生活和经济社会活动的服务作用,制定本条例。

第二条 本条例所称政府信息,是指行政机关在履行职责过程中制作或者获取的,以一定形式记录、保存的信息。

第三条 各级人民政府应当加强对政府信息公开工作的组织领导。

国务院办公厅是全国政府信息公开工作的主管部门,负责推进、指导、协调、监督全国的政府信息公开工作。

县级以上地方人民政府办公厅(室)或者县级以上地方人民政府确定的其他政府信息公开工作主管部门负责推进、指导、协调、监督本行政区域的政府信息公开工作。

第四条 各级人民政府及县级以上人民政府部门应当建立健全本行政机关的政府信息公开工作制度,并指定机构(以下统称政府信息公开工作机构)负责本行政机关政府信息公开的日常工作。

政府信息公开工作机构的具体职责是:

(一)具体承办本行政机关的政府信息公开事宜;

(二)维护和更新本行政机关公开的政府信息;

(三)组织编制本行政机关的政府信息公开指南、政府信息公开目录和政府信息公开工作年度报告;

(四)对拟公开的政府信息进行保密审查;

(五)本行政机关规定的与政府信息公开有关的其他职责。

第五条 行政机关公开政府信息,应当遵循公正、公平、便民的原则。

第六条 行政机关应当及时、准确地公开政府信息。行政机关发现影响或者可能影响社会稳定、扰乱社会管理秩序的虚假或者不完整信息的,应当在其职责范围内发布准确的政府信息予以澄清。

第七条 行政机关应当建立健全政府信息发布协调机制。行政机关发布政府信息涉及其他行政机关的,应当与有关行政机关进行沟通、确认,保证行政机关发布的政府信息准确一致。

行政机关发布政府信息依照国家有关规定需要批准的,未经批准不得发布。

第八条 行政机关公开政府信息,不得危及国家安全、公共安全、经济安全和社会稳定。

第二章 公开的范围

第九条 行政机关对符合下列基本要求之一的政府信息应当主动公开:

(一)涉及公民、法人或者其他组织切身利益的;

(二)需要社会公众广泛知晓或者参与的;

(三)反映本行政机关机构设置、职能、办事程序等情况的;

(四)其他依照法律、法规和国家有关规定应当主动公开的。

第十条 县级以上各级人民政府及其部门应当依照本条例第九条的规定,在各自职责范围内确定主动公开的政府信息的具体内容,并重点公开下列政府信息:

(一)行政法规、规章和规范性文件;

(二)国民经济和社会发展规划、专项规划、区域规划及相关政策;

(三)国民经济和社会发展统计信息;

(四)财政预算、决算报告;

(五)行政事业性收费的项目、依据、标准;

(六)政府集中采购项目的目录、标准及实施情况;

(七)行政许可的事项、依据、条件、数量、程序、期限以及申请行政许可需要提交的全部材料目录及办理情况;

(八)重大建设项目的批准和实施情况;

(九)扶贫、教育、医疗、社会保障、促进就业等方面的政策、措施及其实施情况;

(十)突发公共事件的应急预案、预警信息及应对情况;

(十一)环境保护、公共卫生、安全生产、食品药品、产品质量的监督检查情况。

第十一条 设区的市级人民政府、县级人民政府及其部门重点公开的政府信息还应当包括下列内容:

(一)城乡建设和管理的重大事项;

(二)社会公益事业建设情况;

(三)征收或者征用土地、房屋拆迁及其补偿、补助费用的发放、使用情况;

(四)抢险救灾、优抚、救济、社会捐助等款物的管理、使用和分配情况。

第十二条 乡(镇)人民政府应当依照本条例第九条的规定,在其职责范围内确定主动

公开的政府信息的具体内容,并重点公开下列政府信息:

(一)贯彻落实国家关于农村工作政策的情况;

(二)财政收支、各类专项资金的管理和使用情况;

(三)乡(镇)土地利用总体规划、宅基地使用的审核情况;

(四)征收或者征用土地、房屋拆迁及其补偿、补助费用的发放、使用情况;

(五)乡(镇)的债权债务、筹资筹劳情况;

(六)抢险救灾、优抚、救济、社会捐助等款物的发放情况;

(七)乡镇集体企业及其他乡镇经济实体承包、租赁、拍卖等情况;

(八)执行计划生育政策的情况。

第十三条　除本条例第九条、第十条、第十一条、第十二条规定的行政机关主动公开的政府信息外,公民、法人或者其他组织还可以根据自身生产、生活、科研等特殊需要,向国务院部门、地方各级人民政府及县级以上地方人民政府部门申请获取相关政府信息。

第十四条　行政机关应当建立健全政府信息发布保密审查机制,明确审查的程序和责任。

行政机关在公开政府信息前,应当依照《中华人民共和国保守国家秘密法》以及其他法律、法规和国家有关规定对拟公开的政府信息进行审查。

行政机关对政府信息不能确定是否可以公开时,应当依照法律、法规和国家有关规定报有关主管部门或者同级保密工作部门确定。

行政机关不得公开涉及国家秘密、商业秘密、个人隐私的政府信息。但是,经权利人同意公开或者行政机关认为不公开可能对公共利益造成重大影响的涉及商业秘密、个人隐私的政府信息,可以予以公开。

第三章　公开的方式和程序

第十五条　行政机关应当将主动公开的政府信息,通过政府公报、政府网站、新闻发布会以及报刊、广播、电视等便于公众知晓的方式公开。

第十六条　各级人民政府应当在国家档案馆、公共图书馆设置政府信息查阅场所,并配备相应的设施、设备,为公民、法人或者其他组织获取政府信息提供便利。

行政机关可以根据需要设立公共查阅室、资料索取点、信息公告栏、电子信息屏等场所、设施,公开政府信息。

行政机关应当及时向国家档案馆、公共图书馆提供主动公开的政府信息。

第十七条　行政机关制作的政府信息,由制作该政府信息的行政机关负责公开;行政机关从公民、法人或者其他组织获取的政府信息,由保存该政府信息的行政机关负责公开。法律、法规对政府信息公开的权限另有规定的,从其规定。

第十八条　属于主动公开范围的政府信息,应当自该政府信息形成或者变更之日起20个工作日内予以公开。法律、法规对政府信息公开的期限另有规定的,从其规定。

第十九条　行政机关应当编制、公布政府信息公开指南和政府信息公开目录,并及时更新。

政府信息公开指南，应当包括政府信息的分类、编排体系、获取方式，政府信息公开工作机构的名称、办公地址、办公时间、联系电话、传真号码、电子邮箱等内容。

政府信息公开目录，应当包括政府信息的索引、名称、内容概述、生成日期等内容。

第二十条 公民、法人或者其他组织依照本条例第十三条规定向行政机关申请获取政府信息的，应当采用书面形式（包括数据电文形式）；采用书面形式确有困难的，申请人可以口头提出，由受理该申请的行政机关代为填写政府信息公开申请。

政府信息公开申请应当包括下列内容：

（一）申请人的姓名或者名称、联系方式；

（二）申请公开的政府信息的内容描述；

（三）申请公开的政府信息的形式要求。

第二十一条 对申请公开的政府信息，行政机关根据下列情况分别作出答复：

（一）属于公开范围的，应当告知申请人获取该政府信息的方式和途径；

（二）属于不予公开范围的，应当告知申请人并说明理由；

（三）依法不属于本行政机关公开或者该政府信息不存在的，应当告知申请人，对能够确定该政府信息的公开机关的，应当告知申请人该行政机关的名称、联系方式；

（四）申请内容不明确的，应当告知申请人作出更改、补充。

第二十二条 申请公开的政府信息中含有不应当公开的内容，但是能够作区分处理的，行政机关应当向申请人提供可以公开的信息内容。

第二十三条 行政机关认为申请公开的政府信息涉及商业秘密、个人隐私，公开后可能损害第三方合法权益的，应当书面征求第三方的意见；第三方不同意公开的，不得公开。但是，行政机关认为不公开可能对公共利益造成重大影响的，应当予以公开，并将决定公开的政府信息内容和理由书面通知第三方。

第二十四条 行政机关收到政府信息公开申请，能够当场答复的，应当当场予以答复。

行政机关不能当场答复的，应当自收到申请之日起15个工作日内予以答复；如需延长答复期限的，应当经政府信息公开工作机构负责人同意，并告知申请人，延长答复的期限最长不得超过15个工作日。

申请公开的政府信息涉及第三方权益的，行政机关征求第三方意见所需时间不计算在本条第二款规定的期限内。

第二十五条 公民、法人或者其他组织向行政机关申请提供与其自身相关的税费缴纳、社会保障、医疗卫生等政府信息的，应当出示有效身份证件或者证明文件。

公民、法人或者其他组织有证据证明行政机关提供的与其自身相关的政府信息记录不准确的，有权要求该行政机关予以更正。该行政机关无权更正的，应当转送有权更正的行政机关处理，并告知申请人。

第二十六条 行政机关依申请公开政府信息，应当按照申请人要求的形式予以提供；无法按照申请人要求的形式提供的，可以通过安排申请人查阅相关资料、提供复制件或者其他适当形式提供。

第二十七条 行政机关依申请提供政府信息，除可以收取检索、复制、邮寄等成本费用外，不得收取其他费用。行政机关不得通过其他组织、个人以有偿服务方式提供政府信息。

行政机关收取检索、复制、邮寄等成本费用的标准由国务院价格主管部门会同国务院财政部门制定。

第二十八条　申请公开政府信息的公民确有经济困难的，经本人申请、政府信息公开工作机构负责人审核同意，可以减免相关费用。

申请公开政府信息的公民存在阅读困难或者视听障碍的，行政机关应当为其提供必要的帮助。

第四章　监督和保障

第二十九条　各级人民政府应当建立健全政府信息公开工作考核制度、社会评议制度和责任追究制度，定期对政府信息公开工作进行考核、评议。

第三十条　政府信息公开工作主管部门和监察机关负责对行政机关政府信息公开的实施情况进行监督检查。

第三十一条　各级行政机关应当在每年3月31日前公布本行政机关的政府信息公开工作年度报告。

第三十二条　政府信息公开工作年度报告应当包括下列内容：

（一）行政机关主动公开政府信息的情况；

（二）行政机关依申请公开政府信息和不予公开政府信息的情况；

（三）政府信息公开的收费及减免情况；

（四）因政府信息公开申请行政复议、提起行政诉讼的情况；

（五）政府信息公开工作存在的主要问题及改进情况；

（六）其他需要报告的事项。

第三十三条　公民、法人或者其他组织认为行政机关不依法履行政府信息公开义务的，可以向上级行政机关、监察机关或者政府信息公开工作主管部门举报。收到举报的机关应当予以调查处理。

公民、法人或者其他组织认为行政机关在政府信息公开工作中的具体行政行为侵犯其合法权益的，可以依法申请行政复议或者提起行政诉讼。

第三十四条　行政机关违反本条例的规定，未建立健全政府信息发布保密审查机制的，由监察机关、上一级行政机关责令改正；情节严重的，对行政机关主要负责人依法给予处分。

第三十五条　行政机关违反本条例的规定，有下列情形之一的，由监察机关、上一级行政机关责令改正；情节严重的，对行政机关直接负责的主管人员和其他直接责任人员依法给予处分；构成犯罪的，依法追究刑事责任：

（一）不依法履行政府信息公开义务的；

（二）不及时更新公开的政府信息内容、政府信息公开指南和政府信息公开目录的；

（三）违反规定收取费用的；

（四）通过其他组织、个人以有偿服务方式提供政府信息的；

（五）公开不应当公开的政府信息的；

（六）违反本条例规定的其他行为。

第五章　附　　则

第三十六条　法律、法规授权的具有管理公共事务职能的组织公开政府信息的活动，适用本条例。

第三十七条　教育、医疗卫生、计划生育、供水、供电、供气、供热、环保、公共交通等与人民群众利益密切相关的公共企事业单位在提供社会公共服务过程中制作、获取的信息的公开，参照本条例执行，具体办法由国务院有关主管部门或者机构制定。

第三十八条　本条例自2008年5月1日起施行。

生产安全事故报告和调查处理条例

中华人民共和国国务院令第493号

《生产安全事故报告和调查处理条例》已经2007年3月28日国务院第172次常务会议通过，现予公布，自2007年6月1日起施行。

总理　温家宝

二〇〇七年四月九日

生产安全事故报告和调查处理条例

第一章　总　　则

第一条　为了规范生产安全事故的报告和调查处理，落实生产安全事故责任追究制度，防止和减少生产安全事故，根据《中华人民共和国安全生产法》和有关法律，制定本条例。

第二条　生产经营活动中发生的造成人身伤亡或者直接经济损失的生产安全事故的报告和调查处理，适用本条例；环境污染事故、核设施事故、国防科研生产事故的报告和调查处理不适用本条例。

第三条　根据生产安全事故（以下简称事故）造成的人员伤亡或者直接经济损失，事故一般分为以下等级：

（一）特别重大事故，是指造成30人以上死亡，或者100人以上重伤（包括急性工业中毒，下同），或者1亿元以上直接经济损失的事故；

（二）重大事故，是指造成10人以上30人以下死亡，或者50人以上100人以下重伤，或者5000万元以上1亿元以下直接经济损失的事故；

（三）较大事故，是指造成3人以上10人以下死亡，或者10人以上50人以下重伤，或者1000万元以上5000万元以下直接经济损失的事故；

（四）一般事故，是指造成3人以下死亡，或者10人以下重伤，或者1000万元以下直接经济损失的事故。

国务院安全生产监督管理部门可以会同国务院有关部门，制定事故等级划分的补充性规定。

本条第一款所称的“以上”包括本数，所称的“以下”不包括本数。

第四条　事故报告应当及时、准确、完整，任何单位和个人对事故不得迟报、漏报、谎报或者瞒报。

事故调查处理应当坚持实事求是、尊重科学的原则，及时、准确地查清事故经过、事故原因和事故损失，查明事故性质，认定事故责任，总结事故教训，提出整改措施，并对事故责任者依法追究责任。

第五条　县级以上人民政府应当依照本条例的规定，严格履行职责，及时、准确地完成事故调查处理工作。

事故发生地有关地方人民政府应当支持、配合上级人民政府或者有关部门的事故调查处理工作，并提供必要的便利条件。

参加事故调查处理的部门和单位应当互相配合，提高事故调查处理工作的效率。

第六条　工会依法参加事故调查处理，有权向有关部门提出处理意见。

第七条　任何单位和个人不得阻挠和干涉对事故的报告和依法调查处理。

第八条　对事故报告和调查处理中的违法行为，任何单位和个人有权向安全生产监督管理部门、监察机关或者其他有关部门举报，接到举报的部门应当依法及时处理。

第二章　事　故　报　告

第九条　事故发生后，事故现场有关人员应当立即向本单位负责人报告；单位负责人接到报告后，应当于 1 小时内向事故发生地县级以上人民政府安全生产监督管理部门和负有安全生产监督管理职责的有关部门报告。

情况紧急时，事故现场有关人员可以直接向事故发生地县级以上人民政府安全生产监督管理部门和负有安全生产监督管理职责的有关部门报告。

第十条　安全生产监督管理部门和负有安全生产监督管理职责的有关部门接到事故报告后，应当依照下列规定上报事故情况，并通知公安机关、劳动保障行政部门、工会和人民检察院：

（一）特别重大事故、重大事故逐级上报至国务院安全生产监督管理部门和负有安全生产监督管理职责的有关部门；

（二）较大事故逐级上报至省、自治区、直辖市人民政府安全生产监督管理部门和负有安全生产监督管理职责的有关部门；

（三）一般事故上报至设区的市级人民政府安全生产监督管理部门和负有安全生产监督管理职责的有关部门。

安全生产监督管理部门和负有安全生产监督管理职责的有关部门依照前款规定上报事故情况，应当同时报告本级人民政府。国务院安全生产监督管理部门和负有安全生产监督管理职责的有关部门以及省级人民政府接到发生特别重大事故、重大事故的报告后，应当立即报告国务院。

必要时，安全生产监督管理部门和负有安全生产监督管理职责的有关部门可以越级上报事故情况。

第十一条　安全生产监督管理部门和负有安全生产监督管理职责的有关部门逐级上报事故情况，每级上报的时间不得超过 2 小时。

第十二条　报告事故应当包括下列内容：

（一）事故发生单位概况；

（二）事故发生的时间、地点以及事故现场情况；

（三）事故的简要经过；

（四）事故已经造成或者可能造成的伤亡人数（包括下落不明的人数）和初步估计的直接经济损失；

（五）已经采取的措施；

（六）其他应当报告的情况。

第十三条　事故报告后出现新情况的，应当及时补报。

自事故发生之日起30日内，事故造成的伤亡人数发生变化的，应当及时补报。道路交通事故、火灾事故自发生之日起7日内，事故造成的伤亡人数发生变化的，应当及时补报。

第十四条　事故发生单位负责人接到事故报告后，应当立即启动事故相应应急预案，或者采取有效措施，组织抢救，防止事故扩大，减少人员伤亡和财产损失。

第十五条　事故发生地有关地方人民政府、安全生产监督管理部门和负有安全生产监督管理职责的有关部门接到事故报告后，其负责人应当立即赶赴事故现场，组织事故救援。

第十六条　事故发生后，有关单位和人员应当妥善保护事故现场以及相关证据，任何单位和个人不得破坏事故现场、毁灭相关证据。

因抢救人员、防止事故扩大以及疏通交通等原因，需要移动事故现场物件的，应当做出标志，绘制现场简图并做出书面记录，妥善保存现场重要痕迹、物证。

第十七条　事故发生地公安机关根据事故的情况，对涉嫌犯罪的，应当依法立案侦查，采取强制措施和侦查措施。犯罪嫌疑人逃匿的，公安机关应当迅速追捕归案。

第十八条　安全生产监督管理部门和负有安全生产监督管理职责的有关部门应当建立值班制度，并向社会公布值班电话，受理事故报告和举报。

第三章　事　故　调　查

第十九条　特别重大事故由国务院或者国务院授权有关部门组织事故调查组进行调查。

重大事故、较大事故、一般事故分别由事故发生地省级人民政府、设区的市级人民政府、县级人民政府负责调查。省级人民政府、设区的市级人民政府、县级人民政府可以直接组织事故调查组进行调查，也可以授权或者委托有关部门组织事故调查组进行调查。

未造成人员伤亡的一般事故，县级人民政府也可以委托事故发生单位组织事故调查组进行调查。

第二十条　上级人民政府认为必要时，可以调查由下级人民政府负责调查的事故。

自事故发生之日起30日内（道路交通事故、火灾事故自发生之日起7日内），因事故伤亡人数变化导致事故等级发生变化，依照本条例规定应当由上级人民政府负责调查的，上级人民政府可以另行组织事故调查组进行调查。

第二十一条　特别重大事故以下等级事故，事故发生地与事故发生单位不在同一个县级以上行政区域的，由事故发生地人民政府负责调查，事故发生单位所在地人民政府应当派人参加。

第二十二条 事故调查组的组成应当遵循精简、效能的原则。

根据事故的具体情况，事故调查组由有关人民政府、安全生产监督管理部门、负有安全生产监督管理职责的有关部门、监察机关、公安机关以及工会派人组成，并应当邀请人民检察院派人参加。

事故调查组可以聘请有关专家参与调查。

第二十三条 事故调查组成员应当具有事故调查所需要的知识和专长，并与所调查的事故没有直接利害关系。

第二十四条 事故调查组组长由负责事故调查的人民政府指定。事故调查组组长主持事故调查组的工作。

第二十五条 事故调查组履行下列职责：

（一）查明事故发生的经过、原因、人员伤亡情况及直接经济损失；

（二）认定事故的性质和事故责任；

（三）提出对事故责任者的处理建议；

（四）总结事故教训，提出防范和整改措施；

（五）提交事故调查报告。

第二十六条 事故调查组有权向有关单位和个人了解与事故有关的情况，并要求其提供相关文件、资料，有关单位和个人不得拒绝。

事故发生单位的负责人和有关人员在事故调查期间不得擅离职守，并应当随时接受事故调查组的询问，如实提供有关情况。

事故调查中发现涉嫌犯罪的，事故调查组应当及时将有关材料或者其复印件移交司法机关处理。

第二十七条 事故调查中需要进行技术鉴定的，事故调查组应当委托具有国家规定资质的单位进行技术鉴定。必要时，事故调查组可以直接组织专家进行技术鉴定。技术鉴定所需时间不计入事故调查期限。

第二十八条 事故调查组成员在事故调查工作中应当诚信公正、恪尽职守，遵守事故调查组的纪律，保守事故调查的秘密。

未经事故调查组组长允许，事故调查组成员不得擅自发布有关事故的信息。

第二十九条 事故调查组应当自事故发生之日起60日内提交事故调查报告；特殊情况下，经负责事故调查的人民政府批准，提交事故调查报告的期限可以适当延长，但延长的期限最长不超过60日。

第三十条 事故调查报告应当包括下列内容：

（一）事故发生单位概况；

（二）事故发生经过和事故救援情况；

（三）事故造成的人员伤亡和直接经济损失；

（四）事故发生的原因和事故性质；

（五）事故责任的认定以及对事故责任者的处理建议；

（六）事故防范和整改措施。

事故调查报告应当附具有关证据材料。事故调查组成员应当在事故调查报告上签名。

第三十一条　事故调查报告报送负责事故调查的人民政府后，事故调查工作即告结束。事故调查的有关资料应当归档保存。

第四章　事　故　处　理

第三十二条　重大事故、较大事故、一般事故，负责事故调查的人民政府应当自收到事故调查报告之日起15日内做出批复；特别重大事故，30日内做出批复，特殊情况下，批复时间可以适当延长，但延长的时间最长不超过30日。

有关机关应当按照人民政府的批复，依照法律、行政法规规定的权限和程序，对事故发生单位和有关人员进行行政处罚，对负有事故责任的国家工作人员进行处分。

事故发生单位应当按照负责事故调查的人民政府的批复，对本单位负有事故责任的人员进行处理。

负有事故责任的人员涉嫌犯罪的，依法追究刑事责任。

第三十三条　事故发生单位应当认真吸取事故教训，落实防范和整改措施，防止事故再次发生。防范和整改措施的落实情况应当接受工会和职工的监督。

安全生产监督管理部门和负有安全生产监督管理职责的有关部门应当对事故发生单位落实防范和整改措施的情况进行监督检查。

第三十四条　事故处理的情况由负责事故调查的人民政府或者其授权的有关部门、机构向社会公布，依法应当保密的除外。

第五章　法　律　责　任

第三十五条　事故发生单位主要负责人有下列行为之一的，处上一年年收入40%至80%的罚款；属于国家工作人员的，并依法给予处分；构成犯罪的，依法追究刑事责任：

（一）不立即组织事故抢救的；

（二）迟报或者漏报事故的；

（三）在事故调查处理期间擅离职守的。

第三十六条　事故发生单位及其有关人员有下列行为之一的，对事故发生单位处100万元以上500万元以下的罚款；对主要负责人、直接负责的主管人员和其他直接责任人员处上一年年收入60%至100%的罚款；属于国家工作人员的，并依法给予处分；构成违反治安管理行为的，由公安机关依法给予治安管理处罚；构成犯罪的，依法追究刑事责任：

（一）谎报或者瞒报事故的；

（二）伪造或者故意破坏事故现场的；

（三）转移、隐匿资金、财产，或者销毁有关证据、资料的；

（四）拒绝接受调查或者拒绝提供有关情况和资料的；

（五）在事故调查中作伪证或者指使他人作伪证的；

（六）事故发生后逃匿的。

第三十七条 事故发生单位对事故发生负有责任的,依照下列规定处以罚款:

(一)发生一般事故的,处10万元以上20万元以下的罚款;

(二)发生较大事故的,处20万元以上50万元以下的罚款;

(三)发生重大事故的,处50万元以上200万元以下的罚款;

(四)发生特别重大事故的,处200万元以上500万元以下的罚款。

第三十八条 事故发生单位主要负责人未依法履行安全生产管理职责,导致事故发生的,依照下列规定处以罚款;属于国家工作人员的,并依法给予处分;构成犯罪的,依法追究刑事责任:

(一)发生一般事故的,处上一年年收入30%的罚款;

(二)发生较大事故的,处上一年年收入40%的罚款;

(三)发生重大事故的,处上一年年收入60%的罚款;

(四)发生特别重大事故的,处上一年年收入80%的罚款。

第三十九条 有关地方人民政府、安全生产监督管理部门和负有安全生产监督管理职责的有关部门有下列行为之一的,对直接负责的主管人员和其他直接责任人员依法给予处分;构成犯罪的,依法追究刑事责任:

(一)不立即组织事故抢救的;

(二)迟报、漏报、谎报或者瞒报事故的;

(三)阻碍、干涉事故调查工作的;

(四)在事故调查中作伪证或者指使他人作伪证的。

第四十条 事故发生单位对事故发生负有责任的,由有关部门依法暂扣或者吊销其有关证照;对事故发生单位负有事故责任的有关人员,依法暂停或者撤销其与安全生产有关的执业资格、岗位证书;事故发生单位主要负责人受到刑事处罚或者撤职处分的,自刑罚执行完毕或者受处分之日起,5年内不得担任任何生产经营单位的主要负责人。

为发生事故的单位提供虚假证明的中介机构,由有关部门依法暂扣或者吊销其有关证照及其相关人员的执业资格;构成犯罪的,依法追究刑事责任。

第四十一条 参与事故调查的人员在事故调查中有下列行为之一的,依法给予处分;构成犯罪的,依法追究刑事责任:

(一)对事故调查工作不负责任,致使事故调查工作有重大疏漏的;

(二)包庇、袒护负有事故责任的人员或者借机打击报复的。

第四十二条 违反本条例规定,有关地方人民政府或者有关部门故意拖延或者拒绝落实经批复的对事故责任人的处理意见的,由监察机关对有关责任人员依法给予处分。

第四十三条 本条例规定的罚款的行政处罚,由安全生产监督管理部门决定。

法律、行政法规对行政处罚的种类、幅度和决定机关另有规定的,依照其规定。

第六章　附　　则

第四十四条 没有造成人员伤亡,但是社会影响恶劣的事故,国务院或者有关地方人民政府认为需要调查处理的,依照本条例的有关规定执行。

国家机关、事业单位、人民团体发生的事故的报告和调查处理,参照本条例的规定执行。

第四十五条　特别重大事故以下等级事故的报告和调查处理,有关法律、行政法规或者国务院另有规定的,依照其规定。

第四十六条　本条例自2007年6月1日起施行。国务院1989年3月29日公布的《特别重大事故调查程序暂行规定》和1991年2月22日公布的《企业职工伤亡事故报告和处理规定》同时废止。

国务院关于修改《物业管理条例》的决定

中华人民共和国国务院令第504号

现公布《国务院关于修改〈物业管理条例〉的决定》，自2007年10月1日起施行。

总理 温家宝

二〇〇七年八月二十六日

国务院关于修改《物业管理条例》的决定

根据《中华人民共和国物权法》的有关规定，国务院决定对《物业管理条例》作如下修改：

一、将第十条第一款修改为："同一个物业管理区域内的业主，应当在物业所在地的区、县人民政府房地产行政主管部门或者街道办事处、乡镇人民政府的指导下成立业主大会，并选举产生业主委员会。但是，只有一个业主的，或者业主人数较少且经全体业主一致同意，决定不成立业主大会的，由业主共同履行业主大会、业主委员会职责。"

删除第十条第二款。

二、将第十一条修改为："下列事项由业主共同决定：

"（一）制定和修改业主大会议事规则；

"（二）制定和修改管理规约；

"（三）选举业主委员会或者更换业主委员会成员；

"（四）选聘和解聘物业服务企业；

"（五）筹集和使用专项维修资金；

"（六）改建、重建建筑物及其附属设施；

"（七）有关共有和共同管理权利的其他重大事项。"

三、将第十二条修改为："业主大会会议可以采用集体讨论的形式，也可以采用书面征求意见的形式；但是，应当有物业管理区域内专有部分占建筑物总面积过半数的业主且占总人数过半数的业主参加。

"业主可以委托代理人参加业主大会会议。

"业主大会决定本条例第十一条第（五）项和第（六）项规定的事项，应当经专有部分占建筑物总面积2/3以上的业主且占总人数2/3以上的业主同意；决定本条例第十一条规定的其他事项，应当经专有部分占建筑物总面积过半数的业主且占总人数过半数的业主同意。

"业主大会或者业主委员会的决定，对业主具有约束力。

"业主大会或者业主委员会作出的决定侵害业主合法权益的,受侵害的业主可以请求人民法院予以撤销。"

四、将第十九条第二款修改为:"业主大会、业主委员会作出的决定违反法律、法规的,物业所在地的区、县人民政府房地产行政主管部门或者街道办事处、乡镇人民政府,应当责令限期改正或者撤销其决定,并通告全体业主。"

此外,根据《中华人民共和国物权法》的有关规定,将"物业管理企业"修改为"物业服务企业",将"业主公约"修改为"管理规约",将"业主临时公约"修改为"临时管理规约",并对个别条文的文字作了修改。

本决定自2007年10月1日起施行。

《物业管理条例》根据本决定作相应的修订,重新公布。

物业管理条例

(2003年6月8日中华人民共和国国务院令第379号公布 根据2007年8月26日《国务院关于修改〈物业管理条例〉的决定》修订)

第一章　总　　则

第一条　为了规范物业管理活动,维护业主和物业服务企业的合法权益,改善人民群众的生活和工作环境,制定本条例。

第二条　本条例所称物业管理,是指业主通过选聘物业服务企业,由业主和物业服务企业按照物业服务合同约定,对房屋及配套的设施设备和相关场地进行维修、养护、管理,维护物业管理区域内的环境卫生和相关秩序的活动。

第三条　国家提倡业主通过公开、公平、公正的市场竞争机制选择物业服务企业。

第四条　国家鼓励采用新技术、新方法,依靠科技进步提高物业管理和服务水平。

第五条　国务院建设行政主管部门负责全国物业管理活动的监督管理工作。

县级以上地方人民政府房地产行政主管部门负责本行政区域内物业管理活动的监督管理工作。

第二章　业主及业主大会

第六条　房屋的所有权人为业主。

业主在物业管理活动中,享有下列权利:

(一)按照物业服务合同的约定,接受物业服务企业提供的服务;

(二)提议召开业主大会会议,并就物业管理的有关事项提出建议;

(三)提出制定和修改管理规约、业主大会议事规则的建议;

(四)参加业主大会会议,行使投票权;

(五)选举业主委员会成员,并享有被选举权;

(六)监督业主委员会的工作;

(七)监督物业服务企业履行物业服务合同;

（八）对物业共用部位、共用设施设备和相关场地使用情况享有知情权和监督权；

（九）监督物业共用部位、共用设施设备专项维修资金（以下简称专项维修资金）的管理和使用；

（十）法律、法规规定的其他权利。

第七条　业主在物业管理活动中，履行下列义务：

（一）遵守管理规约、业主大会议事规则；

（二）遵守物业管理区域内物业共用部位和共用设施设备的使用、公共秩序和环境卫生的维护等方面的规章制度；

（三）执行业主大会的决定和业主大会授权业主委员会作出的决定；

（四）按照国家有关规定交纳专项维修资金；

（五）按时交纳物业服务费用；

（六）法律、法规规定的其他义务。

第八条　物业管理区域内全体业主组成业主大会。

业主大会应当代表和维护物业管理区域内全体业主在物业管理活动中的合法权益。

第九条　一个物业管理区域成立一个业主大会。

物业管理区域的划分应当考虑物业的共用设施设备、建筑物规模、社区建设等因素。具体办法由省、自治区、直辖市制定。

第十条　同一个物业管理区域内的业主，应当在物业所在地的区、县人民政府房地产行政主管部门或者街道办事处、乡镇人民政府的指导下成立业主大会，并选举产生业主委员会。但是，只有一个业主的，或者业主人数较少且经全体业主一致同意，决定不成立业主大会的，由业主共同履行业主大会、业主委员会职责。

第十一条　下列事项由业主共同决定：

（一）制定和修改业主大会议事规则；

（二）制定和修改管理规约；

（三）选举业主委员会或者更换业主委员会成员；

（四）选聘和解聘物业服务企业；

（五）筹集和使用专项维修资金；

（六）改建、重建建筑物及其附属设施；

（七）有关共有和共同管理权利的其他重大事项。

第十二条　业主大会会议可以采用集体讨论的形式，也可以采用书面征求意见的形式；但是，应当有物业管理区域内专有部分占建筑物总面积过半数的业主且占总人数过半数的业主参加。

业主可以委托代理人参加业主大会会议。

业主大会决定本条例第十一条第（五）项和第（六）项规定的事项，应当经专有部分占建筑物总面积2/3以上的业主且占总人数2/3以上的业主同意；决定本条例第十一条规定的其他事项，应当经专有部分占建筑物总面积过半数的业主且占总人数过半数的业主同意。

业主大会或者业主委员会的决定，对业主具有约束力。

业主大会或者业主委员会作出的决定侵害业主合法权益的,受侵害的业主可以请求人民法院予以撤销。

第十三条　业主大会会议分为定期会议和临时会议。

业主大会定期会议应当按照业主大会议事规则的规定召开。经20%以上的业主提议,业主委员会应当组织召开业主大会临时会议。

第十四条　召开业主大会会议,应当于会议召开15日以前通知全体业主。

住宅小区的业主大会会议,应当同时告知相关的居民委员会。

业主委员会应当做好业主大会会议记录。

第十五条　业主委员会执行业主大会的决定事项,履行下列职责:

(一)召集业主大会会议,报告物业管理的实施情况;

(二)代表业主与业主大会选聘的物业服务企业签订物业服务合同;

(三)及时了解业主、物业使用人的意见和建议,监督和协助物业服务企业履行物业服务合同;

(四)监督管理规约的实施;

(五)业主大会赋予的其他职责。

第十六条　业主委员会应当自选举产生之日起30日内,向物业所在地的区、县人民政府房地产行政主管部门和街道办事处、乡镇人民政府备案。

业主委员会委员应当由热心公益事业、责任心强、具有一定组织能力的业主担任。

业主委员会主任、副主任在业主委员会成员中推选产生。

第十七条　管理规约应当对有关物业的使用、维护、管理,业主的共同利益,业主应当履行的义务,违反管理规约应当承担的责任等事项依法作出约定。

管理规约应当尊重社会公德,不得违反法律、法规或者损害社会公共利益。

管理规约对全体业主具有约束力。

第十八条　业主大会议事规则应当就业主大会的议事方式、表决程序、业主委员会的组成和成员任期等事项作出约定。

第十九条　业主大会、业主委员会应当依法履行职责,不得作出与物业管理无关的决定,不得从事与物业管理无关的活动。

业主大会、业主委员会作出的决定违反法律、法规的,物业所在地的区、县人民政府房地产行政主管部门或者街道办事处、乡镇人民政府,应当责令限期改正或者撤销其决定,并通告全体业主。

第二十条　业主大会、业主委员会应当配合公安机关,与居民委员会相互协作,共同做好维护物业管理区域内的社会治安等相关工作。

在物业管理区域内,业主大会、业主委员会应当积极配合相关居民委员会依法履行自治管理职责,支持居民委员会开展工作,并接受其指导和监督。

住宅小区的业主大会、业主委员会作出的决定,应当告知相关的居民委员会,并认真听取居民委员会的建议。

第三章　前期物业管理

第二十一条　在业主、业主大会选聘物业服务企业之前，建设单位选聘物业服务企业的，应当签订书面的前期物业服务合同。

第二十二条　建设单位应当在销售物业之前，制定临时管理规约，对有关物业的使用、维护、管理，业主的共同利益，业主应当履行的义务，违反临时管理规约应当承担的责任等事项依法作出约定。

建设单位制定的临时管理规约，不得侵害物业买受人的合法权益。

第二十三条　建设单位应当在物业销售前将临时管理规约向物业买受人明示，并予以说明。

物业买受人在与建设单位签订物业买卖合同时，应当对遵守临时管理规约予以书面承诺。

第二十四条　国家提倡建设单位按照房地产开发与物业管理相分离的原则，通过招投标的方式选聘具有相应资质的物业服务企业。

住宅物业的建设单位，应当通过招投标的方式选聘具有相应资质的物业服务企业；投标人少于3个或者住宅规模较小的，经物业所在地的区、县人民政府房地产行政主管部门批准，可以采用协议方式选聘具有相应资质的物业服务企业。

第二十五条　建设单位与物业买受人签订的买卖合同应当包含前期物业服务合同约定的内容。

第二十六条　前期物业服务合同可以约定期限；但是，期限未满、业主委员会与物业服务企业签订的物业服务合同生效的，前期物业服务合同终止。

第二十七条　业主依法享有的物业共用部位、共用设施设备的所有权或者使用权，建设单位不得擅自处分。

第二十八条　物业服务企业承接物业时，应当对物业共用部位、共用设施设备进行查验。

第二十九条　在办理物业承接验收手续时，建设单位应当向物业服务企业移交下列资料：

（一）竣工总平面图，单体建筑、结构、设备竣工图，配套设施、地下管网工程竣工图等竣工验收资料；

（二）设施设备的安装、使用和维护保养等技术资料；

（三）物业质量保修文件和物业使用说明文件；

（四）物业管理所必需的其他资料。

物业服务企业应当在前期物业服务合同终止时将上述资料移交给业主委员会。

第三十条　建设单位应当按照规定在物业管理区域内配置必要的物业管理用房。

第三十一条　建设单位应当按照国家规定的保修期限和保修范围，承担物业的保修责任。

第四章　物业管理服务

第三十二条　从事物业管理活动的企业应当具有独立的法人资格。

国家对从事物业管理活动的企业实行资质管理制度。具体办法由国务院建设行政主管部门制定。

第三十三条　从事物业管理的人员应当按照国家有关规定，取得职业资格证书。

第三十四条　一个物业管理区域由一个物业服务企业实施物业管理。

第三十五条　业主委员会应当与业主大会选聘的物业服务企业订立书面的物业服务合同。

物业服务合同应当对物业管理事项、服务质量、服务费用、双方的权利义务、专项维修资金的管理与使用、物业管理用房、合同期限、违约责任等内容进行约定。

第三十六条　物业服务企业应当按照物业服务合同的约定，提供相应的服务。

物业服务企业未能履行物业服务合同的约定，导致业主人身、财产安全受到损害的，应当依法承担相应的法律责任。

第三十七条　物业服务企业承接物业时，应当与业主委员会办理物业验收手续。

业主委员会应当向物业服务企业移交本条例第二十九条第一款规定的资料。

第三十八条　物业管理用房的所有权依法属于业主。未经业主大会同意，物业服务企业不得改变物业管理用房的用途。

第三十九条　物业服务合同终止时，物业服务企业应当将物业管理用房和本条例第二十九条第一款规定的资料交还给业主委员会。

物业服务合同终止时，业主大会选聘了新的物业服务企业的，物业服务企业之间应当做好交接工作。

第四十条　物业服务企业可以将物业管理区域内的专项服务业务委托给专业性服务企业，但不得将该区域内的全部物业管理一并委托给他人。

第四十一条　物业服务收费应当遵循合理、公开以及费用与服务水平相适应的原则，区别不同物业的性质和特点，由业主和物业服务企业按照国务院价格主管部门会同国务院建设行政主管部门制定的物业服务收费办法，在物业服务合同中约定。

第四十二条　业主应当根据物业服务合同的约定交纳物业服务费用。业主与物业使用人约定由物业使用人交纳物业服务费用的，从其约定，业主负连带交纳责任。

已竣工但尚未出售或者尚未交给物业买受人的物业，物业服务费用由建设单位交纳。

第四十三条　县级以上人民政府价格主管部门会同同级房地产行政主管部门，应当加强对物业服务收费的监督。

第四十四条　物业服务企业可以根据业主的委托提供物业服务合同约定以外的服务项目，服务报酬由双方约定。

第四十五条　物业管理区域内，供水、供电、供气、供热、通信、有线电视等单位应当向最终用户收取有关费用。

物业服务企业接受委托代收前款费用的，不得向业主收取手续费等额外费用。

第四十六条　对物业管理区域内违反有关治安、环保、物业装饰装修和使用等方面法律、法规规定的行为,物业服务企业应当制止,并及时向有关行政管理部门报告。

有关行政管理部门在接到物业服务企业的报告后,应当依法对违法行为予以制止或者依法处理。

第四十七条　物业服务企业应当协助做好物业管理区域内的安全防范工作。发生安全事故时,物业服务企业在采取应急措施的同时,应当及时向有关行政管理部门报告,协助做好救助工作。

物业服务企业雇请保安人员的,应当遵守国家有关规定。保安人员在维护物业管理区域内的公共秩序时,应当履行职责,不得侵害公民的合法权益。

第四十八条　物业使用人在物业管理活动中的权利义务由业主和物业使用人约定,但不得违反法律、法规和管理规约的有关规定。

物业使用人违反本条例和管理规约的规定,有关业主应当承担连带责任。

第四十九条　县级以上地方人民政府房地产行政主管部门应当及时处理业主、业主委员会、物业使用人和物业服务企业在物业管理活动中的投诉。

第五章　物业的使用与维护

第五十条　物业管理区域内按照规划建设的公共建筑和共用设施,不得改变用途。

业主依法确需改变公共建筑和共用设施用途的,应当在依法办理有关手续后告知物业服务企业;物业服务企业确需改变公共建筑和共用设施用途的,应当提请业主大会讨论决定同意后,由业主依法办理有关手续。

第五十一条　业主、物业服务企业不得擅自占用、挖掘物业管理区域内的道路、场地,损害业主的共同利益。

因维修物业或者公共利益,业主确需临时占用、挖掘道路、场地的,应当征得业主委员会和物业服务企业的同意;物业服务企业确需临时占用、挖掘道路、场地的,应当征得业主委员会的同意。

业主、物业服务企业应当将临时占用、挖掘的道路、场地,在约定期限内恢复原状。

第五十二条　供水、供电、供气、供热、通信、有线电视等单位,应当依法承担物业管理区域内相关管线和设施设备维修、养护的责任。

前款规定的单位因维修、养护等需要,临时占用、挖掘道路、场地的,应当及时恢复原状。

第五十三条　业主需要装饰装修房屋的,应当事先告知物业服务企业。

物业服务企业应当将房屋装饰装修中的禁止行为和注意事项告知业主。

第五十四条　住宅物业、住宅小区内的非住宅物业或者与单幢住宅楼结构相连的非住宅物业的业主,应当按照国家有关规定交纳专项维修资金。

专项维修资金属于业主所有,专项用于物业保修期满后物业共用部位、共用设施设备的维修和更新、改造,不得挪作他用。

专项维修资金收取、使用、管理的办法由国务院建设行政主管部门会同国务院财政部门制定。

第五十五条　利用物业共用部位、共用设施设备进行经营的，应当在征得相关业主、业主大会、物业服务企业的同意后，按照规定办理有关手续。业主所得收益应当主要用于补充专项维修资金，也可以按照业主大会的决定使用。

第五十六条　物业存在安全隐患，危及公共利益及他人合法权益时，责任人应当及时维修养护，有关业主应当给予配合。

责任人不履行维修养护义务的，经业主大会同意，可以由物业服务企业维修养护，费用由责任人承担。

第六章　法　律　责　任

第五十七条　违反本条例的规定，住宅物业的建设单位未通过招投标的方式选聘物业服务企业或者未经批准，擅自采用协议方式选聘物业服务企业的，由县级以上地方人民政府房地产行政主管部门责令限期改正，给予警告，可以并处10万元以下的罚款。

第五十八条　违反本条例的规定，建设单位擅自处分属于业主的物业共用部位、共用设施设备的所有权或者使用权的，由县级以上地方人民政府房地产行政主管部门处5万元以上20万元以下的罚款；给业主造成损失的，依法承担赔偿责任。

第五十九条　违反本条例的规定，不移交有关资料的，由县级以上地方人民政府房地产行政主管部门责令限期改正；逾期仍不移交有关资料的，对建设单位、物业服务企业予以通报，处1万元以上10万元以下的罚款。

第六十条　违反本条例的规定，未取得资质证书从事物业管理的，由县级以上地方人民政府房地产行政主管部门没收违法所得，并处5万元以上20万元以下的罚款；给业主造成损失的，依法承担赔偿责任。

以欺骗手段取得资质证书的，依照本条第一款规定处罚，并由颁发资质证书的部门吊销资质证书。

第六十一条　违反本条例的规定，物业服务企业聘用未取得物业管理职业资格证书的人员从事物业管理活动的，由县级以上地方人民政府房地产行政主管部门责令停止违法行为，处5万元以上20万元以下的罚款；给业主造成损失的，依法承担赔偿责任。

第六十二条　违反本条例的规定，物业服务企业将一个物业管理区域内的全部物业管理一并委托给他人的，由县级以上地方人民政府房地产行政主管部门责令限期改正，处委托合同价款30%以上50%以下的罚款；情节严重的，由颁发资质证书的部门吊销资质证书。委托所得收益，用于物业管理区域内物业共用部位、共用设施设备的维修、养护，剩余部分按照业主大会的决定使用；给业主造成损失的，依法承担赔偿责任。

第六十三条　违反本条例的规定，挪用专项维修资金的，由县级以上地方人民政府房地产行政主管部门追回挪用的专项维修资金，给予警告，没收违法所得，可以并处挪用数额2倍以下的罚款；物业服务企业挪用专项维修资金，情节严重的，并由颁发资质证书的部门吊销资质证书；构成犯罪的，依法追究直接负责的主管人员和其他直接责任人员的刑事责任。

第六十四条 违反本条例的规定,建设单位在物业管理区域内不按照规定配置必要的物业管理用房的,由县级以上地方人民政府房地产行政主管部门责令限期改正,给予警告,没收违法所得,并处10万元以上50万元以下的罚款。

第六十五条 违反本条例的规定,未经业主大会同意,物业服务企业擅自改变物业管理用房的用途的,由县级以上地方人民政府房地产行政主管部门责令限期改正,给予警告,并处1万元以上10万元以下的罚款;有收益的,所得收益用于物业管理区域内物业共用部位、共用设施设备的维修、养护,剩余部分按照业主大会的决定使用。

第六十六条 违反本条例的规定,有下列行为之一的,由县级以上地方人民政府房地产行政主管部门责令限期改正,给予警告,并按照本条第二款的规定处以罚款;所得收益,用于物业管理区域内物业共用部位、共用设施设备的维修、养护,剩余部分按照业主大会的决定使用:

(一)擅自改变物业管理区域内按照规划建设的公共建筑和共用设施用途的;

(二)擅自占用、挖掘物业管理区域内道路、场地,损害业主共同利益的;

(三)擅自利用物业共用部位、共用设施设备进行经营的。

个人有前款规定行为之一的,处1000元以上1万元以下的罚款;单位有前款规定行为之一的,处5万元以上20万元以下的罚款。

第六十七条 违反物业服务合同约定,业主逾期不交纳物业服务费用的,业主委员会应当督促其限期交纳;逾期仍不交纳的,物业服务企业可以向人民法院起诉。

第六十八条 业主以业主大会或者业主委员会的名义,从事违反法律、法规的活动,构成犯罪的,依法追究刑事责任;尚不构成犯罪的,依法给予治安管理处罚。

第六十九条 违反本条例的规定,国务院建设行政主管部门、县级以上地方人民政府房地产行政主管部门或者其他有关行政管理部门的工作人员利用职务上的便利,收受他人财物或者其他好处,不依法履行监督管理职责,或者发现违法行为不予查处,构成犯罪的,依法追究刑事责任;尚不构成犯罪的,依法给予行政处分。

第七章 附 则

第七十条 本条例自2003年9月1日起施行。

国务院关于废止部分行政法规的决定

中华人民共和国国务院令第516号

现公布《国务院关于废止部分行政法规的决定》,自公布之日起生效。

总理 温家宝

二〇〇八年一月十五日

国务院关于废止部分行政法规的决定

为了更好地适应加快建设法治政府、全面推进依法行政的要求,国务院对截至2006年底现行行政法规共655件进行了全面清理。经过清理,国务院决定:

一、对主要内容被新的法律或者行政法规所代替的49件行政法规,予以废止。(目录见附件1)

二、对适用期已过或者调整对象已经消失,实际上已经失效的43件行政法规,宣布失效。(目录见附件2)

本决定自公布之日起生效。

附件:1. 国务院决定废止的行政法规目录(49件)

2. 国务院决定宣布失效的行政法规目录(43件)

附件1： 国务院决定废止的行政法规目录(49件)

序号	法规名称	公布机关及日期	说　明
1	铁路留用土地办法	1950年6月24日政务院公布	已被2004年8月28日中华人民共和国主席令第28号公布的《中华人民共和国土地管理法》、2004年12月27日中华人民共和国国务院令第430号公布的《铁路运输安全保护条例》代替。
2	中央人民政府公布中华人民共和国国徽的命令	1950年9月20日	已被1991年3月2日中华人民共和国主席令第41号公布的《中华人民共和国国徽法》代替。
3	关于搬运危险性物品的几项办法政务院财政经济委员会批准	1951年10月9日劳动部公布	已被1994年7月5日中华人民共和国主席令第28号公布的《中华人民共和国劳动法》、2001年10月27日中华人民共和国主席令第60号公布的《中华人民共和国职业病防治法》、2002年6月29日中华人民共和国主席令第70号公布的《中华人民共和国安全生产法》、2002年1月26日中华人民共和国国务院令第344号公布的《危险化学品安全管理条例》、2002年5月12日中华人民共和国国务院令第352号公布的《使用有毒物品作业场所劳动保护条例》、2003年4月27日中华人民共和国国务院令第375号公布的《工伤保险条例》代替。
4	防止沥青中毒办法	1956年1月26日国务院批准1956年1月31日劳动部公布	已被2001年10月27日中华人民共和国主席令第60号公布的《中华人民共和国职业病防治法》、2002年6月29日中华人民共和国主席令第70号公布的《中华人民共和国安全生产法》、2002年1月26日中华人民共和国国务院令第344号公布的《危险化学品安全管理条例》、2002年5月12日中华人民共和国国务院令第352号公布的《使用有毒物品作业场所劳动保护条例》代替。

续表

序号	法规名称	公布机关及日期	说　明
5	工厂安全卫生规程	1956年5月25日国务院全体会议第29次会议通过	已被2001年10月27日中华人民共和国主席令第60号公布的《中华人民共和国职业病防治法》、2002年6月29日中华人民共和国主席令第70号公布的《中华人民共和国安全生产法》代替。
6	建筑安装工程安全技术规程	1956年5月25日国务院全体会议第29次会议通过	已被1997年11月1日中华人民共和国主席令第91号公布的《中华人民共和国建筑法》、2002年6月29日中华人民共和国主席令第70号公布的《中华人民共和国安全生产法》、2000年1月30日中华人民共和国国务院令第279号公布的《建设工程质量管理条例》、2003年11月24日中华人民共和国国务院令第393号公布的《建设工程安全生产管理条例》代替。
7	国务院关于加强企业生产中安全工作的几项规定	1963年3月30日国务院公布	已被2002年6月29日中华人民共和国主席令第70号公布的《中华人民共和国安全生产法》、2007年4月9日中华人民共和国国务院令第493号公布的《生产安全事故报告和调查处理条例》、2004年1月9日公布的《国务院关于进一步加强安全生产工作的决定》代替。
8	旅客丢失车票和发生急病、死亡处理办法	铁道部制定1963年5月24日国务院批转	已被1990年9月7日中华人民共和国主席令第32号公布的《中华人民共和国铁路法》、1999年3月15日中华人民共和国主席令第15号公布的《中华人民共和国合同法》、2003年6月20日中华人民共和国国务院令第381号公布的《城市生活无着的流浪乞讨人员救助管理办法》代替。

续表

序号	法规名称	公布机关及日期	说　明
9	防止矽尘危害工作管理办法	1963年9月28日国务院批准劳动部、卫生部、中华全国总工会公布	已被1994年7月5日中华人民共和国主席令第28号公布的《中华人民共和国劳动法》、2001年10月27日中华人民共和国主席令第60号公布的《中华人民共和国职业病防治法》、2002年6月29日中华人民共和国主席令第70号公布的《中华人民共和国安全生产法》、1987年12月3日国务院公布的《中华人民共和国尘肺病防治条例》、2003年4月27日中华人民共和国国务院令第375号公布的《工伤保险条例》代替。
10	古遗址古墓葬调查发掘暂行管理办法	1964年8月29日国务院批准、1964年9月17日文化部公布	已被2002年10月28日中华人民共和国主席令第76号公布的《中华人民共和国文物保护法》、2003年5月18日中华人民共和国国务院令第377号公布的《中华人民共和国文物保护法实施条例》代替。
11	无线电管理规则	1978年6月23日国务院、中央军委公布	已被1993年9月11日中华人民共和国国务院、中华人民共和国中央军事委员会令第128号公布的《中华人民共和国无线电管理条例》、中央军委批准1994年12月3日总参谋部公布的《中国人民解放军无线电管理条例》代替。
12	开展对外加工装配和中小型补偿贸易办法	1979年9月3日国务院公布	已被2000年7月8日中华人民共和国主席令第35号公布的《中华人民共和国海关法》、2007年3月16日中华人民共和国主席令第63号公布的《中华人民共和国企业所得税法》、国务院批准1996年6月20日中国人民银行令第1号公布的《结汇、售汇及付汇管理规定》、1999年4月5日公布的《国务院办公厅转发国家经贸委等部门关于进一步完善加工贸易银行保证金台账制度意见的通知》代替。

续表

序号	法规名称	公布机关及日期	说　　明
13	国务院关于国家行政机关和企业、事业单位印章的规定	1979年9月24日国务院公布	已被1999年10月31日国务院公布的《国务院关于国家行政机关和企业事业单位社会团体印章管理的规定》代替。
14	国营工业企业职工代表大会暂行条例	中华全国总工会、国家经济委员会、中央组织部拟订 1981年7月13日中共中央、国务院转发	已被1986年9月15日中共中央、国务院公布的《全民所有制工业企业职工代表大会条例》代替。
15	国营工厂厂长工作暂行条例	1982年1月2日中共中央、国务院公布	已被1986年9月15日中共中央、国务院公布的《全民所有制工业企业厂长工作条例》代替。
16	矿山安全条例	1982年2月13日国务院公布	已被1992年11月7日中华人民共和国主席令第65号公布的《中华人民共和国矿山安全法》、2001年10月27日中华人民共和国主席令第60号公布的《中华人民共和国职业病防治法》、1996年10月11日国务院批准1996年10月30日劳动部令第4号公布的《中华人民共和国矿山安全法实施条例》代替。
17	矿山安全监察条例	1982年2月13日国务院公布	已被1992年11月7日中华人民共和国主席令第65号公布的《中华人民共和国矿山安全法》、1996年10月11日国务院批准1996年10月30日劳动部令第4号公布的《中华人民共和国矿山安全法实施条例》代替。
18	企业职工奖惩条例	1982年4月10日国务院公布	已被1994年7月5日中华人民共和国主席令第28号公布的《中华人民共和国劳动法》、2007年6月29日中华人民共和国主席令第65号公布的《中华人民共和国劳动合同法》代替。

续表

序号	法规名称	公布机关及日期	说　明
19	中华人民共和国公证暂行条例	1982年4月13日国务院公布	已被2005年8月28日中华人民共和国主席令第39号公布的《中华人民共和国公证法》代替。
20	军队营区植树造林与林木管理办法	1982年12月20日国务院、中央军委公布	已被1998年4月29日中华人民共和国主席令第3号公布的《中华人民共和国森林法》、2005年7月22日中央军委公布的《中国人民解放军绿化条例》代替。
21	城镇个人建造住宅管理办法	1983年5月25日国务院批准 1983年6月4日城乡建设环境保护部公布	已被1997年11月1日中华人民共和国主席令第91号公布的《中华人民共和国建筑法》、2004年8月28日中华人民共和国主席令第28号公布的《中华人民共和国土地管理法》、2007年3月16日中华人民共和国主席令第62号公布的《中华人民共和国物权法》、2007年8月30日中华人民共和国主席令第72号公布的《中华人民共和国城市房地产管理法》、2007年10月28日中华人民共和国主席令第74号公布的《中华人民共和国城乡规划法》代替。
22	中国公民同外国人办理婚姻登记的几项规定	1983年8月17日国务院批准 1983年8月26日民政部公布	已被2003年8月8日中华人民共和国国务院令第387号公布的《婚姻登记条例》代替。
23	城市私有房屋管理条例	1983年12月17日国务院公布	已被2007年3月16日中华人民共和国主席令第62号公布的《中华人民共和国物权法》、2007年8月30日中华人民共和国主席令第72号公布的《中华人民共和国城市房地产管理法》、2001年6月13日中华人民共和国国务院令第305号公布的《城市房屋拆迁管理条例》代替。

续表

序号	法规名称	公布机关及日期	说　明
24	国务院关于农民个人或联户购置机动车船和拖拉机经营运输业的若干规定	1984年2月27日国务院公布	已被2003年10月28日中华人民共和国主席令第8号公布的《中华人民共和国道路交通安全法》、1997年12月3日中华人民共和国国务院令第237号公布的《中华人民共和国水路运输管理条例》、2004年4月30日中华人民共和国国务院令第405号公布的《中华人民共和国道路交通安全法实施条例》、2004年4月30日中华人民共和国国务院令第406号公布的《中华人民共和国道路运输条例》、2006年3月21日中华人民共和国国务院令第462号公布的《机动车交通事故责任强制保险条例》代替。
25	人民防空条例	1984年7月20日国务院、中央军委公布	已被1996年10月29日中华人民共和国主席令第78号公布的《中华人民共和国人民防空法》代替。
26	关于申请商标注册要求优先权的暂行规定	1985年3月15日国务院批准1985年3月15日国家工商行政管理局公布	已被2001年10月27日中华人民共和国主席令第59号公布的《中华人民共和国商标法》、2002年8月3日中华人民共和国国务院令第358号公布的《中华人民共和国商标法实施条例》代替。
27	中华人民共和国财政部对外国企业常驻代表机构征收工商统一税、企业所得税的暂行规定	1985年4月11日国务院批准1985年5月15日财政部公布	已被2007年12月6日中华人民共和国国务院令第512号公布的《中华人民共和国企业所得税法实施条例》代替。
28	国务院关于开办民用航空运输企业审批权限的暂行规定	1985年5月28日国务院公布	已被1995年10月30日中华人民共和国主席令第56号公布的《中华人民共和国民用航空法》代替。

续表

序号	法规名称	公布机关及日期	说　明
29	中华人民共和国国务院关于中外合资建设港口码头优惠待遇的暂行规定	1985年9月30日国务院公布	已被2001年3月15日中华人民共和国主席令第48号公布的《中华人民共和国中外合资经营企业法》、2007年3月16日中华人民共和国主席令第63号公布的《中华人民共和国企业所得税法》代替。
30	中华人民共和国海关总署对进出经济特区的货物、运输工具、行李物品和邮递物品的管理规定	1986年3月21日国务院批准1986年3月25日海关总署公布	已被2000年7月8日中华人民共和国主席令第35号公布的《中华人民共和国海关法》、2003年11月23日中华人民共和国国务院令第392号公布的《中华人民共和国进出口关税条例》代替。
31	关于发挥离休退休专业技术人员作用的暂行规定	中共中央组织部、中共中央宣传部、中共中央统战部、国家科委、劳动人事部、中国科协、中国人民解放军总政治部制定中共中央书记处、国务院批准1986年10月6日中共中央办公厅、国务院办公厅转发	已被2005年2月23日《中共中央办公厅、国务院办公厅转发〈中央组织部、中央宣传部、中央统战部、人事部、科技部、劳动保障部、解放军总政治部、中国科协关于进一步发挥离退休专业技术人员作用的意见〉的通知》代替。
32	中华人民共和国居民身份证条例实施细则	1986年11月3日国务院批准1986年11月28日公安部公布1991年12月3日国务院批准修订1992年2月27日公安部公布1999年7月29日国务院批准第二次修订1999年10月1日公安部令第43号公布	已被2003年6月28日中华人民共和国主席令第4号公布的《中华人民共和国居民身份证法》代替。

续表

序号	法规名称	公布机关及日期	说　　明
33	国务院参事室组织简则	1987年5月16日国务院批准	已被1992年1月30日国务院批准的《国务院参事室组织简则》代替。
34	兽药管理条例	1987年5月21日国务院公布	已被2004年4月9日中华人民共和国国务院令第404号公布的《兽药管理条例》代替。
35	关于严格禁止在旅游业务中私自收受回扣和收取小费的规定	1987年8月2日国务院批准 1987年8月17日国家旅游局公布	已被1999年5月14日中华人民共和国国务院令第263号公布的《导游人员管理条例》代替。
36	关于加强空运进口货物管理的暂行办法	1987年8月25日国务院批准公布	已被2000年7月8日中华人民共和国主席令第35号公布的《中华人民共和国海关法》代替。
37	中华人民共和国药品管理法实施办法	1989年1月7日国务院批准 1989年2月27日卫生部令第1号公布	已被2002年8月4日中华人民共和国国务院令第360号公布的《中华人民共和国药品管理法实施条例》代替。
38	国务院关于加强华侨、港澳台同胞捐赠进口物资管理的若干规定	1989年2月20日国务院公布	已被1999年6月28日中华人民共和国主席令第19号公布的《中华人民共和国公益事业捐赠法》代替。
39	海关对我出国人员进出境行李物品的管理规定	1989年8月28日国务院批准 1989年9月6日海关总署公布	已被2003年11月23日中华人民共和国国务院令第392号公布的《中华人民共和国进出口关税条例》代替。
40	全民所有制企业招用农民合同制工人的规定	1991年7月25日中华人民共和国国务院令第87号公布	已被1994年7月5日中华人民共和国主席令第28号公布的《中华人民共和国劳动法》、2007年6月29日中华人民共和国主席令第65号公布的《中华人民共和国劳动合同法》代替。

续表

序号	法规名称	公布机关及日期	说　明
41	中华人民共和国义务教育法实施细则	1992年2月29日国务院批准1992年3月14日国家教育委员会令第19号公布	已被2006年6月29日中华人民共和国主席令第52号公布的《中华人民共和国义务教育法》代替。
42	中华人民共和国文物保护法实施细则	1992年4月30日国务院批准1992年5月5日国家文物局令第2号公布	已被2003年5月18日中华人民共和国国务院令第377号公布的《中华人民共和国文物保护法实施条例》代替。
43	中华人民共和国海关对进出海南省洋浦经济开发区货物、运输工具、个人携带物品和邮递物品的管理办法	1992年7月7日国务院批准1992年7月27日海关总署令第32号公布	已被2000年7月8日中华人民共和国主席令第35号公布的《中华人民共和国海关法》、2003年11月23日中华人民共和国国务院令第392号公布的《中华人民共和国进出口关税条例》代替。
44	国务院、中央军委关于修改《中华人民共和国飞行基本规则》第六十四条内容的批复	1993年4月5日	已被2001年7月27日中华人民共和国国务院、中华人民共和国中央军事委员会令第312号公布的《中华人民共和国飞行基本规则》代替。
45	禁止证券欺诈行为暂行办法	1993年8月15日国务院批准1993年9月2日国务院证券委员会公布	已被2005年10月27日中华人民共和国主席令第43号公布的《中华人民共和国证券法》代替。
46	外商投资企业清算办法	1996年6月15日国务院批准1996年7月9日对外贸易经济合作部令第2号公布	已被2005年10月27日中华人民共和国主席令第42号公布的《中华人民共和国公司法》代替。

续表

序号	法规名称	公布机关及日期	说　明
47	关于领导干部报告个人重大事项的规定	1997年1月31日中共中央办公厅、国务院办公厅公布	已被2006年9月24日《中共中央办公厅印发〈关于党员领导干部报告个人有关事项的规定〉的通知》代替。
48	国务院稽察特派员条例	1998年7月3日中华人民共和国国务院令第246号公布	已被2000年3月15日中华人民共和国国务院令第283号公布的《国有企业监事会暂行条例》代替。
49	国务院关于修改《兽药管理条例》的决定	2001年11月29日中华人民共和国国务院令第325号公布	已被2004年4月9日中华人民共和国国务院令第404号公布的《兽药管理条例》代替。

附件2：

国务院决定宣布失效的行政法规目录(43件)

序号	法规名称	公布机关及日期	说　明
1	铁路军运暂行条例	1950年8月1日中央人民政府人民革命军事委员会、中央人民政府政务院令公布	适用期已过，实际上已经失效。
2	国家工作人员公费医疗预防实施办法	1952年8月24日政务院批准1952年8月30日卫生部公布	适用期已过，实际上已经失效。
3	中华人民共和国禁止国家货币票据及证券出入国境暂行办法	1952年10月15日政务院财政经济委员会批准公布	调整对象已消失，实际上已经失效。
4	射击场设置管理规程	1958年2月24日国务院批准1958年3月29日国家体育运动委员会、公安部公布	调整对象已消失，实际上已经失效。
5	关于提高国营工业企业固定资产折旧率和改进折旧费使用办法的暂行规定	1979年7月13日国务院公布	适用期已过，实际上已经失效。
6	文物特许出口管理试行办法	1979年7月31日国务院批准公布	调整对象已消失，实际上已经失效。
7	关于旅游纪念品工艺品生产和经营若干问题的暂行规定	国家经济委员会制定1980年7月1日国务院转发	调整对象已消失，实际上已经失效。
8	关于财政监察工作的几项规定	财政部制定1980年7月2日国务院批转	适用期已过，实际上已经失效。

续表

序号	法规名称	公布机关及日期	说　　明
9	关于用侨汇购买和建设住宅的暂行办法	国家城市建设总局、国务院侨务办公室制定 1980 年 3 月 5 日国务院转发	调整对象已消失,实际上已经失效。
10	中华人民共和国国库券条例	1981 年 1 月 28 日国务院公布	适用期已过,实际上已经失效。
11	关于中外合作开采海洋石油进出口货物征免关税和工商统一税的规定	1982 年 2 月 28 日国务院批准 1982 年 4 月 1 日海关总署、财政部公布	适用期已过,实际上已经失效。
12	关于举办职工中等专业学校的试行办法	教育部制定 1982 年 9 月 9 日国务院批转	适用期已过,实际上已经失效。
13	关于加强教育学院建设若干问题的暂行规定	教育部制定 1982 年 10 月 21 日国务院批准	适用期已过,实际上已经失效。
14	关于中央一级国家机关、经济组织内部机构设置审批暂行规定	1982 年 11 月 3 日国务院办公厅公布	调整对象已消失,实际上已经失效。
15	自然科学研究机构建立、调整的审批试行办法	1983 年 2 月 23 日国务院批准 1983 年 3 月 17 日国家科学技术委员会公布	适用期已过,实际上已经失效。
16	国防科学技术情报工作条例	1984 年 7 月 30 日国务院、中央军委公布	适用期已过,实际上已经失效。
17	关于农村人畜饮水工作的暂行规定	水利电力部制定 1984 年 8 月 13 日国务院办公厅转发	适用期已过,实际上已经失效。
18	关于改进计划体制的若干暂行规定	国家计划委员会拟订 1984 年 10 月 4 日国务院批转	适用期已过,实际上已经失效。

续表

序号	法规名称	公布机关及日期	说　明
19	国务院关于自费出国留学的暂行规定	1984年12月26日国务院公布	适用期已过,实际上已经失效。
20	关于加强和改善民用工业为国防军工协作配套管理工作若干问题的暂行规定	1985年1月19日国务院、中央军委公布	适用期已过,实际上已经失效。
21	关于实行“划分税种、核定收支、分级包干”财政管理体制的规定	1985年3月21日国务院公布	适用期已过,实际上已经失效。
22	关于鼓励集资办电和实行多种电价的暂行规定	国家经济委员会、国家计划委员会、水利电力部、国家物价局制定1985年5月23日国务院批转	适用期已过,实际上已经失效。
23	关于汽车交易市场管理的暂行规定	国家工商行政管理局制定1985年9月11日国务院办公厅转发	适用期已过,实际上已经失效。
24	事业单位工资制度改革后财务管理的若干规定	1985年10月7日国务院批准1985年10月12日财政部公布	适用期已过,实际上已经失效。
25	北京市人民政府关于在规划市区内征收城市基础设施“四源”建设费的暂行规定	1986年9月11日国务院批准1986年10月1日北京市人民政府公布	适用期已过,实际上已经失效。
26	投机倒把行政处罚暂行条例	1987年9月17日国务院公布	调整对象已消失,实际上已经失效。
27	国家土地开发建设基金回收管理试行办法	1988年8月27日国务院批准公布	适用期已过,实际上已经失效。

续表

序号	法规名称	公布机关及日期	说　明
28	中华人民共和国筵席税暂行条例	1988年9月22日中华人民共和国国务院令第16号公布	调整对象已消失，实际上已经失效。
29	外商投资开发经营成片土地暂行管理办法	1990年5月19日中华人民共和国国务院令第56号公布	适用期已过，实际上已经失效。
30	投机倒把行政处罚暂行条例施行细则	1990年8月9日国务院批准1990年8月17日国家工商行政管理局令第3号公布	调整对象已消失，实际上已经失效。
31	出口收汇核销管理办法	1990年12月9日国务院批准1990年12月18日中国人民银行、国家外汇管理局、对外经济贸易部、海关总署、中国银行公布	适用期已过，实际上已经失效。
32	企业财务通则	1992年11月16日国务院批准1992年11月30日财政部令第4号公布	适用期已过，实际上已经失效。
33	企业会计准则	1992年11月16日国务院批准1992年11月30日财政部令第5号公布	适用期已过，实际上已经失效。
34	民用航空运输销售代理业管理规定	1993年7月5日国务院批准1993年8月3日中国民用航空总局令第37号公布	调整对象已消失，实际上已经失效。
35	赋予科研院所科技产品进出口权暂行办法	1993年9月4日国务院批准1993年10月16日对外贸易经济合作部、国家科学技术委员会公布	调整对象已消失，实际上已经失效。

续表

序号	法规名称	公布机关及日期	说明
36	黄金地质勘探资金管理暂行办法	1994年9月29日国务院批准 1994年11月5日冶金部公布	适用期已过,实际上已经失效。
37	关于继续对宣传文化单位实行财税优惠政策的规定	1994年11月30日国务院批准 1994年12月23日财政部、国家税务总局公布	适用期已过,实际上已经失效。
38	设立境外中国产业投资基金管理办法	1995年8月11日国务院批准 1995年9月6日中国人民银行令第1号公布	适用期已过,实际上已经失效。
39	办理外派劳务人员出国手续的暂行规定	1996年10月22日国务院批准 1996年12月20日对外贸易经济合作部、外交部、公安部公布	适用期已过,实际上已经失效。
40	可转换公司债券管理暂行办法	1997年3月8日国务院批准 1997年3月25日国务院证券委员会公布	适用期已过,实际上已经失效。
41	证券交易所管理办法	1997年11月30日国务院批准 1997年12月10日国务院证券委员会公布	适用期已过,实际上已经失效。
42	关于赋予私营生产企业和科研院所自营进出口权的暂行规定	1998年9月2日国务院批准 1998年10月1日对外贸易经济合作部令第1号公布	调整对象已消失,实际上已经失效。
43	第五次全国人口普查办法	2000年1月25日中华人民共和国国务院令第277号公布	适用期已过,实际上已经失效。

国务院关于印发《节能减排综合性工作方案》的通知

国发[2007]15号

各省、自治区、直辖市人民政府，国务院各部委、各直属机构：

国务院同意发展改革委会同有关部门制定的《节能减排综合性工作方案》(以下简称《方案》)，现印发给你们，请结合本地区、本部门实际，认真贯彻执行。

一、充分认识节能减排工作的重要性和紧迫性

《中华人民共和国国民经济和社会发展第十一个五年规划纲要》提出了"十一五"期间单位国内生产总值能耗降低20%左右，主要污染物排放总量减少10%的约束性指标。这是贯彻落实科学发展观，构建社会主义和谐社会的重大举措；是建设资源节约型、环境友好型社会的必然选择；是推进经济结构调整，转变增长方式的必由之路；是提高人民生活质量，维护中华民族长远利益的必然要求。

当前，实现节能减排目标面临的形势十分严峻。去年以来，全国上下加强了节能减排工作，国务院发布了加强节能工作的决定，制定了促进节能减排的一系列政策措施，各地区、各部门相继做出了工作部署，节能减排工作取得了积极进展。但是，去年全国没有实现年初确定的节能降耗和污染减排的目标，加大了"十一五"后四年节能减排工作的难度。更为严峻的是，今年一季度，工业特别是高耗能、高污染行业增长过快，占全国工业能耗和二氧化硫排放近70%的电力、钢铁、有色、建材、石油加工、化工等六大行业增长20.6%，同比加快6.6个百分点。与此同时，各方面工作仍存在认识不到位、责任不明确、措施不配套、政策不完善、投入不落实、协调不得力等问题。这种状况如不及时扭转，不仅今年节能减排工作难以取得明显进展，"十一五"节能减排的总体目标也将难以实现。

我国经济快速增长，各项建设取得巨大成就，但也付出了巨大的资源和环境代价，经济发展与资源环境的矛盾日趋尖锐，群众对环境污染问题反应强烈。这种状况与经济结构不合理、增长方式粗放直接相关。不加快调整经济结构、转变增长方式，资源支撑不住，环境容纳不下，社会承受不起，经济发展难以为继。只有坚持节约发展、清洁发展、安全发展，才能实现经济又好又快发展。同时，温室气体排放引起全球气候变暖，备受国际社会广泛关注。进一步加强节能减排工作，也是应对全球气候变化的迫切需要，是我们应该承担的责任。

各地区、各部门要充分认识节能减排的重要性和紧迫性，真正把思想和行动统一到中央关于节能减排的决策和部署上来。要把节能减排任务完成情况作为检验科学发展观是否落实的重要标准，作为检验经济发展是否"好"的重要标准，正确处理经济增长速度与节能减排的关系，真正把节能减排作为硬任务，使经济增长建立在节约能源资源和保护环境的基础上。要采取果断措施，集中力量，迎难而上，扎扎实实地开展工作，力争通过今明两年的努力，实现节能减排任务完成进度与"十一五"规划实施进度保持同步，为实现"十一五”节能减排目标打下坚实基础。

二、狠抓节能减排责任落实和执法监管

发挥政府主导作用。各级人民政府要充分认识到节能减排约束性指标是强化政府责任的指标，实现这个目标是政府对人民的庄严承诺，必须通过合理配置公共资源，有效运用经济、法律和行政手段，确保实现。当务之急，是要建立健全节能减排工作责任制和问责制，一级抓一级，层层抓落实，形成强有力的工作格局。地方各级人民政府对本行政区域节能减排负总责，政府主要领导是第一责任人。要在科学测算的基础上，把节能减排各项工作目标和任务逐级分解到各市（地）、县和重点企业。要强化政策措施的执行力，加强对节能减排工作进展情况的考核和监督，国务院有关部门定期公布各地节能减排指标完成情况，进行统一考核。要把节能减排作为当前宏观调控重点，作为调整经济结构，转变增长方式的突破口和重要抓手，坚决遏制高耗能、高污染产业过快增长，坚决压缩城市形象工程和党政机关办公楼等楼堂馆所建设规模，切实保证节能减排、保障民生等工作所需资金投入。要把节能减排指标完成情况纳入各地经济社会发展综合评价体系，作为政府领导干部综合考核评价和企业负责人业绩考核的重要内容，实行“一票否决”制。要加大执法和处罚力度，公开严肃查处一批严重违反国家节能管理和环境保护法律法规的典型案件，依法追究有关人员和领导者的责任，起到警醒教育作用，形成强大声势。省级人民政府每年要向国务院报告节能减排目标责任的履行情况。国务院每年向全国人民代表大会报告节能减排的进展情况，在“十一五”期末报告五年两个指标的总体完成情况。地方各级人民政府每年也要向同级人民代表大会报告节能减排工作，自觉接受监督。

强化企业主体责任。企业必须严格遵守节能和环保法律法规及标准，落实目标责任，强化管理措施，自觉节能减排。对重点用能单位加强经常监督，凡与政府有关部门签订节能减排目标责任书的企业，必须确保完成目标；对没有完成节能减排任务的企业，强制实行能源审计和清洁生产审核。坚持“谁污染、谁治理”，对未按规定建设和运行污染减排设施的企业和单位，公开通报，限期整改，对恶意排污的行为实行重罚，追究领导和直接责任人员的责任，构成犯罪的依法移送司法机关。同时，要加强机关单位、公民等各类社会主体的责任，促使公民自觉履行节能和环保义务，形成以政府为主导、企业为主体、全社会共同推进的节能减排工作格局。

三、建立强有力的节能减排领导协调机制

为加强对节能减排工作的组织领导，国务院成立节能减排工作领导小组。领导小组的主要任务是，部署节能减排工作，协调解决工作中的重大问题。领导小组办公室设在发展改革委，负责承担领导小组的日常工作，其中有关污染减排方面的工作由环保总局负责。地方各级人民政府也要切实加强对本地区节能减排工作的组织领导。

国务院有关部门要切实履行职责，密切协调配合，尽快制定相关配套政策措施和落实意见。各省级人民政府要立即部署本地区推进节能减排的工作，明确相关部门的责任、分工和进度要求。各地区、各部门和中央企业要在2007年6月30日前，提出本地区、本部门和本企业贯彻落实的具体方案报领导小组办公室汇总后报国务院。领导小组办公室要会同有关部门加强对节能减排工作的指导协调和监督检查，重大情况及时向国务院报告。

节能减排综合性工作方案

一、进一步明确实现节能减排的目标任务和总体要求

（一）主要目标。到2010年，万元国内生产总值能耗由2005年的1.22吨标准煤下降到1吨标准煤以下，降低20%左右；单位工业增加值用水量降低30%。“十一五”期间，主要污染物排放总量减少10%，到2010年，二氧化硫排放量由2005年的2549万吨减少到2295万吨，化学需氧量（COD）由1414万吨减少到1273万吨；全国设市城市污水处理率不低于70%，工业固体废物综合利用率达到60%以上。

（二）总体要求。以邓小平理论和“三个代表”重要思想为指导，全面贯彻落实科学发展观，加快建设资源节约型、环境友好型社会，把节能减排作为调整经济结构、转变增长方式的突破口和重要抓手，作为宏观调控的重要目标，综合运用经济、法律和必要的行政手段，控制增量、调整存量，依靠科技、加大投入，健全法制、完善政策，落实责任、强化监管，加强宣传、提高意识，突出重点、强力推进，动员全社会力量，扎实做好节能降耗和污染减排工作，确保实现节能减排约束性指标，推动经济社会又好又快发展。

二、控制增量，调整和优化结构

（三）控制高耗能、高污染行业过快增长。严格控制新建高耗能、高污染项目。严把土地、信贷两个闸门，提高节能环保市场准入门槛。抓紧建立新开工项目管理的部门联动机制和项目审批问责制，严格执行项目开工建设“六项必要条件”（必须符合产业政策和市场准入标准、项目审批核准或备案程序、用地预审、环境影响评价审批、节能评估审查以及信贷、安全和城市规划等规定和要求）。实行新开工项目报告和公开制度。建立高耗能、高污染行业新上项目与地方节能减排指标完成进度挂钩、与淘汰落后产能相结合的机制。落实限制高耗能、高污染产品出口的各项政策。继续运用调整出口退税、加征出口关税、削减出口配额、将部分产品列入加工贸易禁止类目录等措施，控制高耗能、高污染产品出口。加大差别电价实施力度，提高高耗能、高污染产品差别电价标准。组织对高耗能、高污染行业节能减排工作专项检查，清理和纠正各地在电价、地价、税费等方面对高耗能、高污染行业的优惠政策。

（四）加快淘汰落后生产能力。加大淘汰电力、钢铁、建材、电解铝、铁合金、电石、焦炭、煤炭、平板玻璃等行业落后产能的力度。“十一五”期间实现节能1.18亿吨标准煤，减排二氧化硫240万吨；今年实现节能3150万吨标准煤，减排二氧化硫40万吨。加大造纸、酒精、味精、柠檬酸等行业落后生产能力淘汰力度，“十一五”期间实现减排化学需氧量（COD）138万吨，今年实现减排COD62万吨（详见附表）。制订淘汰落后产能分地区、分年度的具体工作方案，并认真组织实施。对不按期淘汰的企业，地方各级人民政府要依法予以关停，有关部门依法吊销生产许可证和排污许可证并予以公布，电力供应企业依法停止供电。对没有完成淘汰落后产能任务的地区，严格控制国家安排投资的项目，实行项目“区域限批”。国务院有关部门每年向社会公告淘汰落后产能的企业名单和各地执行情况。建立落后产能退出机制，有条件的地方要安排资金支持淘汰落后产能，中央财政通过增加转

移支付,对经济欠发达地区给予适当补助和奖励。

(五)完善促进产业结构调整的政策措施。进一步落实促进产业结构调整暂行规定。修订《产业结构调整指导目录》,鼓励发展低能耗、低污染的先进生产能力。根据不同行业情况,适当提高建设项目在土地、环保、节能、技术、安全等方面的准入标准。尽快修订颁布《外商投资产业指导目录》,鼓励外商投资节能环保领域,严格限制高耗能、高污染外资项目,促进外商投资产业结构升级。调整《加工贸易禁止类商品目录》,提高加工贸易准入门槛,促进加工贸易转型升级。

(六)积极推进能源结构调整。大力发展可再生能源,抓紧制订出台可再生能源中长期规划,推进风能、太阳能、地热能、水电、沼气、生物质能利用以及可再生能源与建筑一体化的科研、开发和建设,加强资源调查评价。稳步发展替代能源,制订发展替代能源中长期规划,组织实施生物燃料乙醇及车用乙醇汽油发展专项规划,启动非粮生物燃料乙醇试点项目。实施生物化工、生物质能固体成型燃料等一批具有突破性带动作用的示范项目。抓紧开展生物柴油基础性研究和前期准备工作。推进煤炭直接和间接液化、煤基醇醚和烯烃代油大型台套示范工程和技术储备。大力推进煤炭洗选加工等清洁高效利用。

(七)促进服务业和高技术产业加快发展。落实《国务院关于加快发展服务业的若干意见》,抓紧制定实施配套政策措施,分解落实任务,完善组织协调机制。着力做强高技术产业,落实高技术产业发展"十一五"规划,完善促进高技术产业发展的政策措施。提高服务业和高技术产业在国民经济中的比重和水平。

三、加大投入,全面实施重点工程

(八)加快实施十大重点节能工程。着力抓好十大重点节能工程,"十一五"期间形成2.4亿吨标准煤的节能能力。今年形成5000万吨标准煤节能能力,重点是:实施钢铁、有色、石油石化、化工、建材等重点耗能行业余热余压利用、节约和替代石油、电机系统节能、能量系统优化,以及工业锅炉(窑炉)改造项目共745个;加快核准建设和改造采暖供热为主的热电联产和工业热电联产机组1630万千瓦;组织实施低能耗、绿色建筑示范项目30个,推动北方采暖区既有居住建筑供热计量及节能改造1.5亿平方米,开展大型公共建筑节能运行管理与改造示范,启动200个可再生能源在建筑中规模化应用示范推广项目;推广高效照明产品5000万支,中央国家机关率先更换节能灯。

(九)加快水污染治理工程建设。"十一五"期间新增城市污水日处理能力4500万吨、再生水日利用能力680万吨,形成COD削减能力300万吨;今年设市城市新增污水日处理能力1200万吨,再生水日利用能力100万吨,形成COD削减能力60万吨。加大工业废水治理力度,"十一五"形成COD削减能力140万吨。加快城市污水处理配套管网建设和改造。严格饮用水水源保护,加大污染防治力度。

(十)推动燃煤电厂二氧化硫治理。"十一五"期间投运脱硫机组3.55亿千瓦。其中,新建燃煤电厂同步投运脱硫机组1.88亿千瓦;现有燃煤电厂投运脱硫机组1.67亿千瓦,形成削减二氧化硫能力590万吨。今年现有燃煤电厂投运脱硫设施3500万千瓦,形成削减二氧化硫能力123万吨。

(十一)多渠道筹措节能减排资金。十大重点节能工程所需资金主要靠企业自筹、金融机构贷款和社会资金投入,各级人民政府安排必要的引导资金予以支持。城市污水处理设施和配套管网建设的责任主体是地方政府，在实行城市污水处理费最低收费标准的前提下，国家对重点建设项目给予必要的支持。按照"谁污染、谁治理，谁投资、谁受益"的原则，促使企业承担污染治理责任，各级人民政府对重点流域内的工业废水治理项目给予必要的支持。

四、创新模式，加快发展循环经济

（十二）深化循环经济试点。认真总结循环经济第一批试点经验，启动第二批试点，支持一批重点项目建设。深入推进浙江、青岛等地废旧家电回收处理试点。继续推进汽车零部件和机械设备再制造试点。推动重点矿山和矿业城市资源节约和循环利用。组织编制钢铁、有色、煤炭、电力、化工、建材、制糖等重点行业循环经济推进计划。加快制订循环经济评价指标体系。

（十三）实施水资源节约利用。加快实施重点行业节水改造及矿井水利用重点项目。"十一五"期间实现重点行业节水31亿立方米，新增海水淡化能力90万立方米/日，新增矿井水利用量26亿立方米；今年实现重点行业节水10亿立方米，新增海水淡化能力7万立方米/日，新增矿井水利用量5亿立方米。在城市强制推广使用节水器具。

（十四）推进资源综合利用。落实《"十一五"资源综合利用指导意见》，推进共伴生矿产资源综合开发利用和煤层气、煤矸石、大宗工业废弃物、秸秆等农业废弃物综合利用。"十一五"期间建设煤矸石综合利用电厂2000万千瓦，今年开工建设500万千瓦。推进再生资源回收体系建设试点。加强资源综合利用认定。推动新型墙体材料和利废建材产业化示范。修订发布新型墙体材料目录和专项基金管理办法。推进第二批城市禁止使用实心粘土砖，确保2008年底前256个城市完成"禁实"目标。

（十五）促进垃圾资源化利用。县级以上城市（含县城）要建立健全垃圾收集系统，全面推进城市生活垃圾分类体系建设，充分回收垃圾中的废旧资源，鼓励垃圾焚烧发电和供热、填埋气体发电，积极推进城乡垃圾无害化处理，实现垃圾减量化、资源化和无害化。

（十六）全面推进清洁生产。组织编制《工业清洁生产审核指南编制通则》，制订和发布重点行业清洁生产标准和评价指标体系。加大实施清洁生产审核力度。合理使用农药、肥料，减少农村面源污染。

五、依靠科技，加快技术开发和推广

（十七）加快节能减排技术研发。在国家重点基础研究发展计划、国家科技支撑计划和国家高技术发展计划等科技专项计划中，安排一批节能减排重大技术项目，攻克一批节能减排关键和共性技术。加快节能减排技术支撑平台建设，组建一批国家工程实验室和国家重点实验室。优化节能减排技术创新与转化的政策环境，加强资源环境高技术领域创新团队和研发基地建设，推动建立以企业为主体、产学研相结合的节能减排技术创新与成果转化体系。

（十八）加快节能减排技术产业化示范和推广。实施一批节能减排重点行业共性、关键技术及重大技术装备产业化示范项目和循环经济高技术产业化重大专项。落实节能、节水技术政策大纲，在钢铁、有色、煤炭、电力、石油石化、化工、建材、纺织、造纸、建筑等重点行业，推广一批潜力大、应用面广的重大节能减排技术。加强节电、节油农业机械和农产品加工设备及农业节水、节肥、节药技术推广。鼓励企业加大节能减排技术改造和技术创新投入，增强自主创新能力。

（十九）加快建立节能技术服务体系。制订出台《关于加快发展节能服务产业的指导意见》，促进节能服务产业发展。培育节能服务市场，加快推行合同能源管理，重点支持专业化节能服务公司为企业以及党政机关办公楼、公共设施和学校实施节能改造提供诊断、设计、融资、改造、运行管理一条龙服务。

（二十）推进环保产业健康发展。制订出台《加快环保产业发展的意见》，积极推进环境服务产业发展，研究提出推进污染治理市场化的政策措施，鼓励排污单位委托专业化公司承担污染治理或设施运营。

（二十一）加强国际交流合作。广泛开展节能减排国际科技合作，与有关国际组织和国家建立节能环保合作机制，积极引进国外先进节能环保技术和管理经验，不断拓宽节能环保国际合作的领域和范围。

六、强化责任，加强节能减排管理

（二十二）建立政府节能减排工作问责制。将节能减排指标完成情况纳入各地经济社会发展综合评价体系，作为政府领导干部综合考核评价和企业负责人业绩考核的重要内容，实行问责制和"一票否决"制。有关部门要抓紧制订具体的评价考核实施办法。

（二十三）建立和完善节能减排指标体系、监测体系和考核体系。对全部耗能单位和污染源进行调查摸底。建立健全涵盖全社会的能源生产、流通、消费、区域间流入流出及利用效率的统计指标体系和调查体系，实施全国和地区单位GDP能耗指标季度核算制度。建立并完善年耗能万吨标准煤以上企业能耗统计数据网上直报系统。加强能源统计巡查，对能源统计数据进行监测。制订并实施主要污染物排放统计和监测办法，改进统计方法，完善统计和监测制度。建立并完善污染物排放数据网上直报系统和减排措施调度制度，对国家监控重点污染源实施联网在线自动监控，构建污染物排放三级立体监测体系，向社会公告重点监控企业年度污染物排放数据。继续做好单位GDP能耗、主要污染物排放量和工业增加值用水量指标公报工作。

（二十四）建立健全项目节能评估审查和环境影响评价制度。加快建立项目节能评估和审查制度，组织编制《固定资产投资项目节能评估和审查指南》，加强对地方开展"能评"工作的指导和监督。把总量指标作为环评审批的前置性条件。上收部分高耗能、高污染行业环评审批权限。对超过总量指标、重点项目未达到目标责任要求的地区，暂停环评审批新增污染物排放的建设项目。强化环评审批向上级备案制度和向社会公布制度。加强"三同时"管理，严把项目验收关。对建设项目未经验收擅自投运、久拖不验、超期试生产等违法行为，严格依法进行处罚。

（二十五）强化重点企业节能减排管理。"十一五"期间全国千家重点耗能企业实现节能1亿吨标准煤，今年实现节能2000万吨标准煤。加强对重点企业节能减排工作的检查和指导，进一步落实目标责任，完善节能减排计量和统计，组织开展节能减排设备检测，编制节能减排规划。重点耗能企业建立能源管理师制度。实行重点耗能企业能源审计和能源利用状况报告及公告制度，对未完成节能目标责任任务的企业，强制实行能源审计。今年要启动重点企业与国际国内同行业能耗先进水平对标活动，推动企业加大结构调整和技术改造力度，提高节能管理水平。中央企业全面推进创建资源节约型企业活动，推广典型经验和做法。

(二十六)加强节能环保发电调度和电力需求侧管理。制定并尽快实施有利于节能减排的发电调度办法,优先安排清洁、高效机组和资源综合利用发电,限制能耗高、污染重的低效机组发电。今年上半年启动试点,取得成效后向全国推广,力争节能2000万吨标准煤,“十一五”期间形成6000万吨标准煤的节能能力。研究推行发电权交易,逐年削减小火电机组发电上网小时数,实行按边际成本上网竞价。抓紧制定电力需求侧管理办法,规范有序用电,开展能效电厂试点,研究制定配套政策,建立长效机制。

(二十七)严格建筑节能管理。大力推广节能省地环保型建筑。强化新建建筑执行能耗限额标准全过程监督管理,实施建筑能效专项测评,对达不到标准的建筑,不得办理开工和竣工验收备案手续,不准销售使用;从2008年起,所有新建商品房销售时在买卖合同等文件中要载明耗能量、节能措施等信息。建立并完善大型公共建筑节能运行监管体系。深化供热体制改革,实行供热计量收费。今年着力抓好新建建筑施工阶段执行能耗限额标准的监管工作,北方地区地级以上城市完成采暖费补贴“暗补”变“明补”改革,在25个示范省市建立大型公共建筑能耗统计、能源审计、能效公示、能耗定额制度,实现节能1250万吨标准煤。

(二十八)强化交通运输节能减排管理。优先发展城市公共交通,加快城市快速公交和轨道交通建设。控制高耗油、高污染机动车发展,严格执行乘用车、轻型商用车燃料消耗量限值标准,建立汽车产品燃料消耗量申报和公示制度;严格实施国家第三阶段机动车污染物排放标准和船舶污染物排放标准,有条件的地方要适当提高排放标准,继续实行财政补贴政策,加快老旧汽车报废更新。公布实施新能源汽车生产准入管理规则,推进替代能源汽车产业化。运用先进科技手段提高运输组织管理水平,促进各种运输方式的协调和有效衔接。

(二十九)加大实施能效标识和节能节水产品认证管理力度。加快实施强制性能效标识制度,扩大能效标识应用范围,今年发布《实行能效标识产品目录(第三批)》。加强对能效标识的监督管理,强化社会监督、举报和投诉处理机制,开展专项市场监督检查和抽查,严厉查处违法违规行为。推动节能、节水和环境标志产品认证,规范认证行为,扩展认证范围,在家用电器、照明等产品领域建立有效的国际协调互认制度。

(三十)加强节能环保管理能力建设。建立健全节能监管监察体制,整合现有资源,加快建立地方各级节能监察中心,抓紧组建国家节能中心。建立健全国家监察、地方监管、单位负责的污染减排监管体制。积极研究完善环保管理体制机制问题。加快各级环境监测和监察机构标准化、信息化体系建设。扩大国家重点监控污染企业实行环境监督员制度试点。加强节能监察、节能技术服务中心及环境监测站、环保监察机构、城市排水监测站的条件建设,适时更新监测设备和仪器,开展人员培训。加强节能减排统计能力建设,充实统计力量,适当加大投入。充分发挥行业协会、学会在节能减排工作中的作用。

七、健全法制,加大监督检查执法力度

(三十一)健全法律法规。加快完善节能减排法律法规体系,提高处罚标准,切实解决“违法成本低、守法成本高”的问题。积极推动节约能源法、循环经济法、水污染防治法、大气污染防治法等法律的制定及修订工作。加快民用建筑节能、废旧家用电器回收处理管理、固定资产投资项目节能评估和审查管理、环保设施运营监督管理、排污许可、畜禽养殖污染防治、城市排水和污水管理、电网调度管理等方面行政法规的制定及修订工作。抓紧完成节能监察管理、重点用能单位节能管理、节约用电管理、二氧化硫排污交易管理等方面行政规章的制定及修订工作。积极开展节约用水、废旧轮胎回收利用、包装物回收利用和汽车零部件再制造等方面立法准备工作。

（三十二）完善节能和环保标准。研究制订高耗能产品能耗限额强制性国家标准，各地区抓紧研究制订本地区主要耗能产品和大型公共建筑能耗限额标准。今年要组织制订粗钢、水泥、烧碱、火电、铝等22项高耗能产品能耗限额强制性国家标准（包括高耗电产品电耗限额标准）以及轻型商用车等5项交通工具燃料消耗量限值标准，制（修）订36项节水、节材、废弃产品回收与再利用等标准。组织制（修）订电力变压器、静电复印机、变频空调、商用冰柜、家用电冰箱等终端用能产品（设备）能效标准。制订重点耗能企业节能标准体系编制通则，指导和规范企业节能工作。

（三十三）加强烟气脱硫设施运行监管。燃煤电厂必须安装在线自动监控装置，建立脱硫设施运行台账，加强设施日常运行监管。2007年底前，所有燃煤脱硫机组要与省级电网公司完成在线自动监控系统联网。对未按规定和要求运行脱硫设施的电厂要扣减脱硫电价，加大执法监管和处罚力度，并向社会公布。完善烟气脱硫技术规范，开展烟气脱硫工程后评估。组织开展烟气脱硫特许经营试点。

（三十四）强化城市污水处理厂和垃圾处理设施运行管理和监督。实行城市污水处理厂运行评估制度，将评估结果作为核拨污水处理费的重要依据。对列入国家重点环境监控的城市污水处理厂的运行情况及污染物排放信息实行向环保、建设和水行政主管部门季报制度，限期安装在线自动监控系统，并与环保和建设部门联网。对未按规定和要求运行污水处理厂和垃圾处理设施的城市公开通报，限期整改。对城市污水处理设施建设严重滞后、不落实收费政策、污水处理厂建成后一年内实际处理水量达不到设计能力60%的，以及已建成污水处理设施但无故不运行的地区，暂缓审批该地区项目环评，暂缓下达有关项目的国家建设资金。

（三十五）严格节能减排执法监督检查。国务院有关部门和地方人民政府每年都要组织开展节能减排专项检查和监察行动，严肃查处各类违法违规行为。加强对重点耗能企业和污染源的日常监督检查，对违反节能环保法律法规的单位公开曝光，依法查处，对重点案件挂牌督办。强化上市公司节能环保核查工作。开设节能环保违法行为和事件举报电话和网站，充分发挥社会公众监督作用。建立节能环保执法责任追究制度，对行政不作为、执法不力、徇私枉法、权钱交易等行为，依法追究有关主管部门和执法机构负责人的责任。

八、完善政策，形成激励和约束机制

（三十六）积极稳妥推进资源性产品价格改革。理顺煤炭价格成本构成机制。推进成品油、天然气价格改革。完善电力峰谷分时电价办法，降低小火电价格，实施有利于烟气脱硫的电价政策。鼓励可再生能源发电以及利用余热余压、煤矸石和城市垃圾发电，实行相应的电价政策。合理调整各类用水价格，加快推行阶梯式水价、超计划超定额用水加价制度，对国家产业政策明确的限制类、淘汰类高耗水企业实施惩罚性水价，制定支持再生水、海水淡化水、微咸水、矿井水、雨水开发利用的价格政策，加大水资源费征收力度。按照补偿治理成本原则，提高排污单位排污费征收标准，将二氧化硫排污费由目前的每公斤0.63

元分三年提高到每公斤1.26元;各地根据实际情况提高COD排污费标准,国务院有关部门批准后实施。加强排污费征收管理,杜绝“协议收费”和“定额收费”。全面开征城市污水处理费并提高收费标准,吨水平均收费标准原则上不低于0.8元。提高垃圾处理收费标准,改进征收方式。

（三十七）完善促进节能减排的财政政策。各级人民政府在财政预算中安排一定资金,采用补助、奖励等方式,支持节能减排重点工程、高效节能产品和节能新机制推广、节能管理能力建设及污染减排监管体系建设等。进一步加大财政基本建设投资向节能环保项目的倾斜力度。健全矿产资源有偿使用制度,改进和完善资源开发生态补偿机制。开展跨流域生态补偿试点工作。继续加强和改进新型墙体材料专项基金和散装水泥专项资金征收管理。研究建立高能耗农业机械和渔船更新报废经济补偿制度。

（三十八）制定和完善鼓励节能减排的税收政策。抓紧制定节能、节水、资源综合利用和环保产品(设备、技术)目录及相应税收优惠政策。实行节能环保项目减免企业所得税及节能环保专用设备投资抵免企业所得税政策。对节能减排设备投资给予增值税进项税抵扣。完善对废旧物资、资源综合利用产品增值税优惠政策;对企业综合利用资源,生产符合国家产业政策规定的产品取得的收入,在计征企业所得税时实行减计收入的政策。实施鼓励节能环保型车船、节能省地环保型建筑和既有建筑节能改造的税收优惠政策。抓紧出台资源税改革方案,改进计征方式,提高税负水平。适时出台燃油税。研究开征环境税。研究促进新能源发展的税收政策。实行鼓励先进节能环保技术设备进口的税收优惠政策。

（三十九）加强节能环保领域金融服务。鼓励和引导金融机构加大对循环经济、环境保护及节能减排技术改造项目的信贷支持,优先为符合条件的节能减排项目、循环经济项目提供直接融资服务。研究建立环境污染责任保险制度。在国际金融组织和外国政府优惠贷款安排中进一步突出对节能减排项目的支持。环保部门与金融部门建立环境信息通报制度,将企业环境违法信息纳入人民银行企业征信系统。

九、加强宣传,提高全民节约意识

（四十）将节能减排宣传纳入重大主题宣传活动。每年制订节能减排宣传方案,主要新闻媒体在重要版面、重要时段进行系列报道,刊播节能减排公益性广告,广泛宣传节能减排的重要性、紧迫性以及国家采取的政策措施,宣传节能减排取得的阶段性成效,大力弘扬“节约光荣,浪费可耻”的社会风尚,提高全社会的节约环保意识。加强对外宣传,让国际社会了解中国在节能降耗、污染减排和应对全球气候变化等方面采取的重大举措及取得的成效,营造良好的国际舆论氛围。

（四十一）广泛深入持久开展节能减排宣传。组织好每年一度的全国节能宣传周、全国城市节水宣传周及世界环境日、地球日、水日宣传活动。组织企事业单位、机关、学校、社区等开展经常性的节能环保宣传,广泛开展节能环保科普宣传活动,把节约资源和保护环境观念渗透在各级各类学校的教育教学中,从小培养儿童的节约和环保意识。选择若干节能先进企业、机关、商厦、社区等,作为节能宣传教育基地,面向全社会开放。

（四十二）表彰奖励一批节能减排先进单位和个人。各级人民政府对在节能降耗和污染减排工作中做出突出贡献的单位和个人予以表彰和奖励。组织媒体宣传节能先进典型,揭露和曝光浪费能源资源、严重污染环境的反面典型。

十、政府带头，发挥节能表率作用

（四十三）政府机构率先垂范。建设崇尚节约、厉行节约、合理消费的机关文化。建立科学的政府机构节能目标责任和评价考核制度，制订并实施政府机构能耗定额标准，积极推进能源计量和监测，实施能耗公布制度，实行节奖超罚。教育、科学、文化、卫生、体育等系统，制订和实施适应本系统特点的节约能源资源工作方案。

（四十四）抓好政府机构办公设施和设备节能。各级政府机构分期分批完成政府办公楼空调系统低成本改造；开展办公区和住宅区供热节能技术改造和供热计量改造；全面开展食堂燃气灶具改造，“十一五”时期实现食堂节气20%；凡新建或改造的办公建筑必须采用节能材料及围护结构；及时淘汰高耗能设备，合理配置并高效利用办公设施、设备。在中央国家机关开展政府机构办公区和住宅区节能改造示范项目。推动公务车节油，推广实行一车一卡定点加油制度。

（四十五）加强政府机构节能和绿色采购。认真落实《节能产品政府采购实施意见》和《环境标志产品政府采购实施意见》，进一步完善政府采购节能和环境标志产品清单制度，不断扩大节能和环境标志产品政府采购范围。对空调机、计算机、打印机、显示器、复印机等办公设备和照明产品、用水器具，由同等优先采购改为强制采购高效节能、节水、环境标志产品。建立节能和环境标志产品政府采购评审体系和监督制度，保证节能和绿色采购工作落到实处。

附：

“十一五”时期淘汰落后生产能力一览表

行业	内　容	单位	“十一五”时期	2007年
电力	实施“上大压小”关停小火电机组	万千瓦	5000	1000
炼铁	300立方米以下高炉	万吨	10000	3000
炼钢	年产20万吨及以下的小转炉、小电炉	万吨	5500	3500
电解铝	小型预焙槽	万吨	65	10
铁合金	6300千伏安以下矿热炉	万吨	400	120
电石	6300千伏安以下炉型电石产能	万吨	400	120
焦炭	炭化室高度4.3米以下的小机焦	万吨	8000	1000
水泥	等量替代机立窑水泥熟料	万吨	25000	5000
玻璃	落后平板玻璃	万重量箱	3000	600
造纸	年产3.4万吨以下草浆生产装置、年产1.7万吨以下化学制浆生产线、排放不达标的年产1万吨以下以废纸为原料的纸厂	万吨	650	230
酒精	落后酒精生产工艺及年产3万吨以下企业(废糖蜜制酒精除外)	万吨	160	40
味精	年产3万吨以下味精生产企业	万吨	20	5
柠檬酸	环保不达标柠檬酸生产企业	万吨	8	2

二〇〇七年五月二十三日

国务院关于解决城市低收入家庭住房困难的若干意见

国发[2007]24 号

各省、自治区、直辖市人民政府,国务院各部委、各直属机构:

住房问题是重要的民生问题。党中央、国务院高度重视解决城市居民住房问题,始终把改善群众居住条件作为城市住房制度改革和房地产业发展的根本目的。20 多年来,我国住房制度改革不断深化,城市住宅建设持续快速发展,城市居民住房条件总体上有了较大改善。但也要看到,城市廉租住房制度建设相对滞后,经济适用住房制度不够完善,政策措施还不配套,部分城市低收入家庭住房还比较困难。为切实加大解决城市低收入家庭住房困难工作力度,现提出以下意见:

一、明确指导思想、总体要求和基本原则

(一)指导思想。以邓小平理论和"三个代表"重要思想为指导,深入贯彻落实科学发展观,按照全面建设小康社会和构建社会主义和谐社会的目标要求,把解决城市(包括县城,下同)低收入家庭住房困难作为维护群众利益的重要工作和住房制度改革的重要内容,作为政府公共服务的一项重要职责,加快建立健全以廉租住房制度为重点、多渠道解决城市低收入家庭住房困难的政策体系。

(二)总体要求。以城市低收入家庭为对象,进一步建立健全城市廉租住房制度,改进和规范经济适用住房制度,加大棚户区、旧住宅区改造力度,力争到"十一五"期末,使低收入家庭住房条件得到明显改善,农民工等其他城市住房困难群体的居住条件得到逐步改善。

(三)基本原则。解决低收入家庭住房困难,要坚持立足国情,满足基本住房需要;统筹规划,分步解决;政府主导,社会参与;统一政策,因地制宜;省级负总责,市县抓落实。

二、进一步建立健全城市廉租住房制度

(四)逐步扩大廉租住房制度的保障范围。城市廉租住房制度是解决低收入家庭住房困难的主要途径。2007 年底前,所有设区的城市要对符合规定住房困难条件、申请廉租住房租赁补贴的城市低保家庭基本做到应保尽保;2008 年底前,所有县城要基本做到应保尽保。"十一五"期末,全国廉租住房制度保障范围要由城市最低收入住房困难家庭扩大到低收入住房困难家庭;2008 年底前,东部地区和其他有条件的地区要将保障范围扩大到低收入住房困难家庭。

(五)合理确定廉租住房保障对象和保障标准。廉租住房保障对象的家庭收入标准和住房困难标准,由城市人民政府按照当地统计部门公布的家庭人均可支配收入和人均住房水平的一定比例,结合城市经济发展水平和住房价格水平确定。廉租住房保障面积标准,由城市人民政府根据当地家庭平均住房水平及财政承受能力等因素统筹研究确定。廉租住房保障对象的家庭收入标准、住房困难标准和保障面积标准实行动态管理,由城市人民政府每年向社会公布一次。

(六)健全廉租住房保障方式。城市廉租住房保障实行货币补贴和实物配租等方式相结合,主要通过发放租赁补贴,增强低收入家庭在市场上承租住房的能力。每平方米租赁补贴标准由城市人民政府根据当地经济发展水平、市场平均租金、保障对象的经济承受能力等因素确定。其中,对符合条件的城市低保家庭,可按当地的廉租住房保障面积标准和市场平均租金给予补贴。

(七)多渠道增加廉租住房房源。要采取政府新建、收购、改建以及鼓励社会捐赠等方式增加廉租住房供应。小户型租赁住房短缺和住房租金较高的地方,城市人民政府要加大廉租住房建设力度。新建廉租住房套型建筑面积控制在50平方米以内,主要在经济适用住房以及普通商品住房小区中配建,并在用地规划和土地出让条件中明确规定建成后由政府收回或回购;也可以考虑相对集中建设。积极发展住房租赁市场,鼓励房地产开发企业开发建设中小户型住房面向社会出租。

(八)确保廉租住房保障资金来源。地方各级人民政府要根据廉租住房工作的年度计划,切实落实廉租住房保障资金:一是地方财政要将廉租住房保障资金纳入年度预算安排。二是住房公积金增值收益在提取贷款风险准备金和管理费用之后全部用于廉租住房建设。三是土地出让净收益用于廉租住房保障资金的比例不得低于10%,各地还可根据实际情况进一步适当提高比例。四是廉租住房租金收入实行收支两条线管理,专项用于廉租住房的维护和管理。对中西部财政困难地区,通过中央预算内投资补助和中央财政廉租住房保障专项补助资金等方式给予支持。

三、改进和规范经济适用住房制度

(九)规范经济适用住房供应对象。经济适用住房供应对象为城市低收入住房困难家庭,并与廉租住房保障对象衔接。经济适用住房供应对象的家庭收入标准和住房困难标准,由城市人民政府确定,实行动态管理,每年向社会公布一次。低收入住房困难家庭要求购买经济适用住房的,由该家庭提出申请,有关单位按规定的程序进行审查,对符合标准的,纳入经济适用住房供应对象范围。过去享受过福利分房或购买过经济适用住房的家庭不得再购买经济适用住房。已经购买了经济适用住房的家庭又购买其他住房的,原经济适用住房由政府按规定回购。

(十)合理确定经济适用住房标准。经济适用住房套型标准根据经济发展水平和群众生活水平,建筑面积控制在60平方米左右。各地要根据实际情况,每年安排建设一定规模的经济适用住房。房价较高、住房结构性矛盾突出的城市,要增加经济适用住房供应。

(十一)严格经济适用住房上市交易管理。经济适用住房属于政策性住房,购房人拥有有限产权。购买经济适用住房不满5年,不得直接上市交易,购房人因各种原因确需转让经济适用住房的,由政府按照原价格并考虑折旧和物价水平等因素进行回购。购买经济适用住房满5年,购房人可转让经济适用住房,但应按照届时同地段普通商品住房与经济适用住房差价的一定比例向政府交纳土地收益等价款,具体交纳比例由城市人民政府确定,政府可优先回购;购房人向政府交纳土地收益等价款后,也可以取得完全产权。上述规定应在经济适用住房购房合同中予以明确。政府回购的经济适用住房,继续向符合条件的低收入住房困难家庭出售。

（十二）加强单位集资合作建房管理。单位集资合作建房只能由距离城区较远的独立工矿企业和住房困难户较多的企业，在符合城市规划前提下，经城市人民政府批准，并利用自用土地组织实施。单位集资合作建房纳入当地经济适用住房供应计划，其建设标准、供应对象、产权关系等均按照经济适用住房的有关规定执行。在优先满足本单位住房困难职工购买基础上房源仍有多余的，由城市人民政府统一向符合经济适用住房购买条件的家庭出售，或以成本价收购后用作廉租住房。各级国家机关一律不得搞单位集资合作建房；任何单位不得新征用或新购买土地搞集资合作建房；单位集资合作建房不得向非经济适用住房供应对象出售。

四、逐步改善其他住房困难群体的居住条件

（十三）加快集中成片棚户区的改造。对集中成片的棚户区，城市人民政府要制定改造计划，因地制宜进行改造。棚户区改造要符合以下要求：困难住户的住房得到妥善解决；住房质量、小区环境、配套设施明显改善；困难家庭的负担控制在合理水平。

（十四）积极推进旧住宅区综合整治。对可整治的旧住宅区要力戒大拆大建。要以改善低收入家庭居住环境和保护历史文化街区为宗旨，遵循政府组织、居民参与的原则，积极进行房屋维修养护、配套设施完善、环境整治和建筑节能改造。

（十五）多渠道改善农民工居住条件。用工单位要向农民工提供符合基本卫生和安全条件的居住场所。农民工集中的开发区和工业园区，应按照集约用地的原则，集中建设向农民工出租的集体宿舍，但不得按商品住房出售。城中村改造时，要考虑农民工的居住需要，在符合城市规划和土地利用总体规划的前提下，集中建设向农民工出租的集体宿舍。有条件的地方，可比照经济适用住房建设的相关优惠政策，政府引导，市场运作，建设符合农民工特点的住房，以农民工可承受的合理租金向农民工出租。

五、完善配套政策和工作机制

（十六）落实解决城市低收入家庭住房困难的经济政策和建房用地。一是廉租住房和经济适用住房建设、棚户区改造、旧住宅区整治一律免收城市基础设施配套费等各种行政事业性收费和政府性基金。二是廉租住房和经济适用住房建设用地实行行政划拨方式供应。三是对廉租住房和经济适用住房建设用地，各地要切实保证供应。要根据住房建设规划，在土地供应计划中予以优先安排，并在申报年度用地指标时单独列出。四是社会各界向政府捐赠廉租住房房源的，执行公益性捐赠税收扣除的有关政策。五是社会机构投资廉租住房或经济适用住房建设、棚户区改造、旧住宅区整治的，可同时给予相关的政策支持。

（十七）确保住房质量和使用功能。廉租住房和经济适用住房建设、棚户区改造以及旧住宅区整治，要坚持经济、适用的原则。要提高规划设计水平，在较小的户型内实现基本的使用功能。要按照发展节能省地环保型住宅的要求，推广新材料、新技术、新工艺。要切实加强施工管理，确保施工质量。有关住房质量和使用功能等方面的要求，应在建设合同中予以明确。

（十八）健全工作机制。城市人民政府要抓紧开展低收入家庭住房状况调查，于2007年底之前建立低收入住房困难家庭住房档案，制订解决城市低收入家庭住房困难的工作目标、发展规划和年度计划,纳入当地经济社会发展规划和住房建设规划,并向社会公布。要按照解决城市低收入家庭住房困难的年度计划,确保廉租住房保障的各项资金落实到位;确保廉租住房、经济适用住房建设用地落实到位,并合理确定区位布局。要规范廉租住房保障和经济适用住房供应的管理,建立健全申请、审核和公示办法,并于2007年9月底之前向社会公布;要严格做好申请人家庭收入、住房状况的调查审核,完善轮候制度,特别是强化廉租住房的年度复核工作,健全退出机制。要严肃纪律,坚决查处弄虚作假等违纪违规行为和有关责任人员,确保各项政策得以公开、公平、公正实施。

(十九)落实工作责任。省级人民政府对本地区解决城市低收入家庭住房困难工作负总责,要对所属城市人民政府实行目标责任制管理,加强监督指导。有关工作情况,纳入对城市人民政府的政绩考核之中。解决城市低收入家庭住房困难是城市人民政府的重要责任。城市人民政府要把解决城市低收入家庭住房困难摆上重要议事日程,加强领导,落实相应的管理工作机构和具体实施机构,切实抓好各项工作;要接受人民群众的监督,每年在向人民代表大会所作的《政府工作报告》中报告解决城市低收入家庭住房困难年度计划的完成情况。

房地产市场宏观调控部际联席会议负责研究提出解决城市低收入家庭住房困难的有关政策,协调解决工作实施中的重大问题。国务院有关部门要按照各自职责,加强对各地工作的指导,抓好督促落实。建设部会同发展改革委、财政部、国土资源部等有关部门抓紧完善廉租住房管理办法和经济适用住房管理办法。民政部会同有关部门抓紧制定城市低收入家庭资格认定办法。财政部会同建设部、民政部等有关部门抓紧制定廉租住房保障专项补助资金的实施办法。发展改革委会同建设部抓紧制定中央预算内投资对中西部财政困难地区新建廉租住房项目的支持办法。财政部、税务总局抓紧研究制定廉租住房建设、经济适用住房建设和住房租赁的税收支持政策。人民银行会同建设部、财政部等有关部门抓紧研究提出对廉租住房和经济适用住房建设的金融支持意见。

(二十)加强监督检查。2007年底前,直辖市、计划单列市和省会(首府)城市要把解决城市低收入家庭住房困难的发展规划和年度计划报建设部备案,其他城市报省(区、市)建设主管部门备案。建设部会同监察部等有关部门负责本意见执行情况的监督检查,对工作不落实、措施不到位的地区,要通报批评,限期整改,并追究有关领导责任。对在解决城市低收入家庭住房困难工作中以权谋私、玩忽职守的,要依法依规追究有关责任人的行政和法律责任。

(二十一)继续抓好国务院关于房地产市场各项调控政策措施的落实。各地区、各有关部门要在认真解决城市低收入家庭住房困难的同时,进一步贯彻落实国务院关于房地产市场各项宏观调控政策措施。要加大住房供应结构调整力度,认真落实《国务院办公厅转发建设部等部门关于调整住房供应结构稳定住房价格意见的通知》(国办发[2006]37号),重点发展中低价位、中小套型普通商品住房,增加住房有效供应。城市新审批、新开工的住房建设,套型建筑面积90平方米以下住房面积所占比重,必须达到开发建设总面积的70%以上。廉租住房、经济适用住房和中低价位、中小套型普通商品住房建设用地的年度供应量不得低于居住用地供应总量的70%。要加大住房需求调节力度,引导合理的住房消费,建立符合国情的住房建设和消费模式。要加强市场监管,坚决整治房地产开发、交易、中介服务、物业管理及房屋拆迁中的违法违规行为，维护群众合法权益。要加强房地产价格的监管，抑制房地产价格过快上涨，保持合理的价格水平，引导房地产市场健康发展。

（二十二）凡过去文件规定与本意见不一致的，以本意见为准。

二〇〇七年八月七日

国务院关于加强测绘工作的意见

国发[2007]30号

各省、自治区、直辖市人民政府,国务院各部委、各直属机构:

测绘是经济社会发展和国防建设的一项基础性工作。改革开放以来,我国测绘事业取得长足发展,测绘法律法规逐步完善,数字中国地理空间框架建设稳步推进,测绘科技水平不断提高,地理信息产业正在兴起,测绘保障作用明显增强。但是,在测绘事业发展中还存在着基础地理信息资源短缺、公共服务水平较低、成果开发利用不足和统一监管薄弱等问题。随着经济社会的全面进步,各方面对测绘的需求不断增长,测绘滞后于经济社会发展需求的矛盾日益突出。为进一步加强测绘工作,提高测绘对落实科学发展观和构建社会主义和谐社会的保障服务水平,现提出以下意见:

一、用科学发展观指导测绘工作

(一)*充分认识加强测绘工作的重要性和紧迫性。*测绘是准确掌握国情国力、提高管理决策水平的重要手段。提供测绘公共服务是各级政府的重要职能。加强测绘工作对于加强和改善宏观调控、促进区域协调发展、构建资源节约型和环境友好型社会、建设创新型国家等具有重要作用。同时,测绘工作涉及国家秘密,地图体现国家主权和政治主张,全面提高测绘在国家安全战略中的保障能力,确保涉密测绘成果安全,维护国家版图尊严和地图的严肃性,对于维护国家主权、安全和利益至关重要。现代测绘技术已经成为国家科技水平的重要体现,地理信息产业正在成为新的经济增长点。全面提高测绘保障服务水平,对于经济社会又好又快发展具有积极的促进作用。

(二)*加强测绘工作的指导思想。*坚持以邓小平理论和"三个代表"重要思想为指导,全面贯彻落实科学发展观,把为经济社会发展提供保障服务作为测绘工作的出发点和落脚点,完善体制机制,着力自主创新,加快信息化测绘体系建设,构建数字中国地理空间框架,加强测绘公共服务,发展地理信息产业,努力建设服务型测绘、开放型测绘、创新型测绘,全面提高测绘对促进科学发展、构建社会主义和谐社会的保障服务水平。

(三)*加强测绘工作的基本原则。*

坚持统筹规划,协调发展。统筹测绘事业发展全局,推进地理信息资源共建共享,合理规划安排,避免重复测绘,推动国家测绘和区域测绘、公益性测绘和地理信息产业以及军地测绘的协调发展。

坚持保障安全,高效利用。妥善处理测绘成果保密与开发利用的关系,在确保国家安全的前提下提供有力的测绘保障服务,加强地理信息资源开发与整合,推动测绘成果广泛应用,促进地理信息产业发展。

坚持科技推动,服务为本。贯彻自主创新、重点跨越、支撑发展、引领未来的基本方针,以科技创新为动力,以经济社会发展需求为导向,紧密围绕党和国家的中心任务,提供可靠、适用、及时的测绘保障服务。

坚持完善体制，强化监管。健全测绘行政管理体制，理顺和落实各级测绘行政主管部门的职责，强化测绘工作统一监督管理，全面推进测绘依法行政，加大测绘成果管理和测绘市场监管力度。

二、切实提高测绘保障能力和服务水平

（四）加快基础地理信息资源建设。加大基础测绘工作力度，加强基础测绘规划和年度计划的衔接，按照统一设计、分级负责的原则，全面推进数字中国地理空间框架建设。"十一五"期间，开展卫星定位连续运行参考站网建设，改建或扩建大地控制网、高程控制网和重力基本网，加快形成覆盖全部国土、陆海统一的高精度现代测绘基准体系。大力提高基础航空摄影能力和国产高分辨率卫星影像获取能力，实现高分辨率航空航天遥感影像对陆地国土的定期覆盖和局部地区的动态覆盖。到2010年，全面完成陆地国土1∶5万地形图测绘；科学合理确定覆盖范围和更新周期，基本完成1∶1万地形图的必要覆盖和城镇地区1∶2000及更大比例尺地形图测绘。加快各级基础地理信息数据库建设。积极开展海洋基础测绘、海岛（礁）测绘和极地测绘工作。建立健全定期更新和动态更新相结合的更新机制，切实提高基础地理信息的现势性，实现基础地理信息资源数量增加、质量提高和结构优化。

（五）构建基础地理信息公共平台。紧密结合国民经济和社会信息化需求，在各级基础地理信息数据库的基础上，加强资源整合和数据库完善，为自然资源和地理空间基础信息数据库提供科学、准确、及时的基础地理信息数据；针对地方、部门、行业特色，在电子政务、公共安全、位置服务等方面，分类构建权威、标准的基础地理信息公共平台，更好地满足政府、企业以及人民生活等方面对基础地理信息公共产品服务的迫切需要。使用财政资金建设的基于地理位置的信息系统，应当采用测绘行政主管部门提供的基础地理信息公共平台。

（六）推进地理信息资源共建共享。加快建立国家测绘与地方测绘、测绘部门与相关部门以及军地测绘之间的地理信息资源共建共享机制，明确共建共享的内容、方式和责任，统筹协调地理信息数据采集分工、持续更新和共享服务工作，充分利用现有和规划建设的国家信息化设施，避免重复建设。使用财政资金的测绘项目和使用财政资金的建设工程测绘项目，有关部门在批准立项前应当征求本级人民政府测绘行政主管部门的意见，有适宜测绘成果的，应当充分利用已有的测绘成果。加强基础航空摄影和用于测绘的高分辨率卫星影像获取与分发的统筹协调，提高利用效率。有关部门应当及时向测绘部门提供用于基础地理信息更新的地名、境界、交通、水系、土地覆盖等信息，测绘部门要按有关规定及时提供基础地理信息服务。

（七）拓宽测绘服务领域。大力提高测绘公共服务水平，切实加强测绘成果的开发应用，充分发挥测绘在管理社会公共事务、处理经济社会发展重大问题、提高人民生活质量以及城乡建设、防灾减灾等方面的作用。建设全国测绘成果网络化分发服务系统，及时发布测绘成果目录，提供丰富的地理信息服务。不断丰富产品种类，大力开发适用、实用的权威性测绘公共产品，提高产品质量。积极稳妥推出公众版地形图，加快公益性地图网站建设。加强对农村公益性测绘服务，为新农村建设开发适用的测绘产品。积极开展基础地理信息变化监测和综合分析工作，及时提供地表覆盖、生态环境等方面的变化信息，为加强和改善宏观调控提供科学依据。通过加强信息资源整合、开展试点示范等方式,建设各类基于地理信息的政府管理与决策系统。建立健全应急管理测绘保障机制,为突发公共事件的防范处置工作提供及时的地理信息和技术服务。

(八)促进地理信息产业发展。统筹规划地理信息产业优先发展领域,尽快研究制定地理信息产业发展政策和促进健康快速发展的财政、金融、税收等政策。培育具有自主创新能力的地理信息骨干企业,尽快掌握产业核心技术,形成一批具有自主知识产权的先进技术装备,增强我国地理信息产业的整体实力和国际竞争力。引导社会资金投入,推动地理信息的社会化利用,提高测绘对经济增长的贡献率。通过政府采购和项目带动等方式,引导和鼓励企业开展地理信息开发利用和增值服务,促进智能交通、现代物流、车载导航、手机定位等新兴服务业的发展。妥善处理地理信息保密与利用的关系,修订测绘管理工作国家秘密范围的规定,制定涉密地理信息使用管理办法。

三、加快测绘科技进步与创新

(九)完善测绘科技创新体系。加强测绘科研基地、科技文献资源以及科技服务网络等测绘科技基础条件平台建设。完善测绘科技创新政策,充分发挥各类测绘科研机构、高等院校、国家重点实验室、部门开放实验室、工程技术研究中心和有关企业在测绘科技创新中的主体作用,建立健全以需求为导向、产学研相结合、分工协作的测绘科技创新体系,加强测绘科技推广和成果转化。

(十)增强测绘科技自主创新能力。将测绘科技自主创新纳入国家科技创新体系,通过国家和地方科技计划和基金,加大对测绘科技创新的支持力度。加强测绘基础理论研究和软科学研究,加快高精度快速定位、高分辨率卫星遥感、影像自动化处理、地理信息网格以及信息安全保密等方面的关键技术攻关,显著提高我国测绘科技的整体实力。推进信息化测绘体系建设,促进地理信息获取实时化、处理自动化、服务网络化和应用社会化。加强测绘对外技术合作与交流,积极参加测绘领域的重大国际科技合作项目,不断提高我国测绘的国际地位。

(十一)加强现代化测绘装备建设。在充分利用国内外卫星资源的基础上,加快自主研制发射满足测绘需求的应用卫星,加强卫星应用系统建设。大力加强现代测绘基准体系基础设施建设,积极发展卫星导航定位综合服务系统。加快基础测绘生产基地的装备和设施更新,提高野外测绘高新技术装备水平。加强应急测绘装备建设。改善各级基础地理信息存储管理与服务机构的装备条件。建立和完善国家、省、市级之间互联互通的全国基础地理信息网络体系。

四、加强测绘工作统一监管

(十二)健全测绘行政管理体制。县级以上地方人民政府要进一步落实和强化测绘工作管理职责,加强测绘资质、标准、质量以及测绘成果提供和使用等方面的统一监督管理。各级测绘行政主管部门要根据新时期测绘工作面向全社会提供保障服务的特点,认真履行职责,按照统一、协调、有效的原则,加强自身建设,落实管理力量和工作经费,增强工作能力。

(十三)完善测绘法规和标准。加强依法行政,建立健全适应社会主义市场经济体制的测绘法律法规体系。进一步加强基础测绘、海洋基础测绘和地图管理等方面的立法工作。

加强测绘与地理信息标准化工作的管理，健全标准体系，加快测绘与地理信息标准的研究制定，提高标准的科学性、协调性和适用性。

（十四）加强测绘成果管理。严格执行测绘成果汇交制度，政府投资项目的测绘成果必须依法及时向测绘行政主管部门无偿汇交，加强测绘成果汇交执行情况的定期检查和重点抽查。推进测绘档案管理信息化。加强对外提供测绘成果的统一管理，修订对外提供测绘成果的有关规定。加大对重要地理信息数据审核、公布和使用的监管力度。完善测绘成果安全保障体系，落实测绘成果异地备份制度，强化测绘成果保密和使用监管。强化测绘成果安全防范意识，依法打击窃取国家秘密测绘成果和向境外非法提供国家秘密测绘成果的犯罪行为。做好测量标志保护和维护工作，制定测量标志土地使用的有关规定，建立责权利相结合的管理机制。依法规范和审批城市坐标系统建设，开展城市坐标系统的清理。

（十五）加强地图管理。测绘行政主管部门要加强对地图编制的管理，完善地图审核制度，严把地图审核关。提高联合执法能力，进一步加大对地图市场及互联网网站登载地图的监管力度，严格查处和封堵互联网用户上传、标注涉密地理信息，严厉打击各种违法违规编制、出版、传播、使用地图以及侵犯地图知识产权等行为。将国家版图意识教育纳入爱国主义教育和中小学教学内容，提高全社会的国家版图意识。

（十六）加大测绘市场监管力度。进一步加强测绘资质管理，从事地理信息数据的采集、加工、提供等测绘活动必须依法取得测绘资质证书，严格市场准入。健全测绘单位质量管理体系，建立测绘质量监理制度，加强对房产测绘和导航电子地图、重大建设项目等的测绘质量监督。严厉查处无证测绘、超资质超范围测绘、非法采集提供地理信息、侵权盗版和不正当竞争等行为。加强对外国的组织或者个人来华测绘活动的监督管理。鼓励群众积极举报测绘领域的违法违规行为，加强社会监督。加快建立测绘市场信用体系，严格市场准入和退出机制，加强测绘执法监督，形成统一、竞争、有序的测绘市场。

五、加强对测绘工作的领导

（十七）加强对测绘工作的组织领导和统筹协调。地方各级政府要充分认识加强测绘工作的重要性和紧迫性，加强组织领导，抓好测绘发展规划的编制和组织实施，把数字区域地理空间框架和信息化测绘体系建设作为本地区国民经济和社会发展的重要内容加快推进。采取有效措施，切实解决好测绘工作中存在的突出问题，为测绘事业发展创造良好的环境条件。各级测绘行政主管部门要加强测绘工作统一监督管理，提高测绘依法行政能力。有关部门要加大支持力度，加强协作配合，共同做好测绘工作。做好测绘宣传和舆论引导工作，在全社会推广普及测绘知识。

（十八）完善测绘投入机制。各级政府要切实将基础测绘投入纳入本级财政预算，不断提高经费投入水平。中央财政要继续加强对边远地区与少数民族地区基础测绘的支持。建立健全公共财政对测绘基础设施建设维护、公共应急测绘保障、测绘科技创新、测绘与地理信息标准化等方面的投入机制，加大投入力度。加强财政经费使用的监管和绩效评估，提高财政资金使用效率。

（十九）加强测绘队伍建设。加大测绘人才培养力度，全面提高测绘队伍整体素质。继续推进新世纪测绘人才培养工程，实施测绘领军人才培养工程，完善以测绘高等教育、职业技术教育、继续教育、在职培训相结合的测绘人才培养体系，健全人才引进、使用、评价机制。加强测绘职业资格管理，积极实施注册测绘师制度。稳步推进测绘事业单位结构调整，加强基础地理信息获取和服务队伍建设，形成一支布局合理、功能完善、保障有力的基础测绘队伍。大力改善野外测绘工作条件，对野外测绘队伍人员继续实行工资倾斜政策，完善津贴补贴政策。充分发挥测绘有关社团和中介组织的作用。要教育广大测绘工作者进一步增强责任感和使命感，继续弘扬"爱祖国、爱事业、艰苦奋斗、无私奉献"的测绘精神，脚踏实地，开拓进取，为全面建设小康社会、构建社会主义和谐社会做出更大的贡献。

二〇〇七年九月十三日

国务院办公厅关于认真贯彻实施突发事件应对法的通知

国办发[2007]62号

各省、自治区、直辖市人民政府,国务院各部委、各直属机构:

《中华人民共和国突发事件应对法》(以下简称突发事件应对法)已由第十届全国人大常委会第29次会议审议通过,自2007年11月1日起正式施行。突发事件应对法的公布实施,对于规范突发事件应对活动,预防和减少突发事件的发生,控制、减轻和消除突发事件引起的严重危害,保护人民生命财产安全,维护公共安全和社会稳定,具有十分重要的意义。各地区、各部门要以党的十七大精神为指引,深入贯彻落实科学发展观,按照构建社会主义和谐社会的要求,全面履行政府职能,切实加强对突发事件应对法实施工作的组织领导,各司其职、各负其责,加强协调配合,确保法律各项规定得到严格执行。经国务院批准,现就有关工作安排通知如下:

一、关于突发事件应对法的宣传、学习与培训

(一)关于突发事件应对法的宣传。

突发事件应对法正式施行后,各地区、各部门要结合近年来应急管理工作情况,对这部法律的重大意义、立法宗旨、主要内容和贯彻实施要求等,以多种方式进行宣传报道。新闻媒体要围绕立法背景、法律确立的主要制度和贯彻实施情况,结合全面加强应急管理工作、积极有效应对突发事件的新举措新成效新经验开展宣传,对社会关注的热点问题进行正面引导。各地区贯彻实施突发事件应对法的宣传工作由地方各级人民政府负责。

(二)关于突发事件应对法的学习与培训。

1. 各地区、各部门负责同志特别是主要负责同志要带头学习突发事件应对法,并通过专题讲座、报告会、座谈会等多种形式组织好本地区、本系统、本单位的学习活动,使行政机关工作人员都能了解、掌握这部法律。

2. 各地要组织城乡基层组织、企事业单位负责同志及从事应急工作的人员认真学习突发事件应对法,加大培训力度,推动相关规定和要求在基层得到全面落实。

3. 国务院办公厅将会同有关部门举办中高级领导干部突发事件应对法培训班和研讨班。国家及地方行政学院举办的有关领导干部专题研讨班,要将突发事件应对法纳入学习研讨范围。

4. 各级行政机关要在公务员培训中增加突发事件应对法的内容。具体工作由人事部负责。

5. 各级普法主管部门要将突发事件应对法列为“五五”普法重要内容,加大宣传教育力度,尤其要加强对各级领导干部的宣传教育。具体工作由司法部负责。

二、关于突发事件应对法的贯彻实施

（一）认真落实突发事件应对法的各项规定。

地方各级人民政府和国务院各有关部门要按照突发事件应对法的规定，建立健全应急管理体制、机制，加强应急管理机构和队伍建设；落实财政投入，保障突发事件应急管理工作所需经费；及时制定、修订和完善各类应急预案，建立健全应急预案体系；面向基层和群众组织开展多种形式的应急知识宣传普及和应急预案演练活动，建立完善突发事件应急管理培训教育和社会动员制度；统筹城乡规划，加强应急基础设施建设，合理确定避难场所；加大风险隐患排查工作力度，建立健全安全管理制度；有效整合各类应急资源，推动建立应急物资和应急队伍保障制度；加强突发事件的监测预警、信息报告工作，切实做好应急处置、救援和事后恢复重建工作，最大程度地减少突发事件的发生及其所造成的损失。

（二）抓紧研究制定相关配套制度和措施。

1. 根据突发事件应对法第5条的相关规定，由国务院办公厅会同民政部、安全监管总局、卫生部、公安部等有关部门，对建立和完善国家重大突发事件风险评估体系研究提出意见。

2. 根据突发事件应对法第6条、第26条的相关规定，由国务院办公厅会同民政部等有关部门研究提出完善社会动员机制的意见和措施，鼓励和规范社会各界开展应急救援志愿服务。

3. 根据突发事件应对法第9条的相关规定，由中央编办会同有关部门，对国务院和县级以上地方各级人民政府应急管理办事机构及具体职责研究提出意见后报批。

4. 根据突发事件应对法第12条、第34条的相关规定，由国务院办公厅会同财政部、民政部、水利部等有关部门，研究建立完善应急财产征收、征用补偿制度；研究建立应急管理公益性基金，鼓励公民、法人和其他组织通过开展捐赠等活动，积极参与突发事件的应对处置工作。

5. 根据突发事件应对法第17条的相关规定，由国务院办公厅会同有关部门，对应急预案制定、修订的程序做出具体规定。

6. 根据突发事件应对法第35条的相关规定，由财政部会同有关部门研究建立国家财政支持的巨灾风险保险体系，有效防范、控制和分散突发事件风险。

7. 根据突发事件应对法第36条的相关规定，由国务院办公厅、发展改革委、科技部牵头，会同有关部门研究提出促进应急产业发展的扶持政策，鼓励研发用于突发事件预防、监测、预警、应急处置与救援的新技术、新设备和新工具，提高应急产品科技含量；由教育部、科技部牵头，会同有关部门研究提出鼓励、扶持具备相应条件的教学科研机构培养应急管理专门人才的具体措施。

三、关于贯彻实施突发事件应对法的监督检查

（一）各地区、各部门要加强对现行有关突发事件规定的清理完善工作。凡与突发事件应对法不一致的，应当及时予以修改或者废止。

（二）县级以上地方人民政府要切实做好对下级政府的督导检查工作，推动突发事件应对法各项规定得到落实。对不认真贯彻落实突发事件应对法规定的，要依法予以纠正。

（三）监察机关要依法加强对有关行政机关贯彻实施突发事件应对法情况的监督检查。

（四）国务院办公厅将于2008年第三季度会同有关部门对各地区、各部门贯彻实施突发事件应对法情况进行专项检查。

各地区、各部门要按照本通知精神，结合本地区、本部门的实际，制订具体方案和措施，认真做好突发事件应对法贯彻实施工作。对实施中的有关重要情况和问题，要及时报告国务院。

二〇〇七年十一月七日

国务院办公厅关于加强和规范新开工项目管理的通知

国办发[2007]64号

各省、自治区、直辖市人民政府,国务院各部委、各直属机构:

新开工项目管理是投资管理的重要环节,也是宏观调控的重要手段。近年来,新开工项目过多,特别是一些项目开工建设有法不依、执法不严、监管不力,加剧了投资增长过快、投资规模过大、低水平重复建设等矛盾,扰乱了投资建设秩序,成为影响经济稳定运行的突出问题。为深入贯彻落实科学发展观,加强和改善宏观调控,各地区、各有关部门要根据《国务院关于投资体制改革的决定》(国发[2004]20号)和国家法律法规有关规定,进一步深化投资体制改革,依法加强和规范新开工项目管理,切实从源头上把好项目开工建设关,维护投资建设秩序,以促进国民经济又好又快发展。经国务院同意,现就有关事项通知如下:

一、严格规范投资项目新开工条件

各类投资项目开工建设必须符合下列条件:

(一)符合国家产业政策、发展建设规划、土地供应政策和市场准入标准。

(二)已经完成审批、核准或备案手续。实行审批制的政府投资项目已经批准可行性研究报告,其中需审批初步设计及概算的项目已经批准初步设计及概算;实行核准制的企业投资项目,已经核准项目申请报告;实行备案制的企业投资项目,已经完成备案手续。

(三)规划区内的项目选址和布局必须符合城乡规划,并依照城乡规划法的有关规定办理相关规划许可手续。

(四)需要申请使用土地的项目必须依法取得用地批准手续,并已经签订国有土地有偿使用合同或取得国有土地划拨决定书。其中,工业、商业、旅游、娱乐和商品住宅等经营性投资项目,应当依法以招标、拍卖或挂牌出让方式取得土地。

(五)已经按照建设项目环境影响评价分类管理、分级审批的规定完成环境影响评价审批。

(六)已经按照规定完成固定资产投资项目节能评估和审查。

(七)建筑工程开工前,建设单位依照建筑法的有关规定,已经取得施工许可证或者开工报告,并采取保证建设项目工程质量安全的具体措施。

(八)符合国家法律法规的其他相关要求。

二、建立新开工项目管理联动机制

各级发展改革、城乡规划、国土资源、环境保护、建设和统计等部门要加强沟通,密切配合,明确工作程序和责任,建立新开工项目管理联动机制。

实行审批制的政府投资项目,项目单位应首先向发展改革等项目审批部门报送项目建议书,依据项目建议书批复文件分别向城乡规划、国土资源和环境保护部门申请办理规划选址、用地预审和环境影响评价审批手续。完成相关手续后,项目单位根据项目论证情况向发展改革等项目审批部门报送可行性研究报告,并附规划选址、用地预审和环评审批文件。项目单位依据可行性研究报告批复文件向城乡规划部门申请办理规划许可手续,向国土资源部门申请办理正式用地手续。

实行核准制的企业投资项目,项目单位分别向城乡规划、国土资源和环境保护部门申请办理规划选址、用地预审和环评审批手续。完成相关手续后,项目单位向发展改革等项目核准部门报送项目申请报告,并附规划选址、用地预审和环评审批文件。项目单位依据项目核准文件向城乡规划部门申请办理规划许可手续,向国土资源部门申请办理正式用地手续。

实行备案制的企业投资项目,项目单位必须首先向发展改革等备案管理部门办理备案手续,备案后,分别向城乡规划、国土资源和环境保护部门申请办理规划选址、用地和环评审批手续。

各级发展改革等项目审批(核准、备案)部门和城乡规划、国土资源、环境保护、建设等部门都要严格遵守上述程序和规定,加强相互衔接,确保各个工作环节按规定程序进行。对未取得规划选址、用地预审和环评审批文件的项目,发展改革等部门不得予以审批或核准。对于未履行备案手续或者未予备案的项目,城乡规划、国土资源、环境保护等部门不得办理相关手续。对应以招标、拍卖或挂牌出让方式取得土地的项目,国土资源管理部门要会同发展改革、城乡规划、环境保护等部门将有关要求纳入土地出让方案。对未按规定取得项目审批(核准、备案)、规划许可、环评审批、用地管理等相关文件的建筑工程项目,建设行政主管部门不得发放施工许可证。对于未按程序和规定办理审批和许可手续的,要撤销有关审批和许可文件,并依法追究相关人员的责任。

三、加强新开工项目统计和信息管理

各级发展改革、城乡规划、国土资源、环境保护、建设等部门要加快完善本部门的信息系统,并建立信息互通制度,将各自办理的项目审批、核准、备案和城乡规划、土地利用、环境影响评价等文件相互送达,同时抄送同级统计部门。统计部门要依据相关信息加强对新开工项目的统计检查,及时将统计的新开工项目信息抄送同级发展改革、城乡规划、国土资源、环境保护、建设等部门。部门之间要充分利用网络信息技术,逐步建立新开工项目信息共享平台,及时交换项目信息,实现资源共享。有关部门应制定实施细则,明确信息交流的内容、时间和具体方式等。

各级统计部门要坚持依法统计,以现行规定的标准为依据,切实做好新开工项目统计工作。要加强培训工作,不断提高基层统计人员的业务素质,保证新开工项目统计数据的质量。地方各级政府要树立科学发展观和正确的政绩观,不得干预统计工作。

各级发展改革部门应在信息互通制度的基础上,为总投资5000万元以上的拟建项目建立管理档案,包括项目基本情况、有关手续办理情况(文件名称和文号)等内容,定期向上级发展改革部门报送项目信息。在项目完成各项审批和许可手续后,各省级发展改革部门应将项目名称、主要建设内容和规模、各项审批和许可文件的名称和文号等情况,通过本单位的门户网站及其他方式,从2008年1月起按月向社会公告。

四、强化新开工项目的监督检查

各级发展改革、城乡规划、国土资源、环境保护、建设、统计等部门要切实负起责任,严格管理,强化对新开工项目事中、事后的监督检查。要建立部门联席会议制度等协调机制,对新开工项目管理及有关制度、规定执行情况进行交流和检查,不断完善管理办法。

各类投资主体要严格执行国家法律、法规、政策规定和投资建设程序。项目开工前,必须履行完各项建设程序,并自觉接受监督。对于以化整为零、提供虚假材料等不正当手段取得审批、核准或备案文件的项目,发展改革等项目审批(核准、备案)部门要依法撤销该项目的审批、核准或备案文件,并责令其停止建设。对于违反城乡规划、土地管理、环境保护、施工许可等法律法规和国家相关规定擅自开工建设的项目,一经发现,即应停止建设,并由城乡规划、国土资源、环境保护、建设部门依法予以处罚,由此造成的损失均由项目投资者承担。对于在建设过程中不遵守城乡规划、土地管理、环境保护和施工许可要求的项目,城乡规划、国土资源、环境保护、建设部门要依法予以处罚,责令其停止建设或停止生产,并追究有关单位和人员的责任。对于篡改、编造虚假数据和虚报、瞒报、拒报统计资料等行为,要依法追究有关单位和个人的责任。对于存在上述问题且情节严重、性质恶劣的项目单位和个人,除依法惩处外,还应将相关情况通过新闻媒体向社会公布。

上级发展改革、城乡规划、国土资源、环境保护、建设等部门要对下级部门加强指导和监督。对项目建设程序的政策规定执行不力并已造成严重影响的地区,要及时予以通报批评。

五、提高服务意识和工作效率

各级发展改革、城乡规划、国土资源、环境保护、建设等部门要严格执行国家法律法规和政策规定,努力提高工作效率,不断增强服务意识。对于符合国家产业政策、发展建设规划、市场准入标准和土地供应政策、环境保护政策,符合城乡规划、土地利用总体规划且纳入年度土地利用计划的项目,要积极给予指导和支持,尽快办理各项手续,主动帮助解决项目建设过程中遇到的问题和困难。要坚决贯彻有保有压、分类指导的宏观调控方针,引导投资向国家鼓励的产业和地区倾斜,加大对重点建设项目的扶持力度,推动投资结构优化升级,提高投资质量和效益。要切实加强投资建设法律法规的宣传培训工作,引导各类投资主体依法投资建设,营造和维护正常的投资建设秩序。

各地区、各有关部门要高度重视新开工项目管理工作,认真贯彻执行上述规定,抓紧制定相关配套措施和实施细则,不断提高投资管理水平。

二〇〇七年十一月十七日

住宅专项维修资金管理办法

中华人民共和国建设部　中华人民共和国财政部第165号令

《住宅专项维修资金管理办法》已经2007年10月30日建设部第142次常务会议讨论通过，经财政部联合签署，现予发布，自2008年2月1日起施行。

建设部部长　汪光焘
财政部部长　谢旭人
二○○七年十二月四日

住宅专项维修资金管理办法

第一章　总　　则

第一条　为了加强对住宅专项维修资金的管理，保障住宅共用部位、共用设施设备的维修和正常使用，维护住宅专项维修资金所有者的合法权益，根据《物权法》、《物业管理条例》等法律、行政法规，制定本办法。

第二条　商品住宅、售后公有住房住宅专项维修资金的交存、使用、管理和监督，适用本办法。

本办法所称住宅专项维修资金，是指专项用于住宅共用部位、共用设施设备保修期满后的维修和更新、改造的资金。

第三条　本办法所称住宅共用部位，是指根据法律、法规和房屋买卖合同，由单幢住宅内业主或者单幢住宅内业主及与之结构相连的非住宅业主共有的部位，一般包括：住宅的基础、承重墙体、柱、梁、楼板、屋顶以及户外的墙面、门厅、楼梯间、走廊通道等。

本办法所称共用设施设备，是指根据法律、法规和房屋买卖合同，由住宅业主或者住宅业主及有关非住宅业主共有的附属设施设备，一般包括电梯、天线、照明、消防设施、绿地、道路、路灯、沟渠、池、井、非经营性车场车库、公益性文体设施和共用设施设备使用的房屋等。

第四条　住宅专项维修资金管理实行专户存储、专款专用、所有权人决策、政府监督的原则。

第五条　国务院建设主管部门会同国务院财政部门负责全国住宅专项维修资金的指导和监督工作。

县级以上地方人民政府建设（房地产）主管部门会同同级财政部门负责本行政区域内住宅专项维修资金的指导和监督工作。

第二章　交　　存

第六条　下列物业的业主应当按照本办法的规定交存住宅专项维修资金：

（一）住宅，但一个业主所有且与其他物业不具有共用部位、共用设施设备的除外；

（二）住宅小区内的非住宅或者住宅小区外与单幢住宅结构相连的非住宅。

前款所列物业属于出售公有住房的，售房单位应当按照本办法的规定交存住宅专项维修资金。

第七条　商品住宅的业主、非住宅的业主按照所拥有物业的建筑面积交存住宅专项维修资金，每平方米建筑面积交存首期住宅专项维修资金的数额为当地住宅建筑安装工程每平方米造价的5%至8%。

直辖市、市、县人民政府建设（房地产）主管部门应当根据本地区情况，合理确定、公布每平方米建筑面积交存首期住宅专项维修资金的数额，并适时调整。

第八条　出售公有住房的，按照下列规定交存住宅专项维修资金：

（一）业主按照所拥有物业的建筑面积交存住宅专项维修资金，每平方米建筑面积交存首期住宅专项维修资金的数额为当地房改成本价的2%。

（二）售房单位按照多层住宅不低于售房款的20%、高层住宅不低于售房款的30%，从售房款中一次性提取住宅专项维修资金。

第九条　业主交存的住宅专项维修资金属于业主所有。

从公有住房售房款中提取的住宅专项维修资金属于公有住房售房单位所有。

第十条　业主大会成立前，商品住宅业主、非住宅业主交存的住宅专项维修资金，由物业所在地直辖市、市、县人民政府建设（房地产）主管部门代管。

直辖市、市、县人民政府建设（房地产）主管部门应当委托所在地一家商业银行，作为本行政区域内住宅专项维修资金的专户管理银行，并在专户管理银行开立住宅专项维修资金专户。

开立住宅专项维修资金专户，应当以物业管理区域为单位设账，按房屋户门号设分户账；未划定物业管理区域的，以幢为单位设账，按房屋户门号设分户账。

第十一条　业主大会成立前，已售公有住房住宅专项维修资金，由物业所在地直辖市、市、县人民政府财政部门或者建设（房地产）主管部门负责管理。

负责管理公有住房住宅专项维修资金的部门应当委托所在地一家商业银行，作为本行政区域内公有住房住宅专项维修资金的专户管理银行，并在专户管理银行开立公有住房住宅专项维修资金专户。

开立公有住房住宅专项维修资金专户，应当按照售房单位设账，按幢设分账；其中，业主交存的住宅专项维修资金，按房屋户门号设分户账。

第十二条　商品住宅的业主应当在办理房屋入住手续前，将首期住宅专项维修资金存入住宅专项维修资金专户。

已售公有住房的业主应当在办理房屋入住手续前，将首期住宅专项维修资金存入公有住房住宅专项维修资金专户或者交由售房单位存入公有住房住宅专项维修资金专户。

公有住房售房单位应当在收到售房款之日起30日内，将提取的住宅专项维修资金存入公有住房住宅专项维修资金专户。

第十三条 未按本办法规定交存首期住宅专项维修资金的，开发建设单位或者公有住房售房单位不得将房屋交付购买人。

第十四条 专户管理银行、代收住宅专项维修资金的售房单位应当出具由财政部或者省、自治区、直辖市人民政府财政部门统一监制的住宅专项维修资金专用票据。

第十五条 业主大会成立后，应当按照下列规定划转业主交存的住宅专项维修资金：

（一）业主大会应当委托所在地一家商业银行作为本物业管理区域内住宅专项维修资金的专户管理银行，并在专户管理银行开立住宅专项维修资金专户。

开立住宅专项维修资金专户，应当以物业管理区域为单位设账，按房屋户门号设分户账。

（二）业主委员会应当通知所在地直辖市、市、县人民政府建设（房地产）主管部门；涉及已售公有住房的，应当通知负责管理公有住房住宅专项维修资金的部门。

（三）直辖市、市、县人民政府建设（房地产）主管部门或者负责管理公有住房住宅专项维修资金的部门应当在收到通知之日起30日内，通知专户管理银行将该物业管理区域内业主交存的住宅专项维修资金账面余额划转至业主大会开立的住宅专项维修资金账户，并将有关账目等移交业主委员会。

第十六条 住宅专项维修资金划转后的账目管理单位，由业主大会决定。业主大会应当建立住宅专项维修资金管理制度。

业主大会开立的住宅专项维修资金账户，应当接受所在地直辖市、市、县人民政府建设（房地产）主管部门的监督。

第十七条 业主分户账面住宅专项维修资金余额不足首期交存额30%的，应当及时续交。

成立业主大会的，续交方案由业主大会决定。

未成立业主大会的，续交的具体管理办法由直辖市、市、县人民政府建设（房地产）主管部门会同同级财政部门制定。

第三章 使 用

第十八条 住宅专项维修资金应当专项用于住宅共用部位、共用设施设备保修期满后的维修和更新、改造，不得挪作他用。

第十九条 住宅专项维修资金的使用，应当遵循方便快捷、公开透明、受益人和负担人相一致的原则。

第二十条 住宅共用部位、共用设施设备的维修和更新、改造费用，按照下列规定分摊：

（一）商品住宅之间或者商品住宅与非住宅之间共用部位、共用设施设备的维修和更新、改造费用，由相关业主按照各自拥有物业建筑面积的比例分摊。

（二）售后公有住房之间共用部位、共用设施设备的维修和更新、改造费用，由相关业主和公有住房售房单位按照所交存住宅专项维修资金的比例分摊；其中，应由业主承担的，再由相关业主按照各自拥有物业建筑面积的比例分摊。

（三）售后公有住房与商品住宅或者非住宅之间共用部位、共用设施设备的维修和更新、改造费用，先按照建筑面积比例分摊到各相关物业。其中，售后公有住房应分摊的费用，再由相关业主和公有住房售房单位按照所交存住宅专项维修资金的比例分摊。

第二十一条　住宅共用部位、共用设施设备维修和更新、改造，涉及尚未售出的商品住宅、非住宅或者公有住房的，开发建设单位或者公有住房单位应当按照尚未售出商品住宅或者公有住房的建筑面积，分摊维修和更新、改造费用。

第二十二条　住宅专项维修资金划转业主大会管理前，需要使用住宅专项维修资金的，按照以下程序办理：

（一）物业服务企业根据维修和更新、改造项目提出使用建议；没有物业服务企业的，由相关业主提出使用建议；

（二）住宅专项维修资金列支范围内专有部分占建筑物总面积三分之二以上的业主且占总人数三分之二以上的业主讨论通过使用建议；

（三）物业服务企业或者相关业主组织实施使用方案；

（四）物业服务企业或者相关业主持有关材料，向所在地直辖市、市、县人民政府建设（房地产）主管部门申请列支；其中，动用公有住房住宅专项维修资金的，向负责管理公有住房住宅专项维修资金的部门申请列支；

（五）直辖市、市、县人民政府建设（房地产）主管部门或者负责管理公有住房住宅专项维修资金的部门审核同意后，向专户管理银行发出划转住宅专项维修资金的通知；

（六）专户管理银行将所需住宅专项维修资金划转至维修单位。

第二十三条　住宅专项维修资金划转业主大会管理后，需要使用住宅专项维修资金的，按照以下程序办理：

（一）物业服务企业提出使用方案，使用方案应当包括拟维修和更新、改造的项目、费用预算、列支范围、发生危及房屋安全等紧急情况以及其他需临时使用住宅专项维修资金的情况的处置办法等；

（二）业主大会依法通过使用方案；

（三）物业服务企业组织实施使用方案；

（四）物业服务企业持有关材料向业主委员会提出列支住宅专项维修资金；其中，动用公有住房住宅专项维修资金的，向负责管理公有住房住宅专项维修资金的部门申请列支；

（五）业主委员会依据使用方案审核同意，并报直辖市、市、县人民政府建设（房地产）主管部门备案；动用公有住房住宅专项维修资金的，经负责管理公有住房住宅专项维修资金的部门审核同意；直辖市、市、县人民政府建设（房地产）主管部门或者负责管理公有住房住宅专项维修资金的部门发现不符合有关法律、法规、规章和使用方案的，应当责令改正；

（六）业主委员会、负责管理公有住房住宅专项维修资金的部门向专户管理银行发出划转住宅专项维修资金的通知；

（七）专户管理银行将所需住宅专项维修资金划转至维修单位。

第二十四条　发生危及房屋安全等紧急情况，需要立即对住宅共用部位、共用设施设备进行维修和更新、改造的，按照以下规定列支住宅专项维修资金：

（一）住宅专项维修资金划转业主大会管理前，按照本办法第二十二条第四项、第五项、第六项的规定办理；

（二）住宅专项维修资金划转业主大会管理后，按照本办法第二十三条第四项、第五项、第六项和第七项的规定办理。

发生前款情况后，未按规定实施维修和更新、改造的，直辖市、市、县人民政府建设（房地产）主管部门可以组织代修，维修费用从相关业主住宅专项维修资金分户账中列支；其中，涉及已售公有住房的，还应当从公有住房住宅专项维修资金中列支。

第二十五条 下列费用不得从住宅专项维修资金中列支：

（一）依法应当由建设单位或者施工单位承担的住宅共用部位、共用设施设备维修、更新和改造费用；

（二）依法应当由相关单位承担的供水、供电、供气、供热、通讯、有线电视等管线和设施设备的维修、养护费用；

（三）应当由当事人承担的因人为损坏住宅共用部位、共用设施设备所需的修复费用；

（四）根据物业服务合同约定，应当由物业服务企业承担的住宅共用部位、共用设施设备的维修和养护费用。

第二十六条 在保证住宅专项维修资金正常使用的前提下，可以按照国家有关规定将住宅专项维修资金用于购买国债。

利用住宅专项维修资金购买国债，应当在银行间债券市场或者商业银行柜台市场购买一级市场新发行的国债，并持有到期。

利用业主交存的住宅专项维修资金购买国债的，应当经业主大会同意；未成立业主大会的，应当经专有部分占建筑物总面积三分之二以上的业主且占总人数三分之二以上业主同意。

利用从公有住房售房款中提取的住宅专项维修资金购买国债的，应当根据售房单位的财政隶属关系，报经同级财政部门同意。

禁止利用住宅专项维修资金从事国债回购、委托理财业务或者将购买的国债用于质押、抵押等担保行为。

第二十七条 下列资金应当转入住宅专项维修资金滚存使用：

（一）住宅专项维修资金的存储利息；

（二）利用住宅专项维修资金购买国债的增值收益；

（三）利用住宅共用部位、共用设施设备进行经营的，业主所得收益，但业主大会另有决定的除外；

（四）住宅共用设施设备报废后回收的残值。

第四章 监督管理

第二十八条 房屋所有权转让时，业主应当向受让人说明住宅专项维修资金交存和结余情况并出具有效证明，该房屋分户账中结余的住宅专项维修资金随房屋所有权同时过户。

受让人应当持住宅专项维修资金过户的协议、房屋权属证书、身份证等到专户管理银行办理分户账更名手续。

第二十九条　房屋灭失的，按照以下规定返还住宅专项维修资金：

（一）房屋分户账中结余的住宅专项维修资金返还业主；

（二）售房单位交存的住宅专项维修资金账面余额返还售房单位；售房单位不存在的，按照售房单位财务隶属关系，收缴同级国库。

第三十条　直辖市、市、县人民政府建设（房地产）主管部门，负责管理公有住房住宅专项维修资金的部门及业主委员会，应当每年至少一次与专户管理银行核对住宅专项维修资金账目，并向业主、公有住房售房单位公布下列情况：

（一）住宅专项维修资金交存、使用、增值收益和结存的总额；

（二）发生列支的项目、费用和分摊情况；

（三）业主、公有住房售房单位分户账中住宅专项维修资金交存、使用、增值收益和结存的金额；

（四）其他有关住宅专项维修资金使用和管理的情况。

业主、公有住房售房单位对公布的情况有异议的，可以要求复核。

第三十一条　专户管理银行应当每年至少一次向直辖市、市、县人民政府建设（房地产）主管部门，负责管理公有住房住宅专项维修资金的部门及业主委员会发送住宅专项维修资金对账单。

直辖市、市、县建设（房地产）主管部门，负责管理公有住房住宅专项维修资金的部门及业主委员会对资金账户变化情况有异议的，可以要求专户管理银行进行复核。

专户管理银行应当建立住宅专项维修资金查询制度，接受业主、公有住房售房单位对其分户账中住宅专项维修资金使用、增值收益和账面余额的查询。

第三十二条　住宅专项维修资金的管理和使用，应当依法接受审计部门的审计监督。

第三十三条　住宅专项维修资金的财务管理和会计核算应当执行财政部有关规定。

财政部门应当加强对住宅专项维修资金收支财务管理和会计核算制度执行情况的监督。

第三十四条　住宅专项维修资金专用票据的购领、使用、保存、核销管理，应当按照财政部以及省、自治区、直辖市人民政府财政部门的有关规定执行，并接受财政部门的监督检查。

第五章　法　律　责　任

第三十五条　公有住房售房单位有下列行为之一的，由县级以上地方人民政府财政部门会同同级建设（房地产）主管部门责令限期改正：

（一）未按本办法第八条、第十二条第三款规定交存住宅专项维修资金的；

（二）违反本办法第十三条规定将房屋交付买受人的；

（三）未按本办法第二十一条规定分摊维修、更新和改造费用的。

第三十六条 开发建设单位违反本办法第十三条规定将房屋交付买受人的，由县级以上地方人民政府建设（房地产）主管部门责令限期改正；逾期不改正的，处以3万元以下的罚款。

开发建设单位未按本办法第二十一条规定分摊维修、更新和改造费用的，由县级以上地方人民政府建设（房地产）主管部门责令限期改正；逾期不改正的，处以1万元以下的罚款。

第三十七条 违反本办法规定，挪用住宅专项维修资金的，由县级以上地方人民政府建设（房地产）主管部门追回挪用的住宅专项维修资金，没收违法所得，可以并处挪用金额2倍以下的罚款；构成犯罪的，依法追究直接负责的主管人员和其他直接责任人员的刑事责任。

物业服务企业挪用住宅专项维修资金，情节严重的，除按前款规定予以处罚外，还应由颁发资质证书的部门吊销资质证书。

直辖市、市、县人民政府建设（房地产）主管部门挪用住宅专项维修资金的，由上一级人民政府建设（房地产）主管部门追回挪用的住宅专项维修资金，对直接负责的主管人员和其他直接责任人员依法给予处分；构成犯罪的，依法追究刑事责任。

直辖市、市、县人民政府财政部门挪用住宅专项维修资金的，由上一级人民政府财政部门追回挪用的住宅专项维修资金，对直接负责的主管人员和其他直接责任人员依法给予处分；构成犯罪的，依法追究刑事责任。

第三十八条 直辖市、市、县人民政府建设（房地产）主管部门违反本办法第二十六条规定的，由上一级人民政府建设（房地产）主管部门责令限期改正，对直接负责的主管人员和其他直接责任人员依法给予处分；造成损失的，依法赔偿；构成犯罪的，依法追究刑事责任。

直辖市、市、县人民政府财政部门违反本办法第二十六条规定的，由上一级人民政府财政部门责令限期改正，对直接负责的主管人员和其他直接责任人员依法给予处分；造成损失的，依法赔偿；构成犯罪的，依法追究刑事责任。

业主大会违反本办法第二十六条规定的，由直辖市、市、县人民政府建设（房地产）主管部门责令改正。

第三十九条 对违反住宅专项维修资金专用票据管理规定的行为，按照《财政违法行为处罚处分条例》的有关规定追究法律责任。

第四十条 县级以上人民政府建设（房地产）主管部门、财政部门及其工作人员利用职务上的便利，收受他人财物或者其他好处，不依法履行监督管理职责，或者发现违法行为不予查处的，依法给予处分；构成犯罪的，依法追究刑事责任。

第六章 附 则

第四十一条 省、自治区、直辖市人民政府建设（房地产）主管部门会同同级财政部门可以依据本办法，制定实施细则。

第四十二条 本办法实施前，商品住宅、公有住房已经出售但未建立住宅专项维修资金的，应当补建。具体办法由省、自治区、直辖市人民政府建设（房地产）主管部门会同同级财政部门依据本办法制定。

第四十三条　本办法由国务院建设主管部门、财政部门共同解释。

第四十四条　本办法自2008年2月1日起施行，1998年12月16日建设部、财政部发布的《住宅共用部位共用设施设备维修基金管理办法》（建住房[1998]213号）同时废止。

建筑业企业资质管理规定

中华人民共和国建设部第159号令

《建筑业企业资质管理规定》已于2006年12月30日经建设部第114次常务会议讨论通过，现予发布，自2007年9月1日起施行。

部长 汪光焘

二〇〇七年六月二十六日

建筑业企业资质管理规定

第一章 总 则

第一条 为了加强对建筑活动的监督管理，维护公共利益和建筑市场秩序，保证建设工程质量安全，根据《中华人民共和国建筑法》、《中华人民共和国行政许可法》、《建设工程质量管理条例》、《建设工程安全生产管理条例》等法律、行政法规，制定本规定。

第二条 在中华人民共和国境内申请建筑业企业资质，实施对建筑业企业资质监督管理，适用本规定。

本规定所称建筑业企业，是指从事土木工程、建筑工程、线路管道设备安装工程、装修工程的新建、扩建、改建等活动的企业。

第三条 建筑业企业应当按照其拥有的注册资本、专业技术人员、技术装备和已完成的建筑工程业绩等条件申请资质，经审查合格，取得建筑业企业资质证书后，方可在资质许可的范围内从事建筑施工活动。

第四条 国务院建设主管部门负责全国建筑业企业资质的统一监督管理。国务院铁路、交通、水利、信息产业、民航等有关部门配合国务院建设主管部门实施相关资质类别建筑业企业资质的管理工作。

省、自治区、直辖市人民政府建设主管部门负责本行政区域内建筑业企业资质的统一监督管理。省、自治区、直辖市人民政府交通、水利、信息产业等有关部门配合同级建设主管部门实施本行政区域内相关资质类别建筑业企业资质的管理工作。

第二章 资质序列、类别和等级

第五条 建筑业企业资质分为施工总承包、专业承包和劳务分包三个序列。

第六条 取得施工总承包资质的企业（以下简称施工总承包企业），可以承接施工总承包工程。施工总承包企业可以对所承接的施工总承包工程内各专业工程全部自行施工,也可以将专业工程或劳务作业依法分包给具有相应资质的专业承包企业或劳务分包企业。

取得专业承包资质的企业(以下简称专业承包企业),可以承接施工总承包企业分包的专业工程和建设单位依法发包的专业工程。专业承包企业可以对所承接的专业工程全部自行施工,也可以将劳务作业依法分包给具有相应资质的劳务分包企业。

取得劳务分包资质的企业(以下简称劳务分包企业),可以承接施工总承包企业或专业承包企业分包的劳务作业。

第七条　施工总承包资质、专业承包资质、劳务分包资质序列按照工程性质和技术特点分别划分为若干资质类别。各资质类别按照规定的条件划分为若干资质等级。

第八条　建筑业企业资质等级标准和各类别等级资质企业承担工程的具体范围,由国务院建设主管部门会同国务院有关部门制定。

第三章　资　质　许　可

第九条　下列建筑业企业资质的许可,由国务院建设主管部门实施:

(一)施工总承包序列特级资质、一级资质;

(二)国务院国有资产管理部门直接监管的企业及其下属一层级的企业的施工总承包二级资质、三级资质;

(三)水利、交通、信息产业方面的专业承包序列一级资质;

(四)铁路、民航方面的专业承包序列一级、二级资质;

(五)公路交通工程专业承包不分等级资质、城市轨道交通专业承包不分等级资质。

申请前款所列资质的,应当向企业工商注册所在地省、自治区、直辖市人民政府建设主管部门提出申请。其中,国务院国有资产管理部门直接监管的企业及其下属一层级的企业,应当由国务院国有资产管理部门直接监管的企业向国务院建设主管部门提出申请。

省、自治区、直辖市人民政府建设主管部门应当自受理申请之日起20日内初审完毕并将初审意见和申请材料报国务院建设主管部门。

国务院建设主管部门应当自省、自治区、直辖市人民政府建设主管部门受理申请材料之日起60日内完成审查,公示审查意见,公示时间为10日。其中,涉及铁路、交通、水利、信息产业、民航等方面的建筑业企业资质,由国务院建设主管部门送国务院有关部门审核,国务院有关部门在20日内审核完毕,并将审核意见送国务院建设主管部门。

第十条　下列建筑业企业资质许可,由企业工商注册所在地省、自治区、直辖市人民政府建设主管部门实施:

(一)施工总承包序列二级资质(不含国务院国有资产管理部门直接监管的企业及其下属一层级的企业的施工总承包序列二级资质);

(二)专业承包序列一级资质(不含铁路、交通、水利、信息产业、民航方面的专业承包序列一级资质);

(三)专业承包序列二级资质(不含民航、铁路方面的专业承包序列二级资质);

(四)专业承包序列不分等级资质(不含公路交通工程专业承包序列和城市轨道交通

专业承包序列的不分等级资质)。

前款规定的建筑业企业资质许可的实施程序由省、自治区、直辖市人民政府建设主管部门依法确定。

省、自治区、直辖市人民政府建设主管部门应当自作出决定之日起 30 日内,将准予资质许可的决定报国务院建设主管部门备案。

第十一条　下列建筑业企业资质许可,由企业工商注册所在地设区的市人民政府建设主管部门实施:

(一)施工总承包序列三级资质(不含国务院国有资产管理部门直接监管的企业及其下属一层级的企业的施工总承包三级资质);

(二)专业承包序列三级资质;

(三)劳务分包序列资质;

(四)燃气燃烧器具安装、维修企业资质。

前款规定的建筑业企业资质许可的实施程序由省、自治区、直辖市人民政府建设主管部门依法确定。

企业工商注册所在地设区的市人民政府建设主管部门应当自作出决定之日起 30 日内,将准予资质许可的决定通过省、自治区、直辖市人民政府建设主管部门,报国务院建设主管部门备案。

第十二条　建筑业企业资质证书分为正本和副本,正本一份,副本若干份,由国务院建设主管部门统一印制,正、副本具备同等法律效力。资质证书有效期为 5 年。

第十三条　建筑业企业可以申请一项或多项建筑业企业资质;申请多项建筑业企业资质的,应当选择等级最高的一项资质为企业主项资质。

第十四条　首次申请或者增项申请建筑业企业资质,应当提交以下材料:

(一)建筑业企业资质申请表及相应的电子文档;

(二)企业法人营业执照副本;

(三)企业章程;

(四)企业负责人和技术、财务负责人的身份证明、职称证书、任职文件及相关资质标准要求提供的材料;

(五)建筑业企业资质申请表中所列注册执业人员的身份证明、注册执业证书;

(六)建筑业企业资质标准要求的非注册的专业技术人员的职称证书、身份证明及养老保险凭证;

(七)部分资质标准要求企业必须具备的特殊专业技术人员的职称证书、身份证明及养老保险凭证;

(八)建筑业企业资质标准要求的企业设备、厂房的相应证明;

(九)建筑业企业安全生产条件有关材料;

(十)资质标准要求的其他有关材料。

第十五条　建筑业企业申请资质升级的,应当提交以下材料:

(一)本规定第十四条第(一)、(二)、(四)、(五)、(六)、(八)、(十)项所列资料;

(二)企业原资质证书副本复印件;

（三）企业年度财务、统计报表；

（四）企业安全生产许可证副本；

（五）满足资质标准要求的企业工程业绩的相关证明材料。

第十六条　资质有效期届满，企业需要延续资质证书有效期的，应当在资质证书有效期届满60日前，申请办理资质延续手续。

对在资质有效期内遵守有关法律、法规、规章、技术标准，信用档案中无不良行为记录，且注册资本、专业技术人员满足资质标准要求的企业，经资质许可机关同意，有效期延续5年。

第十七条　建筑业企业在资质证书有效期内名称、地址、注册资本、法定代表人等发生变更的，应当在工商部门办理变更手续后30日内办理资质证书变更手续。

由国务院建设主管部门颁发的建筑业企业资质证书，涉及企业名称变更的，应当向企业工商注册所在地省、自治区、直辖市人民政府建设主管部门提出变更申请，省、自治区、直辖市人民政府建设主管部门应当自受理申请之日起2日内将有关变更证明材料报国务院建设主管部门，由国务院建设主管部门在2日内办理变更手续。

前款规定以外的资质证书变更手续，由企业工商注册所在地的省、自治区、直辖市人民政府建设主管部门或者设区的市人民政府建设主管部门负责办理。省、自治区、直辖市人民政府建设主管部门或者设区的市人民政府建设主管部门应当自受理申请之日起2日内办理变更手续，并在办理资质证书变更手续后15日内将变更结果报国务院建设主管部门备案。

涉及铁路、交通、水利、信息产业、民航等方面的建筑业企业资质证书的变更，办理变更手续的建设主管部门应当将企业资质变更情况告知同级有关部门。

第十八条　申请资质证书变更，应当提交以下材料：

（一）资质证书变更申请；

（二）企业法人营业执照复印件；

（三）建筑业企业资质证书正、副本原件；

（四）与资质变更事项有关的证明材料。

企业改制的，除提供前款规定资料外，还应当提供改制重组方案、上级资产管理部门或者股东大会的批准决定、企业职工代表大会同意改制重组的决议。

第十九条　企业首次申请、增项申请建筑业企业资质，不考核企业工程业绩，其资质等级按照最低资质等级核定。

已取得工程设计资质的企业首次申请同类别或相近类别的建筑业企业资质的，可以将相应规模的工程总承包业绩作为工程业绩予以申报，但申请资质等级最高不超过其现有工程设计资质等级。

第二十条　企业合并的，合并后存续或者新设立的建筑业企业可以承继合并前各方中较高的资质等级，但应当符合相应的资质等级条件。

企业分立的，分立后企业的资质等级，根据实际达到的资质条件，按照本规定的审批程序核定。

企业改制的，改制后不再符合资质标准的，应按其实际达到的资质标准及本规定申请重新核定;资质条件不发生变化的,按本规定第十八条办理。

第二十一条 取得建筑业企业资质的企业,申请资质升级、资质增项,在申请之日起前一年内有下列情形之一的,资质许可机关不予批准企业的资质升级申请和增项申请:

(一)超越本企业资质等级或以其他企业的名义承揽工程,或允许其他企业或个人以本企业的名义承揽工程的;

(二)与建设单位或企业之间相互串通投标,或以行贿等不正当手段谋取中标的;

(三)未取得施工许可证擅自施工的;

(四)将承包的工程转包或违法分包的;

(五)违反国家工程建设强制性标准的;

(六)发生过较大生产安全事故或者发生过两起以上一般生产安全事故的;

(七)恶意拖欠分包企业工程款或者农民工工资的;

(八)隐瞒或谎报、拖延报告工程质量安全事故或破坏事故现场、阻碍对事故调查的;

(九)按照国家法律、法规和标准规定需要持证上岗的技术工种的作业人员未取得证书上岗,情节严重的;

(十)未依法履行工程质量保修义务或拖延履行保修义务,造成严重后果的;

(十一)涂改、倒卖、出租、出借或者以其他形式非法转让建筑业企业资质证书;

(十二)其它违反法律、法规的行为。

第二十二条 企业领取新的建筑业企业资质证书时,应当将原资质证书交回原发证机关予以注销。

企业需增补(含增加、更换、遗失补办)建筑业企业资质证书的,应当持资质证书增补申请等材料向资质许可机关申请办理。遗失资质证书的,在申请补办前应当在公众媒体上刊登遗失声明。资质许可机关应当在2日内办理完毕。

第四章 监 督 管 理

第二十三条 县级以上人民政府建设主管部门和其他有关部门应当依照有关法律、法规和本规定,加强对建筑业企业资质的监督管理。

上级建设主管部门应当加强对下级建设主管部门资质管理工作的监督检查,及时纠正资质管理中的违法行为。

第二十四条 建设主管部门、其他有关部门履行监督检查职责时,有权采取下列措施:

(一)要求被检查单位提供建筑业企业资质证书、注册执业人员的注册执业证书,有关施工业务的文档,有关质量管理、安全生产管理、档案管理、财务管理等企业内部管理制度的文件;

(二)进入被检查单位进行检查,查阅相关资料;

(三)纠正违反有关法律、法规和本规定及有关规范和标准的行为。

建设主管部门、其他有关部门依法对企业从事行政许可事项的活动进行监督检查时,应当将监督检查情况和处理结果予以记录,由监督检查人员签字后归档。

第二十五条 建设主管部门、其他有关部门在实施监督检查时,应当有两名以上监督检查人员参加，并出示执法证件，不得妨碍企业正常的生产经营活动，不得索取或者收受企业的财物，不得谋取其他利益。

有关单位和个人对依法进行的监督检查应当协助与配合，不得拒绝或者阻挠。

监督检查机关应当将监督检查的处理结果向社会公布。

第二十六条　建筑业企业违法从事建筑活动的，违法行为发生地的县级以上地方人民政府建设主管部门或者其他有关部门应当依法查处，并将违法事实、处理结果或处理建议及时告知该建筑业企业的资质许可机关。

第二十七条　企业取得建筑业企业资质后不再符合相应资质条件的，建设主管部门、其他有关部门根据利害关系人的请求或者依据职权，可以责令其限期改正；逾期不改的，资质许可机关可以撤回其资质。被撤回建筑业企业资质的企业，可以申请资质许可机关按照其实际达到的资质标准，重新核定资质。

第二十八条　有下列情形之一的，资质许可机关或者其上级机关，根据利害关系人的请求或者依据职权，可以撤销建筑业企业资质：

（一）资质许可机关工作人员滥用职权、玩忽职守作出准予建筑业企业资质许可的；

（二）超越法定职权作出准予建筑业企业资质许可的；

（三）违反法定程序作出准予建筑业企业资质许可的；

（四）对不符合许可条件的申请人作出准予建筑业企业资质许可的；

（五）依法可以撤销资质证书的其他情形。

以欺骗、贿赂等不正当手段取得建筑业企业资质证书的，应当予以撤销。

第二十九条　有下列情形之一的，资质许可机关应当依法注销建筑业企业资质，并公告其资质证书作废，建筑业企业应当及时将资质证书交回资质许可机关：

（一）资质证书有效期届满，未依法申请延续的；

（二）建筑业企业依法终止的；

（三）建筑业企业资质依法被撤销、撤回或吊销的；

（四）法律、法规规定的应当注销资质的其他情形。

第三十条　有关部门应当将监督检查情况和处理意见及时告知资质许可机关。资质许可机关应当将涉及有关铁路、交通、水利、信息产业、民航等方面的建筑业企业资质被撤回、撤销和注销的情况告知同级有关部门。

第三十一条　企业应当按照有关规定，向资质许可机关提供真实、准确、完整的企业信用档案信息。

企业的信用档案应当包括企业基本情况、业绩、工程质量和安全、合同履约等情况。被投诉举报和处理、行政处罚等情况应当作为不良行为记入其信用档案。

企业的信用档案信息按照有关规定向社会公示。

第五章　法　律　责　任

第三十二条　申请人隐瞒有关情况或者提供虚假材料申请建筑业企业资质的，不予受理或者不予行政许可，并给予警告，申请人在1年内不得再次申请建筑业企业资质。

第三十三条　以欺骗、贿赂等不正当手段取得建筑业企业资质证书的，由县级以上地方人民政府建设主管部门或者有关部门给予警告，并依法处以罚款，申请人3年内不得再次申请建筑业企业资质。

第三十四条　建筑业企业有本规定第二十一条行为之一，《中华人民共和国建筑法》、《建设工程质量管理条例》和其他有关法律、法规对处罚机关和处罚方式有规定的，依照法律、法规的规定执行；法律、法规未作规定的，由县级以上地方人民政府建设主管部门或者其他有关部门给予警告，责令改正，并处1万元以上3万元以下的罚款。

第三十五条　建筑业企业未按照本规定及时办理资质证书变更手续的，由县级以上地方人民政府建设主管部门责令限期办理；逾期不办理的，可处以1000元以上1万元以下的罚款。

第三十六条　建筑业企业未按照本规定要求提供建筑业企业信用档案信息的，由县级以上地方人民政府建设主管部门或者其他有关部门给予警告，责令限期改正；逾期未改正的，可处以1000元以上1万元以下的罚款。

第三十七条　县级以上地方人民政府建设主管部门依法给予建筑业企业行政处罚的，应当将行政处罚决定以及给予行政处罚的事实、理由和依据，报国务院建设主管部门备案。

第三十八条　建设主管部门及其工作人员，违反本规定，有下列情形之一的，由其上级行政机关或者监察机关责令改正；情节严重的，对直接负责的主管人员和其他直接责任人员，依法给予行政处分：

（一）对不符合条件的申请人准予建筑业企业资质许可的；

（二）对符合条件的申请人不予建筑业企业资质许可或者不在法定期限内作出准予许可决定的；

（三）对符合条件的申请不予受理或者未在法定期限内初审完毕的；

（四）利用职务上的便利，收受他人财物或者其他好处的；

（五）不依法履行监督管理职责或者监督不力，造成严重后果的。

第六章　附　　则

第三十九条　取得建筑业企业资质证书的企业，可以从事资质许可范围相应等级的建设工程总承包业务，可以从事项目管理和相关的技术与管理服务。

第四十条　本规定自2007年9月1日起施行。2001年4月18日建设部颁布的《建筑业企业资质管理规定》（建设部令第87号）同时废止。

廉租住房保障办法

中华人民共和国建设部　中华人民共和国国家发展和改革委员会
中华人民共和国监察部　中华人民共和国民政部　中华人民
共和国财政部　中华人民共和国国土资源部　中国人民银行
国家税务总局　国家统计局第162号令

《廉租住房保障办法》已经2007年9月26日建设部第139次常务会议讨论通过,经发展改革委、监察部、民政部、财政部、国土资源部、人民银行、税务总局、统计局联合签署,现予公布,自2007年12月1日起施行。

建设部部长　汪光焘
国家发展和改革委员会主任　马　凯
监察部部长　马　驭
民政部部长　李学举
财政部部长　谢旭人
国土资源部部长　徐绍史
人民银行行长　周小川
国家税务总局局长　肖　捷
国家统计局局长　谢伏瞻
二〇〇七年十一月八日

廉租住房保障办法

第一章　总　　则

第一条　为促进廉租住房制度建设,逐步解决城市低收入家庭的住房困难,制定本办法。

第二条　城市低收入住房困难家庭的廉租住房保障及其监督管理,适用本办法。

本办法所称城市低收入住房困难家庭,是指城市和县人民政府所在地的镇范围内,家庭收入、住房状况等符合市、县人民政府规定条件的家庭。

第三条　市、县人民政府应当在解决城市低收入家庭住房困难的发展规划及年度计划中,明确廉租住房保障工作目标、措施,并纳入本级国民经济与社会发展规划和住房建设规划。

第四条　国务院建设主管部门指导和监督全国廉租住房保障工作。县级以上地方人民政府建设(住房保障)主管部门负责本行政区域内廉租住房保障管理工作。廉租住房保障的具体工作可以由市、县人民政府确定的实施机构承担。

县级以上人民政府发展改革(价格)、监察、民政、财政、国土资源、金融管理、税务、统计等部门按照职责分工,负责廉租住房保障的相关工作。

第二章　保　障　方　式

第五条　廉租住房保障方式实行货币补贴和实物配租等相结合。货币补贴是指县级以上地方人民政府向申请廉租住房保障的城市低收入住房困难家庭发放租赁住房补贴,由其自行承租住房。实物配租是指县级以上地方人民政府向申请廉租住房保障的城市低收入住房困难家庭提供住房,并按照规定标准收取租金。

实施廉租住房保障,主要通过发放租赁补贴,增强城市低收入住房困难家庭承租住房的能力。廉租住房紧缺的城市,应当通过新建和收购等方式,增加廉租住房实物配租的房源。

第六条　市、县人民政府应当根据当地家庭平均住房水平、财政承受能力以及城市低收入住房困难家庭的人口数量、结构等因素,以户为单位确定廉租住房保障面积标准。

第七条　采取货币补贴方式的,补贴额度按照城市低收入住房困难家庭现住房面积与保障面积标准的差额、每平方米租赁住房补贴标准确定。

每平方米租赁住房补贴标准由市、县人民政府根据当地经济发展水平、市场平均租金、城市低收入住房困难家庭的经济承受能力等因素确定。其中对城市居民最低生活保障家庭,可以按照当地市场平均租金确定租赁住房补贴标准;对其他城市低收入住房困难家庭,可以根据收入情况等分类确定租赁住房补贴标准。

第八条　采取实物配租方式的,配租面积为城市低收入住房困难家庭现住房面积与保障面积标准的差额。

实物配租的住房租金标准实行政府定价。实物配租住房的租金,按照配租面积和市、县人民政府规定的租金标准确定。有条件的地区,对城市居民最低生活保障家庭,可以免收实物配租住房中住房保障面积标准内的租金。

第三章　保障资金及房屋来源

第九条　廉租住房保障资金采取多种渠道筹措。

廉租住房保障资金来源包括:

(一)年度财政预算安排的廉租住房保障资金;

(二)提取贷款风险准备金和管理费用后的住房公积金增值收益余额;

(三)土地出让净收益中安排的廉租住房保障资金;

(四)政府的廉租住房租金收入;

(五)社会捐赠及其他方式筹集的资金。

第十条　提取贷款风险准备金和管理费用后的住房公积金增值收益余额,应当全部用于廉租住房建设。

土地出让净收益用于廉租住房保障资金的比例,不得低于10%。

政府的廉租住房租金收入应当按照国家财政预算支出和财务制度的有关规定,实行收支两条线管理,专项用于廉租住房的维护和管理。

第十一条　对中西部财政困难地区,按照中央预算内投资补助和中央财政廉租住房保障专项补助资金的有关规定给予支持。

第十二条　实物配租的廉租住房来源主要包括:

(一)政府新建、收购的住房;

(二)腾退的公有住房;

(三)社会捐赠的住房;

(四)其他渠道筹集的住房。

第十三条　廉租住房建设用地,应当在土地供应计划中优先安排,并在申报年度用地指标时单独列出,采取划拨方式,保证供应。

廉租住房建设用地的规划布局,应当考虑城市低收入住房困难家庭居住和就业的便利。

廉租住房建设应当坚持经济、适用原则,提高规划设计水平,满足基本使用功能,应当按照发展节能省地环保型住宅的要求,推广新材料、新技术、新工艺。廉租住房应当符合国家质量安全标准。

第十四条　新建廉租住房,应当采取配套建设与相对集中建设相结合的方式,主要在经济适用住房、普通商品住房项目中配套建设。

新建廉租住房,应当将单套的建筑面积控制在50平方米以内,并根据城市低收入住房困难家庭的居住需要,合理确定套型结构。

配套建设廉租住房的经济适用住房或者普通商品住房项目,应当在用地规划、国有土地划拨决定书或者国有土地使用权出让合同中,明确配套建设的廉租住房总建筑面积、套数、布局、套型以及建成后的移交或回购等事项。

第十五条　廉租住房建设免征行政事业性收费和政府性基金。

鼓励社会捐赠住房作为廉租住房房源或捐赠用于廉租住房的资金。

政府或经政府认定的单位新建、购买、改建住房作为廉租住房,社会捐赠廉租住房房源、资金,按照国家规定的有关税收政策执行。

第四章　申请与核准

第十六条　申请廉租住房保障,应当提供下列材料:

(一)家庭收入情况的证明材料;

(二)家庭住房状况的证明材料;

(三)家庭成员身份证和户口簿;

(四)市、县人民政府规定的其他证明材料。

第十七条　申请廉租住房保障,按照下列程序办理:

（一）申请廉租住房保障的家庭，应当由户主向户口所在地街道办事处或者镇人民政府提出书面申请；

（二）街道办事处或者镇人民政府应当自受理申请之日起30日内，就申请人的家庭收入、家庭住房状况是否符合规定条件进行审核，提出初审意见并张榜公布，将初审意见和申请材料一并报送市（区）、县人民政府建设（住房保障）主管部门；

（三）建设（住房保障）主管部门应当自收到申请材料之日起15日内，就申请人的家庭住房状况是否符合规定条件提出审核意见，并将符合条件的申请人的申请材料转同级民政部门；

（四）民政部门应当自收到申请材料之日起15日内，就申请人的家庭收入是否符合规定条件提出审核意见，并反馈同级建设（住房保障）主管部门；

（五）经审核，家庭收入、家庭住房状况符合规定条件的，由建设（住房保障）主管部门予以公示，公示期限为15日；对经公示无异议或者异议不成立的，作为廉租住房保障对象予以登记，书面通知申请人，并向社会公开登记结果。

经审核，不符合规定条件的，建设（住房保障）主管部门应当书面通知申请人，说明理由。申请人对审核结果有异议的，可以向建设（住房保障）主管部门申诉。

第十八条 建设（住房保障）主管部门、民政等有关部门以及街道办事处、镇人民政府，可以通过入户调查、邻里访问以及信函索证等方式对申请人的家庭收入和住房状况等进行核实。申请人及有关单位和个人应当予以配合，如实提供有关情况。

第十九条 建设（住房保障）主管部门应当综合考虑登记的城市低收入住房困难家庭的收入水平、住房困难程度和申请顺序以及个人申请的保障方式等，确定相应的保障方式及轮候顺序，并向社会公开。

对已经登记为廉租住房保障对象的城市居民最低生活保障家庭，凡申请租赁住房货币补贴的，要优先安排发放补贴，基本做到应保尽保。

实物配租应当优先面向已经登记为廉租住房保障对象的孤、老、病、残等特殊困难家庭，城市居民最低生活保障家庭以及其他急需救助的家庭。

第二十条 对轮候到位的城市低收入住房困难家庭，建设（住房保障）主管部门或者具体实施机构应当按照已确定的保障方式，与其签订租赁住房补贴协议或者廉租住房租赁合同，予以发放租赁住房补贴或者配租廉租住房。

发放租赁住房补贴和配租廉租住房的结果，应当予以公布。

第二十一条 租赁住房补贴协议应当明确租赁住房补贴额度、停止发放租赁住房补贴的情形等内容。

廉租住房租赁合同应当明确下列内容：

（一）房屋的位置、朝向、面积、结构、附属设施和设备状况；

（二）租金及其支付方式；

（三）房屋用途和使用要求；

（四）租赁期限；

（五）房屋维修责任；

（六）停止实物配租的情形，包括承租人已不符合规定条件的，将所承租的廉租住房转

借、转租或者改变用途,无正当理由由连续6个月以上未在所承租的廉租住房居住或者未交纳廉租住房租金等;

(七)违约责任及争议解决办法,包括退回廉租住房、调整租金、依照有关法律法规规定处理等;

(八)其他约定。

第五章　监　督　管　理

第二十二条　国务院建设主管部门、省级建设(住房保障)主管部门应当会同有关部门,加强对廉租住房保障工作的监督检查,并公布监督检查结果。

市、县人民政府应当定期向社会公布城市低收入住房困难家庭廉租住房保障情况。

第二十三条　市(区)、县人民政府建设(住房保障)主管部门应当按户建立廉租住房档案,并采取定期走访、抽查等方式,及时掌握城市低收入住房困难家庭的人口、收入及住房变动等有关情况。

第二十四条　已领取租赁住房补贴或者配租廉租住房的城市低收入住房困难家庭,应当按年度向所在地街道办事处或者镇人民政府如实申报家庭人口、收入及住房等变动情况。

街道办事处或者镇人民政府可以对申报情况进行核实、张榜公布,并将申报情况及核实结果报建设(住房保障)主管部门。

建设(住房保障)主管部门应当根据城市低收入住房困难家庭人口、收入、住房等变化情况,调整租赁住房补贴额度或实物配租面积、租金等;对不再符合规定条件的,应当停止发放租赁住房补贴,或者由承租人按照合同约定退回廉租住房。

第二十五条　城市低收入住房困难家庭不得将所承租的廉租住房转借、转租或者改变用途。

城市低收入住房困难家庭违反前款规定或者有下列行为之一的,应当按照合同约定退回廉租住房:

(一)无正当理由连续6个月以上未在所承租的廉租住房居住的;

(二)无正当理由累计6个月以上未交纳廉租住房租金的。

第二十六条　城市低收入住房困难家庭未按照合同约定退回廉租住房的,建设(住房保障)主管部门应当责令其限期退回;逾期未退回的,可以按照合同约定,采取调整租金等方式处理。

城市低收入住房困难家庭拒绝接受前款规定的处理方式的,由建设(住房保障)主管部门或者具体实施机构依照有关法律法规规定处理。

第二十七条　城市低收入住房困难家庭的收入标准、住房困难标准等以及住房保障面积标准,实行动态管理,由市、县人民政府每年向社会公布一次。

第二十八条　任何单位和个人有权对违反本办法规定的行为进行检举和控告。

第六章　法　律　责　任

第二十九条　城市低收入住房困难家庭隐瞒有关情况或者提供虚假材料申请廉租住房保障的,建设(住房保障)主管部门不予受理,并给予警告。

第三十条　对以欺骗等不正当手段,取得审核同意或者获得廉租住房保障的,由建设(住房保障)主管部门给予警告;对已经登记但尚未获得廉租住房保障的,取消其登记;对已经获得廉租住房保障的,责令其退还已领取的租赁住房补贴,或者退出实物配租的住房并按市场价格补交以前房租。

第三十一条　廉租住房保障实施机构违反本办法规定,不执行政府规定的廉租住房租金标准的,由价格主管部门依法查处。

第三十二条　违反本办法规定,建设(住房保障)主管部门及有关部门的工作人员或者市、县人民政府确定的实施机构的工作人员,在廉租住房保障工作中滥用职权、玩忽职守、徇私舞弊的,依法给予处分;构成犯罪的,依法追究刑事责任。

第七章　附　　则

第三十三条　对承租直管公房的城市低收入家庭,可以参照本办法有关规定,对住房保障面积标准范围内的租金予以适当减免。

第三十四条　本办法自 2007 年 12 月 1 日起施行。2003 年 12 月 31 日发布的《城镇最低收入家庭廉租住房管理办法》(建设部、财政部、民政部、国土资源部、国家税务总局令第 120 号)同时废止。

工程监理企业资质管理规定

中华人民共和国建设部第158号令

《工程监理企业资质管理规定》已于2006年12月11日经建设部第112次常务会议讨论通过，现予发布，自2007年8月1日起施行。

部长　汪光焘

二〇〇七年六月二十六日

工程监理企业资质管理规定

第一章　总　　则

第一条　为了加强工程监理企业资质管理，规范建设工程监理活动，维护建筑市场秩序，根据《中华人民共和国建筑法》、《中华人民共和国行政许可法》、《建设工程质量管理条例》等法律、行政法规，制定本规定。

第二条　在中华人民共和国境内从事建设工程监理活动，申请工程监理企业资质，实施对工程监理企业资质监督管理，适用本规定。

第三条　从事建设工程监理活动的企业，应当按照本规定取得工程监理企业资质，并在工程监理企业资质证书（以下简称资质证书）许可的范围内从事工程监理活动。

第四条　国务院建设主管部门负责全国工程监理企业资质的统一监督管理工作。国务院铁路、交通、水利、信息产业、民航等有关部门配合国务院建设主管部门实施相关资质类别工程监理企业资质的监督管理工作。

省、自治区、直辖市人民政府建设主管部门负责本行政区域内工程监理企业资质的统一监督管理工作。省、自治区、直辖市人民政府交通、水利、信息产业等有关部门配合同级建设主管部门实施相关资质类别工程监理企业资质的监督管理工作。

第五条　工程监理行业组织应当加强工程监理行业自律管理。

鼓励工程监理企业加入工程监理行业组织。

第二章　资质等级和业务范围

第六条　工程监理企业资质分为综合资质、专业资质和事务所资质。其中，专业资质按照工程性质和技术特点划分为若干工程类别。

综合资质、事务所资质不分级别。专业资质分为甲级、乙级；其中，房屋建筑、水利水电、公路和市政公用专业资质可设立丙级。

第七条　工程监理企业的资质等级标准如下：

（一）综合资质标准

1. 具有独立法人资格且注册资本不少于600万元。

2. 企业技术负责人应为注册监理工程师，并具有15年以上从事工程建设工作的经历或者具有工程类高级职称。

3. 具有5个以上工程类别的专业甲级工程监理资质。

4. 注册监理工程师不少于60人，注册造价工程师不少于5人，一级注册建造师、一级注册建筑师、一级注册结构工程师或者其它勘察设计注册工程师合计不少于15人次。

5. 企业具有完善的组织结构和质量管理体系，有健全的技术、档案等管理制度。

6. 企业具有必要的工程试验检测设备。

7. 申请工程监理资质之日前一年内没有本规定第十六条禁止的行为。

8. 申请工程监理资质之日前一年内没有因本企业监理责任造成重大质量事故。

9. 申请工程监理资质之日前一年内没有因本企业监理责任发生三级以上工程建设重大安全事故或者发生两起以上四级工程建设安全事故。

（二）专业资质标准

1. 甲级

（1）具有独立法人资格且注册资本不少于300万元。

（2）企业技术负责人应为注册监理工程师，并具有15年以上从事工程建设工作的经历或者具有工程类高级职称。

（3）注册监理工程师、注册造价工程师、一级注册建造师、一级注册建筑师、一级注册结构工程师或者其它勘察设计注册工程师合计不少于25人次；其中，相应专业注册监理工程师不少于《专业资质注册监理工程师人数配备表》（附表1）中要求配备的人数，注册造价工程师不少于2人。

（4）企业近2年内独立监理过3个以上相应专业的二级工程项目，但是，具有甲级设计资质或一级及以上施工总承包资质的企业申请本专业工程类别甲级资质的除外。

（5）企业具有完善的组织结构和质量管理体系，有健全的技术、档案等管理制度。

（6）企业具有必要的工程试验检测设备。

（7）申请工程监理资质之日前一年内没有本规定第十六条禁止的行为。

（8）申请工程监理资质之日前一年内没有因本企业监理责任造成重大质量事故。

（9）申请工程监理资质之日前一年内没有因本企业监理责任发生三级以上工程建设重大安全事故或者发生两起以上四级工程建设安全事故。

2. 乙级

（1）具有独立法人资格且注册资本不少于100万元。

（2）企业技术负责人应为注册监理工程师，并具有10年以上从事工程建设工作的经历。

（3）注册监理工程师、注册造价工程师、一级注册建造师、一级注册建筑师、一级注册结构工程师或者其它勘察设计注册工程师合计不少于15人次。其中，相应专业注册监理工程师不少于《专业资质注册监理工程师人数配备表》(附表1)中要求配备的人数,注册造价工程师不少于1人。

(4)有较完善的组织结构和质量管理体系,有技术、档案等管理制度。

(5)有必要的工程试验检测设备。

(6)申请工程监理资质之日前一年内没有本规定第十六条禁止的行为。

(7)申请工程监理资质之日前一年内没有因本企业监理责任造成重大质量事故。

(8)申请工程监理资质之日前一年内没有因本企业监理责任发生三级以上工程建设重大安全事故或者发生两起以上四级工程建设安全事故。

3. 丙级

(1)具有独立法人资格且注册资本不少于50万元。

(2)企业技术负责人应为注册监理工程师,并具有8年以上从事工程建设工作的经历。

(3)相应专业的注册监理工程师不少于《专业资质注册监理工程师人数配备表》(附表1)中要求配备的人数。

(4)有必要的质量管理体系和规章制度。

(5)有必要的工程试验检测设备。

(三)事务所资质标准

1. 取得合伙企业营业执照,具有书面合作协议书。

2. 合伙人中有3名以上注册监理工程师,合伙人均有5年以上从事建设工程监理的工作经历。

3. 有固定的工作场所。

4. 有必要的质量管理体系和规章制度。

5. 有必要的工程试验检测设备。

第八条　工程监理企业资质相应许可的业务范围如下:

(一)综合资质

可以承担所有专业工程类别建设工程项目的工程监理业务。

(二)专业资质

1. 专业甲级资质:

可承担相应专业工程类别建设工程项目的工程监理业务(见附表2)。

2. 专业乙级资质:

可承担相应专业工程类别二级以下(含二级)建设工程项目的工程监理业务(见附表2)。

3. 专业丙级资质:

可承担相应专业工程类别三级建设工程项目的工程监理业务(见附表2)。

(三)事务所资质

可承担三级建设工程项目的工程监理业务(见附表2),但是,国家规定必须实行强制监理的工程除外。

工程监理企业可以开展相应类别建设工程的项目管理、技术咨询等业务。

第三章　资质申请和审批

第九条　申请综合资质、专业甲级资质的，应当向企业工商注册所在地的省、自治区、直辖市人民政府建设主管部门提出申请。

省、自治区、直辖市人民政府建设主管部门应当自受理申请之日起20日内初审完毕，并将初审意见和申请材料报国务院建设主管部门。

国务院建设主管部门应当自省、自治区、直辖市人民政府建设主管部门受理申请材料之日起60日内完成审查，公示审查意见，公示时间为10日。其中，涉及铁路、交通、水利、通信、民航等专业工程监理资质的，由国务院建设主管部门送国务院有关部门审核。国务院有关部门应当在20日内审核完毕，并将审核意见报国务院建设主管部门。国务院建设主管部门根据初审意见审批。

第十条　专业乙级、丙级资质和事务所资质由企业所在地省、自治区、直辖市人民政府建设主管部门审批。

专业乙级、丙级资质和事务所资质许可。延续的实施程序由省、自治区、直辖市人民政府建设主管部门依法确定。

省、自治区、直辖市人民政府建设主管部门应当自作出决定之日起10日内，将准予资质许可的决定报国务院建设主管部门备案。

第十一条　工程监理企业资质证书分为正本和副本，每套资质证书包括一本正本，四本副本。正、副本具有同等法律效力。

工程监理企业资质证书的有效期为5年。

工程监理企业资质证书由国务院建设主管部门统一印制并发放。

第十二条　申请工程监理企业资质，应当提交以下材料：

（一）工程监理企业资质申请表（一式三份）及相应电子文档；

（二）企业法人、合伙企业营业执照；

（三）企业章程或合伙人协议；

（四）企业法定代表人、企业负责人和技术负责人的身份证明、工作简历及任命（聘用）文件；

（五）工程监理企业资质申请表中所列注册监理工程师及其他注册执业人员的注册执业证书；

（六）有关企业质量管理体系、技术和档案等管理制度的证明材料；

（七）有关工程试验检测设备的证明材料。

取得专业资质的企业申请晋升专业资质等级或者取得专业甲级资质的企业申请综合资质的，除前款规定的材料外，还应当提交企业原工程监理企业资质证书正、副本复印件，企业《监理业务手册》及近两年已完成代表工程的监理合同、监理规划、工程竣工验收报告及监理工作总结。

第十三条　资质有效期届满，工程监理企业需要继续从事工程监理活动的，应当在资质证书有效期届满60日前，向原资质许可机关申请办理延续手续。

对在资质有效期内遵守有关法律、法规、规章、技术标准，信用档案中无不良记录，且专业技术人员满足资质标准要求的企业，经资质许可机关同意，有效期延续5年。

第十四条　工程监理企业在资质证书有效期内名称、地址、注册资本、法定代表人等发生变更的，应当在工商行政管理部门办理变更手续后30日内办理资质证书变更手续。

涉及综合资质、专业甲级资质证书中企业名称变更的，由国务院建设主管部门负责办理，并自受理申请之日起3日内办理变更手续。

前款规定以外的资质证书变更手续，由省、自治区、直辖市人民政府建设主管部门负责办理。省、自治区、直辖市人民政府建设主管部门应当自受理申请之日起3日内办理变更手续，并在办理资质证书变更手续后15日内将变更结果报国务院建设主管部门备案。

第十五条　申请资质证书变更，应当提交以下材料：

（一）资质证书变更的申请报告；

（二）企业法人营业执照副本原件；

（三）工程监理企业资质证书正、副本原件。

工程监理企业改制的，除前款规定材料外，还应当提交企业职工代表大会或股东大会关于企业改制或股权变更的决议、企业上级主管部门关于企业申请改制的批复文件。

第十六条　工程监理企业不得有下列行为：

（一）与建设单位串通投标或者与其他工程监理企业串通投标，以行贿手段谋取中标；

（二）与建设单位或者施工单位串通弄虚作假、降低工程质量；

（三）将不合格的建设工程、建筑材料、建筑构配件和设备按照合格签字；

（四）超越本企业资质等级或以其他企业名义承揽监理业务；

（五）允许其他单位或个人以本企业的名义承揽工程；

（六）将承揽的监理业务转包；

（七）在监理过程中实施商业贿赂；

（八）涂改、伪造、出借、转让工监理企业资质证书；

（九）其他违反法律法规的行为。

第十七条　工程监理企业合并的，合并后存续或者新设立的工程监理企业可以承继合并前各方中较高的资质等级，但应当符合相应的资质等级条件。

工程监理企业分立的，分立后企业的资质等级，根据实际达到的资质条件，按照本规定的审批程序核定。

第十八条　企业需增补工程监理企业资质证书的（含增加、更换、遗失补办），应当持资质证书增补申请及电子文档等材料向资质许可机关申请办理。遗失资质证书的，在申请补办前应当在公众媒体刊登遗失声明。资质许可机关应当自受理申请之日起3日内予以办理。

第四章　监　督　管　理

第十九条　县级以上人民政府建设主管部门和其他有关部门应当依照有关法律、法规和本规定，加强对工程监理企业资质的监督管理。

第二十条　建设主管部门履行监督检查职责时，有权采取下列措施：

（一）要求被检查单位提供工程监理企业资质证书、注册监理工程师注册执业证书，有关工程监理业务的文档，有关质量管理、安全生产管理、档案管理等企业内部管理制度的文件；

（二）进入被检查单位进行检查，查阅相关资料；

（三）纠正违反有关法律、法规和本规定及有关规范和标准的行为。

第二十一条　建设主管部门进行监督检查时，应当有两名以上监督检查人员参加，并出示执法证件，不得妨碍被检查单位的正常经营活动，不得索取或者收受财物、谋取其他利益。

有关单位和个人对依法进行的监督检查应当协助与配合，不得拒绝或者阻挠。

监督检查机关应当将监督检查的处理结果向社会公布。

第二十二条　工程监理企业违法从事工程监理活动的，违法行为发生地的县级以上地方人民政府建设主管部门应当依法查处，并将违法事实、处理结果或处理建议及时报告该工程监理企业资质的许可机关。

第二十三条　工程监理企业取得工程监理企业资质后不再符合相应资质条件的，资质许可机关根据利害关系人的请求或者依据职权，可以责令其限期改正；逾期不改的，可以撤回其资质。

第二十四条　有下列情形之一的，资质许可机关或者其上级机关，根据利害关系人的请求或者依据职权，可以撤销工程监理企业资质：

（一）资质许可机关工作人员滥用职权、玩忽职守作出准予工程监理企业资质许可的；

（二）超越法定职权作出准予工程监理企业资质许可的；

（三）违反资质审批程序作出准予工程监理企业资质许可的；

（四）对不符合许可条件的申请人作出准予工程监理企业资质许可的；

（五）依法可以撤销资质证书的其他情形。

以欺骗、贿赂等不正当手段取得工程监理企业资质证书的，应当予以撤销。

第二十五条　有下列情形之一的，工程监理企业应当及时向资质许可机关提出注销资质的申请，交回资质证书，国务院建设主管部门应当办理注销手续，公告其资质证书作废：

（一）资质证书有效期届满，未依法申请延续的；

（二）工程监理企业依法终止的；

（三）工程监理企业资质依法被撤销、撤回或吊销的；

（四）法律、法规规定的应当注销资质的其他情形。

第二十六条　工程监理企业应当按照有关规定，向资质许可机关提供真实、准确、完整的工程监理企业的信用档案信息。

工程监理企业的信用档案应当包括基本情况、业绩、工程质量和安全、合同违约等情况。被投诉举报和处理、行政处罚等情况应当作为不良行为记入其信用档案。

工程监理企业的信用档案信息按照有关规定向社会公示，公众有权查阅。

第五章　法　律　责　任

第二十七条　申请人隐瞒有关情况或者提供虚假材料申请工程监理企业资质的，资质许可机关不予受理或者不予行政许可，并给予警告，申请人在1年内不得再次申请工程监理企业资质。

第二十八条　以欺骗、贿赂等不正当手段取得工程监理企业资质证书的，由县级以上地方人民政府建设主管部门或者有关部门给予警告，并处1万元以上2万元以下的罚款，申请人3年内不得再次申请工程监理企业资质。

第二十九条　工程监理企业有本规定第十六条第七项、第八项行为之一的，由县级以上地方人民政府建设主管部门或者有关部门予以警告，责令其改正，并处1万元以上3万元以下的罚款；造成损失的，依法承担赔偿责任；构成犯罪的，依法追究刑事责任。

第三十条　违反本规定，工程监理企业不及时办理资质证书变更手续的，由资质许可机关责令限期办理；逾期不办理的，可处以1千元以上1万元以下的罚款。

第三十一条　工程监理企业未按照本规定要求提供工程监理企业信用档案信息的，由县级以上地方人民政府建设主管部门予以警告，责令限期改正；逾期未改正的，可处以1千元以上1万元以下的罚款。

第三十二条　县级以上地方人民政府建设主管部门依法给予工程监理企业行政处罚的，应当将行政处罚决定以及给予行政处罚的事实、理由和依据，报国务院建设主管部门备案。**第三十三条**　县级以上人民政府建设主管部门及有关部门有下列情形之一的，由其上级行政主管部门或者监察机关责令改正，对直接负责的主管人员和其他直接责任人员依法给予处分；构成犯罪的，依法追究刑事责任：

（一）对不符合本规定条件的申请人准予工程监理企业资质许可的；

（二）对符合本规定条件的申请人不予工程监理企业资质许可或者不在法定期限内作出准予许可决定的；

（三）对符合法定条件的申请不予受理或者未在法定期限内初审完毕的；

（四）利用职务上的便利，收受他人财物或者其他好处的；

（五）不依法履行监督管理职责或者监督不力，造成严重后果的。

第六章　附　　则

第三十四条　本规定自2007年8月1日起施行。2001年8月29日建设部颁布的《工程监理企业资质管理规定》（建设部令第102号）同时废止。

附件：1. 专业资质注册监理工程师人数配备表
　　　2. 专业工程类别和等级表

附件 1

专业资质注册监理工程师人数配备表

单位：人

序号	工 程 类 别	甲级	乙级	丙级
1	房屋建筑工程	15	10	5
2	冶炼工程	15	10	
3	矿山工程	20	12	
4	化工石油工程	15	10	
5	水利水电工程	20	12	5
6	电力工程	15	10	
7	农林工程	15	10	
8	铁路工程	23	14	
9	公路工程	20	12	5
10	港口与航道工程	20	12	
11	航天航空工程	20	12	
12	通信工程	20	12	
13	市政公用工程	15	10	5
14	机电安装工程	15	10	

注：表中各专业资质注册监理工程师人数配备是指企业取得本专业工程类别注册的注册监理工程师人数。

附件 2：

专业工程类别和等级表

序号	工程类别		一　级	二　级	三　级
一	房屋建筑工程	一般公共建筑	28 层以上;36 米跨度以上(轻钢结构除外);单项工程建筑面积 3 万平方米以上	14—28 层;24—36 米跨度(轻钢结构除外);单项工程建筑面积 1 万—3 万平方米	14 层以下;24 米跨度以下(轻钢结构除外);单项工程建筑面积 1 万平方米以下
		高耸构筑工程	高度 120 米以上	高度 70—120 米	高度 70 米以下
		住宅工程	小区建筑面积 12 万平方米以上;单项工程 28 层以上	建筑面积 6 万—12 万平方米;单项工程 14—28 层	建筑面积 6 万平方米以下;单项工程 14 层以下
二	冶炼	工程	钢铁冶炼、连铸工程	年产 100 万吨以上;单座高炉炉容 1250 立方米以上;单座公称容量转炉 100 吨以上;电炉 50 吨以上;连铸年产 100 万吨以上或板坯连铸单机 1450 毫米以上	年产 100 万吨以下;单座高炉炉容 1250 立方米以下;单座公称容量转炉 100 吨以下;电炉 50 吨以下;连铸年产 100 万吨以下或板坯连铸单机 1450 毫米以下
		轧钢工程	热轧年产 100 万吨以上,装备连续、半连续轧机;冷轧带板年产 100 万吨以上,冷轧线材年产 30 万吨以上或装备连续、半连续轧机	热轧年产 100 万吨以下,装备连续、半连续轧机;冷轧带板年产 100 万吨以下,冷轧线材年产 30 万吨以下或装备连续、半连续轧机	

续表

序号	工程类别		一　级	二　级	三　级
二	冶炼	冶炼辅助工程	炼焦工程年产50万吨以上或炭化室高度4.3米以上；单台烧结机100平方米以上；小时制氧300立方米以上	炼焦工程年产50万吨以下或炭化室高度4.3米以下；单台烧结机100平方米以下：小时制氧300立方米以下	
		有色冶炼工程	有色冶炼年产10万吨以上；有色金属加工年产5万吨以上；氧化铝工程40万吨以上	有色冶炼年产10万吨以下；有色金属加工年产5万吨以下；氧化铝工程40万吨以下	
		建材工程	水泥日产2000吨以上；浮化玻璃日熔量400吨以上；池窑拉丝玻璃纤维、特种纤维；特种陶瓷生产线工程	水泥日产2000吨以下：浮化玻璃日熔量400吨以下；普通玻璃生产线；组合炉拉丝玻璃纤维；非金属材料、玻璃钢、耐火材料、建筑及卫生陶瓷厂工程	
三	矿山工程	煤矿工程	年产120万吨以上的井工矿工程；年产120万吨以上的洗选煤工程；深度800米以上的立井井筒工程；年产400万吨以上的露天矿山工程	年产120万吨以下的井工矿工程；年产120万吨以下的洗选煤工程；深度800米以下的立井井筒工程：年产400万吨以下的露天矿山工程	

续表

序号	工程类别		一　级	二　级	三　级
三	矿山工程	冶金矿山工程	年产100万吨以上的黑色矿山采选工程；年产100万吨以上的有色砂矿采、选工程；年产60万吨以上的有色脉矿采、选工程	年产100万吨以下的黑色矿山采选工程；年产100万吨以下的有色砂矿采、选工程；年产60万吨以下的有色脉矿采、选工程	
		化工矿山工程	年产60万吨以上的磷矿、硫铁矿工程	年产60万吨以下的磷矿、硫铁矿工程	
		铀矿工程	年产10万吨以上的铀矿；年产200吨以上的铀选冶	年产10万吨以下的铀矿；年产200吨以下的铀选冶	
		建材类非金属矿工程	年产70万吨以上的石灰石矿；年产30万吨以上的石膏矿、石英砂岩矿	年产70万吨以下的石灰石矿；年产30万吨以下的石膏矿、石英砂岩矿	
四	化工石油工程	油田工程	原油处理能力150万吨/年以上、天然气处理能力150万方/天以上、产能50万吨以上及配套设施	原油处理能力150万吨/年以下、天然气处理能力150万方/天以下、产能50万吨以下及配套设施	
		油气储运工程	压力容器8MPa以上；油气储罐10万立方米/台以上；长输管道120千米以上	压力容器8MPa以下；油气储罐10万立方米/台以下；长输管道120千米以下	

续表

序号	工程类别		一　级	二　级	三　级
四	化工石油工程	炼油化工工程	原油处理能力在500万吨/年以上的一次加工及相应二次加工装置和后加工装置	原油处理能力在500万吨/年以下的一次加工及相应二次加工装置和后加工装置	
		基本原材料工程	年产30万吨以上的乙烯工程；年产4万吨以上的合成橡胶、合成树脂及塑料和化纤工程	年产30万吨以下的乙烯工程；年产4万吨以下的合成橡胶、合成树脂及塑料和化纤工程	
		化肥工程	年产20万吨以上合成氨及相应后加工装置；年产24万吨以上磷氨工程	年产20万吨以下合成氨及相应后加工装置；年产24万吨以下磷氨工程	
		酸碱工程	年产硫酸16万吨以上；年产烧碱8万吨以上；年产纯碱40万吨以上	年产硫酸16万吨以下；年产烧碱8万吨以下；年产纯碱40万吨以下	
		轮胎工程	年产30万套以上	年产30万套以下	
		核化工及加工工程	年产1000吨以上的铀转换化工工程；年产100吨以上的铀浓缩工程；总投资10亿元以上的乏燃料后处理工程；年产200吨以上的燃料元件加工工程；总投资5000万元以上的核技术及同位素应用工程	年产1000吨以下的铀转换化工工程；年产100吨以下的铀浓缩工程；总投资10亿元以下的乏燃料后处理工程；年产200吨以下的燃料元件加工工程；总投资5000万元以下的核技术及同位素应用工程	
		医药及其它化工工程	总投资1亿元以上	总投资1亿元以下	

续表

序号	工程类别		一　级	二　级	三　级
五	水利水电工程	水库工程	总库容1亿立方米以上	总库容1千万—1亿立方米	总库容1千万立方米以下
		水力发电站工程	总装机容量300MW以上	总装机容量50MW—300MW	总装机容量50MW以下
		其它水利工程	引调水堤防等级1级；灌溉排涝流量5立方米/秒以上；河道整治面积30万亩以上；城市防洪城市人口50万人以上；围垦面积5万亩以上；水土保持综合治理面积1000平方公里以上	引调水堤防等级2、3级；灌溉排涝流量0.5—5立方米/秒；河道整治面积3万—30万亩；城市防洪城市人口20万—50万人；围垦面积0.5万—5万亩；水土保持综合治理面积100—1000平方公里	引调水堤防等级4、5级；灌溉排涝流量0.5立方米/秒以下；河道整治面积3万亩以下；城市防洪城市人口20万人以下；围垦面积0.5万亩以下；水土保持综合治理面积100平方公里以下
六	电力工程	火力发电站工程	单机容量30万千瓦以上	单机容量30万千瓦以下	
		输变电工程	330千伏以上	330千伏以下	
		核电工程	核电站；核反应堆工程		
七	农林工程	林业局（场）总体工程	面积35万公顷以上	面积35万公顷以下	
		林产工业工程	总投资5000万元以上	总投资5000万元以下	
		农业综合开发工程	总投资3000万元以上	总投资3000万元以下	
		种植业工程	2万亩以上或总投资1500万元以上	2万亩以下或总投资1500万元以下	
		兽医/畜牧工程	总投资1500万元以上	总投资1500万元以下	

续表

序号	工程类别		一　级	二　级	三　级
七	农业工程	渔业工程	渔港工程总投资3000万元以上；水产养殖等其他工程总投资1500万元以上	渔港工程总投资3000万元以下；水产养殖等其他工程总投资1500万元以下	
		设施农业工程	设施园艺工程1公顷以上；农产品加工等其他工程总投资1500万元以上	设施园艺工程1公顷以下；农产品加工等其他工程总投资1500万元以下	
		核设施退役及放射性三废处理处置工程	总投资5000万元以上	总投资5000万元以下	
八	铁路工程	铁路综合工程	新建、改建一级干线；单线铁路40千米以上；双线30千米以上及枢纽	单线铁路40千米以下；双线30千米以下；二级干线及站线；专用线、专用铁路	
		铁路桥梁工程	桥长500米以上	桥长500米以下	
		铁路隧道工程	单线3000米以上；双线1500米以上	单线3000米以下；双线1500米以下	
		铁路通信、信号、电力电气化工程	新建、改建铁路（含枢纽、配、变电所、分区亭）单双线200千米及以上	新建、改建铁路（不含枢纽、配、变电所、分区亭）单双线200千米及以下	
九	公路工程	公路工程	高速公路	高速公路路基工程及一级公路	一级公路路基工程及二级以下各级公路
		公路桥梁工程	独立大桥工程；特大桥总长1000米以上或单跨跨径150米以上	大桥、中桥桥梁总长30—1000米或单跨跨径20—150米	小桥总长30米以下或单跨跨径20米以下；涵洞工程

续表

序号	工程类别		一 级	二 级	三 级
九	公路工程	公路隧道工程	隧道长度1000米以上	隧道长度500—1000米	隧道长度500米以下
		其它工程	通讯、监控、收费等机电工程，高速公路交通安全设施、环保工程和沿线附属设施	一级公路交通安全设施、环保工程和沿线附属设施	二级及以下公路交通安全设施、环保工程和沿线附属设施
十	港口与航道工程	港口工程	集装箱、件杂、多用途等沿海港口工程20000吨级以上；散货、原油沿海港口工程30000吨级以上；1000吨级以上内河港口工程	集装箱、件杂、多用途等沿海港口工程20000吨级以下；散货、原油沿海港口工程30000吨级以下；1000吨级以下内河港口工程	
		通航建筑与整治工程	1000吨级以上	1000吨级以下	
		航道工程	通航30000吨级以上船舶沿海复杂航道；通航1000吨级以上船舶的内河航运工程项目	通航30000吨级以下船舶沿海航道；通航1000吨级以下船舶的内河航运工程项目	
		修造船水工工程	10000吨位以上的船坞工程；船体重量5000吨位以上的船台、滑道工程	10000吨位以下的船坞工程；船体重量5000吨位以下的船台、滑道工程	
		防波堤、导流堤等水工工程	最大水深6米以上	最大水深6米以下	
		其它水运工程项目	建安工程费6000万元以上的沿海水运工程项目：建安工程费4000万元以上的内河水运工程项目	建安工程费6000万元以下的沿海水运工程项目；建安工程费4000万元以下的内河水运工程项目	

续表

序号	工程类别		一　级	二　级	三　级
十一	航天航空工程	民用机场工程	飞行区指标为4E及以上及其配套工程	飞行区指标为4D及以下及其配套工程	
		航空飞行器	航空飞行器（综合）工程总投资1亿元以上；航空飞行器（单项）工程总投资3000万元以上	航空飞行器（综合）工程总投资1亿元以下；航空飞行器（单项）工程总投资3000万元以下	
		航天空间飞行器	工程总投资3000万元以上；面积3000平方米以上：跨度18米以上	工程总投资3000万元以下；面积3000平方米以下；跨度18米以下	
十二	通信工程	有线、无线传输通信工程，卫星、综合布线	省际通信、信息网络工程省内通信、信息网络工程		
		邮政、电信、广播枢纽及交换工程	省会城市邮政、电信枢纽	地市级城市邮政、电信枢纽	
		发射台工程	总发射功率500千瓦以上短波或600千瓦以上中波发射台；高度200米以上广播电视发射塔	总发射功率500千瓦以下短波或600千瓦以下中波发射台；高度200米以下广播电视发射塔	
十三	市政公用工程	城市道路工程	城市快速路、主干路，城市互通式立交桥及单孔跨径100米以上桥梁；长度1000米以上的隧道工程	城市次干路工程，城市分离式立交桥及单孔跨径100米以下的桥梁；长度1000米以下的隧道工程	城市支路工程、过街天桥及地下通道工程

续表

序号	工程类别		一　级	二　级	三　级
十三	市政公用工程	给水排水工程	10万吨/日以上的给水厂;5万吨/日以上污水处理工程;3立方米/秒以上的给水、污水泵站;15立方米/秒以上的雨泵站;直径2.5米以上的给排水管道	2万—10万吨/日的给水厂;1万—5万吨/日污水处理工程;1—3立方米/秒的给水、污水泵站;5—15立方米/秒的雨泵站;直径1—2.5米的给水管道;直径1.5—2.5米的排水管道	2万吨/日以下的给水厂;1万吨/日以下污水处理工程;1立方米/秒以下的给水、污水泵站;5立方米/秒以下的雨泵站;直径1米以下的给水管道;直径1.5米以下的排水管道
		燃气热力工程	总储存容积1000立方米以上液化气贮罐场(站);供气规模15万立方米/日以上的燃气工程;中压以上的燃气管道、调压站;供热面积150万平方米以上的热力工程	总储存容积1000立方米以下的液化气贮罐场(站);供气规模15万立方米/日以下的燃气工程;中压以下的燃气管道、调压站;供热面积50万—150万平方米的热力工程	供热面积50万平方米以下的热力工程
		垃圾处理工程	1200吨/日以上的垃圾焚烧和填埋工程	500—1200吨/日的垃圾焚烧及填埋工程	500吨/日以下的垃圾焚烧及填埋工程
		地铁轻轨工程	各类地铁轻轨工程		
		风景园林工程	总投资3000万元以上	总投资1000万—3000万元	总投资1000万元以下
十四	机电安装工程	机械工程	总投资5000万元以上	总投资5000万以下	
		电子工程	总投资1亿元以上;含有净化级别6级以上的工程	总投资1亿元以下;含有净化级别6级以下的工程	

续表

序号	工程类别		一　级	二　级	三　级
十四	机电安装工程	轻纺工程	总投资5000万元以上	总投资5000万元以下	
		兵器工程	建安工程费3000万元以上的坦克装甲车辆、炸药、弹箭工程；建安工程费2000万元以上的枪炮、光电工程；建安工程费1000万元以上的防化民爆工程	建安工程费3000万元以下的坦克装甲车辆、炸药、弹箭工程；建安工程费2000万元以下的枪炮、光电工程；建安工程费1000万元以下的防化民爆工程	
		船舶工程	船舶制造工程总投资1亿元以上；船舶科研、机械、修理工程总投资5000万元以上	船舶制造工程总投资1亿元以下；船舶科研、机械、修理工程总投资5000万元以下	
		其它工程	总投资5000万元以上	总投资5000万元以下	

说　明

1. 表中的“以上”含本数，“以下”不含本数。

2. 未列入本表中的其他专业工程，由国务院有关部门按照有关规定在相应的工程类别中划分等级。

3. 房屋建筑工程包括结合城市建设与民用建筑修建的附建人防工程。

外商投资建设工程服务企业管理规定

中华人民共和国建设部　中华人民共和国商务部第155号令

《外商投资建设工程服务企业管理规定》已于2006年9月19日经建设部第103次常务会议讨论通过,2006年12月20日商务部第10次部务会议讨论通过,现予发布,自2007年3月26日起施行。

建设部部长　汪光焘
商务部部长　薄熙来
二〇〇七年一月二十二日

外商投资建设工程服务企业管理规定

第一条　为进一步扩大对外开放,规范对外商投资建设工程服务企业的管理,根据《中华人民共和国建筑法》、《中华人民共和国招标投标法》、《中华人民共和国中外合资经营企业法》、《中华人民共和国中外合作经营企业法》、《中华人民共和国外资企业法》、《建设工程质量管理条例》等法律、行政法规,制定本规定。

第二条　在中华人民共和国境内设立外商投资建设工程服务企业,申请外商投资建设工程服务企业资质,实施对外商投资建设工程服务企业的监督管理,适用本规定。

第三条　本规定所称外商投资建设工程服务企业,是指在中华人民共和国境内依法设立,并取得相应资质的中外合资经营建设工程服务企业、中外合作经营建设工程服务企业和外资建设工程服务企业。

本规定所称建设工程服务,包括建设工程监理、工程招标代理和工程造价咨询。

第四条　外国投资者在中华人民共和国境内设立外商投资建设工程服务企业,从事建设工程服务活动,应当依法取得商务主管部门颁发的外商投资企业批准证书,经工商行政管理部门注册登记,并取得建设主管部门颁发的相应建设工程服务企业资质证书。

第五条　外商投资建设工程服务企业从事建设工程服务活动,应当遵守中华人民共和国法律、法规、规章。

外商投资建设工程服务企业在中华人民共和国境内的合法经营活动及合法权益受中华人民共和国法律、法规、规章的保护。

第六条　国务院商务主管部门及其依法授权的省、自治区、直辖市人民政府商务主管部门负责外商投资建设工程服务企业设立的管理工作。

国务院建设主管部门负责外商投资建设工程服务企业资质的管理工作;省、自治区、直辖市人民政府建设主管部门按照本规定负责本行政区域内外商投资建设工程服务企业资质的管理工作。

第七条 外商投资建设工程服务企业的设立由国务院商务主管部门授权的省、自治区、直辖市人民政府商务主管部门审批。

申请外商投资建设工程服务企业甲级资质的，由国务院建设主管部门审批；申请外商投资建设工程服务企业乙级或者乙级以下资质的，由省、自治区、直辖市人民政府建设主管部门审批。

第八条 设立外商投资建设工程服务企业，申请外商投资建设工程服务企业资质的程序：

（一）申请者向拟设立企业所在地的省、自治区、直辖市人民政府商务主管部门提出设立申请。

（二）省、自治区、直辖市人民政府商务主管部门在受理申请之日起5日内将申请材料送省、自治区、直辖市人民政府建设主管部门征求意见。

（三）省、自治区、直辖市人民政府建设主管部门在收到征求意见函之日起10日内提出书面意见。省、自治区、直辖市人民政府商务主管部门在收到建设主管部门书面意见之日起30日内作出批准或者不予批准的书面决定。予以批准的，发给外商投资企业批准证书；不予批准的，书面说明理由。

（四）取得外商投资企业批准证书的，应当在30日内到登记主管机关办理企业登记注册。

（五）取得企业法人营业执照后，申请外商投资建设工程服务企业资质的，按照有关资质管理规定办理。

第九条 省、自治区、直辖市人民政府建设主管部门审批的外商投资建设工程服务企业资质，应当在批准之日起30日内报国务院建设主管部门备案。

第十条 申请设立外商投资建设工程服务企业应当向省、自治区、直辖市人民政府商务主管部门提交以下资料：

（一）外商投资建设工程服务企业设立申请书；

（二）外商投资建设工程服务企业合同和章程（其中，设立外资建设工程服务企业的只提供章程）；

（三）企业名称预先核准通知书；

（四）投资方注册（登记）证明、投资方银行资信证明；

（五）投资方拟派出的董事长、董事会成员、经理、工程技术负责人等任职文件及证明文件；

（六）经注册会计师审计或者会计事务所审计的投资方最近三年的资产负债表和损益表，投资方成立不满三年的，按照其实际成立年份提供相应的资产负债表和损益表。

第十一条 申请外商投资建设工程服务企业资质，应当向建设主管部门提交以下资料：

（一）外商投资建设工程服务企业资质申请表；

（二）外商投资企业批准证书；

（三）企业法人营业执照；

（四）投资方在其所在国或者地区的注册（登记）证明、相关业绩证明、银行资信证明；

（五）经注册会计师或者会计师事务所审计的投资方最近三年的资产负债表和损益表，投资方成立不满三年的，按照其成立年限提供相应的资产负债表和损益表；

（六）建设工程监理、工程招标代理或工程造价咨询企业资质管理规定要求提交的其他资料。

第十二条　本规定要求申请者提交的主要资料应当使用中文，证明文件原件是外文的，应当提供中文译本。

第十三条　申请设立外商投资建设工程服务企业的外方投资者，应当是在其所在国从事相应工程服务的企业、其他经济组织或者注册专业技术人员。

第十四条　申请外商投资建设工程服务企业资质，应当符合相应的建设工程监理、工程招标代理和工程造价咨询企业资质标准要求的条件。

第十五条　外商投资建设工程服务企业申请晋升资质等级或者申请增加其他建设工程服务企业资质，应当依照有关规定到建设主管部门办理相关手续。

第十六条　外商投资建设工程服务企业变更合同、章程条款的，应当到省、自治区、直辖市人民政府商务主管部门办理相关手续。

第十七条　外商投资建设工程服务企业在中华人民共和国境内从事建设工程服务活动，违反《中华人民共和国建筑法》、《中华人民共和国招标投标法》、《建设工程质量管理条例》等有关法律、法规和相关资质管理规定的，依照有关规定进行处罚。

第十八条　香港特别行政区、澳门特别行政区和台湾地区的投资者在其他省、自治区、直辖市内投资设立建设工程服务企业，从事建设工程服务活动，参照本规定执行，法律、法规、国务院另有规定的除外。

第十九条　本规定由国务院建设主管部门和国务院商务主管部门负责解释。

第二十条　本规定自 2007 年 3 月 26 日起施行。

建设部关于废止《工程建设重大事故报告和调查程序规定》等部令的决定

中华人民共和国建设部第 161 号令

《建设部关于废止 < 工程建设重大事故报告和调查程序规定 > 等部令的决定》已于 2007 年 9 月 18 日经建设部第 138 次常务会议审议通过，现予发布，自发布之日起生效。

部长　汪光焘

二〇〇七年九月二十一日

建设部关于废止《工程建设重大事故报告和调查程序规定》等部令的决定

经 2007 年 9 月 18 日第 138 次建设部常务会议审议，决定废止以下部令，现予发布，自发布之日起生效。

1.《工程建设重大事故报告和调查程序规定》(建设部令第 3 号，1989 年 9 月 30 日发布)

2.《建筑安全生产监督管理规定》(建设部令第 13 号，1991 年 7 月 9 日发布)

3.《建设工程施工现场管理规定》(建设部令第 15 号，1991 年 12 月 5 日发布)

4.《公有住宅售后维修养护管理暂行办法》(建设部令第 19 号，1992 年 6 月 15 日发布)

5.《城市新建住宅小区管理办法》(建设部令第 33 号，1994 年 3 月 23 日发布)

6.《风景名胜区管理处罚规定》(建设部令第 39 号，1994 年 11 月 14 日发布)

7.《建设工程勘察设计市场管理规定》(建设部令第 65 号，1999 年 1 月 21 日发布)

建设部关于修改《物业管理企业资质管理办法》的决定

中华人民共和国建设部第164号令

《建设部关于修改〈物业管理企业资质管理办法〉的决定》已于2007年10月30日经建设部第142次常务会议讨论通过,现予发布,自发布之日起施行。

部长　汪光焘

二〇〇七年十一月二十六日

建设部关于修改《物业管理企业资质管理办法》的决定

建设部决定对《物业管理企业资质管理办法》(建设部令第125号)作如下修改:一、删去第十七条、第十八条、第二十二条。二、将"物业管理企业"修改为"物业服务企业"。此外,对条文顺序作相应的调整。本决定自发布之日起施行。《物业管理企业资质管理办法》根据本决定作相应的修改,重新发布。

物业服务企业资质管理办法

(2004年3月17日建设部令第125号,2007年11月26日根据《建设部关于修改<物业管理企业资质管理办法>的决定》修正)

第一条　为了加强对物业管理活动的监督管理,规范物业管理市场秩序,提高物业管理服务水平,根据《物业管理条例》,制定本办法。

第二条　在中华人民共和国境内申请物业服务企业资质,实施对物业服务企业资质管理,适用本办法。

本办法所称物业服务企业,是指依法设立、具有独立法人资格,从事物业管理服务活动的企业。

第三条　物业服务企业资质等级分为一、二、三级。

第四条　国务院建设主管部门负责一级物业服务企业资质证书的颁发和管理。

省、自治区人民政府建设主管部门负责二级物业服务企业资质证书的颁发和管理,直辖市人民政府房地产主管部门负责二级和三级物业服务企业资质证书的颁发和管理,并接受国务院建设主管部门的指导和监督。

设区的市的人民政府房地产主管部门负责三级物业服务企业资质证书的颁发和管理，并接受省、自治区人民政府建设主管部门的指导和监督。

第五条　各资质等级物业服务企业的条件如下：

（一）一级资质：

1. 注册资本人民币 500 万元以上；

2. 物业管理专业人员以及工程、管理、经济等相关专业类的专职管理和技术人员不少于 30 人。其中，具有中级以上职称的人员不少于 20 人，工程、财务等业务负责人具有相应专业中级以上职称；

3. 物业管理专业人员按照国家有关规定取得职业资格证书；

4. 管理两种类型以上物业，并且管理各类物业的房屋建筑面积分别占下列相应计算基数的百分比之和不低于 100%：

（1）多层住宅 200 万平方米；

（2）高层住宅 100 万平方米；

（3）独立式住宅（别墅）15 万平方米；

（4）办公楼、工业厂房及其它物业 50 万平方米。

5. 建立并严格执行服务质量、服务收费等企业管理制度和标准，建立企业信用档案系统，有优良的经营管理业绩。

（二）二级资质：

1. 注册资本人民币 300 万元以上；

2. 物业管理专业人员以及工程、管理、经济等相关专业类的专职管理和技术人员不少于 20 人。其中，具有中级以上职称的人员不少于 10 人，工程、财务等业务负责人具有相应专业中级以上职称；

3. 物业管理专业人员按照国家有关规定取得职业资格证书；

4. 管理两种类型以上物业，并且管理各类物业的房屋建筑面积分别占下列相应计算基数的百分比之和不低于 100%：

（1）多层住宅 100 万平方米；

（2）高层住宅 50 万平方米；

（3）独立式住宅（别墅）8 万平方米；

（4）办公楼、工业厂房及其它物业 20 万平方米。

5. 建立并严格执行服务质量、服务收费等企业管理制度和标准，建立企业信用档案系统，有良好的经营管理业绩。

（三）三级资质：

1. 注册资本人民币 50 万元以上；

2. 物业管理专业人员以及工程、管理、经济等相关专业类的专职管理和技术人员不少于 10 人。其中，具有中级以上职称的人员不少于 5 人，工程、财务等业务负责人具有相应专业中级以上职称；

3. 物业管理专业人员按照国家有关规定取得职业资格证书；

4. 有委托的物业管理项目；

5. 建立并严格执行服务质量、服务收费等企业管理制度和标准，建立企业信用档案系统。

第六条　新设立的物业服务企业应当自领取营业执照之日起30日内，持下列文件向工商注册所在地直辖市、设区的市的人民政府房地产主管部门申请资质：

（一）营业执照；

（二）企业章程；

（三）验资证明；

（四）企业法定代表人的身份证明；

（五）物业管理专业人员的职业资格证书和劳动合同，管理和技术人员的职称证书和劳动合同。

第七条　新设立的物业服务企业，其资质等级按照最低等级核定，并设一年的暂定期。

第八条　一级资质物业服务企业可以承接各种物业管理项目。

二级资质物业服务企业可以承接30万平方米以下的住宅项目和8万平方米以下的非住宅项目的物业管理业务。

三级资质物业服务企业可以承接20万平方米以下住宅项目和5万平方米以下的非住宅项目的物业管理业务。

第九条　申请核定资质等级的物业服务企业，应当提交下列材料：

（一）企业资质等级申报表；

（二）营业执照；

（三）企业资质证书正、副本；

（四）物业管理专业人员的职业资格证书和劳动合同，管理和技术人员的职称证书和劳动合同，工程、财务负责人的职称证书和劳动合同；

（五）物业服务合同复印件；

（六）物业管理业绩材料。

第十条　资质审批部门应当自受理企业申请之日起20个工作日内，对符合相应资质等级条件的企业核发资质证书；一级资质审批前，应当由省、自治区人民政府建设主管部门或者直辖市人民政府房地产主管部门审查，审查期限为20个工作日。

第十一条　物业服务企业申请核定资质等级，在申请之日前一年内有下列行为之一的，资质审批部门不予批准：

（一）聘用未取得物业管理职业资格证书的人员从事物业管理活动的；

（二）将一个物业管理区域内的全部物业管理业务一并委托给他人的；

（三）挪用专项维修资金的；

（四）擅自改变物业管理用房用途的；

（五）擅自改变物业管理区域内按照规划建设的公共建筑和共用设施用途的；

（六）擅自占用、挖掘物业管理区域内道路、场地，损害业主共同利益的；

（七）擅自利用物业共用部位、共用设施设备进行经营的；

（八）物业服务合同终止时，不按照规定移交物业管理用房和有关资料的；

（九）与物业管理招标人或者其他物业管理投标人相互串通，以不正当手段谋取中标的；

（十）不履行物业服务合同，业主投诉较多，经查证属实的；

(十一)超越资质等级承接物业管理业务的;

(十二)出租、出借、转让资质证书的;

(十三)发生重大责任事故的。

第十二条 资质证书分为正本和副本,由国务院建设主管部门统一印制,正、副本具有同等法律效力。

第十三条 任何单位和个人不得伪造、涂改、出租、出借、转让资质证书。

企业遗失资质证书,应当在新闻媒体上声明后,方可申请补领。

第十四条 企业发生分立、合并的,应当在向工商行政管理部门办理变更手续后30日内,到原资质审批部门申请办理资质证书注销手续,并重新核定资质等级。

第十五条 企业的名称、法定代表人等事项发生变更的,应当在办理变更手续后30日内,到原资质审批部门办理资质证书变更手续。

第十六条 企业破产、歇业或者因其他原因终止业务活动的,应当在办理营业执照注销手续后15日内,到原资质审批部门办理资质证书注销手续。

第十七条 物业服务企业取得资质证书后,不得降低企业的资质条件,并应当接受资质审批部门的监督检查。

资质审批部门应当加强对物业服务企业的监督检查。

第十八条 有下列情形之一的,资质审批部门或者其上级主管部门,根据利害关系人的请求或者根据职权可以撤销资质证书:

(一)审批部门工作人员滥用职权、玩忽职守作出物业服务企业资质审批决定的;

(二)超越法定职权作出物业服务企业资质审批决定的;

(三)违反法定程序作出物业服务企业资质审批决定的;

(四)对不具备申请资格或者不符合法定条件的物业服务企业颁发资质证书的;

(五)依法可以撤销审批的其他情形。

第十九条 物业服务企业超越资质等级承接物业管理业务的,由县级以上地方人民政府房地产主管部门予以警告,责令限期改正,并处1万元以上3万元以下的罚款。

第二十条 物业服务企业出租、出借、转让资质证书的,由县级以上地方人民政府房地产主管部门予以警告,责令限期改正,并处1万元以上3万元以下的罚款。

第二十一条 物业服务企业不按照本办法规定及时办理资质变更手续的,由县级以上地方人民政府房地产主管部门责令限期改正,可处2万元以下的罚款。

第二十二条 资质审批部门有下列情形之一的,由其上级主管部门或者监察机关责令改正,对直接负责的主管人员和其他直接责任人员依法给予行政处分;构成犯罪的,依法追究刑事责任:

(一)对不符合法定条件的企业颁发资质证书的;

(二)对符合法定条件的企业不予颁发资质证书的;

(三)对符合法定条件的企业未在法定期限内予以审批的;

(四)利用职务上的便利,收受他人财物或者其他好处的;

(五)不履行监督管理职责,或者发现违法行为不予查处的。

第二十三条 本办法自2004年5月1日起施行。

工程建设项目招标代理机构资格认定办法

中华人民共和国建设部第154号令

《工程建设项目招标代理机构资格认定办法》已于2006年12月30日经建设部第114次常务会议讨论通过，现予发布，自2007年3月1日起施行。

部长　汪光焘

二〇〇七年一月十一日

工程建设项目招标代理机构资格认定办法

第一条　为了加强对工程建设项目招标代理机构的资格管理，维护工程建设项目招标投标活动当事人的合法权益，根据《中华人民共和国招标投标法》、《中华人民共和国行政许可法》等有关法律和行政法规，制定本办法。

第二条　在中华人民共和国境内从事各类工程建设项目招标代理业务机构资格的认定，适用本办法。

本办法所称工程建设项目（以下简称工程），是指土木工程、建筑工程、线路管道和设备安装工程及装饰装修工程项目。

本办法所称工程建设项目招标代理（以下简称工程招标代理），是指工程招标代理机构接受招标人的委托，从事工程的勘察、设计、施工、监理以及与工程建设有关的重要设备（进口机电设备除外）、材料采购招标的代理业务。

第三条　国务院建设主管部门负责全国工程招标代理机构资格认定的管理。

省、自治区、直辖市人民政府建设主管部门负责本行政区域内的工程招标代理机构资格认定的管理。

第四条　从事工程招标代理业务的机构，应当依法取得国务院建设主管部门或者省、自治区、直辖市人民政府建设主管部门认定的工程招标代理机构资格，并在其资格许可的范围内从事相应的工程招标代理业务。

第五条　工程招标代理机构资格分为甲级、乙级和暂定级。甲级工程招标代理机构可以承担各类工程的招标代理业务。乙级工程招标代理机构只能承担工程总投资1亿元人民币以下的工程招标代理业务。暂定级工程招标代理机构，只能承担工程总投资6000万元人民币以下的工程招标代理业务。

第六条　工程招标代理机构可以跨省、自治区、直辖市承担工程招标代理业务。任何单位和个人不得限制或者排斥工程招标代理机构依法开展工程招标代理业务。

第七条　甲级工程招标代理机构资格由国务院建设主管部门认定。乙级、暂定级工程招标代理机构资格由工商注册所在地的省、自治区、直辖市人民政府建设主管部门认定。

第八条　申请工程招标代理资格的机构应当具备下列条件：

（一）是依法设立的中介组织，具有独立法人资格；

（二）与行政机关和其他国家机关没有行政隶属关系或者其他利益关系；

（三）有固定的营业场所和开展工程招标代理业务所需设施及办公条件；

（四）有健全的组织机构和内部管理的规章制度；

（五）具备编制招标文件和组织评标的相应专业力量；

（六）具有可以作为评标委员会成员人选的技术、经济等方面的专家库；

（七）法律、行政法规规定的其它条件。

第九条　申请甲级工程招标代理资格的机构，除具备本办法第八条规定的条件外，还应当具备下列条件：

（一）取得乙级工程招标代理资格满3年；

（二）近3年内累计工程招标代理中标金额在16亿元人民币以上（以中标通知书为依据，下同）；

（三）具有中级以上职称的工程招标代理机构专职人员不少于20人，其中具有工程建设类注册执业资格人员不少于10人（其中注册造价工程师不少于5人），从事工程招标代理业务3年以上的人员不少于10人；

（四）技术经济负责人为本机构专职人员，具有10年以上从事工程管理的经验，具有高级技术经济职称和工程建设类注册执业资格；

（五）注册资本金不少于200万元。

第十条　申请乙级工程招标代理资格的机构，除具备本办法第八条规定的条件外，还应当具备下列条件：

（一）取得暂定级工程招标代理资格满1年；

（二）近3年内累计工程招标代理中标金额在8亿元人民币以上；

（三）具有中级以上职称的工程招标代理机构专职人员不少于12人，其中具有工程建设类注册执业资格人员不少于6人（其中注册造价工程师不少于3人），从事工程招标代理业务3年以上的人员不少于6人；

（四）技术经济负责人为本机构专职人员，具有8年以上从事工程管理的经历，具有高级技术经济职称和工程建设类注册执业资格；

（五）注册资本金不少于100万元。

第十一条　新设立的工程招标代理机构具备第八条和第十条第（三）、（四）、（五）项条件的，可以申请暂定级工程招标代理资格。

第十二条　申请工程招标代理机构资格的机构，应当提供下列资料：

（一）工程招标代理机构资格申请报告；

（二）《工程招标代理机构资格申请表》及电子文档；

（三）企业法人营业执照；

（四）工程招标代理机构章程以及内部管理规章制度；

（五）专职人员身份证复印件、劳动合同、职称证书或工程建设类注册执业资格证书、社会保险缴费凭证以及人事档案代理证明；

（六）法定代表人和技术经济负责人的任职文件、个人简历等材料，技术经济负责人还应提供从事工程管理经历证明；

（七）办公场所证明，主要办公设备清单；

（八）出资证明及上一年度经审计的企业财务报告（含报表及说明，下同）；

（九）评标专家库成员名单；

（十）法律、法规要求提供的其他有关资料。申请甲级、乙级工程招标代理机构资格的，还应当提供工程招标代理有效业绩证明（工程招标代理合同、中标通知书和招标人评价意见）。工程招标代理机构应当对所提供资料的真实性负责。

第十三条　申请甲级工程招标代理机构资格的，应当向机构工商注册所在地的省、自治区、直辖市人民政府建设主管部门提出申请。

省、自治区、直辖市人民政府建设主管部门应当自受理申请之日起 20 日内初审完毕，并将初审意见和申请材料报国务院建设主管部门。

国务院建设主管部门应当自省、自治区、直辖市人民政府建设主管部门受理申请材料之日起 40 日内完成审查，公示审查意见，公示时间为 10 日。

第十四条　乙级、暂定级工程招标代理机构资格的具体实施程序，由省、自治区、直辖市人民政府建设主管部门依法确定。

省、自治区、直辖市人民政府建设主管部门应当将认定的乙级、暂定级的工程招标代理机构名单在认定后 15 日内，报国务院建设主管部门备案。

第十五条　工程招标代理机构的资格，在认定前由建设主管部门组织专家委员会评审。

第十六条　工程招标代理机构资格证书分为正本和副本，由国务院建设主管部门统一印制，正本和副本具有同等法律效力。

甲级、乙级工程招标代理机构资格证书的有效期为 5 年，暂定级工程招标代理机构资格证书的有效期为 3 年。

第十七条　甲级、乙级工程招标代理机构的资格证书有效期届满，需要延续资格证书有效期的，应当在其工程招标代理机构资格证书有效期届满 60 日前，向原资格许可机关提出资格延续申请。

对于在资格有效期内遵守有关法律、法规、规章、技术标准，信用档案中无不良行为记录，且业绩、专职人员满足资格条件的甲级、乙级工程招标代理机构，经原资格许可机关同意，有效期延续 5 年。

第十八条　暂定级工程招标代理机构的资格证书有效期届满，需继续从事工程招标代理业务的，应当重新申请暂定级工程招标代理机构资格。

第十九条　工程招标代理机构在资格证书有效期内发生下列情形之一的，应当自情形发生之日起 30 日内，到原资格许可机关办理资格证书变更手续，原资格许可机关在 2 日内办理变更手续：

（一）工商登记事项发生变更的；

（二）技术经济负责人发生变更的；

（三）法律法规规定的其他需要变更资格证书的情形。由省、自治区、直辖市人民政府建设主管部门办理变更的,省、自治区、直辖市人民政府建设主管部门应当在办理变更后15日内,将变更情况报国务院建设主管部门备案。

第二十条 工程招标代理机构申请资格证书变更的,应当提交以下材料:

(一)资格证书变更申请;

(二)企业法人营业执照复印件;

(三)资格证书正、副本复印件;

(四)与资格变更事项有关的证明材料。

第二十一条 工程招标代理机构合并的,合并后存续或者新设立的机构可以承继合并前各方中较高的资格等级,但应当符合相应的资格条件。

工程招标代理机构分立的,只能由分立后的一方工程招标代理机构承继原工程招标代理机构的资格,但应当符合原工程招标代理机构的资格条件。承继原工程招标代理机构资格的一方由分立各方协商确定;其他各方资格按照本办法的规定申请重新核定。

第二十二条 工程招标代理机构在领取新的工程招标代理机构资格证书的同时,应当将原资格证书交回原发证机关予以注销。

工程招标代理机构需增补(含增加、更换、遗失补办)工程招标代理机构资格证书的,应当持资格证书增补申请等材料向资格许可机关申请办理。遗失资格证书的,在申请补办前,应当在公众媒体上刊登遗失声明。资格许可机关应当在2日内办理完毕。

第二十三条 工程招标代理机构应当与招标人签订书面合同,在合同约定的范围内实施代理,并按照国家有关规定收取费用;超出合同约定实施代理的,依法承担民事责任。

第二十四条 工程招标代理机构应当在其资格证书有效期内,妥善保存工程招标代理过程文件以及成果文件。

工程招标代理机构不得伪造、隐匿工程招标代理过程文件以及成果文件。

第二十五条 工程招标代理机构在工程招标代理活动中不得有下列行为:

(一)与所代理招标工程的招投标人有隶属关系、合作经营关系以及其他利益关系;

(二)从事同一工程的招标代理和投标咨询活动;

(三)超越资格许可范围承担工程招标代理业务;

(四)明知委托事项违法而进行代理;

(五)采取行贿、提供回扣或者给予其他不正当利益等手段承接工程招标代理业务;

(六)未经招标人书面同意,转让工程招标代理业务;

(七)泄露应当保密的与招标投标活动有关的情况和资料;

(八)与招标人或者投标人串通,损害国家利益、社会公共利益和他人合法权益;

(九)对有关行政监督部门依法责令改正的决定拒不执行或者以弄虚作假方式隐瞒真相;

(十)擅自修改经招标人同意并加盖了招标人公章的工程招标代理成果文件;

(十一)涂改、倒卖、出租、出借或者以其他形式非法转让工程招标代理资格证书;

(十二)法律、法规和规章禁止的其他行为。

申请资格升级的工程招标代理机构或者重新申请暂定级资格的工程招标代理机构,在申请之日起前一年内有前款规定行为之一的,资格许可机关不予批准。

第二十六条 国务院建设主管部门和省、自治区、直辖市建设主管部门应当通过核查工程招标代理机构从业人员、经营业绩、市场行为、代理质量状况等情况，加强对工程招标代理机构资格的管理。

第二十七条 工程招标代理机构取得工程招标代理资格后，不再符合相应条件的，建设主管部门根据利害关系人的请求或者依据职权，可以责令其限期改正；逾期不改的，资格许可机关可以撤回其工程招标代理资格。被撤回工程招标代理资格的，可以按照其实际达到的条件，向资格许可机关提出重新核定工程招标代理资格的申请。

第二十八条 有下列情形之一的，资格许可机关或者其上级机关，根据利害关系人的请求或者依据职权，可以撤销工程招标代理资格：

（一）资格许可机关工作人员滥用职权、玩忽职守作出准予资格许可的；

（二）超越法定职权作出准予资格许可的；

（三）违反法定程序作出准予资格许可的；

（四）对不符合许可条件的申请作出资格许可的；

（五）依法可以撤销工程招标代理资格的其他情形。以欺骗、贿赂等不正当手段取得工程招标代理资格证书的，应当予以撤销。

第二十九条 有下列情形之一的，资格许可机关应当依法注销工程招标代理机构资格，并公告其资格证书作废，工程招标代理机构应当及时将资格证书交回资格许可机关：

（一）资格证书有效期届满未依法申请延续的；

（二）工程招标代理机构依法终止的；

（三）资格证书被撤销、撤回，或者吊销的；

（四）法律、法规规定的应当注销资格的其他情形。

第三十条 建设主管部门应当建立工程招标代理机构信用档案，并向社会公示。

工程招标代理机构应当按照有关规定，向资格许可机关提供真实、准确、完整的企业信用档案信息。

工程招标代理机构的信用档案信息应当包括机构基本情况、业绩、工程质量和安全、合同违约等情况。本办法第二十五条第一款规定的行为、被投诉举报处理的违法行为、行政处罚等情况应当作为不良行为记入其信用档案。

第三十一条 工程招标代理机构隐瞒有关情况或者提供虚假材料申请工程招标代理机构资格的，资格许可机关不予受理或者不予行政许可，并给予警告，该机构 1 年内不得再次申请工程招标代理机构资格。

第三十二条 工程招标代理机构以欺骗、贿赂等不正当手段取得工程招标代理机构资格的，由资格许可机关给予警告，并处 3 万元罚款；该机构 3 年内不得再次申请工程招标代理机构资格。

第三十三条 工程招标代理机构不及时办理资格证书变更手续的，由原资格许可机关责令限期办理；逾期不办理的，可处以 1000 元以上 1 万元以下的罚款。

第三十四条 工程招标代理机构未按照规定提供信用档案信息的，由原资格许可机关给予警告，责令限期改正；逾期未改正的，可处以 1000 元以上 1 万元以下的罚款。

第三十五条 未取得工程招标代理资格或者超越资格许可范围承担工程招标代理业

务的，该工程招标代理无效，由原资格许可机关处以 3 万元罚款。

第三十六条　工程招标代理机构涂改、倒卖、出租、出借或者以其他形式非法转让工程招标代理资格证书的，由原资格许可机关处以 3 万元罚款。

第三十七条　有本办法第二十五条第（一）、（二）、（四）、（五）、（六）、（九）、（十）、（十二）项行为之一的，处以 3 万元罚款。

第三十八条　本办法自 2007 年 3 月 1 日起施行。《工程建设项目招标代理机构资格认定办法》（建设部令第 79 号）同时废止。

《标准施工招标资格预审文件》和《标准施工招标文件》试行规定

国家发展和改革委员会　财政部　建设部　铁道部　交通部
信息产业部　水利部　民用航空总局　广播电影电视总局第56号令

为了规范施工招标资格预审文件、招标文件编制活动，促进招标投标活动的公开、公平和公正，国家发展和改革委员会、财政部、建设部、铁道部、交通部、信息产业部、水利部、民用航空总局、广播电影电视总局联合制定了《＜标准施工招标资格预审文件＞和＜标准施工招标文件＞试行规定》及相关附件，现予发布，自2008年5月1日起施行。

国家发展和改革委员会主任　马　凯
财　政　部　部　长　谢旭人
建　设　部　部　长　汪光焘
铁　道　部　部　长　刘志军
交　通　部　部　长　李盛霖
信息产业部部长　王旭东
水　利　部　部　长　陈　雷
民航总局局长　杨元元
广播电影电视总局局长　王太华
二〇〇七年十一月一日

《标准施工招标资格预审文件》和《标准施工招标文件》试行规定

第一条　为了规范施工招标资格预审文件、招标文件编制活动，提高资格预审文件、招标文件编制质量，促进招标投标活动的公开、公平和公正，国家发展和改革委员会、财政部、建设部、铁道部、交通部、信息产业部、水利部、民用航空总局、广播电影电视总局联合编制了《标准施工招标资格预审文件》和《标准施工招标文件》（以下如无特别说明，统一简称为《标准文件》）。

第二条　本《标准文件》在政府投资项目中试行。国务院有关部门和地方人民政府有关部门可选择若干政府投资项目作为试点，由试点项目招标人按本规定使用《标准文件》。

第三条　国务院有关行业主管部门可根据《标准施工招标文件》并结合本行业施工招标特点和管理需要，编制行业标准施工招标文件。行业标准施工招标文件重点对“专用合同条款”、“工程量清单”、“图纸”、“技术标准和要求”作出具体规定。

第四条 试点项目招标人应根据《标准文件》和行业标准施工招标文件（如有），结合招标项目具体特点和实际需要，按照公开、公平、公正和诚实信用原则编写施工招标资格预审文件或施工招标文件。

第五条 行业标准施工招标文件和试点项目招标人编制的施工招标资格预审文件、施工招标文件，应不加修改地引用《标准施工招标资格预审文件》中的"申请人须知"（申请人须知前附表除外）、"资格审查办法"（资格审查办法前附表除外），以及《标准施工招标文件》中的"投标人须知"（投标人须知前附表和其他附表除外）、"评标办法"（评标办法前附表除外）、"通用合同条款"。

《标准文件》中的其他内容，供招标人参考。

第六条 行业标准施工招标文件中的"专用合同条款"可对《标准施工招标文件》中的"通用合同条款"进行补充、细化，除"通用合同条款"明确"专用合同条款"可作出不同约定外，补充和细化的内容不得与"通用合同条款"强制性规定相抵触，否则抵触内容无效。

第七条 "申请人须知前附表"和"投标人须知前附表"用于进一步明确"申请人须知"和"投标人须知"正文中的未尽事宜，试点项目招标人应结合招标项目具体特点和实际需要编制和填写，但不得与"申请人须知"和"投标人须知"正文内容相抵触，否则抵触内容无效。

第八条 "资格审查办法前附表"和"评标办法前附表"用于明确资格审查和评标的方法、因素、标准和程序。试点项目招标人应根据招标项目具体特点和实际需要，详细列明全部审查或评审因素、标准，没有列明的因素和标准不得作为资格审查或评标的依据。

第九条 试点项目招标人编制招标文件中的"专用合同条款"可根据招标项目的具体特点和实际需要，对《标准施工招标文件》中的"通用合同条款"进行补充、细化和修改，但不得违反法律、行政法规的强制性规定和平等、自愿、公平和诚实信用原则。

第十条 试点项目招标人编制的资格预审文件和招标文件不得违反公开、公平、公正、平等、自愿和诚实信用原则。

第十一条 国务院有关部门和地方人民政府有关部门应加强对试点项目招标人使用《标准文件》的指导和监督检查，及时总结经验和发现问题。

第十二条 在试行过程中需要就如何适用《标准文件》中不加修改地引用的内容作出解释的，按照国务院和地方人民政府部门职责分工，分别由选择试点的部门负责。

第十三条 因出现新情况，需要对《标准文件》中不加修改地引用的内容作出解释或调整的，由国家发展和改革委员会会同国务院有关部门作出解释或调整。该解释和调整与《标准文件》具有同等效力。

第十四条 省级以上人民政府有关部门可以根据本规定并结合实际，对试点项目范围、试点项目招标人使用《标准文件》及行业标准施工招标文件作进一步要求。

第十五条 《标准文件》作为本规定的附件，与本规定同时发布。本规定与《标准文件》自2008年5月1日起试行。

附件：一、《中华人民共和国标准施工招标资格预审文件》（2007年版）（略）

二、《中华人民共和国标准施工招标文件》（2007年版）（略）

安全生产违法行为行政处罚办法

国家安全生产监督管理总局第 15 号令

新修订的《安全生产违法行为行政处罚办法》已经 2007 年 11 月 9 日国家安全生产监督管理总局局长办公会议审议通过，现予公布，自 2008 年 1 月 1 日起施行。原国家安全生产监督管理局(国家煤矿安全监察局)2003 年 5 月 19 日公布的《安全生产违法行为行政处罚办法》、2001 年 4 月 27 日公布的《煤矿安全监察程序暂行规定》同时废止。

局长　李毅中

二〇〇七年十一月三十日

安全生产违法行为行政处罚办法

第一章　总　　则

第一条　为了制裁安全生产违法行为，规范安全生产行政处罚工作，依照行政处罚法、安全生产法及其他有关法律、行政法规的规定，制定本办法。

第二条　县级以上人民政府安全生产监督管理部门对生产经营单位及其有关人员在生产经营活动中违反有关安全生产的法律、行政法规、部门规章、国家标准、行业标准和规程的违法行为(以下统称安全生产违法行为)实施行政处罚，适用本办法。

煤矿安全监察机构依照本办法和煤矿安全监察行政处罚办法，对煤矿、煤矿安全生产中介机构等生产经营单位及其有关人员的安全生产违法行为实施行政处罚。

有关法律、行政法规对安全生产违法行为行政处罚的种类、幅度或者决定机关另有规定的，依照其规定。

第三条　对安全生产违法行为实施行政处罚，应当遵循公平、公正、公开的原则。

安全生产监督管理部门或者煤矿安全监察机构(以下统称安全监管监察部门)及其行政执法人员实施行政处罚，必须以事实为依据。行政处罚应当与安全生产违法行为的事实、性质、情节以及社会危害程度相当。

第四条　生产经营单位及其有关人员对安全监管监察部门给予的行政处罚，依法享有陈述权、申辩权和听证权；对行政处罚不服的，有权依法申请行政复议或者提起行政诉讼；因违法给予行政处罚受到损害的，有权依法申请国家赔偿。

第二章　行政处罚的种类、管辖

第五条　安全生产违法行为行政处罚的种类：

（一）警告；

（二）罚款；

（三）责令改正、责令限期改正、责令停止违法行为；

（四）没收违法所得、没收非法开采的煤炭产品、采掘设备；

（五）责令停产停业整顿、责令停产停业、责令停止建设、责令停止施工；

（六）暂扣或者吊销有关许可证，暂停或者撤销有关执业资格、岗位证书；

（七）关闭；

（八）拘留；

（九）安全生产法律、行政法规规定的其他行政处罚。

法律、行政法规将前款的责令改正、责令限期改正、责令停止违法行为规定为现场处理措施的除外。

第六条　县级以上安全监管监察部门应当按照本章的规定，在各自的职责范围内对安全生产违法行为行政处罚行使管辖权。

安全生产违法行为的行政处罚，由安全生产违法行为发生地的县级以上安全监管监察部门管辖。中央企业及其所属企业、有关人员的安全生产违法行为的行政处罚，由安全生产违法行为发生地的设区的市级以上安全监管监察部门管辖。

暂扣、吊销有关许可证和暂停、撤销有关执业资格、岗位证书的行政处罚，由发证机关决定。其中，暂扣有关许可证和暂停有关执业资格、岗位证书的期限一般不得超过 6 个月；法律、行政法规另有规定的，依照其规定。

给予关闭的行政处罚，由县级以上安全监管监察部门报请县级以上人民政府按照国务院规定的权限决定。

给予拘留的行政处罚，由县级以上安全监管监察部门建议公安机关依照治安管理处罚法的规定决定。

第七条　两个以上安全监管监察部门因行政处罚管辖权发生争议的，由其共同的上一级安全监管监察部门指定管辖。

第八条　对报告或者举报的安全生产违法行为，安全监管监察部门应当受理；发现不属于自己管辖的，应当及时移送有管辖权的部门。

受移送的安全监管监察部门对管辖权有异议的，应当报请共同的上一级安全监管监察部门指定管辖。

第九条　安全生产违法行为构成犯罪的，安全监管监察部门应当将案件移送司法机关，依法追究刑事责任；尚不够刑事处罚但依法应当给予行政处罚的，由安全监管监察部门管辖。

第十条　上级安全监管监察部门可以直接查处下级安全监管监察部门管辖的案件，也可以将自己管辖的案件交由下级安全监管监察部门管辖。

下级安全监管监察部门可以将重大、疑难案件报请上级安全监管监察部门管辖。

第十一条　上级安全监管监察部门有权对下级安全监管监察部门违法或者不适当的行政处罚予以纠正或者撤销。

第十二条　安全监管监察部门根据需要，可以在其法定职权范围内委托符合行政处罚法第十九条规定条件的组织或者乡镇人民政府、城市街道办事处设立的安全生产监督管理机构实施行政处罚。受委托的单位在委托范围内，以委托的安全监管监察部门名义实施行政处罚。

委托的安全监管监察部门应当监督检查受委托的单位实施行政处罚，并对其实施行政处罚的后果承担法律责任。

第三章　行政处罚的程序

第十三条　安全生产行政执法人员在执行公务时，必须出示省级以上安全生产监督管理部门或者县级以上地方人民政府统一制作的有效行政执法证件。其中对煤矿进行安全监察，必须出示国家安全生产监督管理总局统一制作的煤矿安全监察员证。

第十四条　安全监管监察部门及其行政执法人员在监督检查时发现生产经营单位存在事故隐患的，应当按照下列规定采取现场处理措施：

（一）能够立即排除的，应当责令立即排除；

（二）重大事故隐患排除前或者排除过程中无法保证安全的，应当责令从危险区域撤出作业人员，并责令暂时停产停业、停止建设、停止施工或者停止使用，限期排除隐患。

隐患排除后，经安全监管监察部门审查同意，方可恢复生产经营和使用。

本条第一款第（二）项规定的责令暂时停产停业、停止建设、停止施工或者停止使用的期限一般不超过6个月；法律、行政法规另有规定的，依照其规定。

第十五条　对有根据认为不符合安全生产的国家标准或者行业标准的在用设施、设备、器材，安全监管监察部门应当依法予以查封或者扣押，并在15日内按照下列规定作出处理决定：

（一）能够修理、更换的，责令予以修理、更换；不能修理、更换的，不准使用；

（二）依法采取其他行政强制措施或者现场处理措施；

（三）依法给予行政处罚；

（四）经核查予以查封或者扣押的设备、设施、器材符合国家标准或者行业标准的，解除查封或者扣押。

实施查封、扣押，应当当场下达查封、扣押决定书和被查封、扣押的财物清单。在交通不便地区，或者不及时查封、扣押可能影响案件查处，或者存在事故隐患可能导致生产安全事故的，可以先行实施查封、扣押，并在48小时内补办查封、扣押决定书，送达当事人。

第十六条　生产经营单位被责令限期改正或者限期进行隐患排除治理的，应当在规定限期内完成。因不可抗力无法在规定限期内完成的，应当在进行整改或者治理的同时，于限期届满前10日内提出书面延期申请，安全监管监察部门应当在收到申请之日起5日内书面答复是否准予延期。

生产经营单位提出复查申请或者整改、治理限期届满的，安全监管监察部门应当自申请或者限期届满之日起10日内进行复查，填写复查意见书，由被复查单位和安全监管监察部门复查人员签名后存档。逾期未整改、未治理或者整改、治理不合格的，安全监管监察部门应当依法给予行政处罚。

第十七条　安全监管监察部门在作出行政处罚决定前,应当填写行政处罚告知书,告知当事人作出行政处罚决定的事实、理由、依据,以及当事人依法享有的权利,并送达当事人。当事人应当在收到行政处罚告知书之日起 3 日内进行陈述、申辩,或者依法提出听证要求,逾期视为放弃上述权利。

第十八条　安全监管监察部门应当充分听取当事人的陈述和申辩,对当事人提出的事实、理由和证据,应当进行复核;当事人提出的事实、理由和证据成立的,安全监管监察部门应当采纳。

安全监管监察部门不得因当事人陈述或者申辩而加重处罚。

第十九条　安全监管监察部门对安全生产违法行为实施行政处罚,应当符合法定程序,制作行政执法文书。

第一节　简 易 程 序

第二十条　违法事实确凿并有法定依据,对个人处以 50 元以下罚款、对生产经营单位处以 1 千元以下罚款或者警告的行政处罚的,安全生产行政执法人员可以当场作出行政处罚决定。

第二十一条　安全生产行政执法人员当场作出行政处罚决定,应当填写预定格式、编有号码的行政处罚决定书并当场交付当事人。

安全生产行政执法人员当场作出行政处罚决定后应当及时报告,并在 5 日内报所属安全监管监察部门备案。

第二节　一 般 程 序

第二十二条　除依照简易程序当场作出的行政处罚外,安全监管监察部门发现生产经营单位及其有关人员有应当给予行政处罚的行为的,应当予以立案,填写立案审批表,并全面、客观、公正地进行调查,收集有关证据。对确需立即查处的安全生产违法行为,可以先行调查取证,并在 5 日内补办立案手续。

第二十三条　对已经立案的案件,由立案审批人指定两名或者两名以上安全生产行政执法人员进行调查。

有下列情形之一的,承办案件的安全生产行政执法人员应当回避:

(一)本人是本案的当事人或者当事人的近亲属的;

(二)本人或者其近亲属与本案有利害关系的;

(三)与本人有其他利害关系,可能影响案件的公正处理的。

安全生产行政执法人员的回避,由派出其进行调查的安全监管监察部门的负责人决定。进行调查的安全监管监察部门负责人的回避,由该部门负责人集体讨论决定。回避决定作出之前,承办案件的安全生产行政执法人员不得擅自停止对案件的调查。

第二十四条　进行案件调查时,安全生产行政执法人员不得少于两名。当事人或者有关人员应当如实回答安全生产行政执法人员的询问,并协助调查或者检查,不得拒绝、阻挠或者提供虚假情况。

询问或者检查应当制作笔录。笔录应当记载时间、地点、询问和检查情况,并由被询问人、被检查单位和安全生产行政执法人员签名或者盖章；被询问人、被检查单位要求补正的，应当允许。被询问人或者被检查单位拒绝签名或者盖章的，安全生产行政执法人员应当在笔录上注明原因并签名。

第二十五条　安全生产行政执法人员应当收集、调取与案件有关的原始凭证作为证据。调取原始凭证确有困难的，可以复制，复制件应当注明"经核对与原件无异"的字样和原始凭证存放的单位及其处所，并由出具证据的人员签名或者单位盖章。

第二十六条　安全生产行政执法人员在收集证据时，可以采取抽样取证的方法；在证据可能灭失或者以后难以取得的情况下，经本单位负责人批准，可以先行登记保存，并应当在7日内作出处理决定：

（一）违法事实成立依法应当没收的，作出行政处罚决定，予以没收；依法应当扣留或者封存的，予以扣留或者封存；

（二）违法事实不成立，或者依法不应当予以没收、扣留、封存的，解除登记保存。

第二十七条　安全生产行政执法人员对与案件有关的物品、场所进行勘验检查时，应当通知当事人到场，制作勘验笔录，并由当事人核对无误后签名或者盖章。当事人拒绝到场的，可以邀请在场的其他人员作证，并在勘验笔录中注明；也可以采用录音、录像等方式记录有关物品、场所的情况后，再进行勘验检查。

第二十八条　案件调查终结后，负责承办案件的安全生产行政执法人员应当填写案件处理呈批表，连同有关证据材料一并报本部门负责人审批。

安全监管监察部门负责人应当及时对案件调查结果进行审查，根据不同情况，分别作出以下决定：

（一）确有应受行政处罚的违法行为的，根据情节轻重及具体情况，作出行政处罚决定；

（二）违法行为轻微，依法可以不予行政处罚的，不予行政处罚；

（三）违法事实不能成立，不得给予行政处罚；

（四）违法行为涉嫌犯罪的，移送司法机关处理。

对严重安全生产违法行为给予责令停产停业整顿、责令停产停业、责令停止建设、责令停止施工、吊销有关许可证、撤销有关执业资格或者岗位证书、3万元以上罚款、没收违法所得、没收非法开采的煤炭产品或者采掘设备价值3万元以上的行政处罚的，应当由安全监管监察部门的负责人集体讨论决定。

第二十九条　安全监管监察部门依照本办法第二十八条的规定给予行政处罚，应当制作行政处罚决定书。行政处罚决定书应当载明下列事项：

（一）当事人的姓名或者名称、地址或者住址；

（二）违法事实和证据；

（三）行政处罚的种类和依据；

（四）行政处罚的履行方式和期限；

（五）不服行政处罚决定，申请行政复议或者提起行政诉讼的途径和期限；

（六）作出行政处罚决定的安全监管监察部门的名称和作出决定的日期。

行政处罚决定书必须盖有作出行政处罚决定的安全监管监察部门的印章。

第三十条　行政处罚决定书应当在宣告后当场交付当事人；当事人不在场的，安全监管监察部门应当在 7 日内依照民事诉讼法的有关规定，将行政处罚决定书送达当事人或者其他的法定受送达人：

（一）送达必须有送达回执，由受送达人在送达回执上注明收到日期，签名或者盖章；

（二）送达应当直接送交受送达人。受送达人是个人的，本人不在交他的同住成年家属签收，并在行政处罚决定书送达回执的备注栏内注明与受送达人的关系；

（三）受送达人是法人或者其他组织的，应当由法人的法定代表人、其他组织的主要负责人或者该法人、组织负责收件的人签收；

（四）受送达人指定代收人的，交代收人签收并注明受当事人委托的情况；

（五）直接送达确有困难的，可以挂号邮寄送达，也可以委托当地安全监管监察部门代为送达，代为送达的安全监管监察部门收到文书后，必须立即交受送达人签收；

（六）当事人或者他的同住成年家属拒绝接收的，送达人应当邀请有关基层组织的代表或者有关人员到场，注明情况，在行政处罚决定书送达回执上注明拒收的事由和日期，由送达人、见证人签名或者盖章，将文书留在当事人的收发部门或者住所，即视为送达；

（七）受送达人下落不明，或者用以上方式无法送达的，可以公告送达，自公告发布之日起经过 60 日，即视为送达。公告送达，应当在案卷中注明原因和经过。

安全监管监察部门送达其他行政处罚执法文书，按照前款规定办理。

第三十一条　行政处罚案件应当自立案之日起 30 日内办理完毕；由于客观原因不能完成的，经安全监管监察部门负责人同意，可以延长，但不得超过 90 日；特殊情况需进一步延长的，应当经上一级安全监管监察部门批准，可延长至 180 日。

第三节　听　证　程　序

第三十二条　安全监管监察部门作出责令停产停业整顿、责令停产停业、吊销有关许可证、撤销有关执业资格、岗位证书或者较大数额罚款的行政处罚决定之前，应当告知当事人有要求举行听证的权利；当事人要求听证的，安全监管监察部门应当组织听证，不得向当事人收取听证费用。

前款所称较大数额罚款，为省、自治区、直辖市人大常委会或者人民政府规定的数额；没有规定数额的，其数额对个人罚款为 1 万元以上，对生产经营单位罚款为 3 万元以上。

第三十三条　当事人要求听证的，应当在安全监管监察部门依照本办法第十七条规定告知后 3 日内以书面方式提出。

第三十四条　当事人提出听证要求后，安全监管监察部门应当在举行听证会的 7 日前，通知当事人举行听证的时间、地点。

当事人应当按期参加听证。当事人有正当理由要求延期的，经组织听证的安全监管监察部门负责人批准可以延期 1 次；当事人未按期参加听证，并且未事先说明理由的，视为放弃听证权利。

第三十五条　听证参加人由听证主持人、听证员、案件调查人员、当事人及其委托代理人、书记员组成。

听证主持人、听证员、书记员应当由组织听证的安全监管监察部门负责人指定的非本案调查人员担任。

当事人可以委托 1 至 2 名代理人参加听证,并提交委托书。

第三十六条 除涉及国家秘密、商业秘密或者个人隐私外,听证应当公开举行。

第三十七条 当事人在听证中的权利和义务:

(一)有权对案件涉及的事实、适用法律及有关情况进行陈述和申辩;

(二)有权对案件调查人员提出的证据质证并提出新的证据;

(三)如实回答主持人的提问;

(四)遵守听证会场纪律,服从听证主持人指挥。

第三十八条 听证按照下列程序进行:

(一)书记员宣布听证会场纪律、当事人的权利和义务。听证主持人宣布案由,核实听证参加人名单,宣布听证开始;

(二)案件调查人员提出当事人的违法事实、出示证据,说明拟作出的行政处罚的内容及法律依据;

(三)当事人或者其委托代理人对案件的事实、证据、适用的法律等进行陈述和申辩,提交新的证据材料;

(四)听证主持人就案件的有关问题向当事人、案件调查人员、证人询问;

(五)案件调查人员、当事人或者其委托代理人相互辩论;

(六)当事人或者其委托代理人作最后陈述;

(七)听证主持人宣布听证结束。

听证笔录应当当场交当事人核对无误后签名或者盖章。

第三十九条 有下列情形之一的,应当中止听证:

(一)需要重新调查取证的;

(二)需要通知新证人到场作证的;

(三)因不可抗力无法继续进行听证的。

第四十条 有下列情形之一的,应当终止听证:

(一)当事人撤回听证要求的;

(二)当事人无正当理由不按时参加听证的;

(三)拟作出的行政处罚决定已经变更,不适用听证程序的。

第四十一条 听证结束后,听证主持人应当依据听证情况,填写听证会报告书,提出处理意见并附听证笔录报安全监管监察部门负责人审查。安全监管监察部门依照本办法第二十八条的规定作出决定。

第四章 行政处罚的适用

第四十二条 生产经营单位的决策机构、主要负责人、个人经营的投资人(包括实际控制人,下同)未依法保证下列安全生产所必需的资金投入,致使生产经营单位不具备安全生产条件的,责令限期改正,提供必需的资金,并可以对生产经营单位处 1 万元以上 3 万元以下罚款,对生产经营单位的主要负责人、个人经营的投资人处 5 千元以上 1 万元以下罚款;逾期未改正的,责令生产经营单位停产停业整顿:

（一）未按规定缴存和使用安全生产风险抵押金的；

（二）未按规定足额提取和使用安全生产费用的；

（三）国家规定的其他安全生产所必须的资金投入。

生产经营单位主要负责人、个人经营的投资人有前款违法行为，导致发生生产安全事故的，依照《生产安全事故报告和调查处理条例》的规定给予处罚。

第四十三条 生产经营单位的主要负责人未依法履行安全生产管理职责，导致生产安全事故发生的，依照《生产安全事故报告和调查处理条例》的规定给予处罚。

第四十四条 生产经营单位及其主要负责人或者其他人员有下列行为之一的，给予警告，并可以对生产经营单位处1万元以上3万元以下罚款，对其主要负责人、其他有关人员处1千元以上1万元以下的罚款：

（一）违反操作规程或者安全管理规定作业的；

（二）违章指挥从业人员或者强令从业人员违章、冒险作业的；

（三）发现从业人员违章作业不加制止的；

（四）超过核定的生产能力、强度或者定员进行生产的；

（五）对被查封或者扣押的设施、设备、器材，擅自启封或者使用的；

（六）故意提供虚假情况或者隐瞒存在的事故隐患以及其他安全问题的；

（七）对事故预兆或者已发现的事故隐患不及时采取措施的；

（八）拒绝、阻碍安全生产行政执法人员监督检查的；

（九）拒绝、阻碍安全监管监察部门聘请的专家进行现场检查的；

（十）拒不执行安全监管监察部门及其行政执法人员的安全监管监察指令的。

第四十五条 危险物品的生产、经营、储存单位以及矿山企业、建筑施工单位有下列行为之一的，责令改正，并可以处1万元以上3万元以下的罚款：

（一）未建立应急救援组织或者未按规定签订救护协议的；

（二）未配备必要的应急救援器材、设备，并进行经常性维护、保养，保证正常运转的。

第四十六条 生产经营单位与从业人员订立协议，免除或者减轻其对从业人员因生产安全事故伤亡依法应承担的责任的，该协议无效；对生产经营单位的主要负责人、个人经营的投资人按照下列规定处以罚款：

（一）在协议中减轻因生产安全事故伤亡对从业人员依法应承担的责任的，处2万元以上5万元以下的罚款；

（二）在协议中免除因生产安全事故伤亡对从业人员依法应承担的责任的，处5万元以上10万元以下的罚款。

第四十七条 生产经营单位不具备法律、行政法规和国家标准、行业标准规定的安全生产条件，经责令停产停业整顿仍不具备安全生产条件的，安全监管监察部门应当提请有管辖权的人民政府予以关闭；人民政府决定关闭的，安全监管监察部门应当依法吊销其有关许可证。

第四十八条 生产经营单位转让安全生产许可证的，没收违法所得，吊销安全生产许可证，并按照下列规定处以罚款：

（一）接受转让的单位和个人未发生生产安全事故的，处10万元以上30万元以下的罚款；

（二）接受转让的单位和个人发生生产安全事故但没有造成人员死亡的，处30万元以上40万元以下的罚款；

（三）接受转让的单位和个人发生人员死亡生产安全事故的，处40万元以上50万元以下的罚款。

第四十九条　知道或者应当知道生产经营单位未取得安全生产许可证或者其他批准文件擅自从事生产经营活动，仍为其提供生产经营场所、运输、保管、仓储等条件的，责令立即停止违法行为，有违法所得的，没收违法所得，并处违法所得1倍以上3倍以下的罚款，但是最高不得超过3万元；没有违法所得的，并处5千元以上1万元以下的罚款。

第五十条　生产经营单位及其有关人员弄虚作假，骗取或者勾结、串通行政审批工作人员取得安全生产许可证书及其他批准文件的，撤销许可及批准文件，并按照下列规定处以罚款：

（一）生产经营单位有违法所得的，没收违法所得，并处违法所得1倍以上3倍以下的罚款，但是最高不得超过3万元；没有违法所得的，并处5千元以上1万元以下的罚款；

（二）对有关人员处1千元以上1万元以下的罚款。

有前款规定违法行为的生产经营单位及其有关人员在3年内不得再次申请该行政许可。

生产经营单位及其有关人员未依法办理安全生产许可证书变更手续的，责令限期改正，并对生产经营单位处1万元以上3万元以下的罚款，对有关人员处1千元以上5千元以下的罚款。

第五十一条　未取得相应资格、资质证书的机构及其有关人员从事安全评价、认证、检测、检验工作，责令停止违法行为，并按照下列规定处以罚款：

（一）机构有违法所得的，没收违法所得，并处违法所得1倍以上3倍以下的罚款，但是最高不得超过3万元；没有违法所得的，并处5千元以上1万元以下的罚款；

（二）有关人员处5千元以上1万元以下的罚款。

第五十二条　生产经营单位及其有关人员触犯不同的法律规定，有两个以上应当给予行政处罚的安全生产违法行为的，安全监管监察部门应当适用不同的法律规定，分别裁量，合并处罚。

第五十三条　对同一生产经营单位及其有关人员的同一安全生产违法行为，不得给予两次以上罚款的行政处罚。

第五十四条　生产经营单位及其有关人员有下列情形之一的，应当从重处罚：

（一）危及公共安全或者其他生产经营单位安全的，经责令限期改正，逾期未改正的；

（二）一年内因同一违法行为受到两次以上行政处罚的；

（三）拒不整改或者整改不力，其违法行为呈持续状态的；

（四）拒绝、阻碍或者以暴力威胁行政执法人员的。

第五十五条　生产经营单位及其有关人员有下列情形之一的，应当从轻或者减轻行政处罚：

（一）主动消除或者减轻安全生产违法行为危害后果的；

（二）受他人胁迫实施安全生产违法行为的；

（三）配合安全监管监察部门查处安全生产违法行为有立功表现的；

（四）其他依法应予从轻或者减轻行政处罚的。安全生产违法行为轻微并及时纠正，没有造成危害后果的，不予行政处罚。

第五章　行政处罚的执行和备案

第五十六条　安全监管监察部门实施行政处罚时，应当同时责令生产经营单位及其有关人员停止、改正或者限期改正违法行为。

第五十七条　本办法所称的违法所得，按照下列规定计算：

（一）生产、加工产品的，以生产、加工产品的销售收入作为违法所得；

（二）销售商品的，以销售收入作为违法所得；

（三）提供安全生产中介、租赁等服务的，以服务收入或者报酬作为违法所得；

（四）销售收入无法计算的，按当地同类同等规模的生产经营单位的平均销售收入计算。

第五十八条　行政处罚决定依法作出后，当事人应当在行政处罚决定的期限内，予以履行；当事人逾期不履的，作出行政处罚决定的安全监管监察部门可以采取下列措施：

（一）到期不缴纳罚款的，每日按罚款数额的3%加处罚款；

（二）根据法律规定，将查封、扣押的设施、设备、器材拍卖所得价款抵缴罚款；

（三）申请人民法院强制执行。

当事人对行政处罚决定不服申请行政复议或者提起行政诉讼的，行政处罚不停止执行，法律另有规定的除外。

第五十九条　安全生产行政执法人员当场收缴罚款的，应当出具省、自治区、直辖市财政部门统一制发的罚款收据；当场收缴的罚款，应当自收缴罚款之日起2日内，交至所属安全监管监察部门；安全监管监察部门应当在2日内将罚款缴付指定的银行。

第六十条　除依法应当予以销毁的物品外，需要将查封、扣押的设施、设备、器材拍卖抵缴罚款的，依照法律或者国家有关规定处理。销毁物品，依照国家有关规定处理；没有规定的，经县级以上安全监管监察部门负责人批准，由两名以上安全生产行政执法人员监督销毁，并制作销毁记录。处理物品，应当制作清单。

第六十一条　罚款、没收违法所得的款项和没收非法开采的煤炭产品、采掘设备，必须按照有关规定上缴，任何单位和个人不得截留、私分或者变相私分。

第六十二条　县级安全生产监督管理部门处以2万元以上罚款、没收违法所得、没收非法生产的煤炭产品或者采掘设备价值2万元以上、责令停产停业、停止建设、停止施工、停产停业整顿、撤销有关资格、岗位证书或者吊销有关许可证的行政处罚的，应当自作出行政处罚决定之日起10日内报设区的市级安全生产监督管理部门备案。

第六十三条　设区的市级安全生产监督管理部门、煤矿安全监察分局处以5万元以上罚款、没收违法所得、没收非法生产的煤炭产品或者采掘设备价值5万元以上、责令停产停业、停止建设、停止施工、停产停业整顿、撤销有关资格、岗位证书或者吊销有关许可证的行政处罚的,应当自作出行政处罚决定之日起10日内报省级安全监管监察部门备案。

第六十四条　省级安全监管监察部门处以10万元以上罚款、没收违法所得、没收非法生产的煤炭产品或者采掘设备价值10万元以上、责令停产停业、停止建设、停止施工、停产停业整顿、撤销有关资格、岗位证书或者吊销有关许可证的行政处罚的,应当自作出行政处罚决定之日起10日内报国家安全生产监督管理总局或者国家煤矿安全监察局备案。

对上级安全监管监察部门交办案件给予行政处罚的,由决定行政处罚的安全监管监察部门自作出行政处罚决定之日起10日内报上级安全监管监察部门备案。

第六十五条　行政处罚执行完毕后,案件材料应当按照有关规定立卷归档。

案卷立案归档后,任何单位和个人不得擅自增加、抽取、涂改和销毁案卷材料。未经安全监管监察部门负责人批准,任何单位和个人不得借阅案卷。

第六章　附　　则

第六十六条　安全生产监督管理部门所用的行政处罚文书式样,由国家安全生产监督管理总局统一制定。

煤矿安全监察机构所用的行政处罚文书式样,由国家煤矿安全监察局统一制定。

第六十七条　本办法所称的生产经营单位,是指合法和非法从事生产或者经营活动的基本单元,包括企业法人、不具备企业法人资格的合伙组织、个体工商户和自然人等生产经营主体。

本办法所称的“以上”包括本数,所称的“以下”不包括本数。

第六十八条　本办法自2008年1月1日起施行。原国家安全生产监督管理局(国家煤矿安全监察局)2003年5月19日公布的《安全生产违法行为行政处罚办法》、2001年4月27日公布的《煤矿安全监察程序暂行规定》同时废止。

建设部关于印发《建设部关于落实〈国务院关于印发节能减排综合性工作方案的通知〉的实施方案》的通知

建科[2007]159号

各省、自治区建设厅，直辖市建委及有关部门，计划单列市建委，新疆生产建设兵团建设局，部机关各单位：

《国务院关于印发节能减排综合性工作方案的通知》(国发[2007]15号)明确提出了"十一五"节能减排工作目标、总体要求和九方面的工作任务，是指导当前和今后一段时期开展节能减排工作的指导性文件，我部对方案中要求建设领域节能减排工作进行了认真研究，提出了《建设部关于落实〈国务院关于印发节能减排综合性工作方案的通知〉的实施方案》，现印发给你们，请结合本地区实际，认真抓好落实。

各级建设主管部门要充分认识建设领域节能减排工作的重要性和紧迫性，要以高度的政治责任感和使命感，统一思想，创新机制，明确责任，采取切实措施，与相关部门密切配合，扎扎实实地开展工作，确保完成节能减排工作任务，实现节能减排规划目标。

各级建设主管部门要把节能减排各项工作目标和任务逐级分解并落实，要成立主要负责人任组长的节能减排工作领导小组，强化政策措施的执行，加强对工作进展情况的考核和监督。各省级建设主管部门要根据本实施方案，制定本地区贯彻落实的具体方案，并于2007年7月31日前报建设部，同时各省级建设主管部门每年要向建设部报告本地区节能减排工作进展情况。建设部每年对节能减排工作目标责任履行情况进行专项考核，并公布考核结果。

二○○七年六月二十六日

附件：

建设部关于落实《国务院关于印发节能减排综合性工作方案的通知》的实施方案

目前，建筑能耗约占全社会总能耗的三分之一左右，随着工业化和城镇化的快速发展，这个比例还在不断上升。全国设市城市中约有42%没有污水处理能力，有近50%的城市尚未建立垃圾处理设施，污水直接排入自然水体，生活垃圾简单填埋，造成污染问题。做好建设领域节能降耗和污染减排工作，已经成为国家战略的重要组成部分，对于实现"十一五"节能降耗和污染减排的规划目标具有重要作用。根据《国务院关于印发节能减排综合性工作方案的通知》确定的工作目标和任务，特制定建设领域贯彻《节能减排综合性工作方案》的实施方案。

一、工作目标和总体要求

（一）节能目标。到“十一五”期末，建筑节能实现节约1亿吨标准煤的目标。其中：加强新建建筑节能工作，实现节能6150万吨标准煤；深化供热体制改革，对北方采暖地区既有建筑实施热计量及节能改造，实现节能1600万吨标准煤；加强国家机关办公建筑和大型公共建筑节能运行管理与改造，实现节能1100万吨标准煤。发展太阳能、浅层地能、生物质能等可再生能源应用在建筑中应用，实现替代常规能源1100万吨标准煤。优先发展城市公共交通，调整出行结构，提高交通效率，实现节约4亿升燃油的目标。

（二）减排目标。到“十一五”期末，全国设市城市和县城所在的建制镇均应规划建设城市污水集中处理设施；全国设市城市的污水处理率不低于70%，新增城市污水处理能力4500万吨。缺水城市再生水利用率达到20%以上，新增城市中水回用量35亿立方米。城市生活垃圾无害化处理率不低于60%。

（三）总体要求。以邓小平理论和“三个代表”重要思想为指导，全面落实科学发展观，认真贯彻落实中央关于节能减排工作的要求，紧紧围绕实现城乡建设方式的根本转变，以节能、节地、节水、节材和环境保护为重点，科学编制城乡规划，深化市政公用事业改革，推进建筑节能，落实公交优先战略，创新污水处理工作机制，提高生活垃圾无害化处理水平。以健全法规制度为基础，以经济激励政策为引导，以科技进步为支撑，以落实技术标准为保证，以加强考核评价为手段，扎实做好建设领域节能降耗和污染减排工作，确保完成节能减排约束性指标，推动城镇发展模式转变，实现城乡可持续发展。

二、主要工作措施

（一）控制增量，调整和优化结构

1. 控制高耗能、高污染行业过快增长。一是指导各地在城市规划编制中体现符合当地可持续发展要求的资源指标、环境指标，并作为强制性内容。二是各级建设主管部门要主动配合有关部门建立新开工项目管理的部门联动机制，严格执行项目开工建设“六项必要条件”，把好新上项目准入关。对不符合节能减排有关法律法规和政策规定的工程建设项目，不予发放规划许可证和通过施工图审查，不得开工建设，并建立行政审批责任制和问责制，按照“谁审批、谁监督、谁负责”的原则，对不按规定发放施工许可证的，依法追究有关人员责任。三是继续贯彻落实《国务院办公厅转发建设部等部门关于调整住房结构稳定住房价格意见的通知》（国办发［2006］37号），组织开展2006－2007年度新建住房结构比例考核工作，督促和指导地方切实调整住房供应结构，增加中小套型普通商品住房的供应比重。

2. 积极推进能源结构调整。一是继续加强2006年启动的25个可再生能源建筑应用示范项目的管理工作，示范项目所在省市建筑主管部门要认真履职，确保示范项目顺利实施，实现预期节能环保效益。二是各地建设主管部门要会同同级财政部门按照财政部、建设部下发的《关于调查核实与组织申报可再生能源建筑应用示范项目的通知》，认真组织第二批项目申报工作，今年启动200个示范推广项目。要认真研究落实可再生能源建筑应用相关配套经济政策。三是在示范基础上，形成可再生能源建筑规模化、一体化、成套化应用的技术体系和相关技术标准、配套的政策法规，带动产业发展，调整建筑用能结构，减缓建筑用能的持续增长。

（二）全面实施十大重点节能工程中的建筑节能工程

1. 进一步提高新建建筑节能水平。一是总结北京、天津等地执行节能65%标准经验，推动上海、重庆及有条件地区率先执行新建建筑65%的节能标准，进一步提高节能水平。今年上海、重庆建设主管部门要加强前期准备工作，2008年在全市范围内全面实施节能65%标准。二是开展更低能耗建筑示范和推广绿色建筑工作，今年启动30个示范项目，请各地组织相关企业积极申报，并做好项目的管理、宣传工作。

2. 深化供热体制改革。一是今年督促北方采暖地区地级以上城市完成采暖费补贴"暗补"变"明补" 改革，并同步建立个人热费账户。二是完善供热价格形成机制，督促各地贯彻国家发改委、建设部印发的《城市供热价格管理暂行办法》，实行按用热量计量收费制度。北方地区各省市建设主管部门应配合同级发改、财政等部门，研究制定按用热量计量收费的实施办法。

3. 推动北方采暖地区1.5亿平方米既有居住建筑供热计量及节能改造。一是今年启动北方采暖地区既有居住建筑供热计量、温度调控改造及节能改造1.5亿平方米。根据各省（自治区、直辖市）经济发展水平、建筑总量、技术支撑能力等因素，我部对改造任务进行了分解，其中：北京2500万平方米、天津1300万平方米、辽宁2400万平方米、山东1900万平方米、黑龙江1500万平方米、吉林1100万平方米、河北1300万平方米、河南360万平方米、山西460万平方米、陕西200万平方米、甘肃350万平方米、内蒙古600万平方米、新疆（含兵团）800万平方米、宁夏200万平方米、青海30万平方米。各省级建设主管部门结合本地区市（区）的建筑情况、供热采暖情况及经济发展水平，务必在今年7月31日之前将改造目标进一步分解到各城市（区），并将分解结果报建设部。二是我部将会同财政部研究制定利用中央财政资金支持北方采暖地区既有居住建筑供热计量和节能改造工作，下发《关于推进北方采暖地区既有居住建筑供热计量及节能改造工作的实施意见》、《北方采暖地区既有居住建筑供热计量及节能改造实施指南》、《北方采暖地区既有居住建筑供热计量及节能改造专项资金管理暂行办法》、《北方采暖地区既有居住建筑供热计量及节能改造示范城市申报指南》等。各地建设主管部门应对本地区居住建筑进行建筑状况调查、能耗统计、确定重点改造区域和项目、制定改造规划和实施计划，并力求与旧城改造、建筑修缮和城市及区域性热源改造结合开展，并积极配合同级财政、发改等部门，研究适合本地实际的经济和技术政策，做好组织协调工作，确保改造目标的实现。三是配合国家发改委开展城市绿色照明工程，推广高效照明产品5000万只。

4. 建立大型公共建筑节能监管体系。一是今年将在北京市、上海市、天津市、重庆市、河北省、辽宁省、山东省、陕西省、河南省、湖北省、四川省、江苏省、福建省、广东省、海南省、石家庄市、沈阳市、济南市、西安市、郑州市、武汉市、长沙市、成都市、南京市、福州市、深圳市、厦门市、唐山市、三亚市、绵阳市、鹤壁市、常州市等32个示范省市开展国家机关办公建筑和大型公共建筑的能耗统计、能源审计工作，公示一批国家机关办公建筑和大型公共建筑基本能耗情况，在此基础上，研究制定用能标准、能耗定额和超定额加价、节能服务等制度，明后两年逐步在全国范围内推开，其中省（自治区、直辖市）、省会城市、计划单列市明年全部实行，地级城市2009年全部实行。二是我部将会同财政部制定《关于加强国家机关办公建筑和大型公共建筑节能管理的实施意见》、《国家机关办公建筑和大型公共建筑节能管理实施方案》、《国家机关办公建筑和大型公共建筑节能管理专项资金管理办法》、《国家机关办公建筑和大型公共建筑节能管理示范城市申报指南》等，各示范城市要认真做好大型公共建筑节能监管体系建设的实施方案，报我部与财政部同意后组织实施。三是会同教育部开展"节约型校园"建设工作，制定《关于开展"节约型校园"建设的指导意见》。

（三）实施水资源节约项目，加快水污染治理工程建设

1. 实施水资源节约项目。一是贯彻落实《节水型社会建设"十一五"规划》。到2010年基本完成对运行超过50年以及老城区严重漏损的供水管网的改造，全国设市城市供水管网平均漏损率不超过15%。二是在城镇全面推广生活节水器具。三是力争北方缺水城市再生水利用率达到污水处理量的20%，南方沿海缺水城市达到5%～10%。

2. 加快水污染治理工程建设。一是会同有关部门尽快编制完成全国"十一五"城镇污水处理及再生利用设施建设规划、重点流域水污染防治规划等，并按职责分工抓好相关工作的落实。二是进一步完善城镇污水处理厂污泥处理、处置的相关标准，研究制定《城市污水处理厂污泥处理处置技术政策》，强化污泥处置的管理，防止二次污染。加强城市污水处理再生利用技术政策、标准规范的贯彻实施，推进污水的再生利用，加强城镇水环境综合整治，逐步建立良好的水循环体系。三是研究制定《农村污水处理设施设计指南》、《农村污水处理设施建设与运行经济政策》，开展农村污水处理试点项目，建立农村污水处理技术研究中心。

（四）创新机制，加快发展循环经济

1. 推进资源综合利用。一是进一步提高新型墙体材料和节能、利废建材生产及应用比例，推动新型墙体材料和节能、利废建材产业化示范，配合国家发改委启动新型墙体材料及节能建材产业化生产基地建设。各地建设主管部门应结合本地的实际和国家禁止使用实心粘土砖工作的贯彻实施，积极开发和推广适合本地应用的新型墙体材料。二是配合有关部门修订发布新型墙体材料目录和专项基金管理办法。各地负责墙体材料革新工作的建设主管部门应加强对墙改基金的征收和管理，充分发挥墙改基金的引导和调控作用，推动建筑节能。三是我部将会同国家发改委、国土资源部、农业部推进第二批城市禁止使用实心粘土砖，确保2008年底前256个城市完成"禁实"目标。

2. 促进垃圾资源化利用。一是指导县级以上城市建立健全垃圾收集系统，逐步配套实施分类运输和分类处理。全面推进城市生活垃圾分类体系建设，重点宣传《城市生活垃圾管理办法》、《城市生活垃圾分类标志》等国家政策和技术标准，充分回收垃圾中废旧资源，实现垃圾减量化。二是鼓励城市生活垃圾焚烧发电和供热；2008年前，在全国372个垃圾填埋场，选择一批开展建设生活垃圾填埋气体发电利用项目，实现垃圾资源化。三是积极推进城市生活垃圾无害化处理设施建设，防止垃圾渗滤液污染地表水和地下水，新建城市垃圾无害化处理场要统筹考虑周边乡村的生活垃圾处理，实现垃圾无害化，对于未达到无害化标准的生活垃圾填埋场，要求在2008年底前全部整改达标。

（五）依靠科技，加快技术开发和推广

1. 加快节能减排技术研发。一是启动和实施"中国特色城镇化规律和模式"、"建筑节能关键技术研究与示范"以及"城镇水系统健康循环理论与关键技术"等15个"十一五"科

技发展优先主题。二是组织实施国家“十一五”科技支撑计划“城镇化与城市发展领域”中“建筑节能关键技术研究与示范”、“城镇人居环境改善与保障关键技术研究”、“村镇小康住宅关键技术研究与示范”等多个项目。三是启动国家“十一五”科技支撑计划、“水体污染控制与治理”重大专项、“生活垃圾综合处理与资源化利用技术研究示范”、“城市污水处理厂的节能降耗技术”、“城市综合节水技术开发与示范” 等重点项目、“村镇小康住宅关键技术研究与示范”、“城镇化与村镇建设动态监控关键技术”、“新型乡村经济建筑材料研究与开发”、“农村新能源开发与节能关键技术研究” 等重大项目的研究工作。四是积极争取“不同气候区节约型建筑综合技术集成与示范”项目的立项工作。

2. 加快建立节能技术服务体系。立足建筑节能目前发展阶段和现有资源,以国家机关办公建筑和大型公共建筑的节能运行管理与改造、建设节约型校园和宾馆饭店为突破口,拉动需求、激活市场、培育市场主体服务能力。加快推行合同能源管理,规范能源服务行为,利用国家资金重点支持专业化节能服务公司为用户提供节能诊断、设计、融资、改造、运行管理一条龙服务,为国家机关办公楼、大型公共建筑、公共设施和学校实施节能改造。

3. 加强国际交流合作。一是广泛开展节能减排国际科技合作,积极引进国外先进节能环保技术和管理经验,更有效地组织实施好世行“中国供热改革与建筑节能”、中荷“中国西部小城镇环境基础设施经济适用技术及示范”、中德“中国既有建筑改造”、UNDP 中国终端能效项目等国际合作项目。二是积极筹备第四届国际智能、绿色建筑与建筑节能大会暨新技术与产品博览会。三是召开 2007 年第六届亚太地区基础设施发展部长级论坛暨第二届中国城镇水务发展战略国际研讨会和水处理新技术与设备博览会。四是继续积极研究、多渠道筹集争取配套资金,鼓励有关单位参与国际合作项目的策划和申请,扩大合作对象,拓展合作领域。在 CDM 机制合作等方面,提出相应的工作思路,开展相应的工作。

(六)强化责任,加强节能减排管理

1. 建立和完善节能减排指标体系、监测体系。一是完善城乡建设统计报表制度。强化城镇节约用水、污水处理、垃圾处理和公共交通指标,探索新的数据调查方式。二是制定并实施《民用建筑能耗统计报表制度》、《民用建筑能耗数据采集标准》、《“十一五”主要污染物减排统计和监测办法》等,改进统计办法,完善统计和监测制度。

2. 严格建筑节能管理。一是强化新建建筑执行节能强制性标准的监督管理,把好施工图审查、施工许可、工程质量监管及竣工验收等环节标准执行关,对达不到标准的建筑,不得办理开工和竣工验收备案手续,不得销售使用,建立行政审批责任制和问责制,按照“谁审批、谁监督、谁负责”的原则,对不按规定办理开工和竣工验收备案手续的,依法追究有关人员责任。二是贯彻落实《建筑节能工程施工质量验收规范》,着力抓好新建建筑施工阶段执行标准的监管力度。三是在《城市房地产开发经营管理条例》的修订中,规定新建商品房销售时在买卖合同、质量保证书、使用说明书等文件中载明耗能量、节能措施等信息。大型公共建筑建成后,必须进行建筑能效专项测评,达不到节能标准的不得组织竣工验收备案。

3. 强化交通运输节能减排管理。一是大力发展城市公共交通,加快城市快速公交和轨道交通建设。制定《城市综合交通体系规划编制管理办法》,引导城市公共交通发展政策和措施符合国家优先发展公共交通的战略部署。在相关城市规划与实施公共交通、城市轨道交通网络优化和资源共享优化。二是指导各地科学设置公交优先车道(路)和优先通行信号系统，争取用2年左右时间，使多数大城市建立完善的城市公共交通优先车道（路）网络，建成一批公共交通优先通行信号系统。三是推进快速公共汽车系统和智能交通系统建设，会同有关部门制定《关于促进大城市轨道交通健康发展的意见》，抓好示范工程。

4. 加大实施能效标识和节能节水产品认证管理力度。一是加快实施强制性能效标识制度，制定《民用建筑能效测评与标识管理办法》、《民用建筑能效测评机构管理办法》、《民用建筑能效测评标识技术导则》等，规范和引导能效测评标识行为。认真实施绿色建筑评估认证制度。二是推动节水和环保产品认证，在城市强制推广使用节水器具，到2010年，新建住宅和公共建筑全面普及节水器具，现有住宅节水器具普及率达到70%。

5. 加强节能减排管理能力建设。一是组织开展城市供排水水质监测站计量认证评审工作，编制国家计量认证城市供排水管理办法。指导并督促地方加强城市排水监测机构的能力建设，开展人员培训。二是加强节能减排统计能力建设，充实统计力量，适当加大投入。三是充分发挥行业协会、学会在节能标准制定和实施、新技术（产品）推广、信息咨询、宣传培训等方面的作用。

（七）健全法制，加大监督检查执法力度

1. 健全法律法规。积极配合节约能源法、循环经济法等法律的制定及修订工作；积极做好民用建筑节能、城市排水和污水管理等方面行政法规的制定及修订工作；积极研究开展节约用水等方面的立法准备工作。

2. 完善节能和环保标准。一是指导各地区抓紧研究制定本地区大型公共建筑能耗限额标准。二是完善建筑节能标准体系，修订《夏热冬暖地区居住建筑节能设计标准》。制定热分配表、小流量热计量表等产品标准。三是编制完成《建筑节能施工监督导则》、《绿色施工导则》。

3. 强化城市污水处理厂和生活垃圾处理设施运行管理和监督。加强对城市污水处理设施建设和运行的检查、督促和指导，加强配套管网建设，建立并完善污水处理厂主要污染物（COD）削减量绩效评估制度。对列入国家重点环境监控的城市污水处理厂的运行情况，实行上报制度，限期安装在线监控系统，并与建设部门联网。建立城市污水处理厂运行管理数据库。对未按规定和要求运行污水处理厂和生活垃圾处理设施的城市公开通报，限期整改。严格执行《城市排水许可管理办法》，进一步加强城市排水管理，保障排水设施安全正常运行。

4. 建立政府节能减排工作问责制，严格节能减排执法检查。一是将节能减排指标完成情况列入对各级建设主管部门考核评价体系，抓紧制定具体的评价考核实施办法。二是建设部每年组织开展建筑节能、供热体制改革、污水处理厂和生活垃圾处理设施运行管理专项检查行动，严肃查处各类违法违规行为和事件。

（八）完善政策，形成激励和约束机制

1. 积极稳妥推进资源性产品价格改革。一是配合国家发改委、财政部等部门完成《关于加快推进水价改革的指导意见》、《关于深化污水处理税费改革促进污水处理产业良性发展的意见》、《完善生活垃圾处理收费制度提高垃圾处理能力的意见》、《污水处理行业定价成本监审办法》等文件，合理调整各类用水价格，加快推行阶梯式水价、超计划超定额用水加价制度。二是全面开征城市污水处理费，征收标准要提高到补偿污水处理设施运行成本

(包括污泥处理处置费用)和补偿部分设施建设成本,并使企业保本微利,并逐步做到合理盈利。三是提高垃圾处理收费标准,改进征收方式。四是对国家产业政策明确的限制类、淘汰类高耗水企业实施惩罚性水价。配合国家发改委等部门制定再生水、海水淡化水、微咸水、矿井水、雨水开发利用支持性价格政策。

2. 完善和实施有利于节能减排的财政税收政策。配合财政部、国家税务总局研究制定鼓励节能省地环保型建筑、既有建筑节能改造、可再生能源建筑中应用、节能减排设备、资源综合利用产品等方面的财政、税收优惠政策。

(九)加强宣传,提高全民节约意识

将节能减排宣传纳入重大主题宣传活动,广泛深入持久开展节能减排宣传。一是每年制定节能减排宣传方案,主要新闻媒体在重要版面、重要时段进行系列报道,广泛宣传节能减排的重要性。二是做好每年一度的全国节能宣传周、全国城市节水宣传周、中国城市公共交通周及无车日等宣传活动。开展创建节水型城市 10 周年总结表彰大会。

建设部关于印发《绿色建筑评价技术细则》（试行）的通知

建科[2007]205号

各省、自治区建设厅，直辖市建委及有关部门，计划单列市建委（建设局），新疆生产建设兵团建设局：

为规范绿色建筑的规划、设计、建设和管理工作，推动绿色建筑工作的开展，依据《绿色建筑评价标准》，我部组织相关单位编制了《绿色建筑评价技术细则》（试行）。现印发你们。

二〇〇七年八月二十一日

建设部关于印发《绿色建筑评价标识管理办法》（试行）的通知

建科[2007]206 号

各省、自治区建设厅，直辖市建委及有关部门，计划单列市建委（建设局），新疆生产建设兵团建设局：

为规范绿色建筑评价标识工作，引导绿色建筑健康发展，我部制定了《绿色建筑评价标识管理办法》（试行）。现印发你们，请遵照执行。

二〇〇七年八月二十一日

绿色建筑评价标识管理办法（试行）

第一章　总　　则

第一条　为规范绿色建筑评价标识工作，引导绿色建筑健康发展，制定本办法。

第二条　本办法所称的绿色建筑评价标识（以下简称“评价标识”），是指对申请进行绿色建筑等级评定的建筑物，依据《绿色建筑评价标准》和《绿色建筑评价技术细则（试行）》，按照本办法确定的程序和要求，确认其等级并进行信息性标识的一种评价活动。标识包括证书和标志。

第三条　本办法适用于已竣工并投入使用的住宅建筑和公共建筑评价标识的组织实施与管理。

第四条　评价标识的申请遵循自愿原则，评价标识工作遵循科学、公开、公平和公正的原则。

第五条　绿色建筑等级由低至高分为一星级、二星级和三星级三个等级。

第二章　组　织　管　理

第六条　建设部负责指导和管理绿色建筑评价标识工作，制定管理办法，监督实施，公示、审定、公布通过的项目。

第七条　对审定的项目由建设部公布，并颁发证书和标志。

第八条　建设部委托建设部科技发展促进中心负责绿色建筑评价标识的具体组织实施等日常管理工作，并接受建设部的监督与管理。

第九条　建设部科技发展促进中心负责对申请的项目组织评审,建立并管理评审工作档案,受理查询事务。

第三章　申请条件及程序

第十条　评价标识的申请应由业主单位、房地产开发单位提出,鼓励设计单位、施工单位和物业管理单位等相关单位共同参与申请。

第十一条　申请评价标识的住宅建筑和公共建筑应当通过工程质量验收并投入使用一年以上,未发生重大质量安全事故,无拖欠工资和工程款。

第十二条　申请单位应当提供真实、完整的申报材料,填写评价标识申报书,提供工程立项批件、申报单位的资质证书,工程用材料、产品、设备的合格证书、检测报告等材料,以及必须的规划、设计、施工、验收和运营管理资料。

第十三条　评价标识申请在通过申请材料的形式审查后,由组成的评审专家委员会对其进行评审,并对通过评审的项目进行公示,公示期为30天。

第十四条　经公示后无异议或有异议但已协调解决的项目,由建设部审定。

第十五条　对有异议而且无法协调解决的项目,将不予进行审定并向申请单位说明情况,退还申请资料。

第四章　监　督　检　查

第十六条　标识持有单位应规范使用证书和标志,并制定相应的管理制度。

第十七条　任何单位和个人不得利用标识进行虚假宣传,不得转让、伪造或冒用标识。

第十八条　凡有下列情况之一者,暂停使用标识:

(一)建筑物的个别指标与申请评价标识的要求不符;

(二)证书或标志的使用不符合规定的要求。

凡有下列情况之一者,撤销标识:

(一)建筑物的技术指标与申请评价标识的要求有多项(三项以上)不符的;

(二)标识持有单位暂停使用标识超过一年的;

(三)转让标识或违反有关规定、损害标识信誉的;

(四)以不真实的申请材料通过评价获得标识的;

(五)无正当理由拒绝监督检查的被撤销标识的建筑物和有关单位,自撤销之日起三年内不得再次提出评价标识申请。

第十九条　标识持有单位有第十七条、第十八条情况之一时,知情单位或个人可向建设部举报。

第五章　附　　则

第二十条　处于规划设计阶段和施工阶段的住宅建筑和公共建筑,可比照本办法对其规划设计进行评价。

《绿色建筑评价标准》未规定的其他类型建筑,可参照本办法开展评价标识工作。

第二十一条　建设部科技发展促进中心应根据本办法制定实施细则。

第二十二条　本办法由建设部科学技术司负责解释。

第二十三条　本办法自发布之日起施行。

建设部关于印发《建设部“十一五”可再生能源建筑应用技术目录》的通知

建科[2007]216号

各省、自治区建设厅，直辖市建委及有关部门，计划单列市建委（建设局），新疆生产建设兵团建设局，各有关单位：

为推进“十一五”期间可再生能源在建筑中的应用，引导可再生能源在建筑中应用的技术发展，加强对建设部、财政部可再生能源建筑应用示范项目的技术支撑，依据《建设领域推广应用新技术管理规定》（建设部令第109号）、《建设部推广应用新技术管理细则》（建科[2002]222号），以及实施《建设事业“十一五”重点推广技术领域》的要求，我部组织编制了《建设部“十一五”可再生能源建筑应用技术目录》，现印发给你们。请结合本地区情况，做好相关技术在可再生能源建筑应用示范项目中的推广应用工作。

附件：建设部“十一五”可再生能源建筑应用推广技术目录（略）

二〇〇七年八月三十日

建设部　财政部关于加强国家机关办公建筑和大型公共建筑节能管理工作的实施意见

建科[2007]245号

各省、自治区、直辖市、计划单列市建设、财政厅(委、局),新疆生产建设兵团建设局、财务局:

随着我国经济的发展,国家机关办公建筑和大型公共建筑高耗能的问题日益突出。据统计,国家机关办公建筑和大型公共建筑年耗电量约占全国城镇总耗电量的22%,每平方米年耗电量是普通居民住宅的10~20倍,是欧洲、日本等发达国家同类建筑的1.5~2倍,做好国家机关办公建筑和大型公共建筑的节能管理工作,对实现"十一五"建筑节能规划目标具有重要意义。为贯彻落实《国务院关于印发节能减排综合性工作方案的通知》(国发[2007]15号)、《关于加强大型公共建筑工程建设管理的若干意见》(建质[2007]1号)文件精神,全面推进国家机关办公建筑和大型公共建筑节能管理工作,特提出以下意见:

一、指导思想和工作目标

(一)指导思想。以"三个代表"重要思想为指导,全面落实科学发展观,以提高国家机关办公建筑和大型公共建筑能源利用效率为目标,新建建筑要坚持遵循适用、经济,在可能条件下注意美观的原则,在建设的全过程中注重资源节约和保护环境,严格执行建筑节能强制性标准;既有建筑要加强用能管理,以制度建设为重点,运用经济、法律和行政管理手段,完善节能管理体系,培育和规范建筑节能服务体系,形成政府监管、市场引导的推进模式,建立促进节能的长效机制,稳步推进。

(二)工作目标。"十一五"期间,建立健全国家机关办公建筑和大型公共建筑节能监管体系,进一步强化监督管理,确保新建建筑全面执行建筑节能强制性标准,建立和完善能效测评、用能标准、能耗统计、能源审计、能效公示、用能定额、节能服务等各项制度,促进既有高耗能国家机关办公建筑和大型公共建筑节能运行和改造。争取"十一五"期末,国家机关办公建筑和大型公共建筑总能耗下降20%,节约1100~1500万吨标准煤。

今明两年工作重点是在国家机关办公建筑和大型公共建筑比较集中的省市,建立国家机关办公建筑和大型公共建筑节能监管体系,开展能耗统计、能源审计、能效公示等工作。在此基础上,研究制定用能标准、能耗定额和超定额加价、节能服务等制度,并逐步在全国范围内推开。

二、严格执行节能标准,抓好新建建筑节能

(三)进一步明确建筑方针。国家机关办公建筑和大型公共建筑的建设活动,要坚持科学发展观,立足国情,既要保证质量安全,又要强调使用功能与经济实用,特别是要考虑运营过程中消耗能源资源的成本,既要考虑建筑外观效果,又要强调建筑结构、设备的节能及环保要求,要考虑当地经济发展水平和实际需要,杜绝盲目攀比、浪费投资的现象。

(四)强化执行节能标准的全过程监管。在国家机关办公建筑和大型公共建筑建设的全过程严格执行建筑节能标准,在规划立项阶段,把能耗标准作为建设国家机关办公建筑和大型公共建筑项目核准和备案的强制性门槛。施工图设计文件审查不合格的不得颁发施工许可证。项目建成后,必须进行建筑能效专项测评,达不到节能强制性标准的,有关部门不得办理竣工验收备案手续。

(五)落实项目建设各方主体责任。建设单位要按照相应的建筑节能要求委托工程项目的建筑设计。竣工验收应包括查验建筑节能强制性标准执行情况。设计单位要严格按照有关节能、节地、节水、节材和环保标准进行设计。施工图设计文件审查机构要在审查报告中单列建筑节能专项审查内容,审查不合格的,不得通过施工图审查。施工、监理单位要严格落实设计文件中的各项节能措施,确保质量。

三、加强节能运行与改造,提高既有建筑能源利用效率

(六)开展建立节能监管体系相关工作。今明两年,国家支持在国家机关办公建筑和大型公共建筑比较集中的省市开展节能监管体系建设相关工作,工作内容主要包括对国家机关办公建筑和大型公共建筑的建筑面积、使用功能、结构形式、年度能耗总量等基本信息的调查统计,对重点用能单位的能源审计,对能耗统计或能源审计结果的公示,对重点城市中重点建筑进行建立能耗检测平台试点等。各地要按照《国家机关办公建筑和大型公共建筑节能监管体系建设实施方案》(附件),认真组织实施。

(七)提高运行节能管理水平。国家机关办公建筑和大型公共建筑所有权人、业主或其委托的物业管理单位要设立专门的能源管理岗位,聘任具有节能专业知识的人员,负责本单位的能源管理工作,通过规范用能行为、优化系统运行、安设调节装置、完善运行管理制度等措施,切实降低运行能耗。各地建设、财政主管部门要会同有关部门定期监督检查运行节能管理工作情况,并监测节能效果。

(八)开展节能改造。国家机关办公建筑和大型公共建筑所有权人或使用人可以委托专业的能源服务机构对节能改造的必要性、可行性以及投入收益比等进行科学论证,并采取合同能源管理等方式组织实施。在改造时应同步考虑采用可再生能源。各地建设主管部门要在其改造过程中进行监督与管理,给予必要的指导和协助。国家机关办公建筑、政府投资和以政府投资为主的大型公共建筑的节能改造,应当制定节能改造方案,经充分论证,并按照国家有关规定办理相关审批手续后,方可进行。凡违反国家有关规定和标准,以节能改造的名义对既有建筑进行扩建、改建的,当地建设部门不得办理相关审批手续。

(九)加强制度建设。国家将制定国家机关办公建筑和大型公共建筑能耗统计、能源审计、能效公示管理办法和《建筑能耗数据采集标准》、《国家机关办公建筑和大型公共建筑能源审计导则》等,各地应结合本地实际,抓紧研究制定相应实施细则,并抓好落实。在示范省市取得经验的基础上,根据国家机关办公建筑和大型公共建筑的能耗监测情况及能源审计结果,研究制定重点用能单位的用能标准与用能定额,逐步建立超定额加价制度。

(十)认真做好宣传工作。各级建设主管部门要充分发挥舆论的导向与监督作用,大力宣传开展国家机关办公建筑和大型公共建筑节能管理工作的重要意义,对示范省市的管理模式、技术应用、制度建设等成功经验要积极宣传,扩大影响,努力营造有利于促进建筑节能的社会氛围。

四、完善各项配套措施，保障节能管理工作的落实

（十一）完善经济激励政策。按照国务院《节能减排综合性工作方案》要求，各级人民政府在财政预算中安排一定资金，支持重点节能工程、节能新机制的推广、节能管理能力建设等。中央财政将设立专项资金，支持建立国家机关办公建筑和大型公共建筑节能管理节能监管体系，推进节能运行与节能改造。地方财政也应切实加强对国家机关办公建筑和大型公共建筑节能的支持。

（十二）加强技术产品保障。各级建设主管部门要积极支持国家机关办公建筑和大型公共建筑节能的新技术、新产品的开发、集成和推广应用示范，组织引进、消化、吸收国外先进技术，优先支持科技含量高、经济性好、节能效果显著、拥有自主知识产权的设备产品及技术的研究开发。加快淘汰落后的技术、产品。

（十三）健全组织领导体系。各地建设主管部门要尽快制定本辖区内的国家机关办公建筑和大型公共建筑节能管理专项规划，编制工作实施方案。要采取切实可行的措施，形成协调配合、运行顺畅的工作机制，统一部署落实相关部门和单位的责任和分工。

（十四）强化考核评价管理。各地要建立国家机关办公建筑和大型公共建筑节能的奖惩考核机制，要把节能量纳入本地单位 GDP 能耗降低的考核目标体系，将节能管理目标及任务分解落实到各级管理机构及人员工作的绩效考核内容。各地工作进展情况将作为全国建筑节能专项检查专项考核评价的重要内容。

附件：国家机关办公建筑和大型公共建筑节能监管体系建设实施方案

二〇〇七年十月二十三日

附件：

国家机关办公建筑和大型公共建筑节能监管体系建设实施方案

根据《国务院关于印发节能减排综合性工作方案的通知》（国发［2007］15 号），为建立国家机关办公建筑和大型公共建筑运行节能监管体系，提出以下实施方案：

一、工作目标

逐步建立起全国联网的国家机关办公建筑和大型公共建筑能耗监测平台，对全国重点城市重点建筑能耗进行实时监测，并通过能耗统计、能源审计、能效公示、用能定额和超定额加价等制度，促使国家机关办公建筑和大型公共建筑提高节能运行管理水平，培育建筑节能服务市场，为高能耗建筑的进一步节能改造准备条件。

二、主要工作内容

1. 能耗监测。对高耗能重点建筑安装分项计量装置，通过远程传输等手段及时采集分析能耗数据,实现对重点城市、重点建筑能耗的实时动态监测;对能耗统计、能源审计等基本信息实现全国联网,进行汇总分析。

2. 能耗统计。对国家机关办公建筑和大型公共建筑的基本情况、能源消耗(电、水、燃气、热量)分季度、年度的调查统计与分析。

3. 能源审计。根据能耗统计结果,选取各类型建筑中的部分高能耗建筑,或部分具有标杆作用的低能耗建筑进行能源审计。

4. 能效公示。在政府或其指定的官方网站以及本地主流媒体对能耗统计结果和能源审计结果进行公示。

5. 制度建设。制订本辖区能效公示办法;制订本辖区能耗调查与能源审计管理办法;建立和完善节能运行管理制度及操作规程;研究能耗定额标准与用能系统运行标准,逐步建立超定额加价制度;研究探索市场化推进大型公共建筑节能的机制。

三、中央财政支持的组织实施

中央财政设立专项资金,支持建立国家机关办公建筑和大型公建节能监管体系。地方财政也应积极支持节能监管体系的建立与运营。

(一)根据各地工作进展,2007 年,北京、天津、深圳三个城市率先建立动态监测平台,中央财政给予适当支持;2007 年支持示范省市开展能耗统计、能源审计、能效公示工作。

(二)从 2008 年开始,中央财政支持北京、天津和深圳三个城市完善动态能耗监测平台,并根据能耗监测平台运行情况、各地工作进展,支持其他具备条件的城市建立能耗监测平台;在起步阶段,继续支持示范省市开展能耗统计、能源审计、能效公示工作,并逐步建立起用能定额和超定额加价制度。

(三)中央财政资金的申请、审核、拨付、使用等按照《国家机关办公建筑和大型公共建筑节能专项资金管理暂行办法》的规定执行。2007 年中央财政资金申请截止日期为 2007 年 11 月 10 日。

四、工作计划安排

2007 年开始在大型公共建筑较为集中且具备一定工作基础的省市开展国家机关办公建筑与大型公共建筑节能监管体系建设示范。2007 年示范范围包括:各直辖市、计划单列市;河北、辽宁、江苏、浙江、福建、山东、河南、湖北、湖南、广东、广西、海南、四川、贵州、陕西 15 个省(自治区)本级及其省会城市。在经过示范取得经验后,2008 年开始扩大示范范围,在全国逐步推开。

(一)建立能耗监测平台

1. 2007 年底,北京、天津和深圳三个城市要完成至少 20% 国家机关办公建筑和大型公共建筑的用电分项计量装置安装,并实现实时动态监测。

2. 2008 年采暖期开始前,北方采暖地区示范省市需完成改造区域内锅炉房、换热站的热计量装置安装。年底前,北京、天津、深圳三个城市要完成重点建筑的用电分项计量装置安装,其他省市根据试点情况,逐步推广。到 2010 年年底完成大多数重点建筑的用电分项计量装置安装,搭建起全国联网的城市国家机关办公建筑和大型公共建筑能耗监测平台。

(二)能耗统计

示范省市应根据《建筑能耗统计报表制度》(建科函[2007]271 号)、《建筑能耗数据采集标准》要求进行能耗统计，并确定重点用能建筑。

1. 2007 年 11 月底前完成能耗基本信息普查；

2. 2008 年开始根据能源分类计量和用电分项计量实施情况，按季进行能耗统计。

（三）能源审计

示范省市应按照《国家机关办公建筑和大型公共建筑能源审计导则》（另发）规定方法进行能源审计。

1. 2007 年 11 月底前审计不少于当年能效公示要求的各类建筑栋数；

2. 2008 年开始每年在各类型建筑单位面积能耗排名前 50% 的建筑中选取审计对象进行审计，对能效高的典型建筑按类型各选取不少于 3 栋作为标杆建筑进行审计。

（四）能效公示

1. 于 2007 年 12 月底之前实现建筑基本能耗信息和审计结果的公示：（1）国家机关办公建筑。示范省、自治区、直辖市应完成 20 个省直国家机关办公建筑的能效公示；示范计划单列市、省会城市应完成 10 个市直国家机关办公建筑的能效公示；（2）商业性大型公共建筑。四个直辖市和深圳市应完成至少 20 个商业性大型公共建筑（宾馆、商场、写字楼）的能效公示；示范的省会城市、其他计划单列市应完成至少 10 个商业性大型公共建筑的能效公示；（3）高等院校。除海南省之外的示范省、自治区、直辖市完成不少于 5 所高校的能效公示。

2. 2008 年开始逐步增加分项能耗指标、综合能效排名、合理参考能耗水平等公示内容，每年对各类型建筑单位面积能耗排名前 20% 的建筑进行公示，对能效高的建筑按类型各选取 3 个作为标杆建筑进行公示。

（五）制度建设工作安排

1. 各示范省、自治区、直辖市和计划单列市应于 2007 年 11 月底前制定本辖区的能效公示管理办法；

2. 示范省市应于 2008 年 12 月底之前完成《建筑能耗数据采集标准》、《国家机关办公建筑和大型公共建筑能源审计导则》在本辖区的实施细则，本辖区能耗调查与审计管理办法；同步推进节能运行管理制度及操作规程的建立，能耗定额标准与用能系统运行标准的研究，超定额加价制度的建立。

五、工作目标考核

（一）国家考核。国家机关办公建筑和大型公共建筑运行节能管理工作的落实情况纳入全国建筑节能专项检查的考核范围，建设部、财政部将对工作完成情况进行考核。

（二）地方考核。各地应建立国家机关办公建筑和大型公共建筑节能量考核机制，并纳入本地单位 GDP 能耗下降的考核目标体系。

六、实施机构及保障措施

（一）财政部负责组织实施对节能监管体系建设的财政支持。建设部负责节能监管体系的建设、运营及管理，确保节能监管体系建设取得实效。各省（市）直属机关、事业单位、省（市）属大专院校节能监管体系建设由省级建设主管部门分别会同省级政府机关事务管理机构、省级教育主管部门组织实施；各市辖区范围内大型公共建筑节能监管体系建设由市级建设主管部门组织实施。

（二）建立节能监管体系，要争取当地政府的支持，建立相应的协调机制，把国家机关办公建筑和大型公共建筑制度的建立与地方各行业部门的单位 GDP 能耗下降分解指标任务结合，统一部署落实各部门责任。

（三）各示范省市应充分发挥现有建筑节能管理、工程质量监管等机构的作用，负责国家机关办公建筑和大型公共建筑节能监管体系建设和运行的具体管理工作。

（四）建立节能监管体系，要充分依托具有较强科研实力、设置相关专业的大专院校及相关实践经验丰富的建筑科研机构、技术服务机构等，整合各方面力量，共同做好能耗监测平台建设、能耗统计、能源审计等相关技术支撑工作。

（五）全国国家机关办公建筑和大型公共建筑能耗监测平台设在建设部信息中心，负责各地能耗监测平台能耗数据信息的统一管理工作。各省市应充分发挥现有的建设信息机构的作用，负责能耗建设平台的具体管理工作。

中央国家机关办公建筑及教育部直属大专院校节能监管体系建设及实施方案另行制定。

附表：工作时间安排表（略）

建设部关于印发《市政工程投资估算指标》的通知

建标[2007]163号

各省、自治区建设厅,直辖市建委,国务院有关部门:

为合理确定和控制市政工程投资,满足市政建设项目编制项目建议书和可行性研究报告投资估算的需要,我部制定了《市政工程投资估算指标》(《第一册 道路工程》、《第三册 给水工程》、《第七册 燃气工程》、《第八册 集中供热热力网工程》),编号分别为HGZ47-101-2007、HGZ47-103-2007、HGZ47-107-2007、HGZ47-108-2007,现印发给你们。自2007年12月1日起施行。我部1996年发布的《全国市政工程投资估算指标》同时废止。

《市政工程投资估算指标》由建设部标准定额研究所组织中国计划出版社出版发行。

请你们认真贯彻执行,并将工作中的问题和建议反馈建设部标准定额司。

二〇〇七年六月二十六日

建设部关于印发《市政工程投资估算编制办法》的通知

建标[2007]164号

各省、自治区建设厅,直辖市建委,国务院有关部门:

为加强市政工程项目投资估算工作,提高估算编制质量,合理确定市政建设项目投资,我部制定了《市政工程投资估算编制办法》,现印发给你们。自2007年12月1日起施行。我部1996年发布的《市政工程可行性研究投资估算编制办法》同时废止。

《市政工程投资估算编制办法》由建设部标准定额研究所组织中国计划出版社出版发行。

请你们认真贯彻执行,并将工作中的问题和建议反馈建设部标准定额司。

二〇〇七年六月二十七日

建设部办公厅关于建筑业企业项目经理资质管理制度向建造师执业资格制度过渡有关问题的补充通知

建办市[2007]54号

各省、自治区建设厅，直辖市建委，国务院有关部门建设司，新疆生产建设兵团建设局，总后营房部工程局，中央管理的企业，有关行业协会：

为了确保建筑业企业项目经理资质管理制度向建造师执业资格制度平稳过渡，妥善解决尚未取得建造师执业资格的持有项目经理资质证书人员的实际问题，现将有关问题补充通知如下：

一、按照建设部2003年4月《关于建筑业企业项目经理资质管理制度向建造师执业资格制度过渡有关问题的通知》（建市[2003]86号）的要求，2008年2月27日开始停止使用建筑业企业项目经理资质证书。

二、具有统一颁发的建筑业企业一级项目经理资质证书，且未取得建造师资格证书的人员，符合下述条件之一的，可申请一级建造师临时执业证书：

（一）2007年度担任大型工程施工项目经理的；

（二）2007年度未担任大型工程施工项目经理的，应当同时满足下列条件：

1. 年龄不超过55周岁；

2. 符合《建造师执业资格考核认定办法》（国人部发[2004]16号）和《关于印发〈一级建造师注册实施办法〉的通知》（建市[2007]101号）中业绩规模、数量和专业要求，年龄、业绩计算时间截止到2007年12月31日。

符合上述（一）、（二）条件的，由申请人通过受聘建筑业企业按照属地化原则向省、自治区、直辖市建设主管部门申报，申报程序按建市[2007]101号文执行。各地审查汇总后于2007年12月31日前报建设部。2008年2月27日前，经建设部审批后，委托各省级建设主管部门向符合条件者颁发一级建造师临时执业证书。证书有效期为5年，于2013年2月27日废止。

三、取得一级建造师临时执业证书的人员，其注册、执业、变更、注销和继续教育等，按照注册建造师制度有关规定执行。

四、取得一级建造师临时执业证书的人员，在持证有效期内通过考试取得建造师资格证书的，应当在3个月内完成专业注册，原一级建造师临时执业证书自动失效，建设部负责收回其临时执业证书和执业印章。

五、二级建造师临时执业证书颁发工作由各省、自治区、直辖市建设主管部门参照本通知精神另行规定，并将名单报建设部备案。

具有建筑业企业一级项目经理资质证书，未取得建造师资格证书且不符合颁发一级建造师临时执业证书条件的，可由省级建设主管部门根据《关于印发〈二级建造师执业资格考核认定指导意见〉的通知》（建市[2004]85号）规定，对符合条件者颁发二级建造师临时执业证书。具有一级项目经理资质证书的人员不能同时获取一、二级建造师临时执业证书。

附件：1.一级建造师临时执业证书申请表（略）

2.一级建造师临时执业证书汇总表（略）

二〇〇七年十一月十九日

建设部关于建筑业企业项目经理资质管理制度向建造师执业资格过渡有关问题的说明

建市监函[2007]82号

各省、自治区建设厅,直辖市建委,新疆生产建设兵团建设局,国务院各有关部门建设司,总后基建营房部,国资委管理的有关企业,有关行业协会:

为了认真贯彻《关于建筑业企业项目经理资质管理制度向建造师执业资格过渡有关问题补充通知》(建办市[2007]54号)精神,切实做好一级建造师临时执业证书核发工作,现将有关问题说明如下:

一、证书授予范围

一级建造师临时执业证书仅授予建筑业企业中符合条件的一级项目经理资质证书持有人。凡持有统一颁发的一级项目经理资质证书且符合条件的人员均可申报。

一级项目经理资质证书持有人有下列情况之一的,不授予一级建造师临时执业证书:取得一级建造师资格证书的;重复注册的;注销注册的;考核认定弄虚作假的;有市场违法违规行为的;有《注册建造师管理规定》(建设部令153号)规定不予注册情形之一的。

二、申请表和申报材料

申请人在中国建造师网上如实填报《一级建造师临时执业证书申请表》,网上申报成功后,打印自动生成条形码书面申请表。个人必须在申请表上签字,本专业专家评审小组签署意见,不同意授予临时证书的应当说明理由。

省级建设主管部门按照《建造师执业资格考核认定办法》(国人厅发[2004]16号)和《建造师执业资格考核认定实施细则》(建市函[2004]56号)规定,负责组织对申请人相关材料原件进行审查,经审查通过后由省级建设主管部门汇总,报建设部建筑市场管理司。申请建筑工程、机电工程、市政工程、矿业工程的,报送申请表一式二份,汇总表一式二份;申请铁路、公路、民航、港口与航道、水利水电、通信与广电专业的,报送申请表一式三份和汇总表一式三份。

三、申报要求

申报人应当根据自身工程业绩情况,选择一个专业进行申请。防水、防腐、消防、建筑智能化等专业企业的人员可申请相近专业一级建造师临时执业证书。

四、审查要求

各省级建设主管部门负责组织专家对申报材料进行严格审查,提出审查结论意见。审查重点为申报工程业绩和项目经理资质证书有效性、真实性及其在岗情况,专家对签署的审查意见负责,专家意见为授予申请人一级建造师临时执业证书的基本依据。

五、一级建造师临时执业证书使用

这次申报与注册工作同步进行,一级建造师临时执业证书与一级建造师注册证书等同使用。可以作为招标投标、资质评审、个人资格管理的依据。

六、二级建造师申请临时证书规定

授予一级建造师临时执业证书人员中，凡通过考核认定和考试取得二级建造师资格证书的，暂不予以二级建造师注册。

七、一级项目经理资质证书的有效性问题

一级项目经理资质证书必须经过文件批准，凡批文中列明但一级项目经理数据库中未列入人员，可以申请临时执业证书，但需申请人补充个人相关资料，并由省级建设主管部门出具证明。

八、现岗位和业绩确认

能够证明工程专业、工程规模、开竣工日期（计划日期）的合同，项目经理任职文件，截止时间到 2007 年 12 月 31 日。

九、年龄计算问题

现工程项目经理岗位任职年龄不超过 65 周岁；现非工程项目经理岗位任职年龄不超过 55 周岁，计算截止时间为 2007 年 12 月 31 日。

十、审批管理体制

一级建造师临时执业证书申请由省级建设主管部门负责初审，报建设部审批；涉及到铁路、公路、民航、港口与航道、水利水电、通信与广电专业的，由国务院有关部门审核，建设部审批。二级建造师临时执业证书申请由省级建设主管部门会同有关专业部门审批。

十一、铁路等专业归并

铁路、通信、港口、民航四个专业无二级建造师序列，但有二级项目经理资质证书，这批二级项目经理资质证书的转化由国务院建设主管部门商国务院有关部门另行规定。

十二、延长申报时间

申报截止时间延长至 2008 年 1 月 31 日。

十三、公示公告与举报处理

申请一级建造师临时执业证书由省级建设主管部门初审同意后，建设部不再组织专家评审，建设部负责查重后向社会公示 10 日，接受社会各方面举报，举报查实的按照 16 号文件规定处理。建设部负责对符合条件者向社会公告。

十四、证书发放

建设部统一颁发一级建造师临时执业证书，证书有效期 3 年，在有效期内达到继续教育要求的，可续期使用 2 年。二级建造师临时执业证书由建设部统一式样，各省级建设主管部门统一颁发。

二〇〇七年十二月五日

建设部关于印发《建筑市场诚信行为信息管理办法》的通知

建市[2007]9号

各省、自治区建设厅，直辖市建委，计划单列市建委(建设局)，新疆生产建设兵团建设局，总后基建营房部工程局，国资委管理的有关企业，有关行业协会：

为进一步规范建筑市场秩序，健全建筑市场诚信体系，加强对建筑市场各方主体的动态监管，营造诚实守信的市场环境，我们组织制定了《建筑市场诚信行为信息管理办法》，现印发给你们，请遵照执行。

省、自治区、直辖市建设行政主管部门要对建筑市场信用体系建设工作高度重视，加强组织领导和宣传贯彻，并结合本地实际，抓紧制订落实《建筑市场诚信行为信息管理办法》的实施细则。省会城市、计划单列市以及基础条件较好的地级城市要在2007年6月30日前，按照《建筑市场诚信行为信息管理办法》的要求，建立本地区的建筑市场综合监管信息系统和诚信信息平台。其他地区在2007年年底前也要全部启动这项工作，推动建筑市场信用体系建设的全面实施。

附件：建筑市场诚信行为信息管理办法

二○○七年一月十二日

建筑市场诚信行为信息管理办法

第一条 为进一步规范建筑市场秩序，健全建筑市场诚信体系，加强对建筑市场各方主体的监管，营造诚实守信的市场环境，根据《建筑法》、《招标投标法》、《建设工程勘察设计管理条例》、《建设工程质量管理条例》、《建设工程安全生产管理条例》等有关法律法规，制定本办法。

第二条 本办法所称建筑市场各方主体是指建设项目的建设单位和参与工程建设活动的勘察、设计、施工、监理、招标代理、造价咨询、检测试验、施工图审查等企业或单位以及相关从业人员。

第三条 本办法所称诚信行为信息包括良好行为记录和不良行为记录。

良好行为记录指建筑市场各方主体在工程建设过程中严格遵守有关工程建设的法律、法规、规章或强制性标准，行为规范，诚信经营，自觉维护建筑市场秩序，受到各级建设行政主管部门和相关专业部门的奖励和表彰，所形成的良好行为记录。

不良行为记录是指建筑市场各方主体在工程建设过程中违反有关工程建设的法律、法规、规章或强制性标准和执业行为规范，经县级以上建设行政主管部门或其委托的执法监督机构查实和行政处罚，形成的不良行为记录。《全国建筑市场各方主体不良行为记录认定标准》由建设部制定和颁布。

第四条　建设部负责制定全国统一的建筑市场各方主体的诚信标准；负责指导建立建筑市场各方主体的信用档案；负责建立和完善全国联网的统一的建筑市场信用管理信息平台；负责对外发布全国建筑市场各方主体诚信行为记录信息；负责指导对建筑市场各方主体的信用评价工作。

各省、自治区和直辖市建设行政主管部门负责本地区建筑市场各方主体的信用管理工作，采集、审核、汇总和发布所属各市、县建设行政主管部门报送的各方主体的诚信行为记录，并将符合《全国建筑市场各方主体不良行为记录认定标准》的不良行为记录及时报送建设部。报送内容应包括：各方主体的基本信息、在建筑市场经营和生产活动中的不良行为表现、相关处罚决定等。

各市、县建设行政主管部门按照统一的诚信标准和管理办法，负责对本地区参与工程建设的各方主体的诚信行为进行检查、记录，同时将不良行为记录信息及时报送上级建设行政主管部门。

中央管理企业和工商注册不在本地区的企业的诚信行为记录，由其项目所在地建设行政主管部门负责采集、审核、记录、汇总和公布，逐级上报，同时向企业工商注册所在地的建设行政主管部门通报，建立和完善其信用档案。

第五条　各级建设行政主管部门要明确分管领导和承办机构人员，落实责任制，加强对各方主体不良行为的监督检查以及不良行为记录真实性的核查，负责收集、整理、归档、保全不良行为事实的证据和资料，不良行为记录报表要真实、完整、及时报送。

第六条　行业协会要协助政府部门做好诚信行为记录、信息发布和信用评价等工作，推进建筑市场动态监管；要完善行业内部监督和协调机制，建立以会员单位为基础的自律维权信息平台，加强行业自律，提高企业及其从业人员的诚信意识。

第七条　各省、自治区、直辖市建设行政主管部门应按照《全国建筑市场各方主体不良行为记录认定标准》，自行或通过市、县建设行政主管部门及其委托的执法监督机构，结合建筑市场检查、工程质量安全监督以及政府部门组织的各类执法检查、督查和举报、投诉等工作，采集不良行为记录，并建立与工商、税务、纪检、监察、司法、银行等部门的信息共享机制。

第八条　各省、自治区、直辖市建设行政主管部门应根据行政处罚情况，及时公布各方主体的不良行为信息，形成政府监管、行业自律、社会监督的有效约束机制。

第九条　各地建设行政主管部门要通过资源整合和组织协调，完善建筑市场和工程现场联动的业务监管体系，在健全建筑市场综合监管信息系统的基础上，建立向社会开放的建筑市场诚信信息平台，做好诚信信息的发布工作。诚信信息平台的建设可依托各地有形建筑市场（建设工程交易中心）的资源条件，避免重复建设和资源浪费。

第十条　诚信行为记录实行公布制度。

诚信行为记录由各省、自治区、直辖市建设行政主管部门在当地建筑市场诚信信息平台上统一公布。其中，不良行为记录信息的公布时间为行政处罚决定做出后7日内，公布期限一般为6个月至3年；良好行为记录信息公布期限一般为3年，法律、法规另有规定的从其规定。公布内容应与建筑市场监管信息系统中的企业、人员和项目管理数据库相结合，形成信用档案，内部长期保留。

属于《全国建筑市场各方主体不良行为记录认定标准》范围的不良行为记录除在当地发布外，还将由建设部统一在全国公布，公布期限与地方确定的公布期限相同，法律、法规另有规定的从其规定。各省、自治区、直辖市建设行政主管部门将确认的不良行为记录在当地发布之日起7日内报建设部。

通过与工商、税务、纪检、监察、司法、银行等部门建立的信息共享机制，获取的有关建筑市场各方主体不良行为记录的信息，省、自治区、直辖市建设行政主管部门也应参照本规定在本地区统一公布。

各地建筑市场综合监管信息系统，要逐步与全国建筑市场诚信信息平台实现网络互联、信息共享和实时发布

第十一条　对发布有误的信息，由发布该信息的省、自治区和直辖市建设行政主管部门进行修正，根据被曝光单位对不良行为的整改情况，调整其信息公布期限，保证信息的准确和有效。

省、自治区和直辖市建设行政主管部门负责审查整改结果，对整改确有实效的，由企业提出申请，经批准，可缩短其不良行为记录信息公布期限，但公布期限最短不得少于3个月，同时将整改结果列于相应不良行为记录后，供有关部门和社会公众查询；对于拒不整改或整改不力的单位，信息发布部门可延长其不良行为记录信息公布期限。

行政处罚决定经行政复议、行政诉讼以及行政执法监督被变更或被撤销，应及时变更或删除该不良记录，并在相应诚信信息平台上予以公布，同时应依法妥善处理相关事宜。

第十二条　各省、自治区、直辖市建设行政主管部门应加强信息共享，推进各地诚信信息平台的互联互通，逐步开放诚信行为信息，维护建筑市场的统一、开放、竞争、有序。

第十三条　各级建设行政主管部门，应当依据国家有关法律、法规和规章，按照诚信激励和失信惩戒的原则，逐步建立诚信奖惩机制，在行政许可、市场准入、招标投标、资质管理、工程担保与保险、表彰评优等工作中，充分利用已公布的建筑市场各方主体的诚信行为信息，依法对守信行为给予激励，对失信行为进行惩处。在健全诚信奖惩机制的过程中，要防止利用诚信奖惩机制设置新的市场壁垒和地方保护

第十四条　各级建设行政主管部门应按照管理权限和属地管理原则建立建筑市场各方主体的信用档案，将信用记录信息与建筑市场监管综合信息系统数据库相结合，实现数据共享和管理联动。

第十五条　各省、自治区、直辖市和计划单列市建设行政主管部门可结合本地区实际情况，依据地方性法规对本办法和认定标准加以补充，制订具体实施细则。

第十六条　各级建设行政主管部门要按照《最高人民检察院、建设部、交通部、水利部关于在工程建设领域开展行贿犯罪档案试点工作的通知》（高检会[2004]2号）要求，准确把握建立工程建设领域行贿犯罪档案查询系统的内容和要求，认真履行职责，加强领导，密切配合，做好工程建设领域行贿犯罪档案查询试点工作，将其纳入建筑市场信用体系建设

工作中，逐步建立健全信用档案管理制度和失信惩戒制度。

第十七条　对参与工程建设的其他单位（如建筑材料、设备和构配件生产供应单位等）和实行个人注册执业制度的各类从业人员的诚信行为信息，可参照本办法进行管理。

第十八条　本办法由建设部负责解释。

第十九条　本办法自发布之日起施行。

建设部关于印发《施工总承包企业特级资质标准》的通知

建市[2007]72号

各省、自治区建设厅,直辖市建委,山东、江苏省建管局,国务院有关部门建设司,总后营房部工程局,新疆生产建设兵团建设局:

为规范对施工总承包特级企业的资质管理,引导企业成为技术含量高,融资能力强,管理水平高的龙头企业,促进建筑业企业向工程总承包发展,我们组织对《建筑业企业资质等级标准》(建建[2001]82号)中施工总承包特级资质标准进行了修订。现将修订后的《施工总承包企业特级资质标准》印发给你们,请遵照执行。

本标准自颁布之日起施行,原《建筑业企业资质等级标准》(建建[2001]82号)中施工总承包特级资质标准同时废止。

二〇〇七年三月十三日

施工总承包企业特级资质标准

申请特级资质,必须具备以下条件:

一、企业资信能力

1. 企业注册资本金3亿元以上。

2. 企业净资产3.6亿元以上。

3. 企业近三年上缴建筑业营业税均在5000万元以上。

4. 企业银行授信额度近三年均在5亿元以上。

二、企业主要管理人员和专业技术人员要求

1. 企业经理具有10年以上从事工程管理工作经历。

2. 技术负责人具有15年以上从事工程技术管理工作经历,且具有工程序列高级职称及一级注册建造师或注册工程师执业资格;主持完成过两项及以上施工总承包一级资质要求的代表工程的技术工作或甲级设计资质要求的代表工程或合同额2亿元以上的工程总承包项目。

3. 财务负责人具有高级会计师职称及注册会计师资格。

4. 企业具有注册一级建造师(一级项目经理)50人以上。

5. 企业具有本类别相关的行业工程设计甲级资质标准要求的专业技术人员。

三、科技进步水平

1. 企业具有省部级(或相当于省部级水平)及以上的企业技术中心。

2. 企业近三年科技活动经费支出平均达到营业额的0.5%以上。

3. 企业具有国家级工法3项以上；近五年具有与工程建设相关的，能够推动企业技术进步的专利3项以上，累计有效专利8项以上，其中至少有一项发明专利。

4. 企业近十年获得过国家级科技进步奖项或主编过工程建设国家或行业标准。

5. 企业已建立内部局域网或管理信息平台，实现了内部办公、信息发布、数据交换的网络化；已建立并开通了企业外部网站；使用了综合项目管理信息系统和人事管理系统、工程设计相关软件，实现了档案管理和设计文档管理。

四、代表工程业绩（见附件1）

（一）房屋建筑工程（附1-1）

（二）公路工程（附1-2）

（三）铁路工程（附1-3）

（四）港口与航道工程（附1-4）

（五）水利水电工程（附1-5）

（六）电力工程（附1-6）

（七）矿山工程（附1-7）

（八）冶炼工程（附1-8）

（九）石油化工工程（附1-9）

（十）市政公用工程（附1-10）

承包范围：

1. 取得施工总承包特级资质的企业可承担本类别各等级工程施工总承包、设计及开展工程总承包和项目管理业务。

2. 取得房屋建筑、公路、铁路、市政公用、港口与航道、水利水电等专业中任意1项施工总承包特级资质和其中2项施工总承包一级资质，即可承接上述各专业工程的施工总承包、工程总承包和项目管理业务，及开展相应设计主导专业人员齐备的施工图设计业务。

3. 取得房屋建筑、矿山、冶炼、石油化工、电力等专业中任意1项施工总承包特级资质和其中2项施工总承包一级资质，即可承接上述各专业工程的施工总承包、工程总承包和项目管理业务，及开展相应设计主导专业人员齐备的施工图设计业务。

4. 特级资质的企业，限承担施工单项合同额3000万元以上的房屋建筑工程。

附件 1-1

房屋建筑工程施工总承包
企业特级资质标准代表工程业绩

近5年承担过下列5项工程总承包或施工总承包项目中的3项，工程质量合格。

1. 高度100米以上的建筑物；

2. 28层以上的房屋建筑工程；

3. 单体建筑面积5万平方米以上房屋建筑工程；

4. 钢筋混凝土结构单跨30米以上的建筑工程或钢结构单跨36米以上房屋建筑工程；
5. 单项建安合同额2亿元以上的房屋建筑工程。

附件 1－2

公路工程施工总承包 企业特级资质标准代表工程业绩

近10年承担过下列4项中的3项以上工程的工程总承包、施工总承包或主体工程承包，工程质量合格。

1. 累计修建一级以上公路路基100公里以上；
2. 累计修建高级路面400万平方米以上；
3. 累计修建单座桥长≥500米或单跨跨度≥100米的公路特大桥6座以上；
4. 单项合同额2亿元以上的公路工程3个以上。

附件 1－3

铁路工程施工总承包 企业特级资质标准代表工程业绩

近10年承担一级铁路干线综合工程300公里以上或铁路客运专线综合工程100公里以上，并承担下列4项中的2项以上工程的工程总承包、施工总承包或主体工程承包，工程质量合格。

1. 长度1000米以上隧道2座；
2. 长度500米以上特大桥3座，或长度1000米以上特大桥1座；
3. 编组站1个；
4. 单项合同额5亿元以上铁路工程2个。

附件 1－4

港口与航道工程施工总承包 企业特级资质标准代表工程业绩

近5年承担过下列11项中的6项以上工程的工程总承包、施工总承包或主体工程承包，工程质量合格。

1. 沿海3万吨或内河5000吨级以上码头；
2. 5万吨级以上船坞；

3. 水深>5 米的防波堤 600 米以上；

4. 沿海 5 万吨或内河 1000 吨级以上航道工程；

5. 1000 吨级以上船闸或 300 吨级以上升船机；

6. 500 万立方米以上疏浚工程；

7. 400 万立方米以上吹填造地工程；

8. 15 万平方米以上港区堆场工程；

9. 1000 米以上围堤护岸工程；

10. 3 万立方米以上水下炸礁、清礁工程；

11. 单项合同额沿海 2 亿元以上或内河 8000 万元以上的港口与航道工程。

附件 1-5

水利水电工程施工总承包
企业特级资质标准代表工程业绩

近 10 年承担过下列 6 项中的 3 项以上工程的工程总承包、施工总承包或主体工程承包，其中至少有 1 项是 1、2 中的工程，工程质量合格。

1. 库容 10 亿立方米以上或坝高 80 米以上大坝 1 座，或库容 1 亿立方米以上或坝高 60 米以上大坝 2 座；

2. 过闸流量>3000 立方米/秒的拦河闸 1 座，或过闸流量>1000 立方米/米的拦河闸 2 座；

3. 总装机容量 300MW 以上水电站 1 座，或总装机容量 100MW 以上水电站 2 座；

4. 总装机容量 10MW 以上灌溉、排水泵站 1 座，或总装机容量 5MW 瓦以上灌溉、排水泵站 2 座；

5. 洞径>8 米、长度>3000 米的水工隧洞 1 个，或洞径>6 米、长度>2000 米的水工隧洞 2 个；

6. 年完成水工混凝土浇筑 50 万立方米以上或坝体土石方填筑 120 万立方米以上或岩基灌浆 12 万米以上或防渗墙成墙 8 万平方米以上。

附件 1-6

电力工程施工总承包
企业特级资质标准代表工程业绩

近 5 年承担过下列 5 项中的 2 项以上工程的工程总承包、施工总承包或主体工程承包，工程质量合格。

1. 累计电站装机容量 500 万千瓦以上；

2. 单机容量 60 万千瓦机组，或 2 台单机容量 30 万千瓦机组，或 4 台单机容量 20 万千瓦机组整体工程；

3. 单机容量90万千瓦以上核电站核岛或常规岛整体工程；

4. 330千伏以上送电线路500公里；

5. 330千伏以上电压等级变电站4座。

附件 1－7

矿山工程施工总承包
企业特级资质标准代表工程业绩

近10年承担过下列7项中的3项以上或1－5项中某一项的3倍以上规模工程的工程总承包、施工总承包或主体工程承包，工程质量合格。

1. 100万吨/年以上铁矿采、选工程；

2. 100万吨/年以上有色砂矿或60万吨/年以上有色脉矿采、选工程；

3. 120万吨/年以上煤矿或300万吨/年以上洗煤工程；

4. 60万吨/年以上磷矿、硫铁矿或30万吨/年以上铀矿工程；

5. 20万吨/年以上石膏矿、石英矿或70万吨/年以上石灰石矿等建材矿山工程；

6. 10000米以上巷道工程及100万吨以上尾矿库工程；

7. 单项合同额3000万元以上矿山主体工程。

附件 1－8

冶炼工程施工总承包
企业特级资质标准代表工程业绩

近10年承担过下列11项中的4项以上工程的工程总承包、施工总承包或主体工程承包，工程质量合格。

1. 年产100万吨以上炼钢或连铸工程（或单座容量120吨以上转炉，90吨以上电炉）；

2. 年产80万吨以上轧钢工程；

3. 年产100万吨以上炼铁工程（或单座容积1200立方米以上高炉）或烧结机使用面积180平方米以上烧结工程；

4. 年产90万吨以上炼焦工程（炭化室高度6米以上焦炉）；

5. 小时制氧10000立方米以上制氧工程；

6. 年产30万吨以上氧化铝加工工程；

7. 年产20万吨以上铜、铝或10万吨以上铅、锌、镍等有色金属冶炼、电解工程；

8. 年产5万吨以上有色金属加工工程或生产5000吨以上金属箔材工程；

9. 日产2000吨以上窑外分解水泥工程；

10. 日产2000吨以上预热器系统或水泥烧成系统工程；

11. 日熔量400吨以上浮法玻璃工程。

附件 1－9

石油化工工程施工总承包企业特级资质标准代表工程业绩

近5年承担过3项以上大型石油化工工程的工程总承包、施工总承包或主体工程承包,工程质量合格。

附件 1－10

市政公用工程施工总承包企业特级资质标准代表工程业绩

近10年承担过下列7项中的4项市政公用工程的施工总承包或主体工程承包,工程质量合格。

1. 累计修建城市道路(含城市主干道、城市快速路、城市环路,不含城际间公路)长度30公里以上;或累计修建城市道路面积200万平方米以上;

2. 累计修建直径1米以上的供、排、中水管道(含净宽1米以上方沟)工程30公里以上,或累计修建直径0.3米以上的中、高压燃气管道30公里以上,或累计修建直径0.5米以上的热力管道工程30公里以上;

3. 累计修建内径5米以上地铁隧道工程5公里以上,或累计修建地下交通工程3万平方米以上,或修建合同额6000万元以上的地铁车站工程3项以上;

4. 累计修建城市桥梁工程的桥梁面积15万平方米以上;或累计修建单跨40米以上的城市桥梁5座以上;

5. 修建日处理30万吨以上的污水处理厂工程3座以上,或日供水50万吨以上的供水厂工程2座以上;

6. 修建合同额5000万元以上的城市生活垃圾处理工程3项以上;

7. 合同额8000万元以上的市政综合工程(含城市道路、桥梁、及供水、排水、中水、燃气、热力、电力、通信等管线)总承包项目5项以上,或合同额为2000万美元以上的国(境)外市政公用工程项目1项以上。

建设部关于印发《一级建造师注册实施办法》的通知

建市[2007]101号

各省、自治区建设厅,直辖市建委,江苏、山东省建管局,国务院各有关部门建设司,总后基建营房部,国资委管理的有关企业:

根据《注册建造师管理规定》(建设部令第153号),我部制定了《一级建造师注册实施办法》,现印发给你们,请遵照执行。在执行过程中有何问题,请与我部建筑市场管理司联系。

二〇〇七年四月十日

一级建造师注册实施办法

一、注册管理体制

第一条　为规范一级建造师注册管理工作,依据《行政许可法》、《注册建造师管理规定》(建设部令第153号)和相关法律法规,制定本实施办法。

第二条　中华人民共和国境内一级建造师注册管理适用本实施办法。

第三条　国务院建设主管部门(以下称建设部)为一级建造师注册机关,负责一级建造师注册审批工作。

省、自治区、直辖市人民政府建设主管部门(以下简称省级建设主管部门),负责本行政区域内一级建造师注册申请受理、初审工作。

国务院铁路、交通、水利、信息产业、民航部门负责全国铁路、公路、港口与航道、水利水电、通信与广电、民航专业一级建造师注册审核工作。

二、注册申报程序

第四条　申请人申请注册前,应当受聘于一个具有建设工程施工或勘察、设计、监理、招标代理、造价咨询资质的企业,与聘用企业依法签订聘用劳动合同。申请人向聘用企业如实提供有关申请材料并对内容真实性负责,通过聘用企业向企业工商注册所在地省级建设主管部门提出注册申请。

第五条　注册申请实行网上和书面相结合的申报方式。申请人应当在中国建造师网(网址:http://www.coc.gov.cn)上进行填报,网上申报成功后自动生成打印所需申请表。

第六条　注册申请包括初始注册、延续注册、变更注册、增项注册、注销注册和重新注册。注册建造师因遗失或污损注册证书、执业印章的,可申请补办或更换。

第七条　初始注册

申请人自资格证书签发之日起3年内可申请初始注册。逾期未申请者应当提供相应专业继续教育证明,其学习内容应当符合建设部关于注册建造师继续教育的规定。

申请初始注册的,申请人应当提交下列材料:

(一)《一级建造师初始注册申请表》;

(二)资格证书、学历证书和身份证明复印件;

(三)申请人与聘用企业签订的聘用劳动合同复印件或申请人所在企业出具的劳动、人事、工资关系证明;

(四)逾期申请初始注册的,应当提供达到继续教育要求证明材料复印件。

申报材料由申请表和(二)、(三)、(四)部分合订后的材料附件组成。

聘用企业将《企业一级建造师初始注册申请汇总表》和申请人的申请表、材料附件报省级建设主管部门。其中,申请建筑、市政、矿业、机电专业注册的,应当提交申请表一式二份和材料附件一式一份;申请铁路、公路、港口与航道、水利水电、通信与广电、民航专业注册的,应当提交申请表一式三份和材料附件一式二份;申请铁路、公路、港口与航道、水利水电、通信与广电、民航专业增项注册的,每增加一个专业应当增加申请表一式一份和材料附件一式一份。

省级建设主管部门将《省级建设主管部门一级建造师初始注册初审意见表》、《省级建设主管部门一级建造师初始注册初审汇总表(企业申请人)》、《省级建设主管部门一级建造师初始注册初审汇总表(专业)》和申请人的申请表、材料附件报建设部。其中,申请建筑、市政、矿业、机电专业注册的,应当提交申请表一式一份;申请铁路、公路、港口与航道、水利水电、通信与广电、民航专业注册的,应当提交申请表一式二份和材料附件一式一份;申请铁路、公路、港口与航道、水利水电、通信与广电、民航专业增项注册的,每增加一个专业应当增加申请表一式一份和材料附件一式一份。材料报送按《省级建设主管部门一级建造师注册申请材料报送目录》要求办理。

涉及铁路、公路、港口与航道、水利水电、通信与广电、民航专业申请注册的,建设部将申请人的申请表一式一份和材料附件一式一份送国务院有关专业部门。

国务院有关专业部门对申请人的申报材料进行审核,并填写《国务院有关部门一级建造师初始注册审核意见表》,连同按企业申请人汇总后生成的《国务院有关部门一级建造师初始注册审核汇总表》移送建设部。

第八条　延续注册

注册有效期满需继续执业的,应当在注册有效期届满30日前,按照《注册建造师管理规定》第七条、第八条的规定申请延续注册。延续注册的有效期为3年。

申请延续注册的,申请人应当提交下列材料:

(一)《一级注册建造师延续注册申请表》;

(二)原注册证书;

(三)申请人与聘用企业签订的聘用劳动合同或申请人聘用企业出具的劳动、人事、工资关系证明;

（四）申请人注册有效期内达到继续教育要求证明材料复印件。

申报程序和材料份数按初始注册要求办理。

第九条　变更注册

在注册有效期内，发生下列情形的，应当及时申请变更注册。变更注册后，有效期执行原注册证书的有效期。

1. 执业企业变更的；

2. 所在聘用企业名称变更的；

3. 注册建造师姓名变更的。

申请变更注册的，申请人应当提交下列材料：

（一）《一级注册建造师变更注册申请表》；

（二）注册证书原件和执业印章；

（三）执业企业变更的，应当提供申请人与新聘用企业签订的聘用劳动合同，或申请人聘用企业出具的劳动、人事、工资关系证明，以及工作调动证明复印件（与原聘用企业解除聘用合同或聘用合同到期的证明文件、退休人员的退休证明）；

（四）申请人所在聘用企业名称发生变更的，应当提供变更后的《企业法人营业执照》复印件和企业所在地工商行政主管部门出具的企业名称变更函复印件；

（五）注册建造师姓名变更的，应当提供变更后的身份证明原件或公安机关户籍管理部门出具的有效证明。

第十条　增项注册

注册建造师取得相应专业资格证书可申请增项注册。取得增项专业资格证书超过3年未注册的，应当提供该专业最近一个注册有效期继续教育学习证明。准予增项注册后，原专业注册有效截止日期保持不变。

申请增项注册的，申请人应当提交下列材料：

（一）《一级注册建造师增项注册申请表》；

（二）增项专业资格考试合格证明复印件；

（三）注册证书原件和执业印章；

（四）增项专业达到继续教育要求证明材料复印件。

申报程序和材料份数按初始注册要求办理。

第十一条　注销注册

注册建造师有《注册建造师管理规定》第十七条所列情形之一的，由省级建设主管部门办理注销手续。

申请人或其聘用的企业，应当提供下列材料：

（一）《一级注册建造师注销注册申请表》；

（二）注册证书原件和执业印章；

（三）符合《注册建造师管理规定》第十七条所列情形之一的证明复印件。

注册建造师本人和聘用企业应当及时向省级建设主管部门提出注销注册申请；有关单位和个人有权向注册机关举报；县级以上地方人民政府建设主管部门或者有关部门应当及时告知注册机关。

第十二条　重新注册

建造师注销注册或者不予注册的，在重新具备注册条件后，可申请重新注册，重新注册按初始注册要求办理。

申请重新注册的，申请人应当提交下列材料：

（一）《一级建造师重新注册申请表》；

（二）资格证书、学历证书和身份证明复印件；

（三）申请人与聘用企业签订的聘用劳动合同复印件或聘用企业出具的劳动、人事、工资关系证明；

（四）达到继续教育要求证明材料复印件。

申报程序和材料份数按初始注册要求办理。

第十三条　注册证书、执业印章遗失补办

注册建造师因遗失注册证书、执业印章的，应当向省级建设主管部门申请补办，并提交下列材料：

（一）《一级注册建造师注册证书、执业印章遗失补办或污损更换申请表》；

（二）身份证明复印件；

（三）省级以上报纸刊登的遗失声明原件。

第十四条　注册证书、执业印章污损更换

注册证书、执业印章污损的，可向省级建设主管部门申请更换，并提交下列材料：

（一）《一级注册建造师注册证书、执业印章遗失补办或污损更换申请表》；

（二）身份证明复印件；

（三）污损的注册证书原件、执业印章。

第十五条　取得一级建造师资格证书的人员，可对应下述专业申请注册：建筑工程、公路工程、铁路工程、民航工程、港口与航道工程、水利水电工程、市政公用工程、通信与广电工程、矿业工程、机电工程。

资格证书所注专业为房屋建筑工程、装饰装修工程的，按建筑工程专业申请注册；资格证书所注专业为矿山工程的按矿业工程专业申请注册；资格证书所注专业为冶炼工程的，可选矿业工程或机电工程之中的一个专业申请注册；资格证书所注专业为电力工程、石油化工工程、机电安装工程的，按机电工程专业申请注册。

三、受理和初审

第十六条　省级建设主管部门应当参照《建设部机关实施行政许可工作规程》（建法[2004]111号）规定，进行一级建造师注册申请的受理、初审工作，注册申请受理和初审工作不得由同一人办理，确保程序合法，行为规范。

第十七条　省级建设主管部门按照初始注册、延续注册、变更注册、增项注册、重新注册、遗失补办、污损更换和注销注册有关规定，对注册申请人材料的完整性进行查验。申请材料存在可以当场更正错误的，应当允许申请人当场更正。

申请注册材料齐全、符合规定的法定形式，或者申请人按要求提交全部补正申请材料的，应当受理申请人的注册申请，并向申请人出具《行政许可受理通知书》。

申请材料不符合本规定或材料不齐全，应当当场或者在5日内向申请人出具《行政许

可补正有关材料通知书》,一次性告知申请人需要补齐、补正的全部内容,并将申请材料退回申请人。逾期不告知的,自收到申请注册材料之日起即为受理。

申请人有下列情形之一的,不予受理或不予注册:

(一)不具有完全民事行为能力的;

(二)申请在两个或者两个以上企业注册的;

(三)未达到注册建造师继续教育要求的;

(四)受到刑事处罚,刑事处罚尚未执行完毕的;

(五)因执业活动受到刑事处罚,自刑事处罚执行完毕之日起至申请注册之日止不满5年的;

(六)因前项规定以外的原因受到刑事处罚,自处罚决定之日起至申请注册之日止不满3年的;

(七)被吊销注册证书,自处罚决定之日起至申请注册之日止不满2年的;

(八)在申请注册之日前3年内担任施工企业项目负责人期间,所负责项目发生过重大质量和安全事故的;

(九)申请人的聘用企业不符合注册企业要求的;

(十)年龄超过65周岁的;

(十一)法律、法规规定不予注册的其他情形。

第十八条 省级建设主管部门对申请人的申报材料进行初审,认真核对资格证书、学历证书、身份证明、继续教育证明和聘用合同原件与复印件是否一致,按规定填写初审意见。

第十九条 省级建设主管部门对申请初始注册、重新注册、增项注册,应当自受理申请之日起,20日内对申请人注册条件和申报材料进行审查,并作出书面初审意见;对申请延续注册的,应当自受理申请之日起,5日内对申请人注册条件和申报材料进行审查,并作出书面初审意见。初审意见为不同意的需说明理由。

第二十条 军队系统取得一级建造师资格证书人员申请注册,由总后基建营房部负责受理和初审,其材料报送程序和初审要求,比照省级建设主管部门职责范围执行。

四、审核与审批

第二十一条 对申请初始注册、重新注册、增项注册的,建设部收到初审意见后,20日内审批完毕并作出书面决定,审批结果向社会公告。建设部审批时不再组织专家复审,仅对申请人重复注册、举报情况进行核实。国务院铁路、交通、水利、信息产业、民航等专业部门,应当自收到全部注册申请材料之日起,在10日内审核完毕,作出书面审核意见汇总后移送建设部。建设部应将审核意见结果汇总后向社会公示10日,公示无异议的,准予注册。

第二十二条 对申请变更注册、注销注册,注册证书、执业印章遗失补办或污损更换的,建设部委托省级建设主管部门负责办理,5日内办结。

省级建设主管部门负责执业企业、企业名称和注册建造师姓名变更,审查合格的,在注册证书变更注册记录栏进行登记。跨省变更的,由注册建造师提出变更申请,通过原聘用企业报原省级建设主管部门同意后,由调入地省级建设主管部门审查办理。办结10日内将《省级建设主管部门一级注册建造师变更注册审批汇总表》报建设部备案。

省级建设主管部门负责注销注册办理，销毁收回的注册证书、执业印章，办结 10 日内将《省级建设主管部门一级注册建造师注销注册汇总表》报建设部备案，建设部在中国建造师网上公告注册证书和执业印章注销情况。

省级建设主管部门负责注册证书、执业印章遗失补办或污损更换，销毁更换收回的注册证书、执业印章，办结 10 日内将《省级建设主管部门一级注册建造师注册证书、执业印章补发或更换汇总表》报建设部备案。建设部在中国建造师网上公告注册证书、执业印章补办或更换情况。

第二十三条　对申请延续注册的，建设部收到初审意见后，10 日内审批完毕并作出书面决定，审批结果向社会公告。建设部审批时不再组织专家进行复审，仅对申请人重复注册、举报情况进行核实。国务院铁路、交通、水利、信息产业、民航等专业部门应自收到全部注册申报材料之日起，5 日内审核完毕，作出书面审核意见汇总后移送建设部。建设部将审核结果汇总后向社会公示 10 日，公示无异议的，准予注册。审批日期为注册证书签发日期，注册证书自签发之日起有效期 3 年，执业印章与注册证书有效期相同。

第二十四条　建设部自公告发布之日起 10 日内，向准予注册的申请人核发《中华人民共和国一级建造师注册证书》，省级建设主管部门负责在注册证书照片上加盖骑缝钢印；经审批同意延续注册、增项注册、注销注册的，省级建设主管部门在注册证书内页加贴建设部统一印制的防伪贴，并加盖骑缝印章。

经审批同意初始注册、延续注册、增项注册、重新注册的，省级建设主管部门负责注册证书、执业印章统一编号后发放，办结 10 日内将《省级建设主管部门发放一级建造师注册证书、执业印章汇总表》报建设部备案。

五、注册证书和执业印章

第二十五条　注册证书

注册证书采用墨绿纸制材料，形状为长方形，长 124mm，宽 87mm，由建设部统一印制。

（一）注册证书采用两种编号体系。注册编号由一个汉字和 12 位阿拉伯数字组成，证书编号为全国注册证书印制流水号；

（二）注册编号规则适用于一级注册建造师和二级注册建造师的注册编号。注册编号的汉字和各组数字的含义为：

1. 编号首位汉字表示现注册省份简称，如：北京为“京”。总后基建营房部简称“军”；

2. 第 2 位表示注册建造师级别，一级为 1，二级为 2；

3. 第 3、4 位表示初始注册时受聘企业所在地省级行政区划代码，如北京为“11”、湖北为“42”等。总后基建营房部代码为 99；

4. 第 5、6 位表示取得资格证书年份，如 2005 年取得资格证书的，表示为“05”；

5. 第 7、8 位表示初始注册年份，如 2007 年初始注册的，表示为“07”；

6. 第 9 – 13 位表示初始注册时，申请人在注册申请地省级注册流水号，如第 1 个表示为“00001”。

例如：京 111050700001，表示该注册建造师的现注册地是北京，级别是一级，首次注册地是北京，资格证书为 2005 年取得，首次注册年份为 2007 年，首次注册时流水号是 00001。

（三）注册编号首位汉字代表当期注册地，其它数字编号一经注册不得改变。延续注册、变更注册和重新注册的，编号首位汉字随注册省份改变而改变，数字编号仍沿用初始注册时编号。

（四）注册证书的注册编号与执业印章的注册编号相同。

第二十六条 执业印章

（一）执业印章式样

执业印章式样如下图：

1. 印章形式为同心双椭圆。规格分别为：外圆长轴50mm、短轴36mm，内圆长轴36mm、短轴22mm，印模颜色为深蓝色。

2. 执业印章按样章的规格、形式制作，并依次标示：

（1）"中华人民共和国一级注册建造师执业印章"，宋体、字高4mm；

（2）印章持有人姓名，中隶书、字高4mm；

（3）注册编号与印章校验码，宋体、字高3.5mm；

（4）注册专业，宋体、字高3mm；

（5）执业印章有效期截止日期，宋体、字高2.5mm；

（6）聘用企业名称，宋体、字高4mm。

3. "京111050700001（02）"中，"京111050700001"为注册编号，02为印章校验码。

4. 样章中"2010.09.07"表示印章有效截止日期是2010年9月7日。

（二）执业印章校验码

印章校验码由2位阿拉伯数字组成，表示印章遗失作废后补办印章的累计次数。初始注册时校验码为00，第1次补办为01，最多次数为99。

（三）注册专业简称

建筑工程专业简称"建筑"，公路工程专业简称"公路"，铁路工程专业简称"铁路"，民航工程专业简称"民航"，港口与航道工程专业简称"港航"，水利水电工程专业简称"水利"，市政公用工程专业简称"市政"，通信广电工程专业简称"通信"，矿业工程专业简称"矿业"，机电工程专业简称"机电"。各专业简称之间由一个空格连接，表示有多个注册专业，如"建筑公路"表示建筑工程专业、公路工程专业。

（四）无论申请人注册一个专业还是多个专业，只能核发一本注册证书和一枚执业印章。

（五）注册多个专业，由于专业增项注册、延续注册、注销注册导致专业之间注册有效截止日期不同的，执业印章有效截止日期为注册有效期最早截止专业的日期。

六、其他

第二十七条 一级建造师注册后，在领取注册证书和执业印章时，应当同时向申请地省级建设主管部门交回原建筑业企业一级项目经理资质证书，省级建设主管部门负责证书销毁并报建设部备案。

第二十八条 建设部不收取一级建造师注册费和注册证书费。省级建设主管部门在注册工作中发生的相关费用，请商同级有关主管部门解决。印章制作费标准请省级建设主管部门报省级物价管理部门核定。

第二十九条　二级建造师注册管理

二级建造师申请注册,由省级建设主管部门负责受理和审批,具体审批程序由省级人民政府建设主管部门参照本实施办法制定。对批准注册的,核发由建设部统一样式的《中华人民共和国二级建造师注册证书》和执业印章,并在核发证书后30日内报建设部备案。

第三十条　本实施办法由建设部负责解释。

第三十一条　本办法自公布之日起执行。

建设部关于印发《工程监理企业资质标准》的通知

建市[2007]131号

各省、自治区建设厅,直辖市建委,江苏、山东省建管局,新疆生产建设兵团建设局,国务院有关部门,总后基建营房部,国资委管理的有关企业,有关行业协会:

为了加强工程监理企业资质管理,根据《中华人民共和国建筑法》、《中华人民共和国行政许可法》和《建设工程质量管理条例》等法律、行政法规,我部制定了《工程监理企业资质标准》,现印发给你们,请遵照执行。原工程监理企业资质标准与本标准不符的,以本标准为准。执行中有何问题,请与我部建筑市场管理司联系。

二〇〇七年五月二十一日

工程监理企业资质标准

工程监理企业资质分为综合资质、专业资质和事务所三个序列。综合资质只设甲级。专业资质原则上分为甲、乙、丙三个级别,并按照工程性质和技术特点划分为14个专业工程类别(附表2);除房屋建筑、水利水电、公路和市政公用四个专业工程类别设丙级资质外,其它专业工程类别不设丙级资质。事务所不分等级。

一、资质标准

(一)综合资质标准

1. 具有独立法人资格且注册资本不少于600万元。

2. 企业技术负责人应为注册监理工程师,并具有15年以上从事工程建设工作的经历或者具有工程类高级职称。

3. 具有5个以上工程类别的专业甲级工程监理资质。

4. 注册监理工程师不少于60人,注册造价工程师不少于5人,一级注册建造师、一级注册建筑师、一级注册结构工程师或者其它勘察设计注册工程师合计不少于15人次。

5. 企业具有完善的组织结构和质量管理体系,有健全的技术、档案等管理制度。

6. 企业具有必要的工程试验检测设备。

7. 申请工程监理资质之日前两年内,企业没有违反法律、法规及规章的行为。

8. 申请工程监理资质之日前两年内没有因本企业监理责任造成重大质量事故。

9. 申请工程监理资质之日前两年内没有因本企业监理责任发生三级以上工程建设重大安全事故或者发生两起以上四级工程建设安全事故。

(二)专业资质标准

1. 甲级

(1)具有独立法人资格且注册资本不少于300万元。

(2)企业技术负责人应为注册监理工程师,并具有15年以上从事工程建设工作的经历或者具有工程类高级职称。

(3)注册监理工程师、注册造价工程师、一级注册建造师、一级注册建筑师、一级注册结构工程师或者其它勘察设计注册工程师合计不少于25人次;其中,相应专业注册监理工程师不少于《专业资质注册监理工程师人数配备表》(附表)中要求配备的人数,注册造价工程师不少于2人。

(4)企业近2年内独立监理过3个以上相应专业的二级工程项目,但是,具有甲级设计资质或一级及以上施工总承包资质的企业申请本专业工程类别甲级资质的除外。

(5)企业具有完善的组织结构和质量管理体系,有健全的技术、档案等管理制度。

(6)企业具有必要的工程试验检测设备。

(7)申请工程监理资质之日前两年内,企业没有违反法律、法规及规章的行为。

(8)申请工程监理资质之日前两年内没有因本企业监理责任造成重大质量事故。

(9)申请工程监理资质之日前两年内没有因本企业监理责任发生三级以上工程建设重大安全事故或者发生两起以上四级工程建设安全事故。

2.乙级

(1)具有独立法人资格且注册资本不少于100万元。

(2)企业技术负责人应为注册监理工程师,并具有10年以上从事工程建设工作的经历。

(3)注册监理工程师、注册造价工程师、一级注册建造师、一级注册建筑师、一级注册结构工程师或者其它勘察设计注册工程师合计不少于15人次。其中,相应专业注册监理工程师不少于《专业资质注册监理工程师人数配备表》(附表)中要求配备的人数,注册造价工程师不少于1人。

(4)有较完善的组织结构和质量管理体系,有技术、档案等管理制度。

(5)有必要的工程试验检测设备。

(6)申请工程监理资质之日前两年内,企业没有违反法律、法规及规章的行为。

(7)申请工程监理资质之日前两年内没有因本企业监理责任造成重大质量事故。

(8)申请工程监理资质之日前两年内没有因本企业监理责任发生三级以上工程建设重大安全事故或者发生两起以上四级工程建设安全事故。

3.丙级

(1)具有独立法人资格且注册资本不少于50万元。

(2)企业技术负责人应为注册监理工程师,并具有8年以上从事工程建设工作的经历。

(3)相应专业的注册监理工程师不少于《专业资质注册监理工程师人数配备表》(附表1)中要求配备的人数。

(4)有必要的质量管理体系、档案管理和规章制度。

(5)有必要的工程试验检测设备。

(三)事务所资质标准

1.取得合伙企业营业执照,具有书面合作协议书。

2. 合伙人中有不少于3名注册监理工程师,合伙人均有5年以上从事建设工程监理的工作经历。

3. 有固定的工作场所。

4. 有必要的质量管理体系、档案管理和规章制度。

5. 有必要的工程试验检测设备。

二、业务范围

(一)综合资质

可以承担所有专业工程类别建设工程项目的工程监理业务,以及建设工程的项目管理、技术咨询等相关服务。

(二)专业甲级资质

可承担相应专业工程类别建设工程项目的工程监理业务,以及相应类别建设程的项目管理、技术咨询等相关服务。

(三)专业乙级资质

可承担相应专业工程类别二级(含二级)以下建设工程项目的工程监理业务,以及相应类别和级别建设工程的项目管理、技术咨询等相关服务。

(四)专业丙级资质

可承担相应专业工程类别三级建设工程项目的工程监理业务,以及相应类别和级别建设工程的项目管理、技术咨询等相关服务。

(五)事务所资质

可承担三级建设工程项目的工程监理业务,以及相应类别和级别建设工程项目管理、技术咨询等相关服务。但是,国家规定必须实行强制监理的建设工程监理业务除外。

附表

专业资质注册监理工程师人数配备表

单位:人

序号	工 程 类 别	甲级	乙级	丙级
1	房屋建筑工程	15	10	5
2	冶炼工程	15	10	
3	矿山工程	20	12	
4	化工石油工程	15	10	
5	水利水电工程	20	12	5
6	电力工程	15	10	
7	农林工程	15	10	
8	铁路工程	23	14	
9	公路工程	20	12	5
10	港口与航道工程	20	12	
11	航天航空工程	20	12	
12	通信工程	20	12	
13	市政公用工程	15	10	5
14	机电安装工程	15	10	

注:表中各专业资质注册监理工程师人数配备是指企业取得本专业工程类别注册的注册监理工程师人数。

建设部关于印发《工程监理企业资质管理规定实施意见》的通知

建市[2007]190 号

各省、自治区建设厅，直辖市建委，北京市规划委，江苏、山东省建管局，新疆生产建设兵团建设局，国务院有关部门，总后基建营房部，国资委管理的有关企业，有关行业协会：

根据《工程监理企业资质管理规定》（建设部令第 158 号），我部组织制订了《工程监理企业资质管理规定实施意见》，现印发给你们，请遵照执行。执行中有何问题，请与我部建筑市场管理司联系。

二〇〇七年七月三十一日

工程监理企业资质管理规定实施意见

为规范工程监理企业资质管理，依据《工程监理企业资质管理规定》（建设部令第 158 号，以下简称 158 号部令）及相关法律法规，制定本实施意见。

一、资质申请条件

（一）新设立的企业申请工程监理企业资质和已具有工程监理企业资质的企业申请综合资质、专业资质升级、增加其他专业资质，自 2007 年 8 月 1 日起应按照 158 号部令要求提出资质申请。

（二）新设立的企业申请工程监理企业资质，应先取得《企业法人营业执照》或《合伙企业营业执照》，办理完相应的执业人员注册手续后，方可申请资质。

取得《企业法人营业执照》的企业，只可申请综合资质和专业资质，取得《合伙企业营业执照》的企业，只可申请事务所资质。

（三）新设立的企业申请工程监理企业资质和已获得工程监理企业资质的企业申请增加其他专业资质，应从专业乙级、丙级资质或事务所资质开始申请，不需要提供业绩证明材料。申请房屋建筑、水利水电、公路和市政公用工程专业资质的企业，也可以直接申请专业乙级资质。

（四）已具有专业丙级资质企业可直接申请专业乙级资质，不需要提供业绩证明材料。已具有专业乙级资质申请晋升专业甲级资质的企业，应在近 2 年内独立监理过 3 个及以上相应专业的二级工程项目。

（五）具有甲级设计资质或一级及以上施工总承包资质的企业可以直接申请与主营业

务相对应的专业工程类别甲级工程监理企业资质。具有甲级设计资质或一级及以上施工总承包资质的企业申请主营业务以外的专业工程类别监理企业资质的,应从专业乙级及以下资质开始申请。

主营业务是指企业在具有的甲级设计资质或一级及以上施工总承包资质中主要从事的工程类别业务。

(六)工程监理企业申请专业资质升级、增加其他专业资质的,相应专业的注册监理工程师人数应满足已有监理资质所要求的注册监理工程师等人员标准后,方可申请。申请综合资质的,应至少满足已有资质中的5个甲级专业资质要求的注册监理工程师人员数量。

(七)工程监理企业的注册人员、工程监理业绩(包括境外工程业绩)和技术装备等资质条件,均是以独立企业法人为审核单位。企业(集团)的母、子公司在申请资质时,各项指标不得重复计算。

二、申请材料

(八)申请专业甲级资质或综合资质的工程监理企业需提交以下材料:

1.《工程监理企业资质申请表》(见附件1)一式三份及相应的电子文档;

2.企业法人营业执照正、副本复印件;

3.企业章程复印件;

4.工程监理企业资质证书正、副本复印件;

5.企业法定代表人、企业负责人的身份证明、工作简历及任命(聘用)文件的复印件;

6.企业技术负责人的身份证明、工作简历、任命(聘用)文件、毕业证书、相关专业学历证书、职称证书和加盖执业印章的《中华人民共和国注册监理工程师注册执业证书》等复印件;

7.《工程监理企业资质申请表》中所列注册执业人员的身份证明、加盖执业印章的注册执业证书复印件(无执业印章的,须提供注册执业证书复印件);

8.企业近2年内业绩证明材料的复印件,包括:监理合同、监理规划、工程竣工验收证明、监理工作总结和监理业务手册;

9.企业必要的工程试验检测设备的购置清单(按申请表要求填写)。

(九)具有甲级设计资质或一级及以上施工总承包资质的企业申请与主营业务对应的专业工程类别甲级监理资质的,除应提供本实施意见第(八)条1、2、3、5、6、7、9所列材料外,还需提供企业具有的甲级设计资质或一级及以上施工总承包资质的资质证书正、副本复印件,不需提供相应的业绩证明。

(十)申请专业乙级和丙级资质的工程监理企业,需提供本实施意见第(八)条1、2、3、5、6、7、9所列材料,不需提供相应的业绩证明。

(十一)申请事务所资质的企业,需提供以下材料:

1.《工程监理企业资质申请表》(见附件1)一式三份及相应的电子文档;

2.合伙企业营业执照正、副本复印件;

3.合伙人协议文本复印件;

4.合伙人组成名单、身份证明、工作简历以及加盖执业印章的《中华人民共和国注册监理工程师注册执业证书》复印件;

5. 办公场所属于自有产权的,应提供产权证明复印件;办公场所属于租用的,应提供出租方产权证明、双方租赁合同的复印件;

6. 必要的工程试验检测设备的购置清单(按申请表要求填写)。

(十二)申请综合资质、专业资质延续的企业,需提供本实施意见第(八)条1、2、4、7所列材料,不需提供相应的业绩证明;申请事务所资质延续的企业,应提供本实施意见第(十一)条1、2、4所列材料。

(十三)具有综合资质、专业甲级资质的企业申请变更资质证书中企业名称的,由建设部负责办理。企业应向工商注册所在地的省、自治区、直辖市人民政府建设主管部门提出申请,并提交下列材料:

1.《建设工程企业资质证书变更审核表》;

2. 企业法人营业执照副本复印件;

3. 企业原有资质证书正、副本原件及复印件;

4. 企业股东大会或董事会关于变更事项的决议或文件。

上述规定以外的资质证书变更手续,由省、自治区、直辖市人民政府建设主管部门负责办理,具体办理程序由省、自治区、直辖市人民政府建设主管部门依法确定。其中具有综合资质、专业甲级资质的企业其资质证书编号发生变化的,省、自治区、直辖市人民政府建设主管部门需报建设部核准后,方可办理。

(十四)企业改制、分立、合并后设立的工程监理企业申请资质,除提供本实施意见第(八)条所要求的材料外,还应当提供如下证明材料的复印件:

1. 企业改制、分立、合并或重组的情况说明,包括新企业与原企业的产权关系、资本构成及资产负债情况,人员、内部组织机构的分立与合并、工程业绩的分割、合并等情况;

2. 上级主管部门的批复文件,职工代表大会的决议;或股东大会、董事会的决议。

(十五)具有综合资质、专业甲级资质的工程监理企业申请工商注册地跨省、自治区、直辖市变更的,企业应向新注册所在地的省、自治区、直辖市人民政府建设主管部门提出申请,并提交下列材料:

1. 工程监理企业原工商注册地省、自治区、直辖市人民政府建设主管部门同意资质变更的书面意见;

2. 变更前原工商营业执照注销证明及变更后新工商营业执照正、副本复印件;

3. 本实施意见第(八)条1、2、3、4、5、6、7、9所列的材料。

其中涉及资质证书中企业名称变更的,省、自治区、直辖市人民政府建设主管部门应将受理的申请材料报建设部办理。

具有专业乙级、丙级资质和事务所资质的工程监理企业申请工商注册地跨省、自治区、直辖市变更,由各省、自治区、直辖市人民政府建设主管部门参照上述程序依法制定。

(十六)企业申请工程监理企业资质的申报材料,应符合以下要求:

1. 申报材料应包括:《工程监理企业资质申请表》及相应的附件材料;

2.《工程监理企业资质申请表》一式三份,涉及申请铁路、交通、水利、信息产业、民航等专业资质的,每增加申请一项资质,申报材料应增加二份申请表和一份附件材料;

3. 申请表与附件材料应分开装订,用A4纸打印或复印。附件材料应按《工程监理企业资质申请表》填写顺序编制详细目录及页码范围，以便审查查找。复印材料要求清晰、可辨；

4. 所有申报材料必须填写规范、盖章或印鉴齐全、字迹清晰；

5. 工程监理企业申报材料中如有外文，需附中文译本。

三、资质受理审查程序

（十七）工程监理企业资质申报材料应当齐全，手续完备。对于手续不全、盖章或印鉴不清的，资质管理部门将不予受理。

资质受理部门应对工程监理企业资质申报材料中的附件材料原件进行核验，确认企业附件材料中相关内容与原件相符。对申请综合资质、专业甲级资质的企业，省、自治区、直辖市人民政府建设主管部门应将其《工程监理企业资质申请表》（附件1）及附件材料、报送文件一并报建设部。

（十八）工程监理企业应于资质证书有效期届满60日前，向原资质许可机关提出资质延续申请。逾期不申请资质延续的，有效期届满后，其资质证书自动失效。如需开展工程监理业务，应按首次申请办理。

（十九）工程监理企业的所有申报材料一经建设主管部门受理，未经批准，不得修改。

（二十）各省、自治区、直辖市人民政府建设主管部门可根据本地的实际情况，制定事务所资质的具体实施办法。

（二十一）对企业改制、分立或合并后设立的工程监理企业，资质许可机关按下列规定进行资质核定：

1. 整体改制的企业，按资质变更程序办理；

2. 合并后存续或者新设立的工程监理企业可以承继合并前各方中较高资质等级。合并后不申请资质升级和增加其他专业资质的，按资质变更程序办理；申请资质升级或增加其他专业资质的，资质许可机关应根据其实际达到的资质条件，按照158号部令中的审批程序核定；

3. 企业分立成两个及以上工程监理企业的，应根据其实际达到的资质条件，按照158号部令的审批程序对分立后的企业分别重新核定资质等级。

（二十二）对工程监理企业的所有申请、审查等书面材料，有关建设主管部门应保存5年。

四、资质证书

（二十三）工程监理企业资质证书由建设部统一印制。专业甲级资质、乙级资质、丙级资质证书分别打印，每套资质证书包括一本正本和四本副本。

工程监理企业资质证书有效期为5年，有效期的计算时间以资质证书最后的核定日期为准。

（二十四）工程监理企业资质证书全国通用，各地、各部门不得以任何名义设立158号部令规定以外的其他准入条件，不得违法收取费用。

（二十五）工程监理企业遗失资质证书，应首先在全国性建设行业报刊或省级（含省级）综合类报刊上刊登遗失作废声明，然后再向原资质许可机关申请补办，并提供下列材料：

1. 企业补办资质证书的书面申请;

2. 刊登遗失声明的报刊原件;

3.《建设工程企业资质证书增补审核表》。

五、监督管理

(二十六)县级以上人民政府建设主管部门和有关部门应依法对本辖区内工程监理企业的资质情况实施动态监督管理。重点检查158号部令第十六条和第二十三条的有关内容,并将检查和处理结果记入企业信用档案。

具体抽查企业的数量和比例由县级以上人民政府建设主管部门或者有关部门根据实际情况研究决定。

监督检查可以采取下列形式:

1. 集中监督检查。由县级以上人民政府建设主管部门或者有关部门统一部署的监督检查;

2. 抽查和巡查。县级以上人民政府建设主管部门或者有关部门随机进行的监督检查。

(二十七)县级以上人民政府建设主管部门和有关部门应按以下程序实施监督检查:

1. 制定监督检查方案,其中集中监督检查方案应予以公布;

2. 检查应出具相应的检查文件或证件;

3. 当地建设主管部门和有关部门应当配合上级部门的监督检查;

4. 实施检查时,应首先明确监督检查内容,被检企业应如实提供相关文件资料。对于提供虚假材料的企业,予以通报;对于不符合相应资质条件要求的监理企业,应及时上报资质许可机关,资质许可机关可以责令其限期改正,逾期不改的,撤回其相应工程监理企业资质;对于拒不提供被检资料的企业,予以通报,并责令其限期提供被检资料;

5. 检查人员应当将检查情况予以记录,并由被检企业负责人和检查人员签字确认;

6. 检查人员应当将检查情况汇总,连同有关行政处理或者行政处罚建议书面告知当地建设主管部门。

(二十八)工程监理企业违法从事工程监理活动的,违法行为发生地的县级以上地方人民政府建设主管部门应当依法查处,并将工程监理企业的违法事实、处理结果或处理建议及时报告违法行为发生地的省、自治区、直辖市人民政府建设主管部门;其中对综合资质或专业甲级资质工程监理企业的违法事实、处理结果或处理建议,须通过违法行为发生地的省、自治区、直辖市人民政府建设主管部门报建设部。

六、有关说明

(二十九)注册资本金是指企业法人营业执照上注明的实收资本金。

(三十)工程监理企业的注册监理工程师是指在本企业注册的取得《中华人民共和国注册监理工程师注册执业证书》的人员。注册监理工程师不得同时受聘、注册于两个及以上企业。

注册监理工程师的专业是指《中华人民共和国注册监理工程师注册执业证书》上标注的注册专业。

一人同时具有注册监理工程师、注册造价工程师、一级注册建造师、一级注册建筑师、一级注册结构工程师或者其它勘察设计注册工程师两个及以上执业资格,且在同一监理企业注册的,可以按照取得的注册执业证书个数,累计计算其人次。

申请工程监理企业资质的企业,其注册人数和注册人次应分别满足158号部令中规定的注册人数和注册人次要求。申请综合资质的企业具有一级注册建造师、一级注册建筑师、一级注册结构工程师或者其它勘察设计注册工程师合计应不少于15人次,且具有一级注册建造师不少于1人次、具有一级注册结构工程师或其它勘察设计注册工程师或一级注册建筑师不少于1人次。

(三十一)"企业近2年内独立监理过3个以上相应专业的二级工程项目"是指企业自申报之日起前2年内独立监理完成并已竣工验收合格的工程项目。企业申报材料中应提供相应的工程验收证明复印件。

(三十二)因本企业监理责任造成重大质量事故和因本企业监理责任发生安全事故的发生日期,以行政处罚决定书中认定的事故发生日为准。

(三十三)具有事务所资质的企业只可承担房屋建筑、水利水电、公路和市政公用工程专业等级三级且非强制监理的建设工程项目的监理、项目管理、技术咨询等相关服务。

七、过渡期的有关规定

(三十四)158号部令自实施之日起设2年过渡期,即从2007年8月1日起,至2009年7月31日止。过渡期内,已取得工程监理企业资质的企业申请资质升级、增加其他专业资质以及申请企业分立的,按158号部令和本实施意见执行。对于准予资质许可的工程监理企业,核发新的工程监理企业资质证书,旧的资质证书交回原发证机关,予以作废。

(三十五)过渡期内,已取得工程监理企业资质证书的企业申请资质更名、遗失补证、两家及以上企业整体合并等不涉及申请资质升级和增加其他专业资质的,可按资质变更程序办理,并换发新的工程监理企业资质证书,新资质证书有效期至2009年7月31日。

(三十六)建设主管部门在2007年8月1日之前颁发的工程监理企业资质证书,在过渡期内有效,但企业资质条件仍应符合《工程监理企业资质管理规定》(建设部令第102号)的相关要求。过渡期内,各省、自治区、直辖市人民政府建设主管部门应按《工程监理企业资质管理规定》(建设部令第102号)要求的资质条件对本辖区内已取得工程监理企业资质的企业进行监督检查。过渡期届满后,对达不到158号部令要求条件的企业,要重新核定其监理企业资质等级。

对于已取得冶炼、矿山、化工石油、电力、铁路、港口与航道、航天航空和通信工程丙级资质的工程监理企业,过渡期内,企业可继续完成已承揽的工程项目。过渡期届满后,上述专业工程类别的工程监理企业丙级资质证书自行失效。

(三十七)已取得工程监理企业资质证书但未换发新的资质证书的企业,在过渡期届满60日前,应按158号部令要求向资质许可机关提交换发工程监理企业资质证书的申请材料,不需提供相应的业绩证明。对于满足相应资质标准要求的企业,资质许可机关给予换发新的工程监理企业资质证书,旧资质证书交回原发证机关,予以作废;对于不满足相应资质标准要求的企业,由资质许可机关根据其实际达到的资质条件,按照158号部令的审批程序和标准给予重新核定,旧资质证书交回原发证机关,予以作废。过渡期届满后,未申请换发工程监理企业资质证书的企业,其旧资质证书自行失效。

附件:1.《工程监理企业资质申请表》(略);

2.《工程监理企业资质申请表》填表说明。

附件2：

《工程监理企业资质申请表》填表说明

一、封面填写要求

1."申报企业"填写申请资质的企业名称,并加盖公章。

2."填报日期"是指表格上交受理部门的日期。

二、"申请情况"填写要求

"现有资质专业类别及等级"栏填写申请企业现有的全部工程监理企业资质类别、等级。新设立的监理企业填写本表时,此项可不填写。

三、"基本情况"填写要求

1."企业名称"须填写申请企业的全称,该名称与首页"申报企业"名称、工商营业执照名称必须一致,如名称不一致时,以工商营业执照企业名称为准。

如企业申报材料同时发生名称变化,按新名称申报材料时,应在附件材料中提供有关工商预核准材料、验资报告等材料,"企业名称"一栏可填写工商预核准企业名称。

2."详细地址"须填写申请企业的通讯地址。

3."成立时间"、"企业类型"、"营业执照注册号"和"注册资本金"应按照工商注册文件和工商营业执照上标明的相关内容填写。

4."资质证书编号"按工程监理企业资质证书填写。新设立的监理企业填写本表时,此项可不填写。

5."企业违法违规情况"和"企业质量事故及安全事故情况"应根据近一年内申请企业的市场行为如实填写。

6.申请综合资质的企业须填写"一级注册建造师、一级注册建筑师、一级注册结构工程师或者其它勘察设计注册工程师合计人次"。

7.申请专业甲级资质和专业乙级资质的企业须填写"注册监理工程师、注册造价工程师、一级注册建造师、一级注册建筑师、一级注册结构工程师或者其它勘察设计注册工程师合计人次"。

四、"工程建设类注册执业人员一览表"填写要求

企业具有的注册监理工程师、注册造价工程师、一级注册建造师、一级注册建筑师、一级注册结构工程师或者其它勘察设计注册工程师应填写"工程建设类注册执业人员一览表"中相应信息,并按上述顺序排列。一人同时具有两个及以上执业资格的,应在"注册执业证书类别及等级"栏中逐一列出。

五、"工程试验检测设备一览表"填写要求

填写企业自有的工程试验检测设备及相关信息。

六、"企业业绩"填写要求

1.企业应如实填写近2年内独立监理完成并已竣工验收合格的与申报专业工程类别相关的二级工程项目信息。

2."专业工程类别"应按照所申请资质的专业工程类别确定并填写。

3."工程项目规模及技术指标"应按照资质标准"专业工程类别和等级表"中注明的规模计量单位要求,如实填写企业独立完成的、符合规模计量单位要求的工程项目规模指标。

建设部关于建设工程企业发生改制、重组、分立等情况资质核定有关问题的通知

建市[2007]229号

各省、自治区建设厅，直辖市建委，北京市规划委员会，江苏省、山东省建管局，新疆生产建设兵团建设局，国务院有关部门建设司（局），总后营房部工程管理局，国资委管理的有关企业：

为了进一步明确工程勘察设计、施工、监理企业及招标代理机构（简称建设工程企业）改制、重组、分立后涉及资质重新审核办理的有关要求，简化审核办理程序，方便和服务企业，现将建设工程企业改制、重组、分立后涉及资质办理的有关事项通知如下：

一、下列类型建设工程企业改制、重组、分立，申请办理企业资质，按照有关规定重新进行核定。

1. 企业新设分立（也称“解散分立”），即企业的资产（含设备，下同）、人员、业务等分立为两个或两个以上的新企业，原企业注销，新企业分别申请原企业的相关资质的；

2. 企业派生分立（也称“存续分立”），即企业的部分资产、人员、业务等分立设立一个或几个新企业，原企业仍然存在。原企业和新企业分别申请原企业原有相关资质的，或者原企业不再拥有资质，由新企业申请原企业原有相关资质的；

3. 企业经济性质变更，即内资企业被外资企业整体收购或收购部分股权，企业性质由内资企业变更为外资企业，经商务主管部门审批后，取得外商投资批准证书的；或者外资企业由于外国投资者的退出，企业性质由外资企业变更为内资企业，经商务主管部门注销外商投资批准证书后，办理工商营业执照变更为内资的。

属于以上第1、2两种情况的，分立设立的新企业应当提交原企业关于代表工程业绩、法律责任承继或分割情况的说明材料；若分立后的两家新企业分别申请原企业的同一项资质类别，则应当分别提供相应的代表工程业绩；属于第3种情况的，变更后的新企业申请原企业原有资质可不提交代表工程业绩材料。

对外资收购内资的，应按照《外商投资建筑业企业管理规定》（建设部、外经贸部令第113号）、《外商投资建设工程设计企业管理规定》（建设部、外经贸部令第114号）、《外商投资建设工程服务企业管理规定》（建设部、商务部令第155号）及《外商投资建设工程设计企业管理规定实施细则》（建市[2007]18号）等有关规定办理。

二、根据有关法律法规和企业资质管理规定，下列类型的建设工程企业发生改制、合并等情况申请资质证书的，可按照有关规定简化审批手续，直接进行证书变更。有关具体申报材料和程序按照《关于建设部批准的建设工程企业办理资质证书变更和增补有关事项的通知》（建市函[2005]375号）等要求办理。

1. 企业吸收合并，即一个企业吸收另一个企业，被吸收企业已办理注销登记的；

2. 企业新设合并，即有资质的几家企业，合并重组为一个新企业，原有企业注销，新企业申请承继原有企业资质的；

3. 国有企业整体改制的，改制后的企业申请承继原国有企业的所有资质的；或者国有企业将其主营业务资产、人员等投资设立新的公司制企业，原国有企业依然存续，不再拥有建设工程企业资质，由新企业申请承继原企业与主营业务相关的资质的。

三、企业改制、重组等涉及注册资本与实收资本变更的，按照实收资本考核。

四、本通知自下发之日起执行。

二〇〇七年九月二十一日

建设部关于印发《工程建设项目招标代理机构资格认定办法实施意见》的通知

建市[2007]230号

各省、自治区建设厅，直辖市建委，新疆生产建设兵团建设局，国务院有关部门建设司(局)，总后营房部工程管理局，国资委管理的有关企业：

根据《工程建设项目招标代理机构资格认定办法》(建设部令第154号)，我部组织制订了《工程建设项目招标代理机构资格认定办法实施意见》，现印发给你们，请遵照执行。执行中有何问题，请与我部建筑市场管理司联系。

附件：工程建设项目招标代理机构资格认定办法实施意见

二〇〇七年九月二十一日

工程建设项目招标代理机构资格认定办法实施意见

为规范工程建设项目招标代理机构资格认定管理，依据《招标投标法》、《工程建设项目招标代理机构资格认定办法》(建设部令第154号，以下简称《认定办法》)等法律法规，制定本实施意见。

一、申请材料内容

(一)工程招标代理机构资格初始申请，需提供下列材料：

1.《工程建设项目招标代理机构资格申请表》(以下简称《申请表》)及电子文档；

2.企业法人营业执照正本、副本复印件；

3.企业章程复印件；

4.验资报告(含所有附件)复印件；

5.主要办公设备清单、办公场所证明材料(自有的提供产权证复印件；租用的提供出租方产权证以及租用合同或协议的复印件)；

6.技术经济负责人的身份证、任职文件、个人简历、高级职称证书、工程建设类注册执业资格证书、从事工程管理经历证明、社会保险缴费凭证、人事档案管理代理证明的复印件；

7.工程建设类注册执业资格人员的身份证、注册执业资格证书(含变更记录及续期记录)、社会保险缴费凭证、人事档案管理代理证明及从事工程管理经历证明的复印件；

8. 具有工程建设类中级以上职称专职人员的身份证、职称证书、社会保险缴费凭证、人事档案管理代理证明及从事工程招标代理经历证明的复印件；

9. 工程招标代理机构内部各项管理规章制度；

10. 评标专家库成员名单。

（二）工程招标代理机构资格升级申请，需提供本实施意见第（一）条所列材料外，还需提供下列材料：

1. 原工程建设项目招标代理机构资格证书正本、副本（含变更记录）复印件；

2. 工程招标代理有效业绩证明，包括：工程招标代理委托合同、中标通知书和招标人评价意见（中标通知书或评价意见应有主管部门备案章的复印件）；

3. 企业上一年度经审计的财务报告（含资产负债表、损益表及报表说明）的复印件。

（三）工程招标代理机构资格延续申请，需提供下列材料：

1.《工程建设项目招标代理机构资格申请表》（以下简称《申请表》）及电子文档；

2. 企业法人营业执照正本、副本复印件；

3. 工程建设项目招标代理机构资格证书正本、副本（含变更记录）复印件；

4. 技术经济负责人的身份证、任职文件、个人简历、高级职称证书、工程建设类注册执业资格证书、从事工程管理经历证明、社会保险缴费凭证、人事档案管理代理证明的复印件；

5. 工程建设类注册执业资格人员的身份证、注册执业资格证书（含变更记录及续期记录）、社会保险缴费凭证、人事档案管理代理证明及从事工程管理经历证明的复印件；

6. 具有工程建设类中级以上职称专职人员的身份证、职称证书、社会保险缴费凭证、人事档案管理代理证明及从事工程招标代理经历证明的复印件；

7. 工程招标代理有效业绩证明，包括：工程招标代理委托合同、中标通知书和招标人评价意见（中标通知书或评价意见应有主管部门备案章）的复印件；

8. 建设主管部门提供的确认工程招标代理机构在资格有效期内市场诚信行为信息档案情况。

（四）甲级工程招标代理机构申请变更资质证书中企业名称的，由建设部负责办理。机构应向工商注册所在地的省、自治区、直辖市人民政府建设主管部门提出申请，并提交下列材料：

1.《建设工程企业资质证书变更审核表》；

2. 企业法人营业执照副本复印件；

3. 原有资格证书正、副本原件及复印件；

4. 股东大会或董事会关于变更事项的决议或文件。

上述规定以外的资格证书变更手续，由省、自治区、直辖市人民政府建设主管部门负责办理，具体办理程序由省、自治区、直辖市人民政府建设主管部门依法确定。其中甲级工程招标代理机构其资格证书编号发生变化的，省、自治区、直辖市人民政府建设主管部门需报建设部核准后，方可办理。

（五）工程招标代理机构改制、重组、分立、合并需重新核定资格的，除提供（一）、（二）所列材料外，还需提交下列材料：

1. 工程招标代理机构改制、重组、分立、合并情况报告；

2. 上级部门的批复（准）文件复印件；或股东大会或董事会关于改制、重组、分立、合并或股权变更等事项的决议复印件。

（六）甲级工程招标代理机构申请工商注册地跨省、自治区、直辖市变更的，应向拟迁入工商注册地的省、自治区、直辖市人民政府建设主管部门提出申请，除提供（一）所列材料外，还应提交下列材料：

1. 工程招标代理机构原工商注册所在地省级建设主管部门同意资格变更的书面意见；

2. 资格变更前原企业工商注册登记注销证明及资格变更后新企业法人营业执照正本、副本复印件。

其中涉及到资质证书中企业名称变更的，省、自治区、直辖市人民政府建设主管部门应将受理的申请材料报建设部办理。

乙级、暂定级工程招标代理机构申请工商注册地跨省、自治区、直辖市变更，由各省、自治区、直辖市人民政府建设主管部门参照上述程序依法制定。

（七）材料要求

1. 申报材料应包括《申请表》及相应的附件材料；《申请表》一式二份，附件材料一套（其中业绩证明材料应独立成册），并注明总册数和每册编号；

2. 附件资料应按上述"申请材料内容"的顺序排列，编制标明页码的总目录。复印资料关键内容必须清晰、可辨，申请材料必须数据齐全、填表规范、盖章或印鉴齐全、字迹清晰；

3. 附件资料装订规格为A4（210×297mm）型纸，建议采用软封面封底，并逐页编写页码；

4. 专职人员资料的排列顺序，除按照"申请材料内容"的顺序排列外，《申请表》中人员表格中名单的排列也应与上述顺序相同；

5. 工程招标代理业绩证明材料应当依照《申请表》中填报的项目顺序（按时间先后顺序）提供，同一项业绩的工程招标代理委托代理合同、中标通知书和业主招标人评价意见应当装订在一起，三项材料缺一不可；

6. 甲级招标代理资格申请，应登陆建设部网站（http://www.cin.gov.cn），通过建设工程资质审核专栏，填报申请数据，进行网上申报。

二、受理审查程序

（八）受理审查

1. 资格受理部门应在规定时限内对招标代理机构提出的资格申请做出是否受理的决定；

2. 资格初审部门应当对申报的附件材料原件进行核验，确认各项材料与原件相符，并在申报材料上加盖"原件与复印件一致"印章；

3. 资格许可机关可组织专家委员会对申请材料进行评审，并提出评审意见，在规定时限内作出行政许可决定；

4. 资格许可机关对企业申报材料提出质疑的，招标代理机构应予配合，做出相关解释或提供相关证明材料；

5. 资格许可机关对工程招标代理机构的申请材料、审查记录和审查意见、公示、质询和处理等书面材料和电子文档等应归档并保存五年；

6. 甲级工程招标代理机构的资格审查公告在建设部网站发布；乙级和暂定级工程招标代理机构资格的公告发布由各省、自治区、直辖市人民政府建设主管部门自行确定。

（九）资格延续

1. 工程招标代理机构应于资格证书有效期届满60日前，向原资格许可机关提出资格延续申请。逾期不申请资格延续的，其工程招标代理机构资格证书有效期届满后自动失效。如需从事工程招标代理业务，应按首次申请办理；

2. 甲级工程招标代理机构资格延续申请，应当通过工商注册所在地的省级人民政府建设主管部门上报国务院建设主管部门审批；

3. 招标代理机构在资格有效期内遵守有关法律、法规、规章、技术标准，信用档案中无《认定办法》第三十条规定的不良行为记录，且业绩、专职人员条件满足资格条件要求的，经原资格许可机关同意，可延续相应资格证书的有效期。不满足资格条件要求的，资格许可机关不予资格延续。

（十）资格变更、改制、重组、分立与合并

1. 工程招标代理机构改制、重组后不再符合资格条件的，应当按其实际达到的资格条件及《认定办法》申请重新核定；资格条件不发生变化的，按照变更规定办理；

2. 工程招标代理机构分立或者合并的，按照《认定办法》第二十一条执行。

三、资格证书

（十一）工程招标代理机构资格证书由国务院建设主管部门统一编码，由审批部门负责颁发，并加盖审批部门公章。

国务院建设主管部门统一制定资格证书编号规则，各级别资格证书全国通用。

（十二）工程招标代理机构资格证书包括正本一本和副本四本，企业因经营需要申请增加资格证书副本数量的，应持增加申请、企业法人营业执照副本、资格证书副本到原发证机关办理，最多增加四本。

（十三）工程招标代理机构遗失资格证书的，可以申请补办，并需提供下列资料：

1. 工程招标代理机构申请补办报告；

2.《建设工程企业资质证书增补审核表》；

3. 在全国性建筑行业报纸或省级综合类报纸上刊登的遗失声明。

四、监督管理

（十四）工程招标代理机构应当按照《认定办法》的规定，向资格许可机关及时、准确地提供企业信用档案信息。信用档案信息应当包括机构基本信息、完成的招标代理业绩情况、招标代理合同的履约以及招标代理过程中有无不良行为等情况。

（十五）省级人民政府建设主管部门应通过核查工程招标代理机构资格条件、专职人员实际履职或执业情况、市场经营行为、招标代理服务质量等信用档案信息状况，充分运用网络信息化等手段，加强对工程招标代理机构资格的动态管理。

（十六）上级建设主管部门必要时可以对下级资格初审或审查部门的审批材料、审批程序，以及招标代理机构的申请材料等进行检查或抽查。

（十七）各级建设主管部门应建立并完善代理机构信用档案信息的记录、汇总、发布等工作,建立跨地区的联动监管机制。工程招标代理机构出现《认定办法》第二十五条所列违法违规行为的,各级建设主管部门在依法作出相应的行政处罚后,将处罚情况记入工程招标代理机构信用档案,并将处罚情况通报相应资格许可机关,资格许可机关应对其资格条件情况进行严格核查。一旦发生不满足资格条件的情况,按照《认定办法》第二十七条规定执行。

五、有关说明

(十八)申请招标代理机构资格的企业,不得与行政机关以及有行政职能的事业单位有隶属关系或者其他利益关系。有下列情形之一的,属于与行政机关、有行政职能的事业单位以及招投标人有隶属关系或者其他利益关系:

1. 由国家机关、行政机关及其所属部门、履行行政管理职能或者存在其他利益关系的事业单位出资;

2. 与国家机关、行政机关及其所属部门、履行行政管理职能或者存在其他利益关系的事业单位存在行政隶属关系;

3. 法人代表或技术经济负责人由国家机关、行政机关及其所属部门、履行行政管理职能或者存在其他利益关系的事业单位任命。

(十九)注册资本金以企业法人营业执照载明的实收资本和验资报告中载明的实际出资的注册资本金为考核指标。

(二十)超过60岁的人员,不得视为代理机构的专职人员;部分超过法定退休年龄已办理退休的专职人员,无社保证明的,需提供与企业依法签订的劳动合同主要页(包括合同双方名称、聘用起止时间、签字盖章、生效日期);未到法定退休年龄已办理内退手续的专职人员,需提供原单位内退证明及与企业依法签订的劳动合同主要页(包括合同双方名称、聘用起止时间、签字盖章、生效日期)。

(二十一)工程建设类注册执业资格包括:注册建筑师、注册结构工程师及其他勘察设计注册工程师、注册建造师、注册监理工程师、注册造价工程师等具有注册执业资格的人员。申请甲级招标代理资格的机构,其注册人员的级别要求为一级注册建造师、一级注册建筑师、一级注册结构工程师或者其他注册人员,乙级、暂定级资格企业注册执业人员级别由省、自治区、直辖市人民政府建设主管部门自行确定。

一人同时具有注册监理工程师、注册造价工程师、注册建造师、注册建筑师、注册结构工程师或者其他勘察设计注册工程师两个及两个以上执业资格,证书不能重复计算,只能计算为工程建设类注册执业资格人员中的1人。

(二十二)社会保险证明指社会统筹保险基金管理部门颁发的代理机构社会养老保险手册及对账单;或该机构资格有效期内的含有个人社会保障代码、缴费基数、缴费额度、缴费期限等信息的参加社会保险缴费人员名单和缴费凭证。

(二十三)人事档案代理管理证明是指国家许可的有人事档案管理权限的机构出具的资格有效期内的代理机构人事档案存档人员名单和委托代理管理协议(合同)。

(二十四)工程招标代理机构内部管理规章制度主要包括:人事管理制度、代理工作规则、合同管理办法、财务管理办法、档案管理办法等。

(二十五)工程总投资是指工程项目立项批准文件上的工程总投资额,含征地费、拆迁补偿费、大市政配套费、建安工程费等。

（二十六）招标代理业绩证明材料中的工程招标代理合同应当至少载明下列内容：

1. 招标人和工程招标代理机构的名称与地址；

2. 工程概况与总投资额；

3. 代理事项、代理权限和代理期间；

4. 代理酬金及支付方式；

5. 双方的权利和义务；

6. 招标代理机构项目负责人情况；

7. 违约、索赔和争议条款。

（二十七）工程招标代理业绩要求的“近3年”的计算方法：企业申报业绩的中标通知书出具日期至该代理机构资格申报之日，期间跨度时间应在3年以内。

六、分支机构备案管理

（二十八）工程招标代理机构设立分支机构的，应当自领取分支机构营业执照之日起30日内，持下列材料到分支机构工商注册所在地省、自治区、直辖市人民政府建设主管部门备案：

1. 分支机构营业执照复印件；

2. 招标代理机构资格证书复印件；

3. 拟在分支机构执业的本机构不少于2名工程建设类注册执业人员的注册证书、职称证书和劳动合同复印件（其中注册造价师不少于1人）；

分支机构工作的本机构聘用有中级以上职称的专职人员不少于5人的身份证、职称证书、社会保险缴费凭证、人事档案管理代理证明和从事工程招标代理经历证明的复印件；

4. 分支机构内部管理规章制度；

5. 分支机构固定办公场所的租赁合同和产权证明（自有的只需提供产权证明）；

6. 机构注册地建设行政主管部门开具的一年内无不良行为的诚信记录证明。

省、自治区、直辖市人民政府建设主管部门应当在接受备案之日起20日内，报国务院建设主管部门备案。

（二十九）分支机构应当由设立该分支机构的工程招标代理机构负责承接工程招标代理业务，签订工程招标代理合同、出具中标通知书。

分支机构不得以自己名义承接工程招标代理业务、订立工程招标代理合同。

附件：1. 工程建设项目招标代理机构资格申请表

2. 社会保险缴纳情况表（样表）（略）

建设部关于印发《建筑业企业资质管理规定实施意见》的通知

建市[2007]241 号

各省、自治区建设厅，直辖市建委，江苏和山东省建管局，新疆生产建设兵团建设局，国务院有关部门建设司，总后营房部工程局，国资委管理的有关企业：

根据《建筑业企业资质管理规定》（建设部令第 159 号）、《建筑业企业资质等级标准》（建建[2001]82 号）和《施工总承包企业特级资质标准》（建市[2007]72 号），我部组织制定了《建筑业企业资质管理规定实施意见》，现印发给你们，请遵照执行。执行中有何问题，请与我部建筑市场管理司联系。

附件：1. 建筑业企业资质申请表（略）
　　2. 施工总承包企业特级资质标准信息化考评表（略）

二〇〇七年十月十八日

建筑业企业资质管理规定实施意见

为规范建筑业企业资质管理，依据《建筑业企业资质管理规定》（建设部令第 159 号，以下简称《规定》）及相关法律法规，制定本实施意见。

一、资质申请

（一）依法取得工商行政管理部门颁发的《企业法人营业执照》的企业，在中华人民共和国境内从事土木工程、建筑工程、线路管道设备安装工程、装修工程的新建、扩建、改建等活动，应当申请建筑业企业资质。

（二）企业申请资质应按照《规定》第九条、第十条、第十一条规定的申请渠道提出申请，增项资质按照主项资质的申请渠道申请；

《规定》第九条第（二）款规定之外的企业申请各类资质，应向企业工商注册所在地建设主管部门申请。

（三）已取得工程设计综合资质、行业甲级资质的企业，可以直接申请一级及以下建筑业企业资质，但应满足建筑业企业资质标准要求。申请施工总承包资质的，企业完成相应规模的工程总承包业绩可以作为工程业绩申报资质。

其他工程设计企业申请建筑业企业资质应按照《规定》的要求办理。

（四）对企业改制、分立或合并后设立的企业，资质许可机关按下列规定进行资质核定：

1. 整体改制的企业,按资质变更程序办理;

2. 合并后存续或者新设立的企业可以承继合并前各方中较高资质等级。合并后不申请资质升级和增加其他专业资质的,按资质变更程序办理;申请资质升级或增加其他专业资质的,资质许可机关应根据其实际达到的资质条件,按照《规定》中的审批程序核定;

3. 企业分立成两个及以上企业的,应根据其实际达到的资质条件,按照《规定》的审批程序对分立后的企业分别重新核定资质等级。

(五)企业申请资质升级不受年限限制。

(六)企业可以申请一项或多项资质,申请多项资质的,应当选择一项作为主项资质,其余为增项资质。

企业的增项资质级别不得高于主项资质级别。

经原资质许可机关批准,企业的主项资质可以与增项资质互换。

(七)选择总承包序列某一类别资质作为本企业主项资质的,可申请总承包序列内各类别资质。取得施工总承包资质的企业,不再申请总承包资质覆盖范围内的各专业承包类别资质,即可承揽专业承包工程。总承包企业投标或承包其总承包类别资质覆盖范围以外的专业工程,须具备相应的专业承包类别资质;总承包企业不得申请劳务分包类别资质。

总承包类别覆盖的相应专业承包类别的对照表,另行制定印发后执行。

二、申请材料

企业申请资质需提供《建筑业企业资质申请表》(含电子文档)及相应附件资料,并按照下列顺序进行装订:

(八)综合资料(第一册):

1. 企业法人营业执照副本;

2. 企业资质证书正、副本;

3. 企业章程;

4. 企业近三年建筑业行业统计报表;

5. 企业经审计的近三年财务报表;

6. 企业法定代表人任职文件、身份证明;

7. 企业经理和技术、财务负责人的身份证明、职称证书、任职文件及相关资质标准要求的技术负责人代表工程业绩证明资料;

8. 如有设备、厂房等要求的,应提供设备购置发票或租赁合同、厂房的房屋产权证或房屋租赁合同等相关证明,以及相关资质标准要求提供的其它资料。

9. 企业安全生产许可证(劳务分包企业、混凝土预制构件企业、预拌商品混凝土等企业可不提供)

其中,首次申请资质的企业,不需提供上述2、4、5、9的材料,但应提供企业安全生产管理制度的文件。

10. 申请特级资质的,除提供上述材料外,还应提供:

(1)企业近三年银行授信凭证;

(2)企业近三年上缴建筑业营业税税票或境外工程的工程结算凭证;

(3)省、部级(或相当于省部级)以上企业技术(研发)中心,或分中心认证的证书或有效核准文件；

(4)国家级工法的认定文件、专利技术的认定证书；

(5)国家科技进步奖获奖证书或主编过工程建设国家、行业标准的发布通知(或发布令)、封面、目次、前言和引言等资料复印件。

(九)人员资料(第二册)：

1. 建筑业企业资质申请表中所列注册人员的身份证明、注册证书；

2. 建筑业企业资质标准要求的非注册的专业技术人员的职称证书、身份证明、养老保险凭证；

3. 部分资质标准要求企业必须具备的特殊专业技术人员的职称证书、身份证明及养老保险凭证，还应提供相应证书及反映专业的证明材料；

4. 劳务分包企业应提供标准要求的人员岗位证书、身份证明。

(十)工程业绩资料(申请最低等级资质不提供)(第三册)：

1. 工程合同、中标通知书；

2. 符合国家规定的竣工验收单(备案表)或质量核验资料；

3. 上述资料无法反映技术指标的，还应提供反映技术指标要求的工程照片、图纸、工程决算资料等。

(十一)对企业申请改制、分立、合并需重新核定资质的，除需提供上述资料外，还应提供下列资料(列入第一册综合材料)：

1. 企业改制、分立、合并方案(包括新企业与原企业资产、人员、工程业绩的分割情况)；

2. 企业改制、分立、合并的批准文件或股东会或职工代表大会决议；

3. 企业改制、分立应提供改制、分立前企业近三年财务报表和统计报表；

4. 企业合并应提供合并前各企业近三年财务报表和统计报表及最新合并报表；

5. 会计师事务所出具的验资报告。

(十二)资质证书延续资料

1.《建筑业企业资质延续申请表》

2. 企业法人营业执照副本；

3. 企业资质证书正、副本；

4. 企业注册人员的注册证书。

(十三)已具备工程设计资质的企业首次申请同类别或相近类别建筑业企业资质的，其申报材料除应提供首次申请所列全部材料外，申请除最低等级的施工总承包资质的，还应提供本实施意见第(十)条所要求的全部材料。

(十四)具有《规定》第九条资质的企业申请变更资质证书中企业名称的，由建设部负责办理。企业应向工商注册所在地的省、自治区、直辖市人民政府建设主管部门提出申请，并提交下列材料：

1.《建设工程企业资质证书变更审核表》；

2. 企业法人营业执照副本复印件；

3. 企业原有资质证书正、副本原件及复印件；

4. 企业股东大会或董事会关于变更事项的决议或文件。

上述规定以外的资质证书变更手续，由省、自治区、直辖市人民政府建设主管部门负责办理，具体办理程序由省、自治区、直辖市人民政府建设主管部门依法确定。其中具有《规定》第九条资质的企业其资质证书编号发生变化的，省、自治区、直辖市人民政府建设主管部门需报建设部核准后，方可办理。

（十五）具有《规定》第九条资质的企业申请工商注册地跨省、自治区、直辖市变更的，企业应向新注册所在地的省、自治区、直辖市人民政府建设主管部门提出申请，并提交下列材料：

1. 企业原工商注册地省、自治区、直辖市人民政府建设主管部门同意资质变更的书面意见；

2. 变更前原工商营业执照注销证明及变更后新工商营业执照正、副本复印件；

3. 首次申请资质的全部材料。

其中涉及到资质证书中企业名称变更的，省、自治区、直辖市人民政府建设主管部门应将受理的申请材料报建设部办理。

具有《规定》第九条资质的企业之外的其它企业申请工商注册地跨省、自治区、直辖市变更，由各省、自治区、直辖市人民政府建设主管部门参照上述程序依法制定。

（十六）资料要求

1.《建筑业企业资质申请表》一式四份，附件资料一套。其中涉及到铁路、交通、水利、信息产业、民航等专业部门资质的，每涉及一个专业部门，须另增加《建筑业企业资质申请表》二份、附件资料一套。

2. 资质受理机关负责核对企业提供的资料原件，原件由企业保存。资质许可机关正式受理后，所有资料一律不得更换、修改、退还。

上级相关主管部门对企业申请材料有质疑的，企业应当提供相关资料原件，必要时要配合相关部门进行实地调查。

3. 附件资料应按“综合资料、人员资料、工程业绩资料”的顺序排列装订，规格为 A4（210×297mm）型纸，并有标明页码的总目录及申请说明，建议采用软封面封底，逐页编写页码。

企业申报的资料必须使用中文，资料原文是其它文字的，须同时附中文译本并翻译准确。

4. 申请资料必须数据齐全、填表规范、印鉴齐全、字迹清晰，复印件必须清晰、可辨。

三、资质受理审查程序

（十七）《规定》第十一条所列“燃气燃烧器具安装、维修企业资质”的管理办法及审查标准由国务院建设主管部门另行规定。

（十八）省、自治区、直辖市人民政府建设主管部门根据本地区特殊情况，需增列《标准》中各类专业工程外的其它工程种类，其资质标准可参照专业承包序列“特种专业工程专业承包企业资质等级标准”的条件提出，报国务院建设主管部门按法定程序批准后予以颁布。由省、自治区、直辖市人民政府建设主管部门实施。

（十九）专业承包企业资质标准没有分级的，其申请和审批程序与专业承包一级企业相同；劳务分包企业资质没有分级的，其申请和审批程序与劳务分包一级企业相同。

（二十）涉及铁路、交通、水利、信息产业、民航等方面资质，由国务院建设主管部门负责审批的，国务院建设主管部门送国务院有关部门审核，国务院有关部门应在20日内审核完毕，并将审核意见返回国务院建设主管部门。由省、自治区、直辖市人民政府建设主管部门审批的，省、自治区、直辖市人民政府建设主管部门送省有关部门审核后审批。

涉及铁道、交通、水利、信息产业、民航方面的资质，除由国务院建设主管部门负责审批的资质外，其余资质由省、自治区、直辖市人民政府建设主管部门审批。

涉及铁道方面二级总承包资质的审批，因各省、自治区、直辖市人民政府目前没有设立相应的行政主管部门，其审批程序暂与一级资质相同。

（二十一）施工总承包特级资质的许可实行实地核查制度。

（二十二）资质许可实行公告制度。

由国务院建设主管部门实施许可的，公告在全国发行的综合性报纸或通过互联网进行发布；

由省、自治区、直辖市人民政府建设主管部门及设区的市人民政府建设主管部门实施许可的，公告方式由省、自治区、直辖市人民政府建设主管部门自行确定。

（二十三）资质许可机关对建筑业企业的所有申请、审查等书面材料应当至少保存五年。

上级建设主管部门有权对下级建设主管部门受理的企业申请材料、初审部门的审核材料进行监督检查。

（二十四）省级及以下建设主管部门应当在作出资质许可决定后30日内，将资质许可的决定，通过省级建设主管部门，向国务院建设主管部门备案，同时抄送相应专业部门，由建设部将各省资质许可情况及时在网上向社会公布，以方便异地查询和确认。逾期或未向建设部备案的，建设部将不再给予上网公布。

（二十五）企业申请资质升级、资质增项的，资质许可机关应当核查其近一年内有无《建筑业企业资质管理规定》第二十一条所列违法违规行为、有无《建筑市场诚信行为信息管理办法》（建市[2007]9号）中施工单位不良行为记录认定标准所列行为，并将核查结果作为资质许可的重要依据。

四、资质证书

（二十六）建筑业企业资质证书由建设部统一制定。实行全国统一编码，具体编码办法由国务院建设主管部门另行制定。

（二十七）建筑业企业资质证书，包括一个正本和六个副本（特级十二本）。企业因经营需要申请增加资格证书副本数量的，应持增加申请、企业法人营业执照副本、资格证书副本到原发证机关办理，最多增加三本（特级不超过六个副本）。

（二十八）各级建设主管部门依法颁发的企业资质证书在全国范围内有效。

（二十九）企业遗失资质证书，可以申请补办。需提供下列资料：

1. 申请补办的报告；

2.《建设工程企业证书增补审核表》；

3. 在《中国建设报》等全国性建设行业报纸或省级综合类报纸上刊登的遗失声明。

（三十）企业因变更、升级、注销等原因需要换发或收回资质证书的，由原资质许可机关负责收回并销毁。

（三十一）施工总承包特级资质证书：

1. 取得施工总承包序列中某一类别特级资质的企业，核发本类别建筑业企业特级资质证书；同时核发某一相应行业的工程设计甲级资质证书。

2. 取得房屋建筑、公路、铁路、市政公用、港口与航道、水利水电等类别中任意1类施工总承包特级资质，同时取得其他2类施工总承包一级及以上资质的。对达到特级标准的类别，核发建筑业企业特级资质证书和相应行业的行业甲级设计证书；并在建筑业企业资质证书上注明：可承接上述其它类别的各类工程施工总承包、工程总承包和项目管理及开展设计主导专业人员齐备的施工图设计业务。同时不再授予房屋建筑、公路、铁路、市政公用、港口航道、水利水电等类别的一级及以下施工总承包资质。

3. 取得房屋建筑、矿山、冶炼、石油化工、电力等类别中任意1类施工总承包特级资质，同时取得其他2类施工总承包一级及以上资质的。对达到特级标准的类别，核发建筑业企业特级资质证书和相应行业的行业甲级设计证书；并在建筑业企业资质证书上注明：可承接上述其他类别的各类工程施工总承包、工程总承包和项目管理及开展设计主导专业人员齐备的施工图设计业务。同时不再授予房屋建筑、矿山、冶炼、石油化工、电力等类别的一级及以下施工总承包资质。

（三十二）资质证书有效期为5年。

有效期的起始时间：以企业首次取得最高等级主项资质的日期为资质证书有效期计算起始时间。企业资质发生变更的，有效期不变，其中涉及到主项升级，或分立、合并事项的，按新批准时间作为有效期的起始日。

（三十三）资质证书的续期：

1. 企业应于资质证书有效期届满60日前，按原资质申请途径申请资质证书有效期延续。在资质证书有效期内遵守有关法律、法规、规章、技术标准和职业道德，信用档案中无不良记录且注册资本和专业技术人员满足标准要求的，经资质许可机关同意，在其资质证书副本上签发有效期延续五年的意见；对有违法违规行为、信用档案中有不良记录或企业资质条件发生变化的，资质许可机关应对其资质情况进行重新核定。

2. 企业在资质证书有效期届满前60日内申请资质延续的，资质受理部门可受理其申请，但自有效期到期之日至批准延续的时间内资质证书失效。资质证书有效期届满仍未提出延续的，其资质证书自动失效。如需继续开展工程建设活动，企业必须重新申请建筑业企业资质。

五、监督管理

（三十四）地方各级建设主管部门应对本辖区内从事建筑施工活动的建筑业企业建立信用档案，根据本地实际情况制定资质许可的层级监管办法和监管标准，运用网络信息化手段对建筑业企业资质许可实施监督管理。

（三十五）监督管理的内容是对建筑业企业在建筑市场中违法违规行为的监督以及企业资质条件的检查。

对于发生违法违规行为的企业，违法行为发生地县级以上建设主管部门应当依法查处，并将违法事实、处罚结果或处理建议及时告知该企业的资质许可机关，同时将处罚结果记入建筑业企业信用档案，资质许可机关及时核查其资质条件。

（三十六）由国务院建设主管部门审批的建筑业企业资质的处罚，各省级建设主管部门和有关专业部门应当在违法事实查实认定后30日内，将资质处罚的建议报送国务院建设主管部门，国务院建设主管部门根据有关法律法规对企业进行资质处罚。

由省级建设主管部门、设区的市级建设主管部门审批的建筑业企业资质，处罚程序由各省级建设主管部门依据行政处罚法的规定确定。建立资质处罚信息公示制度，地方各级建设主管部门应及时将有关处罚信息向社会公布，并报上一级建设主管部门备案。

（三十七）各级资质许可机关应该对许可的建筑业企业的资质条件进行定期或不定期核查，每年抽查率不应低于5%。被检查单位应如实提供企业资质证书、企业财务报表、人员资料及业绩资料等与资质标准相关的资料，核查中发现企业不符合相应资质条件的，由资质许可机关通知企业限期改正，整改期限不少于一个月，整改过程中企业应暂停新接工程、不得新申请资质。逾期不改的，由资质许可机关撤回其资质。

六、有关资质标准指标说明

（三十八）关于工程业绩

1. 一项工程业绩同时满足多项技术指标的，只能作为一项指标考核。例如，房屋建筑工程按层数计算过业绩，就不能再按高度或跨度等计算业绩。1项工程，即使层数、高度、跨度、造价等均达到考核标准，也只能算1项业绩。

2. 业绩要求的"×项中的×项"必须分别满足，不能相互替代。例如房屋建筑一级资质标准，要求企业完成"6项中的4项以上工程"，是指企业完成的工程中，层数、高度、单体面积、单跨跨度、住宅小区、单项建安合同额等6项指标中至少满足4项，不足4项即为业绩不达标。某企业分别完成了层数、高度、单体建筑面积达标的多个工程，但只能算3项业绩，仍达不到要求完成的4项以上业绩，故该企业业绩仍为不达标。

3. 企业申请多项资质的，工程业绩应当分别满足各项资质标准中所要求的条件。

4. 签订房屋建筑工程总承包合同的，主体结构工程竣工验收合格后，方可作为工程总承包业绩计算。

5. 同一个工程项目分期发包，且中标单位均为同一家企业的，可以将各期工程累加。如果累加后能够达到标准要求的某一项，可以作为代表工程业绩申报。不属同一个工程项目的不能累加；超过标准规定时限和承揽范围要求的不能累加。

6. 企业与业主签订了施工总承包合同，不论该工程是否实行分包，可计入该企业的施工总承包业绩。合法分包该工程的专业承包企业，也可将承包的专业工程作为专业业绩申报资质。

7. 施工总承包企业申请专业承包资质晋级的，应提供单独承包的专业工程作为工程业绩，而不能使用施工总承包工程作为工程业绩。

8. 标准中要求的"近5年"或"近10年"，是指自申报年度起逆推5年或10年竣工验收合格的项目。如：申报年度为2005年，"近5年"的业绩年限从2000年1月1日算起。

9. 代表工程的合同资料。指企业承包工程所签订的能反映合同双方名称、工程概况、合同价格、承包方式、施工工期、质量约定等内容的建设工程合同协议书或者含有上述内容的合同部分。

10. 质量验收资料。指业主或质量监督部门出具的竣工验收报告或工程质量鉴定书。

国外工程按照国际惯例出具工程竣工证明文件。

11. 房屋建筑业绩标准中涉及的"单位"、"单体"、"单项"工程，均指单体建筑或连体建筑(连体建筑应提供该建筑物为同一基础的证明)。

12. 轻钢结构、网架结构的跨度业绩不能作为房屋建筑跨度业绩。

13. 房屋建筑工程的高度应为从标高正负零算起至檐口的高度。

14. 网架工程边长按短边进行考核。

15. 超越本企业资质等级范围的代表工程业绩无效。

(三十九)关于工程技术和经济管理人员

1. 企业工程技术和经济管理人员超过60周岁的人数比例不得超过15%，技术负责人年龄限制在60周岁及以下。

2. 企业人员在两家及以上企业注册或受聘的不予认可，其证书上的单位必须与申报单位名称一致。涉及铁道、交通、水利、信息产业、民航、消防等方面资质的，企业的工程技术和经济管理人员职称证书或岗位资格证书复印件应同时上报。

3. 申请特级资质的，企业应具有与特级资质承包范围内各类别工程相对应的，各专业注册建造师不少于5人。

4. 对企业总工程师(技术负责人)的专业考核，按企业申请的主项资质要求进行。

5. 企业申请多项资质的，其注册建造师(或项目经理)人数按照企业申报的各类资质标准中的最高值进行考核。

(四十)其它指标

1. 注册资本金：是指在企业法人营业执照上标明的注册资本金，以实收资本为考核指标。申请多项资质的，企业的注册资本金按照企业申请各类别资质标准的最高值进行考核。

2. 净资产：企业总资产减去总负债后的余额。申请多项资质的，按照企业申请的各类别资质标准中的最高值进行考核。

3. 工程结算收入：是指本企业承包工程实现的工程价款结算收入。按企业财务报表份年度填写。新设立企业不填此项。

核定企业的工程结算收入时，应按企业完成的各类工程结算收入计算，不包括工程以外的其它业务收入(如房地产开发收入)；申请多项资质的，按照企业申请的各类别资质标准中的最高值进行考核。

4. 企业财务报表：指企业经审计的最近三年的资产负债表、损益表。

5. 企业的注册执业人员、工程技术人员、技术装备和工程业绩(包括境外工程业绩)等条件，均是以独立法人企业为审核单位。企业(集团)的母、子公司在申请资质时，上述各项指标不得重复计算。

6. 根据事故造成的伤亡人数或者直接经济损失，将事故划分为特别重大事故、重大事故、较大事故和一般事故4个等级；具体标准参照《生产安全事故报告和调查处理条例》。

国家颁布有其它专业工程事故分级标准的，按与上述分级对应的标准考核。

(四十一)涉及特级资质标准的指标解释

1. 建筑业营业税：指企业在承包范围内开展的施工总承包、施工图设计、工程总承包和项目管理业务所交纳的营业税;企业申请多项特级资质,每增加一项,营业税增加5000万元;境外工程结算收入可按当期汇率与国内建筑营业税税率折算建筑营业税。

2. 银行授信额度:指银行授予企业的年度信贷额度。多家银行的授信额度不能累加计算,以其中的最高额度为准。

3. 技术负责人主持完成过的代表工程:指其担任项目负责人、项目经理、总工程师或主持完成技术标(并签字)、总设计师等职务时所完成的工程项目;企业应提供工程合同及工程竣工证明或设计合同及工程图纸,上述材料均需提供技术负责人本人签字页。

4. 财务负责人:指企业主管财务工作的主要负责人。

5. 企业设计专业技术人员的考核,参照行业工程设计甲级资质标准人员配备表的规定。

6. 企业技术中心:指符合《国家认定企业技术中心管理办法》(国家发改委、科学技术部、财政部、海关总署、国家税务总局令第53号)规定的认定标准(或相当于该水平的标准),并经认定的企业技术中心(含分中心)。企业应提供有关批准文件或认定证书复印件。

7. 企业科技活动经费:主要包括科技开发经费支出、信息化建设支出、科技培训费支出和科技开发奖励经费支出。科技开发经费一般包括新产品设计费、工艺规程制定费、设备调整费、各类试验费、技术资料购置费、研究机构人员工资以及科技研究有关的其它经费或委托其它单位进行科研试制的费用。

按照企业财务或统计报表中"科技活动经费支出"栏目进行考核。

8. 科技进步奖:指根据《国家科学技术奖励条例》(国务院第396号)、《国家科学技术奖励条例实施细则》的规定,由国家科技行政部门负责组织评审,国务院批准的国家科技进步奖。企业应提供获奖证书复印件。

9. 主持编制过国家或行业标准:指企业主持编制过按照《中华人民共和国标准化法》的规定属于国家或行业级别的工程建设标准,并且已经正式出版。企业应提供标准的发布通知(或发布令)、封面、目次、前言和引言等资料复印件。

10. 申请多项特级资质的,其企业"资信能力"、"科技进步水平"中的各项指标及企业具有注册建造师数量不需叠加计算,但设计专业技术人员和代表工程业绩应分别满足标准要求。

(四十二)涉及铁道、交通、水利、信息产业、民航等方面资质的界定

1. 涉及铁道方面的资质包括:铁路工程施工总承包企业资质、铁路电务工程专业承包企业资质、铁路铺轨架梁工程专业承包企业资质、铁路电气化工程专业承包企业资质。

2. 涉及交通方面的资质包括:公路工程施工总承包企业资质、公路路面工程专业承包企业资质、公路路基工程专业承包企业资质、公路交通工程专业承包企业资质;港口与航道工程施工总承包企业资质、港口与海岸工程专业承包企业资质、港口装卸设备安装工程专业承包企业资质、航道工程专业承包企业资质、通航建筑工程专业承包企业资质、通航设备安装工程专业承包企业资质、水上交通管制工程专业承包企业资质。

3. 涉及水利方面的资质包括:水利水电工程施工总承包(水利专业)企业资质、水工建筑物基础处理工程专业承包企业资质、水工金属结构制作与安装工程专业承包企业资质、河湖整治工程专业承包企业资质、堤防工程专业承包企业资质、水利水电机电设备安装工程专业承包(水利专业)企业资质、水工大坝工程专业承包企业资质、水工隧洞工程专业承

包企业资质。

4. 涉及信息产业方面的资质包括：通信工程施工总承包企业资质、电信工程专业承包企业资质、电子工程专业承包企业资质。

5. 涉及民航方面的资质包括：机场场道工程专业承包企业资质、机场空管工程及航站楼弱电系统工程专业承包企业资质、机场目视助航工程专业承包企业资质。

6. 涉及多个专业部门的资质包括：钢结构工程专业承包企业资质、桥梁工程专业承包企业资质、隧道工程专业承包企业资质、核工程专业承包企业资质、海洋石油专业承包企业资质、爆破与拆除工程专业承包企业资质。

7. 按照《规定》第九条规定，上述各总承包特级、一级资质；专业承包一级资质及涉及铁路、民航方面专业承包二级资质的许可，由国务院建设行政主管部门实施。

七、过渡期的有关规定

（四十三）《规定》实施前已取得建筑业企业资质的企业，在《规定》实施后其资质证书暂不统一换发，建设部将会同有关部门抓紧对特级资质以外的建筑业企业资质等级标准进行修订，在新的标准颁布实施前，原资质证书继续有效。

在过渡期内，暂按以下规定执行：施工总承包企业申请的专业工程类别资质不超过5项，但不得申请劳务分包类别资质；

选择专业承包序列某一类别资质作为本企业主项资质的，可申请不超过5项的专业承包序列内各类别资质，但不得申请劳务分包序列的各类别资质，不得增项总承包资质；达到资质标准的，可以申请不超过现有主项资质等级的总承包资质，但须将总承包资质变更为主项资质，且主增项资质符合前款要求；

劳务分包序列企业可以申请本序列内各类别资质。

企业如申请资质升级或其它原因发生主项资质变化的，证书有效期按本实施意见第三十二条规定办理。

（四十四）特级资质企业的过渡期

在《特级标准》颁布前已取得施工总承包特级资质的企业，自《特级标准》发布之日起设三年过渡期。原资质证书有效期延续到2010年3月13日。过渡期内企业按原资质证书的承包范围承揽业务；过渡期届满三个月前，企业应按照《特级标准》重新申请资质；有效期届满，企业原资质证书自行失效。

过渡期内，持原特级资质证书的企业提出资质分立、改制申请的，在原企业的企业名称、资质基本条件未发生变化的前提下，对分立、改制后的企业除特级以外的其它资质全部进行重新核定，但原企业特级资质的注册资本、人员等条件必须满足原特级标准要求。

（四十五）项目经理的过渡期

在项目经理过渡期内，项目经理资质证书与建造师注册证书暂同等使用，其中一、二级建造师暂与同等级项目经理相对应，三级项目经理暂由企业自聘。

（四十六）《规定》实施后，申请特级资质的，按照《施工总承包企业特级资质标准》（建市[2007]72号）进行审批，申请其它资质的，仍沿用《建筑业企业资质等级标准》（建建[2001]82号）进行审查。

（四十七）本实施意见自颁发起施行。凡过去文件规定与本意见不一致的，以本意见为准。

建设部　国家发展和改革委员会　财政部　监察部　审计署关于加强大型公共建筑工程建设管理的若干意见

建质[2007]1号

各省、自治区建设厅、发展改革委、财政厅、监察厅、审计厅，直辖市建委、规划局（规委）、发展改革委、财政局、监察局、审计局：

大型公共建筑一般指建筑面积2万平方米以上的办公建筑、商业建筑、旅游建筑、科教文卫建筑、通信建筑以及交通运输用房。随着我国经济和社会快速发展，大型公共建筑日益增多，既促进了经济社会发展，又增强了为城市居民生产生活服务的功能。国家对大型公共建筑建设管理不断加强，逐步走上法制化轨道。但当前一些大型公共建筑工程，特别是政府投资为主的工程建设中还存在着一些亟待解决的问题，主要是一些地方不顾国情和财力，热衷于搞不切实际的“政绩工程”、“形象工程”；不注重节约资源能源，占用土地过多；一些建筑片面追求外形，忽视使用功能、内在品质与经济合理等内涵要求，忽视城市地方特色和历史文化，忽视与自然环境的协调，甚至存在安全隐患。这些问题必须采取有效措施加以解决。为进一步加强大型公共建筑建设管理，特提出以下意见：

一、贯彻落实科学发展观，进一步端正建设指导思想

1.从事建筑活动，尤其是进行大型公共建筑工程建设，要贯彻落实科学发展观，推进社会主义和谐社会建设，坚持遵循适用、经济，在可能条件下注意美观的原则。要以人为本，立足国情，弘扬历史文化，反映时代特征，鼓励自主创新。要确保建筑全寿命使用周期内的可靠与安全，注重投资效益、资源节约和保护环境，以营造良好的人居环境。

二、完善并严格执行建设标准，提高项目投资决策水平

2.坚持对政府投资大型公共建筑工程立项的科学决策和民主决策。大型公共建筑工程的数量、规模和标准要与国家和地区经济发展水平相适应。项目投资决策前，建设单位应当委托专业咨询机构编制内容全面的可行性研究报告；应当组织专家合理确定工程投资和其他重要技术、经济指标，精心做好工程建设的前期工作。

3.建立和完善政府投资项目决策阶段的建设标准体系。建设主管部门要重点加强文化、体育等大型公共建筑建设标准的编制，完善项目决策依据。总结国内外大型公共建筑建设经验，按照发展节能省地型建筑的要求，大型公共建筑工程要在节能、节地、节水、节材指标方面起到社会示范作用，并适时修订完善标准。

4.严格执行已发布的建设标准。国家已发布的建设标准、市政工程投资估算指标、建设项目经济评价规则，是编制项目建议书和可行性研究报告的重要依据，建设单位要严格执行。建设主管部门和发展改革主管部门要加强对标准实施情况的监督检查，建立和完善强制性标准的实施和监管机制。

5. 严格履行固定资产投资项目管理程序。各级发展改革等主管部门要按照《国务院关于投资体制改革的决定》要求，加强对大型公共建筑项目的审批、核准或者备案管理。

6. 加强对政府投资大型公共建筑工程造价的控制。有关主管部门要规范和加强对政府投资的大型公共建筑工程可行性研究投资估算、初步设计概算和施工图预算的管理，严格执行经批准的可行性研究投资估算和初步设计概算，可行性研究报告批复的建设规模，原则上在初步设计等后续工作中不得突破。建设单位应积极推行限额设计，并在设计招标文件中予以明确。

三、规范建筑设计方案评选，增强评审与决策透明度

7. 加强城市规划行政管理部门对大型公共建筑布局和设计的规划管理工作。大型公共建筑的布局要符合经批准的城市规划；大型公共建筑的方案设计必须符合所在地块的控制性详细规划的有关规定；做好城市设计，并作为建筑方案设计的重要参考依据。大型公共建筑设计要重视保护和体现城市的历史文化、风貌特色。

8. 鼓励建筑设计方案国内招标。政府投资的大型公共建筑，建设单位应立足国内组织设计方案招标，避免盲目搞国际招标。组织国际招标的，必须执行我国的市场准入及设计收费的有关规定，并给予国内外设计单位同等待遇。

9. 细化方案评审办法。要在现有的建筑工程设计招标投标办法以及我国入世承诺的基础上，研究制订有关大型公共建筑工程方案设计招投标的管理办法，以进一步明确方案设计的内容和深度要求，完善方案设计评选办法，确保招标的公开、公平、公正。

10. 明确方案设计的评选重点。方案设计的评选首先要考虑建筑使用功能等建筑内涵，还要考虑建筑外观与传统文化及周边环境的整体和谐。对政府或国有企事业单位投资的大型公共建筑项目，参与投标的设计方案必须包括有关使用功能、建筑节能、工程造价、运营成本等方面的专题报告，防止单纯追求建筑外观形象的做法。

11. 建立公开透明的专家评审和社会公示制度。建设单位要进一步明确大型公共建筑设计方案评审专家的条件和责任。大型公共建筑必须依照有关法律法规实行公开招标，其方案评审专家应由城市规划、建筑、结构、机电设备、施工及建筑经济等各方面专家共同组成，评委名单和评委意见应当向社会公示，征求社会意见，接受社会监督，提高方案评审的透明度。对于政府投资的有重大社会影响的标志性建筑，应通过一定方式直接听取公众对设计方案的意见。

12. 进一步明确和强化项目业主责任。政府投资的大型公共建筑工程必须明确项目建设各方主体，落实责任。当建设单位采用经专家评审否定的设计方案时，应当向主管部门和专家委员会说明理由。

13. 加强方案评选后的监督管理。政府投资的大型公共建筑方案设计确定的建设内容和建设标准不得超出批准的可行性研究报告中提出的各项经济技术指标要求，应满足初步设计阶段控制概算的需要。如果中标的设计方案在初步设计时不能满足控制概算的需要，主管部门应责成建设单位重新选定设计方案。

14. 提高工程设计水平。设计单位要贯彻正确的建设指导思想，突出抓好建筑节能、节地、节水、节材和环保，提高原创设计能力和科技创新能力，不断提高设计水平。建设单位应鼓励不同的设计单位联合设计，集体创作，取长补短。鼓励对大型公共建筑工程的初步设计进行优化设计，提高投资效益。

四、强化大型公共建筑节能管理，促进建筑节能工作全面展开

15. 新建大型公共建筑要严格执行工程建设节能强制性标准。贯彻落实《国务院关于加强节能工作的决定》，把能耗标准作为建设大型公共建筑项目核准和备案的强制性门槛，遏制高耗能建筑的建设。新建大型公共建筑必须严格执行《公共建筑节能设计标准》和有关的建筑节能强制性标准，建设单位要按照相应的建筑节能标准委托工程项目的规划设计，项目建成后应经建筑能效专项测评，凡达不到工程建设节能强制性标准的，有关部门不得办理竣工验收备案手续。

16. 加强对既有大型公共建筑和政府办公建筑的节能管理。建设主管部门要建立并逐步完善既有大型公共建筑运行节能监管体系，研究制定公共建筑用能设备运行标准及采暖、空调、热水供应、照明能耗统计制度。要对政府办公建筑和大型公共建筑进行能效测评，并将测评结果予以公示，接受社会监督，对其中能耗高的要逐步实施节能改造。要研究制定公共建筑能耗定额和超定额加价制度。各地应结合实际，研究制定大型公共建筑单位能耗限额。

五、推进建设实施方式改革，提高工程质量和投资效益

17. 不断改进大型公共建筑建设实施方式。各级发展改革主管部门、财政主管部门和建设主管部门要积极改革政府投资工程的建设管理模式。对非经营性政府投资项目加快推行“代建制”，即通过招标等方式，选择专业化的项目管理单位负责建设实施，严格控制项目投资、质量和工期，竣工验收后移交给使用单位。同时，对大型公共建筑，也要积极推行工程总承包、项目管理等模式。建立和完善政府投资项目的风险管理机制。制定鼓励设计单位限额设计、代建单位控制造价的激励政策。

六、加强监督检查，确保各项规定的落实

18. 加强对大型公共建筑质量和安全的管理。参与大型公共建筑建设的有关单位要严格执行施工图审查、质量监督、安全监督、竣工验收等管理制度，严格执行工程建设强制性标准，确保施工过程中的安全，确保整个使用期内的可靠与安全，确保室内环境质量，确保防御自然灾害和应对突发事件的能力。

19. 加强对大型公共建筑工程建设的监督检查。大型公共建筑项目建设期间，建设行政主管部门要会同其他有关部门定期对大型公共建筑工程建设情况进行检查，对存在的违反管理制度和工程建设强制性标准等问题，要追究责任，依法处理。政府投资的大型公共建筑项目建成使用后，发展改革、财政、建设、监察、审计部门要按各自职责，对项目的规划设计、成本控制、资金使用、功能效果、工程质量、建设程序等进行检查和评价，总结经验教训，并根据检查和评价发现的问题，对相关责任单位和责任人作出处理。

20. 加强对中小型公共建筑建设的管理。对于2万平方米以下的中小型公共建筑，特别是社区中心、卫生所、小型图书馆等，各地要参照本意见精神，切实加强对其管理，以保障公共利益和公共安全。

各地要根据本意见的精神，结合当地实际制定加强大型公共建筑工程建设管理的实施意见和具体办法，并加强监督检查，将本意见的各项要求落到实处，切实提高我国大型公共建筑工程建设管理水平。

二〇〇七年一月五日

建设部安全生产管理委员会办公室关于加强既有建筑装修、改扩建质量安全监督管理的通知

建安办函[2007]4号

各省、自治区建设厅,直辖市建委(规委、市政管委),新疆生产建设兵团建设局:

2007年4月9日下午1时,四川省成都市锦江区东光街一幢临街单层商铺(58间,建筑面积1011平方米)的屋檐发生整体垮塌,目前已造成10人死亡,26人受伤。该商铺是建于2001年7月的临时建筑,属拆迁安置的过渡营业用房,位于居民密集区域。2005年7月的街区风貌整治中给商铺增加了仿古屋檐,未经正式设计、施工、质量监督与竣工验收,而发生垮塌的正是后来增加的屋檐部分。

类似的事故其它地方也有发生。2006年7月7日凌晨,河南省郑州市金水区黑朱庄村一栋七层居民楼,因盲目加层使用而发生倒塌,事故造成4人死亡,3人受伤。

这两起既有建筑事故均由于擅自装修、改扩建而引发:一是工程建设未执行法定程序;二是装修、加层、改建项目未履行工程报建手续,方案未经正式设计;三是施工过程无质量监督,竣工无验收。

事故的发生给人民生命和财产造成巨大损失,在社会上造成了严重影响。它反映了一些地方对既有建筑装修、改扩建工程的监管相对滞后,已成为工程建设质量安全监管工作的一个薄弱环节。各地建设主管部门要认真汲取事故教训,举一反三,以防止此类事故再次发生。为进一步加强对既有建筑装修、改扩建工程的质量安全监管,切实保障既有建筑的使用安全,现就有关问题通知如下:

一、提高认识,切实履行质量安全监管职责

各地建设行政主管部门要提高认识,坚持以人为本,认真落实科学发展观,进一步完善建设工程质量安全监管机制,扩大监管覆盖面。按照《建筑法》、《建设工程质量管理条例》和《建设工程安全生产管理条例》的要求,认真抓好既有建筑装修、改扩建质量安全监管责任的落实工作,防止类似事故的再次发生。

二、认真做好排查工作,避免恶性事故发生

各地建设行政主管部门要会同有关部门,共同组织力量对辖区范围内的既有建筑进行一次全面安全隐患排查工作。检查重点:

一是未执行法定程序的建设工程。对此类工程要彻底进行清查,并追究相关单位和人员的责任;

二是学校、商场、娱乐场所等人员集中的公共建筑。检查其装修、改扩建、附加装饰物或大型户外广告牌等,是否办理报建手续和施工许可。

对于检查出的安全隐患,要监督产权人或责任人尽快制定并落实相应解危措施,该停用的坚决停用,该拆除的坚决拆除,确保既有建筑的使用安全。

三、严格管理制度，加大处罚和责任追究力度

各地建设行政主管部门要采取切实有效措施，依法严肃查处违反法定建设程序的行为，并强化社会监督。凡既有建筑装修、加层、改建、扩建以及附加装饰物或大型户外广告牌等，必须按照国家有关法律、法规和工程建设强制性标准实施质量监督管理和施工许可制度，确保按照批准的装修、改扩建方案进行施工。对于不实施监管而造成质量安全事故的，要依法严肃追究相关责任单位和个人的责任。

四、切实加强监管，保证既有建筑使用安全

各地建设行政主管部门在加强新建工程质量监管的同时，要更加注重建筑物使用过程的安全维护、装修和改扩建等监管工作，制定相应的安全维护管理规定，进一步提高建筑物安全使用与管理水平。当前应做好以下几方面工作：

一是要全面落实产权单位（个人）对既有建筑使用安全的主体责任，同时要强化建设（房地产）行政主管部门的监管责任；

二是要加大对建筑物装修、加层、改扩建或改变用途等的检查和执法力度，对违反建设程序的要进行整改，并经鉴定符合安全条件后，方可继续使用；

三是要通过多种形式加强对建筑物使用安全的宣传工作，抓住典型案例举一反三，增强全社会遵守法律、法规和规章的自觉性，提高安全防范意识，避免和减少既有建筑质量安全事故的发生。

二○○七年四月十六日

建设部关于印发《建设工程质量监督机构和人员考核管理办法》的通知

建质[2007]184 号

各省、自治区建设厅，直辖市建委，国务院有关部门：

现将《建设工程质量监督机构和人员考核管理办法》印发给你们，请结合本地区、本部门实际情况认真贯彻执行。执行中有何问题，请及时告我部工程质量安全监督与行业发展司。

二〇〇七年七月二十六日

建设工程质量监督机构和人员考核管理办法

第一章　总　　则

第一条　为了加强建设工程质量监督机构和人员的管理，根据《中华人民共和国建筑法》、《建设工程质量管理条例》等有关规定，制定本办法。

第二条　在中华人民共和国境内从事建设工程质量监督的机构和人员，应遵守本办法。

第三条　建设工程质量监督机构（以下简称监督机构）是指受县级以上地方人民政府建设主管部门或有关部门委托，经省级人民政府建设主管部门或国务院有关部门考核认定，依据国家的法律、法规和工程建设强制性标准，对工程建设实施过程中各参建责任主体和有关单位的质量行为及工程实体质量进行监督管理的具有独立法人资格的单位。

第四条　建设工程质量监督人员（以下简称监督人员）是指经省级人民政府建设主管部门或国务院有关部门考核认定，依法从事建设工程质量监督工作的专业技术人员。

第五条　国务院建设主管部门对全国建设工程质量监督机构和人员考核工作实施统一监督管理。

铁路、交通、水利、信息、民航等国务院有关部门按照国务院规定的职责分工对所属的专业工程质量监督机构和人员实施考核管理。

省、自治区、直辖市人民政府建设主管部门对本行政区域内建设工程质量监督机构和人员进行考核管理和业务指导。

第二章　基　本　条　件

第六条　监督机构应具备的基本条件：

（一）具有一定数量的监督人员：

1. 地市级以上人民政府建设主管部门所属的监督机构（以下简称地市级以上监督机构）不少于 9 人；县级人民政府建设主管部门所属的监督机构（以下简称县级监督机构，包括县级市）不少于 3 人；

2. 监督人员专业结构合理，建筑工程水、电、智能化等安装专业技术人员与土建工程专业技术人员相配套；

3. 监督人员数量占监督机构总人数的比例不低于 75%。

（二）有固定的工作场所和适应工程质量监督检查工作需要的仪器、设备和工具等；

（三）有健全的工作制度和管理制度；

（四）具备与质量监督工作相适应的信息化管理条件。

第七条　监督人员应当具备一定的专业技术能力和监督执法知识，熟悉掌握国家有关的法律、法规和工程建设强制性标准，具有良好职业道德。

监督人员应当符合下列基本条件，并经省级人民政府建设主管部门组织的上岗培训、考核合格后，方可从事工程质量监督工作。

（一）地市级以上监督机构的监督人员：

1. 具有工程类专业本科以上学历；

2. 具有中级以上专业技术职称；

3. 具有 5 年以上建设工程质量管理或设计、施工、监理等工作经历；

4. 年龄不超过 60 周岁。

（二）县级监督机构的监督人员：

1. 具有工程类专业大专以上学历；

2. 具有初级以上专业技术职称；

3. 具有 3 年以上建设工程质量管理或设计、施工、监理等工作经历；

4. 年龄不超过 60 周岁。

（三）取得注册建造师、监理工程师、结构工程师等工程类国家执业资格证书的，可不受上述（一）（二）中 1、2 条件限制。连续从事质量监督工作满 15 年具有中级以上专业技术职称的，可不受上述（一）（二）中 1 条件限制。

第八条　监督机构负责人应当具备同级监督人员基本条件，熟悉工程建设管理工作。

第三章　监督机构和人员考核

第九条　省、自治区、直辖市人民政府建设主管部门对本行政区域内的监督机构和人员初次考核合格后，颁发国务院建设主管部门统一格式的监督机构考核证书和监督人员资格证书。

对监督机构每三年进行一次验证考核。

对监督人员每两年进行一次岗位考核，每年进行一次法律、业务知识培训，并适时组织开展相关内容的继续教育培训。

第十条　监督机构考核的主要内容：

（一）执行国家工程建设法律、法规及地方有关规定情况；

（二）工程监督覆盖率、所监督工程参建责任主体的质量行为及工程实体质量符合国家工程建设法律、法规和工程建设强制性标准情况；

（三）监督机构基本条件的符合情况；

（四）工程质量监督档案建立情况；

（五）所监督区域发生重大质量事故的情况；

（六）其他有关规定内容。

第十一条　监督人员考核的主要内容：

（一）执行国家工程建设法律、法规及地方有关规定情况；

（二）所监督项目的参建责任主体的质量行为及工程实体质量符合国家工程建设法律、法规和工程建设强制性标准情况；

（三）监督职责履行情况；

（四）监督人员条件符合情况；

（五）参加业务知识培训情况。

第十二条　省、自治区、直辖市人民政府建设主管部门可组织成立考核委员会，负责实施监督机构和人员的考核、培训工作。考核程序、绩效评价以及具体实施由省级建设主管部门制定细则。

省级人民政府建设主管部门应当将考核结果向社会公布，并建立相应的考核管理档案。

第十三条　考核结果分为合格、不合格。

监督机构有下列情况之一的，考核结果为不合格：

（一）监督人员数量和工作情况不符合第六条有关规定的；

（二）出具虚假工程质量检查监督报告的；

（三）在监督工作中存在严重违反法律、法规规定行为的；

（四）因严重失职，导致重大质量事故，影响恶劣的。

监督人员有下列行为之一的，考核结果为不合格：

（一）不符合第七条有关规定的；

（二）不认真履行《工程质量监督工作导则》等有关规定的工作职责的；

（三）因监督失职，所监督的工程发生重大质量事故的；

（四）未直接监督工程或准许他人以本人名义、弄虚作假签署质量监督报告的；

（五）未按照有关法律法规和规定的标准和程序进行监督执法的；

（六）其它失职或违法行为。

第十四条　对考核不合格的监督机构，责令限期整改并由建设主管部门对其调整和充实力量。

对考核不合格的监督人员，责令限期培训后，重新考核仍不合格的，应当调离监督工作岗位。属严重监督失职或存在违法行为的，应当调离监督工作岗位，并按有关规定给予相应处分。

第四章　附　　则

第十五条　专业工程质量监督机构和人员的考核管理，由国务院有关主管部门参照本办法制定实施办法。

第十六条　省、自治区、直辖市人民政府建设主管部门可根据本办法制定实施细则。

第十七条　本办法自发布之日起施行。

建设部关于建筑施工企业主要负责人、项目负责人和专职安全生产管理人员安全生产考核合格证书延期工作的指导意见

建质[2007]189号

各省、自治区建设厅，直辖市建委，江苏省、山东省建管局，新疆生产建设兵团建设局，中央管理的建筑施工企业：

根据《建筑施工企业主要负责人、项目负责人和专职安全生产管理人员安全生产考核管理暂行规定》(建质[2004]59号)规定，建筑施工企业管理人员安全生产考核合格证书有效期为三年。目前，各地区建筑施工企业主要负责人、项目负责人和专职安全生产管理人员(以下简称"三类人员")即将陆续进入安全生产考核合格证书延期工作办理阶段，为进一步加强和规范"三类人员"安全生产考核合格证书延期工作，提出以下指导意见：

一、各地区"三类人员"安全生产考核合格证书颁发管理机关(以下简称"颁发管理机关")要加强组织领导，切实做好"三类人员"安全生产考核合格证书延期工作。要以延期工作为契机，加强对"三类人员"的审查和继续教育培训工作，切实提高"三类人员"整体队伍素质；要结合实际，合理安排"三类人员"安全生产考核合格证书延期准备工作，做好与企业安全生产许可证延期的衔接工作；要规范办理程序，在办公场所、机关网站上公示延期的条件、程序、期限和需提交的材料，方便申请人办理延期手续。

二、各地区颁发管理机关要认真做好"三类人员"的安全生产知识继续教育工作。要将近期出台的一系列建筑安全生产相关法律法规以及技术标准作为继续教育内容的重点，进一步加强"三类人员"对安全生产法律、法规及技术标准的理解和掌握，提高安全生产管理能力，提升"三类人员"安全生产管理水平。

三、"三类人员"在安全生产考核合格证书有效期内，有下列行为之一的，安全生产考核合格证书有效期届满时，应重新考核：

(一)对于企业主要负责人：

1. 所在企业发生过较大及以上等级生产安全责任事故或两起及以上一般生产安全责任事故的；

2. 所在企业存在违法违规行为，或本人未依法认真履行安全生产管理职责，被处罚或通报批评的；

3. 未按规定接受企业年度安全生产培训教育和建设行政主管部门继续教育的；

4. 未按规定提出延期申请的；

5. 颁发管理机关认为有必要重新考核的其他行为。

(二)对于项目负责人：

1. 承建的工程项目发生过一般及以上等级生产安全责任事故的；

2. 承建的工程项目存在违法违规行为，或本人未依法认真履行安全生产管理职责，被处罚或通报批评的；

3. 未按规定接受企业年度安全生产培训教育和建设行政主管部门继续教育的；

4. 未按规定提出延期申请的；

5. 颁发管理机关认为有必要重新考核的其他行为。

（三）对于专职安全生产管理人员：

1. 企业安全监督机构的专职安全生产管理人员，其所在企业发生过较大及以上等级生产安全责任事故或两起及以上一般生产安全责任事故的；施工现场的专职安全生产管理人员，其所在工程项目发生过一般及以上等级生产安全责任事故的；

2. 所在企业或工程项目存在违法违规行为，或本人未依法履行安全生产管理职责，被处罚或通报批评的；

3. 未按规定接受企业年度安全生产培训教育和建设行政主管部门继续教育的；

4. 未按规定提出延期申请的；

5. 颁发管理机关认为有必要重新考核的其他行为。

四、对于在安全生产考核合格证书有效期内无上述行为，严格遵守有关安全生产的法律、法规和规章，认真履行安全生产职责，并接受企业年度安全生产培训教育和建设行政主管部门继续教育的"三类人员"，颁发管理机关可不再重新考核，其证书有效期可延期3年。

五、"三类人员"在安全生产考核合格证书三年有效期满前3个月，由本人向所在施工企业提出安全生产考核合格证书延期申请，经施工企业同意后，由施工企业向原颁发管理机关递交申请材料。申请材料包括"三类人员"安全生产考核申请表和"三类人员"安全生产考核申请名单（申请表可参照《中央管理的建筑施工企业（集团公司、总公司）主要负责人、项目负责人和专职安全生产管理人员安全生产考核管理实施细则》）（建质函［2004］189号）。

逾期未办理延期申请且有效期满的，"三类人员"原证书自动失效。

六、各地区颁发管理机关在接到企业的延期申请后应在5个工作日内做出是否受理的决定。对于无需重新考核的，应当自受理安全生产考核合格证书延期申请之日起20个工作日内为其办理延期手续。颁发管理机关应在安全生产考核合格证书有效期一栏内填写新的有效期，加盖考核发证单位公章，并注明"经考核，同意延期三年"字样，其安全生产考核合格证书有效期延期3年。

对于需重新考核的"三类人员"，经颁发管理机关重新考核合格后，办理延期手续，并在其证书内注明"经重新考核，同意延期三年"字样。

七、各地区颁发管理机关应建立完善"三类人员"安全生产考核动态管理信息系统，定期向社会公布"三类人员"取得安全生产考核合格证书及延期情况。

八、各地区颁发管理机关可依照本通知，制定本地区的具体实施办法。

二〇〇七年八月三日

建设部关于建筑施工企业安全生产许可证有效期满延期工作的通知

建质[2007]201号

各省、自治区建设厅,直辖市建委,江苏省、山东省建管局:

根据《安全生产许可证条例》和《建筑施工企业安全生产许可证管理规定》,建筑施工企业安全生产许可证有效期为三年。为切实做好全国第一批以及今后建筑施工企业安全生产许可证有效期满延期工作,进一步提高我国建筑施工企业安全生产管理水平,现通知如下:

一、延期工作指导原则

以科学发展观统领全局,按照统筹安排、严格条件、简化程序、方便企业的总体要求,坚持监督管理与服务企业并重、全面要求与差异化管理相结合的基本原则,认真做好建筑施工企业安全生产许可证有效期满延期工作。要利用延期工作的契机,进一步规范建筑施工企业安全生产行为和安全生产条件,促使企业建立起自我约束、持续改进的安全生产长效机制,减少和控制生产安全事故,以利于推动全国建筑安全生产形势的稳定好转。

二、延期企业审查范围

(一)属于下列范围的建筑施工企业,安全生产许可证颁发管理机关(以下简称颁发管理机关)应当重新对其安全生产条件进行审查:

1. 在安全生产许可证有效期内,发生生产安全事故且对事故发生负有责任的;

2. 在安全生产许可证有效期内,曾被暂扣过安全生产许可证的;

3. 在安全生产许可证有效期内,受到各级建设主管部门3次以上(含3次)处罚、通报批评或安全生产诚信不良记录的;

4. 未在原颁发管理机关规定时间内提出延期申请的;

5. 原颁发管理机关因其它原因认为有必要重新审查的。

(二)在安全生产许可证有效期内,严格遵守有关安全生产的法律、法规、规章和工程建设强制性标准,不属于第(一)项规定的应当重新审查范围的建筑施工企业,经原颁发管理机关同意,可以不再对其进行审查。但此类企业仍需提交本通知规定的有关申请材料。

(三)对预拌商品混凝土、混凝土预制构件、园林绿化等不属于建筑施工企业安全生产许可证发放范围的企业,如部分地区此前向其发放过安全生产许可证,本次延期将不再予以受理。

(四)对于已经申请领取安全生产许可证的劳务分包企业,本次应依照有关规定予其延期;对于未对劳务分包企业申领安全生产许可证作出要求的地区,应统一要求本地劳务分包企业申领安全生产许可证。

三、延期工作内容、程序

(一)申请

安全生产许可证有效期满前三个月,企业应当向原颁发管理机关提出延期申请。

1. 需要进行重新审查的企业,应提交以下申请材料:

(1)建筑施工企业安全生产许可证延期申请表。由各地颁发管理机关将《建筑施工企业安全生产许可证管理规定实施意见》(建质[2004]148号,以下简称《实施意见》)规定的申请表修改为延期申请表,供本地企业使用;

(2)建筑业企业营业执照、资质证书、原安全生产许可证、企业“三类人员”安全生产考核合格证书(企业安全生产许可证获准延期之前,“三类人员”安全生产考核合格证书应在有效期之内)复印件(需交验原件);

(3)《实施意见》第(六)条规定的有关文件、资料;

(4)各地颁发管理机关规定的其它申请材料。

2. 不需要进行重新审查的企业,提交上述第(1)、(2)、(4)项材料。

企业应对申请材料实质内容的真实性负责。

(二)受理

颁发管理机关对属于本次延期范围且申请材料齐全的企业予以受理;对申请材料不齐全的,当场或者在5个工作日内书面形式一次告知企业需要补正的全部内容,企业应及时补正并重新申报;对不属于本次延期范围或者企业隐瞒有关情况、提供虚假材料的,不予受理。

(三)审查

对于需要重新审查的企业,颁发管理机关依据有关法规、规章对企业申请材料进行审查,并应当随机对企业1到2个在建工程施工现场进行抽查。必要时,可以征求铁道、交通、水利等有关部门意见。

在安全生产许可证有效期届满前,对于不需要进行重新审查和经重新审查合格的,准予安全生产许可证延期;审查不合格的,不予延期,书面通知企业并说明理由,企业自接到通知之日起应当进行整改,整改合格后可再次提出延期申请。

(四)发证

1. 对于准予安全生产许可证延期的,颁发管理机关通知企业交回全部原安全生产许可证正本和副本,并换领新的安全生产许可证正本和副本。延期的安全生产许可证证号不变,副本采用新的样式(新样式见实物,填写说明、订购办法等另行通知)。

2. 自本通知下发之日起,新审批的安全生产许可证全部采用新的副本;对于尚在有效期内的安全生产许可证,企业可以使用原来的副本,待有效期满准予延期后再换领新的副本。

(五)监督管理

对于安全生产许可证有效期满未办理延期手续继续进行生产的,按照《安全生产许可证条例》第二十条规定进行处罚。

四、延期工作有关要求

(一)各地颁发管理机关要高度重视延期工作并加强对此项工作的组织领导。要结合工作实际,认真制定详细的实施细则和工作方案并及早向企业公布。要合理安排好安全生产许可证延期工作的时间和批次,确保符合条件的企业在安全生产许可证有效期届满之前申领到新的安全生产许可证。我部将适时对各地安全生产许可证延期工作进行检查。

（二）各地颁发管理机关应当在办公场所、本机关网站上公示延期的有关条件、程序、期限、延期申请所需提交的资料目录及要求，确定不需要重新审查和需要重新审查的企业名单并及时通知企业，便于企业提早作出申请准备。

（三）各地颁发管理机关本着服务企业和充分发挥基层建设主管部门积极性的原则，可以采取网上申请、设置受理网点、组织企业统一申报、根据企业安全信用情况采用灵活多样的审查方式等手段，切实提高延期工作效率，注意降低行政成本。

（四）各地颁发管理机关应当根据企业安全生产许可证延期情况，及时更新建设部"建筑施工企业安全生产许可证信息管理系统"有关内容，同时要定期向社会公布本地企业安全生产许可证延期以及发放、暂扣、吊销等情况。

（五）各地颁发管理机关在安全生产许可证延期的各个工作环节要严格遵守《行政许可法》等法律、法规和规章的要求，自觉贯彻落实各项廉洁自律规定。对有关违法违纪行为，要严格依照《行政机关公务员处分条例》和《安全生产领域违法违纪行为政纪处分暂行规定》等法规规章对有关人员进行责任追究。

二〇〇七年八月二十二日

建设部关于印发《绿色施工导则》的通知

建质[2007]223 号

各省、自治区建设厅，直辖市建委，国务院有关部门：

现将《绿色施工导则》印发给你们，请结合本地区、本部门实际情况认真贯彻执行。执行中有何问题和建议，请及时告我部工程质量安全监督与行业发展司。

附件：绿色施工导则

二〇〇七年九月十日

附件：

绿色施工导则

1　总则

1.1　我国尚处于经济快速发展阶段，作为大量消耗资源、影响环境的建筑业，应全面实施绿色施工，承担起可持续发展的社会责任。

1.2　本导则用于指导建筑工程的绿色施工，并可供其他建设工程的绿色施工参考。

1.3　绿色施工是指工程建设中，在保证质量、安全等基本要求的前提下，通过科学管理和技术进步，最大限度地节约资源与减少对环境负面影响的施工活动，实现四节一环保（节能、节地、节水、节材和环境保护）。

1.4　绿色施工应符合国家的法律、法规及相关的标准规范，实现经济效益、社会效益和环境效益的统一。

1.5　实施绿色施工，应依据因地制宜的原则，贯彻执行国家、行业和地方相关的技术经济政策。

1.6　运用 ISO14000 和 ISO18000 管理体系，将绿色施工有关内容分解到管理体系目标中去，使绿色施工规范化、标准化。

1.7　鼓励各地区开展绿色施工的政策与技术研究，发展绿色施工的新技术、新设备、新材料与新工艺，推行应用示范工程。

2　绿色施工原则

2.1　绿色施工是建筑全寿命周期中的一个重要阶段。实施绿色施工，应进行总体方案优化。在规划、设计阶段，应充分考虑绿色施工的总体要求，为绿色施工提供基础条件。

2.2　实施绿色施工，应对施工策划、材料采购、现场施工、工程验收等各阶段进行控制，加强对整个施工过程的管理和监督。

3　绿色施工总体框架

绿色施工总体框架由施工管理、环境保护、节材与材料资源利用、节水与水资源利用、节能与能源利用、节地与施工用地保护六个方面组成(图1)。这六个方面涵盖了绿色施工的基本指标,同时包含了施工策划、材料采购、现场施工、工程验收等各阶段的指标的子集。

图1 绿色施工总体框架

4　绿色施工要点

4.1　绿色施工管理主要包括组织管理、规划管理、实施管理、评价管理和人员安全与健康管理五个方面。

4.1.1　组织管理

1. 建立绿色施工管理体系,并制定相应的管理制度与目标。

2. 项目经理为绿色施工第一责任人,负责绿色施工的组织实施及目标实现,并指定绿色施工管理人员和监督人员。

4.1.2　规划管理

1. 编制绿色施工方案。该方案应在施工组织设计中独立成章,并按有关规定进行审批。

2. 绿色施工方案应包括以下内容:

(1)环境保护措施,制定环境管理计划及应急救援预案,采取有效措施,降低环境负荷,保护地下设施和文物等资源。

(2)节材措施,在保证工程安全与质量的前提下,制定节材措施。如进行施工方案的节材优化,建筑垃圾减量化,尽量利用可循环材料等。

(3)节水措施,根据工程所在地的水资源状况,制定节水措施。

(4)节能措施,进行施工节能策划,确定目标,制定节能措施。

(5)节地与施工用地保护措施,制定临时用地指标、施工总平面布置规划及临时用地节地措施等。

4.1.3　实施管理

1. 绿色施工应对整个施工过程实施动态管理,加强对施工策划、施工准备、材料采购、现场施工、工程验收等各阶段的管理和监督。

2. 应结合工程项目的特点,有针对性地对绿色施工作相应的宣传,通过宣传营造绿色施工的氛围。

3. 定期对职工进行绿色施工知识培训,增强职工绿色施工意识。

4.1.4　评价管理

1. 对照本导则的指标体系,结合工程特点,对绿色施工的效果及采用的新技术、新设备、新材料与新工艺,进行自评估。

2. 成立专家评估小组,对绿色施工方案、实施过程至项目竣工,进行综合评估。

4.1.5　人员安全与健康管理

1. 制订施工防尘、防毒、防辐射等职业危害的措施,保障施工人员的长期职业健康。

2. 合理布置施工场地,保护生活及办公区不受施工活动的有害影响。施工现场建立卫生急救、保健防疫制度,在安全事故和疾病疫情出现时提供及时救助。

3. 提供卫生、健康的工作与生活环境，加强对施工人员的住宿、膳食、饮用水等生活与环境卫生等管理，明显改善施工人员的生活条件。

4.2　环境保护技术要点

4.2.1　扬尘控制

1. 运送土方、垃圾、设备及建筑材料等，不污损场外道路。运输容易散落、飞扬、流漏的物料的车辆，必须采取措施封闭严密，保证车辆清洁。施工现场出口应设置洗车槽。

2. 土方作业阶段，采取洒水、覆盖等措施，达到作业区目测扬尘高度小于1.5m，不扩散到场区外。

3. 结构施工、安装装饰装修阶段，作业区目测扬尘高度小于0.5m。对易产生扬尘的堆放材料应采取覆盖措施；对粉末状材料应封闭存放；场区内可能引起扬尘的材料及建筑垃圾搬运应有降尘措施，如覆盖、洒水等；浇筑混凝土前清理灰尘和垃圾时尽量使用吸尘器，避免使用吹风器等易产生扬尘的设备；机械剔凿作业时可用局部遮挡、掩盖、水淋等防护措施；高层或多层建筑清理垃圾应搭设封闭性临时专用道或采用容器吊运。

4. 施工现场非作业区达到目测无扬尘的要求。对现场易飞扬物质采取有效措施，如洒水、地面硬化、围挡、密网覆盖、封闭等，防止扬尘产生。

5. 构筑物机械拆除前，做好扬尘控制计划。可采取清理积尘、拆除体洒水、设置隔挡等措施。

6. 构筑物爆破拆除前，做好扬尘控制计划。可采用清理积尘、淋湿地面、预湿墙体、屋面敷水袋、楼面蓄水、建筑外设高压喷雾状水系统、搭设防尘排栅和直升机投水弹等综合降尘。选择风力小的天气进行爆破作业。

7. 在场界四周隔挡高度位置测得的大气总悬浮颗粒物（TSP）月平均浓度与城市背景值的差值不大于0.08mg/m^3。

4.2.2　噪音与振动控制

1. 现场噪音排放不得超过国家标准《建筑施工场界噪声限值》（GB12523－90）的规定。

2. 在施工场界对噪音进行实时监测与控制。监测方法执行国家标准《建筑施工场界噪声测量方法》（GB12524－90）。

3. 使用低噪音、低振动的机具，采取隔音与隔振措施，避免或减少施工噪音和振动。

4.2.3　光污染控制

1. 尽量避免或减少施工过程中的光污染。夜间室外照明灯加设灯罩，透光方向集中在施工范围。

2. 电焊作业采取遮挡措施，避免电焊弧光外泄。

4.2.4　水污染控制

1. 施工现场污水排放应达到国家标准《污水综合排放标准》（GB8978－1996）的要求。

2. 在施工现场应针对不同的污水，设置相应的处理设施，如沉淀池、隔油池、化粪池等。

3. 污水排放应委托有资质的单位进行废水水质检测，提供相应的污水检测报告。

4. 保护地下水环境。采用隔水性能好的边坡支护技术。在缺水地区或地下水位持续下降的地区，基坑降水尽可能少地抽取地下水；当基坑开挖抽水量大于50万m^{3}时，应进行地下水回灌，并避免地下水被污染。

5. 对于化学品等有毒材料、油料的储存地，应有严格的隔水层设计，做好渗漏液收集和处理。

4.2.5　土壤保护

1. 保护地表环境，防止土壤侵蚀、流失。因施工造成的裸土，及时覆盖砂石或种植速生草种，以减少土壤侵蚀；因施工造成容易发生地表径流土壤流失的情况，应采取设置地表排水系统、稳定斜坡、植被覆盖等措施，减少土壤流失。

2. 沉淀池、隔油池、化粪池等不发生堵塞、渗漏、溢出等现象。及时清掏各类池内沉淀物，并委托有资质的单位清运。

3. 对于有毒有害废弃物如电池、墨盒、油漆、涂料等应回收后交有资质的单位处理，不能作为建筑垃圾外运，避免污染土壤和地下水。

4. 施工后应恢复施工活动破坏的植被（一般指临时占地内）。与当地园林、环保部门或当地植物研究机构进行合作，在先前开发地区种植当地或其他合适的植物，以恢复剩余空地地貌或科学绿化，补救施工活动中人为破坏植被和地貌造成的土壤侵蚀。

4.2.6　建筑垃圾控制

1. 制定建筑垃圾减量化计划，如住宅建筑，每万平方米的建筑垃圾不宜超过400吨。

2. 加强建筑垃圾的回收再利用，力争建筑垃圾的再利用和回收率达到30%，建筑物拆除产生的废弃物的再利用和回收率大于40%。对于碎石类、土石方类建筑垃圾，可采用地基填埋、铺路等方式提高再利用率，力争再利用率大于50%。

3. 施工现场生活区设置封闭式垃圾容器，施工场地生活垃圾实行袋装化，及时清运。对建筑垃圾进行分类，并收集到现场封闭式垃圾站，集中运出。

4.2.7　地下设施、文物和资源保护

1. 施工前应调查清楚地下各种设施，做好保护计划，保证施工场地周边的各类管道、管线、建筑物、构筑物的安全运行。

2. 施工过程中一旦发现文物，立即停止施工，保护现场并通报文物部门并协助做好工作。

3. 避让、保护施工场区及周边的古树名木。

4. 逐步开展统计分析施工项目的 CO_2 排放量，以及各种不同植被和树种的 CO_2 固定量的工作。

4.3　节材与材料资源利用技术要点

4.3.1　节材措施

1. 图纸会审时，应审核节材与材料资源利用的相关内容，达到材料损耗率比定额损耗率降低30%。

2. 根据施工进度、库存情况等合理安排材料的采购、进场时间和批次，减少库存。

3. 现场材料堆放有序。储存环境适宜，措施得当。保管制度健全，责任落实。

4. 材料运输工具适宜，装卸方法得当，防止损坏和遗洒。根据现场平面布置情况就近卸载，避免和减少二次搬运。

5. 采取技术和管理措施提高模板、脚手架等的周转次数。

6. 优化安装工程的预留、预埋、管线路径等方案。

7. 应就地取材，施工现场500公里以内生产的建筑材料用量占建筑材料总重量的70%以上。

4.3.2　结构材料

1. 推广使用预拌混凝土和商品砂浆。准确计算采购数量、供应频率、施工速度等，在施工过程中动态控制。结构工程使用散装水泥。

2. 推广使用高强钢筋和高性能混凝土，减少资源消耗。

3. 推广钢筋专业化加工和配送。

4. 优化钢筋配料和钢构件下料方案。钢筋及钢结构制作前应对下料单及样品进行复核，无误后方可批量下料。

5. 优化钢结构制作和安装方法。大型钢结构宜采用工厂制作，现场拼装；宜采用分段吊装、整体提升、滑移、顶升等安装方法，减少方案的措施用材量。

6. 采取数字化技术，对大体积混凝土、大跨度结构等专项施工方案进行优化。

4.3.3　围护材料

1. 门窗、屋面、外墙等围护结构选用耐候性及耐久性良好的材料，施工确保密封性、防水性和保温隔热性。

2. 门窗采用密封性、保温隔热性能、隔音性能良好的型材和玻璃等材料。

3. 屋面材料、外墙材料具有良好的防水性能和保温隔热性能。

4. 当屋面或墙体等部位采用基层加设保温隔热系统的方式施工时，应选择高效节能、耐久性好的保温隔热材料，以减小保温隔热层的厚度及材料用量。

5. 屋面或墙体等部位的保温隔热系统采用专用的配套材料，以加强各层次之间的粘结或连接强度，确保系统的安全性和耐久性。

6. 根据建筑物的实际特点，优选屋面或外墙的保温隔热材料系统和施工方式，例如保温板粘贴、保温板干挂、聚氨酯硬泡喷涂、保温浆料涂抹等，以保证保温隔热效果，并减少材料浪费。

7. 加强保温隔热系统与围护结构的节点处理，尽量降低热桥效应。针对建筑物的不同部位保温隔热特点，选用不同的保温隔热材料及系统，以做到经济适用。

4.3.4　装饰装修材料

1. 贴面类材料在施工前，应进行总体排版策划，减少非整块材的数量。

2. 采用非木质的新材料或人造板材代替木质板材。

3. 防水卷材、壁纸、油漆及各类涂料基层必须符合要求，避免起皮、脱落。各类油漆及粘结剂应随用随开启，不用时及时封闭。

4. 幕墙及各类预留预埋应与结构施工同步。

5. 木制品及木装饰用料、玻璃等各类板材等宜在工厂采购或定制。

6. 采用自粘类片材，减少现场液态粘结剂的使用量。

4.3.5　周转材料

1. 应选用耐用、维护与拆卸方便的周转材料和机具。

2. 优先选用制作、安装、拆除一体化的专业队伍进行模板工程施工。

3. 模板应以节约自然资源为原则，推广使用定型钢模、钢框竹模、竹胶板。

4. 施工前应对模板工程的方案进行优化。多层、高层建筑使用可重复利用的模板体系，模板支撑宜采用工具式支撑。

5. 优化高层建筑的外脚手架方案，采用整体提升、分段悬挑等方案。

6. 推广采用外墙保温板替代混凝土施工模板的技术。

7. 现场办公和生活用房采用周转式活动房。现场围挡应最大限度地利用已有围墙，或采用装配式可重复使用围挡封闭。力争工地临房、临时围挡材料的可重复使用率达到70%。

4.4　节水与水资源利用的技术要点

4.4.1　提高用水效率

1. 施工中采用先进的节水施工工艺。

2. 施工现场喷洒路面、绿化浇灌不宜使用市政自来水。现场搅拌用水、养护用水应采取有效的节水措施，严禁无措施浇水养护混凝土。

3. 施工现场供水管网应根据用水量设计布置，管径合理、管路简捷，采取有效措施减少管网和用水器具的漏损。

4. 现场机具、设备、车辆冲洗用水必须设立循环用水装置。施工现场办公区、生活区的生活用水采用节水系统和节水器具，提高节水器具配置比率。项目临时用水应使用节水型产品，安装计量装置，采取针对性的节水措施。

5. 施工现场建立可再利用水的收集处理系统，使水资源得到梯级循环利用。

6. 施工现场分别对生活用水与工程用水确定用水定额指标，并分别计量管理。

7. 大型工程的不同单项工程、不同标段、不同分包生活区，凡具备条件的应分别计量用水量。在签订不同标段分包或劳务合同时，将节水定额指标纳入合同条款，进行计量考核。

8. 对混凝土搅拌站点等用水集中的区域和工艺点进行专项计量考核。施工现场建立雨水、中水或可再利用水的搜集利用系统。

4.4.2　非传统水源利用

1. 优先采用中水搅拌、中水养护，有条件的地区和工程应收集雨水养护。

2. 处于基坑降水阶段的工地，宜优先采用地下水作为混凝土搅拌用水、养护用水、冲洗用水和部分生活用水。

3. 现场机具、设备、车辆冲洗、喷洒路面、绿化浇灌等用水，优先采用非传统水源，尽量不使用市政自来水。

4. 大型施工现场，尤其是雨量充沛地区的大型施工现场建立雨水收集利用系统，充分收集自然降水用于施工和生活中适宜的部位。

5. 力争施工中非传统水源和循环水的再利用量大于30%。

4.4.3　用水安全

在非传统水源和现场循环再利用水的使用过程中，应制定有效的水质检测与卫生保障措施，确保避免对人体健康、工程质量以及周围环境产生不良影响。

4.5　节能与能源利用的技术要点

4.5.1　节能措施

1. 制订合理施工能耗指标，提高施工能源利用率。

2. 优先使用国家、行业推荐的节能、高效、环保的施工设备和机具,如选用变频技术的节能施工设备等。

3. 施工现场分别设定生产、生活、办公和施工设备的用电控制指标,定期进行计量、核算、对比分析,并有预防与纠正措施。

4. 在施工组织设计中,合理安排施工顺序、工作面,以减少作业区域的机具数量,相邻作业区充分利用共有的机具资源。安排施工工艺时,应优先考虑耗用电能的或其它能耗较少的施工工艺。避免设备额定功率远大于使用功率或超负荷使用设备的现象。

5. 根据当地气候和自然资源条件,充分利用太阳能、地热等可再生能源。

4.5.2　机械设备与机具

1. 建立施工机械设备管理制度,开展用电、用油计量,完善设备档案,及时做好维修保养工作,使机械设备保持低耗、高效的状态。

2. 选择功率与负载相匹配的施工机械设备,避免大功率施工机械设备低负载长时间运行。机电安装可采用节电型机械设备,如逆变式电焊机和能耗低、效率高的手持电动工具等,以利节电。机械设备宜使用节能型油料添加剂,在可能的情况下,考虑回收利用,节约油量。

3. 合理安排工序,提高各种机械的使用率和满载率,降低各种设备的单位耗能。

4.5.3　生产、生活及办公临时设施

1. 利用场地自然条件,合理设计生产、生活及办公临时设施的体形、朝向、间距和窗墙面积比,使其获得良好的日照、通风和采光。南方地区可根据需要在其外墙窗设遮阳设施。

2. 临时设施宜采用节能材料,墙体、屋面使用隔热性能好的材料,减少夏天空调、冬天取暖设备的使用时间及耗能量。

3. 合理配置采暖、空调、风扇数量,规定使用时间,实行分段分时使用,节约用电。

4.5.4　施工用电及照明

1. 临时用电优先选用节能电线和节能灯具,临电线路合理设计、布置,临电设备宜采用自动控制装置。采用声控、光控等节能照明灯具。

2. 照明设计以满足最低照度为原则,照度不应超过最低照度的20%。

4.6　节地与施工用地保护的技术要点

4.6.1　临时用地指标

1. 根据施工规模及现场条件等因素合理确定临时设施,如临时加工厂、现场作业棚及材料堆场、办公生活设施等的占地指标。临时设施的占地面积应按用地指标所需的最低面积设计。

2. 要求平面布置合理、紧凑,在满足环境、职业健康与安全及文明施工要求的前提下尽可能减少废弃地和死角,临时设施占地面积有效利用率大于90%。

4.6.2　临时用地保护

1. 应对深基坑施工方案进行优化,减少土方开挖和回填量,最大限度地减少对土地的扰动,保护周边自然生态环境。

2. 红线外临时占地应尽量使用荒地、废地,少占用农田和耕地。工程完工后,及时对红线外占地恢复原地形、地貌,使施工活动对周边环境的影响降至最低。

3. 利用和保护施工用地范围内原有绿色植被。对于施工周期较长的现场,可按建筑永久绿化的要求,安排场地新建绿化。

4.6.3 施工总平面布置

1.施工总平面布置应做到科学、合理,充分利用原有建筑物、构筑物、道路、管线为施工服务。

2.施工现场搅拌站、仓库、加工厂、作业棚、材料堆场等布置应尽量靠近已有交通线路或即将修建的正式或临时交通线路,缩短运输距离。

3.临时办公和生活用房应采用经济、美观、占地面积小、对周边地貌环境影响较小,且适合于施工平面布置动态调整的多层轻钢活动板房、钢骨架水泥活动板房等标准化装配式结构。生活区与生产区应分开布置,并设置标准的分隔设施。

4.施工现场围墙可采用连续封闭的轻钢结构预制装配式活动围挡,减少建筑垃圾,保护土地。

5.施工现场道路按照永久道路和临时道路相结合的原则布置。施工现场内形成环形通路,减少道路占用土地。

6.临时设施布置应注意远近结合(本期工程与下期工程),努力减少和避免大量临时建筑拆迁和场地搬迁。

5 发展绿色施工的新技术、新设备、新材料与新工艺

5.1 施工方案应建立推广、限制、淘汰公布制度和管理办法。发展适合绿色施工的资源利用与环境保护技术,对落后的施工方案进行限制或淘汰,鼓励绿色施工技术的发展,推动绿色施工技术的创新。

5.2 大力发展现场监测技术、低噪音的施工技术、现场环境参数检测技术、自密实混凝土施工技术、清水混凝土施工技术、建筑固体废弃物再生产品在墙体材料中的应用技术、新型模板及脚手架技术的研究与应用。

5.3 加强信息技术应用,如绿色施工的虚拟现实技术、三维建筑模型的工程量自动统计、绿色施工组织设计数据库建立与应用系统、数字化工地、基于电子商务的建筑工程材料、设备与物流管理系统等。通过应用信息技术,进行精密规划、设计、精心建造和优化集成,实现与提高绿色施工的各项指标。

6 绿色施工的应用示范工程

我国绿色施工尚处于起步阶段,应通过试点和示范工程,总结经验,引导绿色施工的健康发展。各地应根据具体情况,制订有针对性的考核指标和统计制度,制订引导施工企业实施绿色施工的激励政策,促进绿色施工的发展。

建设部关于印发《建筑施工人员个人劳动保护用品使用管理暂行规定》的通知

建质[2007]255号

各省、自治区建设厅，直辖市建委，江苏省、山东省建管局，新疆生产建设兵团建设局：

现将《建筑施工人员个人劳动保护用品使用管理暂行规定》印发给你们，请结合本地区实际，认真贯彻执行。

二〇〇七年十一月五日

建筑施工人员个人劳动保护用品使用管理暂行规定

第一条　为加强对建筑施工人员个人劳动保护用品的使用管理，保障施工作业人员安全与健康，根据《中华人民共和国建筑法》、《建设工程安全生产管理条例》、《安全生产许可证条例》等法律法规，制定本规定。

第二条　本规定所称个人劳动保护用品，是指在建筑施工现场，从事建筑施工活动的人员使用的安全帽、安全带以及安全(绝缘)鞋、防护眼镜、防护手套、防尘(毒)口罩等个人劳动保护用品(以下简称"劳动保护用品")。

第三条　凡从事建筑施工活动的企业和个人，劳动保护用品的采购、发放、使用、管理等必须遵守本规定。

第四条　劳动保护用品的发放和管理，坚持"谁用工，谁负责"的原则。施工作业人员所在企业(包括总承包企业、专业承包企业、劳务企业等，下同)必须按国家规定免费发放劳动保护用品，更换已损坏或已到使用期限的劳动保护用品，不得收取或变相收取任何费用。

劳动保护用品必须以实物形式发放，不得以货币或其他物品替代。

第五条　企业应建立完善劳动保护用品的采购、验收、保管、发放、使用、更换、报废等规章制度。同时应建立相应的管理台账，管理台账保存期限不得少于两年，以保证劳动保护用品的质量具有可追溯性。

第六条　企业采购、个人使用的安全帽、安全带及其他劳动防护用品等，必须符合《安全帽》(GB2811)、《安全带》(GB6095)及其他劳动保护用品相关国家标准的要求。

企业、施工作业人员，不得采购和使用无安全标记或不符合国家相关标准要求的劳动保护用品。

第七条 企业应当按照劳动保护用品采购管理制度的要求,明确企业内部有关部门、人员的采购管理职责。企业在一个地区组织施工的,可以集中统一采购;对企业工程项目分布在多个地区,集中统一采购有困难的,可由各地区或项目部集中采购。

第八条 企业采购劳动保护用品时,应查验劳动保护用品生产厂家或供货商的生产、经营资格,验明商品合格证明和商品标识,以确保采购劳动保护用品的质量符合安全使用要求。

企业应当向劳动保护用品生产厂家或供货商索要法定检验机构出具的检验报告或由供货商签字盖章的检验报告复印件,不能提供检验报告或检验报告复印件的劳动保护用品不得采购。

第九条 企业应加强对施工作业人员的教育培训,保证施工作业人员能正确使用劳动保护用品。

工程项目部应有教育培训的记录,有培训人员和被培训人员的签名和时间。

第十条 企业应加强对施工作业人员劳动保护用品使用情况的检查,并对施工作业人员劳动保护用品的质量和正确使用负责。实行施工总承包的工程项目,施工总承包企业应加强对施工现场内所有施工作业人员劳动保护用品的监督检查。督促相关分包企业和人员正确使用劳动保护用品。

第十一条 施工作业人员有接受安全教育培训的权利,有按照工作岗位规定使用合格的劳动保护用品的权利;有拒绝违章指挥、拒绝使用不合格劳动保护用品的权利。同时,也负有正确使用劳动保护用品的义务。

第十二条 监理单位要加强对施工现场劳动保护用品的监督检查。发现有不使用、或使用不符合要求的劳动保护用品,应责令相关企业立即改正。对拒不改正的,应当向建设行政主管部门报告。

第十三条 建设单位应当及时、足额向施工企业支付安全措施专项经费,并督促施工企业落实安全防护措施,使用符合相关国家产品质量要求的劳动保护用品。

第十四条 各级建设行政主管部门应当加强对施工现场劳动保护用品使用情况的监督管理。发现有不使用或使用不符合要求的劳动保护用品的违法违规行为的,应当责令改正;对因不使用或使用不符合要求的劳动保护用品造成事故或伤害的,应当依据《建设工程安全生产管理条例》和《安全生产许可证条例》等法律法规,对有关责任方给予行政处罚。

第十五条 各级建设行政主管部门应将企业劳动保护用品的发放、管理情况列入建筑施工企业《安全生产许可证》条件的审查内容之一;施工现场劳动保护用品的质量情况作为认定企业是否降低安全生产条件的内容之一;施工作业人员是否正确使用劳动保护用品情况作为考核企业安全生产教育培训是否到位的依据之一。

第十六条 各地建设行政主管部门可建立合格劳动保护用品的信息公告制度,为企业购买合格的劳动保护用品提供信息服务。同时依法加大对采购、使用不合格劳动保护用品的处罚力度。

第十七条 施工现场内,为保证施工作业人员安全与健康所需的其他劳动保护用品可参照本规定执行。

第十八条 各地可根据本规定,制定具体的实施办法。

第十九条 本规定自发布之日起施行。

建设部关于印发《关于进一步规范房屋建筑和市政工程生产安全事故报告和调查处理工作的若干意见》的通知

建质[2007]257号

各省、自治区建设厅，直辖市建委，江苏省、山东省建管局，新疆生产建设兵团建设局：

为贯彻落实《生产安全事故报告和调查处理条例》(国务院令第493号)，规范房屋建筑和市政工程生产安全事故报告和调查处理工作，我们制定了《关于进一步规范房屋建筑和市政工程生产安全事故报告和调查处理工作的若干意见》，现印发给你们，请认真贯彻执行。

二〇〇七年十一月九日

关于进一步规范房屋建筑和市政工程生产安全事故报告和调查处理工作的若干意见

为认真贯彻落实《生产安全事故报告和调查处理条例》(国务院令第493号，以下简称《条例》)，规范房屋建筑和市政工程生产安全事故报告和调查处理工作，现提出如下意见：

一、事故等级划分

(一)特别重大事故，是指造成30人以上死亡，或者100人以上重伤，或者1亿元以上直接经济损失的事故；

(二)重大事故，是指造成10人以上30人以下死亡，或者50人以上100人以下重伤，或者5000万元以上1亿元以下直接经济损失的事故；

(三)较大事故，是指造成3人以上10人以下死亡，或者10人以上50人以下重伤，或者1000万元以上5000万元以下直接经济损失的事故；

(四)一般事故，是指造成3人以下死亡，或者10人以下重伤，或者1000万元以下100万元以上直接经济损失的事故。

本等级划分所称的“以上”包括本数，所称的“以下”不包括本数。

二、事故报告

(一)施工单位事故报告要求

事故发生后，事故现场有关人员应当立即向施工单位负责人报告；施工单位负责人接到报告后，应当于1小时内向事故发生地县级以上人民政府建设主管部门和有关部门报告。

情况紧急时,事故现场有关人员可以直接向事故发生地县级以上人民政府建设主管部门和有关部门报告。

实行施工总承包的建设工程,由总承包单位负责上报事故。

(二)建设主管部门事故报告要求:

1.建设主管部门接到事故报告后,应当依照下列规定上报事故情况,并通知安全生产监督管理部门、公安机关、劳动保障行政主管部门、工会和人民检察院。

(1)较大事故、重大事故及特别重大事故逐级上报至国务院建设主管部门;

(2)一般事故逐级上报至省、自治区、直辖市人民政府建设主管部门;

(3)建设主管部门依照本条规定上报事故情况,应当同时报告本级人民政府。国务院建设主管部门接到重大事故和特别重大事故的报告后,应当立即报告国务院。

必要时,建设主管部门可以越级上报事故情况。

2.建设主管部门按照本规定逐级上报事故情况时,每级上报的时间不得超过2小时。

3.事故报告内容:

(1)事故发生的时间、地点和工程项目、有关单位名称;

(2)事故的简要经过;

(3)事故已经造成或者可能造成的伤亡人数(包括下落不明的人数)和初步估计的直接经济损失;

(4)事故的初步原因;

(5)事故发生后采取的措施及事故控制情况;

(6)事故报告单位或报告人员;

(7)其他应当报告的情况。

4.事故报告后出现新情况,以及事故发生之日起30日内伤亡人数发生变化的,应当及时补报。

三、事故调查

(一)建设主管部门应当按照有关人民政府的授权或委托组织事故调查组对事故进行调查,并履行下列职责:

1.核实事故项目基本情况,包括项目履行法定建设程序情况、参与项目建设活动各方主体履行职责的情况;

2.查明事故发生的经过、原因、人员伤亡及直接经济损失,并依据国家有关法律法规和技术标准分析事故的直接原因和间接原因;

3.认定事故的性质,明确事故责任单位和责任人员在事故中的责任;

4.依照国家有关法律法规对事故的责任单位和责任人员提出处理建议;

5.总结事故教训,提出防范和整改措施;

6.提交事故调查报告。

(二)事故调查报告应当包括下列内容:

1.事故发生单位概况;

2.事故发生经过和事故救援情况;

3. 事故造成的人员伤亡和直接经济损失；

4. 事故发生的原因和事故性质；

5. 事故责任的认定和对事故责任者的处理建议；

6. 事故防范和整改措施。

事故调查报告应当附具有关证据材料，事故调查组成员应当在事故调查报告上签名。

四、事故处理

（一）建设主管部门应当依据有关人民政府对事故的批复和有关法律法规的规定，对事故相关责任者实施行政处罚。处罚权限不属本级建设主管部门的，应当在收到事故调查报告批复后 15 个工作日内，将事故调查报告（附具有关证据材料）、结案批复、本级建设主管部门对有关责任者的处理建议等转送有权限的建设主管部门。

（二）建设主管部门应当依照有关法律法规的规定，对因降低安全生产条件导致事故发生的施工单位给予暂扣或吊销安全生产许可证的处罚；对事故负有责任的相关单位给予罚款、停业整顿、降低资质等级或吊销资质证书的处罚。

（三）建设主管部门应当依照有关法律法规的规定，对事故发生负有责任的注册执业资格人员给予罚款、停止执业或吊销其注册执业资格证书的处罚。

五、事故统计

（一）建设主管部门除按上述规定上报生产安全事故外，还应当按照有关规定将一般及以上生产安全事故通过《建设系统安全事故和自然灾害快报系统》上报至国务院建设主管部门。

（二）对于经调查认定为非生产安全事故的，建设主管部门应在事故性质认定后 10 个工作日内将有关材料报上一级建设主管部门。

六、其他要求

事故发生地的建设主管部门接到事故报告后，其负责人应立即赶赴事故现场，组织事故救援。

发生一般及以上事故或领导对事故有批示要求的，设区的市级建设主管部门应派员赶赴现场了解事故有关情况。

发生较大及以上事故或领导对事故有批示要求的，省、自治区建设厅，直辖市建委应派员赶赴现场了解事故有关情况。

发生重大及以上事故或领导对事故有批示要求的，国务院建设主管部门应根据相关规定派员赶赴现场了解事故有关情况。

七、各地区可以根据本地实际情况制定实施细则。

建设部关于调整个人住房公积金存贷款利率的通知

建金管[2007]76号

各省、自治区建设厅，直辖市、新疆生产建设兵团住房公积金管理委员会、住房公积金管理中心：

根据2007年3月17日《中国人民银行关于调整金融机构人民币存贷款基准利率的通知》（银发[2007]79号），现就个人住房公积金存贷款利率调整的有关事宜通知如下：

一、从2007年3月18日起，上年结转的个人住房公积金存款利率由现行的1.8%调整为1.98%，当年归集的个人住房公积金存款利率不变。

二、从2007年3月18日起，上调个人住房公积金贷款利率。五年期以下（含五年）及五年期以上个人住房公积金贷款利率均上调0.18个百分点。五年期以下（含五年）从4.14%调整为4.32%，五年期以上从4.59%调整为4.77%。

请各省、自治区建设厅立即将本通知转发各住房公积金管理委员会、住房公积金管理中心执行。

二〇〇七年三月十七日

建设部关于调整个人住房公积金存贷款利率的通知

建金管[2007]123号

各省、自治区建设厅，直辖市、新疆生产建设兵团住房公积金管理委员会、住房公积金管理中心：

根据2007年5月18日《中国人民银行关于调整金融机构人民币存贷款基准利率的通知》（银发[2007]157号），现就个人住房公积金存贷款利率调整的有关事宜通知如下：

一、从2007年5月19日起，上年结转的个人住房公积金存款利率由现行的1.98%调整为2.07%，当年归集的个人住房公积金存款利率不变。

二、从2007年5月19日起，上调个人住房公积金贷款利率。五年期以下（含五年）及五年期以上个人住房公积金贷款利率均上调0.09个百分点。五年期以下（含五年）从4.32%调整为4.41%，五年期以上从4.77%调整为4.86%。

请各省、自治区建设厅立即将本通知转发各住房公积金管理委员会、住房公积金管理中心执行。

附表：个人住房公积金存贷款利率调整表

二〇〇七年五月十八日

附表：

个人住房公积金存贷款利率调整表

单位：%

项　　目	调整前利率	调整后利率
一、个人住房公积金存款		
当年缴存	0.72	0.72
上年结转	1.98	2.07
二、个人住房公积金贷款		
五年以下（含五年）	4.32	4.41
五年以上	4.77	4.86

建设部关于调整个人住房公积金存贷款利率的通知

建金管[2007]177号

各省、自治区建设厅，直辖市、新疆生产建设兵团住房公积金管理委员会、住房公积金管理中心：

根据2007年7月20日《中国人民银行关于调整金融机构人民币存贷款基准利率的通知》(银发[2007]240号)，现就个人住房公积金存贷款利率调整的有关事宜通知如下：

一、从2007年7月21日起，当年归集的个人住房公积金存款利率由现行的0.72%调整为0.81%，上年结转的个人住房公积金存款利率由现行的2.07%调整为2.34%。

二、从2007年7月21日起，上调个人住房公积金贷款利率。五年期以下(含五年)及五年期以上个人住房公积金贷款利率均上调0.09个百分点。五年期以下(含五年)从4.41%调整为4.50%，五年期以上从4.86%调整为4.95%。

请各省、自治区建设厅立即将本通知转发各住房公积金管理委员会、住房公积金管理中心执行。

附表：个人住房公积金存贷款利率调整表

二〇〇七年七月二十日

附表：

个人住房公积金存贷款利率调整表

单位：%

项　　目	调整前利率	调整后利率
一、个人住房公积金存款		
当年缴存	0.72	0.81
上年结转	2.07	2.34
二、个人住房公积金贷款		
五年以下(含五年)	4.41	4.50
五年以上	4.86	4.95

建设部关于调整个人住房公积金存贷款利率的通知

建金管[2007]199号

各省、自治区建设厅，直辖市、新疆生产建设兵团住房公积金管理委员会、住房公积金管理中心：

根据2007年8月21日《中国人民银行关于调整金融机构人民币存贷款基准利率的通知》(银发[2007]296号)，现就个人住房公积金存贷款利率调整的有关事宜通知如下：

一、从2007年8月22日起，上年结转的个人住房公积金存款利率由现行的2.34%调整为2.61%。当年归集的个人住房公积金存款利率不变。

二、从2007年8月22日起，上调个人住房公积金贷款利率。五年期以下(含五年)及五年期以上个人住房公积金贷款利率均上调0.09个百分点。五年期以下(含五年)从4.50%调整为4.59%，五年期以上从4.95%调整为5.04%。

请各省、自治区建设厅立即将本通知转发各住房公积金管理委员会、住房公积金管理中心执行。

附表：个人住房公积金存贷款利率调整表

二〇〇七年八月二十一日

附表：

个人住房公积金存贷款利率调整表

单位：%

项　　目	调整前利率	调整后利率
一、个人住房公积金存款		
当年缴存	0.81	0.81
上年结转	2.34	2.61
二、个人住房公积金贷款		
五年以下(含五年)	4.50	4.59
五年以上	4.95	5.04

建设部关于调整个人住房公积金存贷款利率的通知

建金管[2007]225号

各省、自治区建设厅，直辖市、新疆生产建设兵团住房公积金管理委员会、住房公积金管理中心：

根据2007年9月14日《中国人民银行关于调整金融机构人民币存贷款基准利率的通知》(银发[2007]338号)，现就个人住房公积金存贷款利率调整的有关事项通知如下：

一、从2007年9月15日起，上年结转的个人住房公积金存款利率上调0.27个百分点，由现行的2.61%调整为2.88%。当年归集的个人住房公积金存款利率不变。

二、从2007年9月15日起，上调个人住房公积金贷款利率。五年期以下(含五年)及五年期以上个人住房公积金贷款利率均上调0.18个百分点。五年期以下(含五年)从4.59%调整为4.77%，五年期以上从5.04%调整为5.22%。

请各省、自治区建设厅立即将本通知转发各住房公积金管理委员会、住房公积金管理中心执行。

附表：个人住房公积金存贷款利率调整表

二○○七年九月十四日

附表：

个人住房公积金存贷款利率调整表

单位：%

项　　目	调整前利率	调整后利率
一、个人住房公积金存款		
当年缴存	0.81	0.81
上年结转	2.61	2.88
二、个人住房公积金贷款		
五年以下(含五年)	4.59	4.77
五年以上	5.04	5.22

建设部关于印发《解决城市低收入家庭住房困难发展规划和年度计划编制指导意见》的通知

建住房[2007]218 号

各省、自治区建设厅,直辖市建委(房地局),新疆生产建设兵团建设局:

根据《国务院关于解决城市低收入家庭住房困难的若干意见》(国发[2007]24 号)的规定,为规范解决城市低收入家庭住房困难的发展规划和年度计划编制工作,加快工作进度和提高编制质量,我部在调查研究和总结地方经验的基础上,组织制定了《解决城市低收入家庭住房困难发展规划和年度计划编制指导意见》,现印发给你们,请结合本地区实际,参照执行。各直辖市、计划单列市和省会(首府)城市解决城市低收入家庭住房困难发展规划和年度计划,要于 2007 年底之前报建设部备案;其他市、县报省、自治区、直辖市建设主管部门备案。

二〇〇七年八月二十一日

解决城市低收入家庭住房困难发展规划和年度计划编制指导意见

根据《国务院关于解决城市低收入家庭住房困难的若干意见》(国发[2007]24 号)精神,对编制解决城市低收入家庭住房困难发展规划和年度计划,提出如下意见:

一、规划编制的主要内容

(一)规划编制的作用、适用范围和期限

规划是解决低收入家庭住房困难的法定依据,在规划期和规划区范围内,解决城市低收入家庭住房困难的各项活动、各项政策规定,应与之相符合、相协调。规划的适用范围一般应覆盖城市(含县城)。规划的适用期限应与国民经济和社会发展规划期限相一致。

(二)城市低收入家庭现状与住房需求分析

1. 城市低收入家庭现状分析。包括城市居民总户数、人均 GDP、人均可支配收入、人均住房面积等;城市低收入住房困难家庭总户数和总人数,家庭住房状况和收入状况等。

2. 政府保障能力和市场供应能力分析。包括规划期内财政预算、住房公积金增值收益和土地出让净收益可用于解决城市低收入家庭住房困难的资金;政府住宅用地的储备情况和可用于廉租住房和经济适用住房建设的土地数量;现有廉租住房和经济适用住房套数、建筑面积,市场租赁住房中可用于低收入家庭居住的情况。

3. 规划期内住房保障需求分析。包括对规划期内城市低收入住房困难家庭的变化、廉租住房需求量及租赁住房补贴的资金需求量、经济适用住房需求量等相关情况预测。

（三）规划目标

2007 年底前，所有设区的城市要对符合规定住房困难条件、申请廉租住房租赁住房补贴的城市低保家庭基本做到应保尽保；2008 年底前，所有县城要基本做到应保尽保。“十一五”期末，全国廉租住房制度保障范围要由城市最低收入住房困难家庭扩大到低收入住房困难家庭；2008 年底前，东部地区和其它有条件的地区要将保障范围扩大到低收入住房困难家庭。

（四）住房供应和租赁住房补贴

1. 廉租住房、经济适用住房供应

（1）建设总量。明确廉租住房、经济适用住房建设总套数和总建筑面积。

（2）建设区域指引。对廉租住房、经济适用住房的建设在城市空间分布上予以明确指引。

（3）建设标准。合理确定廉租住房、经济适用住房的建筑面积标准，经济适用住房控制在 60 平方米左右，廉租住房控制在 50 平方米以内。

（4）建设年度指引。将规划期内廉租住房、经济适用住房建设供应总体目标分解落实到各年度。

（5）其他供应方式。规划期内可进一步通过收购、租赁住房等方式，拓展廉租住房、经济适用住房的筹措渠道，增加供应数量。

2. 租赁住房补贴

（1）租赁住房补贴总量。明确规划期内发放租赁住房补贴的户数和资金总量。

（2）租赁住房补贴标准。根据当地经济发展水平、市场租金、保障对象的经济承受能力等因素合理确定租赁住房补贴标准。

（五）土地供应和资金安排

1. 土地供应总量。在节约集约利用土地资源的前提下，明确规划期内廉租住房、经济适用住房建设的土地供应总量，包括新增用地和存量用地。

2. 土地供应布局指引。在空间分布上，应符合城乡规划要求，并对廉租住房、经济适用住房建设的土地予以明确，特别是对今明两年的地块，应使用图鉴方式标明位置。

3. 用地供应年度指引。将规划期内廉租住房、经济适用住房建设用地供应总量分解落实到各年度。

4. 资金筹措。明确规划期内用于廉租住房、经济适用住房供应、租赁住房补贴等的资金来源，财政预算、住房公积金增值收益和土地出让净收益用于廉租住房制度建设的资金量。

（六）改善其他住房困难群体居住条件的总体安排

对集中成片棚户区改造、旧住宅区综合整治和改善农民工居住条件，要分析现状，提出总体目标、方式和措施。

（七）落实规划的相关措施

应在加强规划建设管理、规范廉租住房、经济适用住房的分配与管理、落实经济政策、加强解决城市低收入家庭住房困难的法规建设、确保住房质量和使用功能等方面，提出具体落实规划的相关措施。

（八）规划实施机制

落实规划实施的责任，健全责任考核机制，建立多部门协调的工作机制，加强规划实施的监督管理。

二、年度计划编制的主要内容

（一）年度计划的目标

明确年度城市低收入家庭住房困难的家庭收入标准、住房困难标准，提出具体用廉租住房和经济适用房制度等方式解决城市低收入家庭住房困难的范围、标准、户数等年度目标。

（二）年度住房供应和租赁住房补贴

明确年度廉租住房、经济适用住房的建设量、建设区域（以图鉴方式标明）、建设标准及具体建设项目；明确年度廉租住房和经济适用住房其他供应方式的供应量；明确年度廉租住房租赁住房补贴户数和资金量。

（三）年度土地供应与资金安排

明确年度廉租住房、经济适用住房建设的土地供应量、供应区域，具体落实到地块，并以图鉴方式标明；明确年度用于廉租住房制度建设的财政预算、住房公积金增值收益和土地出让净收益的资金量。

（四）改善其他住房困难群体的居住条件安排

对集中成片棚户区改造、旧住宅区综合整治和改善农民工居住条件，要结合规划目标，提出相应的年度具体目标、方式和措施。

（五）措施与要求

根据年度解决城市低收入家庭住房困难工作的要求，制定相应的措施，保证目标完成；对计划落实实行分级负责制、监督检查机制、动态调整机制等。

三、规划和计划的编制要求

（一）增强规划和计划编制的准确性

一是要切实搞好城市低收入家庭住房状况调查。进行城市低收入家庭住房状况调查是编制规划的基础。城市低收入家庭住房状况调查，可以采取普查、抽样调查等方式。在调查范围上，各地要充分考虑规划期内城市低收入家庭的变化情况，确保将城市低收入家庭纳入调查范围。

二是要合理确定保障范围和保障水平。城市低收入住房困难家庭的家庭收入标准和住房困难标准，各地要按照当地统计部门公布的家庭人均可支配收入和人均住房水平的一定比例，结合城市经济发展水平和住房价格水平确定。要综合平衡保障范围、保障水平和保障资金。当计划所需的保障资金大于住房公积金增值收益和土地出让净收益按规定比例提取额度的总和时，要按照则政预算保底的原则予以安排；当计划所需保障资金小于规定资金渠道的资金总和时，要积极扩大保障范围、提高保障水平。

（二）规划成果的内容及要求

规划主要成果分为规划文本、附表和图件、规划说明三部分。规划文本使用章、条、款、项格式，要求文字表述简明扼要、层次分明、用语规范、重点突出、有较强的针对性和可操作性。

（三）规划编制的程序

规划编制应包含前期调研、专题研究、文本编制、论证与征求意见、成果形成五个阶段。

1. 前期调研。由住房保障主管部门会同有关部门组成规划编制项目小组，进行城市低收入家庭住房状况调查数据分析、相关基础数据和资料收集、基本情况调研、专家座谈等基础准备工作。

2. 专题研究。进行城市低收入家庭住房现状与住房需求、保障范围与保障水平、住房供应和租赁住房补贴、土地和资金保证、落实规划的相关措施等专题研究，形成专题研究报告。

3. 文本编制。结合专题研究成果，科学编制规划文本，并编制相应的附表和图件、规划说明。

4. 征求意见。组织相关部门研讨，形成征求意见稿向社会公示，广泛征求意见，组织专家进行论证评审。

5. 成果形成。根据相关部门、公众和专家的意见，修改规划文本，形成正式文本，由城市人民政府向社会公布，并组织实施。

（四）切实做好年度计划的编制工作

要紧密结合规划的编制工作，分解规划的阶段性目标，落实具体措施，并根据规划的总体要求，建立家庭收入标准、住房困难标准和租赁住房补贴标准的动态调整机制，根据具体年度情况进行适时调整，确保规划总体目标的实现。

（五）加强规划和计划编制的组织领导

城市人民政府要加强对规划和计划编制工作的领导和组织协调。明确牵头部门及参加部门，各司其职，认真履行职责，加强协作配合，齐心协力搞好规划和计划编制工作。城市低收入家庭住房状况调查费用、规划和计划编制费用，列入当地住房保障工作经费支出。

四、规划和计划的监督实施

2007年12月25日前，直辖市、计划单列城市和省会（首府）城市要把解决城市低收入家庭住房困难发展规划和年度计划报建设部备案，其他市、县报省、自治区、直辖市建设主管部门备案。

年度计划的执行情况及下一年度计划安排要纳入《政府工作报告》，向同级人民代表大会做出报告。年度计划执行情况作为省级政府对市、县政府目标责任制考核的主要内容。

建设部　发展改革委　监察部　财政部　国土资源部　人民银行　税务总局关于印发《经济适用住房管理办法》的通知

建住房[2007]258号

各省、自治区、直辖市人民政府,国务院各部委、各直属机构:

根据《国务院关于解决城市低收入家庭住房困难的若干意见》(国发[2007]24号),经国务院同意,现将修订后的《经济适用住房管理办法》印发给你们,请认真贯彻执行。

二○○七年十一月十九日

经济适用住房管理办法

第一章　总　　则

第一条　为改进和规范经济适用住房制度,保护当事人合法权益,制定本办法。

第二条　本办法所称经济适用住房,是指政府提供政策优惠,限定套型面积和销售价格,按照合理标准建设,面向城市低收入住房困难家庭供应,具有保障性质的政策性住房。

本办法所称城市低收入住房困难家庭,是指城市和县人民政府所在地镇的范围内,家庭收入、住房状况等符合市、县人民政府规定条件的家庭。

第三条　经济适用住房制度是解决城市低收入家庭住房困难政策体系的组成部分。经济适用住房供应对象要与廉租住房保障对象相衔接。经济适用住房的建设、供应、使用及监督管理,应当遵守本办法。

第四条　发展经济适用住房应当在国家统一政策指导下,各地区因地制宜,政府主导、社会参与。市、县人民政府要根据当地经济社会发展水平、居民住房状况和收入水平等因素,合理确定经济适用住房的政策目标、建设标准、供应范围和供应对象等,并组织实施。省、自治区、直辖市人民政府对本行政区域经济适用住房工作负总责,对所辖市、县人民政府实行目标责任制管理。

第五条　国务院建设行政主管部门负责对全国经济适用住房工作的指导和实施监督。县级以上地方人民政府建设或房地产行政主管部门(以下简称"经济适用住房主管部门")负责本行政区域内经济适用住房管理工作。

县级以上人民政府发展改革(价格)、监察、财政、国土资源、税务及金融管理等部门根据职责分工,负责经济适用住房有关工作。

第六条 市、县人民政府应当在解决城市低收入家庭住房困难发展规划和年度计划中，明确经济适用住房建设规模、项目布局和用地安排等内容，并纳入本级国民经济与社会发展规划和住房建设规划，及时向社会公布。

第二章 优惠和支持政策

第七条 经济适用住房建设用地以划拨方式供应。经济适用住房建设用地应纳入当地年度土地供应计划，在申报年度用地指标时单独列出，确保优先供应。

第八条 经济适用住房建设项目免收城市基础设施配套费等各种行政事业性收费和政府性基金。经济适用住房项目外基础设施建设费用，由政府负担。经济适用住房建设单位可以以在建项目作抵押向商业银行申请住房开发贷款。

第九条 购买经济适用住房的个人向商业银行申请贷款，除符合《个人住房贷款管理办法》规定外，还应当出具市、县人民政府经济适用住房主管部门准予购房的核准通知。

购买经济适用住房可提取个人住房公积金和优先办理住房公积金贷款。

第十条 经济适用住房的贷款利率按有关规定执行。

第十一条 经济适用住房的建设和供应要严格执行国家规定的各项税费优惠政策。

第十二条 严禁以经济适用住房名义取得划拨土地后，以补交土地出让金等方式，变相进行商品房开发。

第三章 建 设 管 理

第十三条 经济适用住房要统筹规划、合理布局、配套建设，充分考虑城市低收入住房困难家庭对交通等基础设施条件的要求，合理安排区位布局。

第十四条 在商品住房小区中配套建设经济适用住房的，应当在项目出让条件中，明确配套建设的经济适用住房的建设总面积、单套建筑面积、套数、套型比例、建设标准以及建成后移交或者回购等事项，并以合同方式约定。

第十五条 经济适用住房单套的建筑面积控制在60平方米左右。市、县人民政府应当根据当地经济发展水平、群众生活水平、住房状况、家庭结构和人口等因素，合理确定经济适用住房建设规模和各种套型的比例，并进行严格管理。

第十六条 经济适用住房建设按照政府组织协调、市场运作的原则，可以采取项目法人招标的方式，选择具有相应资质和良好社会责任的房地产开发企业实施；也可以由市、县人民政府确定的经济适用住房管理实施机构直接组织建设。在经济适用住房建设中，应注重发挥国有大型骨干建筑企业的积极作用。

第十七条 经济适用住房的规划设计和建设必须按照发展节能省地环保型住宅的要求，严格执行《住宅建筑规范》等国家有关住房建设的强制性标准，采取竞标方式优选规划设计方案，做到在较小的套型内实现基本的使用功能。积极推广应用先进、成熟、适用、安全的新技术、新工艺、新材料、新设备。

第十八条 经济适用住房建设单位对其建设的经济适用住房工程质量负最终责任，

向买受人出具《住宅质量保证书》和《住宅使用说明书》,并承担保修责任,确保工程质量和使用安全。有关住房质量和性能等方面的要求,应在建设合同中予以明确。

经济适用住房的施工和监理,应当采取招标方式,选择具有资质和良好社会责任的建筑企业和监理公司实施。

第十九条　经济适用住房项目可采取招标方式选择物业服务企业实施前期物业服务,也可以在社区居委会等机构的指导下,由居民自我管理,提供符合居住区居民基本生活需要的物业服务。

第四章　价　格　管　理

第二十条　确定经济适用住房的价格应当以保本微利为原则。其销售基准价格及浮动幅度,由有定价权的价格主管部门会同经济适用住房主管部门,依据经济适用住房价格管理的有关规定,在综合考虑建设、管理成本和利润的基础上确定并向社会公布。房地产开发企业实施的经济适用住房项目利润率按不高于3%核定;市、县人民政府直接组织建设的经济适用住房只能按成本价销售,不得有利润。

第二十一条　经济适用住房销售应当实行明码标价,销售价格不得高于基准价格及上浮幅度,不得在标价之外收取任何未予标明的费用。经济适用住房价格确定后应当向社会公布。价格主管部门应依法进行监督管理。

第二十二条　经济适用住房实行收费卡制度,各有关部门收取费用时,必须填写价格主管部门核发的交费登记卡。任何单位不得以押金、保证金等名义,变相向经济适用住房建设单位收取费用。

第二十三条　价格主管部门要加强成本监审,全面掌握经济适用住房成本及利润变动情况,确保经济适用住房做到质价相符。

第五章　准入和退出管理

第二十四条　经济适用住房管理应建立严格的准入和退出机制。经济适用住房由市、县人民政府按限定的价格,统一组织向符合购房条件的低收入家庭出售。经济适用住房供应实行申请、审核、公示和轮候制度。市、县人民政府应当制定经济适用住房申请、审核、公示和轮候的具体办法,并向社会公布。

第二十五条　城市低收入家庭申请购买经济适用住房应同时符合下列条件:

(一)具有当地城镇户口;

(二)家庭收入符合市、县人民政府划定的低收入家庭收入标准;

(三)无房或现住房面积低于市、县人民政府规定的住房困难标准。

经济适用住房供应对象的家庭收入标准和住房困难标准,由市、县人民政府根据当地商品住房价格、居民家庭可支配收入、居住水平和家庭人口结构等因素确定,实行动态管理,每年向社会公布一次。

第二十六条　经济适用住房资格申请采取街道办事处(镇人民政府)、市(区)、县人民政府逐级审核并公示的方式认定。审核单位应当通过入户调查、邻里访问以及信函索证等方式对申请人的家庭收入和住房状况等情况进行核实。申请人及有关单位、组织或者个人应当予以配合,如实提供有关情况。

第二十七条　经审核公示通过的家庭,由市、县人民政府经济适用住房主管部门发放准予购买经济适用住房的核准通知,注明可以购买的面积标准。然后按照收入水平、住房困难程度和申请顺序等因素进行轮候。

第二十八条　符合条件的家庭,可以持核准通知购买一套与核准面积相对应的经济适用住房。购买面积原则上不得超过核准面积。购买面积在核准面积以内的,按核准的价格购买;超过核准面积的部分,不得享受政府优惠,由购房人按照同地段同类普通商品住房的价格补交差价。

第二十九条　居民个人购买经济适用住房后,应当按照规定办理权属登记。房屋、土地登记部门在办理权属登记时,应当分别注明经济适用住房、划拨土地。

第三十条　经济适用住房购房人拥有有限产权。

购买经济适用住房不满5年,不得直接上市交易,购房人因特殊原因确需转让经济适用住房的,由政府按照原价格并考虑折旧和物价水平等因素进行回购。

购买经济适用住房满5年,购房人上市转让经济适用住房的,应按照届时同地段普通商品住房与经济适用住房差价的一定比例向政府交纳土地收益等相关价款,具体交纳比例由市、县人民政府确定,政府可优先回购;购房人也可以按照政府所定的标准向政府交纳土地收益等相关价款后,取得完全产权。

上述规定应在经济适用住房购买合同中予以载明,并明确相关违约责任。

第三十一条　已经购买经济适用住房的家庭又购买其他住房的,原经济适用住房由政府按规定及合同约定回购。政府回购的经济适用住房,仍应用于解决低收入家庭的住房困难。

第三十二条　已参加福利分房的家庭在退回所分房屋前不得购买经济适用住房,已购买经济适用住房的家庭不得再购买经济适用住房。

第三十三条　个人购买的经济适用住房在取得完全产权以前不得用于出租经营。

第六章　单位集资合作建房

第三十四条　距离城区较远的独立工矿企业和住房困难户较多的企业,在符合土地利用总体规划、城市规划、住房建设规划的前提下,经市、县人民政府批准,可以利用单位自用土地进行集资合作建房。参加单位集资合作建房的对象,必须限定在本单位符合市、县人民政府规定的低收入住房困难家庭。

第三十五条　单位集资合作建房是经济适用住房的组成部分,其建设标准、优惠政策、供应对象、产权关系等均按照经济适用住房的有关规定严格执行。单位集资合作建房应当纳入当地经济适用住房建设计划和用地计划管理。

第三十六条　任何单位不得利用新征用或新购买土地组织集资合作建房;各级国家机关一律不得搞单位集资合作建房。单位集资合作建房不得向不符合经济适用住房供应条件的家庭出售。

第三十七条　单位集资合作建房在满足本单位低收入住房困难家庭购买后，房源仍有少量剩余的，由市、县人民政府统一组织向符合经济适用住房购房条件的家庭出售，或由市、县人民政府以成本价收购后用作廉租住房。

第三十八条　向职工收取的单位集资合作建房款项实行专款管理、专项使用，并接受当地财政和经济适用住房主管部门的监督。

第三十九条　已参加福利分房、购买经济适用住房或参加单位集资合作建房的人员，不得再次参加单位集资合作建房。严禁任何单位借集资合作建房名义，变相实施住房实物分配或商品房开发。

第四十条　单位集资合作建房原则上不收取管理费用，不得有利润。

第七章　监督管理

第四十一条　市、县人民政府要加强对已购经济适用住房的后续管理，经济适用住房主管部门要切实履行职责，对已购经济适用住房家庭的居住人员、房屋的使用等情况进行定期检查，发现违规行为及时纠正。

第四十二条　市、县人民政府及其有关部门应当加强对经济适用住房建设、交易中违纪违法行为的查处。

（一）擅自改变经济适用住房或集资合作建房用地性质的，由国土资源主管部门按有关规定处罚。

（二）擅自提高经济适用住房或集资合作建房销售价格等价格违法行为的，由价格主管部门依法进行处罚。

（三）未取得资格的家庭购买经济适用住房或参加集资合作建房的，其所购买或集资建设的住房由经济适用住房主管部门限期按原价格并考虑折旧等因素作价收购；不能收购的，由经济适用住房主管部门责成其补缴经济适用住房或单位集资合作建房与同地段同类普通商品住房价格差，并对相关责任单位和责任人依法予以处罚。

第四十三条　对弄虚作假、隐瞒家庭收入和住房条件，骗购经济适用住房或单位集资合作建房的个人，由市、县人民政府经济适用住房主管部门限期按原价格并考虑折旧等因素作价收回所购住房，并依法和有关规定追究责任。对出具虚假证明的，依法追究相关责任人的责任。

第四十四条　国家机关工作人员在经济适用住房建设、管理过程中滥用职权、玩忽职守、徇私舞弊的，依法依纪追究责任；涉嫌犯罪的，移送司法机关处理。

第四十五条　任何单位和个人有权对违反本办法规定的行为进行检举和控告。

第八章　附　则

第四十六条　省、自治区、直辖市人民政府经济适用住房主管部门会同发展改革（价格）、监察、财政、国土资源、金融管理、税务主管部门根据本办法，可以制定具体实施办法。

第四十七条　本办法由建设部会同发展改革委、监察部、财政部、国土资源部、人民银行、税务总局负责解释。

第四十八条　本办法下发后尚未销售的经济适用住房，执行本办法有关准入和退出管理、价格管理、监督管理等规定；已销售的经济适用住房仍按原有规定执行。此前已审批但尚未开工的经济适用住房项目，凡不符合本办法规定内容的事项，应按本办法做相应调整。

第四十九条　建设部、发展改革委、国土资源部、人民银行《关于印发〈经济适用住房管理办法〉的通知》（建住房[2004]77 号）同时废止。

建设部　发展改革委　财政部　劳动保障部　国土资源部关于印发《关于改善农民工居住条件的指导意见》的通知

建住房[2007]276号

各省、自治区、直辖市人民政府，国务院各部委、各直属机构：

《关于改善农民工居住条件的指导意见》已经国务院同意，现印发给你们，请遵照执行。

二〇〇七年十二月五日

关于改善农民工居住条件的指导意见

为逐步改善农民工居住条件，保障农民工合法权益，推动中国特色城镇化的健康发展，促进社会和谐稳定，根据《国务院关于解决农民工问题的若干意见》(国发[2006]5号)及《国务院关于解决城市低收入家庭住房困难的若干意见》(国发[2007]24号)精神，提出以下意见：

一、指导思想和基本原则

(一)指导思想。以邓小平理论和"三个代表"重要思想为指导，按照贯彻落实科学发展观，构建和谐社会的要求，把改善农民工居住条件作为解决城市低收入家庭住房困难工作的一项重要内容，明确责任，加强指导，强化监督，积极采取各种政策措施，力争到"十一五"期末，使农民工居住条件得到逐步改善。

(二)基本原则。改善农民工居住条件，一要因地制宜，满足基本居住需要；二要循序渐进，逐步解决；三要政策扶持，用工单位负责。

二、多渠道提供农民工居住场所

(三)用工单位是改善农民工居住条件的责任主体。要积极主动，广开渠道，妥善安排，为招用的农民工提供符合基本卫生和安全条件的居住场所，并逐步改善其居住条件。

(四)用工单位可以采取无偿提供、廉价租赁等方式向农民工提供居住场所，具体方式可在劳动合同中予以约定。农民工自行安排居住场所的，用工单位应当给予一定的住房租金补助，并可在劳动合同中予以明确。

(五)招用农民工较多的企业，应充分利用自有职工宿舍或通过租赁、购置等方式筹集农民工住房房源。在符合规划的前提下，可在依法取得的企业用地范围内建设农民工集体宿舍。

（六）农民工集中的开发区和工业园区，应按照集约用地的原则，集中建设农民工集体宿舍，由用工单位承租后向农民工提供，或由农民工直接承租，但不得按商品住房出售或出租。

（七）城中村改造时，要考虑农民工的居住需要，在符合城市规划和土地利用总体规划的前提下，集中建设向农民工出租的集体宿舍，建设用地不得采取以租代征方式供应，建设项目不得变相搞房地产开发。

（八）有条件的地方，可以比照经济适用住房建设的相关优惠政策，根据产业布局、农民工数量及分布状况，政府引导，市场运作，建设符合农民工特点的住房，以农民工可承受的合理租金向农民工出租。

（九）积极引导和鼓励城乡结合部居民利用自有住房向农民工出租。

三、保证农民工居住场所安全、卫生

（十）向农民工提供的居住场所应符合住宅安全、消防标准和基本卫生要求，远离危险源和污染源。工程施工类企业向施工现场农民工提供的宿舍，应符合建筑施工现场环境与卫生标准有关规定；其他行业用工单位向农民工提供的宿舍，应符合宿舍建筑设计规范有关规定。

（十一）集中建设的农民工集体宿舍和专供农民工租用的住房，要做好规划设计和建设管理，充分考虑农民工的居住需要和生活成本，坚持经济适用、合理布局、科学设计、确保质量，同时应适当配备必要的文化、体育活动等设施设备。

四、加强政策扶持，强化监督指导

（十二）各地要将长期在城市就业与生活的农民工居住问题，纳入城市住房建设规划。市、县人民政府要立足当地实际，指导和督促用工单位切实负起责任，妥善安排农民工居住，多渠道提供农民工居住场所，逐步改善农民工居住条件。

（十三）市、县人民政府对集中建设的向农民工出租的集体宿舍项目，要在选址、供地及相关配套设施建设等方面予以支持。对享受政府优惠政策建设的农民工集体宿舍和住房，擅自按商品房出售、出租或改作其他用途的，房地产管理等部门不得为其办理相关手续，要依照法律法规进行查处，并追究相关责任人员的责任。

（十四）对农民工聚居区域，市、县人民政府要加强规划和管理，强化治安及环境卫生治理，加大公共交通等市政公用事业建设力度，提高公共基础设施保障能力，方便农民工生产生活，营造良好居住环境，维护和谐稳定的社会秩序。

建设部《关于在商业性房地产信贷过程中依托房屋登记信息系统查询家庭住房总面积情况有关问题的通知》

建住房[2007]284 号

各省、自治区建设厅，直辖市房地局（建委）：

为了加强和改善房地产市场调控，配合中国人民银行、中国银行业监督管理委员会《关于加强商业性房地产信贷管理的通知》（银发[2007]359 号）及《关于加强商业性房地产信贷管理的补充通知》（银发[2007]452 号）的实施，协助做好个人住房贷款申请人（以下简称借款人）家庭住房情况的查询工作，现就有关事项通知如下：

一、根据《关于加强商业性房地产信贷管理的补充通知》的相关规定，借款人需要出具家庭住房面积情况的，借款人及家庭成员可向房屋所在地的房地产管理部门提出查询申请。申请人家庭成员范围以《补充通知》规定为准。

二、借款人及家庭成员申请查询时，应向房地产管理部门提交查询申请表、经贷款银行审查确认的家庭成员名单及有效身份证件、家庭成员名下房屋的坐落情况等有关材料。家庭成员委托借款人代为查询的，还应当提供书面委托书。

三、房地产管理部门应当严格按照《房屋权属登记信息查询暂行办法》（建住房[2006]244 号）等相关规定，依托房屋登记信息系统查询借款人及家庭成员名下已经权属登记的住房面积情况。

四、房地产管理部门出具的书面查询结果，应当载明借款人及家庭成员住房总面积，并注明查询结果使用范围、查询方法、查询日期等事项。房屋登记信息系统数据不全或尚未建立房屋登记信息系统的，房地产管理部门可以通过房地产权属档案等进行查询，并对此情况做出特别说明。

五、房地产管理部门应当健全房屋登记信息查询制度，将有关查询程序、收费标准以适当方式进行明示，方便申请人查询。除按价格部门核定的标准收取查询费用外，房地产管理部门不得向查询人额外收取费用。

六、房地产管理部门及其工作人员应当对房屋权属登记信息的内容保密，不得擅自扩大登记信息的查询范围。对提供虚假查询信息的，按有关规定严肃处理。

二〇〇七年十二月二十日

国家发展改革委　建设部关于印发《物业服务定价成本监审办法(试行)》的通知

发改价格[2007]2285号

各省、自治区、直辖市、计划单列市发展改革委、物价局、建设厅(房地局):

为提高政府制定物业服务收费的科学性,合理核定物业服务定价成本,根据《政府制定价格成本监审办法》、《物业服务收费管理办法》等有关规定,特制定《物业服务定价成本监审办法(试行)》,现印发你们,请按照执行。

附件:物业服务定价成本监审办法(试行)

二〇〇七年九月十日

物业服务定价成本监审办法(试行)

第一条　为提高政府制定物业服务收费的科学性、合理性,根据《政府制定价格成本监审办法》、《物业服务收费管理办法》等有关规定,制定本办法。

第二条　本办法适用于政府价格主管部门制定或者调整实行政府指导价的物业服务收费标准,对相关物业服务企业实施定价成本监审的行为。

本办法所称物业服务,是指物业服务企业按照物业服务合同的约定,对房屋及配套的设施设备和相关场地进行维修、养护、管理,维护物业管理区域内的环境卫生和秩序的活动。

本办法所称物业服务定价成本,是指价格主管部门核定的物业服务社会平均成本。

第三条　物业服务定价成本监审工作由政府价格主管部门负责组织实施,房地产主管部门应当配合价格主管部门开展工作。

第四条　在本行政区域内物业服务企业数量众多的,可以选取一定数量、有代表性的物业服务企业进行成本监审。

第五条　物业服务定价成本监审应当遵循以下原则:

(一)合法性原则。计入定价成本的费用应当符合有关法律、行政法规和国家统一的会计制度的规定。

(二)相关性原则。计入定价成本的费用应当为与物业服务直接相关或者间接相关的费用。

(三)对应性原则。计入定价成本的费用应当与物业服务内容及服务标准相对应。

(四)合理性原则。影响物业服务定价成本各项费用的主要技术、经济指标应当符合行业标准或者社会公允水平。

第六条　核定物业服务定价成本,应当以经会计师事务所审计的年度财务会计报告、原始凭证与账册或者物业服务企业提供的真实、完整、有效的成本资料为基础。

第七条　物业服务定价成本由人员费用、物业共用部位共用设施设备日常运行和维护费用、绿化养护费用、清洁卫生费用、秩序维护费用、物业共用部位共用设施设备及公众责任保险费用、办公费用、管理费分摊、固定资产折旧以及经业主同意的其它费用组成。

第八条　人员费用是指管理服务人员工资、按规定提取的工会经费、职工教育经费,以及根据政府有关规定应当由物业服务企业缴纳的住房公积金和养老、医疗、失业、工伤、生育保险等社会保险费用。

第九条　物业共用部位共用设施设备日常运行和维护费用是指为保障物业管理区域内共用部位共用设施设备的正常使用和运行、维护保养所需的费用。不包括保修期内应由建设单位履行保修责任而支出的维修费、应由住宅专项维修资金支出的维修和更新、改造费用。

第十条　绿化养护费是指管理、养护绿化所需的绿化工具购置费、绿化用水费、补苗费、农药化肥费等。不包括应由建设单位支付的种苗种植费和前期维护费。

第十一条　清洁卫生费是指保持物业管理区域内环境卫生所需的购置工具费、消杀防疫费、化粪池清理费、管道疏通费、清洁用料费、环卫所需费用等。

第十二条　秩序维护费是指维护物业管理区域秩序所需的器材装备费、安全防范人员的人身保险费及由物业服务企业支付的服装费等。其中器材装备不包括共用设备中已包括的监控设备。

第十三条　物业共用部位共用设施设备及公众责任保险费用是指物业管理企业购买物业共用部位共用设施设备及公众责任保险所支付的保险费用,以物业服务企业与保险公司签订的保险单和所交纳的保险费为准。

第十四条　办公费是指物业服务企业为维护管理区域正常的物业管理活动所需的办公用品费、交通费、房租、水电费、取暖费、通讯费、书报费及其它费用。

第十五条　管理费分摊是指物业服务企业在管理多个物业项目情况下,为保证相关的物业服务正常运转而由各物业服务小区承担的管理费用。

第十六条　固定资产折旧是指按规定折旧方法计提的物业服务固定资产的折旧金额。物业服务固定资产指在物业服务小区内由物业服务企业拥有的、与物业服务直接相关的、使用年限在一年以上的资产。

第十七条　经业主同意的其它费用是指业主或者业主大会按规定同意由物业服务费开支的费用。

第十八条　物业服务定价成本相关项目按本办法第十九条至第二十二条规定的方法和标准审核。

第十九条　工会经费、职工教育经费、住房公积金以及医疗保险费、养老保险费、失业保险费、工伤保险费、生育保险费等社会保险费的计提基数按照核定的相应工资水平确定;工会经费、职工教育经费的计提比例按国家统一规定的比例确定,住房公积金和社会保险费的计提比例按当地政府规定比例确定，超过规定计提比例的不得计入定价成本。医疗保险费用应在社会保险费中列支，不得在其它项目中重复列支；其他应在工会经费和职工教育经费中列支的费用，也不得在相关费用项目中重复列支。

第二十条 固定资产折旧采用年限平均法，折旧年限根据固定资产的性质和使用情况合理确定。企业确定的固定资产折旧年限明显低于实际可使用年限的，成本监审时应当按照实际可使用年限调整折旧年限。固定资产残值率按3%—5%计算；个别固定资产残值较低或者较高的，按照实际情况合理确定残值率。

第二十一条 物业服务企业将专业性较强的服务内容外包给有关专业公司的，该项服务的成本按照外包合同所确定的金额核定。

第二十二条 物业服务企业只从事物业服务的，其所发生费用按其所管辖的物业项目的物业服务计费面积或者应收物业服务费加权分摊；物业服务企业兼营其它业务的，应先按实现收入的比重在其它业务和物业服务之间分摊，然后按上述方法在所管辖的各物业项目之间分摊。

第二十三条 本办法未具体规定审核标准的其他费用项目按照有关财务制度和政策规定审核，原则上据实核定，但应符合一定范围内社会公允的平均水平。

第二十四条 各省、自治区、直辖市价格主管部门可根据本办法，结合本地实际制定具体实施细则。

第二十五条 本办法由国家发展和改革委员会解释。

第二十六条 本办法自2007年10月1日起施行。

附：

物业服务定价成本监审表

(　　)年度

物业服务小区名称

物业服务企业名称

物业服务企业资质等级

物业服务企业法定代表人

物业服务企业地址

邮政编码

财务负责人

填 表 人

电　　话

传　　真

物业服务企业盖章

年　　月　　日

财政部　建设部关于加强可再生能源建筑应用示范管理的通知

财建[2007]38号

有关省、自治区、直辖市、计划单列市财政厅(局),建设厅(委、局);新疆生产建设兵团财务局、建设局,财政部驻有关省、自治区、直辖市、计划单列市财政监察专员办事处:

根据《建设部、财政部关于推进可再生能源在建筑中应用的实施意见》(建科[2006]213号)和《财政部、建设部关于可再生能源建筑应用示范项目资金管理办法》(财建[2006]460号),为保证可再生能源建筑应用示范项目的顺利实施,用好、管好可再生能源建筑应用示范项目专项资金,现就加强示范工程项目管理的有关事项通知如下:

一、进一步提高对示范管理工作重要性的认识,加强对示范工作的组织领导

(一)组织实施示范将有效带动可再生能源在建筑领域的推广应用。在建筑领域推广应用太阳能、浅层地能等可再生能源,是满足日益增长的建筑用能需求,促进建筑节能,提高建筑用能效率的现实要求。组织实施可再生能源建筑应用示范;将有助于带动市场需求;促进完善集成技术体系和技术标准,从而有效地推动可再生能源在建筑中的规模化运用。

(二)资金及项目管理工作,是关系示范成效的关键。目前可再生能源建筑应用系统集成技术仍较为落后,加强示范项目的后续管理,做好技术指导与监督管理,有助于保证太阳能、浅层地能在建筑中得到合理利用,确保示范工程的效果;有助于通过工程示范,总结经验,建立当地的技术标准与技术规范。加强对示范工程财政补助资金的管理,是保证补助资金使用的安全、规范与有效的基本要求。因此,资金及项目管理工作,直接关系着示范工程的成效。

(三)加强对示范管理工作的组织领导。地方建设和财政主管部门应确定专人,对当地可再生能源建筑应用示范项目进行管理和监督,要组织做好对当地示范管理提供技术支撑的工作。各地可再生能源建筑应用示范及推广一定要加强组织领导,结合当地的地质条件,稳步推进,切实防止污染地下水等问题发生。

二、及时拨付资金,确保专款专用,切实加强补助资金监督管理

(一)地方建设部门做好施工图专项审查。《可再生能源建筑应用示范项目实施方案报告》(以下简称《实施方案报告》)和《可再生能源建筑应用示范项目申请报告》(以下简称《申请报告》)已经专家评审并通过,要保证设计环节按《实施方案报告》与《申请报告》执行。设计单位应按照相关技术标准、《实施方案报告》、《申请报告》进行设计并与检测机构进行沟通,做好检测点的预留工作。检测机构认定办法另行通知。审图机构应依据项目承担单位提供的设计文件、《实施方案报告》及《申请报告》等对可再生能源建筑应用示范项目进行专项审查,并提交专项审查报告。地方建设部门根据专项审查报告,并组织专家对技术路线和方案等进行核查后，对达到《实施方案报告》要求的，出具审核同意意见；达不到要求的，责令示范项目承担单位重新修改施工图设计，另行组织审查。对因特殊情况，需要更改《实施方案报告》内容的，须及时报告财政部、建设部。

（二）地方财政部门组织复核，并及时拨付补助资金。对示范项目是否具备拨款条件，财政部门予以复核，复核内容包括：项目是否具备地方建设部门出具的对审核同意意见；示范项目实际采用的技术支持单位、设备服务商是否与《实施方案报告》、《申请报告》相一致；建筑设计是否达到节能标准，相关设备是否达到国家规定的能效标准等。对通过复核的示范项目，要及时拨付补助资金；补助资金要专项用于购买、安装相关设备等可再生能源建筑应用方面的必需支出。地方财政部门要将补助资金拨付情况及时报告财政部，同时抄送财政部驻当地财政监察专员办事处。

（三）项目承担单位收到补助资金后，必须专账核算，对非经营性建设项目的财政补助按财政拨款有关规定执行，对经营性建设项目的财政补助作为资本公积管理。

（四）财政部驻各地财政专员办事处（以下简称专员办）按属地原则对补助资金进行核查，核查内容包括：

1. 项目承担单位收到补助资金是否专账核算；

2. 补助资金是否专款专用；

3. 地方财政部门是否滞留补助资金；

4. 与补助资金管理、使用有关的其他事项。

对核查发现的问题，除按《财政违法行为处罚处分条例》（国务院令第427号）等有关法律、法规处理、处罚外，核查结果还作为拨付剩余50%补助资金的依据。

三、加强过程控制与管理，确保工程质量

（一）项目承担单位应组织做好工程施工及监理。项目承担单位选择具有相应资质的施工单位、监理单位进行施工和监理。施工单位应严格按照审查合格的施工图设计文件进行施工，应按照设计要求预留检测点，为后期检测评估工作做好准备。监理单位应严格按照审查合格的施工图设计文件和监理合同实施监理，对进入施工现场的相关材料、设备等进行查验，保证产品说明书和产品标识上注明的性能指标符合设计要求。

（二）地方建设、财政部门要切实加强对示范项目实施过程的监管。地方建设、财政部门应在施工过程中，组织好对节能材料质量、设备产品性能、检测点预留等方面的监督检查，要联合当地工程质量检测机构，根据示范工程的进展情况和特殊需要，对示范工程现场和资金使用情况进行现场检查。对示范项目实施过程中出现的问题要及时提出处理意见，并监督相关责任单位落实。要注意总结经验，为制定技术标准及技术规范奠定基础。地方建设、财政部门应于每年5月15日、11月15日分两次向财政部、建设部报告项目实施进展情况，同时抄送当地专员办。

（三）根据示范工程进度，财政部、建设部对示范项目进行不定期的监督检查。根据需要，还将委托组织专家对示范项目进行技术指导，提出优化解决方案，帮助解决施工过程中的问题。

四、严格检测，根据评估和核查结果，实施激励与约束相结合的机制

（一）地方建设、财政部门组织做好项目检测及评估。示范工程竣工后，项目承担单位应先对项目进行预验收，在经地方程序审查后，建设部、财政部委托具备资质的检测机构对示范工程进行现场检测，检测机构负责对可再生能源建筑应用示范工程进行能效检测，出具检测报告，并对检测报告的真实性、准确性负责。地方建设、财政部门根据检测报告，并结合技术先进、适用可行、经济合理和示范推广等方面组织验收评估，并将验收评估报告报建设部、财政部，同时抄送专员办。

（二）以检测评估和专员办对补助资金的核查结果为依据，确定拨付剩余50%补助资金。建设部、财政部将制定示范工程验收标准。财政部、建设部组织专家组对示范工程评估验收情况进行复核。项目单位应在项目竣工后3日内报告专员办，专员办应在收到报告后20日内，将对补助资金的管理、使用情况的核查结果上报财政部。财政部、建设部将根据检测评估复核结果与资金核查结果，确定拨付剩余50%补助资金。对达到有关标准要求和专员办核查没有发现问题的，财政部将全额拨付剩余50%资金；对未达到标准或专员办核查发现截留、挪用等违法违纪问题的示范项目，将核减补助额度或不予拨付剩余50%补助资金。

（三）地方建设主管部门应加强对示范工程运行能耗的监督、管理。验收评估完以后，示范工程的承担单位或其委托的运行管理单位应建立、健全可再生能源建筑应用的管理制度和操作规程，对建筑物用能系统进行监测、维护，并逐级上报建筑能耗统计报告。

五、积极做好示范工程的经验总结及推广

（一）注意总结当地经验，完善可再生能源建筑应用公共服务体系。地方建设、财政部门要根据示范工程情况，注意研究太阳能、浅层地能的地区适用性，为推广使用地下水源热泵技术等提供依据；研究形成热泵等设备的可持续维护管理模式；研究建立起具体的技术标准及技术规范等。

（二）积极探索，为在建筑领域推广可再生能源打好基础。地方建设、财政主管部门应结合工程示范对管理机制、国家激励政策等提出建议，及时报建设部和财政部，为更大范围地在建筑领域推广应用可再生能源打好基础。

二〇〇七年二月十三日

财政部关于印发《北方采暖地区既有居住建筑供热计量及节能改造奖励资金管理暂行办法》的通知

财建[2007]957号

有关省、自治区、直辖市、计划单列市财政厅(局),新疆生产建设兵团财务局:

为贯彻落实《国务院关于印发节能减排综合性工作方案的通知》(国发[2007]15号)精神,切实推进北方采暖区既有居住建筑供热计量和节能改造工作,我们制定了《北方采暖区既有居住建筑供热计量和节能改造奖励资金管理暂行办法》。现予印发,请遵照执行。

附件:北方采暖地区既有居住建筑供热计量及节能改造奖励资金管理暂行办法

二〇〇七年十二月二十日

附件:

北方采暖地区既有居住建筑供热计量及节能改造奖励资金管理暂行办法

第一章　总　　则

第一条　根据《国务院关于印发节能减排综合性工作方案的通知》(国发[2007]15号,国家财政将安排资金专项用于对北方采暖地区开展既有居住建筑供热计量及节能改造工作进行奖励。为加强该项资金管理,特制定本办法。

第二条　本办法所称"北方采暖地区"是指北京市、天津市、河北省、山西省、内蒙古自治区、辽宁省、吉林省、黑龙江省、山东省、河南省、陕西省、甘肃省、青海省、宁夏回族自治区、新疆维吾尔自治区。

本办法所称"北方采暖地区既有居住建筑供热计量及节能改造奖励资金"(以下简称奖励资金)是指中央财政安排的专项用于奖励北方采暖地区既有居住建筑供热计量及节能改造的资金。

第三条　为明确责任,充分调动地方人民政府的积极性,奖励资金采取由中央财政对省级财政专项转移支付方式,具体项目实施管理由省级人民政府相关职能部门负责。

第四条 奖励资金管理实行“公开、公平、公正”原则,接受社会监督。

第二章 奖励资金使用范围

第五条 奖励资金使用范围

(一)建筑围护结构节能改造奖励;

(二)室内供热系统计量及温度调控改造奖励;

(三)热源及供热管网热平衡改造等改造奖励;

(四)财政部批准的与北方采暖地区既有居住建筑供热计量及节能改造相关的其他支出。

第三章 奖励原则和标准

第六条 奖励资金采用因素法进行分配,即综合考虑有关省(自治区、直辖市、计划单列市)所在气候区、改造工作量、节能效果和实施进度等多种因素以及相应的权重。

第七条 专项资金分配计算公式:

某地区应分配专项资金额=所在气候区奖励基准×[∑(该地区单项改造内容面积×对应的单项改造权重)×70%,该地区所实施的改造面积×节能效果系数×30%]×进度系数。其中:

气候区奖励基准分为严寒地区和寒冷地区两类:严寒地区为55元/m^2,寒冷地区为45元/m^2。

单项改造内容指建筑围护结构节能改造、室内供热系统计量及温度调控改造、热源及供热管网热平衡改造三项,对应的权重系数分别为:60%、30%、10%。

节能效果系数根据实施改造后的节能量确定。

进度系数,根据改造任务的完成时间,分为三档:

1.2009年采暖季前完成当地的改造任务,进度系数为1.2;

2.2010年采暖季前完成当地的改造任务,进度系数为1;

3.2011年采暖季前完成当地的改造任务,进度系数为0.8。

第八条 财政部会同建设部根据各地改造工作量与节能效果核定奖励资金。改造工作量与节能量核定办法另行制订。

第四章 资金拨付与使用

第九条 在启动阶段,财政部会同建设部根据各地的改造任务量,按照6元/m^2的标准,将部分奖励资金预拨到省级财政部门,用于对当地热计量装置的安装补助。

财政部会同建设部根据各地每年实际完成的工作量和节能效果核拨奖励资金,并在改造任务完成后,对当地奖励资金进行清算。

第十条 省级财政部门在收到奖励资金后,会同建设部门及时将资金落实到具体项目,并将具体项目清单报财政部、建设部备案。

第十一条　对于具体项目的管理,各地应充分利用市场机制,鼓励采用合同能源管理模式,创新资金投入方式,确保奖励资金安排使用的规范、安全和有效。

第十二条　奖励资金支付管理按照财政国库管理制度有关规定执行。

第五章　监　督　管　理

第十三条　各地要认真组织既有居住建筑供热计量及节能改造工作,不得以既有居住建筑节能改造为名进行大拆大建,应对拟改造的项目进行充分的技术经济论证,并严格按照建设程序办理相关手续。

第十四条　各级财政、建设部门要切实加强奖励资金的管理。确保奖励资金专款专用。对弄虚作假,冒领奖励或者截留、挪用、滞留专项资金的,一经查实,按照国家有关规定进行处理。

第六章　附　　则

第十五条　本办法由财政部负责解释。

第十六条　相关省、自治区、直辖市财政部门,可以根据本办法,结合当地实际,制定具体实施办法。

第十七条　本办法自印发之日起施行。

财政部关于印发《廉租住房保障资金管理办法》的通知

财综[2007]64 号

各省、自治区、直辖市、计划单列市财政厅(局),新疆生产建设兵团财务局:

根据《国务院关于解决城市低收入家庭住房困难的若干意见》(国发[2007]24 号)的规定,为规范廉租住房保障资金管理,提高廉租住房保障资金使用效益,确保廉租住房保障资金专款专用,经商建设部、国家发展改革委、国土资源部、民政部同意,我部制定了《廉租住房保障资金管理办法》。现印发给你们,请遵照执行。

二〇〇七年十月三十日

廉租住房保障资金管理办法

第一章　总　　则

第一条　为规范廉租住房保障资金管理,提高廉租住房保障资金使用效益,确保廉租住房保障资金专款专用,根据《国务院关于解决城市低收入家庭住房困难的若干意见》(国发[2007]24 号)的规定,制定本办法。

第二条　本办法所称廉租住房保障资金是指按照国家规定筹集并用于廉租住房保障的专项资金。

第三条　各级财政部门是廉租住房保障资金的主管部门,负责廉租住房保障资金的筹集、管理、预算分配、拨付和监督检查。

财政部商建设部、国家发展改革委、国土资源部、民政部负责制定全国性廉租住房保障资金管理政策,分配和拨付中央廉租住房保障专项补助资金,拨付中央预算内投资补助资金。国家发展改革委负责安排新建廉租住房中央预算内投资补助资金。

省、自治区、直辖市、计划单列市(以下简称省级)财政部门商同级建设、发展改革、国土资源、民政等部门负责制定本地区廉租住房保障资金管理实施办法,安排本地区廉租住房保障补助资金,督促市县财政部门落实廉租住房保障资金。

市县财政部门具体负责廉租住房保障资金的筹集、拨付、管理和预决算审核以及监督检查工作。

市县廉租住房行政主管部门负责廉租住房保障资金的预决算编制,严格按照财政部门规定安排和使用廉租住房保障资金。

第四条　廉租住房保障资金的筹集、拨付、使用和管理依法接受审计机关的审计监督。

第二章　资　金　来　源

第五条　地方各级财政部门要结合当地财力，积极参与制定廉租住房保障计划，并按照年度廉租住房保障计划以及国发[2007]24号文件规定的来源渠道筹集廉租住房保障资金。

第六条　廉租住房保障资金来源于下列渠道：

（一）住房公积金增值收益扣除计提贷款风险准备金和管理费用后的全部余额；

（二）从土地出让净收益中按照不低于10%的比例安排用于廉租住房保障的资金；

（三）市县财政预算安排用于廉租住房保障的资金；

（四）省级财政预算安排的廉租住房保障补助资金；

（五）中央预算内投资中安排的补助资金；

（六）中央财政安排的廉租住房保障专项补助资金；

（七）社会捐赠的廉租住房保障资金；

（八）其他资金。

第七条　土地出让净收益为当年实际收取的土地出让总价款扣除实际支付的征地补偿费（含土地补偿费、安置补助费、地上附着物和青苗补偿费）、拆迁补偿费、土地开发费、计提用于农业土地开发的资金以及土地出让业务费等费用后的余额。

第八条　中央预算内投资安排的补助资金，按照国家发展改革委会同建设部、财政部制定的《中央预算内投资对中西部财政困难地区新建廉租住房项目支持办法》规定执行。

第九条　中央财政安排的廉租住房保障专项补助资金按照财政部商建设部、民政部制定的《中央廉租住房保障专项补助资金实施办法》规定执行。

第十条　廉租住房租金收入严格按照财政部规定实行“收支两条线”管理，专项用于廉租住房维护和管理，不足部分在一般预算中安排。廉租住房租金与廉租住房保障资金不得混同安排使用。

第三章　资　金　使　用

第十一条　廉租住房保障资金实行专项管理、分账核算、专款专用，专项用于廉租住房保障开支，包括收购、改建和新建廉租住房开支以及向符合廉租住房保障条件的低收入家庭发放租赁补贴开支，不得用于其他开支。

第十二条　收购廉租住房开支，指利用廉租住房保障资金收购房屋用于廉租住房保障的支出，包括支付的房屋价款等开支。

第十三条　改建廉租住房开支，指对已收购的旧有住房和腾空的公有住房进行维修改造后用于廉租住房保障的支出。

第十四条　新建廉租住房开支，指利用廉租住房保障资金新建廉租住房的开支，包括新建廉租住房需要依法支付的土地补偿费、拆迁补偿费以及支付廉租住房建设成本支出。

第十五条 发放租赁补贴开支，指利用廉租住房保障资金向符合廉租住房保障条件的低收入家庭发放的租赁补贴支出。

第四章 预 算 管 理

第十六条 廉租住房保障资金实行项目预算管理。市县廉租住房行政主管部门应当会同有关部门于每年第三季度根据下年度廉租住房保障计划，编制下年度廉租住房保障支出项目预算，经同级财政部门审核，并报经同级人民政府提请同级人大批准后实施。

市县财政部门要商有关部门根据当地年度廉租住房保障计划，指导同级廉租住房行政主管部门科学、合理测算廉租住房保障资金需求，并根据年度廉租住房保障资金来源情况，做好年度廉租住房保障支出项目预算编制工作。

第十七条 市县财政部门在安排年度廉租住房保障支出项目预算时，首先要按照《住房公积金管理条例》(国务院令第350号)的规定，确保将住房公积金增值收益计提贷款风险准备金和管理费用后的余额全部用于廉租住房保障；其次要按规定将土地出让净收益不低于10%的比例用于廉租住房保障。上述两项资金不足的，可以适当提高土地出让净收益用于廉租住房保障的比例，仍不足的由市县财政通过本级预算以及上级补助(包括中央预算内投资补助以及中央财政和省级财政专项补助)予以安排。

第十八条 年度廉租住房保障支出项目预算中涉及购建廉租住房的，必须符合固定资产投资管理程序。

第十九条 年度廉租住房保障支出项目预算经批准后，市县廉租住房行政主管部门应当严格按照批准的预算执行，原则上不得突破预算。

第五章 资 金 拨 付

第二十条 市县财政部门按照批准的廉租住房保障支出项目预算，根据廉租住房保障计划和投资计划，以及实施进度拨付廉租住房保障资金，确保廉租住房保障资金切实落实到廉租住房购建项目以及符合廉租住房保障条件的低收入家庭。

第二十一条 廉租住房保障资金原则上实行国库集中支付。申请租赁补贴的符合廉租住房保障条件的低收入家庭，经市县廉租住房行政主管部门、民政部门公示和审核确认无误后，由市县财政部门根据市县廉租住房行政主管部门、民政部门的审核意见和年度预算安排，将租赁补贴资金直接支付给符合廉租住房保障条件的低收入家庭或向廉租住房保障对象出租住房的租赁方。暂未实施国库集中支付制度的地区，市县财政部门按照地方财政国库管理制度有关规定拨付租赁补贴资金，确保租赁补贴资金落实到人、到户。

第二十二条 收购、改建和新建廉租住房，由市县廉租住房行政主管部门根据工程合同和进度、购房合同以及年度预算，提出预算拨款申请，经同级财政部门审核后，由同级财政部门将资金直接支付给廉租住房建设单位或销售廉租住房的单位和个人。

第六章　决　算　管　理

第二十三条　每年年度终了，市县廉租住房行政主管部门应当按照同级财政部门规定，报送年度廉租住房保障支出项目决算。年度廉租住房保障支出项目出现资金结余，经同级财政部门批准后，可以继续滚存下年安排使用。

第二十四条　市县廉租住房行政主管部门在向同级财政部门报送年度廉租住房保障支出项目决算时，还应当会同民政部门提交年度廉租住房保障工作实施进展情况，包括当年租赁补贴发放户数、发放标准、发放金额，当年购建廉租住房套数、面积、位置、金额，当年廉租住房实物配租户数、面积、金额等相关资料。

第二十五条　市县财政部门应当会同廉租住房行政主管部门、发展改革部门、民政部门将市县年度廉租住房保障工作实施进展情况报省级财政等相关部门备案。省级财政部门应当会同建设、发展改革、民政部门汇总本地区年度廉租住房保障工作实施进展情况，于次年2月28日前报财政部等相关部门备案。具体报表格式详见附表《_____省（自治区、直辖市、计划单列市、新疆兵团）_____年廉租住房保障情况表》。

第七章　监　督　检　查

第二十六条　市县财政部门应当配合同级廉租住房行政主管部门会同民政部门建立廉租住房保障对象的动态监管机制，对于年度享受廉租住房保障的低收入家庭的收入状况进行跟踪复核，确认其是否可以继续享受廉租住房保障制度。对于不符合廉租住房保障条件的，应当停止发放租赁补贴、按照市场租金收取廉租住房租金或收回配租的廉租住房。

第二十七条　各级财政部门要加强对廉租住房保障资金筹集和使用情况的监督检查。对于不按照规定筹集、安排使用和管理廉租住房保障资金的，要严格按照《财政违法行为处罚处分条例》（国务院令第427号）等有关规定进行处理，并依法追究有关责任人员的行政责任。构成犯罪的，依法追究刑事责任。

第八章　附　　则

第二十八条　本办法自2008年1月1日起实施。

第二十九条　本办法由财政部负责解释。

第三十条　各省、自治区、直辖市、计划单列市财政部门可以根据本办法，结合各地实际，会同有关部门制定具体实施办法，并报财政部等相关部门备案。

第三十一条　新疆生产建设兵团廉租住房保障资金管理办法参照上述规定执行。

财政部国家税务总局关于单位低价向职工售房有关个人所得税问题的通知

财税[2007]13 号

各省、自治区、直辖市、计划单列市财政厅(局)、地方税务局:

近日部分地区来文反映,一些企事业单位将自建住房以低于购置或建造成本价格销售给职工,对此是否征收个人所得税希望予以明确。经研究,现对有关政策问题的处理明确如下:

一、根据住房制度改革政策的有关规定,国家机关、企事业单位及其他组织(以下简称单位)在住房制度改革期间,按照所在地县级以上人民政府规定的房改成本价格向职工出售公有住房,职工因支付的房改成本价格低于房屋建造成本价格或市场价格而取得的差价收益,免征个人所得税。

二、除本通知第一条规定情形外,根据《中华人民共和国个人所得税法》及其实施条例的有关规定,单位按低于购置或建造成本价格出售住房给职工,职工因此而少支出的差价部分,属于个人所得税应税所得,应按照"工资、薪金所得"项目缴纳个人所得税。

前款所称差价部分,是指职工实际支付的购房价款低于该房屋的购置或建造成本价格的差额。

三、对职工取得的上述应税所得,比照《国家税务总局关于调整个人取得全年一次性奖金等计算征收个人所得税方法问题的通知》(国税发[2005]9 号)规定的全年一次性奖金的征税办法,计算征收个人所得税,即先将全部所得数额除以 12,按其商数并根据个人所得税法规定的税率表确定适用的税率和速算扣除数,再根据全部所得数额、适用的税率和速算扣除数,按照税法规定计算征税。

四、本通知自印发之日起执行。此前未征税款不再追征,已征税款不予退还。

请遵照执行。

二〇〇七年二月八日

中国人民银行中国银行业监督管理委员会关于加强商业性房地产信贷管理的通知

银发[2007]359 号

中国人民银行上海总部,各分行、营业管理部,各省会(首府)城市中心支行、副省级城市中心支行、各银监局、各国有商业银行、股份制商业银行:

根据2007年全国城市住房工作会议精神及《国务院关于解决低收入家庭住房困难的若干意见》(国发[2007]24号)、《国务院办公厅转发建设部等部门关于调整住房供应结构稳定住房价格意见的通知》(国办发[2006]37号)等政策规定,现就加强商业性房地产信贷管理的有关事项通知如下:

一、严格房地产开发贷款管理

对项目资本金(所有者权益)比例达不到35%或未取得土地使用权证书、建设用地规划许可证、建设工程规划许可证和施工许可证的项目,商业银行不得发放任何形式的贷款;对经国土资源部门、建设主管部门查实具有囤积土地、囤积房源行为的房地产开发企业,商业银行不得对其发放贷款;对空置3年以上的商品房,商业银行不得接受其作为贷款的抵押物。

商业银行对房地产开发企业发放的贷款只能通过房地产开发贷款科目发放,严禁以房地产开发流动资金贷款或其他贷款科目发放。

商业银行发放的房地产开发贷款原则上只能用于本地区的房地产开发项目,不得跨地区使用。对确需用于异地房地产开发项目并已落实相应风险控制措施的贷款,商业银行在贷款发放前应向监管部门报备。

二、严格规范土地储备贷款管理

商业银行不得向房地产开发企业发放专门用于缴交土地出让金的贷款。对政府土地储备机构的贷款应以抵押贷款方式发放,且贷款额度不得超过所收购土地评估价值的70%,贷款期限最长不得超过2年。

三、严格住房消费贷款管理

商业银行应重点支持借款人购买首套中小户型自住住房的贷款需求,且只能对购买主体结构已封顶住房的个人发放住房贷款。

商业银行应提请借款人按诚实守信原则,在住房贷款合同中如实填写所贷款项用于购买第几套住房的相关信息。对购买首套自住房且套型建筑面积在90平方米以下的,贷款首付款比例(包括本外币贷款,下同)不得低于20%;对购买首套自住房且套型建筑面积在90平方米以上的,贷款首付款比例不得低于30%;对已利用贷款购买住房、又申请购买第二套(含)以上住房的,贷款首付款比例不得低于40%,贷款利率不得低于中国人民银行公布的同期同档次基准利率的1.1倍,而且贷款首付款比例和利率水平应随套数增加而大幅度提高，具体提高幅度由商业银行根据贷款风险管理相关原则自主确定，但借款人偿还住房贷款的月支出不得高于其月收入的50%。

商业银行不得发放贷款额度随房产评估价值浮动、不指明用途的住房抵押贷款；对已抵押房产，在购房人没有全部归还贷款前，不得以再评估后的净值为抵押追加贷款。

四、严格商业用房购房贷款管理

利用贷款购买的商业用房应为已竣工验收的房屋。

商业用房购房贷款首付款比例不得低于50%，期限不得超过10年，贷款利率不得低于中国人民银行公布的同期同档次利率的1.1倍，具体的首付款比例、贷款期限和利率水平由商业银行根据贷款风险管理相关原则自主确定；对以“商住两用房”名义申请贷款的，首付款比例不得低于45%，贷款期限和利率水平按照商业性用房贷款管理规定执行。

五、加强房地产信贷征信管理

商业银行接受房地产开发企业贷款申请后，应及时通过中国人民银行企业信用信息基础数据库对借款企业信用状况进行查询；贷款申请批准后，应将相关信息录入企业信用信息基础数据库，详细记载房地产开发企业的基本信息、借款金额、贷款期限以及违约情况等。

商业银行接受个人住房贷款申请后，应及时通过中国人民银行个人信用信息基础数据库对借款人信用状况进行查询；贷款申请批准后，应将相关信息及时录入个人信用信息基础数据库，详细记载借款人及其配偶的身份证号码、购房套数、贷款金额、贷款期限、房屋抵押状况以及违约信息等。

六、加强房地产贷款监测和风险防范工作

商业银行应密切监测房地产价格变化及其对信贷资产质量的影响状况，切实加强商业性房地产信贷管理和内控机制建设，积极防范房地产信贷风险。

中国人民银行各分支机构、各银监局应加强辖区内金融机构房地产信贷管理的“窗口指导”，加大对相关违规行为的查处力度。要跟踪房地产信贷政策执行过程中出现的新情况、新问题，并及时向中国人民银行、中国银行业监督管理委员会报告。

各商业银行（包括中资银行、外商独资、中外合资商业银行以及外国银行分行等）要认真贯彻落实国家房地产宏观调控政策，切实加强房地产信贷风险管理，要根据本通知精神和国家各项房地产信贷政策规定，抓紧制定或完善房地产信贷业务管理操作细则，并向中国人民银行、中国银行业监督管理委员会报备。

各政策性银行未经中国人民银行、中国银行业监督管理委员会批准，不得发放商业性房地产贷款。

请中国人民银行各分行、营业管理部、省会（首府）城市中心支行，各省（自治区、直辖市）银监局将本通知联合转发至辖区内城市商业银行、农村商业银行、农村合作银行、城乡信用社及外资银行。

二〇〇七年九月二十七日

商务部　公安部　建设部　交通部　质检总局　环保总局关于在部分城市限期禁止现场搅拌砂浆工作的通知

商改发[2007]205号

各省、自治区、直辖市散装水泥行政主管部门，公安厅(局)，建设厅(委)，交通厅(局)，质检局，环保局，散装水泥办公室：

为贯彻落实《国务院关于做好建设节约型社会近期重点工作的通知》(国发[2005]21号)中关于“从使用环节入手，进一步加大散装水泥推广力度”的要求，根据《散装水泥管理办法》，现就在全国部分城市限期禁止在施工现场搅拌砂浆工作有关事项通知如下：

一、禁止在城市施工现场搅拌砂浆是提高散装水泥使用量的一项重要措施，也是保证建筑工程质量、提高建筑施工现代化水平、实现资源综合利用、促进文明施工的一项重要技术手段。

二、全国中心城市、国家环境保护模范城市、全国文明城市等要积极创造条件，分期分批开展禁止在施工现场使用水泥搅拌砂浆工作(家装等小型施工现场除外)。工程中使用预拌砂浆(含干拌砂浆和湿拌砂浆)。北京等10个城市(具体名单见附件，下同)从2007年9月1日起禁止在施工现场使用水泥搅拌砂浆(第一批)；重庆等33个城市从2008年7月1日起禁止在施工现场使用水泥搅拌砂浆(第二批)；长春等84个城市从2009年7月1日起禁止在施工现场使用水泥搅拌砂浆(第三批)。其他城市由各省级散装水泥主管部门会同相关部门根据各地具体情况提出禁止在施工现场使用水泥搅拌砂浆的具体时间表，并报商务部备案。

三、各地要根据上述时间表和本地实际情况，制定发展预拌砂浆发展规划及预拌砂浆生产、使用管理办法，采取有效措施扶持预拌砂浆生产和物流配送企业发展，严把市场准入关，确保预拌砂浆产品质量，保证建筑工程预拌砂浆的供应，避免盲目投资造成的资源浪费。

四、县级以上人民政府确定的散装水泥主管部门及散装水泥行政管理部门会同建设行政管理部门、环保行政主管部门负责本行政区域内禁止现场搅拌砂浆的组织管理工作。

五、预拌砂浆生产企业的布点要符合城市建设规划、土地政策和环保要求，在生产过程中必须执行国家有关标准和地方相关的技术、环保要求，制定相应的应用技术规程，建立完善的质量控制体系，在标准化管理、计量管理、工序控制、质量检测等方面严格执行有关规定，确保预拌砂浆产品质量。

六、预拌砂浆生产企业必须全部使用符合标准要求的散装水泥。干拌砂浆生产企业，要配置必要的储存、运输设施，干拌砂浆产品的散装设施能力必须达到70%以上；施工单位要将使用预拌砂浆作为绿色文明施工的一项重要内容。散装水泥行政主管部门应会同有关行政管理部门制定加强预拌砂浆生产、使用的管理办法，共同做好监管工作。

七、鼓励企业在预拌砂浆过程中使用粉煤灰、脱硫灰渣和运用钢渣、工业尾矿等一般工业固体废物制造的人工机制砂，以减少对天然砂的使用。地方各级散装水泥行政主管部门要做好国家在资源综合利用方面优惠政策的宣传、引导工作。

八、各地公安交通管理部门要结合本地实际情况，研究制定预拌砂浆车辆在市区通行的措施。各级交通、公安部门要加强对车辆运输装载行为的监管，防止车辆超限超载。

九、各地建设行政主管部门要编制预拌砂浆预算定额，以便于建设、设计、施工单位将应用预拌砂浆纳入工程预算。依法必须招标的项目，招标人或招标代理机构应将使用预拌砂浆列入招标文件，投标人应将使用预拌砂浆费用列入投标报价。

十、散装水泥行政主管部门应与建设行政主管部门、质检部门等密切配合，加强对预拌砂浆生产企业产品质量和建设施工现场的监督检查，在严格执法的同时，做好各项协调服务工作。

十一、建设项目未按规定使用预拌砂浆、施工场地扬尘不达标的，由县级以上散装水泥主管部门会同建设行政主管部门、环保行政主管部门依照国家和地方有关法律、法规和相关标准规定予以处罚。

二〇〇七年六月六日

深圳市9月1日起禁止施工现场搅拌砂浆

从深圳市建设局获悉，从9月1日起深圳市将禁止在施工现场搅拌砂浆，在建设工程施工项目中推广使用预拌砂浆。深圳市土木建筑学会将向全市建筑从业人员举办预拌砂浆技术应用培训。

今年6月，国家商务部、公安部、建设部、交通部、国家环境保护总局等部门颁布了《关于在部分城市限期禁止现场搅拌砂浆工作的通知》，规定施工单位要将使用预拌砂浆作为绿色文明施工的一项重要内容。《通知》对全国127个中心城市，分期分批地禁止在施工现场使用水泥搅拌砂浆作出了规定，北京、上海、广州、深圳等10个城市将于今年9月1日率先启动这项工作。

据介绍，过去在建筑业一直存在着在施工现场使用搅拌砂浆的现象，不仅不利于综合有效地利用资源，还会造成较大的环境污染，甚至会带来建筑质量隐患。预拌砂浆是指由专业化生产厂家生产，用于建筑工程中的各种砂浆拌和物，由专业车辆运输到工地。用预拌砂浆代替现场搅拌砂浆，将促进水泥在生产、流通和使用过程中的节能减排，同时还将促进资源的可持续利用，是保证建筑工程质量、提高建筑施工现代化水平、实现资源综合利用、促进绿色文明施工的一项重要举措。

如何推进干混砂浆行业发展

干混砂浆(又称预拌砂浆),主要分为两大类,一是供砌筑、抹灰应用的普通砂浆,二是特种干混砂浆,其品种有瓷砖粘贴剂、保温砂浆、腻子填缝剂、自流平砂浆、防水砂浆等。中国建筑业协会材料分会砂浆工作部曾在全国一定范围内进行干混砂浆基本情况调查和干混砂浆用户调查,调查结果表明,我国干混砂浆行业现存几大缺陷。

据悉,作为现代建筑业特征之一的干混砂浆目前在我国的发展很不平衡。2006 年,北京、上海、天津、广州、大连等城市和广东省是国内干混砂浆发展较快的地区,其中上海以 1100 万吨的年生产能力名列榜首。虽然全国年产能设计将近 1850 万吨,可实际生产量却只有 400 多万吨,产能发挥率仅为 22%。

有数据显示,欧洲建筑市场上的干混砂浆使用率已经超过 80%,现场搅拌产品不足 20%,韩国、新加坡等亚洲国家的干混砂浆使用率也在不断提高。为什么干混砂浆在发达国家建筑市场如此风光呢?专家介绍说,这与当地的劳动力成本高、建筑质量要求高、机械化作业程度高和施工环保要求高有关。

目前,我国干混砂浆宣传普及工作并不尽如人意。调查结果显示,用户对干混砂浆了解的渠道非常分散,41.7% 的人通过媒体,17.9% 的人通过朋友介绍,26.5% 的人通过厂家推销,12.6% 的人是在建材市场上了解相关知识的。

由于相当比例的从业人员对干混砂浆的性能特点不够了解,直接阻碍了干混砂浆的推广应用。据悉,在 151 份调查样本中,使用过干混砂浆的人员比例仅为 27.1%,未使用过但听说过的占 62.3%,既没使用过也未听说过的人员比例为 9.3%。另外,产品质量低也是制约行业发展的原因之一。调查发现,除少数企业从国外引进先进配套设备外,目前国内投产的绝大部分企业生产设备落后。据了解,如全部从国外引进设备与技术,投资修建一条年产 10 万吨的干混砂浆生产线,需要资金 2500 万元左右,加上厂房、配套设施及辅助设备,资金量需求相当大。在资金无法保证的情况下,许多企业降低了设备标准。由于国产设备和配套设施有一定缺陷,导致产品质量不稳定,极大地影响了干混砂浆的声誉。

据了解,与发达国家相比,我国建筑市场劳动力成本较低,导致干混砂浆的售价比现场搅拌高许多。同时,各个建筑工程是干混砂浆的最终应用地,成本控制是所有建筑商都要考虑的问题,因此,价格因素直接影响到干混砂浆广泛进入建筑市场。问卷调查显示,有 61.6% 的被调查对象认为"干混砂浆价格偏高"。

干混砂浆在推广应用上存在着诸多不足,因此需要政策扶持。目前我国北京、上海、南京、广东等 16 个省市先后出台了相关政策,但是,由于缺乏强制性的政策或法规支持,市场推广效果有限。问卷调查显示,52.6% 的企业代表认为"政策支持力度不到位",个别用户知道当地有推广干混砂浆的政策,而相当比例的人表示"不知道"。

据悉,针对上述几方面的缺陷,中国建筑业协会材料分会砂浆工作部已经制定出相应的对策,如配合有关部门尽早出台禁止现场搅拌的政策,编制相关技术标准,开展行业自律活动,建立诚信体系,举办专业技术培训等,通过积极主动的工作方式,使干混砂浆推广应用达到新的水平。

建筑干混砂浆的生产及工艺设备

建筑干混砂浆亦称预混(干)砂浆,它是在工厂经准确配料和均匀混合而制成的砂浆半成品,到施工现场只需加水搅拌即可使用。干混砂浆的生产与应用,是建筑业和建材业的一次新技术革命,是未来材料发展的一个主要方向。

为了促进建筑干混砂浆的发展,中国国际建筑干混砂浆生产、应用技术研讨会于2004年9月在北京成功召开,共有来自世界12个国家汇集了全球从事干混砂浆事业的科研、生产、应用、设备和管理等方面的300多位代表参加了会议。砂浆预制化将成为必然发展趋势。

1 产品品种

砂浆是各类建筑和构筑工程中应用十分广泛的材料,以其薄层发挥粘结、装饰、防护和衬垫等作用。粘结功能为主的砂浆主要有砌筑砂浆、墙地砖粘贴砂浆、勾缝砂浆、锚固砂浆等;以装饰修效果为主的砂浆主要有各种抹面砂浆、内外墙腻子、彩色装饰砂浆等;起防护作用的有防水砂浆、各种耐蚀砂浆、地面自流平砂浆、耐磨砂浆、绝热保温砂浆、吸声砂浆、修复砂浆、防霉砂浆、屏蔽砂浆等。

2 原料组成

干混砂浆的种类很多,其成分也比较复杂。生产干混砂浆应尽量利用当地矿产资源和工业废渣,其原料组成一般如下:胶结料采用水泥、石膏、石灰等;主要集料有黄砂、石英砂、石灰石、白云石、膨胀珍珠岩等;矿物掺和料主要是工业副产品、工业废料及部分天然矿石等,如矿渣、粉煤灰、火山灰、细硅石粉;另外还有保水增稠材料及各种外加剂等。

3 性能特点

传统砂浆在施工现场拌制使用,需要占用一定的场地,而且粉尘对场地会造成一定的环境污染,同时材料露天堆放在土地上,导致杂质较多,含泥量大,配料计量不准确,和易性难控制,骨料筛分随意性大,导致砂浆孔隙率偏高、干缩率大、抗渗性差、最终导致外墙的抹灰出现空鼓、裂缝和渗透等问题发生。相比而言,干混砂浆所有配料在生产车间按照精确的计量、充分混合均匀后,到工地现场按照确定的水灰比加水搅拌即可。它克服了配料计量不准确、污染环境、含水泥量超标等众多问题。同时通过掺加不同的化学外加剂可以改善和优化产品性能。如:强塑性、加速和推迟凝固、稠度、溶解度、发泡性、润滑性、强度、耐腐蚀、不褪色、密封性、抗裂抗渗性等,基本可满足新型墙体材料的要求。

4 生产设备

干混砂浆生产按要求及市场不同有不同方案。常用的是塔式工艺布局,将所有预处理好的原料提升到原料筒仓顶部,原材料依靠自身的重力从料仓中流出,经电脑配料、螺旋输送计量、混合再到包装机包装成袋或散装入散装车或入成品仓储存等工序后成为最终产品,全部生产由中央电脑控制系统操作,配料精度高、使用灵活、采用密闭的生产系统设备使得现场清洁、无粉尘污染,保证了工人的健康,模块式的设备结构便于扩展,使生产容量能和市场的发展相衔接。

4.1　流化床干砂设备

选用技术先进,运行经济的振动流化床干燥机。振动支撑阻尼有弹簧和压缩空气式,压缩空气式可以克服弹簧由于材料疲劳而产生的失效。流化床干燥机和传统的滚筒式干燥机相比其优点有:高效、经济;几乎无辐射热损失;无相对机械运动,几乎无磨损;维修保养费用低;启动时间短;噪音低。

4.2　干砂分级筛分机

优先选用质量可靠、投资低的投影式振动筛分机,与传统水平式筛分机比较具有如下优点:投资低;体积小;可靠,即使在过载的情况下,筛网由于倾斜设置不会被撕裂;稳定的系统误差保证配方修正,从而保证产品质量。

4.3　原材料的储存和上料

水泥、石灰粉等填充料一般采用气力输送设备送入原料仓。化学外加剂可用人工倒料的方式进入小原料仓,由控制系统自动按配方要求配料,也可以人工称量后,直接投入混合机中使用,筒仓的布置采用模块式,由中央向外侧扩展,使得分期投资得以实现。筒仓的材料使用状况由筒料位计来监视,同时控制上料。筒仓锥部装有流化装置,在原料板结时通入压缩空气帮助卸料。

4.4　精确配料计量系统

计量有多种方式,其中性能最好、用得最多是改进的螺旋输送机。它适用于几乎所有的粉状物料。计量输送系统应具备计量一致性高(输出密度或重量随时间变动小),可调范围大(1∶30)的特点,这两点是高精度的前提。螺旋计量输出量的大小和输速成线性关系,控制系统非常稳定。

滑板阀只适用于流动性好的物料,比如,大于1mm的颗粒骨料。由于受最小开口度的限制,其流量可调范围很小,大约1∶5,而且其流量和控制阀门开口量(阀位移或转角)是非线性关系,从而降低了计量精度。

北京市房屋租赁管理若干规定

北京市人民政府令第194号

《北京市房屋租赁管理若干规定》已经2007年2月1日市人民政府第60次常务会议审议通过,现予公布,自2008年1月1日起施行。

市长 王岐山

二〇〇七年十一月三日

北京市房屋租赁管理若干规定

目 录

第一章 总 则

第一条 为了加强房屋租赁管理,维护社会秩序,保护房屋租赁当事人的合法权益,根据有关法律、法规,结合本市实际情况,制定本规定。

第二条 本市行政区域内的住宅租赁和非住宅房屋租赁他人居住的,依照本规定管理。

第三条 房屋租赁管理坚持管理与服务相结合的原则,实行属地管理。

第四条 本市各级人民政府应当加强对房屋租赁管理工作的领导,建立出租房屋管理机构。出租房屋管理机构具体负责房屋租赁管理的组织、指导、协调、监督等综合管理工作。

公安机关负责出租房屋治安管理、消防管理和租赁当事人的户籍管理。

建设(房屋)行政部门负责房屋租赁市场、出租房屋建筑结构安全的监督管理和房地产经纪的行业管理。

工商行政管理部门负责对经纪活动进行综合监督管理,查处利用出租房屋进行无照经营等违法经营行为。

民防行政部门负责人防工程的租赁管理。

卫生、人口计生、规划、税务、国家安全和城市管理综合执法等行政部门应当按照各自职责做好房屋租赁的管理工作。

第五条 区、县人民政府应当在社区、村建立负责房屋租赁管理、服务的基层管理服务站(以下简称基层管理服务站),并保障其工作所需的经费、办公场所。

第六条 居民委员会、村民委员会等基层组织应当协助有关行政部门做好房屋租赁管理工作,督促出租人、承租人自觉遵守国家和本市房屋租赁管理规定。

居民委员会、村民委员会可以根据本地区实际,组织居民制定房屋租赁管理公约,对房屋租赁实行自治管理。

第二章 出 租 登 记

第七条 本市实行房屋出租登记制度。办理房屋出租登记不得收费。

第八条 出租人应当自与承租人订立房屋租赁合同之日起 7 日内,到房屋所在地的基层管理服务站办理房屋出租登记手续,并填报下列内容:

(一)出租人、承租人姓名或者名称、证件种类和号码、住所地,实际居住人员的姓名、身份证件种类和号码、户籍地;

(二)出租房屋的基本情况、租金和租赁期限;

(三)房屋权属证书或者房屋来源证明;

(四)本市规定的其他内容。

第九条 房屋租赁合同变更或者终止的,出租人应当自合同变更或者终止之日起 5 日内,到房屋所在地的基层管理服务站办理登记变更、注销手续。

在房屋租赁合同有效期内,居住人员发生变更的,承租人应当自变更之日起 2 日内告知基层管理服务站,办理变更登记手续。

第十条 房地产经纪机构从事房屋租赁居间活动,应当书面告知租赁当事人到房屋所在地基层管理服务站办理房屋出租登记手续;提供房屋租赁经纪委托代理业务的,房地产经纪机构应当按照本规定第八条、第九条第一款的规定,办理房屋出租登记、变更、注销手续。

第十一条 基层管理服务站应当为办理房屋出租登记的当事人提供下列服务:

(一)宣传有关房屋租赁管理的规定和安全使用房屋的知识;

(二)告知有关人员办理流动儿童入学、国家免疫规划项目的预防接种、计划生育免费技术服务等事项的规定和流程;

(三)根据当事人的要求出具与房屋租赁有关的证明;

(四)受当事人委托提供办理暂住登记、暂住证件,办理普通地下室登记备案,交验、登记流动人口婚育证明,办理临时流动人口婚育证明,纳税代办服务等;

（五）提供维权服务信息；

（六）市和区、县人民政府规定的其他服务项目。

基层管理服务站为当事人提供服务，不得收取任何费用。基层管理服务站不得从事或者变相从事经营性活动。

第三章 管理规范

第十二条 出租房屋的安全由房屋所有人负责。房屋承租人应当对其使用行为负责。

房屋所有人将出租房屋委托他人管理的，应当书面报告房屋所在地的基层管理服务站。

第十三条 出租房屋的建筑结构和设备设施，应当符合建筑、消防、治安、卫生等方面的安全条件，不得危及人身安全。

禁止将违法建筑和其他依法不得出租的房屋出租。

第十四条 出租人有权对承租人使用房屋的情况进行监督。出租人不得向无身份证明的人出租房屋；不得以出租房屋的方式为非法生产经营活动提供便利条件；发现承租人利用出租房屋有犯罪活动嫌疑的，及时向公安机关报告。

对多人居住的出租房屋，出租人应当建立居住人员登记簿，并按规定报送基层管理服务站。

出租人出租房屋的收入，应当依法纳税。

第十五条 承租人应当配合出租人进行房屋出租登记；不得利用租赁房屋从事非法生产、加工、储存、经营爆炸性、毒害性、放射性、腐蚀性物质或者传染病病原体等危险物质和其他违法活动，不得损害公共利益或者妨碍他人正常工作、生活。

第十六条 向境外单位、人员出租、转租、转借房屋，或者承租人留住境外人员的，出租人、承租人应当遵守国家和本市有关国家安全管理的规定。

第十七条 房屋管理单位应当按照下列规定对房屋进行安全管理：

（一）建立房屋安全管理制度，落实各项管理措施；

（二）按规定对所管房屋进行安全检查，并将安全检查情况予以记录，妥善保存；

（三）按照有关行政部门或者基层管理服务站的要求提供房屋安全检查结果；

（四）发现危及房屋使用安全或者其他违法行为的，立即制止，并督促责任人改正；拒不改正的，及时报告房屋所在地有关行政部门依法处理。

第十八条 从事房屋租赁经纪业务的机构应当依法成立，取得营业执照，符合国家和本市规定的条件。

从事房屋租赁经纪活动的人员，应当取得相应的房地产经纪资格证书。未取得房地产经纪资格证书的人员，不得从事房屋租赁经纪活动。

第十九条 本市对房屋租赁经纪委托代理业务实行银行代收代付、风险准备金、客户资金与自有资金分账户管理等资金监管制度。具体办法由市建设（房屋）行政部门会同有关部门制定。

第二十条　房地产经纪机构及其经纪人员从事房屋租赁经纪业务，应当遵守下列规定：

（一）在经营场所公示服务内容、服务标准、房地产经纪资格证书复印件；

（二）房屋租赁经纪业务，由房地产经纪机构统一受理并与委托人签订书面经纪合同，统一收取佣金、开具发票。房地产经纪人员不得以个人名义承揽业务；

（三）房地产经纪人员不得同时在两个或者两个以上房地产经纪机构执行业务；

（四）不得伪造、变造、买卖、出借、出租房地产经纪资格证书；

（五）不得占用、挪用或者拖延支付客户资金；

（六）不得居间、代理出租不符合出租条件的房屋。

第四章　监　督　检　查

第二十一条　本市按照统一规划、资源共享的原则，建立房屋租赁综合管理信息系统平台，对房屋租赁信息实行动态管理。

管理、使用房屋租赁信息的部门及其工作人员，应当对房屋租赁信息保密，维护当事人的合法权益。

第二十二条　公安、建设（房屋）、工商行政管理、民防、卫生、人口计生、规划、税务和城市管理综合执法等行政部门应当建立执法责任制，落实对房屋租赁管理的监督检查责任；在执法中发现不属于本部门查处的违法行为的，应当及时告知同级出租房屋管理机构，出租房屋管理机构应当及时告知有关行政部门依法查处。

房屋管理单位、房地产经纪机构、房屋租赁当事人应当配合有关行政部门对房屋租赁进行管理。

第二十三条　市和区、县有关行政部门，街道办事处，乡、镇人民政府应当按照各自职责，做好对基层管理服务站及其工作人员的培训、指导工作。

第二十四条　基层管理服务站应当建立巡视制度，采集房屋租赁信息，对房屋租赁情况进行日常检查，并做好下列工作：

（一）发现登记信息不实的，予以更正；

（二）发现未登记的，进行补登；

（三）发现房屋存在安全隐患的，督促出租人或者承租人进行整改；

（四）发现违反治安、消防、卫生、计划生育、建筑结构安全等管理规定的违法行为，报告上级出租房屋管理机构或者其他有关行政部门。

第二十五条　经房屋安全鉴定机构鉴定，出租房屋属于危险房屋的，建设（房屋）行政部门应当告知房屋所有人、承租人按规定采取解危措施。采取解危措施，需要承租人或者其他使用人暂时迁出的，承租人或者其他使用人应当及时迁出。出租房屋危及人身安全，并且房屋所有人、承租人拒绝对出租房屋采取解危措施的，建设（房屋）行政部门应当依法采取强制加固、修缮措施，并可以责令承租人或者其他使用人限期迁出。

强制加固、修缮发生的费用由责任人承担，因阻碍加固、修缮造成的损失，由阻碍加固、修缮的责任人承担。

第二十六条 建设(房屋)、工商行政管理等行政部门对房地产经纪机构履行监督检查职责时,可以检查有关资料,了解房地产经纪业务情况和客户资金、风险准备金等方面的管理情况;可以要求被检查单位提供房地产经纪机构营业执照、房地产经纪人员资格证书。

建设(房屋)、工商行政管理等行政部门可以根据国家和本市有关规定向社会公布监督检查的有关信息。

第五章 法 律 责 任

第二十七条 具有房屋租赁管理职责的行政部门及其工作人员玩忽职守、滥用职权、徇私舞弊的,由其上级部门或者监察机关责令改正;情节严重的,对直接负责的主管人员和其他直接责任人员依法给予行政处分;构成犯罪的,依法追究刑事责任。

第二十八条 对违反本规定的下列行为,由公安机关按照下列规定处罚:

(一)出租人、承租人、房地产经纪机构未按照本规定第八条、第九条规定办理房屋出租登记、变更、注销手续的,责令改正,处200元以上500元以下罚款;

(二)违反本规定第十三条规定,出租的房屋存在治安、消防安全隐患的,责令改正,并可处1000元以上3万元以下罚款;

(三)违反本规定第十四条第一款规定,出租人向无身份证明的人出租房屋,或者发现承租人利用出租房屋有犯罪活动嫌疑,不向公安机关报告的,处200元以上500元以下罚款;

(四)违反本规定第十四条第二款规定,出租人未建立居住人员登记簿,并按规定报送基层管理服务站的,责令改正,并可处200元以上1000元以下罚款;

(五)违反本规定第十五条规定,承租人使用租赁房屋时损害公共利益或者妨碍他人正常工作、生活的,处警告,并责令改正;逾期拒不改正的,处200元以上500元以下罚款;

第二十九条 对违反本规定的下列行为,由建设(房屋)、工商行政管理、民防行政部门根据各自职责按照下列规定处罚:

(一)违反本规定第十三条规定,出租的房屋存在建筑安全隐患的,责令改正,并可处1000元以上3万元以下罚款;

(二)违反本规定第十七条规定,房屋管理单位未履行安全管理职责的,责令改正,并可处1000元以上3万元以下罚款;

(三)违反本规定第十八条第二款规定,房地产经纪机构使用未取得房地产经纪资格证书的人员从事房屋租赁经纪活动的,处5000元以上3万元以下罚款;

(四)违反本规定第十九条规定,房地产经纪机构未落实资金监管制度的,责令改正,并处5000元以上3万元以下罚款;

(五)房地产经纪机构及其经纪人员从事房屋租赁经纪业务,违反本规定第二十条第(一)项、第(二)项、第(三)项、第(五)项、第(六)项规定,或者违反本规定第二十条第(四)项规定,出借、出租房地产经纪资格证书的,责令改正,处3000元以上3万元以下罚款。

第三十条 违反本规定第十三条规定,出租的房屋存在卫生安全隐患的,由卫生行政部门责令改正,并可处1000元以上3万元以下罚款。

第三十一条 对违反本规定的行为,其他法律、法规、规章已经规定行政处罚的,由有关行政部门依法处理;构成犯罪的,依法追究刑事责任。

第六章　附　　则

第三十二条　本规定自2008年1月1日起施行。1995年6月13日北京市人民政府第13号令发布,根据1997年12月31日北京市人民政府第12号令第一次修改,根据2004年6月1日北京市人民政府第150号令第二次修改的《北京市外地来京人员租赁房屋治安管理规定》同时废止。

北京市人民政府关于废止《北京市劳动保护监察组织管理办法》等四十八项规章的决定

市政府令第199号

为维护法制统一,现决定废止下列四十八项规章:

一、《北京市劳动保护监察组织管理办法》(1988年4月21日北京市人民政府京政发37号文件发布)

二、《北京市职工因工伤亡事故处理实施办法》(1988年4月21日北京市人民政府京政发37号文件发布,根据1997年12月31日北京市人民政府第12号令修改)

三、《北京市违反劳动保护法规处罚实施办法》(1988年4月21日北京市人民政府京政发37号文件发布,根据1997年12月31日北京市人民政府第12号令修改)

四、《北京市安全生产教育管理办法》(1990年7月17日北京市人民政府第21号令发布,根据1997年12月31日北京市人民政府第12号令修改)

五、《北京市企业建设项目劳动保护设施与主体工程同时设计、同时施工、同时投产使用管理办法》(1997年11月25日北京市人民政府第7号令发布)

六、《北京市禁止以不正当价格行为牟利的若干规定》(1994年10月8日北京市人民政府批准,1994年11月3日北京市物价局发布)

七、《北京市收费监督卡使用管理办法》(1995年6月30日北京市人民政府第18号令发布)

八、《北京市集邮品市场管理暂行办法》(1992年12月19日北京市人民政府批准,1993年2月15日北京市工商行政管理局发布)

九、《北京市人民政府关于对广告业征收教育事业发展费的规定》(1994年6月16日北京市人民政府第9号令发布,根据1997年12月31日北京市人民政府第12号令修改)

十、《有限合伙管理办法》(2001年2月21日北京市人民政府第69号令发布)

十一、《中关村科技园区企业登记注册管理办法》(2001年3月2日北京市人民政府第70号令发布)

十二、《北京市犬类防疫管理办法》(1995年3月30日北京市人民政府批准,1995年3月31日北京市人民政府农林办公室发布)

十三、《北京市进口成套设备检验管理办法》(1992年12月26日北京市人民政府第24号令发布)

十四、《北京市进出口锅炉压力容器检验监督管理办法》(1994年1月14日北京市人民政府第1号令发布)

十五、《北京市企业治安保卫责任制规定》(1999年1月14日北京市人民政府第22号令发布,根据2004年6月1日北京市人民政府第150号令修改)

十六、《关于开采黄金使用爆炸、剧毒物品管理暂行规定》(1985年8月31日北京市人民政府批准,北京市公安局发布)

十七、《关于维护医院秩序的若干规定》(1987年5月20日北京市人民政府批准,北京市卫生局、北京市公安局发布)

十八、《北京市大型社会活动治安管理规定》(1999年8月14日北京市人民政府第33号令发布)

十九、《北京市安全技术防范管理规定》(1999年11月16日北京市人民政府第47号令发布)

二十、《北京市非机动车车辆管理规定》(1994年1月11日北京市人民政府批准,1994年7月1日北京市公安局发布,根据1997年12月31日北京市人民政府第12号令修改)

二十一、《北京市摩托车报废管理办法》(2002年9月11日北京市人民政府第107号令发布)

二十二、《北京市影剧院、礼堂防火安全管理规定》(1986年6月30日北京市人民政府批准,1986年7月14日北京市公安局、北京市文化局发布,根据2004年6月1日北京市人民政府第150号令修改)

二十三、《北京市电影、电视、广播节目摄制场所消防安全管理规定》(1989年3月6日北京市人民政府第5号令发布,根据2004年6月1日北京市人民政府第150号令修改)

二十四、《北京市建设工程防火设计管理暂行规定》(1990年8月23日北京市人民政府第27号令发布,根据2002年2月11日北京市人民政府第92号令修改)

二十五、《北京市宾馆防火安全管理规定》(1990年9月17日北京市人民政府批准,1990年9月19日北京市公安局发布)

二十六、《北京市室内娱乐场所消防安全管理规定》(1994年11月16日北京市人民政府第26号令发布,根据1997年12月31日北京市人民政府第12号令修改)

二十七、《北京市人民政府关于保护政纪案件举报人合法权益的规定》(1990年8月30日北京市人民政府第31号令发布)

二十八、《北京市社会福利企业管理暂行办法》(1989年2月28日北京市人民政府第3号令发布,根据1989年6月27日北京市人民政府京政发45号文件第一次修改,根据1997年12月31日北京市人民政府第12号令第二次修改)

二十九、《北京市军队转业干部安置工作暂行规定》(1990年5月28日北京市人民政府第7号令发布)

三十、《北京市公证机关办理提存业务暂行规定》(1990年11月9日北京市人民政府第39号令发布)

三十一、《北京市〈医疗事故处理办法〉实施细则》(1990年3月10日北京市人民政府第3号令发布)

三十二、《北京市实施艾滋病监测管理的规定》(1990年9月14日北京市人民政府批准,1990年9月20日北京市卫生局发布)

三十三、《北京市建设项目职业卫生监督管理办法》(1994年12月30日北京市人民政府批准,1994年12月30日北京市卫生局发布)

三十四、《北京市职业病报告管理办法》(1994 年 12 月 30 日北京市人民政府批准,1994 年 12 月 30 日北京市卫生局发布)

三十五、《〈北京市职业病防治卫生监督条例〉行政处罚办法》(1994 年 12 月 30 日北京市人民政府批准,1994 年 12 月 30 日北京市卫生局发布,根据 1997 年 12 月 31 日北京市人民政府第 12 号令修改)

三十六、《北京市实施传染性非典型肺炎预防控制措施若干规定》(2003 年 5 月 28 日北京市人民政府第 123 号令发布)

三十七、《北京市经营中国字画管理暂行办法》(1988 年 11 月 21 日北京市人民政府京政发 107 号文件发布,根据 1997 年 12 月 31 日北京市人民政府第 12 号令修改)

三十八、《北京市实施〈娱乐场所管理条例〉办法》(2000 年 11 月 26 日北京市人民政府第 64 号令发布,根据 2004 年 6 月 1 日北京市人民政府第 150 号令修改)

三十九、《〈北京市电信通信条例〉罚款处罚办法》(1994 年 6 月 16 日北京市人民政府批准,1994 年 6 月 17 日北京市电信管理局发布)

四十、《北京市维护铁路道口交通安全暂行办法》(1990 年 11 月 6 日北京市人民政府第 37 号令发布,根据 1994 年 12 月 5 日北京市人民政府第 28 号令第一次修改,根据 1997 年 12 月 31 日北京市人民政府第 12 号令第二次修改)

四十一、《北京市实施〈贷款修建高等级公路和大型公路桥梁、隧道收取车辆通行费规定〉细则》(1992 年 8 月 10 日北京市人民政府批准,1992 年 9 月 14 日北京市交通局、北京市财政局、北京市物价局发布,根据 1997 年 12 月 31 日北京市人民政府第 12 号令修改)

四十二、《北京市人民政府关于加强人行过街桥、人行地下过街通道管理的规定》(1988 年 10 月 13 日北京市人民政府京政发 92 号文件发布,根据 2001 年 8 月 27 日北京市人民政府第 82 号令修改)

四十三、《北京市城市建设综合开发管理若干规定》(1992 年 2 月 9 日北京市人民政府第 3 号令发布,根据 1997 年 12 月 31 日北京市人民政府第 12 号令修改)

四十四、《北京市房地产开发行业管理规定》(1994 年 5 月 7 日北京市人民政府第 6 号令发布,根据 1997 年 12 月 31 日北京市人民政府第 12 号令修改)

四十五、《北京市人民政府关于〈北京市城市房屋拆迁管理办法〉第九条的解释》(2002 年 8 月 19 日北京市人民政府第 104 号令发布)

四十六、《〈北京市实施中华人民共和国土地管理法办法〉罚款处罚规定》(1991 年 5 月 13 日北京市人民政府第 14 号令发布)

四十七、《关于核发建设用地规划许可证和建设工程规划许可证权限的规定》(1992 年 12 月 8 日北京市人民政府批准,1992 年 12 月 20 日北京市城市规划管理局发布)

四十八、《北京市建设工程勘察设计质量监督管理办法》(1996 年 6 月 18 日北京市人民政府第 9 号令发布)

本决定自公布之日起施行。

北京市人民政府关于修改《北京市水域游船安全管理规定》等五十九项规章部分条款的决定

北京市人民政府令第200号

《北京市人民政府关于修改〈北京市水域游船安全管理规定〉等五十九项规章部分条款的决定》已经2007年11月8日市人民政府第74次常务会议审议通过，现予公布，自公布之日起施行。

市长　王岐山

二〇〇七年十一月二十三日

关于修改《北京市水域游船安全管理规定》等五十九项规章部分条款的决定

北京市人民政府决定对《北京市水域游船安全管理规定》等五十九项规章的部分条款作如下修改：

一、《北京市水域游船安全管理规定》（1988年3月19日北京市人民政府京政办发19号文件发布，根据1997年12月31日北京市人民政府第12号令第一次修改，根据2004年6月1日北京市人民政府第150号令第二次修改）

第四条第二款修改为："违反本规定，属于违反治安管理规定的，依照《中华人民共和国治安管理处罚法》处罚。"

二、《北京市公路养路费征收管理办法》（1991年8月6日北京市人民政府第24号令发布）

1. 第三条修改为："本市养路费的征收管理工作，由市公路管理机构负责。公路管理机构及其所属养路费征稽机构（以下简称公路管理部门）具体实施养路费的征收和管理。"

2. 第四条中的"市公路局"改为"市公路管理机构"。

3. 第七条中的"按日加收所欠费额1%的滞纳金"改为"按日加收所欠费额5‰的滞纳金"。

4. 删去第八条、第十一条。

三、《北京市铁路专用线共用管理办法》（1992年3月26日北京市人民政府第5号令发布，根据1997年12月31日北京市人民政府第12号令修改）

1. 第三条修改为："市运输管理部门负责本市专用线共用管理工作。"

2. 第六条修改为："开办专用线共用业务的程序：

"(一)专用线管理单位与专用线所在铁路车站签订开办专用线共用业务协议书，明确双方责任，并报经双方上级主管部门同意。"

"(二)专用线管理单位持共用协议书、开业申办文书等文件到所在地区县工商行政管理部门办理工商登记。"

"(三)专用线管理单位持共用协议书、工商营业执照等文件到市运输管理部门备案登记。"

3. 第十条第(三)项修改为："使用税务部门规定的发票。"

4. 第十一条第(一)项、第(二)项中的"并可处以 2 万元以下罚款"改为"并处 2 万元以下罚款"。

第(四)项修改为："不按规定使用发票的，由税务部门依照有关规定处罚。"

5. 删去第十二条、第十三条、第十四条。

四、《北京市城市轨道交通安全运营管理办法》(2004 年 4 月 28 日北京市人民政府第 147 号令公布)

第三十七条修改为："违反本办法第十九条第二款、第二十六条规定，构成违反治安管理行为的，由公安部门依照《中华人民共和国治安管理处罚法》的规定予以处罚。造成城市轨道交通设备、设施损坏的，依法承担民事赔偿责任。"

五、《北京市城市自来水厂地下水源保护管理办法》(1986 年 6 月 10 日北京市人民政府京政发 82 号文件发布)

1. 第一条修改为："为保护城市自来水厂地下水源不受污染，保障人民身体健康，依据有关法律、法规，制定本办法。"

2. 第三条中的"市环境保护局"改为"市环境保护部门"，"市公用局"改为"市水务部门"，"市城市规划管理局、地质矿产局和卫生局"改为"规划、国土资源和卫生部门"。

3. 第四条中的"市卫生局"改为"市卫生部门"，"公用局"改为"市水务部门"。

4. 第十条修改为："对保护水厂地下水源作出贡献的单位和个人，依法给予表彰和奖励。"

5. 第十一条中的"市公用局"改为"城市管理综合执法部门"，"《北京市实施〈中华人民共和国水污染防治法〉条例》"改为"《北京市实施〈中华人民共和国水污染防治法〉办法》"。

6. 删去第十二条、第十三条。

六、《北京市人力三轮车客货运输业管理办法》(1987 年 4 月 10 日北京市人民政府京政发 45 号文件发布，根据 1997 年 7 月 2 日北京市人民政府第 4 号令修改)

1. 第四条第一款修改为："市运输管理局是本市人力三轮车客、货运输业管理工作的主管机关，负责本办法的组织实施和监督检查。"

2. 删去第六条、第七条第(九)项、第十条、第十三条。

3. 第十一条改为第九条，修改为："三轮车业从业人员违反本办法，有下列行为之一的，由区、县人力三轮车管理机构分别给予警告、50 元至 500 元罚款：

"(一)索要高价或者欺骗、敲诈乘(顾)客的。"

“（二）货运三轮车不按照规定装载、运输货物或者从事客运经营的。”

“（三）不遵守运营秩序，欺行霸市的。”

“（四）不按照指定的地点停放车辆承揽业务的。”

“（五）服务态度恶劣的。”

“违反道路交通、运输、物价、票据、税务管理规定的，分别由公安交通、交通运输、物价、税务机关按照有关规定处理。”

七、《北京市邮政通信设施建设与使用管理规定》（2002 年 9 月 13 日北京市人民政府第 108 号令公布）

删去第三条第一款中的“市区和远郊区、县邮政（邮电）局按照市邮政管理局的授权，负责本行政区域内邮政通信设施建设与使用的管理工作。”

八、《北京市人民政府关于居民楼邮政工作的若干规定》（1992 年 12 月 8 日北京市人民政府第 21 号令发布）

1. 删去第三条第一款中的“区、县邮政（电）局负责本行政区域内居民楼邮政管理工作。”

2. 删去第十四条。

九、《北京市邮政特快专递经营活动管理办法》（1999 年 4 月 29 日北京市人民政府第 27 号令发布）

1. 第五条修改为：“邮政企业根据需要，可以委托其他单位或者个人代办邮政企业专营的信件和具有信件性质的物品的特快专递经营业务，并依法签订业务委托合同。”

“未经邮政企业委托，任何单位和个人不得从事信件和具有信件性质的物品的特快专递经营活动。”

2. 删去第六条、第十三条。

3. 第十一条改为第十条，修改为：“违反本办法第五条的规定，未经邮政企业委托经营信件和具有信件性质的物品的特快专递经营业务的，由市邮政管理部门提请工商行政管理部门依法处理。”

十、《北京市邮票和集邮品管理办法》（1996 年 8 月 2 日北京市人民政府第 11 号令发布，根据 2004 年 6 月 1 日北京市人民政府第 150 号令修改）

1. 第六条、第十二条、第十四条中的“普通邮票和在国家规定发售期限内的纪念邮票、特种邮票”改为“现行通信使用的普通邮票”。

2. 第九条第一款修改为：“因工作需要或者出版物内容需要而仿印邮票图案或者印制与邮票相似印件的，应当依法报国家或者市邮政主管部门审查批准。”

3. 第十五条修改为：“邮政管理部门的工作人员滥用职权、玩忽职守、徇私舞弊的，由所在单位或者上级主管部门给予行政处分。”

十一、《北京市城市道路和公共场所环境卫生管理若干规定》（1989 年 11 月 5 日北京市人民政府第 32 号令发布，根据 1994 年 9 月 5 日北京市人民政府第 20 号令第一次修改，根据 1997 年 12 月 31 日北京市人民政府第 12 号令第二次修改，根据 2002 年 11 月 18 日北京市人民政府第 113 号令第三次修改）

1. 第二条修改为：“本市行政区域内的城市道路和公共场所环境卫生，按照本规定管理。”

2.第四条第二款修改为：“城市道路和公共场所设置的交通、电信、邮政、电力、环境卫生等各类设施的清洗保洁责任，按照《北京市市容环境卫生条例》第三十四条规定执行。”

3.第六条修改为：“负责城市道路及其相关设施和公共场所清扫、清洗保洁工作的环境卫生专业作业单位、责任人必须按照作业规范和环境卫生标准要求，遵守下列规定：

“（一）每日清扫作业时间为21：00时至次日6：00时（冬季7：30时，下同）。环境卫生专业作业单位应当实行夜间清扫，白天保洁。

“（二）做好保洁工作，保持环境卫生整洁，无暴露垃圾、污物和废弃物。主要道路、重点地区、人行过街桥和公共场所的保洁工作应当从6：30时至21：00时。一般道路、街巷、胡同的保洁工作从6：00时至19：00时（夏季21：00）。遇有特殊天气和重大活动期间，清扫和保洁时间可适当延长。

“（三）在城市道路上清扫保洁作业应当避开交通高峰时段（6：00时至9：00时、17：00时－21：00时）。作业车辆不得违章调头，造成交通阻塞。遇有特殊情况除外。

“（四）城市道路实行机械清扫保洁、冲刷清洗和喷雾压尘作业，主要道路和重点地区的人行步道实行定期清洗作业。

“（五）清扫的垃圾、污物和废弃物，必须及时倒入垃圾收集站或者垃圾收集容器，不得露天堆放，不得扫入绿地内和道路的雨水口内。

“（六）果皮箱、垃圾箱，必须及时清理，保持箱体和箱体周围整洁。

“（七）城市道路和公共场所上的遗撒物，清扫保洁责任单位应当及时清运干净。”

4.第十条修改为：“违反本规定有下列行为之一的，由城市管理综合执法部门给予处罚：

“（一）未按照规定的时间完成清扫工作的，或者未按照作业规范要求清扫保洁的，或者未按照环境卫生标准要求清扫保洁的，责令改正，并可处100元以上1000元以下罚款。

“（二）不及时清理果皮箱、垃圾箱的，或者未保持果皮箱、垃圾箱体整洁的，或者果皮箱、垃圾箱体周围严重脏乱的，责令改正，并可处500元以上5000元以下罚款。

“（三）未及时清除因作业产生的废弃物、枝叶、泥土的，责令限期清理，并可处500元以上5000元以下罚款。

“（四）未做好施工期间压尘和清扫保洁的，或者在建设工程竣工后未及时清除弃物弃料和围挡的，责令限期改正，并处2000元以上2万元以下罚款。”

十二、《北京市地下设施检查井井盖管理规定》（1990年8月27日北京市人民政府第28号令发布）

1.第三条修改为：“市市政管理行政部门负责本市地下设施检查井井盖综合协调管理，并组织实施本办法。

“区、县市政管理行政部门根据管理职责对辖区内地下设施检查井井盖进行监督管理。

“本市燃气、供热、供水、雨水、污水、中水、电力、照明、通信、信息、交通、公安交通、广播电视等主管部门按照各自职责，实施监督管理。”

2.第四条修改为：“地下设施检查井井盖和雨箅（以下统称井盖），由其权属单位负责维修、养护管理。所有权人、管理人、使用人之间约定管理责任的，由约定的责任人负责维修、养护管理。

“地下管线或者涉及地下管线的施工工地、拆迁地区或未经竣工验收确定维护管理单位的井盖，由建设单位负责维修、养护管理。

“变更管理责任的，当事人双方应当按照要求办理交接。”

3. 第十一条修改为：“违反本规定第九条、第十条规定的，由城市管理综合执法部门责令限期改正，并可处200元以上2000元以下罚款。公路范围内违法行为的行政处罚由交通行政管理部门依法负责实施。

“由于井盖丢失、损坏、位移和擅自移动井盖而造成事故的，由井盖所有权人或者维护管理单位依法赔偿经济损失。井盖所有权人或者维护管理单位赔偿损失后，有权向造成井盖丢失、损坏和擅自移动井盖的直接责任人追偿。

“赔偿或者追偿发生纠纷的，当事人可以向人民法院起诉，也可申请市政管理行政部门调解；当事人对调解结果不服的，可向人民法院起诉。

“违反交通、消防管理规定的，由公安交通、消防监督机关按照有关规定处理。”

4. 第十二条修改为：“故意损毁或盗窃井盖的，由公安机关依法处理。”

5. 删去第十三条。

十三、《北京市人民政府关于扫雪铲冰管理的规定》(1994年3月1日北京市人民政府第3号令发布，根据2002年11月12日北京市人民政府第112号令修改)

第六条修改为：“未按照规定完成责任地段扫雪铲冰工作的，由城市管理综合执法部门责令改正，并处责任单位200元以上1000元以下罚款。”

十四、《北京市人民政府关于加强垃圾渣土管理的规定》(1994年8月17日北京市人民政府第16号令发布，根据1997年12月31日北京市人民政府第12号令第一次修改，根据2002年11月18日北京市人民政府第115号令第二次修改)

1. 第二条第一款修改为：“本市行政区域内垃圾渣土的收集、清运和处理，按照本规定管理。”

2. 第六条中“城市管理综合执法组织”改为“城市管理综合执法部门”。

3. 第九条修改为：“单位或者个人因需要在街巷、道路两侧临时堆放渣土，必须报当地公安交通管理机关批准，并严格按照批准的地点、面积、期限堆放。渣土较多，占地面积较大的渣土堆放现场，应当由堆放渣土的单位设立明显标志，并派人管理。”

4. 第十条修改为：“城镇地区生活垃圾应当做到按日清理，密闭运输，并清运到指定的垃圾消纳场所，不得乱堆乱倒。

“单位自行清运生活垃圾的，应当使用符合专业技术标准的运输车辆，应当按照规定标准向垃圾消纳场所交纳管理费。

“餐厨垃圾的收集、清运、处理，按照《北京市市容环境卫生条例》第六十四条的规定执行。”

5. 第十一条修改为：“单位或者个人因建设施工、拆除建筑物和房屋修缮、装修等产生的建筑垃圾、渣土等废弃物应当单独堆放或者进行综合处置，不得倒入生活垃圾收集站。

“产生建筑垃圾、渣土的建设单位应当到区、县市政管理行政部门办理渣土消纳许可证；跨区、县的工程或者市重点工程产生渣土的单位，应当到市市政管理行政部门办理渣土消纳许可证;产生房屋修缮、装修的建筑垃圾和渣土的个人,应当到区、县市政管理行政部门办理渣土消纳许可证。

"产生建筑垃圾、渣土的建设单位应当持工程图纸等有关材料,向审批部门提出申请并填写渣土消纳登记表。"

6.第十三条修改为:"单位或者个人产生的建筑垃圾渣土,应当按照规定的时间、路线和要求自行清运,也可以委托环境卫生专业作业企业清运。"

7.第十五条修改为:"城镇地区运输垃圾、渣土的车辆实行密闭运输。运输车辆不得车轮带泥行驶,不得沿途泄漏、遗撒。"

8.第十七条修改为:"违反本规定的,由城市管理综合执法部门责令改正,并视情节轻重给予处罚:

"(一)未按照规定及时维修、更换、清洗或者补设在道路及其他公共场所设置的垃圾容器的,责令限期改正,并可处500元以上5000元以下罚款。

"(二)城镇地区内单位和个人未按照规定的时间、地点和方式倾倒生活垃圾的,责令限期改正,并对个人处20元以上200元以下罚款,对单位处500元以上3000元以下罚款,其中对单位随意倾倒或者堆放生活垃圾的,处5000元以上5万元以下罚款。

"(三)城镇地区内单位和个人未按照规定清运生活垃圾的,责令限期改正,并对个人处20元以上200元以下罚款,对单位处500元以上3000元以下罚款。

"(四)未按照规定清运建筑垃圾、渣土的,责令限期改正,并对个人处50元以上200元以下罚款;对单位处2000元以上2万元以下罚款,其中对单位随意倾倒或者堆放建筑垃圾、渣土的,处5000元以上5万元以下罚款。

"(五)建筑垃圾、渣土未单独堆放或者倒入生活垃圾收集站的,对个人处50元以上200元以下罚款,对单位处5000元以上5万元以下罚款。"

十五、《北京市人民政府关于禁止车辆运输泄漏遗撒的规定》(1996年8月13日北京市人民政府第13号令发布,根据2002年11月18日北京市人民政府第116号令修改)

1.第二条修改为:"在本市行政区域内的道路上运输垃圾、渣土、砂石、土方、灰浆等流体、散装货物的单位和个人,必须遵守本规定。"

2.第四条修改为:"运输车辆必须符合下列规定:

"(一)有市政管理行政部门核发的准运证件。

"(二)符合本市环保要求。

"(三)城镇地区内流体、散装货物应当实行密闭运输。

"(四)运输散装货物的车辆,四周槽帮牢固可靠,无破损,挡板严密。

"(五)运输渣土、砂石的车辆应当安装符合本市技术标准的运输装置,并保持密封完好。

"(六)运输流体货物的车辆,必须使用不渗漏的容器装载运输。"

3.第七条修改为:"对违反本规定的,由城市管理综合执法部门给予处罚:

"(一)使用无准运证件或者不符合规定要求的运输车辆从事运输的,责令改正,并处500元以上3000元以下罚款。

"(二)运输散装货物的车辆未密封、包扎、覆盖或者运输流体货物的车辆未使用不渗漏容器,泄漏、遗撒的,责令清除,并处5000元以上5万元以下罚款。

“(三)运输渣土、砂石的车辆不符合本市技术标准,造成遗撒的,责令清除,并处5000元以上5万元以下罚款。

“(四)运输车辆沿途泄漏、遗撒的,责令清除,并处5000元以上5万元以下罚款。

“(五)运输车辆车轮带泥行驶的,责令改正,并处5000元以上5万元以下罚款。

“对于城市道路上泄漏、遗撒物,当事人拒不清除或者没有条件清除的,城市管理综合执法部门可以代为委托市容环境卫生专业作业企业代为清除,所需费用由当事人承担,对不支付费用的,可以依法申请人民法院执行。”

4. 第八条修改为:“公安交通管理部门应当配合城市管理综合执法部门对车辆运输泄漏、遗撒的查处。

“公安交通管理部门对运输车辆装载货物捆扎不牢固、封盖不严密,运输途中泄漏、遗撒的,以及拖拉机、兽力车和农用运输车在规划市区、郊区的城镇地区以及其他禁止通行的地区从事垃圾、渣土、砂石、土方、灰浆等流体和散装货物运输的,依法予以处罚。”

5. 第十条中“城市管理综合执法组织”改为“城市管理综合执法部门”。

十六、《北京市清洁燃料车辆加气站管理规定》(1999年7月29日北京市人民政府第31号令发布,根据2004年6月1日北京市人民政府第150号令修改)

1. 第二条第一款修改为:“凡本市行政区域内清洁燃料车辆加气站建设、使用和管理,均须遵守《北京市燃气管理条例》和本规定。”

2. 第十二条修改为:“违反本规定第九条第(四)项和第十条规定的,由城市管理综合执法部门责令限期改正,给予警告,并可处500元以上5000元以下罚款。违反公安消防、劳动、工商行政、技术监督、规划等法律、法规和规章的,由公安消防、劳动、工商行政、技术监督、规划等有关部门依法处理。”

十七、《北京市城市建筑物外立面保持整洁管理规定》(2000年5月31日北京市人民政府第56号令发布,根据2002年11月18日北京市人民政府第114号令修改)

1. 第二条第一款修改为:“本市行政区域内城市建筑物、构筑物外立面,应当按照本规定保持整洁。”

2. 第三条第二款修改为:“区、县市政管理委员会负责管理本辖区建筑物、构筑物外立面保持整洁工作。”

十八、《北京市禁止露天烧烤食品的规定》(2000年9月25日北京市人民政府第62号令发布)

1. 第二条修改为:“对违反规定露天烧烤食品的,责令停止违法行为,处5000元以下罚款;对无照经营从事露天烧烤食品的,依照《城乡个体工商户管理暂行条例》第二十二条的规定并处没收非法所得。

“构成违反治安管理行为的,由公安机关依照《中华人民共和国治安管理处罚法》的有关规定予以处罚。”

2. 第三条和第五条中“城管监察组织”改为“城市管理综合执法部门”。

十九、《北京市户外广告设置管理办法》(2004年8月5日北京市人民政府第151号令发布)

1. 第二条修改为："本办法适用于本市行政区域内户外广告的设置和管理活动。"

2. 第二十六条、第二十七条和第二十八条中"城市管理综合执法组织"改为"城市管理综合执法部门"。

3. 第二十七条修改为："违反本办法擅自设置户外广告设施，或者设置户外广告设施违反规划的，由城市管理综合执法部门责令限期拆除；逾期未拆除的，强制拆除，并可以处 1 万元以上 10 万元以下罚款。

"无法确定其所有人和管理人的，城市管理综合执法部门应当在公共媒体以及户外广告的所在地发布公告，督促所有权人或者管理人改正违法行为。公告期间不得少于 15 日。公告期间届满，未改正违法行为的，由城市管理综合执法部门予以强制拆除。

"对依法应当拆除的户外广告设施，责任人应当在城市管理综合执法部门规定的期限内自行拆除；逾期不拆除的，城市管理综合执法部门可以依法申请人民法院执行，或者依法委托专业企业代为拆除，拆除费用由责任人承担。"

4. 第三十二条修改为："本市行政机关及其工作人员违反本办法规定，不履行法定职责或者玩忽职守、滥用职权、徇私舞弊的，由上级行政机关或者有关部门责令改正，对直接负责的主管人员和其他责任人员依法予以行政处分。"

5. 第三十三条删除。

二十、《北京市标语宣传品设置管理规定》(2006 年 1 月 13 日北京市人民政府第 166 号令公布)

1. 第二条修改为："凡在本市行政区域内的道路、广场、车站等公共场所和临街建筑物、构筑物上设置标语宣传品的，适用本规定。"

2. 第六条修改为："禁止在下列地区利用交通、照明、电力、通信、邮政等公用设施设置标语宣传品，但在国家政治、外交和举办重大活动期间需要设置的，由市人民政府决定：

"(一)天安门广场地区；

"(二)中南海办公区周边北起文津街府右街路口、南至府右街长安街路段的沿街地区，西起文津街府右街路口、东至文津街北长街的沿街地区，北起文津街北长街路口、南至南长街长安街路段的沿街地区；

"(三)长安街(即东起建国门西至复兴门路段，下同)、二环路、高速公路。"

3. 第十七条、第十八条和第二十条中"城市管理综合执法组织"改为"城市管理综合执法部门"。

4. 第十九条修改为："违反本规定第九条、第十四条规定，未经批准或者不按照批准的范围、地点、数量、规格、内容和期限设置标语宣传品的，由城市管理综合执法部门责令限期改正，并可处 500 元以上 5000 元以下罚款。"

二十一、《北京市王府井步行街地区管理规定》(2000 年 9 月 1 日北京市人民政府第 61 号令发布)

1. 第五条修改为："有下列行为之一的，由城市管理综合执法部门予以劝阻制止：

"(一)随地吐痰、吐口香糖，随地便溺及随地丢弃废弃物；

"(二)随意散发印刷品、张贴广告；

"(三)随意移动或者损毁公用设施；

“（四）衣着不整，在公共坐椅上躺卧；

“（五）踢球、滑旱冰和滑板；

“（六）其他妨碍城市市容和环境卫生的行为。

“对有前款第（一）项规定情形的，城市管理综合执法部门按照《北京市市容环境卫生条例》第五十四条规定，责令改正，并可处20元以上50元以下罚款。对有前款第（二）项规定情形的，城市管理综合执法部门按照《北京市市容环境卫生条例》和《北京市标语宣传品设置管理规定》进行处罚。对有前款第（三）项规定情形的，城市管理综合执法部门可以移送有关机关依法处理。”

2. 第六条修改为：“有下列行为之一的，由公安交通管理部门按照《中华人民共和国道路交通安全法》等有关法规和规章的规定进行处理：

“（一）违反本规定第三条规定的；

“（二）任意停放机动车辆或者非机动车辆。”

3. 第八条中“城管监察组织”改为“城市管理综合执法部门”。

二十二、《北京市实施〈矿产资源补偿费征收管理规定〉办法》（1994年12月14日北京市人民政府第29号令发布）

1. 第四条修改为：“补偿费由市、区、县地质矿产行政主管部门（以下简称地矿行政主管部门）会同同级财政部门征收。具体征收工作由地矿行政主管部门负责。

“市、区、县地矿行政主管部门对补偿费征收实行分级管理。中央直属矿山企业、市属国有矿山企业和跨区、县矿山企业的补偿费，由市地矿行政主管部门征收；其他各类矿山企业，由区、县地矿行政主管部门征收。”

2. 第十条修改为：“征收补偿费的具体工作程序和办法，由市地矿行政主管部门会同市财政局制定。”

3. 第十一条修改为：“采矿权人有符合《规定》第十二条、第十三条规定所列情况之一的，可于每年度12月底前向征收部门提出免缴、减缴补偿费的书面申请。征收部门接到申请后，提出审核意见，并在10日内转报市地矿行政主管部门，市地矿行政主管部门会同市财政局在30日内作出是否批准的决定，并通知采矿权人。决定减缴补偿费的，应当按《规定》上报批准和备案。”

4. 第十三条修改为：“征收的矿产资源补偿费，应当及时全额上缴，任何单位和个人不得截留、坐支、挪用和私分。

“属本市支配的补偿费，纳入市财政预算，实行专项管理。补偿费的具体使用，按下列比例分配：45%用于矿产资源管理的补充经费；15%用于矿产资源保护；30%用于地质勘查；10%留财政部门。

“各专项费用的具体使用办法和比例的调整，由市地矿行政主管部门会同市发展改革委员会、市财政局制定。”

5. 第十六条修改为：“征收部门及其工作人员，采用伪造、涂改票据等手段截留、挪用、坐支、私分征收的补偿费和罚款的，或者在征收工作中以权谋私、收受贿赂的，视情节轻重给予行政处分。”

6. 删去第十七条。

二十三、《北京市人民政府关于加强农村村民建房用地管理若干规定》(1989 年 12 月 16 日北京市人民政府第 39 号令发布,根据 1997 年 12 月 31 日北京市人民政府第 12 号令修改)

1. 第四条修改为:“村民新建住房,应在原宅基地内安排;原宅基地无法安排的,应充分利用村内空闲地(包括按照乡村建设规划调整出的宅基地)或其他非耕地。

“村内无空闲地或非耕地,确需占用耕地建房的,必须先在本村开发相当新建住房用地面积两倍的荒地后,方可占用耕地。

“按照规划进行新农村住宅建设的,一般应在原址改建。确需易址新建的,附旧址复垦计划,经乡(镇)人民政府审核,由区、县人民政府批准。涉及农用地转为建设用地的,依法办理农用地转为建设用地审批手续。”

2. 第五条修改为:“占用耕地建房的村民,必须依法缴纳耕地占用税。”

3. 第八条修改为:“村民建房,占用原有宅基地、村内空闲地或其他非耕地的,经乡(镇)人民政府审核,由区、县人民政府批准。其中,涉及占用农用地的,报市人民政府办理农转用审批手续。”

4. 第十二条修改为:“土地管理机关及其工作人员,必须认真履行职责,严肃执法。

“审批机关越权审批的,批准文件无效,除由建房者拆除所建房屋,退还占用的土地外,对审批机关的直接责任人或主管负责人应追究行政责任。村民所受到的损失,由越权审批机关赔偿。对徇私偏袒、弄虚作假、索贿受贿、滥用职权的,由其上级机关给予行政处分。”

5. 删去第十三条。

二十四、《北京市实施〈中华人民共和国城镇国有土地使用权出让和转让暂行条例〉办法》(1992 年 5 月 27 日北京市人民政府第 11 号令发布,根据 1993 年 5 月 18 日北京市人民政府第 6 号令第一次修改,根据 2002 年 2 月 11 日北京市人民政府第 92 号令第二次修改)

1. 第十条修改为:“出让土地使用权的基准地价,由市国土资源局会同市发展改革委员会、市财政局等部门综合平衡后报市人民政府审定,作为土地使用权出让价格的基础。

“基准地价,由出让金、基础设施配套建设费用及土地开发的其他费用等因素构成,并结合地块位置、规划设计条件和出让年限确定。”

2. 第十一条修改为:“土地使用权(包括地上建筑物、附着物)协议出让或者转让,出让或者转让双方应先委托有资质的地价评估机构进行价格评估后,再签订土地使用权出让或者转让合同。”

3. 第十二条修改为:“土地使用权出让,除下列用途可以协议方式外,应采用招标、拍卖方式:

“(一)教育、科技、文化、卫生、体育用地;

“(二)市人民政府批准的其他用地。

“土地使用权协议、招标、拍卖出让的程序,市人民政府另行规定。”

4. 第二十五条修改为:“住宅建设用地使用权期间届满的,自动续期。非住宅建设用地使用权期间届满后的续期,依照法律规定办理。该土地上的房屋及其他不动产的归属,有约定的,按照约定;没有约定或者约定不明确的,依照法律、行政法规的规定办理。”

二十五、《北京市人民政府关于外地建筑企业来京施工管理暂行规定》(1988 年 7 月 1

日北京市人民政府京政发61号文件发布，根据1994年6月20日北京市人民政府批准第一次修改，根据1997年12月31日北京市人民政府第12号令第二次修改）

1. 第二条修改为："市建设委员会（以下简称市建委）主管本市外地建筑企业的管理工作，北京市建筑业管理服务中心具体负责外地建筑企业的管理监督。

"区、县建委负责本行政区域内外地建筑企业的日常管理监督。"

2. 第三条修改为："建设单位和在本市施工的所有建筑企业，均不得使用零散民工。"

3. 第四条修改为："外地建筑企业来本市施工，到北京市建筑业管理服务中心办理备案必须符合下列规定：

"（一）承包建设工程的，持营业执照、企业等级证书和所在地区省级建筑业主管机关的批准证件，办理备案。其中参加投标的，须领有投标许可证，中标后再办理备案。备案期限按承建工程的合同工期确定。备案期满，工程未能按期完工的，须办理延期备案手续。

"（二）提供劳务的，持营业执照、企业等级证书和所在地区县以上建筑业主管机关的批准证件，办理备案，备案期限按年度确定，每年备案一次。"

4. 第五条修改为："外地建筑企业在本市的营业范围，由北京市建筑业管理服务中心根据该企业等级和曾承建的工程质量等情况核定。外地建筑企业应按企业等级和核定的营业范围经营。"

5. 第九条改为第七条，修改为："违反本规定使用零散民工的，责令其停止使用，限期清退，并对其按每使用一人500元的标准处以罚款，罚款总额不超过3万元。

"违反治安、工商行政、劳动安全、税收等规定的，由公安、工商行政、劳动、税务等部门依法处罚。"

6. 删去第七条、第八条、第十条。

二十六、《北京市工程建设监理管理办法》（1995年2月21日北京市人民政府第5号令发布，根据1997年12月31日北京市人民政府第12号令第一次修改，根据2004年6月1日北京市人民政府第150号令第二次修改）

1. 第八条修改为："成立监理单位应当在工商行政管理机关登记注册后，到建设监理主管部门办理资质认定手续。"

2. 第十九条改为第十八条，修改为："监理费用的收取应当按照《建设工程监理与相关服务收费管理规定》执行。

"外商独资和国外贷款、赠款建设的工程建设监理费，国内监理单位监理的，可按国内同类型工程监理费率的130%至150%计收；合作监理的，可参照国外标准由建设单位和监理单位商定。"

3. 第二十一条改为第二十条，修改为："对违反本规定，没有办理委托监理的，由建设监理主管机关给予警告，并处1万元至3万元罚款的处罚。"

4. 删去第十八条、第二十二条、第二十三条。

二十七、《北京市职工购买公有住宅楼房管理办法》（1992年5月30日北京市人民政府京政发35号文件发布）

1. 第五条改为第四条，修改为："职工购买公有住宅楼房，实行准成本价。新楼房的准成本价，每年由市人民政府住房制度改革办公室会同市发展改革委员会、市国有资产监督管理委员会等部门评估测定，经市人民政府批准后公布。旧楼房的准成本价，按重置价成新折扣计算。重置价是指出售当年新楼房的准成本价。

“公有住宅楼房的实际售价，按建筑面积计算，依市建设委员会制定的地段、环境、层次、朝向等项因素的调节标准调节，以每套住房标价。”

2. 第六条修改为第五条，修改为：“出售公有住宅楼房的实际建筑面积，由区、县建设委员会测定。

“建筑面积，包括使用面积、结构面积、阳台面积，以及按比例分摊的共用建筑面积。

“计算共用建筑面积，应将电梯间、电梯工休息室、配电室、高压水泵房、设备层、地下室、楼房内供暖锅炉的建筑面积扣除。”

3. 第十一条改为第九条，修改为：“职工依照本办法购买的住宅楼房，享有合法所有权，可以依法使用、继承和抵押。对住宅楼房出售、出租的，按本市有关规定执行。”

4. 第十四条改为第十二条，修改为：“单位违反本办法规定，以贱价出售公有住宅楼房的，由房地产管理机关责令限期改正，补足房价款，可并处所得房价款2倍以下，不超过3万元的罚款，提请其上级主管部门追究单位负责人或直接责任人的行政责任。”

5. 第十七条改为第十四条，修改为：“单位向职工出售公有住宅楼房的具体形式，依据本市房改统一政策和本单位实际情况确定。售房方案按隶属关系报上级主管部门批准后执行，并报所在地的区、县人民政府住房制度改革办公室和建设委员会备案。”

6. 删去第四条、第七条、第十五条、第十八条。

二十八、《北京市城市房屋拆迁施工现场防治扬尘污染管理规定》（1999年9月14日北京市人民政府第37号令发布）

1. 第三条修改为：“市建设委员会主管本市房屋拆迁施工现场防治扬尘污染管理工作，负责本规定的组织实施和监督检查。区、县建设委员会负责本行政区域内的房屋拆迁施工现场防治扬尘污染管理工作。

“本市环境保护、市容环境卫生、城乡建设等行政管理部门按照各自的职责权限，依法做好房屋拆迁施工现场防治扬尘污染管理工作。”

2. 第四条修改为：“区、县建设委员会在受理建设单位的城市房屋拆迁申请时，应当对建设单位或者其委托的房屋拆除单位的资格进行审查。”

3. 第七条修改为：“建设单位或者其委托的房屋拆除单位在进行拆除房屋的施工作业前应当制定房屋拆除施工方案，房屋拆除施工方案应当规定具体明确的防治施工扬尘等措施。

“房屋拆除施工方案应当报区、县建设委员会备案。”

4. 第九条修改为：“违反本规定第八条第（一）、（三）、（四）、（五）项规定的，由市城管执法局责令停止违法行为，限期改正，并视情节轻重给予1000元以上2万元以下罚款。”

二十九、《北京市房地产抵押管理办法》（1994年4月20日北京市人民政府第5号令发布，根据1997年12月31日北京市人民政府第12号令修改）

1. 第六条修改为：“下列房地产不得设定抵押：

“（一）权属有争议的房地产；

“（二）用于教育、医疗、市政等公共福利事业的房地产；

“（三）列为文物保护的古建筑；

“（四）被依法查封、扣押或采取其他诉讼保全措施的房地产；

“（五）其他依法不得抵押的房地产。”

2. 第十二条改为第十一条，修改为：“抵押人设定房地产抵押时，向抵押权人提供抵押房地产的资产评估报告的，抵押权人有权对资产评估报告进行审查。”

3. 第十五条改为第十四条，修改为：“房地产抵押合同应载明下列条款：

“（一）抵押房地产的处所、名称、状况、建筑面积、用地面积、四至等；

“（二）抵押房地产的估价、抵押率；

“（三）抵押房地产的占管人、占管方式和责任，意外毁损、灭失的风险责任；

“（四）抵押权消灭的条件；

“（五）抵押权人处分抵押房地产的方式。”

4. 删去第十一条、第四十一条。

三十、《关于在城市干道两侧划定隔离带的规定》（1984 年 2 月 10 日北京市人民政府京政发 21 号文件发布，根据 1994 年 1 月 17 日北京市人民政府批准修改）

1. 第一段中的“北京城市总体规划方案”改为“北京城市总体规划”。

2. 第一条修改为：“城市干道两侧隔离带的范围按照经批准的各类城乡规划确定。”

三十一、《北京市城市建设临时用地和临时建设工程管理暂行规定》（1988 年 2 月 29 日北京市人民政府京政发 22 号文件发布，根据 1994 年 1 月 17 日北京市人民政府批准修改）

1. 删去第五条、第六条、第八条。

2. 第七条改为第五条，修改为：“临时建设工程过期未拆除的，按照违法建设处理。”

三十二、《北京市生活居住建筑间距暂行规定》（1988 年 8 月 1 日北京市人民政府批准，1988 年 8 月 30 日北京市城市规划管理局发布，根据 1994 年 1 月 17 日北京市人民政府批准修改）

1. 删去第三条、第十七条。

2. 删去第四章。

三十三、《北京市城市雕塑建设管理暂行规定》（1988 年 12 月 6 日北京市人民政府京政发 111 号文件发布，根据 1994 年 1 月 17 日北京市人民政府批准修改）

1. 第一条中的“城市总体规划方案”改为“北京城市总体规划”。

2. 第三条修改为：“城市规划行政主管部门是城市雕塑建设管理工作的主管机关，负责贯彻实施本规定。”

3. 第四条修改为：“建设城市雕塑，由建设城市雕塑的单位（以下简称建设单位）将拟建雕塑的题材、体量、建设地点、雕塑模型、环境设计和上级主管部门的审查意见，报城市规划行政主管部门审批；在公共绿地内建设城市雕塑，须先征得市园林绿化部门同意后，再报城市规划行政主管部门审批。经城市规划行政主管部门审查批准，发给城市雕塑建设工程规划许可证后，方可建设。”

4. 第九条修改为：“未取得城市雕塑建设工程规划许可证或者未按照城市雕塑建设工程规划许可证的规定建设城市雕塑的，按照违法建设处理。”

5. 删去第十一条。

三十四、《北京市人民政府关于郊区城镇和农村建设规划管理的若干规定》(1991年3月6日北京市人民政府第5号令发布)

1. 删去第三条、第七条。

2. 第五条改为第四条,其中的“均属违法行为,统由规划管理部门依法处理”改为“均按照违法建设处理”。

三十五、《北京市人民政府关于严格限制在城市建设中分散插建楼房的规定》(1991年7月16日北京市人民政府令第21号令发布,根据1994年1月17日北京市人民政府批准修改)

1. 第一条中的“北京城市总体规划方案”改为“北京城市总体规划”。

2. 删去第三条。

3. 第十条改为第九条,修改为:“本规定自1991年8月1日起施行。1986年8月1日发布的《北京市人民政府关于限制在城区分散插建楼房的几项规定》同时废止。”

三十六、《北京市禁止违法建设若干规定》(1999年11月2日北京市人民政府第43号令发布)

1. 删去第二条第三款、第六条、第十二条第二款。

2. 第十三条改为第十二条,其中的“滥用职权、超越或者变相超越职责权限以及违反规定程序”改为“滥用职权、违反规定程序”。

三十七、《〈北京市城市规划条例〉行政处罚办法》(1999年11月2日北京市人民政府第44号令发布)

删去第十条。

三十八、《北京市建设工程规划监督若干规定》(2001年10月22日北京市人民政府第86号令发布)

第三条修改为:“规划行政主管部门负责本市建设工程的规划监督工作,组织实施本规定。”

三十九、《北京市文物保护单位保护范围及建设控制地带管理规定》(1987年11月13日北京市人民政府京政发144号文件发布)

1. 第三条第二款修改为:“各级文物保护单位的保护范围及建设控制地带的划定和公布,按照《中华人民共和国文物保护法》和《中华人民共和国文物保护法实施条例》的有关规定执行。”

2. 删去第十条。

四十、《北京市体育馆(场)防火安全管理规定》(1990年7月19日北京市人民政府第23号令发布,根据2002年2月11日北京市人民政府第92号令修改)

1. 第七条修改为:“体育馆(场)内电气设备的安装、维护,应当按照建筑设计防火规范执行。体育馆(场)应当定期检测电气设备。对破损、老化、绝缘不良的,及时维修、更换。”

2. 第十条第(四)项修改为:“严格控制使用明火和易燃易爆物品,严格执行国家和本市有关烟花爆竹安全管理的规定。”

四十一、《北京市消防产品生产、销售、维修监督管理规定》(1994年1月29日北京市人民政府批准，1994 年 2 月 28 日北京市公安局发布，根据 1997 年 12 月 31 日北京市人民政府第 12 号令第一次修改，根据 2002 年 2 月 11 日北京市人民政府第 92 号令第二次修改，根据 2004 年 6 月 1 日北京市人民政府第 150 号令第三次修改）

第九条修改为："生产、维修消防产品的单位违反本规定，不符合生产、维修技术条件，生产、维修消防产品的，由市公安消防机构责令其限期改正；情节严重的，并处 1000 元以上 5000 元以下罚款。逾期不改正的，停止其生产、维修活动，并提请有关主管部门吊销其生产许可证或营业执照。

"对其他违反规定生产、维修、销售消防产品的行为，按照相关法律、法规的规定处罚。"

四十二、《北京市拥军优属工作若干规定》（1997 年 7 月 25 日北京市人民政府第 6 号令发布）

1. 删去第九条。

2. 第十九条改为第十八条，其中的"革命伤残军人"改为"残疾军人"。

3. 删去第二十条。

4. 第二十一条改为第十九条，修改为："本市实施最低生活保障制度。在计算家庭收入时，优抚对象享受的抚恤金、补助金及其他优待费用不计入家庭收入。"

5. 第二十二条改为第二十条，修改为："本市民政、财政、卫生等部门按照有关规定做好优抚对象医疗优待工作。区、县人民政府可以根据实际情况，适当提高优待幅度，扩大优待范围。"

6. 第二十四条改为第二十二条，其中的"伤残军人"改为"残疾军人"。

7. 第二十五条改为第二十三条，第二款中的"因战、因公伤残退伍军人"改为"因战、因公残疾退伍军人"。

8. 删去第三十条。

四十三、《北京市明十三陵保护管理办法》（2002 年 7 月 27 日北京市人民政府第 101 号令发布）

删去第十四条第四项。

四十四、《北京市利用文物保护单位拍摄电影、电视管理暂行办法》（1986 年 2 月 14 日北京市人民政府京政发 22 号文件发布，根据 1997 年 12 月 31 日北京市人民政府第 12 号令第一次修改，根据 2001 年 8 月 27 日北京市人民政府第 82 号令第二次修改）

删去第七条、第九条。

四十五、《北京市实行婚前医学检查管理规定》（1995 年 8 月 10 日北京市人民政府第 24 号令发布，根据 1997 年 12 月 31 日北京市人民政府第 12 号令第一次修改，根据 2004 年 6 月 1 日北京市人民政府第 150 号令第二次修改）

1. 第三条至第七条、第十一条、第十三条和第十五条中的"卫生局"改为"卫生行政部门"，第四条第一款中的"市民政局"改为"市民政行政部门"，第七条中的"市物价局、市财政局"改为"市发展改革行政部门、市财政行政部门"。

2. 第十四条修改为："违反本规定，未取得许可证、合格证，从事婚前医学检查工作或者出具有关医学证明的，由市或者区、县卫生行政部门给予警告，责令停止违法行为，没收违法所得；违法所得 5000 元以上的，并处违法所得 3 倍以上 5 倍以下的罚款；没有违法所得或者违法所得不足 5000 元的，并处 5000 元以上 2 万元以下的罚款。”

3. 删去第十六条。

四十六、《北京市实施〈中华人民共和国耕地占用税暂行条例〉的办法》（1987 年 7 月 23 日北京市人民政府京政发 93 号文件发布）

1. 删去第七条和第八条。

2. 将“财政”修改为“地方税务”。

四十七、《北京市涉案财产价格鉴定管理办法》（1999 年 11 月 11 日北京市人民政府第 46 号令发布）

1. 第四条修改为：“涉案财产价格鉴定机构和人员的资质、资格及执业范围，按照国家有关规定执行。市和区、县人民政府价格主管部门设立的价格认证机构承担涉及国家利益和公益性服务的涉案财产价格鉴定工作。”

2. 删去第十六条中的“《北京市涉案财产价格鉴定机构资质证书》”。

四十八、《北京市工业产品企业标准备案规定》（1991 年 8 月 19 日北京市人民政府批准，1991 年 10 月 1 日北京市技术监督局发布）

1. 将第三条第一款中的“按企业隶属关系报当地政府技术监督部门和企业行政主管部门备案”修改为“向企业登记地的区、县质量技术监督局备案”；同时，删去第一项和第二项。

2. 删去第四条第一款第三项、第二款和第十一条。

3. 将“技术监督局”修改为“质量技术监督局”。

四十九、《北京市劳动就业服务企业管理实施办法》（1993 年 8 月 25 日北京市人民政府第 11 号令发布）

删去第七条和第二十二条。

五十、《北京市社会保险费征缴若干规定》（2003 年 8 月 4 日北京市人民政府第 130 号令发布）

删去第十三条。

五十一、《北京市工资支付规定》（2003 年 12 月 22 日北京市人民政府第 142 号令发布）

1. 将第三十五条第一款中的“用人单位应当全额支付劳动者应得工资，同时支付所欠工资 25% 的补偿金”修改为“由劳动保障部门责令用人单位全额支付劳动者应得工资；逾期不支付的，责令用人单位按照应付金额 50% 以上 100% 以下的标准向劳动者加付赔偿金。”

2. 删去第三十五条第二款。

五十二、《北京市机动车市场管理暂行规定》（1990 年 5 月 28 日北京市人民政府第 9 号令发布，根据 1997 年 12 月 31 日北京市人民政府第 12 号令修改）

1. 删去第二条第二款。

2. 第六条修改为：“旧机动车交易应当签订书面合同，成交后，应当按照国家规定办理转移登记手续。交易的旧机动车应当在安全检验合格有效期内。”

3. 删去第十条中的“未经验证盖章的，公安交通管理机关不予核发牌照，不办理过户、转籍手续。工商行政管理机关验证,可按规定收取验证费。”

4. 删去第十一条第五项、第十三条第二项和第三项。

五十三、《北京市农业联产承包合同纠纷仲裁办法》(1991 年 1 月 4 日北京市人民政府批准,1991 年 3 月 1 日北京市人民政府农林办公室发布)

1. 将规章名称和第一条、第二条中的“联产承包合同”修改为“承包合同”;同时,删去第二条第二款。

2. 第九条修改为:“承包合同发生纠纷,双方当事人可以通过协商解决,也可以请求村民委员会、乡(镇)人民政府调解解决。当事人不愿协商、调解或者协商、调解不成的,任何一方当事人均可以向所在地的区、县仲裁委员会申请仲裁。”

3. 删去第十一条第二项和第二十条。

五十四、《北京市农业植物检疫实施办法》(1987 年 8 月 20 日北京市人民政府京政发 106 号文件发布)

1. 第十二条第一款修改为:“本市各单位和个人,从国外引进农业植物种苗及繁殖材料的,由市植物保护站办理检疫审批手续。”

2. 删去第十六条和第十八条。

五十五、《北京市渔业资源增殖保护费征收办法》(1991 年 7 月 6 日北京市人民政府第 19 号令发布)

1. 将第二条中的“全民所有制水库”修改为“持捕捞许可证”。

2. 第五条修改为:“区、县渔业行政主管部门征收的增殖保护费全部上缴财政,用于渔业资源的增殖和保护,专款专用。增殖保护费的具体使用计划,由市渔业行政主管部门会同市财政局制定。”

3. 删去第六条。

五十六、《北京市农业机械安全监督管理办法》(1995 年 8 月 2 日北京市人民政府第 23 号令发布,根据 1997 年 12 月 31 日北京市人民政府第 12 号令修改)

1. 删去第二条第二款、第四条第一款和第十四条。

2. 将“市人民政府农林办公室”修改为“市农业局”。

五十七、《北京市实施〈水产资源繁殖保护条例〉若干规定》(1997 年 3 月 28 日北京市人民政府第 3 号令发布,根据 2004 年 6 月 1 日北京市人民政府第 150 号令修改)

1. 删去第九条、第十条和第十四条。

2. 将“市人民政府农林办公室”修改为“市农业局”。

五十八、《北京市绿化补偿费缴纳办法》(1990 年 6 月 20 日北京市人民政府第 18 号令发布,根据 1998 年 11 月 12 日北京市人民政府第 19 号令修改)

1. 第四条修改为:“经批准缴纳绿化补偿费的单位,应当自批准之日起至建设工程开工前,持市人民政府的批准文件,按照市园林绿化局核准的数额缴纳绿化补偿费。”

2. 第五条修改为:“绿化补偿费统一上缴市财政,列入城市绿化专项资金,专款专用。具体使用计划,由市园林绿化局提出,报市财政局审批。”

3. 删去第六条。

五十九、《〈北京市森林资源保护管理条例〉实施办法》(2003 年 8 月 21 日北京市人民

政府第 133 号令发布）

删去第十六条。

此外，根据本决定对《北京市水域游船安全管理规定》等五十九项规章部分条款的文字和条、款、项顺序作相应的修改和调整。

本决定自公布之日起施行。《北京市水域游船安全管理规定》等五十九项规章依照本决定修正后重新公布。

北京市人民政府关于外地建筑企业来京施工管理暂行规定

(1988年7月1日北京市人民政府京政发61号文件发布
根据1994年6月20日北京市人民政府批准第一次修改
根据1997年12月31日北京市人民政府第12号令第二次修改
根据2007年11月23日北京市人民政府第200号令第三次修改)

为加强外地建筑企业来京施工的管理,维护本市建筑市场的正常秩序和社会秩序,促进首都城市建设的顺利进行,特作如下规定。

一、凡外地建筑企业在本市行政区域内从事建筑、安装、市政、修缮等施工,均按本规定管理。

本规定所称外地建筑企业,包括:外省、自治区、直辖市所属的建筑企业,中央各部门、军队系统所属非本市登记注册,或企业基地不在本市,或企业职工常住户口不在本市的,以及与本市企业以合作等形式来京施工的外地企业。

二、市建设委员会(以下简称市建委)主管本市外地建筑企业的管理工作,北京市建筑业管理服务中心具体负责外地建筑企业的管理监督。区、县建委负责本行政区域内外地建筑企业的日常管理监督。

三、建设单位和在本市施工的所有建筑企业,均不得使用零散民工。

四、外地建筑企业来本市施工,到北京市建筑业管理服务中心办理备案必须符合下列规定:

(一)承包建设工程的,持营业执照、企业等级证书和所在地区省级建筑业主管机关的批准证件,办理备案。其中参加投标的,须领有投标许可证,中标后再办理备案。备案期限按承建工程的合同工期确定。备案期满,工程未能按期完工的,须办理延期备案手续。

(二)提供劳务的,持营业执照、企业等级证书和所在地区县以上建筑业主管机关的批准证件,办理备案,备案期限按年度确定,每年备案一次。

五、外地建筑企业在本市的营业范围,由北京市建筑业管理服务中心根据该企业等级和曾承建的工程质量等情况核定。外地建筑企业应按企业等级和核定的营业范围经营。

六、外地建筑企业在本市施工期间,必须遵守下列规定:

(一)遵守国家法律、法规和本市的法规、规章,接受本市建筑业主管机关和公安、工商、环境卫生、劳动、税务、审计等部门和建设银行的监督管理;

(二)严格履行合同,保证工程质量和施工安全;

(三)向施工所在区、县建委办理施工管理备案,并按规定向市和区、县建委报送统计资料;

(四)按规定向公安机关办理企业职工暂住户口登记,申请暂住证,签订治安责任书;

(五)按规定向劳动部门申领安全生产合格证;

（六）在建设银行开立帐户；

（七）向税务部门办理税务登记，照章纳税。

使用外地建筑企业劳务的单位，必须指定机构或专人，负责其日常施工和生活管理。

七、违反本规定使用零散民工的，责令其停止使用，限期清退，并对其按每使用一人 500 元的标准处以罚款，罚款总额不超过 3 万元。违反治安、工商行政、劳动安全、税收等规定的，由公安、工商行政、劳动、税务等部门依法处罚。

八、本规定自 1988 年 7 月 1 日起施行。1986 年 5 月 14 日市人民政府公布的《关于严格控制外地建筑企业来京施工的暂行规定》同时废止。

北京市工程建设监理管理办法

（1995年2月21日北京市人民政府第5号令发布
根据1997年12月31日北京市人民政府第12号令第一次修改
根据2004年6月1日北京市人民政府第150号令第二次修改
根据2007年11月23日北京市人民政府第200号令第三次修改）

第一条　为加强对工程建设监理的管理，提高建设工程质量，充分发挥建设、投资的综合效益，制定本办法。

第二条　本办法所称建设监理，是指具有法人资格的监理单位受建设单位的委托，依据有关法律、法规以及合同等对施工阶段工程建设投资、工期和质量进行的监督管理。

第三条　凡在本市行政区域内进行建筑、市政、设备安装等工程建设监理，均按本办法执行。

第四条　市建设委员会（以下简称市建委）是本市工程建设监理的主管机关。

第五条　工程建设监理主管机关主要履行以下职责：

（一）贯彻执行国家和本市有关工程建设监理的法律、法规和规章；

（二）负责本市监理单位的资质管理；

（三）负责中央各部门、军队系统所属监理单位和外省市监理单位，港、澳、台地区以及外国监理单位在本市从事监理业务的管理；

（四）负责本市监理工程师的培训、资格审定和执业注册的管理；

（五）负责工程建设监理招标投标工作的管理；

（六）调解监理争议，调查处理重大监理事故；

（七）检查处理违法的监理行为。

第六条　下列建设工程应当实行监理：

（一）大中型工业和交通建设项目，市政工程和大型民用建设工程；

（二）国家和本市的重点建设工程；

（三）利用外资的建设工程；

（四）高新技术产业开发区工程；

（五）住宅小区和危旧房改造小区工程。

第七条　成立建设监理单位应当具备下列条件：

（一）有固定的经营场所；

（二）甲级监理单位的注册资金不少于100万元，乙级监理单位的注册资金不少于50万元，丙级监理单位的注册资金不少于10万元；

（三）有符合国家和本市规定的工程技术与管理人员。

第八条　成立监理单位应当在工商行政管理机关登登记注册后，到建设监理主管部门办理资质认定手续。

第九条　从事监理工作的人员必须取得《监理工程师资格证书》，并由所在的监理单位向建设监理主管机关办理注册登记，领取《监理工程师岗位证书》。未取得《监理工程师岗位证书》的，不得从事监理工作。

第十条　建设单位应当通过招标投标方式选择监理单位。建设单位和监理单位应当签订合同，合同应当具备以下主要条款：

（一）监理的范围和内容；

（二）对工程工期、质量和投资控制的要求；

（三）建设单位赋予监理单位的权限和提供的工作条件；

（四）监理费率和支付方式；

（五）建设单位对监理单位合理化建议的奖励办法；

（六）违约责任。监理合同签订后，监理单位应当将合同向建设监理主管机关备案。

第十一条　建设单位在监理单位实施监理前应当将监理的范围、内容、总监理工程师姓名及其授予监理单位的权限等，书面通知施工单位；总监理工程师应当将其授予监理工程师的权限书面通知施工单位。

第十二条　监理单位必须按照规定的营业范围和资质等级承接监理业务，并遵守下列规定：

（一）不得监理与本单位有同一隶属关系的单位所承建的建设工程；

（二）禁止将本单位监理的建设工程转给其他单位监理；

（三）不得承包施工或进行材料及设备的销售；

（四）本单位从业人员不得在施工、设备制造和材料销售单位兼职。

第十三条　监理人员进行监理，必须严格执行合同和有关法律、法规、技术标准。

第十四条　工程监理实行总监理工程师负责制。总监理工程师行使合同赋予监理单位的权限，对工程的投资、工期和质量进行全面监督和管理。在监理过程中，总监理工程师应当向建设单位报告工程情况，未经建设单位特别授权，总监理工程师无权变更建设单位与施工单位签订的工程承包合同。

第十五条　总监理工程师对危及工程质量和安全的施工，按照监理权限可以下达停工指令，对施工单位人员不符合工作要求的，可以要求撤换，施工单位应当执行。

第十六条　对监理的工程项目，施工单位结算工程进度款要经总监理工程师核定签字认可，建设单位同意并报开户银行审查后方可支付。被总监理工程师拒绝签字认可的，建设单位不予支付工程款。

第十七条　对影响工程质量和使用功能以及不合理的设计图纸，监理单位有权要求有关单位修改。对不符合质量要求的材料、设备和构配件，监理单位有权要求生产或者供应单位退换。

第十八条　监理费用的收取应当按照《建设工程监理与相关服务收费管理规定》执行。外商独资和国外贷款、赠款建设的工程建设监理费，国内监理单位监理的，可按国内同类型工程监理费率的130%至150%计收；合作监理的，可参照国外标准由建设单位和监理单位商定。

第十九条　实行监理的工程必须接受建设工程质量监督部门的监督管理。建设单位应当按照国家和本市的有关规定，向建设工程质量监督部门缴纳监督管理费。

第二十条　对违反本办法，没有办理委托监理的，由建设监理主管机关给予警告，并处1万元至3万元罚款的处罚。

第二十一条　本办法自1995年3月10日起施行。

北京市职工购买公有住宅楼房管理办法

（1992年5月30日北京市人民政府京政发35号文件发布
根据2007年11月23日北京市人民政府第200号令修改）

第一条 为实施《北京市住房制度改革实施方案》，制定本办法。

第二条 本办法所称公有住宅楼房，是指由政府房管部门直接管理和由产权单位自行管理的公有单元式住宅楼房，包括新建楼房和已住用的楼房（以下简称新、旧楼房）。

本市行政区域内有自管公有住宅楼房的企业、行政事业单位和房管部门，均可依照本办法向职工出售公有住宅楼房。

简易房、危险房、违章建筑和近期需要拆除、产权有争议以及具有历史价值的楼房，不准出售。

第三条 凡有本市城镇常住户口的职工，均可向所在单位或现住房产权单位申请购买公有住宅楼房。新楼房和腾空的旧楼房，应优先出售给住房困难户。

第四条 职工购买公有住宅楼房，实行准成本价。新楼房的准成本价，每年由市人民政府住房制度改革办公室会同市发展改革委员会、市国有资产监督管理委员会等部门评估测定，经市人民政府批准后公布。旧楼房的准成本价，按重置价成新折扣计算。重置价是指出售当年新楼房的准成本价。

公有住宅楼房的实际售价，按建筑面积计算，依市建设委员会制定的地段、环境、层次、朝向等项因素的调节标准调节，以每套住房标价。

第五条 出售公有住宅楼房的实际建筑面积，由区、县建设委员会测定。建筑面积，包括使用面积、结构面积、阳台面积，以及按比例分摊的共用建筑面积。计算共用建筑面积，应将电梯间、电梯工休息室、配电室、高压水泵房、设备层、地下室、楼房内供暖锅炉的建筑面积扣除。

第六条 单位以准成本价向职工出售公有住宅楼房，依法免征营业税，固定资产投资方向节税适用零税率。

职工第一次购买公有住宅楼房，免征契税，自住期间免征房产税、土地使用税。

第七条 职工购买的住宅楼房，供暖费用、燃气设施维修更新费用的收取，按职工承租公有住宅楼房的办法执行。电梯、高压水泵的运行、维修及更新费用，由售房单位负担。

第八条 职工购买公有住宅楼房，须按《北京市房屋买卖管理暂行规定》到房屋所在地的区、县房屋土地管理局办理立契过户和产权登记，领取房屋所有权证。

第九条 职工依照本办法购买的住宅楼房，享有合法所有权，可以依法使用、继承和抵押。对住宅楼房出售、出租的，按本市有关规定执行。

第十条 出售的新楼房，售房单位须按国家和本市规定的期限和项目保修。旧楼房出售前，售房单位须对房屋结构和装修设备进行检修，保证住用安全和正常使用。职工购买住宅楼房后的管理和维修，按《北京市私有住宅楼房管理与维修办法》执行。

第十一条　出售公有住宅楼房的收入，由售房单位存入市住房资金管理中心委托的金融机构，纳入本单位住房基金，所有权不变。

第十二条　单位违反本办法规定，以贱价出售公有住宅楼房的，由房地产管理机关责令限期改正，补足房价款，可并处所得房价款2倍以下，不超过3万元的罚款，提请其上级主管部门追究单位负责人或直接责任人的行政责任。

第十三条　本办法以准成本价出售公有住宅楼房的规定不适用于高收入家庭的职工。

第十四条　单位向职工出售公有住宅楼房的具体形式，依据本市房改统一政策和本单位实际情况确定。售房方案按隶属关系报上级主管部门批准后执行，并报所在地的区、县人民政府住房制度改革办公室和建设委员会备案。

第十五条　本办法自1992年7月1日起施行。

北京市城市房屋拆迁施工现场防治扬尘污染管理规定

（1999年9月14日北京市人民政府第37号令发布
根据2007年11月23日北京市人民政府第200号令修改）

第一条　为加强城市房屋拆迁施工现场的管理，防止扬尘污染大气环境，根据本市实际情况，制定本规定。

第二条　本规定所称城市房屋拆迁施工现场（以下简称房屋拆迁施工现场），是指依法取得城市房屋拆迁许可证的建设单位按照规定的拆迁期限，在拆迁范围内拆除房屋及其附属物（以下简称房屋）的施工场地。建设单位依法取得建筑工程施工许可证，开始进行工程建设的施工现场的管理，按照国家和本市的有关规定执行。违法建设拆除施工现场的管理由市环境卫生管理局负责，违法建设的有关责任人员承担违法建设拆除施工现场的环境保护责任。

第三条　市建设委员会主管本市房屋拆迁施工现场防治扬尘污染管理工作，负责本规定的组织实施和监督检查。区、县建设委员会负责本行政区域内的房屋拆迁施工现场防治扬尘污染管理工作。本市环境保护、市容环境卫生、城乡建设等行政管理部门按照各自的职责权限，依法做好房屋拆迁施工现场防治扬尘污染管理工作。

第四条　区、县建设委员会在受理建设单位的城市房屋拆迁申请时，应当对建设单位或者其委托的房屋拆除单位的资格进行审查。

第五条　建设单位承担房屋拆迁施工现场的环境保护责任。建设单位申请办理城市房屋拆迁许可证时，应当与区、县房屋土地管理局签订房屋拆迁施工现场环境保护责任书。

第六条　建设单位在进行拆除房屋的施工作业7日前，应当向市环境卫生管理局申请办理登记备案手续。

市环境卫生管理局在办理登记备案手续时，应当同时向房屋拆迁施工现场派驻或者指定防治扬尘污染监督检查人员，防治扬尘污染监督检查人员负责日常监督检查房屋拆迁施工现场环境保护措施的实施情况。

第七条　建设单位或者其委托的房屋拆除单位在进行拆除房屋的施工作业前应当制定房屋拆除施工方案，房屋拆除施工方案应当规定具体明确的防治施工扬尘等措施。房屋拆除施工方案应当报区、县建设委员会备案。

第八条　房屋拆迁施工现场应当采取下列防治环境污染的措施：

（一）房屋拆迁施工现场应当设置高度不低于1.8米的围挡，本市重要地区的房屋拆迁施工现场应当按照规定设置金属或者硬质板材围挡。

（二）房屋拆迁施工现场应当设立垃圾渣土存放场地，并及时清运。垃圾渣土运出房屋拆迁施工现场时，应当按照批准的路线和时间到指定的消纳处理场所倾倒。

（三）房屋拆迁施工现场的垃圾渣土应当有专人负责管理，配置洒水设备，定期洒水、清扫。

（四）房屋拆迁施工现场内的施工道路应当用礁渣、细石或者混凝土等材料进行硬化处理。

（五）房屋拆迁施工作业已经完成，建设单位未取得建筑工程施工许可证超过一年的，应当对房屋拆迁施工现场的裸露地面进行绿化。

（六）房屋拆迁施工现场的施工运输车辆出口处内侧，应当铺设长度不小于25米、宽度不小于出口处宽度的混凝土路面，并在出口处设置车轮冲洗设备及相应的排水和泥浆沉淀设施。

（七）运输垃圾渣土的施工运输车辆驶出房屋拆迁施工现场时，装载的垃圾渣土高度不得超过车辆槽帮上沿，并应当将车辆槽帮和车轮冲洗干净。

第九条　违反本规定第八条第（一）、（三）、（四）、（五）项规定的，由市城管执法局责令停止违法行为，限期改正，并视情节轻重给予1000元以上2万元以下罚款。

第十条　市或者区、县环境保护局应当加强对房屋拆迁施工现场的监督检查，对违反环境保护法律、法规和规章，施工扬尘污染大气环境的，由市或者区、县环境保护局依法处罚。

第十一条　违反本规定，属于违反市容环境卫生管理方面的法规和规章的，由市容环境卫生监察组织或者城市管理监察组织依法处罚。

第十二条　本规定自发布之日起施行。北京市房地产抵押管理办法

北京市房地产抵押管理办法

（1994年4月20日北京市人民政府第5号令发布
根据1997年12月31日北京市人民政府第12号令第一次修改
根据2007年11月23日北京市人民政府第200号令第二次修改）

第一章 总 则

第一条 为加强本市房地产抵押管理，维护房地产秩序，保障抵押人和抵押权人的合法权益，根据国家有关法律、法规的规定，制定本办法。

第二条 凡以本市行政区域内的房地产进行抵押的，适用本办法。

第三条 设立房地产抵押，应遵循自愿、互利、公平和诚实信用的原则。依法设立的房地产抵押，受法律保护。

第四条 本市实行房地产抵押登记制度。

第二章 抵押的设定

第五条 下列房地产，可以依照本办法设立抵押：

（一）依法通过出让、转让方式取得的国有土地（以下简称土地）使用权；

（二）依法取得所有权或期得权益的房屋（含附属物）；

（三）法律、法规规定的其他可以抵押的房地产。

第六条 下列房地产不得设定抵押：

（一）权属有争议的房地产；

（二）用于教育、医疗、市政等公共福利事业的房地产；

（三）列为文物保护的古建筑；

（四）被依法查封、扣押或采取其他诉讼保全措施的房地产；

（五）其他依法不得抵押的房地产。

第七条 以通过出让、转让方式取得的土地使用权设定抵押的，不得违背该土地使用权出让合同的规定；抵押期限不得超过出让合同规定的使用年限减去已经使用年限后的剩余年限。土地使用权抵押时，其地上建筑物、附属物，均为抵押物的一部分；以地上房屋抵押时，该房屋使用范围内的土地使用权随之抵押。

第八条 以属于国有资产的房屋设定抵押时，须报国有资产管理机关备案。

第九条 以共有的房地产设定抵押的，抵押人应事先书面征得其他共有人同意。

第十条 抵押人以已出租的房地产设定抵押权时，须将租赁情况告知抵押权人，并将抵押情况告之承租人，原租赁合同继续有效。抵押期间租赁期满，承租人需继续租赁原房屋的，须经抵押权人同意。

第十一条　抵押人设定房地产抵押时，向抵押权人提供抵押房地产的资产评估报告的，

抵押权人有权对资产评估报告进行审查。

第十二条　抵押权人在征得抵押人同意后，可以抵押人名义为抵押房地产投保，保险费由抵押人负担。抵押的房地产已投保的，抵押人应将保险单移送抵押权人保管。在抵押期间，抵押权人应为保险赔偿的第一受益人。

第三章　抵押合同的订立和管理

第十三条　以房地产设定抵押，抵押人和抵押权人应当签订抵押合同。抵押合同不得违背法律、法规、规章和土地使用权出让合同的规定。

第十四条　房地产抵押合同应载明下列条款：

（一）抵押房地产的处所、名称、状况、建筑面积、用地面积、四至等；

（二）抵押房地产的估价、抵押率；

（三）抵押房地产的占管人、占管方式和责任，意外毁损、灭失的风险责任；

（四）抵押权消灭的条件；

（五）抵押权人处分抵押房地产的方式。

第十五条　订立房地产抵押贷款合同，还须符合有关法规、规章的规定。

第十六条　房地产抵押合同自签订之日起30日内，抵押人须向房地产管理部门或土地管理部门（以下统称登记部门）办理抵押登记。

第十七条　办理抵押登记须持下列文件：

（一）抵押合同；

（二）土地使用权出让合同或转让合同；

（三）抵押当事人的身份证明或法人资格证明；

（四）《国有土地使用证》和《房屋所有权证》，共有的房屋须提交《房屋共有权证》和其他共有人同意抵押的证明；

（五）以期得权益的房屋作抵押的，须提交生效的预售（购）房屋合同。

第十八条　房地产抵押合同发生变更的，抵押人应在15日内向原登记部门办理变更登记。

第四章　抵押房地产的占管

第十九条　已作抵押的房地产，可以由抵押人占管。抵押人在占管期间应维护抵押房地产的完好。抵押权人有权按照抵押合同的规定检查抵押房地产的管理情况，提出管理要求，抵押人不得拒绝。

第二十条　以土地使用权设定抵押的，在抵押合同有效期间，抵押人必须继续履行土地使用权出让合同规定的各项义务。

第二十一条　抵押权可以转让。经抵押权人同意，抵押房地产可以转移或出租。抵押

权转让或抵押房地产转移后必须重新签订抵押合同,并按本办法的规定重新办理抵押登记。

第二十二条　因国家建设需要征用设定抵押权的房地产的,抵押双方可重新设定抵押物;也可就抵押房地产的实际价值,依法清理债权债务,解除抵押合同。

第二十三条　抵押人占管的房地产发生损毁、灭失的,抵押人应及时将情况告知抵押权人,并应采取措施防止损失的扩大。抵押的房地产因损失不足以作为履行债务的担保时,抵押权人有权要求抵押人重新提供或增加担保以弥补不足,或直接向保险公司行使求偿权。

第五章　抵押房地产的处分

第二十四条　有下列情况之一的,抵押权人有权处分抵押的部分或全部房地产,直至偿还全部债务:

(一)抵押人未按合同规定履行债务,又未能与抵押权人达成延迟履行协议的;

(二)抵押人死亡或被依法宣告死亡,抵押人的继承人、受遗赠人、代管人拒不履行债务或无继承人、受遗赠人代其履行债务的;

(三)抵押人被依法宣告解散或破产的。

第二十五条　抵押权人可以以下列方式处分抵押房地产:

(一)委托房地产中介机构出售;

(二)委托政府指定的拍卖机构拍卖;

(三)抵押合同约定的其他方式。

第二十六条　以土地使用权设定抵押的,抵押权人实现抵押权时,其权利及于土地使用权和地上建筑物、其他附着物。处分房屋时,其房屋使用权范围内的土地使用权是以划拨方式取得的,划拨土地使用权应随房屋一同转移;划拨土地使用权连同地上房屋一同出售、拍卖的,其出售、拍卖所得款项,须扣除应补交的土地出让金后,再按规定顺序分配。

第二十七条　抵押权人处分抵押房地产时,应事先书面通知抵押人和利害关系人;抵押房地产为共有或出租的,还应同时书面通知共有人和承租人。共有人和承租人依法享有优先购买权。抵押权人处分抵押的房地产时,抵押人不得设置障碍,并严格按照抵押合同的规定履行责任。

第二十八条　已出租的住房处分后,原租赁合同期满,获得该房屋的产权人不同意续租的,可书面通知原承租人在6个月内迁出;产权人继续出租该住房的,原承租人在同等条件下享有优先承租权。

第二十九条　抵押权人对抵押房地产的处分,因下列情况而终止:

(一)抵押人履行了全部债务;

(二)抵押人或抵押权人已就该抵押合同向人民法院提起诉讼

第三十条　处分抵押房地产所得款项,依下列顺序分配:

(一)支付处分抵押房地产的费用;

(二)扣除抵押房地产应缴纳的税款;

（三）偿还抵押权人的债权本息及违约金；

（四）剩余金额交还抵押人。

第三十一条　以抵押房地产清偿债务时，同一房地产有数个抵押权人的，应当按照设定抵押权的先后顺序清偿。处分抵押房地产所得款项不足偿还所欠债务本息和违约金时，抵押权人有权向抵押人追索不足部分。

第三十二条　抵押权因债务清偿或者其他原因而消灭的，抵押人应在抵押权消获得原抵押房地产的产权人，应自成交之日起 15 日内到登记部门办理过户登记。

第三十三条　处分抵押的房地产时，抵押人与抵押权人发生争议的，双方当事人可申请房地产管理部门或有关合同仲裁机构裁决，也可向人民法院起诉。

第六章　法　律　责　任

第三十四条　房地产抵押不到登记部门办理登记的，抵押行为无效，由此造成经济损失的，由责任方承担或赔偿。双方都有责任的，按责任大小分担。

第三十五条　已生效的房地产抵押合同，当事人应履行合同约定的义务，任何一方不履行或不完全履行合同的，应当赔偿对方由此受到的损失。

第三十六条　抵押人隐瞒抵押的房地产存在共有、产权争议或被查封、扣押等情况的，抵押人应当承担由此产生的法律责任。

第三十七条　在抵押期间抵押人擅自将抵押的房地产出租、出售、赠与或以其他方式处分的，其行为无效。

第七章　附　　　则

第三十八条　登记部门办理房地产抵押登记的管辖范围，按市人民政府的有关规定执行。

第三十九条　登记部门办理抵押登记，应自收到抵押登记的全部文件之日起 30 日内办理完毕。

第四十条　本办法自发布之日起施行。关于在城市干道两侧划定隔离带的规定（1984 年 2 月 10 日北京市人民政府京政发 21）。

北京市人民政府关于修改《北京市实施〈中华人民共和国城镇土地使用税暂行条例〉办法》的决定

北京市人民政府令第188号

《北京市人民政府关于修改〈北京市实施中华人民共和国城镇土地使用税暂行条例办法〉的决定》已经2007年4月17日市人民政府第64次常务会议审议通过，现予公布，自公布之日起施行。

市长　王岐山

二〇〇七年四月二十七日

北京市实施《中华人民共和国城镇土地使用税暂行条例》办法

北京市人民政府决定对《北京市实施〈中华人民共和国城镇土地使用税暂行条例〉办法》作如下修改：

一、第三条修改为："土地使用税以纳税人实际占用的土地面积为计税依据，依照本办法规定的税额计算征收。占用的土地面积按建设用地规划许可证或者土地权属文件的土地占用面积确定；没有建设用地规划许可证或者土地权属文件的，以纳税人据实申报并经地方税务机关核实的土地占用面积确定。"

二、第四条修改为："本市土地使用税的纳税等级划分为六级，每平方米年税额如下：

"一级土地30元；

"二级土地24元；

"三级土地18元；

"四级土地12元；

"五级土地3元；

"六级土地1.5元。

"土地纳税等级范围的划分，由北京市地方税务机关参照北京市出让国有土地使用权基准地价级别范围确定和调整。"

三、第五条修改为："下列土地免缴土地使用税：

"(一)国家机关、人民团体、军队自用的土地；

"(二)由财政机关拨付事业经费的单位自用的土地；

"（三）宗教寺庙、公园、名胜古迹自用的土地；

"（四）市政道路、广场、绿化地带等公共用地；

"（五）直接用于农、林、牧、渔业的生产用地；

"（六）经批准开山整治的土地和改造的废弃土地，从使用的月份起免缴土地使用税 10 年；

"（七）由财政部另行规定免税的能源、交通、水利设施用地和其他用地。"

四、第八条修改为："纳税人应在地方税务机关规定的期限内向地方税务机关提交使用土地面积数量的依据，办理土地情况登记手续。

"纳税人使用土地情况变动的，应当自变动之日起 30 日内，到登记地的地方税务机关办理土地情况变更税务登记手续。"

五、第九条第一款修改为："纳税人应当向土地所在地的地方税务机关缴纳土地使用税。土地所在地与纳税人登记地不一致的，由市地方税务机关按照国家有关规定确定纳税地点。"

删去第九条第二款。

六、新增一条作为第十条："土地管理机关应当定期向地方税务机关提供土地权属资料信息，具体办法由市地方税务机关会同市土地管理机关制定。"

七、第十条改为第十一条并修改为："土地使用税的征收管理，按照《中华人民共和国税收征收管理法》、《中华人民共和国税收征收管理法实施细则》和本市有关规定执行。"

八、删去第十一条。

九、删去第十二条。

此外，根据本决定，对机构名称、个别文字和条款顺序作相应的修改和调整。

本决定自公布之日起施行。1988 年 12 月 30 日北京市人民政府京政发［1988］115 号文件发布，1998 年 6 月 12 日北京市人民政府第 6 号令修改的《北京市实施〈中华人民共和国城镇土地使用税暂行条例〉办法》根据本决定修改后重新公布。

北京市人民政府关于印发《北京市 2007 年至 2010 年土地供应中期计划》的通知

京政发[2007]20 号

各区、县人民政府，市政府各委、办、局，各市属机构：

现将《北京市 2007 年至 2010 年土地供应中期计划》印发给你们，请认真遵照执行。

二〇〇七年八月十三日

北京市 2007 年至 2010 年土地供应中期计划

一、指导思想和原则

（一）指导思想

以邓小平理论和“三个代表”重要思想为指导，以科学发展观为统领，以人口资源环境协调发展为目标，紧密围绕“新北京、新奥运”战略构想，落实北京城市总体规划、北京市土地利用总体规划、北京市国民经济和社会发展第十一个五年规划纲要的发展目标，保障经济社会又好又快发展。

（二）基本原则

1. 加强土地宏观调控。进一步深入贯彻落实党中央、国务院关于加强土地调控的方针政策，充分发挥市场在土地资源配置中的基础性作用，严格控制供应总量，不断优化供应结构，有保有压，促进产业结构调整和经济增长方式转变。

2. 坚持土地节约集约利用。充分认识到我国人多地少的基本国情，特别是本市面临的人口资源环境压力，严格控制增量用地供应，进一步推动土地利用方式由外延扩张向内涵挖潜、由粗放低效向集约高效转变，为构建资源节约型、环境友好型社会贡献力量。

3. 统筹城乡和区域协调发展。正确处理和合理把握中心城、新城、小城镇和中心村建设之间的关系，积极推动“两轴—两带—多中心”的城市空间结构调整，落实区县功能定位，优化土地供应空间布局，促进中心城人口和功能的有机疏解，扎实推进重点新城建设和新农村建设工作。

二、中期计划调控目标

（一）总量

2007 年至 2010 年本市土地供应总量控制在 24200 公顷以内，其中新增建设用地严格控制在 14000 公顷以内，鼓励和引导利用存量建设用地 10200 公顷左右。

（二）结构

在 2007 年至 2010 年土地供应总量中，基础设施用地 10700 公顷；工矿仓储用地 4400

公顷;科技、教育、文化、卫生、体育和行政办公用地1400公顷;住宅用地6400公顷,其中:经济适用住房及廉租房用地860公顷,“两限普通商品房”用地740公顷,其他商品房用地4800公顷;商业服务用地1300公顷。

(三)布局

首都功能核心区和城市功能拓展区土地供应量不超过土地供应总量的30%,城市发展新区和生态涵养区土地供应量不低于土地供应总量的70%。城市功能拓展区和城市发展新区土地供应量不低于土地供应总量的70%。规划新城范围内土地供应量不低于土地供应总量的40%。

三、土地供应政策导向

落实城市空间发展战略和区县功能定位,构建中心城、新城、小城镇、中心村协调发展的空间格局体系,强化以基础设施建设为引导的土地供应空间模式,优化空间布局。以转变经济增长方式、推动产业结构升级、加大政府住房保障力度、完善城市功能为目标,坚持有保有压的原则,优化土地供应结构。加强对土地资源的保护,推行用地标准管理,严肃查处违法违规用地行为,促进土地节约集约利用。

(一)优化空间布局

1.按照统筹城乡和区域协调发展原则,加强土地供应区域分类指导。严格控制中心城土地供应规模,促进中心城人口和功能的有机疏解和调整。重点保障基础设施和公用设施的土地供应,适度供应符合中心城功能定位的产业发展用地,严格限制与中心城整体发展不协调的土地供应。中心城土地供应重点放在边缘集团和重点功能区;除必要的公用设施配套项目、必需的城市改造整治项目和国家需要的建设项目用地以外,中心城的中心地区不再新增供应土地。除参照经济适用住房管理的危改文保项目或房改带危改等项目以外,东四环、西四环、北四环和南三环路以内原则上不再新增集中建设经济适用住房的用地。支持加快绿化隔离地区建设,严禁在已经划定的建设用地范围外新增各类建设用地。保障重点新城建设和新农村建设的土地供应。支持新城、小城镇建设有序推进;合理安排土地供应规模和时序,突出重点新城、新城、小城镇和新农村建设等区域土地供应梯度和时序,有效落实区县功能定位;通过优先保证重大区域性基础设施建设和重大产业项目的土地供应,结合重点开发地区土地供应,逐步建立基础设施和公共设施建设先行的土地供应空间模式。

2.强化公共交通引导住宅用地供应,实现城市的空间均衡发展。加强交通基础设施在土地供应和城市发展过程中的引导作用。在轨道交通、大容量公共交通、主要公共交通走廊站点附近集中安排经济适用住房和普通商品房用地的供应;合理控制和把握轨道交通站点500米至1000米范围内住宅用地的供应时序;将居住、商业、产业、教育、卫生、文化用地等进行一定程度上的混合安排,提高土地利用效率。

3.通过集中土地供应,引导产业的合理布局。根据“两轴—两带—多中心”的城市空间结构,实施土地的空间梯度供应,促进城市功能区和六大高端产业功能区协调有序发展。中心城产业用地供应重点是高端服务业、高新技术产业和文化创意产业;城市东南发展带产业用地供应重点是电子、汽车、机电、生物医药等现代制造业和现代服务业;其他新城产业用地供应可根据区域功能定位,在有利于环境和生态保护的前提下,建设各具特色的园区和产业基地。产业用地供应要按产业类别和技术层次向开发区(园区)集中,通过重大项目布局引导相关产业向重点功能区和专业集聚区集聚;除重大、特殊项目外,严格控制在开发区(园区)和规划工业用地区域(基地)外单独选址进行建设;鼓励新农村建设过程中的农产品加工、服装加工、包装印刷和为现代制造业配套的产业,向符合北京城市总体规划和土地利用总体规划的开发区(园区)或产业基地集中;进一步清理五环路以内和五环路以外且不在开发区(园区)内的工业项目。

(二)优化土地供应结构

1. 优先和适度超前安排基础设施用地,引导、保障和支撑城市健康有序发展。优先保证地铁9号线(白石桥至郭公庄)、亦庄线(宋家庄至北京经济技术开发区)、地铁10号线二期(劲松至万柳)、地铁8号线(地安门至回龙观)、地铁6号线一期(五路至定福庄)和大兴线(马家楼至黄村)等城市轨道交通、首都机场扩建和奥运场馆周边道路项目用地供应;优先支持能源和水资源设施项目用地供应,缓解首都经济社会发展的资源瓶颈制约;重点保障公路、铁路、城市路网和静态交通设施等项目用地供应,构建现代化综合交通体系;支持环卫、城市绿化等项目用地供应,提高城市环境质量;适度超前安排新城水、电、气、热、交通、环卫等基础设施项目用地供应,引导城市总体格局的调整和优化。

2. 大力支持符合城市功能定位的产业用地供应,构建合理、具有比较优势的产业结构。优先确保高新技术产业和高端、高效、高辐射力的现代制造业土地供应;优先支持金融服务、信息服务、物流服务、商务服务及教育培训等生产性服务业土地供应,支持基础服务业用地供应;保障文化创意产业土地供应。

3. 适度加大各类公共服务设施用地的供应,提升公共服务的水平。优先确保奥运场馆及相关公共服务设施用地供应;确保中央在京国家机关及企事业单位、驻京部队重点项目和本市教育、科技、文化、卫生、体育等重点项目土地供应;适度超前供应新城公共服务设施用地。

4. 保持住宅用地的平稳供应,加大政府住房保障力度。调整和优化住宅用地供应结构,加大廉租住房、经济适用住房、"两限普通商品房"和其他中低价位、中小套型普通商品房的土地供应,其供应量不低于住宅用地供应总量的70%,合理控制单宗住宅项目用地出让规模。保障"十一五"期间廉租住房建设150万平方米,市、区县政府集中建设经济适用住房1500万平方米,其他比照经济适用住房政策的住宅1500万平方米和"两限普通商品房"1500万平方米的土地供应,稳定房地产市场。

(三)促进土地节约集约利用

1. 严格保护耕地,从严控制增量用地供应。严格按照国务院下达的土地利用年度计划确定的建设用地规模、农用地转用规模、耕地保有量和耕地指标,从严控制农用地转为建设用地;严格保护基本农田,除国务院批准的国家重点建设工程项目,以及本市的重点建设工程项目外,严禁其它项目建设占用基本农田。

2. 制订和完善用地标准,提高土地利用效益。完善并严格执行建设项目的用地标准和相关控制性指标,建立土地供应用地标准管理机制,促进基础设施、公共服务设施等项目用地的集约利用;产业用地供应与土地利用指标、投资强度、产出效益等指标挂钩,提高开发区(园区)建设项目的准入门槛;适度提高轨道交通站点周边政策性住房建筑密度、容积率,提高土地利用效益。

3. 继续推进土地市场建设，发挥市场配置资源的基础性作用。继续完善商业、旅游、娱乐、商品住宅项目用地招标、拍卖、挂牌方式出让的供应机制；积极实施工业用地招标、拍卖、挂牌方式出让制度；开展竞争性的基础设施和公共服务设施用地招标、拍卖、挂牌方式出让试点工作。

4. 加大闲置土地清理力度，严肃查处违法违规用地行为。通过合理确定各功能区的土地供应量和结构，保障科学发展所需土地供应。加强土地供应后的监督管理，及时清查闲置土地，确保有效供应。不准以经济社会发展、新城建设、新农村建设、提高农民收入等为由，违法违规乱占土地。违反相关法律法规的，一律按照非法用地严肃查处。

四、中期计划实施

（一）年度安排

按照"全市统筹、区域协调、保障重点"的原则，区分年度特点，统筹考虑经济社会发展需要、年度土地供应计划执行情况等综合因素，科学研究并处理好中期计划与年度土地供应计划的关系。

2008 年以前，年度土地供应计划继续紧密围绕奥运会的筹办，重点保障轨道交通、环境整治、市政公用设施、重点功能区和重点新城基础设施的土地供应；2008 年以后，年度土地供应计划要紧密围绕落实区县功能定位和新城建设等重点开发区域。

（二）中期计划实施保障措施

1. 加大政府在土地储备开发和土地供应中的主导性作用，逐步健全市、区县共同实施土地供应计划的工作机制。一是加强基础工作。市发展改革、规划和国土资源等部门要会同区县政府，尽快做好实施土地供应中期计划涉及的产业政策、空间区域、实施时序和规划条件等基础工作，加强协同配合，简化审批程序，提高服务效率。二是完善土地储备开发运作模式，加强政府储备力度，提高对房地产市场调控能力。加强市、区县政府对土地储备开发的监督、指导力度，适度加大政府投入，逐步实现年度保障性住房用地全部通过政府储备开发实现供应、年度经营性用地按不低于 60% 比例通过政府储备开发实现供应。

2. 逐步将年度土地供应计划落实到具体地块，并向社会公布。区县政府和市有关行业主管部门要按照职责分工，积极主动做好土地供应中期计划实施工作，分阶段定期确定本行政区域和本行业拟安排的土地供应地块，由市国土局和市发展改革委汇总，并会同相关部门审查通过后，定期向社会公布。

3. 加强年度计划执行过程中的沟通、协调和监督。市国土局和市发展改革委等部门要切实加大中期计划执行过程中的协调力度，及时总结计划执行情况，定期向市政府报告并适时向区县政府通报，支持、指导区县政府做好年度计划安排和实施工作；区县政府和市有关行业主管部门要及时主动地与市国土局、市发展改革委等部门沟通，共同研究解决计划执行过程中遇到的困难和问题。对因特殊原因影响供应计划执行的，市国土局和市发展改革委要会同相关部门和区县政府做好计划调整工作。市国土局和市发展改革委对区县政府年度土地供应计划的组织、工作绩效和计划实施效果进行综合评价，结合年度内违法违规用地查处情况，形成综合意见报市政府，纳入市政府对区县政府工作的考核。

北京市人民政府关于印发《北京市城市廉租住房管理办法》的通知

京政发[2007]26 号

各区、县人民政府,市政府各委、办、局,各市属机构:

现将《北京市城市廉租住房管理办法》印发给你们,请结合实际,认真贯彻执行。

二〇〇七年九月二十五日

北京市城市廉租住房管理办法

第一章　总　　则

第一条　为完善城市廉租住房制度,保障低收入家庭的基本住房需求,根据《国务院关于解决城市低收入家庭住房困难的若干意见》(国发[2007]24 号)精神,结合本市实际,制定本办法。

第二条　本市行政区域内城市廉租住房的建设和管理活动适用本办法。

第三条　本市廉租住房保障水平应当以保障低收入家庭基本住房需求为原则,根据财政承受能力和居民住房状况合理确定。

第四条　城市低收入家庭廉租住房保障方式以发放租赁住房补贴为主,实物配租为辅。

本办法所称租赁住房补贴(以下简称租房补贴)方式,是指住房保障管理部门向符合条件的申请家庭,按照规定的标准发放住房租金补贴,由其到市场上租赁住房。

本办法所称实物配租方式,是指住房保障管理部门向符合条件的申请家庭提供住房,并按照其家庭收入的一定比例收取租金。

对已承租公房的低收入家庭,按现行有关规定实行租金减免政策。

第五条　廉租住房建设和管理工作坚持政府主导,并遵循以下原则:以区为主、全市统筹;自愿申请、逐级审核;公开透明、分期轮候;定期复核、动态监管。

第六条　廉租住房补贴及建设资金由市、区县财政按一定比例共同承担,主要通过以下方式筹集:

(一)市、区县财政预算安排的资金。

(二)住房公积金增值收益中按规定提取的城市廉租住房补充资金。

(三)土地出让净收益中按一定比例提取的资金。

此外,可通过鼓励社会捐赠等方式多渠道筹集资金。

第七条 市政府建立本市住房保障管理工作的协调机制。市建委负责全市城市廉租住房的管理工作。市发展改革、国土资源、规划、财政、税务、民政、交通等有关部门和相关金融机构按照职责分工做好相关工作。各区县政府房屋行政主管部门负责本区县城市廉租住房的管理工作。

第二章 供 应 对 象

第八条 申请租房补贴或实物配租应当以家庭为单位,并符合以下条件:

(一)申请人必须具有本市城镇户籍,在本市生活,申请家庭应推举具有完全民事行为能力的家庭成员作为申请人。

(二)申请家庭人均住房面积、家庭收入、家庭资产符合规定的标准。

城八区廉租住房保障对象的人均住房面积、家庭收入、家庭资产标准由市建委会同有关部门根据本市居民收入、居住水平、住房价格等因素研究确定,报市政府批准后,每年向社会公布一次;远郊区县的上述标准由区县政府结合实际确定,报市政府批准后,每年向社会公布一次。

第九条 申请家庭成员之间应具有法定的赡养、扶养或者抚养关系,包括申请人及其配偶、子女、父母等。但申请家庭成员中已享受廉租住房政策或已作为其他家庭的成员参与廉租住房申请的人员,不得再次参与申请。

第十条 家庭住房是指全部家庭成员名下承租的公有住房和拥有的私有住房。申请家庭现有2处或2处以上住房的,住房面积应合并计算。

第十一条 家庭收入是指家庭成员的全部收入总和,包括工资、奖金、津贴、补贴、各类保险金及其他劳动收入、储蓄存款利息等。

第十二条 家庭资产是指全部家庭成员名下的房产、汽车、现金和有价证券、投资(含股份)、存款、借出款等。

第三章 房 源 筹 集

第十三条 廉租实物住房采取新建和收购方式筹集。来源包括:

(一)政府出资建设的廉租住房(新建廉租住房主要在普通商品住房、限价商品住房、经济适用住房项目中按照一定比例配建,由政府回购,不足部分可采取集中建设方式)。

(二)政府出资收购的住房。

(三)社会捐赠的住房。

(四)其他渠道筹集的住房。

第十四条 廉租实物住房供应实行统一的计划管理,原则上由区县政府组织建设或收购,对部分房源不足的区县,市建委可以适当调剂。

第十五条 新建的廉租实物住房用地实行行政划拨方式供应,免收各项行政事业性收费；配建的廉租住房由市、区县住房保障管理部门按规定价格回购并按规定的租金标准向符合条件的家庭出租的，按有关规定享受税收优惠。

第十六条 廉租住房按照小户型、满足基本住房需求、节能省地的原则建设或收购。具体标准由市规划委会同市建委、市国土局、市发展改革委等部门研究确定。

第十七条 廉租实物住房的租金收入实行收支两条线管理，租金收入上缴同级财政部门，维护和管理所需经费由各级住房保障管理部门编制预算，报同级财政部门审核后纳入部门预算。

第四章 审核与分配

第十八条 对申请廉租住房的家庭实行三级审核、两级公示制度。

（一）申请：申请家庭向户口所在地街道办事处或乡镇政府提出申请。

（二）初审：街道办事处或乡镇政府通过审核材料、入户调查、组织评议、公示等方式对申请家庭的住房、收入、资产等情况进行初审，提出初审意见，并将符合条件的申请家庭报区县住房保障管理部门。人户分离家庭在户口所在地和实际居住地同时进行公示。

（三）复审：区县住房保障管理部门对申请家庭进行复审，符合条件的，将申请家庭的情况进行公示，无异议的，报市建委。

（四）备案：市建委对申请家庭情况进行复核，符合条件的，市建委予以备案。区县住房保障管理部门为经过备案的申请家庭建立市、区县共享的住房需求档案。

第十九条 城八区廉租住房保障标准、每平方米租金补贴标准及补贴面积标准，由市建委会同有关部门根据本市居民平均住房状况、家庭人口结构等因素研究确定，报市政府批准后，每年向社会公布一次；远郊区县的上述标准由区县政府结合实际确定，报市政府批准后，每年向社会公布一次。

第二十条 符合条件的家庭只能选择一种廉租住房保障方式，其中实物住房主要配租给家庭成员中有60周岁以上（含60周岁）老人、严重残疾人员、患有大病人员的家庭和承租危房及面临拆迁的家庭。

第二十一条 有原住房的家庭在享受廉租住房保障时，可将原住房退出或由住房保障管理部门回购；不能退出原住房的，由住房保障管理部门按差额面积发放租房补贴或配租实物住房。

第二十二条 对申请租房补贴和实物配租的家庭实行轮候制度。区县住房保障管理部门按住房困难程度等因素实行分类轮候，通过摇号方式确定排序。

第二十三条 领取租房补贴的家庭应与产权人或产权单位签订租赁合同，租房补贴由户口所在地的区县住房保障管理部门或街道办事处、乡镇政府直接支付产权人或产权单位。

承租廉租实物住房的家庭应与房屋产权单位签订租赁合同，按期交纳租金。租金标准由市发展改革委会同市建委等部门研究确定。

第五章　监　督　管　理

第二十四条　建设、收购的廉租住房产权登记在区县政府委托的单位名下，按照属地原则进行管理。建设、收购的廉租住房的产权人不得将房屋转让、抵押。

第二十五条　廉租住房只能用于申请家庭及其成员自住，不得转租、转借以及从事居住以外的任何活动。

第二十六条　享受廉租住房保障的家庭，每年应按时向区县住房保障管理部门申报住房、收入、人口及资产状况，区县住房保障管理部门会同有关部门对其申报情况进行复核，并按照复核结果，调整租房补贴金额或者实物配租面积。

区县住房保障管理部门定期对享受廉租住房保障的家庭住房、收入、人口及资产状况进行检查，对家庭收入连续1年超出规定标准的，取消其廉租住房保障资格，停发租房补贴，或者在合理期限内收回廉租住房。

第二十七条　对违反本办法，不如实申报家庭住房、收入、人口及资产状况，骗取廉租住房保障的，责令其退还已领取的租房补贴，或者退出廉租住房并补交市场平均租金与廉租住房标准租金的差额，并依据有关规定进行处罚，5年内不得再申请廉租住房保障；构成犯罪的，移交司法机关依法追究刑事责任。

第二十八条　享受廉租住房保障的家庭有下列行为之一的，由区县住房保障管理部门收回其承租的廉租住房，或者停止发放租房补贴：

（一）将承租的廉租住房转借、转租的。

（二）擅自改变房屋用途的。

（三）连续6个月以上未在廉租住房内居住的。

第二十九条　对为申请人出具虚假证明的单位，由市建委提请其上级主管部门或监察部门依法追究单位主要领导和相关人员的责任；构成犯罪的，移交司法机关依法追究刑事责任。

第三十条　对有关部门和单位的工作人员，在廉租住房管理工作中利用职务上的便利收受他人财物或者其他好处的，对已批准的廉租住房不依法履行监督管理职责的，或者发现违法行为不予查处的，给予行政处分；构成犯罪的，移交司法机关依法追究刑事责任。

第六章　附　　则

第三十一条　各区县政府可依据本办法，结合实际情况，制定具体实施办法。

市政府各相关部门可依据本办法，根据各自职责制定相应配套文件。

第三十二条　本办法自发布之日起施行。凡过去文件规定与本办法不一致的，以本办法为准。

北京市人民政府关于印发《北京市经济适用住房管理办法(试行)》的通知

京政发[2007]27号

各区、县人民政府,市政府各委、办、局,各市属机构:

现将《北京市经济适用住房管理办法(试行)》印发给你们,请结合实际,认真贯彻执行。

二〇〇七年九月二十五日

北京市经济适用住房管理办法(试行)

第一章 总 则

第一条 为建立和完善住房保障制度,保障低收入家庭的基本住房需求,改进和规范经济适用住房建设和管理,根据《国务院关于解决城市低收入家庭住房困难的若干意见》(国发[2007]24号)精神,结合本市实际,制定本办法。

第二条 本办法所称经济适用住房,是指政府提供优惠政策,限定建设标准、供应对象和销售价格,向低收入住房困难家庭出售的具有保障性质的政策性住房。

本市行政区域内经济适用住房的建设和管理活动适用本办法。

第三条 经济适用住房建设和管理工作坚持政府主导,并遵循以下原则:以区为主、全市统筹;自愿申请、逐级审核;公开透明、公平公正;严格交易、动态监管。

第四条 市政府建立本市住房保障管理工作的协调机制。市建委负责全市经济适用住房的管理工作。市发展改革、国土资源、规划、财政、税务、民政、交通等有关部门和相关金融机构按照职责分工做好相关工作。各区县政府房屋行政主管部门负责本区县经济适用住房管理工作。

第二章 供 应 对 象

第五条 申请购买经济适用住房的家庭应符合以下条件:

(一)申请人须取得本市城镇户籍时间满3年,且年满18周岁,申请家庭应当推举具有完全民事行为能力的家庭成员作为申请人。单身家庭提出申请的,申请人须年满30周岁。

(二)申请家庭人均住房面积、家庭收入、家庭资产符合规定的标准。城八区的上述标准由市建委会同相关部门根据本市居民收入、居住水平、住房价格等因素确定，报市政府批准后，每年向社会公布一次；远郊区县的上述标准由区县政府结合实际确定，报市政府批准后，每年向社会公布一次。

第六条　申请家庭成员之间应具有法定的赡养、扶养或者抚养关系，包括申请人及其配偶、子女、父母等。但申请家庭成员中已享受经济适用住房政策或已作为其他家庭的成员参与经济适用住房申请的人员，不得再次参与申请。

第七条　家庭住房是指全部家庭成员名下承租的公有住房和拥有的私有住房。申请家庭现有2处或2处以上住房的，住房面积应合并计算。

第八条　家庭收入是指家庭成员的全部收入总和，包括工资、奖金、津贴、补贴、各类保险金及其他劳动收入、储蓄存款利息等。

第九条　家庭资产是指全部家庭成员名下的房产、汽车、现金和有价证券、投资（含股份）、存款、借出款等。

第三章　房　源　筹　集

第十条　市建委根据需求和资源状况，制定经济适用住房建设、收购计划。各区县政府负责解决本行政区域内经济适用住房房源问题。对部分房源不足的区县，市建委可以适当调剂。

第十一条　经济适用住房采取集中建设和商品住房项目配建方式筹集，也可采取在市场上收购二手房、单位集资合作建设的房屋或社会机构投资建设的房屋等方式筹集。

第十二条　采取集中建设方式的，项目用地由市、区县土地储备机构提供，由市、区县政府组织公开招标，确定项目法人或代建单位。

采取配建方式的，由市规划委、市国土局等部门在区域适宜的商品住房建设项目中，确定经济适用住房的建设比例。土地入市交易时，与商品住房项目同时招标、配套建设，分别销售、分别管理。

第十三条　经济适用住房开发建设享受以下优惠政策：

（一）建设用地以行政划拨方式供应。

（二）免收建设和经营中的行政事业性收费。

（三）小区外基础设施建设费用由政府负担。

第十四条　经济适用住房项目应保持合理的开发规模，户型设计控制为中小户型，具体标准由市规划委制定。

第十五条　收购二手房、单位集资合作建设的房屋或社会机构投资建设的房屋作为经济适用住房的，要按小户型、满足基本住房需求、节能省地的原则收购。

第十六条　经济适用住房销售价格由项目开发成本、税金、利润组成，通过竞价或政府审核方式确定或调整。有关竞价方案或价格审核工作由市发展改革委牵头，会同市建委等部门办理。

第四章　审 核 与 销 售

第十七条　对申请购买经济适用住房的家庭实行三级审核、两级公示制度。

（一）申请：申请家庭向户口所在地街道办事处或乡镇政府提出申请。

（二）初审：街道办事处或乡镇政府通过审核材料、入户调查、组织评议、公示等方式对申请家庭的收入、住房、资产等情况进行初审，提出初审意见，并将符合条件的申请家庭报区县住房保障管理部门。人户分离家庭在户口所在地和实际居住地同时进行公示。

（三）复审：区县住房保障管理部门对申请家庭进行复审，符合条件的，将申请家庭的情况进行公示，无异议的，报市建委。

（四）备案：市建委对区县住房保障管理部门上报的申请家庭材料进行复核，符合条件的，市建委予以备案。区县住房保障管理部门为经过备案的申请家庭建立市、区县共享的住房需求档案。

第十八条　对符合条件的家庭，由区县住房保障管理部门组织轮候摇号配售。其中划拨经济适用住房建设用地涉及的被拆迁家庭、重点工程建设涉及的被拆迁家庭、旧城改造和风貌保护涉及的外迁家庭以及家庭成员中含有 60 周岁以上（含 60 周岁）老人、严重残疾人员、患有大病人员、优抚对象、复员军人等住房困难家庭可优先配售。

第十九条　符合条件的申请家庭只能按照规定的标准购买 1 套经济适用住房。

第五章　监　督　管　理

第二十条　经济适用住房产权登记在购房人名下，购房人拥有有限产权。房屋行政主管部门进行权属登记时应当在房屋权属证书上注明“经济适用住房”字样。

第二十一条　经济适用住房只能自住，不得出租或出借以及从事居住以外的任何活动。购买经济适用住房不满 5 年的不得上市交易；对于因各种原因确需转让经济适用住房的，可向购买人户口所在区县住房保障管理部门申请回购，回购价格按照原价格并考虑折旧和物价水平等因素确定。

购买经济适用住房满 5 年的，出售时应当按照届时同地段普通商品住房和经济适用住房差价的一定比例交纳土地收益等价款，并由政府优先回购；购房人也可以在补缴政府应得收益后取得完全产权。

已经购买了经济适用住房的家庭又购买其他住房的，原经济适用住房由政府回购。

上述由政府回购的房屋继续作为经济适用住房向符合条件的家庭出售。

上市交易交纳价款的具体比例和政府回购的具体办法由市建委会同市国土局、市财政局、市发展改革委、市规划委等部门研究确定，报市政府批准后实施。

第二十二条　市、区县住房保障管理部门建立全市统一的经济适用住房管理信息平台，对全市经济适用住房建设、供应和需求进行动态管理。

第二十三条　已经由市建委备案的申请家庭，在家庭收入、住房或资产情况等方面发生变化的，应如实向区县住房保障管理部门报告，区县住房保障管理部门会同有关部门对其申报情况进行复核,区县住房保障管理部门也可对申请家庭的收入、住房和资产情况进行检查。对经检查核实,不符合购买经济适用住房条件的家庭,取消购房资格。

第二十四条　经济适用住房建设单位有下列行为之一的,由相关部门依法进行处理:

(一)未经批准擅自改变经济适用住房土地用途的,由市国土局处理。

(二)违反经济适用住房价格管理有关规定的,由市发展改革委处理。

(三)擅自向未经住房保障管理部门确定的配售家庭出售经济适用住房的,由区县建委责令建设单位限期收回;不能收回的,由建设单位补交同地段经济适用住房与商品住房的差价,并对建设单位给予处罚。

第二十五条　对弄虚作假,隐瞒家庭收入、住房和资产状况及伪造相关证明的申请人,由区县住房保障管理部门取消其申请资格,5 年内不得再次申请;构成犯罪的,移交司法机关依法追究刑事责任。已骗购经济适用住房的,擅自改变房屋用途的,擅自转租或转借他人居住的,由区县住房保障管理部门责令购房人退回已购住房或按同地段商品住房价格补足购房款;构成犯罪的,移交司法机关依法追究刑事责任。

第二十六条　对为申请人出具虚假证明的单位,由市建委提请其上级主管部门或监察部门依法追究单位主要领导和相关人员的责任;构成犯罪的,移交司法机关依法追究刑事责任。

第二十七条　对有关部门和单位工作人员在申请家庭资格审查和经济适用住房建设、销售、管理等过程中,玩忽职守、滥用职权、徇私舞弊的,依法追究行政责任;构成犯罪的,移交司法机关依法追究刑事责任。

第六章　附　　则

第二十八条　本办法施行前已通过经济适用住房购买资格审核、尚未购买经济适用住房的家庭,不再到原审核窗口办理延期手续,可持原核准通过的相关证明材料,到户口所在区县住房保障管理部门按照届时经济适用住房审核标准与规定程序申请轮候,符合条件的纳入轮候范围,轮候时间从原核准经济适用住房购买资格之日起计算。

第二十九条　各区县政府可依据本办法,结合实际情况,制定具体实施办法。

市政府各相关部门可依据本办法,根据各自职责制定相应配套文件。

第三十条　本办法自发布之日起施行。凡过去文件规定与本办法不一致的,以本办法为准。

北京市人民政府办公厅转发市建委《关于 2007 年底前对本市申请廉租住房租赁补贴的住房困难城市低保家庭实现应保尽保加大廉租住房建设力度的工作方案》的通知

京政办发[2007]69 号

各区、县人民政府,市政府各委、办、局,各市属机构:

经市政府同意,现将市建委《关于 2007 年底前对本市申请廉租住房租赁补贴的住房困难城市低保家庭实现应保尽保加大廉租住房建设力度的工作方案》转发给你们,请认真组织实施。

二〇〇七年十月二十三日

关于 2007 年底前对本市申请廉租住房租赁补贴的住房困难城市低保家庭实现应保尽保加大廉租住房建设力度的工作方案

为了贯彻落实《国务院关于解决城市低收入家庭住房困难的若干意见》(国发[2007]24 号),在 2007 年底前对本市符合规定住房困难条件、申请廉租住房租赁补贴的城市低保家庭实现应保尽保,加大廉租住房建设力度,结合实际,制定本工作方案。

一、工作目标

以解决低收入家庭住房困难为工作重点,在摸清需求的基础上,采取多种方式,加大廉租住房保障政策的实施力度,在 2007 年底前,对本市符合规定住房困难条件、申请廉租住房租赁补贴的城市低保家庭实现应保尽保。同时,针对目前廉租实物住房房源不足的问题,加大建设力度,抓紧筹集房源,用于解决符合规定条件、申请廉租实物住房家庭的住房困难。

二、职责分工

各区县政府负责本行政区域内符合规定住房困难条件的城市低保家庭摸底调查和保障工作。各区县政府要迅速建立健全住房保障审核管理机构,充分发挥街道办事处、乡镇政府等基层组织的作用,制订详细周密的工作方案,2007 年底前必须完成既定工作目标。市政府将上述工作完成情况纳入对区县政府的政绩考核之中。

市建设、发展改革、国土资源、规划、财政、民政等部门要按照《北京市城市廉租住房管理办法》(以下简称《管理办法》)的规定,各司其职,各负其责,对各区县廉租住房保障工作提供政策和资金等方面的支持。市建委要及时跟踪了解情况,加强组织协调,指导各区县政府做好廉租住房保障工作。

三、实现应保尽保的工作安排

(一)建立住房保障审核窗口。

按照"三级审核、两级公示"的住房保障管理体系要求,各区县政府要尽快建立本区县住房保障审核窗口,整合工作职能,充实工作力量,保证必要工作经费和办公设备。此项工作要在2007年10月底前完成。

(二)摸清低保家庭住房情况。

2005年本市通过调查统计确定的人均住房使用面积低于7.5平方米的低保家庭约为3.83万户,目前已有5831户申请了租赁补贴,尚有约3.25万户没有申请。各区县政府要组织街道办事处、乡镇政府和民政等相关部门,以上述调查统计数据为基础,逐户走访、核实,同时对2006年以来新增人均住房使用面积低于7.5平方米低保家庭情况进行登记核实,纳入今年保障范围。此项工作要在2007年11月底前完成。

(三)制定低保家庭住房保障方案。

各区县政府在调查摸底的基础上,制定保障方案,明确保障家庭数量,测算房源和资金需求,于2007年12月10日前报市建委备案。

(四)提高廉租住房租赁补贴标准。

通过适度提高廉租住房租赁补贴标准,解决目前因补贴标准较低,部分低收入住房困难家庭难以租赁到房屋的问题。2007年10月底前,由市财政局、市建委共同研究调整城八区补贴标准,远郊区县政府根据当地实际房租水平研究调整本区县补贴标准,报市政府批准后,向社会公布实施。

(五)发放廉租住房租赁补贴。

各区县政府要按照《管理办法》关于廉租住房保障审核与分配的规定,组织好低保家庭保障方案的实施工作,确保在2007年底前将符合条件并申请廉租住房租赁补贴城市低保家庭的租赁补贴及时发放到位,实现应保尽保的目标。

四、加大廉租实物住房的建设和筹集力度

(一)进一步加大新建廉租实物住房的建设力度。

在抓紧通过配建方式建设廉租实物住房的基础上,加大工作力度,集中建设一批廉租实物住房。其中,市级部门组织建设的由市规划、国土资源、建设等部门负责提供建设用地,由市建委委托的单位作为建设实施主体;各区县政府组织建设的,由区县住房保障主管部门或其委托的单位作为建设实施主体。

对集中建设的廉租实物住房项目,按照政府投资项目管理;对在限价商品住房、经济适用住房项目中配建的廉租实物住房项目,与限价商品住房、经济适用住房项目立项核准同时进行,在批复中明确配建比例等问题,项目建成后由政府回购。

对市及区县政府确定的廉租实物住房建设项目,市各有关部门要加快办理相关审批手续,力争在2007年内开工,2008年上半年交付使用。

(二)由各区县政府收购一批存量住房用于实物配租。

各区县政府可根据市建委审定的区县廉租实物住房房源收购计划,通过在媒体上发布廉租住房征购信息或委托房地产中介机构等方式,抓紧收购一批户型和价格适合的房屋用于实物配租。

同时,可采取租赁的方式,由区县政府委托相关单位按市场价承租房屋,以廉租住房租金标准出租给符合条件的城市低收入住房困难家庭,租金差价由市和区县财政按8∶2的比例负担,市、区县两级财政资金实行专户管理。

五、加快确定准入标准,做好调查建档工作

(一)根据《管理办法》和《北京市经济适用住房管理办法(试行)》的规定,加快确定本市廉租住房和经济适用住房保障准入标准,城八区准入标准由市建委会同有关部门确定,远郊区县准入标准由区县政府结合实际确定,报市政府批准后向社会公布。此项工作要在2007年10月底前完成。

(二)各区县政府要根据准入标准,结合“三级审核、两级公示”住房保障管理体系的建立,组织对本行政区域内符合廉租住房、经济适用住房保障条件的家庭进行调查、登记,建立低收入住房困难家庭住房档案,并将调查建档材料于2007年12月10日前报市建委,由市建委在2007年底前汇总建立全市低收入住房困难家庭住房档案。

北京市人民政府关于进一步解决拖欠农民工工资问题的意见

京政发[2007]33 号

各区、县人民政府,市政府各委、办、局,各市属机构:

依法维护农民工的合法权益,保障本市行政区域内从业的农民工工资依法及时足额支付,关系首都经济的健康发展和社会和谐稳定。近年来,为预防和治理拖欠农民工工资问题,本市各级政府及其有关部门做了大量工作,采取了坚决有力措施,使这一问题得到了有效遏制。但也要看到,拖欠现象并未根本杜绝,由此引发的群体性事件仍时有发生。为进一步解决拖欠农民工工资问题,现提出以下意见:

一、高度重视,加强领导,明确职责

本市各级政府及其有关部门要从深入贯彻落实科学发展观、构建社会主义和谐社会首善之区的高度,以维护农民工合法权益为根本出发点,充分认识解决拖欠农民工工资问题的重要意义,继续高度重视这项工作。

各级政府要加强领导,组织劳动保障、行业主管等相关部门加强对重点行业农民工工资支付的监督管理,完善综合治理工作机制,严厉打击拖欠农民工工资等侵害劳动者合法权益的行为,确保《中华人民共和国劳动法》、《中华人民共和国劳动合同法》以及《北京市工资支付规定》(市政府第 142 号令)等相关法律、法规及规章的贯彻落实。

各级政府有关部门在职责范围内承担以下工作任务:

劳动保障部门负责牵头解决拖欠农民工工资工作,会同有关部门制定相关工作计划和政策措施,对农民工工资支付进行监督管理,建立预防和解决拖欠农民工工资的机制和制度,通过劳动行政监察执法,纠正和处理拖欠农民工工资的违法行为。

建设主管部门负责进一步规范建筑市场秩序,建立有序流动的劳务输入输出制度,严格执行建筑企业市场准入和清出制度,继续完善企业资质管理办法,督促建筑企业严格执行《建设领域农民工工资支付管理暂行办法》(劳社部发[2004]22 号)的有关规定,继续做好建设领域清理拖欠工程款工作,推进建设领域农民工实名制管理,建立健全预防拖欠农民工工资的长效机制。

公安部门负责协助劳动保障部门和行业主管部门严厉查处拖欠农民工工资以及欠薪逃匿等违法行为,及时处理因拖欠工资引发的危害社会治安行为。

工商部门负责配合劳动保障部门做好对企业主要负责人的宣传教育工作,加强用人单位诚信制度建设。

司法部门支持、引导法律服务人员和法律援助机构,为解决拖欠农民工工资问题提供及时有效的法律服务和法律援助。负责落实法律援助制度,依法帮助农民工解决拖欠工资问题。配合劳动保障部门指导、督促拖欠农民工工资的用人单位与农民工签订还款协议,并由公证机关依法赋予强制执行效力，建立完善、便捷、高效的维权机制。

监察部门按照《中华人民共和国行政监察法》等法律法规的规定，严肃追究不认真执行国家有关政策、不认真履行职责造成严重后果的有关行政机关及其工作人员的责任。

劳动保障、公安和行业主管等部门以及工会组织应当密切配合，积极预防和妥善处理劳动纠纷引起的群体性事件。

各级政府及其有关部门要完善工作协调机制，按照各自职责分工，切实做好解决拖欠农民工工资工作。近期要重点做好元旦、春节期间和与奥运工程相关的拖欠农民工工资问题的预防与解决工作。

有关部门及其工作人员玩忽职守、不履行法定职责，或违法行使职权，给农民工造成损害的，应当承担赔偿责任；对直接负责的主管人员和其他直接责任人员，依法追究责任。

二、加强劳动合同管理

（一）用人单位与农民工建立劳动关系的，应当依法使用规范的劳动合同文本签订书面劳动合同。劳动合同确定的工资支付方式应当与企业工资支付制度一致。

（二）用人单位应当按照国家和本市的规定以及劳动合同约定，向与其建立劳动关系的农民工及时足额支付工资，定期如实向区县劳动保障部门及行业主管部门报送本单位农民工工资支付情况，在接受检查时应当如实报告情况，提供必要的资料和证明。

（三）《中华人民共和国劳动合同法》于2008年1月1日起施行后，用人单位自用工之日起超过1个月不满1年未与农民工签订书面劳动合同的，应当依法向农民工每月支付2倍的工资。用人单位对农民工权益造成损害的，要依法承担赔偿责任。

三、进一步落实企业工资支付制度

用人单位应当按照国家和本市有关工资支付的规定，制定工资支付制度，并告知本单位全体农民工，有关资料要保存2年以上备查。用人单位工资支付制度应当包括：工资支付的项目、标准和形式；工资支付的周期和日期；工资扣除事项；工资标准及工资标准调整、变更的事项。

四、继续完善工资支付监控制度

（一）加强对用人单位工资支付行为的监控，不断完善工资支付监控制度。实行全面监控和重点监控相结合，将曾发生过拖欠或克扣工资行为的企业作为重点监控对象，要求其定期将工资支付情况报劳动保障部门。对存在拖欠或克扣工资问题的用人单位，劳动保障部门要会同有关部门采取措施及时处理。

（二）用人单位支付农民工工资应当编制工资支付表，如实记录支付单位、支付时间、支付对象以及支付数额等情况，保存2年以上备查。

（三）建筑行业用人单位与农民工签订劳动合同后，应当在规定时间内为无卡的农民工办理实名制卡，通过实名制卡将工资直接发放给农民工本人。工资发放情况应当在施工现场公示并保存备查。

五、进一步完善工资保证金制度

（一）最近3年内曾发生过拖欠农民工工资行为的用人单位应当在银行开立工资保证金专用账户（以下简称专用账户），与银行签订监管协议，保证专用账户内资金专项用于解决拖欠农民工工资问题。对于应建立而未建立专用账户的企业，劳动保障部门和行业主管部门应当督促整改。

（二）用人单位出现拖欠农民工工资行为时，经行业主管部门和劳动保障部门核准，可动用专用账户内资金解决拖欠农民工工资问题，并在动用专用账户内资金后1个月内将资金补足。

（三）专用账户的管理、使用和撤销等具体办法由市劳动保障部门会同有关行业主管部门另行制定。

六、全面落实企业工资支付信用制度

（一）市劳动保障部门和重点行业主管部门应当按照《北京市行政机关归集和公布企业信用信息管理办法》（市政府第106号令）的规定，将用人单位及其主要负责人拖欠或克扣农民工工资以及严重干扰、阻挠、抗拒监督检查等违法行为和处理情况，记入北京市企业信用信息系统。

（二）用人单位因违反法律、法规、规章有关工资支付的规定，被记入北京市企业信用信息系统的警示信息系统的，行政机关应当加强监督管理：将其作为日常监督检查的重点；不将该企业列入各类免检、免审范围；不授予该企业及其法定代表人、主要负责人有关荣誉或称号；不予出具股份有限公司上市所需的合法经营证明；在政府采购时，不予纳入或取消其资格。

除前述规定外，法律、法规、规章对企业及其法定代表人、主要负责人有限制登记注册、对外投资、行政许可、资质等级评定等规定的，从其规定。

（三）劳动保障部门要根据评级标准，每年对用人单位支付农民工工资情况进行信用评级，对拖欠或克扣农民工工资情况严重的，要在劳动力市场上公示，并视情况在新闻媒体上公布有关企业及法定代表人名单。

七、完善建设领域农民工工资支付监管机制

（一）加强对建设项目资金的管理。市和区县发展改革、建设等部门要密切配合，监督建设项目资金落实情况。政府投资的项目不得以施工单位带资承包的方式进行建设。建设单位在办理施工许可时，应当提供建设资金已经落实的证明。

（二）落实施工总承包企业对分包企业工资发放情况进行日常监管的责任。施工总承包企业应当设立农民工劳动工资管理岗位，负责对承包范围内所有农民工劳动关系、工资发放、综合保险等管理工作，协调解决农民工和本企业或分包企业的工资纠纷。

（三）建设单位、施工总承包企业、专业承包企业或劳务分包企业，有发包、分包或转包给不具备用工主体资格的组织或个人的违法行为，该组织或个人拖欠农民工工资时，发包单位或劳务分包企业应当直接向农民工支付所拖欠的工资。

（四）建设单位、施工总承包企业或专业承包企业未按合同约定支付工程款或分包价款，专业承包企业或劳务分包企业拖欠农民工工资的，在拖欠的工程款或分包价款支付后，专业承包企业或劳务分包企业应当将所得款项优先用于支付拖欠的农民工工资。

（五）建设单位或施工总承包企业未按合同约定与专业承包企业或劳务分包企业结清工程款，致使专业承包企业或劳务分包企业拖欠农民工工资的，由建设单位或施工总承包企业先行垫付拖欠的农民工工资，先行垫付的工资数额以未结清的工程款为限。

（六）行业主管部门与劳动保障部门应加强信息沟通，对违反规定拖欠或克扣农民工工资的用人单位，可依法对其市场准入、招投标资格和新开工项目许可等进行限制，并予以相应处罚；对恶意拖欠、情节严重的，可依法责令停业整顿、降低或取消资质，直至吊销营业执照，并对有关人员依法追究责任。

八、及时妥善处理涉及拖欠农民工工资的劳动纠纷

（一）农民工发现用人单位有未按照约定支付工资、支付工资低于本市最低工资标准、拖欠或克扣工资、不支付加班工资以及其他侵害自身工资报酬权益违法行为的，有权向劳动保障部门举报。

（二）劳动保障部门、行业主管部门和区县政府要进一步畅通举报投诉渠道，公布举报投诉电话，加强举报投诉接待力量，发现1起，及时查处1起。

（三）劳动争议仲裁机构要及时受理、快速处理涉及拖欠农民工工资的劳动争议案件，并保证办案质量。对事实清楚、不及时裁决会导致农民工生活困难的工资争议案件，劳动争议仲裁机构可部分裁决。对于提起劳动仲裁而生活困难的农民工，可免交仲裁费预收款。农民工当事人败诉的，可酌情减免其劳动仲裁费用。

九、进一步做好法律援助和宣传教育工作

（一）司法部门和法律援助机构要把农民工列为法律援助的重点对象，依照《法律援助条例》及相关规定，简化程序，快速办理，为请求支付工资的农民工做好法律援助工作。

有关部门和行业协会应当引导法律服务机构和从业人员积极参与相关诉讼活动、非诉讼协调及调解活动，依法帮助农民工解决拖欠工资问题。有关部门要根据实际情况安排一定的法律援助资金，为农民工获得法律援助提供必要的经费支持。

（二）劳动保障、司法和重点行业主管部门，新闻媒体，工会组织及行业协会要加大宣传力度，提高农民工保护自身权益的意识和能力，引导农民工通过法律途径解决纠纷，依法维护合法权益。行业主管部门、各类行业协会要组织企业认真学习有关法律法规和政策精神，做到知法守法，积极配合有关部门开展相关工作。

劳动保障、建设等部门要督促建筑行业等农民工较为集中的行业企业，在建筑工地等用工场所以醒目方式树立劳动保障权益告示牌，将农民工权益、劳动行政监察举报电话等内容进行公示。劳动保障部门会同重点行业主管部门对告示牌设立情况及内容进行监督。

二〇〇七年十二月二十四日

北京市人民政府贯彻落实国务院关于加强节能工作决定的意见

京政发[2007]3号

各区、县人民政府,市政府各委、办、局,各市属机构:

根据《国务院关于加强节能工作的决定》(国发[2006]28号,以下简称《决定》)要求和2006年年底召开的中央经济工作会议精神,为全面贯彻落实科学发展观,加快资源节约型、环境友好型城市建设步伐,实现既定节能目标,推进首都经济社会又好又快发展,现就进一步加强节能工作提出如下意见。

一、提高认识,突出节能工作的战略地位

(一)突出节能在首都经济社会发展全局中的战略位置。随着首都经济社会的快速发展,能源消费总量不断增加,能源问题已成为制约首都经济社会发展的重要因素。大力推进节能降耗是缓解本市能源约束、减轻环境压力的根本出路,是转变经济增长方式、保障经济安全、建设和谐北京的必然选择,是一项长期的战略任务,必须摆在更加突出的战略位置。

(二)把节能工作作为当前的紧迫任务狠抓落实。各级政府、有关部门和企事业单位要切实增强忧患意识和危机意识,牢固树立崇尚节约的价值观和"节约也是发展"的观念,创新发展模式,提高发展质量,把节能工作作为当前的一项紧迫任务,强化措施,狠抓落实,确保实现"十一五"时期能源节约的目标。

二、明确思路,确保实现节能20%的目标

(三)指导思想。全面贯彻科学发展观,落实节约资源基本国策,以提高能源利用效率和优化用能结构为核心,以转变经济增长方式和加快技术进步为根本,以调整产业结构和推动重点领域节能为着力点,以制度创新、法制建设、行政监管和宣传教育为保障,发挥市场配置资源的基础性作用,调动市场主体和公众参与节能的积极性,逐步构建节约型的生产方式和消费方式,加快节约型城市的建设步伐,促进首都经济社会可持续发展。

(四)基本原则。把节能作为转变经济增长方式的主攻方向之一,坚持节能优先,效率为本;坚持市场调节为主,政府引导为辅;坚持源头控制与存量挖潜;坚持突出重点,全面推进;坚持依法管理,强化监督,实现节能与发展相互促进,相得益彰。

(五)主要目标。到2010年,实现万元GDP能耗比"十五"末降低20%,完成分年度、分区县、分行业、分企业的降耗目标。初步建立比较完善的节能法规标准体系、政策保障体系、技术支撑体系和监督管理体系。

"十一五"期间万元GDP能耗年均下降4.4%,其中2006年下降4%,2007年下降5%,2008年下降5%,2009年下降4%,2010年下降4%。

三、调整结构优化布局,促进城市系统节能

（六）推进产业结构调整，构筑节能型高端产业格局。坚持以节约能源资源和保护生态环境为切入点，走高端、高效、高辐射的产业发展之路，继续推动产业结构优化升级。除保留满足城市功能需要的基础性产业外，基本退出高耗能产业，加快淘汰高污染、低效益的产品和落后的工艺、技术、设备。构建与首都功能定位相吻合、以服务经济为主的节能型高端产业格局。

（七）统筹规划城市空间布局，优化公共资源配置。把节约能源作为城市空间开发利用的重要因素和规划部门、项目审批部门决策的主要依据，加强城市布局管理，严格控制城市建设规模，合理安排城市建设时序，做好旧城改造、中心城调整优化、新城建设和村镇开发。完善城市服务功能，形成与空间结构、产业发展和人口分布相协调的公共服务、基础设施、城市安全等公共资源配套体系，引导人口有序流动和合理分布，降低城市经济社会活动的系统能耗。

（八）突出功能分区特色，推动产业集聚发展。按照梯度分布、专业集聚、功能耦合、协调发展的原则，合理规划产业空间布局。抓好六大高端功能区和若干特色专业集聚区的建设开发。转变园区发展模式，推动不同行业合理延长产业链，提高产业园区的生态化水平。将项目万元增加值能耗作为入园项目的必要审核条件，严格把关。在有条件的园区建设热电联产和冷热电联供分布式能源系统，促进能源梯级利用。

（九）大力调整能源结构，优化能源输配网络。大力发展高效清洁能源，因地制宜发展可再生能源，不断提高优质能源在终端能源消费结构中的比重。做好各种能源输配路线设计和关键结点布局，完善管理调配手段，提高输送效率。加快瓶颈环节的关键技术开发和落后设备更新改造，杜绝热、气、油等能源“跑冒滴漏”现象，降低输送损失。

四、狠抓重点耗能领域，积极推进节能工作

（十）深化政府机构节能，发挥率先垂范作用。各级机关要带头节能，采取切实措施抓好政府机构建筑物和采暖、空调、照明系统节能改造及办公设备节能，降低机关用能总量。推行公务用车改革，加强日常管理，减少公务用车能源消耗。建立政府机构能耗统计体系，加强定额考核管理，逐步建立政府机构节能的长效机制。积极开展政府机构节约能源宣传教育和创建节约型机关活动。做好为中央在京机构的节能服务工作。

（十一）抓好重点行业企业，挖掘工业节能潜力。突出抓好钢铁、石化、建材、电力、热力生产等重点耗能行业和年耗能5000吨标准煤以上企业的节能工作。重点耗能企业要建立严格的节能管理制度和有效的激励机制，将节能降耗的目标和责任分解落实，并做好能源审计和节能规划工作。建立“工业重点用能大户在线监测平台”，加强对重点耗能企业节能情况的跟踪、指导和监督；优先实施高耗能行业清洁生产审核和节能改造工程。在《北京工业能效水效指南》的基础上，强化节能降耗约束机制，建立高消耗的落后技术、工艺和产品的强制性淘汰制度。

（十二）推进节能建筑建设，强化建筑用能管理。新建建筑严格实行公共建筑节能50%的设计标准和居住建筑节能65%的设计标准，执行建筑节能施工技术规程、验收规范，提高建筑物围护结构保温隔热性能和采暖、制冷、通风系统效率，完善用能调控与计量功能。加快既有非节能建筑与用能设施的改造步伐，重点抓好宾馆、饭店、写字楼、医院、学校等大型公共建筑的节能改造和节能管理。大力推广使用节能建筑材料、设备、器具。加强建筑用能管理，大力推进供热系统节能，加强对供热单位和重点用能建筑的能耗计量、监测和监察。

（十三）推行公交优先政策，加强交通运输节能。优先发展公共交通和轨道交通，科学规划公共交通行驶路线，建设有利于节能的城市智能交通管理系统。积极推广应用各种燃油节约、替代技术和清洁燃料汽车，鼓励发展节能环保型交通工具，加快淘汰能耗高、尾气排放不达标的机动车辆。

（十四）引导民用商用节能，推广绿色用能产品。积极引导居民优先购买使用能效标识等级较高的产品。在公用设施、宾馆商厦、写字楼、学校、居民住宅中推广采用高效节能的办公设备、家用电器、绿色照明产品等。所有公共建筑内的单位，包括国家机关、社会团体、企事业组织和个体工商户，除特殊用途外，夏季室内空调温度设置不低于26摄氏度，冬季室内空调温度设置不高于20摄氏度。

（十五）优化农村用能结构，提高农村用能水平。结合社会主义新农村建设抓好农村节能工作。因地制宜推广使用生物质能、太阳能和地热能，优化农村用能结构。大力推进农业设施节能，引导农民建设节能型住宅和农村公共建筑。逐步建立有利于提高能源效率的农村能源供应机制。

五、加强科技自主创新，推进节能技术进步

（十六）创新科技支撑机制，加强节能科技攻关。以节能共性技术、通用设备和新能源的自主研发为重点，加大科技投入。建立面向市场需求，以企业为主体、产学研相结合的节能技术创新体系，鼓励企业之间、产学研之间通过研发联盟、技术并购、标准联盟等方式联合攻关，优先支持一批拥有自主知识产权的节能技术和产品。

（十七）结合重点工程建设，推广节能成熟技术和解决方案。大力促进节能科技成果的产业化，推广燃煤锅炉改造、余热余压利用、区域热电联产、电机系统节能等一批已经成熟的节能技术和解决方案在重点工程建设和技术改造项目上的应用，研究落实相关配套政策和措施，发挥市场需求对节能技术进步的拉动作用。

（十八）借鉴国际先进经验，引进节能先进技术和服务模式。广泛开展与国际组织、金融机构及有关国家和地区在节能领域的交流与合作，积极引进国外先进节能技术和管理经验，消化吸收国外先进节能技术，创新节能服务模式。行业协会等中介组织应及时跟踪各领域国内外节能技术发展动态，为产学研各界提供信息、决策咨询服务。

六、制定政策深化改革，推动节能产业发展

（十九）完善能源价格机制，促进能源节约。建立能够反映能源供求状况和体现能源稀缺程度、促进节能的价格形成机制和价格联动的传导机制，逐步理顺电力、成品油、天然气等能源品种的价格体系。实行差别化能源价格和超限额能耗的加价政策，发挥价格杠杆作用，抑制高耗能产业的发展。

（二十）落实能源税收政策，推进政府节能采购。对生产和使用列入《节能产品目录》的产品，根据国家相关政策，财政、税务等部门抓紧研究提出具体的税收优惠政策。发挥政府采购的市场引导作用，优先采购节能产品，扩大政府采购节能产品的范围，推进政府节能采购。

（二十一）加大政府资金的支持力度，引导社会多方投入。市、区（县）两级政府在年度预算中安排一定的资金，用于支持节能技术和产品的开发推广、技术改造、示范试点和节能的宣传培训、信息服务、表彰奖励、管理能力建设等工作。进一步整合现有资源拓宽节能融资渠道，吸引社会各方面对节能的资金投入，引导各类金融机构加大对节能项目的信贷支持力度，鼓励支持企业通过市场化和国际化渠道融资，用于企业节能降耗。

（二十二）实行节能奖励制度，构建节能激励机制。各区县、各部门应对在节能管理、节能技术研究和推广工作中做出显著成绩的单位及个人给予表彰和奖励。能源生产经营单位和主要用能单位应制定节能奖励办法，结合本单位实际，对节能工作中做出贡献的集体、个人给予表彰和奖励，节能奖励计入工资总额。

（二十三）推行合同能源管理，培育节能服务市场。加快建设节能服务体系，积极探索完善合同能源管理机制，发挥"节能医生"的专业作用，鼓励节能服务公司提供项目投资、设计、施工、监测、管理等一条龙服务。制订节能服务机构认定办法，规范节能服务行业的发展，促进各类节能技术服务机构增强服务能力，提高服务水平。各园区经营公司、工业企业、大型公共建筑等能耗大户应努力探索新的能源管理模式，引入节能服务公司承担能源管理工作。

（二十四）加快供热体制改革，提高供热运行效率。积极推进城镇供热体制改革，逐步将采暖补贴由"暗补"变"明补"；创造建筑采暖按热量收费的条件，逐步实现按使用热量收费制度。推进供热资源整合，加快供热系统节能改造，挖掘现有供热设施潜力，提高供热设施运行效率。

七、强化政府行政监管，完善节能保障机制

（二十五）建立健全评价考核体系，严格执行节能目标责任制。将到 2010 年实现万元 GDP 能耗比"十五"末降低 20% 的目标按年度分解到各区县、重点行业及重点耗能单位。继续完善 GDP 能耗公布制度，定期公布全市及各区县、重点企业的能耗情况。建立健全节能目标责任业绩考核体系，将能耗指标纳入各区县经济社会发展综合评价和年度考核体系，作为领导干部任期内重要评价考核内容，作为国有大中型企业负责人经营业绩的重要评价考核内容，强化政府责任。

（二十六）强化节能评估审查，控制源头能耗增长。出台《北京市固定资产投资项目节能评估管理办法》，把能耗标准作为项目审批、规划设计、建设施工以及竣工备案等项目建设全过程的约束性条件，严把能耗增长源头关。在固定资产投资项目申报可行性研究报告、项目申请报告或项目备案之前进行节能评估和审查。对达不到合理用能标准和节能设计规范要求的项目，不得审批、核准或备案；项目建成后，达不到合理用能标准和节能设计规范要求的，不予验收；擅自批准项目建设的，依法依规追究直接责任人的责任。

（二十七）加强能源统计监测，夯实节能工作基础。加强能源统计队伍建设，完善统计制度，改进统计方法，理顺统计渠道，建立健全科学的能够反映首都特点、能耗水平、节能目标责任和评价考核制度的节能统计体系。制订能源计量工作实施办法，研究分类计量管理办法，加强能源计量管理。积极推进信息化建设，整合现有信息资源，建立全市节能联网监测平台，实现对重点耗能单位的监测。

（二十八）实施能效标识管理，引导社会消费行为。加快落实强制性能效标识制度，扩大能效标识在汽车、空调、冰箱、风机、水泵等节能潜力大、使用范围广的用能产品上的应用,提高能效标识社会认知度,引导消费者选购节能型产品。推动节能产品认证,规范认证行为。对国家已颁布的有关产品能效标准,必须严格执行,对国家还未制定能效标准的产品,积极制定能效方面的地方准入标准。

(二十九)加强能源需求侧管理,缓解能源供应压力。加强能源负荷管理,应用经济和技术手段调峰错峰,进一步扩大峰谷能源价格的实施领域,优化城市运行、企业生产的能源使用方案。鼓励有条件的地区和部门应用分布式能源,实现能源的互补和替代,提高终端用能效率。

八、健全法规加强执法,营造节能法治环境

(三十)健全节能法规政策,完善节能法制保障。适时修订《北京市实施〈中华人民共和国节约能源法〉办法》、《北京市建筑节能管理规定》,宣传《北京市节能监察办法》等法律、法规和规章,研究并制定有关配套法规。加快建立健全全市统一的产品能耗和环保标准,进一步严格节能管理制度,加大产业政策导向,提出鼓励、限制、退出的产业类别,制定产业(产品、工艺、设备等)退出、淘汰目录,加大惩戒力度,抑制不合理能源消费。

(三十一)加强节能监察力度,提高节能执法水平。尽快建立市、区两级节能监察执法队伍,依法开展节能执法和监察。发展改革部门作为节能行政主管部门负责统一管理、指导和协调全市节能监察工作。

九、加强组织领导和宣传教育,动员全民广泛参与

(三十二)切实加强节能工作的组织领导。各区县、各有关部门要认真贯彻《决定》要求,抓紧落实本意见,把节能工作纳入重要议事日程。建立市、区(县)节能工作联席会议制度,完善工作协调机制,明确各自责任分工,确定标准、分解指标、加强管理,确保责任到位、措施到位、投入到位,努力实现"十一五"时期节能工作的各项目标。

(三十三)加大宣教培训力度,营造全民节能氛围。继续办好一年一度的节能环保展,推进"节能医生进家庭、节能教育进校园、节能宣传进社区"等丰富多样的宣传活动。新闻出版、广播影视、文化等部门和媒体要着重宣传崇尚节约的价值观和"节约也是发展"的观念,弘扬节能先进典型,曝光浪费行为。教育部门要把节能知识纳入教育培训体系。充分发挥行业协会、中介机构的作用,协助政府有关部门做好节能管理、技术推广、宣传培训、信息咨询和行业统计等工作。各级工会、共青团、科协等组织要广泛开展节能合理化建议活动。通过宣传教育,使节能成为每个公民的良好习惯和自觉行动,逐步形成全社会节约能源的良好氛围。

二〇〇七年一月十八日

北京市人民政府办公厅转发国务院办公厅关于在重点行业和领域开展安全生产隐患排查治理专项行动文件的通知

京政办发[2007]34号

各区、县人民政府,市政府各委、办、局,各市属机构:

根据市政府领导同志批示精神,现将《国务院办公厅关于在重点行业和领域开展安全生产隐患排查治理专项行动的通知》(国办发明电[2007]16号,以下简称《通知》)转发给你们,并结合本市实际,提出以下工作要求,请一并认真贯彻执行:

一、全面开展隐患排查治理工作。各区县政府和市政府各有关部门及单位要坚持“安全第一、预防为主、综合治理”的方针,在全力做好2007年一季度全市集中排查出的286项安全隐患整改工作的同时,按照《通知》提出的各项要求,在重点行业和领域深入开展安全生产隐患排查治理专项行动(以下简称专项行动)。通过开展专项行动,继续排查事故隐患和薄弱环节,采取有效措施及时进行整改,解决好本市安全生产工作中的突出问题,遏制重大、特别重大事故的发生。

二、研究制定本市专项行动方案。各区县政府和市安全生产监督局、市公安局、市发展改革委、市教委、市国土局、市建委、市交通委、市国资委、市商务局、市文化局、市水务局、市国防科工办、市农业局、市体育局、市旅游局和北京电力公司等部门和单位,要抓紧研究制定本区县、本行业(领域)专项行动方案并报市安委会办公室,由市安委会办公室汇总制定全市专项行动方案,于2007年5月底前报市政府批准后组织实施。

三、做好专项行动的督促检查工作。7月底前,各区县政府和市政府各有关部门及单位要在企业自查自改的基础上,对本区县、本行业(领域)开展安全生产隐患排查治理工作情况进行督查。8月10日前,由市安委会组织有关部门,完成对各区县政府和市政府各有关部门及单位开展专项行动情况的督查工作。

各区县政府和市政府各有关部门及单位要于8月1日前将开展专项行动相关情况报市安委会办公室,由市安委会办公室汇总后于8月10日前报市政府。

二〇〇七年五月十七日

国务院办公厅关于在重点行业和领域开展安全生产隐患排查治理专项行动的通知

各省、自治区、直辖市人民政府，国务院各部委、各直属机构：

今年以来，全国安全生产继续保持了总体稳定、趋于好转的发展态势，1－4月全国各类伤亡事故起数和死亡人数比去年同期均有一定幅度下降。但煤矿、非煤矿山、冶金、危险化学品、烟花爆竹、建筑施工、道路交通、水上交通等行业和领域事故隐患仍然大量存在，一些重大危险源尚未得到有效治理和监控，重特大事故时有发生，全国安全生产形势依然严峻。为进一步加强安全生产工作，以良好的安全生产环境迎接党的十七大胜利召开，经国务院同意，决定在全国重点行业和领域开展安全生产隐患排查治理专项行动。具体安排如下：

一、工作目标

通过开展隐患排查治理专项行动，进一步落实企业的安全生产主体责任和地方人民政府的安全监管主体责任，全面排查治理事故隐患和薄弱环节，认真解决存在的突出问题，建立重大危险源监控机制和重大隐患排查治理机制及分级管理制度，有效防范和遏制重特大事故的发生，促进全国安全生产状况进一步稳定好转。

二、对象和范围

本次隐患排查治理专项行动的对象和范围为高危行业等重点行业和领域的各类生产经营单位，主要包括：煤矿、金属非金属矿山、石油、化工、烟花爆竹、冶金、有色、建筑施工、民爆器材、电力等工矿企业；道路交通、水运、铁路、民航等交通运输企业；渔业、农机、水利等单位；人员密集场所；以及其他行业和领域近年来发生重特大事故的单位。同时，通过对安全生产隐患排查治理，进一步检查地方各级人民政府的安全监管责任落实情况和打击非法建设、生产和经营的情况。

三、实施步骤

本次安全生产隐患排查治理专项行动分五个阶段进行：

（一）安排部署阶段：根据国务院领导同志4月20日在全国煤矿瓦斯防治工作电视电话会议上对开展安全生产检查和专项督查工作作出的重要部署，以及本通知精神，安全监管、公安、交通、建设、铁路、民航、电力、国土资源、国防科工、农业、水利、教育和国资委等部门要抓紧制订各重点行业和领域隐患排查治理专项行动的具体指导意见，并报国务院安全生产委员会办公室汇总后于5月20日前统一下发。地方各级人民政府根据本通知精神和国务院各有关部门制订的指导意见，结合本地区实际，于5月底前，研究制定开展安全生产隐患排查治理专项行动的工作方案，并督促企业认真落实。

（二）企业自查自改阶段：7月底以前，各类生产经营单位按照有关要求，深刻吸取本企业和其他同类企业以往发生的事故教训，结合实际制订具体方案，认真开展自查，全面治理事故隐患，一时难以治理的要列入计划，落实资金和责任，限期整改，并制订应急预案，加强监控。企业要将排查治理情况按照监管关系及时上报地方人民政府及安全监管和行业主管部门。在此期间,各级安全监管部门和有关行业主管部门要对企业的自查自改工作加强指导和监督检查。

(三)地方政府督促检查阶段:7 月至 8 月,地方各级人民政府要组成由政府分管领导、安全监管部门和有关部门参加的督查组,对本行政区域开展安全生产隐患排查治理工作情况进行督促检查。主要内容包括:一是查企业安全生产主体责任落实情况;二是查隐患排查治理工作到位情况、存在的问题和应急措施制订情况;三是查企业安全生产投入和隐患治理资金落实情况;四是查已发生的事故按照"四不放过"的原则处理情况;五是查地方政府组织打击非法建设、生产和经营情况。各市(地)、县(市)、乡(镇)要在 7 月底前,各省(区、市)要在 8 月 20 日前,完成对本行政区域企业安全生产隐患排查治理工作的督促检查,并由省级人民政府将有关情况报国务院安全生产委员会办公室。

(四)国务院安全生产委员会督查阶段:8 月下旬至 9 月中旬,国务院安全生产委员会组织由有关部门参加的联合督查组(包括综合组和专业组),对地方人民政府开展隐患排查治理专项行动以及打击非法建设、生产和经营情况进行督查。综合组主要督查各地区开展专项行动的总体情况及工矿商贸等行业领域专项行动开展情况,督查内容包括:地方人民政府开展隐患排查治理专项行动的工作部署和贯彻落实情况;本行政区域内的重大隐患排查治理监控情况;安全生产治本之策落实情况,以及是否结合本地区实际情况制定了相关政策措施;煤矿"两个攻坚战"和金属非金属矿山、石油、化工、烟花爆竹、冶金、有色、建筑施工、民爆器材、渔业、农机等重点领域专项治理工作进展情况;重大事故及瞒报事故的查处情况等。专业组主要督促检查道路交通、铁路、水上交通、民航、电力、消防、水利等行业领域以及中央企业的专项行动开展情况。

(五)各单位"回头看"再检查阶段:为巩固隐患排查治理专项行动成果,确保取得实效,在第四季度组织开展"回头看"再检查。主要检查企业和地方政府对排查出的重大隐患是否治理到位,隐患排查监管机制是否建立健全等。

四、工作要求

(一)加强领导,落实责任。本次安全生产隐患排查治理专项行动由地方各级人民政府统一领导,安全监管监察等各有关部门要密切配合。要结合本地区、本行业、本领域的实际,制订切实可行的工作方案,并明确分工,明确责任,狠抓落实。要认真落实政府行政首长负责制和企业法定代表人负责制。各地区要采取措施将本通知和国务院有关部门制订的指导意见以及本地区的安排部署,落实到重点行业领域的每个生产经营单位和其他相关单位,不留死角。

(二)突出重点,强化督导。隐患排查治理专项行动要突出高危行业等重点行业和领域的重点企业。地方各级人民政府及其安全监管等有关部门要加强督促、检查和指导。要认真贯彻落实"安全第一、预防为主、综合治理"的方针,加大安全投入,加快安全技术改造,淘汰落后生产能力,提高企业的安全生产管理水平,增强事故防范能力。要把这次隐患排查治理行动与煤矿瓦斯治理、整顿关闭两个攻坚战及其他重点行业和领域的专项整治工作相结合,全面强化安全生产基础。

(三)广泛发动,群防群治。要充分依靠和发动广大从业人员参与隐患排查治理工作。各类生产经营单位要紧紧依靠技术管理人员和岗位员工,调动职工群众的积极性,发挥他们对安全生产的知情权、参与权和监督权,组织职工全面细致地查找各种事故隐患,积极主动地参加隐患治理。

(四)立足当前,着眼长远。各地区要以这次隐患排查治理专项行动为契机,推动重大危险源监督管理工作和事故隐患排查治理工作的深入开展,既要切实消除当前严重威胁安全生产的突出隐患,又要落实治本之策,加强制度建设,建立安全生产的长效机制。

(五)广泛宣传,舆论监督。要充分利用广播、电视、报纸等各种媒体广泛宣传这次隐患排查治理专项行动,加大舆论监督和群众监督力度,对排查治理走过场的单位要予以曝光。各地区、各有关部门对举报的事故隐患要认真进行核查,督促落实整改,并对隐患举报人进行奖励。要大力宣传隐患排查治理和安全生产工作中的先进典型与经验,普及安全生产知识,促进安全生产工作。

二〇〇七年五月十二日

北京市人民政府关于印发《市建委房地产市场秩序专项整治工作方案》的通知

京政办发[2007]36号

各区、县建委(房管局)、市建委有关处室、监察执法大队、城研中心、建管中心、监督总站、新闻宣传中心、市权属登记中心、测绘所:

为了贯彻落实建设部等八部委下发的《关于开展房地产市场秩序专项整治的通知》(建稽[2007]87号)和《北京市人民政府办公厅转发市建委关于北京市房地产市场秩序专项整治工作方案的通知》(京政办发[2007]36号),我委制定了《市建委房地产市场秩序专项整治工作方案》,现印发给你单位,请结合实际,认真组织贯彻落实。

附件:《市建委房地产市场秩序专项整治工作方案》

二○○七年五月二十五日

附件:

市建委房地产市场秩序专项整治工作方案

为贯彻落实建设部等八部委《关于开展房地产市场秩序专项整治的通知》(建稽[2007]87号),我市下发了《北京市人民政府办公厅转发市建委关于北京市房地产市场秩序专项整治工作方案的通知》(京政办发[2007]36号),将于2007年4月－2008年3月开展为期一年的房地产市场秩序专项整治工作(以下简称专项整治),为更好地推动全市建设和房管系统专项整治工作,现制定方案如下:

一、组织领导

市建委成立专项整治领导小组,隋振江主任任组长,苗乐如副主任任常务副组长,张家明副主任、宋海立书记、冀岩副主任、张玉平委员、张农科委员任副组长,小组成员单位由办公室、人事处、法规处、监察处、开发处、房屋市场处、权属处、物业处、拆迁处、质量处、建设市场处、应急处、工程办、监察执法大队、建管中心、监督总站、测绘所、城研中心信息处和新闻宣传中心组成,各部门按照职能分工负责专项整治工作,督促和指导各区、县建委(房管局)有关部门开展具体落实工作。

专项整治领导小组下设办公室,由房屋市场处、监察处、开发处、监察执法大队、城研中心信息处抽调专人负责专项整治的日常工作。

各区县建委(房管局)要建立主任、局长牵头,有关科室组成的专项整治工作小组,落实具体办事机构和责任人，具体负责本区县建委（房管局）行政管理部门、人员及辖区内企业和商品房项目的日常监督和重点检查工作。各区县领导小组和办公室的名单5月31日前报市建委专项整治办公室。

二、整治内容和范围

巩固去年以来我市房地产交易市场秩序整顿成果，紧紧围绕房地产开发建设和交易中容易发生违法违规、权钱交易问题的关键环节和重点部位，认真开展自查，对房地产开发项目特别是在建并已进入商品房预售环节的房地产开发项目进行全面清理。专项整治的主要内容为：

（一）结合全市建设、房管系统正在开展的政风行风建设、治理商业贿赂等项工作，市建委相关处室和事业单位、区县建委（房管局）要在依法办事、办事公开、服务态度、办事效率、廉洁清正等方面认真自查，对审批办事工作中存在的未依法行政、服务效率低、不作为及权钱交易等违规行为，各部门、各区县建委（房管局）要依纪依法作出处理，同时针对监管与服务工作中存在的问题认真进行整改。对拒不自查自纠、弄虚作假或掩盖违规违纪违法问题的，一经发现，从严处理。对涉嫌违法犯罪的，要移送司法机关处理。

（二）要求房地产开发企业、拆迁企业、经纪机构、测绘企业对照相关的法律法规进行自查自纠，对自查发现的违规行为和有投诉举报的违规行为进行纠正和整改。

（三）有关部门对有投诉举报和存在违规问题的房地产企业和单位进行重点调查和专项检查，对检查中发现问题的项目，特别是存在危害群众利益的企业和单位，有关部门按照职责分工依法进行处理并在媒体曝光。

（四）本次专项整治企业自查和市、区县建委（房管局）组织专项检查的主要内容为：

1. 开发管理部门

（1）开发企业是否建立了项目手册，并及时准确进行了内容的填写；

（2）开发企业是否按土地出让合同约定的开工、竣工时间进行开发建设并按房屋买卖合同约定向购房者按期交房；

（3）开发企业规模是否符合相应资质等级要求，项目资本金是否到位；

2. 拆迁管理部门

（4）拆迁现场管理是否执行阳光拆迁、文明拆迁的有关规定；

（5）开发企业、拆迁公司是否按照《加快清理拆迁滞留项目工作方案》的要求，积极推进拆迁滞留项目清理工作；

3. 工程建设管理部门

（6）开发企业是否存在未取得建筑工程施工许可证擅自施工的行为；

（7）开发企业是否存在不按期开工、擅自中止施工且未向相关部门报告的情况；

（8）开发企业是否擅自将房地产项目进行转让，未到相关部门办理转让或变更手续。

4. 建筑市场管理部门

（9）开发企业是否按照施工合同履约拨付工程款，是否有挪用建设资金、拖欠工程款的行为；

（10）开发企业是否存在因工程合同纠纷而导致延期交房的行为；

5. 质量管理部门

（11）开发企业是否按规定组织工程竣工验收，按期交房；

(12)开发企业是否按规定进行住宅质量分户验收，满足合同约定的装修和使用质量，保证业主入住使用；

(13)开发企业是否按有关规定建立住宅小区建设方案，组织市政基础设施和公共服务设施与住宅同步交用；

6. 房屋市场管理部门

(14)开发企业是否存在无证预销售商品房的情况；

(15)开发企业是否存在不按期开盘，公布不实销售进度和价格，未按规定进行网上认购、网上签约的行为；

(16)开发企业是否存在未按合同约定按期交房且不支付违约金，导致恶性纠纷案件的情况；

(17)房地产经纪机构和从业人员是否利用虚假信息进行宣传，发布虚假广告、签订虚假合同等方式骗取中介费、服务费、看房费、诚意金以及类似性质费用；

7. 物业管理部门

(18)开发企业预售前是否依法选聘具备相应资质等级的物业管理企业；

(19)开发企业是否制定本企业项目的《前期物业服务合同》，并与物业管理企业签订《前期物业服务合同》；

(20)开发企业是否制定本企业项目的《业主临时公约》，并与业主在签订买卖合同时确认《业主临时公约》；

8. 权属管理部门

(21)开发企业、测绘单位是否在房产面积测算中弄虚作假、欺骗房屋权利人；

(22)开发企业预售的商品房竣工后，是否存在不能及时为购房人办理房屋所有权证的情况。

市建委执法大队、监督总站负责与相关业务部门一起查处并集中组织联合检查，对企业的违法违规行为依法进行处罚；城研中心信息处负责收集各相关处室、各区县按月报送的专项整治工作进展情况和违法违规行为的查处情况，以及典型案例，定期编辑并及时报送《北京市房地产专项整治工作简报》；新闻宣传中心负责专项整治工作对外宣传工作。

三、工作要求

(一)统一思想，充分认识开展专项整治的重要意义。

开展专项整治对于促进房地产业持续健康发展，营造良好的市场环境，维护广大消费者的合法权益具有十分重要的意义。各部门、各区县建委(房管局)要充分认识专项整治的重要性，增强做好工作的责任感和紧迫感，各区县建委(房管局)要担负起本区县专项整治的检查组织与汇总工作，切实把专项整治工作抓紧抓好。

(二)加大执法力度，依法打击房地产领域违法违规行为。

各部门、各区县建委(房管局)要坚持标本兼治、综合治理的方针，紧紧围绕房地产项目的审批、开发、交易、中介等环节，运用法律、行政等多种手段，严厉打击房地产领域的违法违规行为。各区县建委(房管局)要畅通举报投诉渠道，建立案件移送制度，严肃查处房地产领域违法违纪案件；建立典型案例通报制度，对整改效果显著的企业和单位予以表彰；对整改不力、群众反映强烈的企业和单位，予以查处公示和通报批评。

(三)强化专项整治责任，切实加强组织领导，建立健全管理与服务相结合、业务专管与部门联动相结合、建设与房管相结合的长效机制。

各单位要将管理与服务相结合，在自查自律、各司其职的基础上，健全市、区联动的监管和服务体系，实现工作重心下移，努力夯实工作基础；加强业务专管与部门联动，建立部门协调配合的联动机制；发挥建设、房管整合的优势，扶优限劣，建立健全促进房地产市场健康发展的长效机制。

（四）建立信息共享和联合查处制度。

专项整治工作涉及面广，政策性强，工作难度大。各部门、各区县建委（房管局）要在每月5日前向市建委专项整治办公室报送上月工作进展情况和违规企业查处情况。各部门、各区县建委（房管局）在组织专项检查的基础上，联合规划、土地、发改、工商、税务等部门，对重大案件进行联动查处，建立健全联合查处机制。

四、工作步骤

专项整治工作主要分四个阶段展开：

（一）动员部署阶段（2007年4月—2007年5月底）

各区县建委、房管局成立专项整治工作领导小组。制订工作方案，明确职责分工，落实工作责任，部署在本区县开展房地产市场秩序专项整治工作。

（二）自查自纠阶段（2007年6月1日—2007年6月30日）

1. 组织房地产开发企业、拆迁企业、经纪机构、测绘企业对照相关的法律法规进行自查，通过北京建设网（www. bjjs. gov. cn）“房地产企业检查”栏目，在线填报有关自查情况，6月30日前在网上提交上报。自查存在问题的企业和机构应同时提出整改方案，报区县专项整治工作办公室。

2. 市建委相关处室和事业单位、各区县建委（房管局）开发、市场交易、权属、施工、拆迁、物业、质量、监察执法、测绘等科室和事业单位要在依法办事、办事公开、服务态度、办事效率、廉洁清正等方面进行自查，于6月30日前向本单位监察部门提交自查报告。根据自查存在的问题，积极进行整改并有针对性地做好堵塞漏洞、建章立制工作。

（三）组织检查阶段（2007年7月—2007年12月底）

1. 在房地产企业自查的基础上，各区县建委（房管局）和各业务主管部门要在年底前对辖区所有在售项目及相关企业进行逐一检查。

2. 对有投诉举报的要重点检查，存在违规行为的企业要督促整改。对违法违规行为的查处要做到事实清楚，处理结果明确，同时将处理决定一并上报。

3. 市建委将不定期通报违法违规的案件，向社会公开曝光。

（四）抽查验收巩固成果阶段（2007年11月—2008年3月）

1. 在企业自查和区县检查的基础上，市建委组织抽查验收工作，对群众举报投诉较多，严重侵害群众利益，反映强烈的重点企业和项目，由市建委组织区县和有关部门联合检查。

2. 推广交流典型经验，认真开展警示教育，组织召开现场会进行经验交流推广，推动专项整治工作。

3. 总结房地产市场秩序整治的工作经验，将行之有效的措施和做法形成管理制度，建立房地产市场规范发展的长效机制。

二〇〇七年五月二十五日

北京市人民政府办公厅转发市建委市民防局关于《首都地区地下空间综合整治工作方案》的通知

京政办发[2007]25 号

各区、县人民政府,市政府各委、办、局,各市属机构:

市建委、市民防局制订的《首都地区地下空间综合整治工作方案》已经市政府同意,现转发给你们,请认真组织实施。

二〇〇七年四月十九日

首都地区地下空间综合整治工作方案

为加强首都地区地下空间(指人民防空工程和普通地下室)的安全使用和管理,消除各类安全隐患,保护人民群众生命财产安全,确保首都安全稳定,市政府决定从 2007 年 4 月中旬至 2007 年 12 月底,在北京行政区域内集中开展地下空间综合整治工作。

一、总体目标

根据国家和本市相关法律法规,按照"突出重点、明确责任、综合整治、疏堵结合、消除隐患、注重长效"的总体要求,健全本市地下空间管理制度,明确管理责任,建立以区县政府牵头,街道办事处和乡镇政府监管,产权或使用管理单位负责,各有关部门积极参与齐抓共管的工作格局。通过综合整治,摸清地下空间的底数,界定本市与中央在京单位、军队交叉管理的地下空间,进一步加强地下空间安全管理,消除各种隐患,预防重特大事故发生,确保地下空间使用安全。

二、整治范围和重点

整治范围是本市行政区域内用于生产经营、居住、办公等人员聚集场所的地下空间。

重点整治从事商业、文化娱乐业、旅店业以及其他生产经营活动或者作为居住场所的地下空间。

三、组织领导

建立首都地区地下空间综合整治工作联席会议制度,协调和布置相关工作,联席会议成员单位包括中直机关事务管理局、国务院机关事务管理局、中国人民解放军房地产管理局、首都综治办、市政府法制办、市流动人口和出租房屋管理办、市建委、市民防局、市规划委、市公安局、市安全生产监督局、市卫生局、市工商局、市文化局、市商务局、市国资委、市公安局消防局和市体育局等。在市民防局设立市地下空间综合整治工作办公室,负责日常具体工作。

各区县政府、各有关部门要建立相应的综合整治工作机构，并确定1名分管领导负责，切实加强对综合整治工作的组织领导和协调，将整治工作落到实处。

四、职责分工

在京中央、军队单位地下空间的整治工作分别由中直机关事务管理局、国务院机关事务管理局和中国人民解放军房地产管理局负责。

民防部门主要负责组织对本市人防工程进行摸底调查，督促使用单位自查自纠，落实整改措施；负责对人防工程战时设备设施的检查，督促管理单位和使用单位落实管理责任；对违法违规行为进行查处。

公安治安管理部门主要负责对地下空间内的文化娱乐场所、游艺厅、中小旅馆等公共场所进行治安管理和监督检查，并依法对存在违法违规行为的场所进行查处。

公安消防部门主要负责监督检查新建、改建、扩建、建筑物内部装修和用途变更的地下空间办理消防行政许可情况；对设置和配备消防设施和器材等情况进行检查和验收，并依法对违法违规行为进行处罚。

安全生产监管部门主要负责对地下空间安全生产进行综合监督管理，对违反有关法律法规的行为责令改正并依法实施行政处罚。

卫生部门主要负责对利用地下空间进行经营的公共场所持有《卫生许可证》情况以及环境卫生达标情况进行监督检查，并对不合格者依法实施行政处罚。

城市规划部门主要负责对擅自改建人防工程以及改变地下空间使用用途的行为进行认定及查处。

工商部门主要负责依法核发在地下空间内从事生产经营活动的企业和个体工商户的营业执照，对违反有关工商行政管理法律法规的行为依法实施行政处罚。

文化部门主要负责依法对地下空间内的文化娱乐、上网服务等场所的行政审批，对违法违规的娱乐场所责令限期改正、关闭或实施行政处罚。

商务部门主要负责对利用地下空间从事商业零售经营活动的单位进行安全检查，配合相关部门执法。

流动人口和出租房屋管理办主要负责建立管理工作机制及管理人员队伍，组织基层管理人员进行日常巡查检查工作。

街道办事处和乡镇政府主要负责对管辖区域内地下空间安全使用管理工作的组织、协调和监督，建立巡查制度，发现违法使用或存在安全隐患的应及时制止，并通知有关行政主管部门依法查处。

产权人（管理单位）和使用人是地下空间安全防范的主体，也是执行相关安全管理法律法规，对安全隐患进行整改，确保安全达标的直接责任人。产权人（管理单位）要牢固树立安全意识，积极落实消防、治安、卫生等有关规定，建立防火、防汛、治安、卫生等责任制度，并对使用人履行义务的情况进行监督；使用人应积极配合产权人（管理单位）做好各项管理工作，接受有关部门的监督和检查，主动办理各种证照，对发现的安全隐患及时整改，并负责对使用场所进行日常监管和对居住人员的日常管理，熟悉各种应急疏散方案。

人防工程管理单位和使用单位（使用人）要落实人防工程有关维护管理工作要求，保证人防工程处于良好的战备状态。

五、时间安排

本次综合整治工作从 2007 年 4 月中旬开始，12 月底前结束，分四个阶段进行：

（一）动员部署阶段（2007 年 5 月中旬前）。

各区县政府、各有关部门要及时建立综合整治工作机构，制订工作方案，明确职责分工，提出工作要求，进行专业培训，广泛宣传发动，营造良好氛围。

5 月 15 日前，各区县政府应将本区县综合整治工作机构及整治方案报市地下空间综合整治工作办公室。

（二）摸底调查阶段（2007 年 9 月底前）。

各区县政府要摸清地下空间的情况，包括行政区域内地下空间数量、位置、面积、实际用途、使用性质、权属单位和安全管理状况等，有针对性地开展整治工作。由地下空间各权属（管理）单位填写地下空间综合整治工作调查摸底明细表，于 8 月 31 日前报送当地街道、乡镇地下空间综合整治工作办公室；由其汇总后于 9 月 10 日前上报区县地下空间综合整治工作办公室；经汇总和抽查，并填写地下空间综合整治工作调查摸底汇总表后，于 9 月 20 日前上报市地下空间综合整治工作办公室。

（三）落实整改和综合执法检查阶段（2007 年 11 月底前）。

对在摸底调查中查出的问题，要依照监管职责分工，督促相关责任单位及时整改。需要多个部门协调解决的问题，由各区县政府及时召集有关单位专题研究制订整改方案。各区县政府、各有关部门要依据整治范围、整治重点，加大综合执法检查力度，对存在事故隐患的地下空间，应当责令产权人（管理人或使用人）立即排除。重大事故隐患排除前或排除过程中无法保证安全的，责令停止使用，隐患排除后经审查同意方可恢复使用。

（四）验收总结阶段（2007 年 12 月底前）。

由市地下空间综合整治工作办公室对各区县综合整治工作情况进行抽查，对抽查不合格的单位，要给予严肃处理。对整改进展缓慢，效果不明显的单位，要提出批评并督促其完成整治工作。各区县地下空间综合整治工作办公室要对综合整治情况写出总结，并填写地下空间综合整治工作情况统计表（附件 3），于 2007 年 12 月 15 日前报市地下空间综合整治工作办公室。

六、工作要求

（一）加强领导。各区县政府、各有关部门和单位要充分认识地下空间安全管理综合整治工作的重要性、必要性和紧迫性，严格落实责任制，切实加强对整治工作的组织领导，并以综合整治为契机，推动各项安全工作落实。

（二）明确责任。各区县政府要认真组织力量摸清本行政区域地下空间的底数；各有关部门要明确责任，各司其职，抓好落实，真正实现地下空间的底数清、用途清、安全使用标准清、安全管理责任清、安全隐患问题清的“五清”目标。同时，要将综合整治工作与建立安全生产管理体系、完善安全生产条件、促进依法经营和依法监管结合起来，推动建立长效监管机制。

（三）加强协调。各区县政府要加强对综合整治工作的督导，解决好在整治过程中发现的各种问题。各有关部门要加强协调配合，形成合力。对整治难度大、安全隐患多、涉及面广的地下空间，要组织联合整治。各产权单位或物业管理单位、自管房单位要积极主动配合专项整治，不得推诿扯皮。

（四）搞好宣传。要加强对综合整治工作的宣传，充分发挥新闻媒体的舆论监督作用。

（五）注重长效。各区县政府要通过这次综合整治工作，建立长效的管理机制，充分利用现有管理网络，组织相关人员对行政区域内地下空间的基本情况进行逐一核实、补充和数据录入，对地下空间的使用情况进行动态管理。

国家税务总局关于加强房地产交易个人无偿赠与不动产税收管理有关问题的通知

国税发[2006]14号

各省、自治区、直辖市和计划单列市地方税务局，西藏自治区国家税务局：

为加强房地产交易中个人无偿赠与不动产行为的税收管理，现将有关问题通知如下：

一、关于加强个人无偿赠与不动产税收管理问题

（一）关于加强个人无偿赠与不动产营业税税收管理问题

1. 个人向他人无偿赠与不动产，包括继承、遗产处分及其他无偿赠与不动产等三种情况，在办理营业税免税申请手续时，纳税人应区分不同情况向税务机关提交相关证明材料：

（1）属于继承不动产的，继承人应当提交公证机关出具的“继承权公证书”、房产所有权证和《个人无偿赠与不动产登记表》（见附件）；

（2）属于遗嘱人处分不动产的，遗嘱继承人或者受遗赠人须提交公证机关出具的“遗嘱公证书”和“遗嘱继承权公证书”或“接受遗赠公证书”、房产所有权证以及《个人无偿赠与不动产登记表》；

（3）属于其它情况无偿赠与不动产的，受赠人应当提交房产所有人“赠与公证书”和受赠人“接受赠与公证书”，或持双方共同办理的“赠与合同公证书”，以及房产所有权证和《个人无偿赠与不动产登记表》。上述证明材料必须提交原件。

税务机关应当认真审核上述材料，资料齐全并且填写正确规范的，在提交的《个人无偿赠与不动产登记表》上签字盖章后退提交人，将有关公证证书复印件留存，同时办理营业税免税手续。

2. 对个人无偿赠与不动产的，税务机关不得向其发售发票或者代为开具发票。

（二）关于个人无偿赠与不动产契税、印花税税收管理问题

对于个人无偿赠与不动产行为，应对受赠人全额征收契税，在缴纳契税和印花税时，纳税人须提交经税务机关审核并签字盖章的《个人无偿赠与不动产登记表》，税务机关（或其他征收机关）应在纳税人的契税和印花税完税凭证上加盖“个人无偿赠与”印章，在《个人无偿赠与不动产登记表》中签字并将该表格留存。税务机关应积极与房管部门沟通协调，争取房管部门对持有加盖“个人无偿赠与”印章契税完税凭证的个人，办理赠与产权转移登记手续，对未持有加盖“个人无偿赠与”印章契税完税凭证的个人，不予办理赠与产权转移登记手续。

二、关于加强个人将受赠不动产对外销售税收管理问题

（一）关于加强个人将受赠不动产对外销售营业税税收管理问题

个人将通过无偿受赠方式取得的住房对外销售征收营业税时，对通过继承、遗嘱、离婚、赡养关系、直系亲属赠与方式取得的住房，该住房的购房时间按照《国家税务总局关于

房地产税收政策执行中几个具体问题的通知》(国税发[2005]172 号)中第四条有关购房时间的规定执行;对通过其他无偿受赠方式取得的住房,该住房的购房时间按照发生受赠行为后新的房屋产权证或契税完税证明上注明的时间确定,不再执行国税发[2005]172 号中第四条有关购房时间的规定。

(二)关于加强个人将受赠不动产对外销售个人所得税税收管理问题

受赠人取得赠与人无偿赠与的不动产后,再次转让该项不动产的,在缴纳个人所得税时,以财产转让收入减除受赠、转让住房过程中缴纳的税金及有关合理费用后的余额为应纳税所得额,按 20% 的适用税率计算缴纳个人所得税。

在计征个人受赠不动产个人所得税时,不得核定征收,必须严格按照税法规定据实征收。

三、关于加强对个人无偿赠与不动产后续管理的问题

(一)税务机关应对无偿赠与不动产的纳税人分户归档管理,定期将留存的公证证书复印件有关信息与公证机关核对,保证公证证书的真实、合法性。

(二)税务机关应加强与房管部门的合作,定期将《个人无偿赠与不动产登记表》中的有关信息与房管部门的赠与房产所有权转移登记信息进行核对,强化对个人无偿赠与不动产的后续管理。

(三)税务机关应加强对个人无偿赠与不动产的营业税纳税评估,将本期无偿赠与不动产的有关数据与历史数据(如上年同期)进行比较,出现异常情况的,要做进一步检查和核对,对确有问题的赠与行为,应按有关规定进行处理。

(四)对个人赠与不动产过程中,向受赠人收取了货物、货币或其他经济利益,但提供虚假资料,申请办理无偿赠与的相关手续,没有按规定缴纳营业税的纳税人,由税务机关按照《中华人民共和国税收征收管理法》的有关规定追缴税款、滞纳金并进行相关处罚。

(五)税务机关应向房屋中介机构做好税法宣传工作,使其协助做好无偿赠与不动产的税收管理工作。

二〇〇六年九月十四日

北京市地方税务局关于印发《北京市个人出租房屋税收征收管理办法》的通知

京地税征[2007]16号

第一条 为适应社会主义市场经济的发展，进一步加强个人出租房屋的税收征管，保证税款及时足额入库，根据《中华人民共和国税收征收管理法》和其他有关税收法律、法规和规章的规定，并结合本市实际情况，制定本办法。

第二条 个人（含外籍个人、华侨、港澳台同胞，下同）在本市范围内出租房屋而发生的应税行为，均适用本办法。

第三条 个人出租房屋并取得收入，依法应分别申报缴纳以下税费：营业税、城市维护建设税、教育费附加、房产税、城镇土地使用税、城市房地产税、印花税。（以下统称“税费”）。

第四条 对个人出租房屋应征收的各项税费应按规定计算。为便利征收，降低税收成本，也可采取按每一百元应税收入含五元的税额的负担水平统一计算应纳税额，即按实际收入的5%计征。

对于个人转租或再转租以及非房产税、城镇土地使用税征收范围的个人出租房屋取得的收入，按实际收入的2.5%计征。

个人所得税按照现行办法进行申报纳税，不得并入综合征收率征收。

第五条 对于纳税人申报的计税依据明显偏低，又无正当理由的，各区县地方税务局、地方税务分局应根据当地实际情况，并结合房屋的地区分布、结构类型、质量面积、市场租金价格等不同情况核定其应纳税额。

第六条 各区县地方税务局、地方税务分局根据实际情况可自行征收个人出租房屋的各项税款，也可委托其他单位或部门（以下简称“代征人”）代征代缴。

第七条 各区县局、分局的税务所应认真做好个人出租房屋的税款征收入库的各项工作，并可以为完税方提供代开发票的服务，同时做好税源资料的搜集整理工作。

第八条 受税务机关委托的代征人必须具有健全的管理机构，各项规章制度完善，并且具有代征税费的实际能力。

第九条 代征人可确定为各级政府的外来人口管理部门、区县房屋土地管理局以及街道办事处、乡镇政府或经北京市地方税务局确认的其他单位。

第十条 代征人的代征资格由各区县地方税务局、地方税务分局认定，在双方协商一致后应与代征人签订《委托代征税款协议书》（一式四份）。同时各区县地方税务局、地方税务分局向代征人核发《委托代征证书》。

第十一条 代征人应严格按照税收法规、法规和规章的规定，严格依照《委托代征税款协议书》规定的代征范围、代征内容、权限以及期限进行税款的代征代缴工作，认真履行代征义务，严格遵守北京市地方税务局《委托代征税款管理的暂行规定》，并指定有关人员为办税人员,由办税人员专门负责具体的代征工作。

第十二条　代征人不得再行委托其他单位代征。

第十三条　如遇国家税收法律、法规和规章的废止或修订,税务机关应及时通知代征人,并修改或终止《委托代征税款协议书》,换发或取消《委托代征证书》。

第十四条　税务机关对税款代征工作有权进行检查、监督、指导,并负责对代征人的办税人员进行相应的业务辅导和培训,及时向代征人提供代征税款所需的各种税收票证。

第十五条　税务机关可根据实际需要,向代征人提供发票。

第十六条　代征人应接受税务机关的指导和检查,定期向税务机关通报有关情况,提供资料信息等。

第十七条　代征人应按照有关规定向税务机关领购发票和税收票证,并严格执行《中华人民共和国发票管理办法》和《北京市地方税务局税收票证管理办法》以及其他有关税收法律、法规和规章的规定,做好发票和税收票证的各项管理工作。

第十八条　代征人应在代征税款时向纳税人开具税务机关规定的完税凭证,税款专户存储,严禁挪用税款,并在次月10日内使用《中华人民共和国税收缴款书》填报房产税科目(个人出租房屋子目)向银行汇总解缴税款。

第十九条　代征人应于次月10日内将上月的税票、发票使用情况和征收税款的情况报送税务机关。

第二十条　税务机关应按规定依据实际入库的代征税款的5%的比例向代征人返还手续费。

第二十一条　代征人不得从代征税款中坐扣手续费。

第二十二条　纳税人有违反本办法规定的税收违法行为的,税务机关将依照《中华人民共和国税收征收管理法》和有关税收法律、法规及规章的规定予以处罚。

第二十三条　本办法第八条规定的代征人以外的单位和个人不得进行税款征收活动。未经税务机关依法委托征收税款的,责令其退还并依法给予行政处分或行政处罚;致使他人合法权益受到损失的,依法承担赔偿责任;构成犯罪的,依法追究刑事责任。

第二十四条　代征人在代征税款的过程中,纳税人拒绝代征税款的,代征人应在24小时内报告主管税务机关,由主管税务机关依法进行处理,代征人不得对纳税人进行处罚。

第二十五条　纳税人与代征人在代征税款时发生争议,可以向委托代征税款的税务机关的上一级税务机关申请行政复议。

第二十六条　代征人有下列情形之一者,税务机关可以单方面终止《委托代征税款协议书》,取消其代征资格和《委托代征证书》:

(一)未按照《委托代征协议书》规定办理代征业务的;

(二)代征人玩忽职守,不征、少征税款的;

(三)代征人故意刁难纳税人或者滥用职权多征税款的;

(四)代征人再行委托其他单位和个人代征税款的。

第二十七条　本办法由北京市地方税务局负责解释。

第二十八条　本办法从2004年1月1日起执行,以前有关规定与本办法不符的,以本办法为准。

北京市地方税务局关于印发《房地产开发企业土地增值税清算管理办法》的通知

京地税地[2007]134号

各区、县地方税务局、各分局：

为了进一步加强土地增值税清算的管理工作，根据《中华人民共和国土地增值税暂行条例》、《中华人民共和国土地增值税暂行条例实施细则》和《国家税务总局关于房地产开发企业土地增值税清算管理有关问题的通知》（国税发[2006]187号）及土地增值税相关政策文件，市局制定了《房地产开发企业土地增值税清算管理办法》（以下简称《管理办法》），现印发给你们，并就有关问题通知如下，请一并依照执行。

一、土地增值税清算工作是土地增值税征收管理的重要环节，是依法行政，确保国家足额入库的重要保证。各局在强化土地增值税税款预征工作的同时，要认真贯彻落实《管理办法》的精神，做好土地增值税清算的各项管理工作。

二、为了更好地开展清算工作，各局应依照《管理办法》，结合本地区土地增值税征管的实际情况，制定本局清算工作的具体工作流程，落实岗位责任，确保清算土地增值税税款工作的顺利实施。

附件：1. 土地增值税清算鉴证报告（略）
2. 土地增值税清算申请表（略）
3. 土地增值税清算通知书（略）
4. 土地增值税清算材料清单（略）
5. 土地增值税清算受理通知书（略）
6. 土地增值税清算补充材料通知书（略）
7. 土地增值税清算中止核准通知书（略）
8. 土地增值税清算终止核准通知书（略）
9. 土地增值税核定征收通知书（略）

二〇〇七年四月九日

房地产开发企业土地增值税清算管理办法

第一章　总　　则

第一条　为了规范房地产开发企业土地增值税清算管理工作，根据《中华人民共和国税收征收管理法》、《中华人民共和国土地增值税暂行条例》、《中华人民共和国土地增值税暂行条例实施细则》和《国家税务总局关于房地产开发企业土地增值税清算管理有关问题的通知》及有关文件的规定，制定本办法。

第二条　凡从事房地产开发的企业应办理清算土地增值税手续的房地产开发项目，包括未预征土地增值税税款的房地产开发项目，均适用本办法。

第三条　土地增值税清算以纳税人初始填报的《土地增值税项目登记表》中房地产开发项目为对象，对一个清算项目中既有普通标准住宅工程又有其他商品房工程的，应分别核算增值额。

第四条　纳税人在办理土地增值税清算税款手续时应在报送有关资料的同时附送中介机构出具的《土地增值税清算鉴证报告》（以下简称《鉴证报告》，标准格式见附件1）。

第二章　清　算　条　件

第五条　符合下列情况之一的，纳税人应到主管地方税务机关办理土地增值税清算手续：

（一）全部竣工并销售完毕的房地产开发项目。

（二）整体转让未竣工的房地产开发项目。

（三）直接转让土地使用权的项目。

（四）纳税人申请注销税务登记的房地产开发项目。

第六条　符合下列情况之一的，主管地方税务机关可要求纳税人进行土地增值税清算：

（一）纳税人开发的房地产开发项目已通过竣工验收，在整个预（销）售的房地产开发建筑面积达到可销售总建筑面积的比例85%（含）以上的。

（二）取得销售（预售）许可证满三年仍未销售完毕的。

（三）经主管地方税务机关进行纳税评估发现问题后，认为需要办理土地增值税清算的房地产开发项目。

第七条　房地产开发企业纳税人建造商品房，已自用或出租使用年限在一年以上再出售的，应按照转让旧房及建筑物的政策规定缴纳土地增值税，不再列入土地增值税清算的范围。

第三章　清算申请与受理

第八条　凡符合应办理土地增值税清算条件的纳税人，应在90日内向主管地方税务机关提出清算税款申请，并据实填写《土地增值税清算申请表》（附件2），经主管地方税务机关核准后，即可办理竣工清算税款手续。对纳税人清算土地增值税申请不符合受理条件的，应将不予核准的理由在《土地增值税清算申请表》中注明并退回纳税人。

第九条　凡主管地方税务机关要求纳税人办理土地增值税清算手续的房地产开发项目，主管地方税务机关应出具《土地增值税清算通知书》（附件3）并送达纳税人。纳税人应在接到《土地增值税清算通知书》之日起30日内，填写《土地增值税清算申请表》报送主管地方税务机关。经主管地方税务机关核准后，在90日内办理清算税款手续。

第十条　纳税人在办理土地增值税清算申报手续时，应向主管税务机关提交有关清税项目资料，并填写《土地增值税清算材料清单》（附件4）。须提交的有关资料如下：

（一）项目竣工清算报表，当期财务会计报表[包括：损益表、主要开发产品（工程）销售明细表、已完工开发项目成本表]等。

（二）国有土地使用权证书。

（三）取得土地使用权时所支付的地价款有关证明凭证及国有土地使用权出让或转让合同。

（四）清算项目的预算、概算书、项目工程合同结算单。

（五）能够按清算项目支付贷款利息的有关证明及借款合同。

（六）销售商品房有关证明资料，以商品房购销合同统计表并加盖公章的形式，包含：销售项目栋号、房间号、销售面积、销售收入、用途等。

（七）清算项目的工程竣工验收报告。

（八）清算项目的销售许可证。

（九）与转让房地产有关的完税凭证，包括：已缴纳的营业税、城建税、教育费附加等。

（十）《土地增值税清算鉴证报告》。

（十一）《土地增值税纳税申报表（一）》。

（十二）税务机关要求报送的其他与土地增值税清算有关的证明资料等。

第十一条　纳税人应准确、据实填写各类清算申报表和相关表格；纳税人委托中介机构代理进行清算鉴证的，在《鉴证报告》中应详细列举清算项目的收入、扣除项目和进行土地增值税清算的相关鉴证信息。

第十二条　主管地方税务机关在收取纳税人提交的申请材料和《鉴证报告》时，应认真核对纳税人提供的资料，并严格按照《鉴证报告》标准格式进行验收，对纳税人提交的申请材料齐全的，主管税务机关应予以受理，并向纳税人开具《土地增值税清算受理通知书》（附件5）交纳税人转入审核程序。对纳税人提交的清税资料不完整、《鉴证报告》内容不规范、审计事项情况不清楚的，应退回纳税人重新修改《鉴证报告》或补充资料，并向纳税人开具《土地增值税清算补充材料通知书》（附件6）交纳税人，待清算资料补充完整后，重新办理税款清算手续。

第四章　清　算　审　核

第十三条　主管地方税务机关应自受理纳税人清算申请之日起90日内完成清算审核工作，不含纳税人应税务机关要求的补正资料时间。

第十四条　主管地方税务机关应认真审核纳税人提供的证明凭证、资料是否真实有效；审核《鉴证报告》的真实性；格式的规范性；内容的齐全性，内容应包含开发项目总建筑面积、批准总销售面积、企业总自用面积、总配套设施面积、项目分类用途情况、允许分摊的配套设施面积、本次土地增值税清算面积，审核各表格扣除项目内容与相关资料的关系等。主管地方税务机关有权对《鉴证报告》的工作底稿进行抽查和检查。

第十五条　清算项目销售收入的确定。销售收入是指销售商品房所取得的全部价款及有关的经济收益。收入的确认重点审核企业预售款和相关的经济收益是否全部结转为销售收入，同时应审核向购买方收取的房价款中是否包含代收费用。

对房地产开发企业将开发的商品房用于赞助、职工福利、奖励、对外投资、分配给股东或投资人、抵偿债务、换取其他单位和个人的非货币性资产等行为，发生所有权属转移时应视同销售房地产，取得其收入确定由主管地方税务机关按照当期同类区域、同类房地产的市场价格核定。

对纳税人转让房地产无法提供收入资料或提供收入资料不实造成成交价格明显偏低的，收入确定由主管地方税务机关依照上述方法的市场价格核定。

第十六条　对清算项目扣除项目金额的确定，按照《中华人民共和国土地增值税暂行条例》和《中华人民共和国土地增值税暂行条例实施细则》的规定计算，发生的各项成本和费用应按实际发生额确认扣除；对纳税人无法提供合法有效凭证的，不予扣除；各项预提（或应付）费用不得包括在扣除项目金额中。

第十七条　纳税人应向税务机关提供合法有效凭证，方可据实扣除项目金额的范围如下：

（一）纳税人为取得土地使用权所支付的地价款和按国家统一规定交纳的有关费用。

（二）纳税人在房地产开发过程中实际发生的土地征用费用、耕地占用税、拆迁地上地下建筑物和附着物的拆迁费用、解决拆迁户住房和安置被拆迁者工作的安置及补偿费用等支出。

（三）纳税人在销售房地产过程中缴纳的营业税、城市维护建设税和教育费附加。

第十八条　对开发土地和新建房及配套设施的成本（简称开发成本）中的前期工程费、建筑安装工程费、基础设施费、开发间接费用等，按实际发生额据实扣除。对纳税人进行土地增值税清算时，有下列情况之一的，税务机关应按核定办法扣除：

（一）无法按清算要求提供开发成本核算资料的；

（二）提供的开发成本资料不实的；

（三）发现《鉴证报告》内容有问题的；

（四）虚报房地产开发成本的；

（五）清算项目中的前期工程费、建筑安装工程费、基础设施费、开发间接费用的每平方米建安成本扣除额，明显高于北京市地方税务局制定的《分类房产单位面积建安造价表》中公布的每平方米工程造价金额，又无正当理由的。

第十九条　地方税务机关根据建设部门定期公布的建安指导价格，结合商品房用途、结构等因素制定《分类房产单位面积建安造价表》，并据此核定第十八条所列四项开发成本的扣除额。《分类房产单位面积建安造价表》及核算方法，由市地方税务局另行制定下发。

第二十条　公共配套设施费的扣除范围确认，以房地产开发中必须建造、但不能有偿转让的非营利性的社会公共事业设施所发生的支出确定。非营利性的社会公共事业设施主要是指：物业办公场所、变电站、热力站、水厂、居委会、派出所、托儿所、幼儿园、学校、医院、邮电通讯、自行车棚、公共厕所等。由于各开发项目配套设施情况不同，必须先确定允许扣除的配套设施面积后再计算分摊。

对于成片开发分期清算项目的公共配套设施费用，在先期清算时应按实际发生的费用进行分摊。

对于后期清算时实际支付的公共配套设施费用分摊比例大于前期的金额时，允许在整体项目全部清算时，按照整体项目重新进行调整分摊。

第二十一条　对开发土地和新建房及配套设施的费用（销售费用、管理费用、财务费用）扣除的确定，对财务费用中的利息支出凡能够按清算项目计算分摊并提供金融机构证明的，允许据实扣除，但最高不能超过按商业银行同类同期贷款利率计算的金额。其他房地产开发费用，按取得土地使用权所支付的金额和房地产开发成本计算的金额之和的5%计算扣除。

对财务费用中的利息支出凡不能按清算项目计算分摊或提供金融机构利息证明的，利息不能单独扣除，房地产开发费用采用按率扣除的方法，以取得土地使用权所支付的金额和房地产开发成本计算的金额之和的10%进行计算扣除。

第五章　清　算　管　理

第二十二条　各区县地方税务局要做好土地增值税的清算管理工作，认真查验和审核清算企业报送的《鉴证报告》内容及相关资料，在审查清算项目过程中因鉴证事项或其他问题需要纳税人进一步补充与清算项目相关的证明资料时，决定暂停清算，应向纳税人开具《土地增值税清算中止核准通知书》（附件7），待纳税人重新补充证明资料后，再办理税款清算手续。对纳税人不能按主管税务机关规定期限提交补正材料的，应将清算项目资料移交给税务稽查部门，由稽查部门进行清算工作。

第二十三条　主管地方税务机关经过清算审核后，对清算项目需要进行纳税评估的，应将全部资料移交纳税评估部门进行清算评估工作，经过纳税评估后，决定对纳税人申请的清税项目不予核准，需转入检查程序进行检查的，应向纳税人开具《土地增值税清算终止核准通知书》（见附件8）送达纳税人，并将全部清税资料移交稽查部门，按照有关规定进行稽查检查工作。

第二十四条　主管地方税务机关在清算项目审核中，发现有下列情况的之一的，应将全部资料移交纳税评估或稽查部门进行清算工作。

（一）纳税人办理清税时，报送的《鉴证报告》内容不规范，退回重报后，《鉴证报告》仍不符合要求的；

（二）纳税人办理清税时，提供《鉴证报告》需要退税的；

（三）纳税人未按土地增值税政策规定预缴税款的。

第二十五条 地方税务机关在清算审核、纳税评估、稽查检查工作中，发现纳税人有下列情况之一的，可以按确定的销售收入进行核定征收土地增值税（征收率另行制定）。

（一）依照法律、行政法规的规定应当设置财务账簿未设置的；或虽设置财务账簿，但账目混乱，销售收入、成本材料凭证残缺不齐，难以确定销售收入或扣除项目金额的；

（二）擅自销毁账簿的或者拒不提供纳税资料的；

（三）符合土地增值税清算条件，未按照规定期限办理清算手续，经税务机关责令限期改正，逾期仍不清算的；

（四）纳税人未如实进行土地增值税清算申报，计税依据明显偏低，又无正当理由的。

第二十六条 主管地方税务机关通过清算审核对清算项目需要进行核定征收的，应向纳税人开具《土地增值税清算终止核准通知书》和《土地增值税核定征收通知书》（见附件9）送达纳税人。

地方税务机关通过对房地产开发项目纳税评估或稽查检查需要进行核定征收的，应向纳税人开具《土地增值税核定征收通知书》送达纳税人。

第二十七条 经地方主管税务机关清算审核后，需办理退还土地增值税手续的，依照《北京市地方税务局退税管理暂行办法》（京地税征[2003]686号）规定的程序办理退税手续。

第二十八条 主管税务机关负责将清算工作中形成的资料与原保存的该项目税务资料按照《北京市地方税务局税务档案管理办法》（京地税档[2004]73号）的有关规定合并立卷。对于成片开发分批清算土地增值税的项目，应在全部办理清算土地增值税税款工作后再进行归档。

第六章 对中介机构的管理

第二十九条 房地产开发企业土地增值税清算专项鉴证业务，可由纳税人委托具有主管部门批准资质的中介机构进行。

第三十条 中介机构应对不同用途的房地产开发清算项目所涉及的收入、成本、费用等情况加以区分并说明情况。

第三十一条 中介机构对清算项目的总体基本情况、不同用途的面积划分情况、销售收入、成本及费用等情况进行鉴证。中介机构应按税务机关规定的《鉴证报告》范本和内容对鉴证情况出具《鉴证报告》，供税务部门参考，并接受税务机关要求提供清算项目鉴证工作底稿的查验核实工作。

第三十二条 对中介机构出具的《鉴证报告》，经税务机关审核退回后，仍未达到清算要求的，将不允许再从事土地增值税清算鉴证业务工作。

第七章　清　算　处　罚

第三十三条　对房地产开发企业纳税人存在未及时、如实进行土地增值税清算申报、提供虚假纳税资料、偷税等税收违法行为的，按照《中华人民共和国税收征收管理法》第六十二条、六十三条、六十四条等有关规定进行处罚。

第三十四条　税务机关在土地增值税清算审核工作中，一经发现中介机构违反有关税收法律、法规出具虚假鉴证报告，造成纳税人少缴、未缴土地增值税的，除按照《中华人民共和国税收征收管理法实施细则》第九十八条规定进行处罚外，还应对违纪单位进行通报，凡对被通报的中介机构出具的鉴证报告，在办理土地增值税清算工作时均不予认可。

第八章　附　　则

第三十五条　本办法所涉及各文书和表格均列举在附件中。

第三十六条　此前规定与本办法不一致的，按本办法执行。

第三十七条　本办法自下发之日起开始执行。

第三十八条　自本通知生效之日起，原《北京市地方税务局关于印发北京市地方税务局清算土地增值税税款管理工作规程的通知》（京地税地［2004］628号）和《北京市地方税务局印发关于房地产开发企业清算土地增值税附送专项审计报告的管理办法的通知》（京地税地［2002］305号）废止。

北京市地方税务局关于商品住宅土地增值税核定扣除项目金额标准有关问题的通知

京地税地[2007]138号

各区、县地方税务局、各分局：

为进一步做好我市土地增值税的清算管理工作，根据《国家税务总局关于房地产开发企业土地增值税清算管理有关问题的通知》(国税发[2006]187号)文件精神，现将商品住宅土地增值税核定扣除项目金额标准有关问题通知如下，请依照执行。

一、本通知适用于对商品住宅项目清算土地增值税时扣除房地产开发成本中“前期工程费、建筑安装工程费、基础设施费、开发间接费用(以下简称四项成本)”的金额标准核定。

二、土地增值税清算项目的四项成本应按实际发生额据实扣除，但发现有下列情况之一的，应按本通知规定的标准核定扣除：

(一)无法按清算要求提供开发成本核算资料的；

(二)提供的开发成本资料不实的；

(三)发现《鉴证报告》内容有问题的；

(四)虚报房地产开发成本的；

(五)清算项目的四项成本扣除额明显高于北京市地方税务局制定的商品住宅单位面积建安造价扣除金额标准，又无正当理由的。

三、高层商品住宅(7层以上)单位面积建安造价允许扣除金额标准为每平方米2263元；多层商品住宅(7层及以下)单位面积建安造价允许扣除金额标准为每平方米1560元。

四、对于不同竣工年代的商品住宅项目，可以按照《分类房产单位面积建安造价年度修正系数表》进行相应系数修正。

五、核定四项成本应先将清税项目的高层与多层房屋分别对照适用的核定建安造价金额，确定四项成本的扣除金额。具体计算公式为：

核定扣除的四项成本 = 建安造价 × 清算建筑面积 × 年度修正系数六、本通知中单位面积建安造价金额和年度修正系数参照北京市建设工程造价管理部门的定额标准，结合专家经验和市场状况制订，由北京市地方税务局根据情况不定期进行调整。

附件：分类房产单位面积建安造价年度修正系数表

二〇〇七年四月十一日

附件：

分类房产单位面积建安造价年度修正系数表

竣工日期	1998年及以前	1999年	2000年	2001年	2002年	2003年	2004年	2005年	2006年
修正系数	76.40%	79.35%	82.30%	85.25%	88.20%	91.15%	94.10%	97.05%	100%

注:本表中“竣工日期”是指:工程质量检验部门出具的工程竣工验收报告中注明的竣工日期为依据。

北京市人民政府　北京市规划委员会 关于发布实施《“十一五”保障性住房及“两限”商品住房用地布局规划》的通知

市规发[2007]879号

各相关单位：

《“十一五”保障性住房及“两限”商品住房用地布局规划》经2007年5月14日市政府专题会议研究通过（市政府会议纪要第48号），根据会议指示精神和有关意见，我委又对其进行了修改完善，现发布施行；同时各区县根据规划要求落实用地。

特此通知。

附件：“十一五”保障性住房及“两限”商品住房用地布局规划

二〇〇七年六月二十八日

“十一五”保障性住房及“两限”商品住房用地布局规划（2006年—2010年）

第一章　总　　则

第一条　为落实《北京城市总体规划（2004年-2020年）》和国务院批复，认真贯彻落实中央关于加强和改善宏观调控的决策和部署，根据《国务院办公厅转发建设部等部门关于做好稳定住房价格工作意见的通知》（国办发[2005]26号）、《国务院办公厅转发建设部等部门关于调整住房供应结构稳定住房价格意见的通知》（国办发[2006]37号）及相关政策法规，深化《北京住房建设规划（2006年-2010年）》的有关内容，针对当前住房保障的一些问题，特此编制《北京市“十一五”保障性住房及“两限”商品住房用地布局规划》。

第二条　相关概念

（1）保障性住房是指政府按限定标准、限定价格或租金的为本市中低收入住房困难家庭提供的住房，由廉租住房、经济适用住房和政策性租赁住房构成。

（2）限房价、限套型普通商品住房（以下简称“两限房”或“两限”商品住房）是指经城市人民政府批准，在限制套型比例、限定销售价格的基础上，以竞地价、竞房价的方式，招标确定住宅项目开发建设单位，由中标单位按照约定标准建设，按照约定价位面向符合条件的居民销售的中低价位、中小套型普通商品住房。

第三条　规划指导思想。以解决市民基本住房需求为出发点，调整住房供应结构，加大住房保障力度，逐步健全和完善住房保障体系，以实现社会和谐稳定的目标。

(1)落实国务院批复和实施北京城市空间结构调整方向的原则。统筹中心城、新城协调发展，兼顾城市发展现状，同中心城功能调整优化相结合。以保障性住房及"两限"商品住房建设引导人口合理分布。

(2)积极履行政府职能的原则。切实转变政府职能，按照建设服务型政府的要求，加强社会管理和公共服务职能，创新管理制度和方式，建立健全社会保障体系，加大政府住房保障力度，逐步建立健全与北京经济社会发展阶段相适应的住房保障体系。

(3)建设资源节约型和环境友好型社会的原则。充分认识到我国人多地少的基本国情，以及北京人口聚集压力较大和土地等资源紧缺的客观情况，根据北京资源环境综合承载能力，积极推行和引导合理的保障住房建设模式。

(4)加强和改善宏观调控的原则。坚决贯彻落实国务院关于加强房地产市场宏观调控的方针政策，加大综合调控力度和发挥市场对资源配置的基础性作用，综合运用经济、法律和必要的行政手段，完善保障住房体系。

第四条　现状建设及需求情况

(1)住房总体发展趋势。改革开放特别是 1998 年以来，随着城镇住房制度改革的不断深化，北京房地产业总体上保持了快速健康发展的势头，成为首都经济发展的重要支柱产业，政府住房保障力度逐步加大，已经初步形成了由廉租住房、经济适用住房、商品住房三个层次构成的住房供应体系，人民群众居住水平和居住质量显著提高。

(2)建设情况。截至 2007 年 2 月底，全市批准集中建设经济适用房项目 52 个，总规模约 2600 多万平方米，累计开工 2197 万平方米，销售面积约 2000 万平方米，解决了约 19 万户家庭的住房问题。全市累计约 2.6 万户家庭享受了廉租房解困政策，财政累计投入资金约 2.9 亿元。

(3)需求情况及保障对象。根据家庭收入水平和住房情况的初步统计，截止到 2005 年底，应享受保障住房的家庭约为 45.7 万户，占城镇户籍户比例约为 13.7%。所需建筑面积约为 2500 万平方米。

第五条　编制重点。住房保障体系建设是当前我国的重大课题，也是一项系统工程。本次规划立足于重点解决"十一五"期间北京保障性住房及"两限"商品住房的规划用地布局。

第六条　基本依据

(1)《国务院关于北京城市总体规划的批复》(国函[2005]2 号)和《北京城市总体规划(2004 年—2020 年)》

(2)《国务院办公厅转发建设部等部门关于做好稳定住房价格工作意见的通知》(国办发[2005]26 号)、《国务院办公厅转发建设部等部门关于调整住房供应结构稳定住房价格意见的通知》(国办发[2006]37 号)等中央有关房地产市场宏观调控的政策文件和决策部署

(3)《北京市国民经济和社会发展第十一个五年规划纲要》、《北京市近期建设规划

(2006 年—2010 年)》和《北京市土地利用总体规划(2005 年—2020 年)》

(4)《北京住房建设规划(2006 年—2010 年)》

第七条　规划期限为“十一五”期间。

第二章　规划目标与规模

第八条　规划目标。“十一五”期间,逐步形成较为完善的政府住房保障体系。加大保障性住房及“两限”商品住房的建设力度,丰富保障性住房及“两限”商品住房的层次。对低保家庭住房困难户实现“应保尽保”,力争使大部分低收入家庭和部分中低收入住房困难家庭的住房条件也得到改善。

第九条　建设规模。“十一五”期间,北京市新建住房 1.23 亿平方米,其中根据市委市政府指示精神,规划安排经济适用住房 1500 万平方米(含廉租住房 150 万平方米);两限住房 1500 万平方米。共计 3000 万平方米,占住房总量的 24.4%。

第十条　年度目标分解。2008 - 2010 年保障性住房及“两限”商品住房规划总建设规模约 1800 万平方米。其中经济适用住房 480 万平方米,廉租住房 120 万平方米,“两限”商品住房 1200 万平方米。

第三章　用 地 布 局

第十一条　布局原则

(1)符合城市空间结构调整方向的原则。统筹中心城、新城协调发展,兼顾城市发展现状,同中心城功能调整优化相结合。重点在中心城中心地区以外区域,在城市东部、南部区域安排保障性住房及“两限”住房,以引导人口合理分布。

(2)强化轨道交通引导作用的原则。综合考虑轨道交通等基础设施支撑条件对土地利用强度和交通出行的作用,重点在轨道交通沿线用地和站点周边用地集中安排保障性住房及“两限”住房,以有效解决居住出行,缓解交通拥堵状况。

(3)综合考虑就业与居住的均衡发展需求的原则。根据区县功能定位,结合产业布局和人口就业结构,综合考虑就业与居住的均衡发展需求。

(4)采用“集中”和“配建”相结合的方式进行建设的原则。以集中建设和开发配建作为主要手段,按照“大分散、小集中”的模式进行空间布局,促进社会公平和融合。

第十二条　资源测算。通过划定控制区、地铁综合开发、开发配建、各区县安排四种主要措施和清理回收、提高强度、实施代建等三种辅助措施以及办法,确保保障性住房及“两限”商品住房资源约 4000 万平方米。

(1)划定控制区。经初步估算,控制区用地约 26 平方公里,除去难以利用的用地外约有 10 平方公里用地可用于安排保障性住房及“两限”商品住房用地。建设规模约 2000 万平方米。

(2)地铁综合开发。利用轨道线路车辆段和停车场建设安排保障性住房及“两限”商品住房,在解决好噪音、交通组织、震动、管线布置和保温等问题的基础,预计可安排保障性住房及“两限”商品住房约200万平方米。

(3)开发配建。制定相关政策要求开发建设项目必须按一定比例配套建设保障性住房及“两限”商品住房,作为入市条件。至2010年全市居住用地供应规模约为90平方公里,除去轨道周边及其他已供应保障性住房及“两限”商品住房用地,按15%比例配建,可建约1200万保障性住房及“两限”商品住房。

(4)提高强度。在以轨道交通为支撑的前提下,通过适当提高轨道沿线用地土地使用强度的方式,安排部分保障性住房及“两限”商品住房。据初步估算,2010年前建成的轨道沿线可用于安排保障性住房及“两限”商品住房用地约15平方公里,将用地的容积率平均提高0.1~0.2,预计可新增建设保障性住房及“两限”商品住房约100万平方米。

(5)实施代建。对于提出规划调整(如调整用地性质)的项目地块进行综合研究,同意调整的同时要求代建部分保障性住房及“两限”商品住房。依据近几年规划调整情况对未来几年进行估算,预计至2010年可新增建设保障性住房及“两限”商品住房约100万平方米。

(6)通过清理回收的方式,获取部分土地资源进行保障性住房及“两限”商品住房规划建设。

(7)综合考虑各区县需求和远期轨道建设情况,由各区县结合自身发展情况,在规划轨道线周边优先安排集中保障性住房及“两限”商品住房,总建设面积约为400万。

第十三条 规划布局。规划通过集中建设和配套建设相结合的方式,完成我市保障性住房及“两限”住房建设3000万平方米的规划目标。其中集中建设安排2000万平方米;配套建设1000万平方米,共计3000万平方米。

(1)中心城集中建设用地布局保障性住房及“两限”商品住房布局主要选择中心城中心地区以外区域,主要集中在城市东部、南部的边缘集团,重点是定福庄、南苑、丰台、石景山等区域。

(2)主要区县集中建设用地布局规划对各新城集中建设保障新住房的用地进行了初步整理,下一步将结合区县功能定位、轨道交通情况及新城控规编制深化落实。

第十四条 集中建设。为保障规划的可实施性,统筹协调现状与规划保障性住房及“两限”商品住房的布局,通过在中心城轨道沿线周边划定控制区和区县自行安排两种方式确定保障性住房及两限商品住房集中建设用地的布局,以保证合理布局,满足各地区居民的使用需要,避免过度积聚导致局部地区居住环境恶化。

在中心城沿轨道交通线划定控制区,可用于集中安排保障性住房,建设规模约300万平方米。

规划通过区县自行安排来解决500万平方米的保障性住房及“两限”商品住房。

第十五条 配套建设。根据《北京市住房建设规划(2006年—2010年)》,“十一五”期间,新建住房1.23亿平方米,全市年均住房建设量约2500万平方米,除去集中建设的保障性住房用地,如按15%比例配建,可保障本市约1000万平方米保障性住房。

第十六条 2007年用地布局。根据市国土局及各区县用地供应及保障性住房及“两限”商品住房需求情况,初步确定32个保障性住房及“两限”商品住房项目用地布局。

第四章　规　划　评　估

第十七条　规划和建设标准。维护被保障群体的根本利益，合理设置和优先建设保障性住房及“两限”商品住房的公共服务配套设施，提供便捷的居住生活服务。同时，提供适宜的采光、日照、通风条件，严格执行噪声防治标准，提供人性化的公共空间和绿地，形成空气清新、环境优美、生态良好、健康安全的人居环境。

(1)优化规划标准。鼓励轨道交通站点周边合理的高强度开发，建设保障性住房及“两限”商品住房的居住用地，根据用地条件，可在现有控规标准基础上适当上调0.1～0.2，并保证较好的人居环境。

(2)完善配套标准。严格执行《北京市居住公共服务设施规划设计指标》(384号文)，加强居住区配套标准的分类指导。对于轨道交通周边安排的以廉租住房、经济适用住房为主的保障性住房及“两限”商品住房，从交通需求引导、建设成本等方面考虑，可以适当减少停车配套指标。

(3)明确面积标准。廉租房一居室40平方米，两居室60平方米。平均套型标准为50平方米。经济适用住房要严格控制在中小套型，中套住房面积控制在80平方米左右，小套住房面积控制在60平方米左右。平均套型标准为70平方米。两限房套型建筑面积90%控制在90平方米以下。平均套型标准为80平方米。

第十八条　通过在轨道交通站点周边集中布局保障性住房及“两限”商品住房，可以带动常户籍人口由中心地区向边缘集团和新城转移，进而促进中心城功能的调整优化，并在一定程度上起到控制中心城人口规模的作用。

第十九条　通过在轨道交通站点周边集中布局保障性住房及“两限”商品住房，可积极引导以公共交通方式为主的出行方式，进而促进中心城交通出行结构的合理化。同时降低机动车停车配套指标，节约城市用地。

第五章　实　施　保　障

第二十条　加强轨道交通沿线建设用地的规划控制和引导。根据《北京住房建设规划(2006年—2010年)》，将现状和“十一五”期间建设的轨道交通车站周边半径500—1000米的范围内划定为政府土地储备控制区域，其中的各类用地采取以政府主导的方式完成土地整理储备工作后，由政府统一调配使用，优先安排保障性住房及“两限”商品住房。在控制区域内的保障性住房及“两限”商品住房可考虑按照一定比例配建普通商品住房。在控制区域内改变现状土地使用性质建设居住的项目应当严格按照以上原则进行控制。各区、县政府在控制区内安排的保障性住房及“两限”商品住房，应纳入全市保障性住房及“两限”商品住房的建设体系。政府土地储备控制区域内的建设项目由建设行政主管部门明确保障性住房及“两限”商品住房的实施主体、类型，规划主管部门在办理规划审批手续时明确各项规划指标和具体要求。

第二十一条　配套建设保障性住房及“两限”商品住房。从2007年5月1日起，位于三环路以外且不在政府土地储备控制区域内的普通商品住房建设项目,尚未取得规划意见书和仅取得土地一级开发项目规划意见书时,应当按照规定配套建设保障性住房及“两限”商品住房,三环路以内且不在政府土地储备控制区域内的将非居住项目调整为居住的项目,视情况配套建设保障性住房及“两限”商品住房。配套建设的保障性住房及“两限”商品住房的类型由建设主管部门确定。规划管理部门在办理规划意见书时,应当根据建设主管部门的意见明确保障性住房及“两限”商品住房的类型和配建比例,国土行政主管部门应将上述条件作为土地出让的条件。核发建设工程规划许可证时需注明保障性住房及“两限”商品住房的类型、规模和建筑栋号等许可内容。集中建设的保障性住房及“两限”商品住房项目可建设一定比例的普通商品房。

第二十二条 综合利用轨道交通车辆段及其周边用地。按照科学发展观的要求,必须提高轨道交通车辆段用地的集约化、高效化和精细化程度,充分挖掘轨道交通设施的潜力,节约使用土地。通过优化布局腾出的规划车辆段用地和车辆段周边调整用地使用性质后作为保障性住房及“两限”商品住房的建设用地,按照保障性住房及“两限”商品住房审批程序办理。

第二十三条 积极协助国土资源行政主管部门加大对闲置土地的处理力度。规划管理部门要积极配合国土资源行政主管部门加大对闲置土地的处理力度。对于超出合同约定动工开发日期满两年未动工进行建设的居住建设项目,受理规划许可或规划许可证件变更、延续等手续前,规划管理部门需会同市国土行政主管部门共同研究处理意见。同时,为了积极引导和促进房地产业持续稳定健康的发展,鼓励房地产开发企业参与建设保障性住房及“两限”商品住房,凡主动在原用于开发普通商品住房的闲置土地内按照规定安排保障性住房及“两限”商品住房的项目,规划管理部门可以协助协调相关部门继续办理有关审批手续。

第二十四条 慎重研究科学确定容积率指标。国务院在《关于北京城市总体规划的批复》中强调,我市城市规划和建设要坚持以人为本,建设宜居城市。应从城市整体利益和长远利益出发,正确处理人口、资源、环境的关系。只有在能够保证基本良好的生活居住环境和具备城市基础设施、公共服务设施支撑的前提下,为合理提高土地的集约利用率,才可以适当提高保障性住房及“两限”商品住房用地的容积率,同时,容积率的增长幅度应当严格控制在0.2左右。

第二十五条 其他各区县安排保障性住房及“两限”商品住房。综合考虑各区县需求和远期轨道建设情况,至2010年,各区县(主要为顺义、昌平、房山及门头沟等)需结合自身发展情况,在规划轨道线周边优先安排保障性住房及“两限”商品住房。

北京市人民政府关于进一步加强本市行政复议工作的意见

京政发[2007]5号

各区、县人民政府,市政府各委、办、局,各市属机构:

《中共中央关于构建社会主义和谐社会若干重大问题的决定》明确提出,要进一步完善行政复议制度。《中共中央办公厅国务院办公厅关于预防和化解行政争议健全行政争议解决机制的意见》(中办发[2006]27号)明确指出,行政复议是解决行政争议的重要渠道,是加快建设法治政府、构建和谐社会的重要环节。2006年12月召开的全国行政复议工作座谈会明确要求,要加强行政复议工作,促进社会和谐稳定,努力开创行政复议工作的新局面。为全面贯彻《中华人民共和国行政复议法》,结合实际,现就进一步加强本市行政复议工作提出如下意见:

一、充分认识加强行政复议工作的重要性和紧迫性

(一)加强行政复议工作是新形势下各级行政机关的重要责任。目前,我国经济体制深刻变革,社会结构深刻变动,利益格局深刻调整,思想观念深刻变化,已进入改革发展的关键时期。这一时期,既是经济发展机遇期,也是社会矛盾多发期,行政争议日渐增多。我们必须充分认识到,进一步加强行政复议工作、有效化解社会矛盾,是新形势下各级行政机关的重要责任,要切实增强做好行政复议工作的政治责任感和紧迫感。

(二)加强行政复议工作是构建和谐社会首善之区的必然要求。行政复议集中了诉求表达机制、利益协调机制、矛盾调处机制、权益保障机制等方面内容。加强行政复议工作,将相当一部分行政纠纷化解在初发阶段,化解在基层,化解在行政系统内部,有利于保障首都社会安定和政治稳定,对确保本市履行"四个服务"的重要职责,举办一届"有特色、高水平"的奥运会,促进首都经济社会全面协调发展,具有重要意义。

二、加强行政复议工作的指导思想和基本要求

(三)指导思想:以"三个代表"重要思想和科学发展观为指导,认真贯彻落实党的十六届六中全会精神,以构建和谐社会为目标,以切实维护和保障人民群众的根本利益为出发点和落脚点,以维护社会公平与正义为理念,坚持"以人为本、复议为民",全面促进法治政府建设。

(四)基本要求:坚持服从并服务于促进社会和谐稳定的大局,努力化解矛盾和争议,做到案结事了,实现法律效果和社会效果的统一;妥善处理好群众最关心、最直接、最现实的利益问题,切实维护和保障当事人的合法权益;坚持行政复议与推进依法行政相结合,促进执法,改善立法,强化政府自身建设;健全公正合理、高效便民、监督到位、保障有力的行政复议运行机制,实现公平、公正和效率;坚持不懈地加强行政复议能力建设,提高行政复议总体水平。

三、畅通行政复议渠道,积极受理行政复议案件

(五)依法受理行政复议案件。市和区县政府及其负有行政复议职责的工作部门(以下简称各级行政复议机关)必须切实履行职责,依法受理行政复议案件。对符合受理条件的行政复议申请,不得以任何理由和借口拒绝受理;对依法确实不属于行政复议受理范围或应当通过其他途径解决的事项,应告知当事人依法解决的途径。市政府法制办要定期通报各级行政复议机关案件受理情况,对无正当理由不受理行政复议案件的,要通报批评并督促纠正。

(六)做好受理接待,拓宽受理渠道。各区县政府应设立行政复议接待场所,对外挂牌,配备接待人员,方便当事人申请行政复议。市政府各部门应结合实际,为当事人申请行政复议创造便利条件。各级行政复议机关应在接待、办公场所及政府网站,公示申请行政复议的条件、审理程序及受理机构等事项,并采取多种方式受理行政复议案件。逐步推行网上受理行政复议案件。

(七)协调处理好行政复议与信访工作的关系。各级行政复议机关要认真研究行政复议与信访工作的衔接办法,建立健全行政复议与信访工作协调机制,使行政复议与信访工作形成合力,共同解决行政争议,有效化解社会矛盾。

四、提高案件审理质量和效率,妥善化解行政争议

(八)依法公正审理行政复议案件。审理行政复议案件,应以事实为依据,以法律为准绳,切实做到公平公正。要把是否有效解决行政争议、化解矛盾,作为衡量行政复议案件审理质量的重要尺度。审理案件,既要重视行政行为的合法性审查,又要重视适当性审查;既要重视实体性问题的审查,又要重视程序性问题的审查;既要保障行政机关依法行使职权,又要坚决纠正其违法或不当行政行为;既要保护当事人的合法权益,又要依法维护好社会公共利益。对侵害当事人合法权益的具体行政行为,要坚决依法予以撤销、变更或确认违法,该赔偿的要依法赔偿。

(九)进一步创新案件审理方式。积极探索各种有效方式,进一步规范案件审理程序,充分发挥行政复议便捷、高效、低成本解决行政争议的优势。对重大、复杂、疑难以及群体性案件,可实行开庭审理,积极探索和完善案件审理听证制度,建立完善案件审理会审、会商制度。可聘请有关专家学者参与行政复议案件研究。

(十)充分运用和解、协调机制化解行政争议。在坚持当事人自愿、合法、公平公正和诚实守信原则的前提下,积极运用和解、协调方式解决行政争议。探索案前和解、案中协调的程序,为当事人自行和解创造条件,努力化解矛盾,增进有关当事人与行政机关之间的相互理解和信任。

(十一)督促行政机关依法履行职责。各级行政复议机关对撤销、变更或确认原具体行政行为违法的,要监督行政机关切实履行行政复议决定;对在行政复议中发现行政机关有不符合依法行政要求的情形,要按照规定提出纠正问题、加强管理以及建立健全制度的监督意见。要关注行政复议工作中反映出来的带有普遍性的问题和社会热点、难点问题,对涉及制度建设的,要提出对策建议,及时交有关部门研究处理;对群众反映强烈或有突发事件苗头的问题,要及时报告本级或上级政府。

五、健全行政复议机构,加强行政复议能力建设

(十二)加强行政复议机构建设。各级行政复议机关特别是区县政府要采取有效措施,加强行政复议机构和队伍建设，切实解决基层行政复议能力偏低、人员短缺等问题，保证一般案件至少有2人承办，重大复杂案件至少有3人承办。要逐步增加专职行政复议人员，保证行政复议工作人员的配备与所承担的行政复议工作相适应。积极开展行政复议委员会试点工作。市编办、市政府法制办等部门要共同做好相关工作。

（十三）健全行政复议人员资格管理制度。按照专业化、职业化要求，不断深化行政复议人员资格管理制度。进一步探索和规范行政复议人员资格认证、岗位培训、考核奖惩等管理制度。积极探索行政复议人员资格职业化和行政复议人员聘任新方式。

（十四）提高行政复议人员职业素质。要建设政治可靠、业务精湛、作风过硬的高素质行政复议人员队伍。努力提高政治素质，牢固树立首都意识、大局意识和责任意识；努力提高业务素质，不断学习法律和相关专业知识，提高做群众工作、解决复杂问题和化解社会矛盾的能力；努力加强作风建设，在办案中做到诚恳耐心、热情周到、行为规范、清正廉洁。

（十五）加强行政复议工作的研究和指导。各级行政复议机关要加强沟通交流，注意总结典型经验和做法，并按规定及时报送行政复议案例评析。上级行政复议机关及其行政复议工作机构应通过召开专题研讨会、编发行政复议指导案例、出台有关法律适用指导意见等方式，加强工作指导。要完善与法院的信息交流制度。

（十六）加强行政复议信息化建设。推行行政复议案件受理、审理、决定等全过程的信息化，实现全市各级行政复议机关行政复议工作规范、监督、统计和评价联网。

六、加强对行政复议工作的监督，完善落实责任制

（十七）完善考核评价标准和相关制度。完善行政复议工作考核评价标准，建立健全案件统计报告制度、重大案件备案制度和行政复议过错责任追究制度。上级行政复议机关要加强对下级行政复议机关的考核，考核情况要纳入依法行政考评体系。建立激励机制，对在行政复议工作中取得突出成绩的单位和个人要给予奖励；对不积极履行职责，不依法配合行政复议工作，甚至损害当事人合法权益，造成不良社会影响的部门，要通报批评，责令改正，对有关责任人，要提请有关部门追究其相应责任。

七、加强领导，努力营造依法解决行政争议的良好社会氛围

（十八）强化各级领导在行政复议中的责任。各级行政复议机关的主要领导，是本级行政机关行政复议工作的第一责任人。要定期召开会议，听取行政复议有关工作的汇报，研究重大疑难案件，解决行政复议工作中遇到的困难和问题，积极支持和督促行政复议工作机构依法审理行政复议案件。要认真负责地签署行政复议法律文书。

（十九）加强领导干部法律学习培训。各级行政复议机关的领导干部要认真学习行政复议法。分管行政复议工作的领导要认真学习行政复议有关法律规定，全面准确领会其精神实质，切实依法开展工作。领导干部要积极出庭应诉，并定期参加行政诉讼案件审理旁听活动，听取行政复议机构的典型案例评析。领导干部培训应包括行政复议有关法律内容。

（二十）保障行政复议工作开展的必要条件。各级财政部门要按照行政复议法的规定，将行政复议经费列入行政经费予以保障。各级行政复议机关要设置相应的公开审理场所，配置办公、交通、取证等相应设备，为行政复议工作顺利开展提供保障。

（二十一）进一步加强对行政复议工作的宣传。把对行政复议的宣传作为一项重要工作常抓不懈，并在广度和深度上下功夫。既要宣传行政复议法律制度的基本知识，更要宣传行政复议在解决行政争议、化解社会矛盾、促进依法行政、维护社会稳定等方面的成效和作用。不断拓宽宣传渠道，充分利用报刊、网络、广播电视等多种形式，最大限度地让市民知晓并学会通过行政复议渠道，理性合法地表达利益诉求。

二〇〇七年一月三十一日

北京市人民政府关于贯彻《中华人民共和国行政复议法实施条例》的意见

京政发[2007]29号

各区、县人民政府，市政府各委、办、局，各市属机构：

为贯彻落实《中华人民共和国行政复议法实施条例》（以下简称《条例》），进一步规范本市行政复议机关及其行政复议机构依法开展行政复议工作，结合本市实际情况，提出本意见。

一、关于申请人和被申请人

（一）同一行政复议案件申请人超过5人的，行政复议机构应当通知申请人在合理期限内推举1名至5名代表参加行政复议活动。行政复议机构应当审查确认代表人有全体申请人签字的推选书。

（二）公民在特殊情况下依照《条例》第十条规定口头委托代理人参加行政复议的，行政复议机构应当当场记录，并及时予以核实。

（三）行政机关设立的派出机构、内设机构、临时机构或者其他组织，未经法律、法规授权，对外以本机构或者组织名义作出具体行政行为的，应当以设立该机构或者组织的机关为被申请人。

二、关于行政复议申请的提出和受理

（四）行政机关作出具体行政行为，应当注重听取当事人意见，对法律、法规、规章规定应当听证的，应当依照法定程序严格进行，慎用行政强制；具体行政行为对公民、法人或者其他组织可能产生不利影响的，行政机关应当在依法作出的法律文书中告知当事人申请行政复议的权利、行政复议机关名称和行政复议申请具体期限。

（五）申请人口头提出行政复议申请的，行政复议机构应当在行政复议接待场所接待，当场制作行政复议申请笔录交申请人核对或者向申请人宣读，并由申请人签字确认。

（六）对两个和两个以上具体行政行为不服申请行政复议的，行政复议机构应当告知申请人分别提出行政复议申请。

（七）申请人提出行政复议申请时错列被申请人的，行政复议机构应当在5个工作日内书面告知申请人变更被申请人；申请人不同意变更的，应当按照该行政复议申请不符合《条例》第二十八条第一项的规定处理。

（八）行政复议机构接收申请人、第三人、代理人提交的行政复议申请书及相关证据材料的，应当制作接收材料清单一式两份，注明材料名称、份数、原件或者复印件，由提交人和接收人签字确认。

（九）对药品监督、地方税务、质量技术监督、工商行政管理以及其他经国务院批准实行省以下垂直领导部门的区、县部门作出的具体行政行为不服，申请人向区、县人民政府申请行政复议的，区、县人民政府应当依法受理。

三、关于行政复议决定

（十）行政复议机构认为对案件有重要影响的事实、证据需要核实的，可以实地勘察和调查；涉及专门事项需要鉴定的，可以委托专门机构进行鉴定；对重大、复杂、涉及群体性以及其他有较大影响的案件，可以采取听证方式审理。听证办法由市政府法制办另行制定。

（十一）向有关组织和人员调查取证时，行政复议人员不得少于2人，并应当向当事人或者有关人员出示证件，调查内容涉及国家秘密、商业秘密或者个人隐私的，应当保守秘密和个人隐私，不得将调查内容用于案件处理以外的目的。被调查单位和人员应当对调查工作给予配合。

（十二）申请人提交自愿撤回行政复议申请书的，行政复议机构应当审查核实。撤回行政复议申请违背申请人真实意思表示的，行政复议机关应当继续审理；已经终止审理的，申请人再次以同一事实和理由提出行政复议申请的，行政复议机关应当依法受理。

（十三）公民、法人或者其他组织对行政机关行使法律、法规规定的自由裁量权作出的具体行政行为不服申请行政复议的，在不损害国家利益、社会公共利益和他人合法权益的前提下，被申请人可以与申请人自愿达成和解。

（十四）行政复议案件审理中的下列事项，可以由行政复议机构决定：

1. 受理行政复议申请；

2. 通知第三人参加行政复议；

3. 举行听证；

4. 准许申请人与被申请人达成和解；

5. 中止审理和恢复审理；

6. 合并审理。

（十五）行政复议机关可以启用行政复议专用章。在审理行政复议案件中，行政复议专用章与行政复议机关印章具有同等法律效力。

（十六）被申请人提交行政复议答复时，除对作出具体行政行为的合法性予以说明外，还应当对适当性进行说明，并提交相关的证据、依据。

（十七）被申请人向行政复议机关提交行政复议答复和证据、依据时，应当提供正本一份，并按照参加行政复议的人数提交副本。

（十八）被申请人向行政复议机关提交的证据有以下情形的，不予采信：

1. 被申请人在作出具体行政行为后或者在行政复议案件审理期间自行收集的对申请人不利的证据；

2. 被申请人在作出具体行政行为时未作为根据的证据。

（十九）确认违法的行政复议决定可以适用下列情形：

1. 被申请人不履行法定职责，但责令其履行已无实际意义的；

2. 具体行政行为违法，但不具有可撤销内容的；

3. 具体行政行为违法，但撤销该具体行政行为将会给国家利益或者公共利益造成重大损失的；

4. 具体行政行为违法，被申请人在行政复议期间撤销该具体行政行为，但申请人未撤回行政复议申请的。

（二十）行政复议机关不予受理、驳回行政复议申请、中止和终止审理的，应当在相应的法律文书中说明事实、理由和依据。

（二十一）行政复议机关责令被申请人重新作出具体行政行为的，应当在行政复议决定中载明重新作出具体行政行为的期限。

（二十二）不同的申请人对同一具体行政行为同时提出行政复议申请的，可以并案审理。

（二十三）其他申请人对正在行政复议审理期间的同一具体行政行为又提出行政复议申请的，行政复议机构可以对后的行政复议申请依法受理后中止审理。行政复议机关对在前的行政复议案件作出维持、撤销、变更或者确认违法的行政复议决定的，终止在后的行政复议案件审理，并告知该申请人对该具体行政行为的行政复议处理结果和救济权利。

（二十四）其他申请人对已作出行政复议决定的具体行政行为提出行政复议申请的，行政复议机构可以告知其不再受理，并附送行政复议决定书复印件。

四、关于行政复议指导和监督

（二十五）市政府法制办在市政府领导下负责对全市各行政复议机关及其行政复议机构开展行政复议工作情况进行督促、指导，组织实施《中华人民共和国行政复议法》及《条例》，通过定期组织检查、抽查等方式，对市政府所属工作部门或者下级人民政府行政复议工作进行检查，并及时向市政府报告检查结果。区、县政府法制办对区、县政府所属行政复议机关及其行政复议机构开展行政复议工作进行督促、指导。

（二十六）行政复议机关应当认真履行行政复议职责，领导、支持、监督本机关行政复议机构依法办理行政复议事项，按照《条例》规定配备、充实、调剂专职行政复议人员，保证行政复议机构办案能力与工作任务相适应。

（二十七）行政复议机构应当有2名及以上取得行政复议人员资格的专职行政复议人员。行政复议机构应当通过案例评析、案例教学、专题研讨等方式定期组织培训，不断提高行政复议人员的政治素质和业务素质。全市行政复议人员的统一培训、资格确认和复核工作，由市政府法制办负责。

（二十八）行政复议机关要及时总结分析典型案例，按照规定报送典型案例评析。

（二十九）行政复议期间，行政复议机关发现被申请人或者其他下级行政机关的相关行政行为违法或者需要做好善后工作，可以制作《行政复议意见书》；行政复议机构发现法律、法规、规章实施中带有普遍性的问题，可以制作《行政复议建议书》，向有关机关提出完善制度和改进行政执法的建议。《行政复议意见书》和《行政复议建议书》的制发办法由市政府法制办另行规定。

（三十）各级行政复议机关应当按照规定报送行政复议案件办理的有关信息，实现信息共享。对涉及群体性、重大公共利益或者当前敏感问题等事项的行政复议决定，应当在决定作出后5个工作日内报上级行政复议机关备案。

（三十一）行政复议机构审理行政复议案件需要有关行政机关提供必要协助的，有关行政机关应当给予支持。

（三十二）对在行政复议工作中做出显著成绩的单位和个人，依照本市有关规定给予表彰和奖励；对违反《中华人民共和国行政复议法》及《条例》相关规定的，依法予以处理。

二〇〇七年十月二十二日

北京市人民政府
关于印发行政执法责任制配套制度的通知

京政发[2007]17号

各区、县人民政府,市政府各委、办、局,各市属机构:

为贯彻落实国务院《全面推进依法行政实施纲要》(国发[2004]10号)和《国务院办公厅关于推行行政执法责任制的若干意见》(国办发[2005]37号),进一步加强本市行政执法责任制工作,市政府决定在全市范围内实行《北京市关于行政执法协调工作的若干规定》等6项配套制度。现印发给你们,请结合实际认真贯彻执行。

各区县政府、市政府各部门要从全面推进依法行政的高度,充分认识加强行政执法责任制配套制度建设的意义,切实抓好落实工作。

一、认真组织学习,做好宣传、培训工作。2007年,各级行政执法部门要以6项配套制度为主要内容组织轮训,使每一个行政执法人员都能够熟练掌握其主要内容。

二、切实抓好贯彻落实工作。2007年10月底前,各区县政府、市政府各部门要根据6项配套制度的具体要求,制定具体实施办法或措施;如需制定全市统一规范,各市级行政执法部门要在2007年年底前提出并试行。

三、切实加强对执行情况的考核。各区县政府、市政府各部门要将6项配套制度的执行情况纳入行政执法责任制评议考核,作为对执法部门和执法人员评议考核的重要内容和标准。

四、切实加强对实施工作的指导和监督。各级法制、人事、监察部门要加强对6项配套制度实施工作的指导、监督工作,及时解决实施中的问题,确保顺利实施。

各区县政府、市政府各部门要及时总结贯彻执行6项配套制度的经验和做法。执行过程中遇到的问题,要及时报告市政府。有关6项配套制度贯彻实施中的具体问题由市政府法制办负责解释。

二〇〇七年七月二十七日

北京市关于行政执法协调工作的若干规定

第一条　为贯彻落实国务院《全面推进依法行政实施纲要》(国发[2004]10号)和《国务院办公厅关于推行行政执法责任制的若干意见》(国办发[2005]37号),加强行政执法协调工作,提高行政执法效率,结合本市实际情况,制定本规定。

第二条　下列事项的协调适用本规定:

(一)行政执法部门之间发生的与执法职责有关的争议;

（二）行政执法部门之间发生的与执法依据适用有关的争议；

（三）行政执法部门之间在履行执法职责中的衔接和配合，包括案件移送、信息共享、工作配合等；

（四）其他在行政执法中需要协调的事项。

法律、法规、规章和市政府文件对行政执法协调另有规定的，按照规定执行。

第三条　行政执法协调应当坚持合法原则，有利于提高行政效率，保障政令畅通。

第四条　对本规定第二条所列事项，原则上依照法定职责由负有行政执法职责的部门进行协调。最先发现问题的行政执法部门负有主动协调的责任；相关行政执法部门负有配合协调的责任。

有下列情形之一的，按照以下规定执行：

（一）行政执法案件的移送问题，由先发现违法行为的行政执法部门负责协调被移送部门；

（二）行政许可在部门间的衔接事项，由先受理的行政执法部门负责协调其他部门；

（三）相对集中行政处罚权的部门与相关行政执法部门在行政许可、行政管理等执法行为的衔接事项，由相对集中行政处罚权的部门负责协调相关部门。

对前款所列事项，其他有关部门也可以向负有执法协调责任的部门提出协调意见和建议。

第五条　负有执法协调责任的行政执法部门在进行协调时，应当充分听取相关行政执法部门的意见，必要时可以召开座谈会、论证会等。

第六条　行政执法部门之间协调达成一致意见的，应当制作会议纪要或者其他文件，并加盖相关部门印章。协调意见的内容应包括：协调的事项、依据、达成一致的意见、实施的具体措施等。

第七条　行政执法部门之间协调达成一致的协调意见，应当报送同级人民政府备案。

第八条　行政执法部门之间协调不能达成一致意见的，由负有协调责任的行政执法部门按照下列规定提出协调申请：

（一）协调事项与部门职责有关的，向同级人民政府的机构编制管理机关提出申请；

（二）协调事项与行政执法依据适用有关的，向同级人民政府的法制机构提出申请；

（三）其他协调事项，向有执法协调职能的临时机构或议事协调机构提出申请；没有相应机构的，向同级人民政府提出申请，同级人民政府可指定有关部门进行协调。

区县行政执法部门除按照前款规定执行外，也可向各自的市级行政执法部门提出由市级行政执法部门进行协调的建议。

第九条　协调申请应以书面形式提出，其内容包括：申请协调的事项、自行协调的工作情况、主要争议、理由、依据以及其他需要说明的情况等，并附有关材料。

第十条　机构编制管理机关、政府法制机构、临时机构和议事协调机构，以及人民政府指定的承办协调工作的行政机关（以下统称协调机关）收到协调申请后，对属于本协调机关职责的，应当及时开展协调工作；对不属于本协调机关职责的，应当及时移交相关协调机关进行协调。对需要补充材料的，应当通知有关部门及时提供。

第十一条　协调机关协调的结果，按照下列规定处理：

（一）对协调事项达成一致意见的，由提起协调申请的行政执法部门会同相关部门，按照本规定第六条和第七条执行；

（二）对协调事项未达成一致意见的，协调机关应当提出意见，报同级人民政府决定。

协调机关在协调过程中，认为有关法律、法规、规章和规范性文件的内容需要进一步明确的，应当按照法定程序报请上级或有权机关处理。

第十二条 行政执法部门之间达成一致的协调意见和政府决定一经作出，相关行政执法部门应当严格执行。协调机关对行政执法部门之间达成一致的协调意见和政府决定的执行情况负有监督检查的责任。

第十三条 行政执法部门不履行协调职责、不配合协调工作或不执行协调意见，依照本市行政执法责任追究的有关规定处理。

第十四条 对依照本规定形成的协调意见，法律、法规、规章有新规定的，依照新规定执行。

第十五条 区县人民政府之间发生的行政执法管辖方面的争议，参照本规定执行。

第十六条 本规定自公布之日起施行。

北京市行政处罚案卷评查办法

第一条 为贯彻落实国务院《全面推进依法行政实施纲要》（国发［2004］10号）和《国务院办公厅关于推行行政执法责任制的若干意见》（国办发［2005］37号），规范行政处罚案卷评查工作，促进行政处罚执法水平的提高，依据《中华人民共和国行政处罚法》，结合本市实际情况，制定本办法。

第二条 本市各级人民政府及其行政执法部门组织开展的行政处罚案卷评查工作适用本办法。

本办法所称行政处罚案卷（以下简称案卷）是指行政执法部门按照行政处罚法的规定和档案管理的要求，将行政处罚实施过程中制作和收集的有关立案、调查取证、审查决定、送达执行等执法文书和材料，整理归档而形成的卷宗材料。

第三条 市和区、县人民政府负责组织、协调、指导、督促、检查所属行政执法部门的案卷评查工作。市和区、县行政执法部门负责组织、指导、督促、检查本系统的案卷评查工作。

案卷评查的具体实施工作由市和区、县人民政府及其行政执法部门的法制机构负责。

第四条 案卷评查工作应当坚持纠正违法与防止违法相结合、实体规范与程序规范相结合、评查结果与落实执法责任相结合、层级监督与内部监督相结合的原则。

第五条 市和区、县人民政府及其行政执法部门应当依照本办法建立和完善案卷评查和案卷管理等工作规范，并组织开展案卷评查工作。

区、县人民政府和市级行政执法部门之间应当建立案卷评查工作的信息沟通机制。

第六条 本市案卷评查工作实行统一标准。案卷标准由市政府法制办依照《中华人民共和国行政处罚法》和有关法律、法规、规章以及相关规定制定。

第七条 市和区、县人民政府开展案卷评查工作应当组织案卷评查小组，评查小组由下级人民政府和所属行政执法部门选报并经过培训、考试、择优确定的评查员组成。

第八条　市和区、县人民政府及其行政执法部门开展案卷评查工作可以采取定期集中评查和不定期评查等方式进行。

第九条　定期集中评查应当按照下列程序进行：

（一）制定评查工作计划，确定组织案卷评查的安排；

（二）培训并选拔评查员，组成案卷评查小组；

（三）书面通知评查的有关事项，告知评查的步骤、范围、形式、时限、标准、调阅案卷的数量和工作要求等；

（四）评查组织者在行政执法机关报送的案卷目录内随机抽取规定数量的案卷；

（五）评查员对照案卷标准审查案卷，并制作案卷评查单；案卷评查单应当注明所评案卷名称、处罚决定书文号、存在问题、判定依据、评查分数、建议等，并由两名评查员签字确认；

（六）评查小组集体讨论案卷初评结果和主要问题，并在评查单上注明复核意见；

（七）组织听取行政执法部门对案卷评查结果的意见；

（八）对案卷进行复核，对确认有误的评判予以修正，并最终确认案卷成绩；

（九）通报案卷评查结果，并向本级人民政府报告。

第十条　不定期评查应当按照下列程序进行：

（一）通知行政执法部门评查的时间和要求；

（二）在行政执法部门随机抽取行政处罚案卷；

（三）评查人员现场或者异地审查案卷；

（四）评查组织者于评查结束后当日或者 3 日内制作案卷评查单，并将案卷评查情况反馈行政执法部门。行政执法部门应当在收到评查结果后当日或者 3 日内对评查出的案卷问题提出意见；

（五）案卷评查组织者针对行政执法部门的意见，对案卷进行复核，并最终确认案卷成绩；

（六）向被查部门通报案卷评查结果，并向本级人民政府报告。

第十一条　被评查的行政执法部门应当如实上报案卷目录，行政处罚案件数量应当与上报北京市人民政府法制工作信息系统的行政处罚案件数量相符。

未按规定开展案卷评查工作，或者未按要求参加案卷评查的，应当书面说明情况。

第十二条　评查人员调取和评查案卷时，应当采取有效措施，保证案卷的整洁和完好无缺。

评查人员应当公平、公正进行案卷评查，不得隐瞒案卷问题或者篡改案卷内容。

第十三条　案卷评查成绩按百分制计算。定期集中评查和不定期评查的案卷评查成绩计入各行政执法部门的年度案卷评查综合成绩，并按照案卷评查综合成绩划分年终成绩档次。

第十四条　案卷评查结束后，评查组织者应当及时通知被评查行政执法部门取回案卷。

第十五条　案卷评查工作中的有关评查方案、通知、评查单、通报、报告、行政执法监督函等材料应当及时整理归档备查。

第十六条 案卷评查组织者如发现案卷存在不符合案卷评查标准的问题,应当通过案卷评查单的形式督促有关行政执法部门进行整改,对属于主体、法律适用、主要事实和证据以及程序的合法性问题,应当通过执法监督函的形式督促有关行政执法部门依法予以纠正。

收到执法监督函的行政执法部门应当将整改的情况和结果向案卷评查组织者报告。

第十七条 行政执法部门违反本办法,依照本市行政执法责任追究的有关规定处理。

第十八条 本办法自公布之日起施行。

北京市行政处罚执法资格管理办法

第一条 为贯彻落实国务院《全面推进依法行政实施纲要》(国发[2004]10号)和《国务院办公厅关于推行行政执法责任制的若干意见》(国办发[2005]37号),加强本市行政执法部门所属人员行政处罚执法资格管理工作,根据《中华人民共和国行政处罚法》,结合本市实际情况,制定本办法。

第二条 本市各级行政执法部门的工作人员根据本办法的规定,取得行政处罚执法资格后,方可从事行政处罚岗位工作。

第三条 取得行政处罚执法资格,应当掌握规范政府共同行为的法律规范的主要内容,熟悉本部门行政处罚岗位工作所依据的各项法律、法规、规章,并具有相应专业知识和技能。

第四条 取得行政处罚执法资格,应当经过培训、考试合格。

第五条 行政处罚执法资格培训、考试的内容包括公共法律知识和专业知识。

公共法律知识培训、考试的内容包括:行政处罚法、行政许可法等规范政府共同行为的法律法规。有关培训大纲和题库由市政府法制办会同市人事局、市监察局统一制定。

专业知识培训、考试的内容包括:专业法律、法规、规章及规范性文件,执法权限和程序、专业技能以及执法行为规范。有关培训大纲和题库由各市级行政执法部门制定。

第六条 公共法律知识培训、考试由市或区、县人民政府组织。专业知识培训、考试由市级行政执法部门组织。

第七条 市和区、县人民政府及其行政执法部门应当建立健全行政处罚执法资格培训、考试工作制度。

对新录用人员取得行政处罚执法资格的培训,每人累计不得少于60学时;对在岗人员每年要进行轮训,每人每年累计不得少于72学时。

第八条 行政处罚执法资格实行登记管理。考试合格的行政执法人员经登记后,取得行政处罚执法资格。

行政处罚执法资格登记管理工作由各行政执法部门负责,登记情况应当报本级人民政府法制、人事部门备案。

第九条 对经登记取得行政处罚执法资格的人员,应当发给行政执法证件,持证上岗。

第十条　本市行政执法证件由市人民政府统一监制。

国务院有关部门对行政执法证件另有规定的，可以按照其规定执行。

第十一条　行政执法证件由行政执法部门向同级人民政府法制机构申领并核发。

经区、县人民政府决定，其所属行政执法部门执法人员的行政执法证件，也可由本级人民政府统一核发，但相对集中行政处罚权的部门除外。

第十二条　行政执法证件应当妥善保管，不得涂改或者转借他人，如证件遗失应当及时向发证机关报告，并由发证机关声明作废。

第十三条　具有行政处罚执法资格的人员因调动、辞职、退休或者其他原因离开行政处罚岗位的，其行政处罚执法资格相应丧失，所在行政执法部门应当收回行政执法证件，并交回同级人民政府法制机构统一销毁。

第十四条　行政执法部门应当建立和完善行政处罚执法人员相关信息管理制度，将行政处罚执法人员执法情况及时输入电子信息管理系统，作为行政执法评议考核的依据。

第十五条　区、县人民政府和各级行政执法部门应当根据本办法的规定，建立本区县和本部门行政处罚执法资格管理的具体制度，并纳入行政执法责任制的实施工作。

第十六条　不按规定开展行政处罚执法资格培训、考试的，或无行政处罚执法资格实施行政处罚的，以及不按规定使用行政执法证件的，依照本市行政执法责任追究的有关规定处理。

第十七条　本办法自2008年1月1日起施行。

北京市关于规范行政处罚自由裁量权的若干规定

第一条　为贯彻落实国务院《全面推进依法行政实施纲要》（国发［2004］10号）和《国务院办公厅关于推行行政执法责任制的若干意见》（国办发［2005］37号），做好规范行政处罚自由裁量权工作，依据《中华人民共和国行政处罚法》，结合本市实际情况，制定本规定。

第二条　本规定所称行政处罚自由裁量权，是指行政执法部门在法定行政处罚权限范围内，对违法行为是否给予行政处罚、给予何种行政处罚和给予何种幅度行政处罚的自主决定权。

第三条　本市市级行政执法部门应当结合工作实际，按照本规定制定本系统行政处罚自由裁量权的统一规范，明确行使各类行政处罚自由裁量权的标准。

第四条　规范行政处罚自由裁量权应当遵循处罚法定、公平公正、教育和处罚相结合的原则。

第五条　规范行政处罚自由裁量权应当根据法律目的，全面考虑、衡量违法事实、性质、情节及社会危害程度等相关因素，排除不相关因素的干扰；对违法事实、性质、情节及社会危害程度等因素基本相同的同类行政违法行为，所适用的法律依据、处罚种类和幅度应当基本相同。

第六条　规范行政处罚自由裁量权应当遵守下列规定：

（一）法律、法规、规章规定可以选择行政处罚种类的，行政执法部门应当明确适用不同种类行政处罚的具体条件；

（二）法律、法规、规章规定可以选择行政处罚幅度的，行政执法部门应当根据涉案标的、过错、违法手段、社会危害等情节划分明确、具体的等级。

第七条 制定给予较重行政处罚的标准时，应当考虑下列情形：

（一）隐匿、销毁违法证据或者有其他妨碍执法行为的；

（二）不听劝阻，继续实施违法行为的；

（三）违法情节恶劣，造成严重后果的；

（四）胁迫、诱骗、教唆他人实施违法行为的；

（五）共同实施违法行为中起主要作用的；

（六）屡教不改，多次实施违法行为的；

（七）在发生突发公共事件时实施违法行为的；

（八）其他可以给予较重处罚的。

第八条 制定给予较轻行政处罚的标准时，应当考虑下列情形：

（一）违法行为人年满 14 周岁不满 18 周岁的；

（二）受他人胁迫、诱骗实施违法行为的；

（三）主动消除或者减轻违法行为危害后果的；

（四）配合行政执法部门查处违法行为有立功表现的；

（五）其他可以给予较轻处罚的。

第九条 当事人有下列情形之一的，依法不予行政处罚：

（一）违法行为人年龄不满 14 周岁的；

（二）精神病人在不能辨认或不能控制自己行为时有违法行为的；

（三）违法行为轻微并及时纠正，没有造成危害后果的；

（四）违法行为在两年内未被发现的，但法律另有规定的除外；

（五）其他依法不予行政处罚的。

第十条 行政处罚自由裁量权规范应当由市级行政执法部门负责人集体讨论决定。

行政处罚自由裁量权规范制定后，应当向社会公开，并按照规定向市人民政府报送备案。

第十一条 市级行政执法部门应当根据法律、法规、规章的变化或者执法工作的实际情况，及时补充、修订或者废止本系统的行政处罚自由裁量权规范。

第十二条 行政执法部门适用行政处罚自由裁量权规范，当事人有要求的，应当向其说明裁量行政处罚的理由。

第十三条 市级行政执法部门可以通过开展宣传培训、制作典型案例等多种方式，指导、落实本系统行政处罚自由裁量权规范。

第十四条 区、县人民政府和市级行政执法部门应当建立健全落实行政处罚自由裁量权规范的监督程序和制度，通过行政复议、行政处罚案卷评查、行政执法监督检查等形式对行政处罚自由裁量权规范的落实情况进行监督。

第十五条 未按照本规定制定行政处罚自由裁量权规范的，依照本市行政执法责任追究的有关规定处理。

第十六条　行政执法部门落实行政处罚自由裁量权规范的工作情况，应当纳入行政执法责任制评议考核。

第十七条　本规定自公布之日起施行。

北京市关于法规规章实施准备和评估报告工作的若干规定

第一条　为贯彻落实国务院《全面推进依法行政实施纲要》（国发[2004]10号）和《国务院办公厅关于推行行政执法责任制的若干意见》（国办发[2005]37号），规范和加强地方性法规和政府规章（以下简称法规）的实施工作，结合本市实际情况，制定本规定。

第二条　市级行政执法部门应当在法规实施前做好以下工作：

（一）根据法规的内容，制定具体实施方案，明确本机关各层级的执法职责，提出具体的执法目标和任务；

（二）根据法规实施工作的需要，结合本部门实际情况，制定并落实相应的宣传工作方案和执法人员培训方案；

（三）对法规明确要求制定实施细则或者具体规定的，应当依法制定或者起草；法规没有明确要求制定实施细则或者具体规定的，根据法规实施工作的需要，建立健全相应的配套管理制度。

第三条　区、县行政执法部门应当根据其上级行政执法部门对法规实施工作的要求，制定并落实具体工作方案和配套管理制度，做好法规实施前的各项准备工作。

第四条　法规规定由两个以上行政执法部门共同或者配合执行的，市级行政执法部门应当在法规实施前，做好部门之间和职权之间有关职责分工、配合规则、执行程序等衔接工作，并在本系统内贯彻落实。

第五条　市和区、县行政执法部门在法规实施中，发现或者遇到需要进行协调的执法问题，应当按照本市有关行政执法协调的规定，及时协调解决。

第六条　市和区、县行政执法部门应当加强对法规实施情况的跟踪、评价和反馈，建立健全法规实施情况评估报告制度。

法规颁布实施满一年后的3个月内，行政执法部门应当向同级人民政府提交法规实施情况评估报告。

第七条　法规实施情况评估报告的主要内容应当包括：

（一）法规宣传培训方案和有关实施工作的落实情况；

（二）对管理相对人、人大代表、政协委员以及新闻媒体等社会各渠道反映法规实施情况的意见或者建议的分析；

（三）法规实施中遇到的主要问题和解决问题的对策；

（四）补充、完善和修订法规的建议。

第八条　市级行政执法部门在法规实施中，因上位法发生变动或者法规实施环境、对象、适用条件发生变化时，应当及时提出调整方案或者意见，并向市人民政府报告。

第九条 市和区、县人民政府应当加强对所属行政执法部门法规实施工作落实情况的监督。市和区、县人民政府的法制部门应当通过行政执法监督,及时向同级人民政府提出改进和完善法规以及法规实施工作的意见和建议。

第十条 行政执法部门法规、规章实施工作的情况,应当纳入行政执法责任制评议考核。

第十一条 法律、行政法规和国务院部门规章的实施准备和评估报告工作,可以参照本规定执行。

第十二条 本规定自公布之日起施行。

北京市行政执法责任追究办法

第一条 为贯彻落实国务院《全面推进依法行政实施纲要》(国发[2004]10号)和《国务院办公厅关于推行行政执法责任制的若干意见》(国办发[2005]37号),加强行政执法责任追究工作,结合本市实际情况,制定本办法。

第二条 本市各级行政执法部门及其行政执法人员因不履行、违法履行或者不当履行行政执法职责(以下统称违法执法行为),应当追究行政执法责任的,适用本办法。

第三条 行政执法责任追究,应当遵循客观公正、教育与惩戒相结合的原则。

第四条 行政执法部门及其行政执法人员有下列应当履行而未履行或者怠于履行行政执法职责情形的,应当追究行政执法责任:

(一)对依申请的行政行为,不按照规定履行受理、审查、决定等职责的;

(二)未按照规定履行检查、检验、检测、检疫等监督职责的;

(三)对违法行为不制止、不纠正的,对依法应当给予行政处罚或者采取行政强制措施的,未予处罚或者未采取行政强制措施的;

(四)收到公民、法人或者其他组织的投诉、举报后,不按照规定履行调查、处理等职责的;

(五)应当履行保护公民、法人和其他组织人身权和财产权等法定职责,而拒绝履行的;

(六)依法应当给予行政赔偿、补偿,而不予赔偿或者补偿的;

(七)行政相对人询问有关行政许可、行政给付条件、程序、标准等事项,敷衍塞责、推诿、拖延或者拒绝答复的;

(八)不按照规定履行执法协调职责或者配合协调工作的;

(九)不执行或者拖延执行达成一致的执法协调意见的;

(十)未按照规定开展行政处罚执法资格培训、考试等管理工作的;

(十一)未按照规定做好制定实施方案、建立配套制度等法规、规章实施准备工作的;

(十二)未按照规定对法规、规章实施情况进行检查和定期评估的;

(十三)未按照规定制定行政处罚自由裁量权规范的;

(十四)未按照规定建立案卷评查制度和组织开展案卷评查工作,或者无正当理由不参加案卷评查的;

（十五）其他不履行行政执法职责的。

第五条　行政执法部门及其行政执法人员有下列违法或者不当履行行政执法职责情形的，应当追究行政执法责任：

（一）无法定依据实施行政处罚、行政许可、行政强制、行政征收等行政执法行为的；

（二）未按照规定履行调查取证、告知、听证等法定程序，做出行政处罚、行政许可、行政强制、行政征收等行政决定的；

（三）超越行政执法职权的；

（四）适用法律依据错误的；

（五）违反规定委托实施行政执法的；

（六）无法定事由或者违反法定程序擅自改变已做出的行政执法决定的；

（七）违反规定截留、挪用、私分或者变相私分查封、扣押、没收、征收的财物的；

（八）滥用行政处罚自由裁量权的；

（九）不具有行政处罚执法资格或者不按照规定使用执法证件的；

（十）违反规定乱收费，或者要求行政相对人接受有偿服务、购买指定商品以及承担其他非法定义务的；

（十一）实施行政处罚、行政强制和行政征收，未按照规定制作法律文书、使用合法票据的；

（十二）刁难、谩骂、殴打行政相对人的；

（十三）其他违法或者不当履行行政执法职责的。

第六条　根据违法执法行为的情节、后果、社会影响等因素，对行政执法部门采用下列方式追究行政执法责任：

（一）限期整改；

（二）通报批评；

（三）取消行政执法方面年度评比先进的资格；

（四）行政执法年度评议考核不合格。

根据情节，前款规定的方式可以单独或者合并适用。

第七条　根据违法执法行为的过错、危害、情节等因素，对行政执法人员可以采用下列方式追究行政执法责任：

（一）批评教育；

（二）通报批评；

（三）离岗培训；

（四）取消行政执法方面年度评比先进的资格；

（五）行政执法年度评议考核不合格；

（六）取消行政执法资格。

根据情节，前款规定的方式可以单独或者合并适用。需要给予行政处分的，依照有关规定处理。

第八条　对行政执法部门及其行政执法人员有下列情形之一的，应当从重处理：

（一）故意违法执法的；

（二）拒不纠正违法执法行为的；

（三）一年内被追究两次以上行政执法责任的；

（四）违法情节恶劣或者造成严重后果的；

（五）其他应当从重处理的。

第九条　对行政执法部门及其行政执法人员有下列情形之一的，可以从轻处理：

（一）主动纠正违法执法行为的；

（二）积极采取措施，消除或者减轻违法执法的不良影响的；

（三）在调查违法执法行为中有立功表现的；

（四）其他可以从轻处理的。

第十条　法律、法规、规章对行政执法部门及其行政执法人员有免责规定的，不追究行政执法责任。

第十一条　对应当追究行政执法责任的，按照下列规定具体确定责任的承担者：

（一）无需审核或者批准、未经审核或者批准的行政执法行为，由承办人承担责任；

（二）经审核或者批准的行政执法行为，审核人或者批准人承担主要责任，承办人承担相应责任。但是，承办人故意隐瞒事实致使审核人和批准人做出错误决定，或者承办人不按照审核人、批准人的意见执行的，由承办人承担主要责任；

（三）经集体讨论决定做出的行政执法行为，由行政机关主要负责人承担主要责任，主张错误意见或者没有明确表示反对意见的其他成员承担相应责任；

（四）根据上级机关或者上级领导的决定或者命令做出的行政执法行为，由上级机关或者上级领导承担责任。但是，决定或者命令明显违法的，行政执法部门及其行政执法人员应当承担相应责任；

（五）两人以上共同执法的，主办人员承担主要责任，协办人员承担相应责任；责任无法区分的，共同承担责任。联合执法的，行政执法部门在各自职责范围内承担相应责任。

第十二条　对市和区、县人民政府所属行政执法部门的行政执法责任追究，由本级人民政府实施。

对垂直管理部门的行政执法责任追究，由上级部门实施。

对双重管理部门的行政执法责任追究，按照有关管理职责规定实施。

第十三条　对行政执法人员的行政执法责任追究，由其所在部门实施。

第十四条　对行政执法部门及其行政执法人员做出追究行政执法责任决定前，应当充分听取当事人的意见，保障其陈述和申辩的权利。

第十五条　区、县人民政府和各级行政执法部门应当依据本办法的规定，制定实施细则，加强行政执法责任追究工作。

第十六条　对有违法执法行为的有关责任人员，需要追究行政纪律责任的，由任免机关、监察机关按照管理权限决定；涉嫌犯罪的，依法移送司法机关处理。

第十七条　本办法自公布之日起施行。

图书在版编目（CIP）数据

北京市工程建设和房屋管理政策法规汇编.2007年/北京市建设委员会编.—北京：煤炭工业出版社，2008.5

ISBN 978-7-5020-3283-8

Ⅰ.北… Ⅱ.北… Ⅲ.①建筑工程-文件-汇编-北京市-2007②房地产-法规-汇编-北京市-2007
Ⅳ.D927.102.297.9 D927.102.181.9

中国版本图书馆CIP数据核字（2008）第036648号

煤炭工业出版社 出版发行
（北京市朝阳区芍药居35号 100029）
网址：www.cciph.com.cn
北京盛兰兄弟印刷装订有限公司 印刷
*
开本 787mm×1092mm 1/16 印张 52 1/4
字数1239千字 印数1—2,000
2008年5月第1版 2008年5月第1次印刷
社内编号6087 定价230.00元

ISBN 978-7-5020-3283-8